安作璋 孟祥才 著

汉高帝

大传

中华书局

图书在版编目(CIP)数据

汉高帝大传/安作璋,孟祥才著.—北京:中华书局,
2006.9(2015.8 重印)
ISBN 978 – 7 – 101 – 05225 – 1

Ⅰ.汉… Ⅱ.①安…②孟… Ⅲ.汉高祖(前 256 ~
前 195)– 传记 Ⅳ.K827 = 341

中国版本图书馆 CIP 数据核字(2006)第 085437 号

书　　名	汉高帝大传
著　　者	安作璋　孟祥才
责任编辑	陈　虎　李肇翔
出版发行	中华书局
	(北京市丰台区太平桥西里 38 号　100073)
	http://www.zhbc.com.cn
	E-mail:zhbc@zhbc.com.cn
印　　刷	北京瑞古冠中印刷厂
版　　次	2006 年 9 月北京第 1 版
	2015 年 8 月北京第 2 次印刷
规　　格	开本/700 × 1000 毫米　1/16
	印张 25¾　字数 400 千字
印　　数	5001 – 9000 册
国际书号	ISBN 978 – 7 – 101 – 05225 – 1
定　　价	59.00 元

目 录

第九章　结　语

前　言

　　汉高帝刘邦是中国历史上第一个由农民起义领袖转化而来的布衣皇帝。在秦末农民大起义的烽火岁月里,他以一介亭长斩蛇起事,冲出芒砀,义无反顾地投入了群雄并起的造反者的洪流。三年鏖战,摧灭强秦,四载奋斗,战胜项羽,成为大汉皇朝的开国皇帝。在他身后留下了一连串家喻户晓的传奇故事,也留下了许多聚讼纷纭的千古之谜。他创建的大汉皇朝,延续了四百多年,形成了中国封建社会前期发展的高峰。在此时期形成的以汉民族为主体的中华民族,对中国乃至世界历史的发展做出了独特的贡献。而在此时期形成的博大精深的汉文化历经千百年的发展而不衰,成为世界民族文化之林中一株郁郁葱葱的参天大树。显然,刘邦和他创建的汉皇朝给我们民族的历史打上了永不磨灭的印记,留下了一笔丰厚的遗产,在我们民族的血液里,永远流淌着刘邦和他创建的汉皇朝留下的基因。

　　谭嗣同在其《仁学》中曾断言:“二千年之政,秦政也;二千年之学,荀学也。”仔细推敲,此论尽管有一定道理,但并不是一个准确的表述。实际上,更确切的表述应该是:二千年之政,汉政也;二千年之学,汉学也。谭嗣同等人只看到秦汉两朝的继承关系,而没有注意两朝之间的历史变化。因为正是汉朝较多地从经济、政治和思想上损益了秦政与社会发展的不适应部分,奠定了后来历代中国封建皇朝所遵循的基本模式,如以“富者田连阡陌,贫者无立锥之地”的地主土地私有制为主的封建土地占有方式和“耕豪民之田,见税十五”的封建剥削方式,一家一户为基本生产单位的农业经营模式,以官营为主导的远较西欧封建社会发达的工商经济,作为政治中心而发展起来的繁荣的城市,以皇帝为首的专制主义中央集权的官僚体制,郡国并行的地方行政体制,以儒家为主,熔铸其他思想流派形成的统治思想,以及与之相适应的具有相当开放意识的文化,还有伴随着"和亲"的悲喜剧,以经济文化为纽带形成的较开明的国内民族政策,等等,基本上都是在汉代形成的。正因为汉皇朝在历史上的地位如此重要,它的缔造者理所当然地引起了历代的史学家、小说家和戏剧家的注意。在司马迁的《史记》中,与刘邦有关的人和事占了很大篇幅。例如,为了详细记载刘邦的活动以及与之有关的王侯将相的事功,《史记》除立有《本纪》、《世家》、《列传》外,还专门设计了《秦楚之际月表》、《汉兴以来诸侯王年表》、《高祖功臣侯者年表》等。《汉书》更是以浓墨酣笔对刘邦的事功以及那个布衣将相的群体进行了详细的记述。在长达一百卷、八十余万字的浩繁卷帙中,与刘邦有关者仅《本纪》、《列传》即达二十多卷,差不多占了全书的五分之一。取材于《史记》、《汉书》的历史小说《西汉演义》以及至今仍在舞台上常演不衰的传统剧目如《鸿门宴》、《霸王别姬》、《萧何月下追韩信》等,都从不同的角度演说着刘邦时代的故事,塑造着刘邦及其同时代人的形象。另外,在刘邦足迹所至的中国大地上,还留下了不少古迹任后人凭吊。20世纪80年代以来,与刘邦、项羽、韩信等有关的电视剧频频出现在屏幕上,形成一个又一个热潮。刘邦的事功与秦汉之际的史迹之所以长期引起人们的重视,就在于他的活动与秦汉交替的历史对于后世具有永不消失的启迪意义。小说、戏剧,特别是电影电视所具有的传播历史知识的功能是其他载体无可比拟的。但是,因为它们是通过艺术形象传播历史知识,其缺点与不足又是十分明显的:它们在传播历史知识的同时也传播着许多虚构的人物和故事,从而与真实的历史有较大的距离。这表明,科学的历史论著作为传播真实历史知识的重要载体,永远是需要的。

我们撰写的这部刘邦传记,以刘邦的活动为主线,在秦汉之际广阔的社会背景下,重点论述这一时期波澜起伏、复杂尖锐、风云激荡、动人心魄的政治和军事斗争,以丰富、确切、真实的资料,严密科学的论证,展示强大无比的秦皇朝二世灭亡的必然性;展示不可一世的项羽最后兵败垓下、身死东城的必然性;展示出身卑微、读书不多、颇有些无赖气质的刘邦如何夺得灭秦的首功,灭秦之后,又如何在极度不利的形势下,拔出同列,削平群雄,特别是战胜项羽,摘取农民战争的胜利果实,从而蹑足九五,成为大汉皇朝的缔造者;展示时代如何使一个卑贱的农民变成了创造辉煌业绩的英雄。同时也揭示,刘邦本人的条件,他的气度、品格、谋略和才智如何适应了时代的需要和选择,成为独受时代钟爱的幸运儿。对于同刘邦有关的历史人物,如秦始皇、秦二世、赵高、李斯、陈胜、吴广、项梁、项羽、范增,特别是刘邦那个布衣将相群体,以及吕后等人,也一一加以品评,给每个人一个历史的定位。对于此期间发生的重大历史事件,如"焚书坑儒"、"大泽乡起义"、"巨鹿之战"、"约法三章"、"鸿门宴"、"楚汉之争"、"布衣将相之局"、"废太子风波"、"白马之盟"、"封王诸吕"等一一进行考辨,给它们一个科学的评价。总之,我们力图在马克思主义历史唯物论的指导下,通过刘邦生平事功的论述,写出一个真实的刘邦,写出一部真实的西汉开国史。此目的是否已经达到,只有恭请读者诸君评判了。

最后需要说明的是,本书原由河南人民出版社出版,现经过修订,改由中华书局出版。本书所附地图,为王琳霞同志绘制,张进、杨东晨同志提供部分照片,谨在此一并表示感谢。

作者

2006 年 6 月于济南

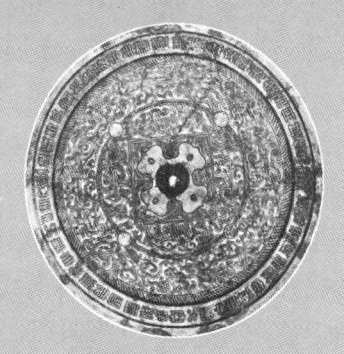

第一章
时代　家世　理想

一、历史转折时期

公元前 256 年(周赧王五十九年),中国第二个统一的封建皇朝的创业之主汉高帝刘邦诞生在楚国所属沛县丰邑(今江苏丰县)的一个农民家庭里①。谁也不会想到,五十年后,是他统帅的十万大军直下秦都咸阳,宣告了不可一世的秦皇朝的覆亡。再后四年,又是他战胜了"力拔山兮气盖世"的项羽,取得了楚汉战争的最后胜利。公元前 202 年(汉五年)二月②,他在氾水之阳(今山东定陶境)的一个土台上举行登基仪式,在群臣的欢呼声中戴上了皇帝的冠冕,揭开了大汉皇朝历史的第一页。

是什么原因使刘邦这样一个极其普通的农民的儿子蹑足九五,成为中国历史上第一个布衣皇帝? 答案只能到他所处的时代中去寻找。

刘邦诞生的时代,是封建制度取代奴隶制并进一步巩固确立的时代,是中国由长期分裂走向统一的时代,是民族大融合的时代,也是华夏文化由百家争鸣走向综合发展的时代。

奔腾不息的黄河和长江是中华民族的母亲河。这两大河流的中下游地区土壤肥沃,雨量充沛,灌溉条件良好,为原始农业的发展奠定了基础。因而远在四五千年以前,在金属工具还未使用的情况下,我们的祖先已经迈入了文明的门槛。夏、商、周三代以世罕其匹的青铜文化,谱写了我国高度发达的奴隶社会的历史篇章。

西周后期,以井田制为基础,以"十千维耦"、"千耦其耘"为主要生产形式的奴隶制的生产关系日趋没落。公元前 771 年,西周最后一个国君周幽王被戎人杀死于骊山下。第二年,他的儿子周平王将都城从镐京(今陕西西安附近)迁至洛邑(今河南洛阳),史称东周。此后从公元前 770 年至公元前 476 年(或公元前 403 年)的近三百年的历史,与鲁国史书《春秋》所述的时间大体相当,因而又称为春秋时期。这一时期,由于以铁器和牛耕为标志的生产力发展到一个新阶段,这样就给农业和手工业向深度和广度的发展提供了可能。大规模的开垦和精耕细作同时并进,许多草莽丛生的不毛之地变成了良田沃野。例如西周时期"地潟卤、人民寡"的齐国,到春秋战国之交已变成"膏壤千里,宜桑麻"③的东方大

---

① 关于刘邦的生年,历来就有二说:一说他生于公元前 247 年,见《汉书·高帝纪》颜师古注引晋人臣瓚曰:"(高)帝年四十二即位,即位十二年,寿五十三。"据此刘邦当生于秦庄襄王三年,即公元前 247 年。一说他生于公元前 256 年,见《史记·高祖本纪》裴骃《集解》引晋人皇甫谧曰:"高祖以秦昭王五十一年(公元前 256 年)生,至汉十二年,年六十二。"董家遵的《汉高祖生年考》(载《中山大学学报[社会科学版]》1957 年第 3 期)主第二说,较为可信,姑从之。

② 本书所记月份,均以旧历。以下同。

③ 《史记·货殖列传》。

国。而"蓬蒿藜藿"的郑国也成为农工商都比较发达的中原强国。与此同时,"筚路蓝缕,以处草莽"①的楚国,已成为南方政治、经济和文化的中心。就是原来较落后的吴、越等国也迅速赶了上来,以令人刮目相看的实力参加中原的争霸战争。铁器还为大规模水利工程的兴建提供了有力的工具。吴国开凿了沟通长江和淮河的邗沟,成为后世南北大运河的奠基工程。魏国邺令西门豹"引漳水灌邺",把大片盐碱地改造成良田。秦国蜀郡守李冰父子主持修筑了都江堰灌溉工程,使成都平原成为"天府之国"。而秦国在关中地区修建的郑国渠,使四万余顷土地旱涝保收,为它后来完成统一中国的大业奠定了物质基础。铁的应用还为手工业提供了大量的工具和青铜无法比拟的丰富原料。到战国时期,铁已被广泛地用到制造农具、手工工具、兵器和生活用具的各个方面了。大量铁制农具的使用为一家一户从事个体农业生产创造了基本条件,因而也就向奴隶制的土地国有制即井田制和"十千维耦"的集体劳作形式提出了挑战,呼唤与新的生产力相适应的封建生产关系的诞生。

奴隶制的生产关系严重挫伤了劳动者的生产积极性。从西周末年到春秋时期,奴隶们用怠工、逃亡、"为盗"等各种形式向奴隶主贵族表示了愤怒的反抗。敏感的诗人开始用悲凉的笔触,描绘奴隶社会世纪末的景象:"无田甫田,维莠骄骄;无田甫田,维莠桀桀。"②生产力发展的自然要求,获取财富的欲望,迫使部分奴隶主贵族不得不对原有生产关系进行变革。于是封建的生产关系开始在华夏大地出现。封建生产关系以经济手段和政治强制相结合,通过地租对农民进行剥削。《诗·豳风·七月》大体上反映了劳役地租条件下农夫的生活。不过劳役地租仍旧难以刺激农民的生产积极性,因而产生了类似实物地租的"分货"授田制。贵族们将土地分成三等,以一夫一妇百亩的数量分给农夫耕种,同时用征税的办法对他们进行剥削。春秋时期齐国实行的"相地而衰征",鲁国实行的"初税亩",实际上是一种租税合一的制度。这时,国君和大夫由奴隶主贵族向封建主转化,农夫的身份则由奴隶向农奴和农民转化。与此同时,独立的手工业者和商人出现,也打破了奴隶制条件下"工商食官"的格局,标志着封建因素在工商领域的成长。封建生产关系虽然也是一种剥削制度,但较之奴隶制的生产关系却有着明显的优越性。它允许生产者有一定程度的人身自由,同时又有一点自己可以支配的经济,较大地提高了劳动者的生产积极性。从而使他们在同奴隶制的对比映照中,自发而真诚地拥护封建制度。试想,在春秋战国那样一个战乱不已、动荡不定的岁月里,农业、手工业和商业的发展还能取得令人瞩目的成绩,没有封建生产关系对生产力的一定程度的解放是不可想象的。

封建生产关系产生之后,一方面要求奴隶转化成农奴和农民,另一方面也要求奴隶制

---

① 《左传·昭公十二年》。

② 《诗·小雅·甫田》。

的井田制变成封建土地所有制。在奴隶社会,土地的最高所有权属于国王,"溥天之下,莫非王土,率土之滨,莫非王臣"①。国王又把土地和劳动者一起分封给诸侯,诸侯再分给卿大夫。这就形成了中国奴隶社会形式上王有和实际上奴隶主贵族多级占有的土地制度。正因为最高所有权属于国王,所以土地不准买卖,即所谓"田里不鬻"。但到春秋时期,随着"王室衰微",周天子作为土地最高所有者的权威受到挑战。各级奴隶主贵族之间争夺土地的现象愈演愈烈,标明他们都力求把对土地的实际占有权变成所有权。同时,他们又役使自己手下的生产者不断在"公田"之外开垦"私田"。"私田"愈垦愈多,并且不向公家交纳租赋,"私肥于公"成为司空见惯的历史现象。卿大夫等下级贵族势力的膨胀使诸侯们从自身利益出发改变原来以"公田"多少制定的贡赋制度。在此背景下,晋国的"作辕田"②,鲁国的"初税亩"③,楚国的"量入修赋"④,齐国的"相地而衰征"⑤相继施行。这些改革实际上是重新宣布"公田"、"私田"一律为国君所有。不过由于剥削方式的改变,奴隶制的土地国有已经变成封建的土地国有了。到战国时期,地主土地国有制已成为占主导地位的土地所有制形式。这一时期,还存在食封贵族的封地、军功地主的赐田,以及小自耕农的"授田"等。所有这些土地从法律上讲都是封建国有土地的一种形式,那时土地私有制还不占主要地位。正因为土地的最高所有权属于封建国家,所以中国封建社会初期阶段的阶级关系,也就主要表现为农民阶级与封建国家的对立。

中国奴隶社会向封建社会的过渡,大体上经历了春秋战国五百多年左右的时间。这一时期的阶级斗争显得特别尖锐而复杂。奴隶与奴隶主、贵族与平民、新兴地主与依附农民、奴隶主与封建地主、农民与奴隶主贵族、诸侯与周天子、诸侯国之间、卿大夫之间、诸侯与卿大夫之间,构成了一幅犬牙交错、光怪陆离的斗争画面。其中对社会的过渡起决定影响的,是奴隶和平民对奴隶主贵族、新兴地主对奴隶主贵族的斗争。奴隶和平民以各种形式反抗奴隶主残酷剥削和压迫的斗争,几乎贯串整个奴隶社会向封建社会的过渡时期。西周末年,奴隶们以怠工、逃亡、破坏工具等手段进行的反抗不绝于史。《诗·魏风·伐檀》对奴隶主贵族不劳而获的寄生生活发出了愤怒的斥责。《诗·魏风·硕鼠》则把奴隶主贵族骂为忘恩负义的大老鼠。到了春秋战国时期,奴隶的反抗斗争更加频繁而激烈。"臣妾多逃,器用多丧"⑥,"民闻公命,如逃寇仇"⑦。工役奴隶的集体反抗,大大小小的奴

---

① 《诗·小雅·北山》。
② 《左传·僖公十五年》。
③ 《左传·宣公十五年》。
④ 《左传·襄公二十五年》。
⑤ 《国语·齐语》。
⑥ 《左传·襄公十年》。
⑦ 《左传·昭公三年》。

隶起义队伍,以"兵刃、毒药、水火"所进行的不同形式的斗争,使奴隶主贵族防不胜防,惊恐万状。充塞史书的"盗贼公行"、"盗贼充斥"①,就是这种斗争的写照。其中郑国萑苻之泽的起义队伍,"跖"领导的"从卒九千",都曾经给奴隶主贵族以沉重打击。"跖"也以"声名著日月"的伟大英雄载入史册。与奴隶的反抗斗争相呼应的是平民(国人)对奴隶主贵族的反叛。公元前660年,卫国平民拒绝与入侵的戎人作战,致使卫懿公死于非命。公元前609年,莒国平民杀死了暴虐的莒纪公。公元前554年,郑国平民杀死独断专行的郑国执政子孔等。这些斗争严重地打击和削弱了奴隶主贵族的力量,推动了奴隶主贵族中的开明派进行有利于封建因素成长的改革,给新的成长创造了条件,是推动奴隶社会向封建社会转化的根本力量。但是,由于奴隶和平民都不代表新的生产关系,他们的斗争一直停留在自发的阶段,再加上当时封国林立所造成的地域局限,就使这种斗争始终难以形成统一的巨大力量,因而最后被奴隶主贵族各个击破。他们浴血斗争的果实不能自己享用,而被在他们身旁崛起的新兴地主阶级攫取了。

封建生产关系的代表是新兴地主阶级。中国最早出现的地主阶级大部分由奴隶主贵族转化而来。在奴隶和平民斗争的推动下,一部分较低级的奴隶主贵族,首先觉察到原有的剥削手段难以获取较高的收入,于是率先采取带有封建因素的剥削方法,他们逐渐转化为新兴地主阶级。齐国的田氏,晋国的赵、魏、韩三家大夫就是当时新兴地主阶级的代表。他们一方面采取新的剥削方法,争取民众,一方面向代表奴隶主利益的各诸侯国的君主进行夺权斗争。由于这种斗争以统治阶级内部斗争的形式表现出来,所以他们夺权斗争所采取的手段,往往是合法与非法相结合,或用合法掩盖非法;和平的手段与武装斗争的手段相结合,而以和平手段为主。新兴地主阶级一般都利用其强大的经济力量,运用自己的聪明才智,一步步地从国君那里取得政治和军事的权力。到万不得已诉诸武力的时候,他们也会毫不犹豫地用枪刀剑戟在腥风血雨中去表现自己事业的历史正当性。晋国赵、魏、韩三家大夫经过不断的斗争逐渐削弱晋君的力量、消灭守旧的贵族,最后三家联合打垮了智伯一家,分掌了晋国的权力。公元前403年,三家从名义上还是天下共主的周天子那里取得了诸侯的地位。齐国田氏经过与姜氏和其他贵族的长期曲折的斗争,也终于取代姜氏成为齐国的统治者。三家分晋和田氏代齐,标志着新兴地主阶级完成了向奴隶主贵族的夺权斗争。到战国后期,在当时七国执政的王公太臣们,绝大部分都是新兴地主阶级的代表了。

由于中国的新兴地主阶级绝大部分由奴隶主贵族转化而来,他们身上还不可避免地保留着许多奴隶主贵族的特征。更由于封建的生产关系刚刚由奴隶制的生产关系中脱胎

---

① 《左传·襄公十年》。

出来,因而各国从经济基础到上层建筑都不可避免地保留了许多奴隶制的残余,到处是新旧杂陈,呈现出一幅错综纷纭的图画。封建生产关系的进一步成长有待于继续扫除经济和政治领域中的奴隶制残余,封建的经济基础和上层建筑更需要以法定形式给它以巩固和发展的条件。正是适应着社会的这种需求,一场封建化的变法运动,从中原的魏国开始,犹如强劲的旋风吹向四面八方,几乎在每个地方都留下了自己的踪迹,成为推动历史前进的强大时代潮流。地处中原的魏国首先进行变法,魏文侯先后任用法家的李悝、吴起、西门豹等进行改革,制定了以《法经》六篇为代表的地主阶级成文法,推行"尽地力之教"的农业政策,兴修水利,改革军制,创建英勇善战的"魏武卒",使魏国迅速强大起来,在战国初年七雄争战中居于首强地位。与此同时,赵国在赵烈侯和以后的赵武灵王统治时期,韩国在韩昭侯统治时期,都进行过变法改革,增强了国力。稍后,吴起在楚悼王支持下进行大刀阔斧的改革。"捐不急之官",以"抚养战斗之士"①,同时选贤任能,为新兴地主阶级参政创造条件,不到一年,楚国就显出勃勃生机。它"南平百越,北并陈蔡,却三晋,西伐秦"②,再展楚庄王"饮马黄河,问鼎中原"的雄风。但是,由于楚悼王在吴起变法一年后死去,吴起悲壮地惨死于旧贵族的叛乱中,幅员最辽阔的楚国变法未能继续下去,只能在封建化的道路上蹒跚而行。另外,齐国在齐威王时代曾由田忌领导过变法。燕王哙也曾搞过一次让贤的活动,但变法的深度、广度和力度都嫌不足。在七国变法中,改革最彻底、成效最大的是商鞅在秦国的变法。这次变法,持续了二十多年。政治上废除世卿世禄,建立军功爵制和中央集权的行政体制。经济上"废井田,开阡陌",授土地于农民,厉行"重农抑商"。思想上明法审令,禁止游学,焚毁儒家《诗》、《书》。由于商鞅变法全面触及了社会的经济基础和上层建筑,更由于他不惜以酷烈的手段对付破坏新法的旧贵族,再加上他执政时间长,因而使新法得以全面、顺利的贯彻,所以效果也十分显著。"行之十年,秦民大悦","乡邑大治",使秦国由过去僻处西方一隅、经济文化落后、为中原先进国家轻视的小国,一跃而成为"兵革强大,诸侯畏惧"③的西方大国,奠定了统一中国的基础,尽管商鞅后来被旧贵族"车裂而死",但他代表的历史潮流却不能阻挡。

战国时期的变法运动持续了二百多年,尽管道路崎岖,千回百折,洒满了改革者的鲜血,但却为历史的进步建树了不朽的功勋。通过这种自上而下的封建化改革,从政治、经济和思想文化领域一次又一次地涤荡了奴隶制的残余,以法典的形式巩固和扩大了封建的政治、经济和文化的成果,为封建生产关系的进一步发展开辟了广阔的道路。封建社会的生产关系主要表现为土地占有关系以及与之紧密相联的地主阶级与农民阶级的关系。

---

① 《史记·孙子吴起列传》。
② 《史记·孙子吴起列传》。
③ 《战国策·秦策一》。

由于中国封建社会初期封建土地国有制占了统治地位，以国君为代表的封建国家就不仅是地主阶级的总代表，而且是全国最大的地主。它把自己所掌握的大量土地，通过赏赐和授田的办法，分配给臣下和农民。同时以租税合一的田租实现对受田农民的剥削。这一时期，地主阶级的主体是军功地主和食封贵族地主，而以军功地主为主。食封贵族地主主要是因为与国君的血缘亲族关系而得到土地和劳动人口。由于这是一种不劳而获的世卿世禄，来得特别容易，他们自然不知道珍惜民力。食封贵族地主对附属于自己土地上的劳动者的剥削特别沉重，他们还热衷维护奴隶制残余，甚至敢于同国君分庭抗礼。在封建社会初期，他们始终是地主阶级内部最腐朽消极的因素。军功地主是新兴地主阶级的主要代表。他们大都由"士"通过军功发展而来，构成地主阶级当权派的主体部分。由于他们本身是封建生产关系发展的产物，其荣辱升沉就与赐予其爵位、田宅和劳动人口的国君息息相关。更由于他们的地位、权力和财产是通过自己的奋斗拼搏得来的，因此他们中的大多数深知其中的艰苦而特别珍惜。但因为他们本身带有军事封建性质，所以在封邑内对劳动者进行的农奴制剥削同样残酷而沉重。他们之中，既有如商鞅、王翦、蒙恬、吕不韦之类的大地主，亦有大量由大小不等的军功造就的中小地主。作为地主阶级第一代当权派的主体，他们在事实上成为封建政权的主要支柱。另外还有豪强地主。他们富而不贵，来源庞杂，有的是没落的六国旧贵族，有的是失去爵位和官职的军功地主，还有的是"以末致财，用本守之"的工商地主。这些人虽然不享受免赋免役的特权，但在地方上却拥有颇大的势力。他们勾结官府，武断乡曲，成为地方上的豪强。

与地主阶级对立的农民，也分成许多层次，但占主导地位的是国家控制下的受田农民。他们从封建国家那里得到一百亩到三百亩不等的土地，使用自己拥有的部分生产资料，如工具、耕畜等，以一家一户为单位进行生产。这些人大部分由过去的奴隶和平民转化而来，现在作为国家的农民，不仅身份地位较前有所提高，而且在一定程度上也有了自己独立的经济生活，因而生产积极性较高。尽管战国时期几乎无日无战争，兵役、徭役和赋税的征发异常频繁而沉重，但社会经济较之春秋时期还是有着较大的发展，并出现了许多奇迹。这主要归功于这些受田农民的辛勤劳动。但是，作为封建国家赋税和徭役的主要承担者，他们被编入严密的什伍组织，"死徙勿出乡"，其生产和生活都受到地方官的监视和限制。他们不仅要向封建国家缴纳名目繁多的赋税，承担各式各样沉重的兵役和徭役，而且随时可以被国君连同土地一起赏赐给各级贵族和军功地主。这部分受田农民的境况，直接关系到封建国家的安危。而对封建统治的最激烈的反抗，也往往首先从这部分农民身上迸发出来。除了占劳动者大多数的受田农民外，还有相当数量的自耕农、佃农和雇农。自耕农大部分由平民转化而来，少部分是因军功获得小块田宅的受田农民。他们拥有自己的土地和农具，享有比受田农民更多的人身自由。但是，在赋敛无度、徭役日增、兼并之风盛行的情况下，他们终日处在风雨飘摇之中，随时有破产的危险或堕入佃农队伍。佃农当时又称"私人"[①]，是豪强地主的依附农民，他们租种地主的土地，将收成的一半交给地主，即"或耕豪民之田，见税什伍"。他们与地主的关系是地主与佃农的关系。农民中最贫困的一部分人是雇农，当时称"庸客"、"庸夫"或"持手而食者"。他们除双手之外，一无所有，完全靠出卖劳动力为生。据《韩非子》记载，兄弟三人为庸夫，却不能养活一个老父亲。雇农和佃农在当时不是农民阶级的主要成分，但却是农民革命的坚定分子。在秦末农民大起义中，首先举起义旗的农民领袖陈涉，就是出身雇农。

随着封建生产关系的发展，奴隶社会"工商食官"的格局打破了，一批经营盐、铁等重要生产和生活资料的大工商业主应运而生。从春秋末年到战国时期，他们中的一些人已富埒王侯。例如越国的范蠡，鲁国的子贡、猗顿，赵国的郭纵，以及秦国巴蜀的寡妇清等，都是资产以百万计的大工商主。他们经营的工商业，对瓦解奴隶制的经济基础，起过积极作用；在促进地主土地私有制产生发展的过程中，也起过酵母的作用。然而，由于他们总是不择手段地追逐高额利润，囤积居奇，垄断投机，大放高利贷，与封建自然经济形成一定的矛盾。尽管封建统治者离不开工商业，尤其他们日益奢侈的生活，更需要工商业提供大量的产品，但是，他们又一再重申"重本抑末"的国策，有时对工商业者施以严厉打击。其实，大工商主是封建统治阶级的一个组成部分，在一定意义上是作为地主阶级的附庸而存在。而且，他们之中的不少人还经营土地，秦汉以后，则逐渐与官僚和豪强地主合流了。在大工商主旁边，还有一大批小手工业者和小商人，活跃在城市和乡村，制造与销售着大量农民需要的生产工具和生活必需品，构成当时封建经济不可缺少的组成部分。这些手工业者和小商人的绝大部分，都是自食其力的劳动者，同样受着沉重的压迫和剥削。在大多数情况下，他们能够参加农民革命队伍，成为反封建斗争的力量。战国时期，虽然封建生产关系已经在社会经济生活中占了主导地位，但奴隶制的残余还大量存在。历史文献中有关"奴"、"隶"、"仆"、"臣"、"竖"、"虏"的大量记载说明，农业生产中还在继续使用奴隶劳动，官营工商业领域主要依靠奴隶劳动，而在达官贵人、地主豪富的家内，更有成千上万的奴婢供主人驱使。在当时的社会里，奴隶的地位最低下，境遇最悲惨。他们没有丝毫的人身自由，主人可以随意将其买卖、转让，甚至用于殉葬。封建社会初期之所以还存在大量奴隶，一方面因为适当保存奴隶制残余作为封建剥削的补充，对地主阶级有好处；另一方面是因为地主阶级不可能彻底废除奴隶制。就是封建化比较彻底的商鞅变法，也有"事末利及怠而贫者，举以为收孥"[②]的规定，就公开承认奴隶存在的合法性。由于奴隶处于社

---

① 《韩非子·五蠹》。
② 《史记·商君列传》。

会的最低层,终日受着非人的待遇,他们往往成为农民起义的积极参加者。

初期封建社会虽然较之奴隶社会有着不可比拟的优越性,但它同样是一种残酷的剥削制度,它一开始就建立在严酷的阶级对抗的基础之上。农民阶级和地主阶级的矛盾是封建社会的主要矛盾。

随着经济基础的变动,在上层建筑领域也发生了重大的变化。首先在政治上,地主阶级掌握了政权,确立了自己的统治地位,以血缘亲疏选官的"世卿世禄"制度逐渐被"任人唯贤"、文武分途的官僚制度所代替,许多有才能的文武之士跻入列国的庙堂;各级奴隶主贵族专政的"分封制"逐渐被封建专制主义中央集权的郡县行政体制所代替。其次在思想领域,殷周以来处于主宰地位的人格神的天道观开始动摇。儒、墨、名、法、道、阴阳、兵、农、纵横等诸子百家,各以其鲜明的个性汇流成生气蓬勃、气象万千的时代思潮。当战国时代临近结束的时候,儒家的荀卿以其博大精深的天道自然观在哲学上为先秦诸子思想作了唯物主义的总结,而他的学生韩非,则以其法家深刻峻峭的笔锋,为新兴地主阶级的未来国家勾画出一幅理想的蓝图。

春秋战国五百多年间,伴随着奴隶社会向封建社会过渡的是连绵不断的争霸战争和兼并战争。虽然孟子对春秋以来各诸侯国之间的争霸战争深恶痛绝,斥之为"春秋无义战",但正是经过春秋时期近三百年的争战,造成了"弑君三十六,亡国五十二,诸侯奔走不得保其社稷者,不可胜数"[①]的局面。当东周第十五代国君周元王(仁)举行登基大典的时候,"天下共主"的周王室实际上已变成了局促于洛邑一隅的蕞尔小国。而昔日数以百计的向它称臣纳贡的诸侯国,都从黄河南北、长江上下游悄然而逝。在时代的大浪淘沙中发展壮大的战国七雄秦、齐、楚、燕、魏、赵、韩则各自雄踞一方,为争夺土地、人口、城市在军事、政治、外交各条战线上进行着更加激烈尖锐的兼并战争。社会的发展,经济文化的繁荣,战争的频繁激烈,构成了民族融合的大熔炉。春秋初期还保留在史籍中的具有各种名称的少数民族,到战国后期,就像飘进大海的雨点一样,都无声无息地汇进了华夏族这个巨大的共同体之中。随着各地区经济文化联系的加强和民族融合的发展,中国历史走向大统一的趋势日益明显。梁襄王问孟子:"天下恶乎定?"孟子对曰:"定于一。"[②]哲人的论断反映的是历史发展的客观要求。而兼并战争的形势,在经过了初期的魏国首强,中期的秦、齐对峙之后,到战国后期,已经形成了秦国独操胜利之券的不可逆转的局面。

当刘邦来到世上的时候,另一个伟大人物嬴政——即后来的秦始皇帝已先于他三年,即公元前259年(周赧王五十六年)出生在赵国的首都邯郸。也就在这一年,秦国与赵国

---

① 《史记·太史公自序》。

② 《孟子·梁惠王上》。

之间进行了战国时期规模最大的长平之战。赵国最精锐的四十万大军,被秦将白起活埋于太行山麓的丘壑之中。从此以后,战国兼并战争的形势急转直下。面对秦国咄咄逼人的进攻,东方六国只有招架之功,而无还手之力了。公元前 246 年(秦王政元年),十四岁的嬴政登上了秦国的王位,政权操在相国吕不韦手中。此时,秦国的军队虽然还在继续向东方推进,但它的内部却正在经历着极其激烈的斗争。公元前 238 年(秦王政九年),二十二岁的秦王嬴政毅然平定了假宦官长信侯嫪毐的叛乱。第二年,又免除了吕不韦的相国职务,把全国的军政大权集中到自己手里。之后,秦王在李斯、尉缭、王翦、王贲父子等一大批文臣武将的辅佐下,以日益凌厉的攻势展开了对六国的统一战争。公元前 230 年(秦王政十七年),秦军攻破韩国首都宜阳,韩王安成为六国中第一个亡国之君。公元前 228 年(秦王政十九年),王翦统帅的秦军大破赵军,赵王迁成了秦国的阶下囚。公元前 225 年(秦王政二十二年),秦将王贲决黄河之水直灌魏国首都大梁(今河南开封),魏王假拱手投降。公元前 223 年(秦王政二十四年),王翦统帅的六十万秦军攻破楚国的最后一个都城陈(今河南淮阳),俘楚王负刍。公元前 222 年(秦王政二十五年),秦将王贲攻破辽东,俘虏了三年前逃到此地的燕王喜。之后,王贲由辽东回军,途中灭掉赵王迁之子嘉建立的代国。第二年,这支秦军攻入齐国首都临淄,使齐王田建成为六国中最后一个做了俘虏的国王。当统一的凯歌声响彻中国大地的时候,指挥这场伟大统一战争的三十九岁的秦王嬴政踌躇满志地戴上了皇帝的冠冕。而未来的中国第二个封建皇朝的开国皇帝刘邦,这时却只不过是秦始皇帝统治下的一个中年农民。不管刘邦做皇帝以后的汉朝臣子们如何绞尽脑汁神化他的形象,未来的汉高帝在当时大概怎么也不会想象到十九年后,他自己会在群臣的欢呼声中登上皇帝的宝座。

二、真实的历史与历史演义

刘邦的故乡丰邑,秦朝时属泗水郡沛县,西汉时新设丰县。地处黄河中下游平原,地势西部略高,除东南部有华山、岚山和白驹山等几座不高的山丘外,其余都是一望无际的平原。丰河自西向东缓缓流过。县城西和北有不小的湖泊,当时称大泽,水草丰美,盛产鱼虾。春秋战国时期,这里气候温和,雨量充沛,农业生产比较发达。同时,由于这里距天下之中的陶丘(今山东定陶)不远,交通便利,工商交易活跃,信息灵通,而且民风慓悍。这一切,为后来刘邦举行丰沛起义创造了较好的条件。

刘邦出生的丰邑中阳里在今丰县城内。他从小生活在一个比较富裕的农民家庭中。他有两位兄长刘伯、刘仲,还有一个同父异母弟刘交,他排行第三,所以取名季①。从刘邦的家世中找不到血统高贵的人物,刘邦做皇帝以后,也从未胡诌一个显赫的世系加以炫耀。后来被尊为"太上皇"的父亲甚至连一个真实的名字也没有留下来,母亲甚至没有留下姓氏。以致为本朝写史的司马迁在《史记·高祖本纪》中只好写上"父曰太公,母曰刘媪",犹如今日之称呼刘老头、刘老太太而已。以后,刘氏皇朝延续数百年,子孙蕃衍,人们对刘邦的父母没有留下名字深以为憾,刘氏后裔对自己缺乏高贵的血统痛心疾首。于是,顾颉刚先生发现的那个"层累地构成的古史说"发挥了神力。先是王符说刘邦父亲名"煓",接着皇甫谧又说他父亲名"执嘉",母亲姓王。又有好事者说他母亲姓温,以胡编乱造著称的《春秋握成图》甚至给这位农村老太太胡诌出一个"含始"的名字②。自从魏晋以降谱牒之学大兴后,各姓氏都在寻找高贵血统上下功夫,于是几乎所有中国人都成了圣帝名王的后裔。清朝道光年间修成的《刘氏大成宗谱世系序》就是参考《汉书·高帝纪赞》编排的刘氏世系为刘邦演绎出一系列颇具光彩的祖宗:

> 我刘氏本于轩辕公孙氏,公孙氏生金天氏,金天氏生高阳氏,高阳氏生高辛氏,始自陶唐。昔者高辛氏之妃,随帝往视南郊,至埏水之上,注目东视,见粏(当为数)日累而行,意甚不悦。及归寝,梦如所见,忽一日飞入口中,梦觉遍体流汗。已而有娠,满十二月生子,左手有纹,成"刘累"二字。及长,性善扰龙。帝封于唐国。我刘氏始自陶唐,盖本如此。其后筑城临颖,习学豢龙之法,而事夏孔甲者,夏周十四王也。当时天降雌雄二龙,王命养之。遂赐其姓,为豢龙氏。后因龙死,潜醢以食。王使人求之。

---

① 《史记·高祖本纪》司马贞《索隐》:"按:汉高祖长兄名伯,次名仲,不见别名,则季亦是名也。故项岱云:'高祖小字季,即位易名邦,后因讳邦不讳季,所以季布犹称姓也。'"汉朝讳邦,如秦曰"相邦",汉则改为"相国"。

② 均见《史记·高祖本纪》司马贞《索隐》。

累惧，迁于鲁。后与大彭氏同仕商朝，作商侯伯，遂封为豕韦氏。是时为晋所灭，一支改唐，一支改杜。

考之《史记》，春秋时，同（周）封杜氏为杜伯，其子杜隰名温（隰）叔者奔晋，为士师之官，遂以官为姓，改士氏，生子即名士芳。芳生伯，缺（伯）生会，名子随，字公普，即晋国范武子也。其为人能修身治国，忠于国而无隐情，信于神而无愧辞，佐晋五君，以主盟中夏者，士会之力居多也。葬辽州和顺县九原山。士会生燮，燮生士丐，即晋国范宣子也。其子食采于范。鲁文公六年，士会适秦，迎公子雍，不随（遂），与先蔑固归于秦（晋）。七年，即以其族奔秦。后三年，晋人使魏颗之子名寿余者诈叛，投秦诱归士会。士会归晋，有子留居于秦，援累祖之姓，为刘氏。生子名夏者，即为刘氏定公。事周景王，内总朝政，外供军旅。

鲁照公（即昭公）元年，天王使公劳赵孟于颖，馆于洛汭。接谈之间，知其神怒民叛。人皆推定公有知人料事之明，信不诬也。定公生庄公，（庄公）生明公，（明公）生申公，（申公）生源公，（源公）生成公，获仕魏，为大夫。齐灭魏，徙居大梁，生丰，迁居丰沛。丰公名仁浩，葬虔州城东，生子煓。（煓）生伯。伯生肥。……

这个家谱，经过刘氏后代不断的努力，精心的选构，终于使刘邦与中国神话传说中的圣帝名王续上香火。但只要稍有历史常识，再对这一世系略加推敲，就会发现其破绽百出。例如，依年代推断，从传说中的轩辕氏到刘煓共二十二代，时间却是五千年左右，每代长达二百多年，显然悖于常理。即使从刘累算起，则刘煓是十八代，历时一千六百年左右，每代亦九十年左右，同样是不可能的。再如，刘邦前后的世系本不该出错，可是此谱的作者连《史记》、《汉书》也未认真查阅，竟让已迁居丰沛的刘邦祖父丰公刘仁浩（又名清）死后葬到距丰沛数千里之遥的虔州（今江西赣州）。这且不说，又竟然将确切无误的刘邦的儿子刘肥（后来封齐王）硬拉到刘伯的名下，让他变成刘邦的侄子。再说，如果刘邦确实如该谱所标明有如此显赫的家世，在当时血缘宗法关系仍为人们十分看重的历史条件下，刘邦一定会拿出来炫示一番，绝不会自诩"以布衣提三尺剑"了。联系到西汉末年反对王莽的起义领袖捕风捉影地都以刘氏后裔自居，东汉末年的刘备已经到了织席贩履的地步，还千方百计地续上刘邦的香火，打出"刘皇叔"的名号，就可明白，刘邦以前的世系是出自刘氏后裔的并不高明的杜撰。刘邦以上的家世虽难以稽考，但有一点似乎可以肯定，至少到他父亲一代，其家境还是比较富裕的。刘太公有两房妻室或一妻一妾，刘邦自己年轻时亦可不事生产，并被推择为吏①。而他的弟弟刘交甚至可以远离家乡，负笈向名儒浮丘伯学《诗》。这

---

① 《史记·淮阴侯列传》谓韩信"始为布衣时，贫无行，不得推择为吏"，可以作为刘邦家境比较富裕的反证。

一切都表明,刘邦的家庭大概快接近小地主的行列了。

刘邦的出身并不高贵,他的家庭也是平常而又平常。但是,由于他后来做了皇帝,成就了令人炫目的伟业,其出生和参加丰沛起事之前的行状就必须超常了。尤其是在刘邦登基以后,神化他的活动愈演愈烈。以致被誉为"不虚美,不隐恶"的良史司马迁,也只得把那些半是真实、半是虚构,半是溢美、半是神化的故事写到他那部"无韵之《离骚》,千古之绝唱"的《史记》之中。例如《史记·高祖本纪》这样记载:

> 其(刘邦)先刘媪尝息大泽之陂,梦与神遇。是时雷电晦冥,太公往视,则见蛟龙于其
> 上。已而有身,遂产高祖。

这显然是一个虚构的神怪故事,早在一千八百多年前,东汉大思想家王充就以科学的"因气而生,种类相产"之说驳斥了它的虚妄。现在丰县城北五里处的泡河之上,横卧着一座石桥,名"龙雾桥",据传就是刘邦母亲遇龙妊娠的地方。《史记》中还有些类似的神怪故事,如说经常赊酒给刘邦的酒店主人常见醉卧的刘邦身上显现龙形,相面的老人也对刘邦说"君相贵不可言"。后来刘邦弃职隐于芒砀山泽巉岩之间时,其妻子可以轻而易举地找到他,原因是他"所居上常有云气",等等。显然,后面这些故事都是从刘邦母亲遇龙妊娠的故事衍生出来的。大概早在原始社会,龙就成为华夏民族的图腾,进入文明社会后,龙也就衍化为最高统治者的象征。汉代人之所以有意无意地杜撰出如此之多刘邦与龙的故事,目的无非是说明刘邦是龙子龙孙,他后来当上皇帝只是"天命攸归"而已。

如果说以上的神怪故事都是出于虚构的话,那么,《史记·高祖本纪》和《汉书·高帝纪》同样记载的一段刘邦斩蛇的故事,情况就比较复杂了:

> 高祖以亭长为县送徒骊山,徒多道亡。自度比至皆亡之,到丰西泽中,止饮,夜乃
> 解纵所送徒。曰:"公等皆去,吾亦从此逝矣!"徒中壮士愿从者十余人。高祖被酒,夜
> 径泽中,令一人行前。行前者还报曰:"前有大蛇当径,愿还。"高祖醉曰:"壮士行,何
> 畏!"乃前,拔剑击斩蛇。蛇遂分为两,径开。行数里,醉,因卧。后人来至蛇所,有一
> 老妪夜哭。人问何哭,妪曰:"人杀吾子,故哭之。"人曰:"妪子何为见杀?"妪曰:"吾
> 子,白帝子也,化为蛇,当道,今为赤帝子斩之,故哭。"人乃以妪为不诚,欲告之,妪因
> 忽不见。后人至,高祖觉。后人告高祖,高祖乃心独喜,自负。诸从者日益畏之。①

---

① 《史记·高祖本纪》。

显然,这是一个真假参半的故事。刘邦于黑夜的草泽中杀死一条当道的大蛇,的确显示了超出其同伴的无畏和勇敢气魄,赢得了同伴们的敬畏和拥护,但事件本身并无神秘色彩。关于刘邦斩蛇的丰西泽的方位,唐朝地理著作《括地志》说:"斩蛇沟源出徐州丰县中平地,故志云高祖斩蛇处,至县西十五里入泡水。"明朝版的《丰县志》载:"斩蛇沟在县治西二十里许,汉高祖斩蛇侧。"据此可认定丰西泽在今丰县城西十四五里处的白衣河畔。经过两千多年历史的变迁,昔日湖水浩荡、杂草丛生的丰西泽,今天已变成人烟密布的村庄和田畴。只有耸立于白衣河畔的高祖斩蛇亭还能让人们想象当年发生在这里的那惊心动魄的一幕。因为刘邦成就帝业以纵徒斩蛇为起点,所以丰西泽的斩蛇沟就成为重要的古迹吸引无数文人墨客前来凭吊。不少人来到这里,面对茫茫旷野,芦花秋月,徘徊瞻顾,吟诗作赋,抒发历史兴亡之感。唐朝诗人胡曾来此凭吊,留下《斩蛇沟》一诗:

> 白蛇初断路人通,汉祖龙泉血刃红。
>
> 不是咸阳将瓦解,素灵哪哭月明中。

表露出的是一种宿命论的浩叹,格调不高。

　　这个斩蛇故事的后半段,老妪哭诉赤帝子杀白帝子,不仅是神秘的虚构,而且很可能非《史记》所有,而是出于以后的好事者之笔。因为从汉初到司马迁时期,关于汉"运"还只有水德、土德说,赤帝子作为火德的符应,司马迁显然杜撰不出来。最早提出汉"运"为火德的是刘向、刘歆父子,见于《汉书·郊祀志赞》。只有在此之后才有可能衍化出赤、白帝之争的故事。东汉以降,那位篡汉的王莽就被人打扮成白帝子的化身,以便与刘邦的斩白蛇相照映。最大的可能是,刘邦斩蛇的神秘故事在两汉之际反对王莽的起事中被编撰出来,并在东汉广为流传。因为此时谶纬迷信的肆虐为此类故事的出笼提供了最适宜的时代条件。后来,班固在写《汉书·高帝纪》时就写上了这段故事。再后,又被好事者移到《史记·高祖本纪》之中。《史记》在写刘邦自起义至立为沛公以前的事迹时,均称刘季而不称高祖,这段故事正发生在此期间,理应称刘季。但此事不称刘季而称高祖,此应为后人窜入的确证。

　　在刘邦的故乡丰县,千百年来流传着许多刘邦的传说故事,有许多与刘邦有关的文物古迹。虽然不少出于后人的附会,但反映的却是当地百姓的心声。

　　例如,中国的一般县城都是东西南北四个城门,可是丰县城却有五个城门。除正常的四个城门外,在城的东北方向还有一个低矮的小城门。此门虽比不上其他四门巍峨雄伟,但却有着一段不平常的来历:当年刘邦造反的意图被发现后,丰邑的秦朝官吏督兵搜捕。官兵关闭四个城门后,即刻逐门逐户地盘查。此时刘邦及其同伙正在丰邑城内,知道寡不敌众,不能硬拼,决定迅速潜出城外。可是四门紧闭,城墙上又有士兵放哨。刘邦一伙东转西奔,真是上天无路,入地无门。他们逃到东北角,眼看官兵追到,正在焦急惊恐之时,忽然城墙上一门洞开。刘邦一行喜出望外,呼叫着"天助我也!"一阵风般冲了出去。待官兵赶到,早不见刘邦一伙的踪影,只能惊愕地望洋兴叹了。这显然是一个杜撰的故事。所谓丰邑的第五个城门实际上是个水门,是城内积水流向城外的通道,与刘邦本人是没有什么关系的。丰县人之所以津津乐道这个故事,无非是神化他们故乡的这位"真龙天子",把他的一切活动都说成有神灵相助。

丰县城中,与刘邦关系最密切的建筑莫过于"厌气台"了。据明朝《丰县志》以及后来的《徐州府志》、《江南通志》、《大清一统志》、《江苏省鉴》等记载,公元前219年(秦始皇二十八年),秦始皇东游,见丰县地方有出生帝王的祥云瑞气,因此在县衙门前筑一高台,下埋宝剑、丹砂,以厌天子气。他认为如此一来就可以破坏这里的风水,就不会再出"天子"了。但秦始皇的一厢情愿最终成为泡影,未来的汉家天子刘邦终于在这里出世并倾覆了秦朝。当年这座厌气台是丰县城内的最高建筑,引来历代墨客骚人登临远眺,以诗文发思古之幽情以及对历史的评判。宋朝梁灏《厌气台》诗写道:

> 天生王气何能厌,嬴氏空劳筑此台。
> 今日我来台上看,残春寂寞野花开。

元朝徐克昌的同名诗写道:

> 秦世当年已失鹿,一时哪用筑高台!
> 思量此计成何用?风雨而今半草莱。

明朝的袁遵道亦有同名诗:

> 西出咸阳驾上东,苍生辛苦恨遭逢。
> 古来有德唯天命,厌气台空夕照中。

明朝的朱景阳有一首《秦台夜月》,写的也是同样的题材:

> 厌气台空荒草深,犹存断碣识嬴秦。
> 凌风老鹤悲残月,混水长蛟吐暗云。

四海乾坤归圣主,中阳故里出真人。

祖龙枉费经营力,逐鹿干戈起战尘。

这些诗句表达的基本上是一个意思:秦皇朝气数已尽,无论用什么办法都无法挽回它灭亡的命运。而天命独钟的刘邦作为四海乾坤的新主决不是一个土台可以压住的。所有这些诗都承认这个土台是秦朝为厌天子之气而兴建,谁也没有对其性质表示疑义。明朝嘉靖五年(1526),黄河水入城,厌气台倒塌。此后再没有恢复起来。今天人们看到的仅仅是故址上的石碑,标明了厌气台的方位。

如果冷静地加以分析,人们有理由怀疑,厌气台很可能是一个附会的古迹。附会的根据主要是《史记·高祖本纪》的一句话:"秦始皇帝常曰'东南有天子气',于是因东游以厌之。"当时人们迷信,真龙天子头上一定有祥云缭绕。命中注定贵贱不同的人头上之气亦有很大差异。因而当时有"望气"这一迷信职业。刘邦后来做了皇帝,自然与常人大不相同,做皇帝前也一定有许多异兆。于是赤帝子白帝子之争,"居上常有云气"之类异兆便逐步杜撰出来并写入正史。秦始皇一生多次出巡,其目的的确是宣扬天子声威,震慑心怀异志的反叛者。其东巡共三次。第一次在公元前219年(秦始皇二十八年),先上邹峄山,接着封泰山,禅梁父,然后北上,沿渤海东行,至成山,登之罘,南至琅邪,留三月,筑琅邪台。最后离琅邪南行,经彭城、衡山、南郡折而北,由武关返咸阳。公元前218年(秦始皇二十九年)第二次东巡,经阳武,登之罘。之后经琅邪,由上党返咸阳。第三次东巡是公元前210年(秦始皇三十七年),先至云梦,接着浮江而下,经丹阳(今安徽马鞍山市东),至钱塘(今浙江杭州),自上游渡浙江(今钱塘江),登会稽山,然后北上,经吴(今苏州),从江乘(今南京东)渡江,至琅邪,再东行至荣成山(即成山),旋即东返,至平原津(今山东平原南)渡黄河西行,最后病逝于沙丘(今河北广宗)平台。三次东巡,都没有经过丰邑,更没有在丰邑筑台的记载。秦始皇筑台,见于记载的只有琅邪台和怀清台。丰邑的筑台有可能发生在秦代,但并非奉秦始皇之命,也不是为了厌天子之气,而最大可能是地方官为城市防卫需要所为。后来因为这里出了刘邦这个汉朝的开国之君,人们有意无意地将筑台与秦始皇和刘邦联系在一起就是十分自然的了。尽管厌气台是一个附会的古迹,但它仍然有存在的历史价值,它至少证明:秦朝的灭亡和汉朝的建立都是合乎民心和适应历史潮流的。

三、"大丈夫当如此也!"

据《史记·高祖本纪》描述,刘邦有一副异乎常人的非凡的相貌。他身材高大魁梧,前额宽阔舒展,鼻子高大而微翘,二十多岁以后,就蓄起浓密漆黑的胡须,最奇特的是左大腿上有七十二颗黑痣。大概到了东汉时期,谶纬神学的《合诚图》就把七十二颗黑痣与赤帝子的七十二日之数联系起来,把刘邦神化了。不过刘邦也的确与一般朴实的农民子弟不同。他待人宽厚,喜欢施舍,性格豁达大度,行为放荡不羁。可能因为家境比较富裕,两个兄长都随父亲从事农业生产,使刘邦有条件读了一点书。丰县护城河边有一个马公书院,据说是刘邦跟随他的老师马惟先生读书的地方。在这小小的书院里,刘邦提高了自己的文化修养,并且结识了萧何、卢绾这些少年朋友。后来,刘邦在反秦战争和楚汉战争的岁月里,能够对兵书有极强的领悟能力,晚年能写出《鸿鹄歌》和《大风歌》,说明他的文化修养还是不错的。只是由于以后他一度对儒生的大不敬态度和《戒子书》中"自喜谓读书无益"的自白,有人就甚至认为刘邦是一个从来不读书的粗野村夫了。唐朝章碣有这样一首诗:

> 竹帛烟消帝业虚,关河空锁祖龙居。
>
> 坑灰未冷山东乱,刘项从来不读书。

此诗影响甚大。在人们心目中,刘邦不读书的无赖形象仿佛定格了。其实,刘邦只是没有像儒生那样穷年累月地死啃经书,他在学校里读书的时间也不太长,并不能由此推断他没有一点文化修养。

青年时代的刘邦很少参加生产劳动,因此不止一次地受到父亲的斥骂,说他不如两个哥哥守本分,有出息。刘邦不与父亲争辩,但依然我行我素。他广于交游,萧何、周勃、樊哙、卢绾等人大概就是在此时与他结识的。他又十分热衷于参加一些民间的社会活动。丰邑城中有一个粉榆社,是战国时期建造的一个土地神庙,中阳里的百姓每年都定期在这里举行祭祀活动,祈祷人寿年丰。刘邦就是这一活动的组织者。通过参与民间的一些社会活动,刘邦广泛接触到社会上的各个阶层,了解到他们的愿望和要求,也锻炼了自己的组织领导才能。

大概在公元前224年(秦王政二十三年)以后,刘邦被推择为最基层的官吏,到与沛县县城隔河相望的泗水做了亭长。公元前224年,秦军攻占了楚国淮泗以北的全部土地,并设立了以相县(今安徽灵璧北)为郡城的泗水郡,丰邑、沛县皆为该郡的辖地。显然,刘邦做亭长不能早于这一年。同时,根据秦律《内史杂》规定,"除佐必当壮以上"(《礼记·曲礼》:"三十曰壮"),刘邦当年已经三十三岁,是符合做佐吏的年龄的。泗水亭是紧靠泗水这条自北而南流向河流的一座小镇,是泗水郡和薛郡之间的水陆交通要冲,地理位置比较重要,所以沛县在此设亭进行管理。亭是县以下设立的负责治安和邮传的机构,由县尉领导。其属员中的"求盗"专司治安,"亭候"专司邮传。刘邦对亭长的职务是胜任愉快的,不用太多的精力,他就能处理好公务。公务之余,刘邦喜欢饮酒,也爱同一些年轻美貌的妇女来往。镇上有王媪、武负两位老年妇女开设的小酒店,刘邦经常到她们那里赊酒喝。由于刘邦是当地的头面人物,同事、朋友较多,他的光顾自然使这两个小店生意兴隆,所获利润丰厚。但刘邦喝酒从来不交钱,每到年终,欠债累累。不过,两位酒店女老板都不好意思向刘邦讨债,因为刘邦的确给她们的酒店带来好处,再则他又是当地的治安官员,也不好得罪。所以每到年底,两位女老板总是当着刘邦的面,笑嘻嘻地将那些记载酒帐的竹简折毁,表示不要他偿还了。而刘邦也往往一笑置之,泰然接受店主人的好意。

刘邦正式娶妻很晚。究其原因,大概一是由于他青年时期游手好闲,不务正业,一些有身份地位的人家不愿意把自家女儿嫁给他,二是他过于挑剔,一时也找不到合适的女子,再加上他的父母对这个儿子的婚事或许不怎么热心,所以他的婚事就一直拖下来,直到而立之年仍是孑身一人。不过,这种状况似乎并没给刘邦带来多少苦恼,他可以自由地与许多女性厮混,享受露水夫妻的快乐。他的年龄最大的儿子,后来封为齐王的刘肥,就是其外妇曹氏所生。刘邦做亭长以后,一个偶然的机会使他与吕雉结为正式夫妻,这是一桩带有传奇色彩的婚姻。吕雉的父亲没留下名字,《史记·高祖本纪》司马贞《索隐》引《相经》说他"名文,字叔平",可能是出于后人的附会。司马迁审慎地称其为吕公,他是当时沛县县令的好朋友,原来家居单父(今山东单县)①,因躲避仇人来沛县投靠县令,便在县城安顿下来。沛县的佐史士绅豪杰听说县令家里来了尊贵的客人,都纷纷前去祝贺。于是就发生了下面颇具戏剧色彩的一幕:

> 萧何为主吏,主进,令诸大夫曰:"进不满千钱,坐之堂下。"高祖为亭长,素易诸吏,乃绐为谒曰:"贺钱万。"实不持一钱。谒入,吕公大惊,起,迎之门。吕公者,好相人,见高祖状貌,因重敬之,引入坐。萧何曰:"刘季固多大言,少成事。"高祖因狎侮诸客,遂坐上坐,无所诎。酒阑,吕公因目固留高祖,高祖竟酒,后。吕公曰:"臣少好相人,相人多矣,无如季相,愿季自爱。臣有息女,愿为季箕帚妾。"酒罢,吕媪怒吕公曰:"公始常欲奇此女,与贵人。沛令善公,求之不与,何自妄许与刘季?"吕公曰:"此非儿

---

① 一说"吕公,汝南新蔡人"。见《史记·高祖本纪》司马贞《索隐》引《汉旧仪》。

女子所知也。"卒与刘季。①

上面的情节不见得完全属实,但刘邦从此得到了一个送上门的媳妇。他把吕雉娶到丰邑中阳里的老家,自己则经常在泗水亭忙于公务。不久,吕雉为刘邦生下了一女一子,这就是后来的鲁元公主和惠帝刘盈。在刘邦起事前,吕雉带领一双儿女在家从事田园耕作,刘邦在公务闲暇时也赶回家与妻儿团聚,夫妻互敬互爱,过着平静的生活。有一次,刘邦回家看望正在田中劳作的妻子儿女,吕雉告诉他:刚才有一老人路过田头,向她求水喝,她就请老人吃了一顿饭。饭后老人给她相面,说她是"天下贵人"。她于是又求老人给一双儿女相面。老人相儿子,说:"夫人所以贵者,乃此男也。"②相女儿,也说是一副贵人相。刘邦听了,十分高兴,忙问老人走了多长时间。吕雉说,刚离开不久,还追得上。刘邦顺着老人离去的方向大步流星地追去。见到老人,要求他为自己相面,老人说:"乡者夫人婴儿皆似君,君相贵不可言。"刘邦听了,既高兴又感激地说:"诚如父言,不敢忘德。"③后来刘邦做了皇帝,曾派人寻访这位老人,始终没有找到。司马迁写的上述吕公和老父为刘邦相面的两个故事,显系得之传闻,不可尽信,但吕公不顾妻子的劝阻毅然将女儿嫁给刘邦,的确显示了他的知人之明。后来的历史表明,刘邦不费吹灰之力得来的这位妻子,即后来的吕后,并非一般等闲的村妇。虽然她在刘邦发迹前勤苦持家,种田灌园,相夫教子,颇具贤妻良母的风范,但当刘邦贵为皇帝,她被推上政治舞台以后,就显示了女政治家的特有的精明、果决和刚毅。作为刘邦的妻子,日后她曾为汉皇朝的稳定和繁荣做出了别人难以替代的贡献,也曾因经营吕氏集团导致了统治阶级内部的一场流血冲突。

做了亭长的刘邦,面对的是秦皇朝统一全国后兴旺发达的景象,他忠于职守,兢兢业业,尽心尽力地为这个政权服务,希冀步步升迁,攀上较高的官位,光耀门楣,封妻荫子。秦皇朝建立后,大规模徭役的征发接连不断,刘邦不止一次地奉命押送刑徒、民夫去首都咸阳服役。这一活动使他看到了外面的大千世界,长了不少见识。有一次,他送刑徒到咸阳,在办完交接手续后,又一次来到大街上观光,首都的繁华景象令他目不暇接。突然,街上的人群有秩序地退到两旁站立,带剑荷戟的士兵威武地挺立在人群前面,警卫着大街中心的通道,原来是秦始皇出巡的大队人马经过这里。因为当时还没有后世皇帝出巡时一般臣民回避的制度,所以平民百姓纷纷前来聚观。刘邦挤在人群里,看着秦始皇乘坐的高大华丽的马车在威武雄壮的车骑、仪仗队伍的护卫下缓缓通过,惊异得睁大了眼睛,忘记

---

① 《史记·高祖本纪》。

② 《史记·高祖本纪》。

③ 《史记·高祖本纪》。

了呼吸,仿佛梦境一般。及至车骑远去,街市又恢复了常态,他才如梦初醒,感慨万端地说:"嗟呼,大丈夫当如此也!"①表达了对秦始皇威武气势的无限震惊、倾慕和向往之情。他庆幸自己遇上了千载难逢的时机,得以目睹如此壮丽和辉煌的一幕。他才明白,在自己居住的乡村田野之外,还有如此宏伟的城市和宫室,在自己那仅仅温饱的生活之外,还有如此的豪华和享受。此时的刘邦,虽然还不好断定他已经萌生了取秦始皇而代之的野心,但其内心的向往肯定已超过了一个小小亭长的地位和享受。这一观赏秦始皇出巡的机遇,形成了刘邦理想升华的契机,此后对于荣华富贵的追求便成为引导他冒险奋斗的原动力。"自从阶级对立产生以来,正是人的恶劣的情欲——贪欲和权势欲成了历史发展的杠杆"②。一旦时机成熟,风云际会,刘邦就会义无反顾地走上历史的竞技场,用拼死的奋斗去猎取那用荣华富贵装饰起来的耀眼的皇帝宝座。

---

① 《史记·高祖本纪》。

② 恩格斯《路德维希·费尔巴哈和德国古典哲学的终结》,《马克思恩格斯选集》第 4 卷,人民出版社 1972 年版,第 233 页。

四、"天下苦秦久矣!"

历史为刘邦从小小的泗水亭长跃向大汉皇帝的宝座提供了机遇,这就是秦皇朝的二世而亡。

(一)胜利冲昏头脑

秦始皇是一个时代造就的集英雄与暴君于一身的人物,他利用其先辈积累下的政治、经济和军事的力量,乘历史业已形成的统一之势,以风扫残云般的气势,完成了统一中国的大业。面对"六合之内,皇帝之士,西涉沉沙,南尽北户。东有东海,北过大夏,人迹所至,无不臣者"①的大一统局面,秦始皇志得意满,顾盼自雄,真的相信自己就是"德兼三皇,功过五帝"的空前绝后的千古一帝了。一方面,由于他是刚刚握有全国政权的新兴地主阶级的最高代表,历史的正当性在他身上表现出进取的活力和成就一番伟大事业的宏伟气魄;另一方面,空前的胜利,臣僚的颂扬,又使他把一切成就都归功于自己,并把已取得的胜利看成历史的顶峰。因而飘飘然,昏昏然,认为自己可以主宰一切,为所欲为了。这样,伴随唯意志论而来的必然是愚蠢与暴行。

秦始皇作为统一的封建皇朝的第一代统治者,的确做了不少对后代影响深远、促进历史发展的好事。在政治上,他完善了战国时期已经产生的以郡县为基础的专制主义中央集权的行政体制和官僚制度,保证了全国高度的集中统一。他制定了《秦律》,"周定四极,普施明法,经纬天下,永为仪则"②,把地主阶级的既得利益以法律的形式固定下来,以求做到"尊卑贵贱,不逾次行。奸邪不容,皆务贞良。细大尽力,莫敢怠荒。远迩辟隐,专务肃庄"③。他实行普遍的征兵制,建立了一支包括卫士、材官(步兵)、骑士、楼船士各兵种的庞大的武装部队,以便随时镇压不论什么地方出现的反叛事件。他还收缴民间兵器,大规模地迁徙六国旧贵族。这些措施都在政治上起到了巩固统一的作用。在经济上,他实行"上农除末"的政策,于公元前216年(秦始皇三十一年)下令"使黔首自实田"④,以国家法律的形式,承认百姓对所占土地的使用权。又奖励徙民垦荒,打击商人,统一货币和度量衡。还修筑了驰道、直道、五尺道,这些措施促进了生产的恢复和发展,也为各地经济文化的交流创造了条件。另外,他推行的"书同文"即统一简化文字的措施,也对文化教育的发展和全国政令的统一有好处。以上政策和措施,如果能得到正常的实施,秦皇朝一定会出现一

---

① 《史记·秦始皇本纪》。
② 《史记·秦始皇本纪》。
③ 《史记·秦始皇本纪》。
④ 《史记·秦始皇本纪》裴骃《集解》引徐广曰。

个经济文化兴旺发达的时代。然而,由于已被胜利冲昏了头脑的秦始皇同时又接连不断地推行苛暴政策,为此而实行无限制的赋税、徭役征发,再伴以严刑峻法,结果使原本正确的政策措施不能发挥有益的效应,先进生产关系的优越性也无从显现,相反却使阶级矛盾和社会矛盾迅速激化。这一切说明,秦皇朝的不少政策措施违背了历史发展的客观要求,即违背了人民要求休养生息、发展生产、繁荣经济和文化的愿望。我国历史从春秋开始到秦国统一,整整五个半世纪,二十多万个日日夜夜,几乎都是在连绵不断的战争中度过的。五霸争强,七雄角力,尊王攘夷,合纵连横,历史在刀光剑影中完成了由奴隶社会向封建社会的过渡,但劳动人民却在劳累、饥饿和死亡相伴下,为这种历史的进步付出了极其沉重的代价。战乱使他们渴望安定,思念统一,向往和平。他们拥护秦国的统一战争,是希望这种战争能够给他们带来和平和安定的生活,使父子相聚,夫妇相守,发展生产,繁荣经济,永离战乱之苦。对于这种人心所向,汉代的严安曾作过很好的说明:

> 及至秦王,蚕食天下,并吞战国,称号皇帝,一海内之政,坏诸侯之城。销其兵,铸以为钟虡,示不复用。元元黎民得免于战国,逢明天子,人人自以为更生。向使秦缓刑罚,薄赋敛,省徭役,贵仁义,贱权利,上笃厚,下佞巧,变风易俗,化于海内,则世必安矣。[1]

可惜以秦始皇为首的秦朝统治者,已被人民用鲜血换来的胜利陶醉得忘乎所以了。他们不仅未能"体民之情,遂民之欲",反而反其道而行之,"拂民之情,抑民之欲",在人民和社会最需要休养生息的时候,采取了完全相反的政策。在战争已经结束的时候,还在继续推行战争时期的暴力政策。这样一来,人民被逼上绝路,他们也只好用暴力的手段来回敬秦皇朝的倒行逆施了。

(二)沉重的赋税和徭役

秦皇朝是通过战争手段统一全国的,这使它建立的制度一开始就带有军事封建色彩。人民用鲜血换来了和平和统一,但和平和统一带给他们的,却是无异于甚至超过了战争时期的压迫和剥削。

秦朝统治时期,中国疆域辽阔,人口稀少,土地问题并不构成激化阶级矛盾和社会矛盾的主要原因。当时广大人民,主要是农民所遇到的根本问题不是无地可耕,而是没有时间耕种,即使种田收获的绝大部分财富,又被封建国家以各种名目搜刮而去。秦皇朝对劳动人民赋税和徭役的盘剥,《汉书·食货志》作了这样的论述:

---

① 《汉书·严安传》。

至于始皇,遂并天下,内兴功作,外攘夷狄,收泰半之赋,发闾左之戍。男子力耕,不足粮饷;女子纺绩,不足衣服。竭天下之财以奉其政,犹未足以澹其欲也。

秦朝的赋税主要有田租和口赋两大项。田租即土地税,"收泰半之赋",即土地收获物的三分之二①。这不仅囊括了农民的全部剩余劳动,甚至也包括部分必要劳动。除缴纳粮食外,还要缴纳刍、稿,即牲畜饲料和柴草,每顷刍三石,稿二石,而且不管所受之田是否耕种,一律按授田数目交纳。只要看秦简记载中的咸阳、栎阳、灞上、陈留、成都以及各郡县都有数以万石计的粮仓,整个秦朝经常有上百万的人从事守塞和各种徭役,就可明了秦朝有多大的粮食消耗,而这些粮食显然都是用皮鞭和棍棒从农民那里勒索出来的。除了田租,还有口赋,即人头税。《秦会要》载:"秦坏井田之后,任民所耕,不计多少,已无所稽考,以为赋敛之厚薄。其后遂舍地而税人,则其缪尤甚矣。"《通典·食货四》载:"秦制则不然,舍地而税人,故地数未盈,其税必备。"这种人头税究竟交多少,史无明文,但根据《汉书·食货志》所说秦时"田租、口赋、盐铁之利,二十倍于古"的情况看,数额显然不小。而"舍地而税人",即按人口多少交纳口税,也显然对占有土地较少的劳动人民不利。沉重的赋税几乎掠光了农民仅有的一点积蓄,而繁重的徭役更是榨干了他们的每一滴膏血。秦朝的徭役征发不仅次数多,而且规模大,劳动人民几乎没有任何喘息的机会。仅《史记·秦始皇本纪》所载,从秦始皇二十六年到三十六年十年之间,大规模的徭役征发即不下十数起:

二十六年(公元前221年),徙天下豪富于咸阳十二万户。……秦每破诸侯,写放其宫室,作之咸阳北阪上,南临渭,自雍门以东至泾、渭,殿屋复道周阁相属。

二十七年(公元前220年),作信宫渭南。……自极庙道通骊山,作甘泉前殿。筑甬道,自咸阳属之。是岁……治驰道。

二十八年(公元前219年),秦始皇南登琅邪,大乐之,留三月,乃徙黔首三万户琅邪台下,复十二岁,作琅邪台。……遣徐市发童男女数千人,入海求仙人。……使刑徒三千人皆伐湘山树,赭其山。

三十二年(公元前215年),坏城郭,决通堤防。……始皇乃使将军蒙恬发兵三十万人北击胡,略取河南地。

三十三年(公元前214年),发诸尝逋亡人、赘婿、贾人略取陆梁地,为桂林、象郡、南海,以谪遣戍。西北斥逐匈奴,自榆中并河以东,属之阴山,以为十四县,城河上为塞。又使蒙恬渡河取高阙、阳山、北假中,筑亭障以逐戎人。徙谪,实之初县。

三十四年(公元前213年),谪治狱吏不直者,筑长城及南越地。

① 《淮南子·兵略训》高诱注:"赍民之三而税二。"《汉书·食货志》颜师古注亦云:"泰半,三分取其二。"

三十五年(公元前 212 年),除道,道九原抵云阳,堑山堙谷,直通之。……乃营作朝宫渭南上林苑中。先作前殿阿房,东西五百步,南北五十丈,上可以坐万人,下可以建五丈旗。周驰为阁道,自殿下直抵南山。表南山之颠以为阙。为复道,自阿房渡渭,属之咸阳……隐宫徒刑者七十余万人,乃分作阿房宫,或作骊山。发北山石椁,乃写蜀、荆地材皆至。关中计宫三百,关外四百余。……因徙三万家丽邑,五万家云阳。

三十六年(公元前 211 年),迁河北榆中三万家。二世即位后,复作阿房宫,继续修筑骊山墓。又尽征材士五万人屯卫咸阳。

以上粗略记载表明,秦皇朝自建国伊始,就"内兴功作,外攘夷狄",几乎无日不在征发,使大量的人力物力耗费在无休止的徭役之中。汉代的不少政治家和思想家在论及秦亡的原因时,都用悲愤的笔调,揭露了当时赋税和徭役造成的令人发指的惨象:

男子疾耕不足于粮饷,女子纺绩不足于帷幕。百姓靡敝,孤寡老弱不能相养,道路死者相望,盖天下始畔秦也。[1]

丁男被甲,丁女转输,苦不聊生,自经于道树,死者相望。[2]

往者秦为无道,残贼天下。兴万乘之驾,作阿房之宫,收太半之赋,发闾左之戍,父不宁子,兄不便弟,政苛刑峻,天下熬然若焦,民皆引颈而望,倾耳而听,悲号仰天,叩心而怨上。[3]

至秦则不然,贵为天子,富有天下,赋敛重数,百姓任罢,赭衣半道,群盗满山。[4]

秦皇帝以千八百国之民自养,力罢不能胜其役,财尽不能胜其求。一君之身耳,所以自养者驰骋弋猎之娱,天下弗能供也。劳罢者不得休息,饥寒者不得衣食,亡罪而死刑者无所告诉。人与之为怨,家与之为仇,故天下坏也。[5]

秦始皇即位三十九年,内平六国,外攘四夷,死人如乱麻,暴骨长城之下,头颅相属于道,不一日而无兵。由是山东之难兴,四方溃而逆秦。[6]

诸如此类的议论,还有很多,不胜列举。如果说这些汉人的论述不可避免地带着对前朝的偏见,因而有些夸大不实的话,那么秦朝臣子们在皇帝面前那些小心翼翼的箴言该是比较

---

① 《史记·平津侯主父列传》。
② 《史记·平津侯主父列传》。
③ 《史记·淮南衡山列传》。
④ 《汉书·贾山传》。
⑤ 《汉书·贾山传》。
⑥ 《汉书·武五子传赞》。

可靠吧。当陈胜吴广领导的农民起义军声势浩大地向关中进军的时候,秦丞相冯去疾、李斯、冯劫语重心长地劝谏二世说:"关东群盗并起,秦发兵诛击,所杀亡甚众,然犹不止。盗多,皆以戍、漕、转、作事苦,赋税大也。请省阿房宫作者,减省四边戍转。"①这里,李斯等作为秦皇朝的最高级的官吏也不得不承认徭役的繁苛是"群盗并起"的重要原因。秦朝的役名目繁多,但主要分兵役和力役两种。按照秦朝法律规定,所有成年男子,都需服兵役二年。一年做卫士,担任京师宫殿和官府的守卫。一年在本郡服役,根据需要做材官(步兵)、骑士(骑兵)、楼船士(水兵)。每人每年累计戍边三日。如果完全照此办理,这一兵役负担并不算重。但是,由于秦皇朝外攘夷狄的军事征伐不断扩大,服兵役的年龄和期限都打破了规定。所谓"发闾左之戍"实际上是所有成年男子全部被征发②。应征者不仅脱离了生产,而且还要自备衣服费用,这是一般农民家庭难以承受的负担。兵役之外,力役更是繁苛。首先是"月为更卒",即每个成年男子每年在地方政府服徭役一个月,担负各种杂役。其次是漕、转,即输送粮食及其他军需物资的船漕车转的运输服务。由于秦朝伐匈奴、平百越的战争连年不断,加上兴建许多巨大的土木工程,粮食、军需和各种建筑材料需要量很大,漕、转就成为一项经常而沉重的徭役。当时,从东南沿海飞刍挽粟到今天山西内蒙古一带的北方国防前线,路程数千里之遥,运送粮食三十钟(一钟六石四斗)只能有一石到达,途中耗费惊人。再则是"作"、"事",即土木工程和杂泛差役。秦皇朝建立后,土木工程不仅没有停止,而且变本加厉,规模越来越大。如果说筑长城,凿灵渠,修驰道、直道、五尺道之类,纵然劳民伤财,尚有经济和国防上的积极意义,那么,数以千百计的离宫别馆,穷极壮丽的阿房宫和骊山陵墓等工程,则完全是为了统治者生前和死后的享乐而兴建的。而恰恰是这些工程,旷日持久地役使着数以十万计、百万计的劳动力。此外,郡县地方政府为了筑城、缮垣、修建官舍,也要征调大量的人力物力。除以上法定的徭役外,还有许多临时征派,如《徭律》规定,居住在禁苑、牛马牧场附近的农民,必须随时听候征调修筑堑壕、城垣、藩篱,"其近田恐兽及马牛出食稼者,县啬夫材兴有田其旁者,无贵贱,以田少多出入,以垣缮之,不得为繇(徭)"。这显然是临时加派的一种非法定徭役。更有甚者,在秦皇朝统辖的地方,连残疾人都得服役。《法律答问》中就记载,"罢癃守官府",这较之战国时期其他各国残疾人都享有免役之权相比,秦国人民的负担更重一些。此一状况到秦

---

① 《史记·秦始皇本纪》。

② 关于"发闾左之戍",历来注释家解释不一。我们认为"闾左"即闾佐或里佐,是一种职役,也就是国家规定应该服役的人都征发完了,"后入闾,取其左",即把本来已免除国家徭役在基层服役的闾中职役"闾佐",或者说直接负责征发服役的人也征发了,所以汉人认为"发之不顺,行者深怨,有背畔之心"(《汉书·晁错传》)。参见张汉东《"闾左"新解》,载《中国社会科学》(未定稿)1984年第27期。2002年湖南龙山里耶古城一号井出土的秦简中,在"里典"(里正)之下,即有"里佐"为其副职。

朝统一后变本加厉。显然,《庄子·人间世》所记述的那位"支离疏"如果是秦皇朝的子民,他就无法优游岁月了。秦政府为了迫使百姓老老实实地服役,制定了维护这种制度的严刑峻法。《法律答问》规定:"不会,治(笞)。未卒岁得,治(笞)当驾(加)不当?当。"这说明,对不服徭役和服役不足期限者,都处以笞刑。《徭律》还规定:"御中发征,乏弗行,赀二甲。失期三日到五日,谇。六日到旬,赀一盾。过旬,赀一甲。"如果屯戍失期,"法皆斩"。秦朝法律还规定,有爵位的男子五十六岁免役,无爵位者六十免役。为了防止在年龄上弄虚作假,《傅律》规定如下条律:"百姓不当老,至老时不用请,敢为酢(诈)伪者,赀二甲。典老弗告,赀各一甲。伍人,户一盾,皆奄(迁)之。"就是说,不当免老而免老,罚二甲。里典、伍老不告发者罚一甲,相邻伍者,每家罚一盾,并且都予以流放。为了保证兵役、徭役和赋税的征发,秦很早就实行了严格的户籍和傅籍制度。秦献公十年(公元前375年)"为户籍相伍",至商鞅变法就建立起一套完备的户籍制度。《商君书·境内》说:"四境之内,丈夫女子皆有名于上,生者著,死者削。"秦统一后,在中央的丞相府里,建立了完备的户籍档案。各郡县辖区的户口也准确无误。人口迁移,要办理称为"更籍"的迁转手续。户籍出现差误,地方官要受到惩罚。如《效律》规定,人户、马牛出现一个差错就算"大误"。其惩罚办法是:"人户,马牛一,赀一盾;自二以上,赀一甲。"秦朝之所以如此重视户籍制度,因为它是户赋的依据。"傅籍"制度是成年男子的登记制度,目的是精确掌握成年男子的数量,作为徭役的主要依据。由于秦皇朝加给广大劳动人民,尤其是农民的主要是强制性的沉重赋税和徭役,因此农民革命的星星之火就最先在服役的刑徒中点燃,而其变成燎原之势的转折,则是由一个戍卒在大泽乡的振臂一呼。

(三)残酷的刑罚

为了维护对百姓政治上的压迫和经济上的盘剥,秦始皇与其臣子颁布了"轻罪重罚"、"繁密苛酷"的《秦律》。对于《秦律》繁苛所造成的恶果,《汉书·刑法志》用了"赭衣塞路,囹圄成市",两句话作了概括的评述。

秦孝公时商鞅制定的法律还比较简约,只有《盗律》、《贼律》、《囚律》、《捕律》、《杂律》、《具律》六个专篇,基本上由李悝的《法经》承袭而来。后来,逐步增加内容,到秦始皇时,据湖北云梦睡虎地秦墓出土的竹简所载的律名已有二十余项。但这些律条恐怕还没有囊括《秦律》的全部内容。例如,《效律》、《工律》中都涉及一个《赍律》,还不知其具体内容。《内史杂》提到:"县告各都官在其县者,写其官之用律。"显然中央政府的每个部门都还有自己的一套法规。仅就现有律文看,以"秦法繁于秋荼,而网密于凝脂"[①]和"摇手触禁"来形容,也不能说是一种夸大之辞。

---

① 《盐铁论·刑德》。

秦法除"律"外，还有作为律之补充的"令"："法律未足，民多诈巧，故后有间令下者。"①
《法律答问》这样解释"犯令"和"废令"："律所谓者，令曰勿为，而为之，是谓犯令；令曰为
之，弗为，是谓废令也。"就是说，律是令的依据，令补充或阐发律，以保证律的切实贯彻。
为了使官吏在执法中有例可援，秦朝还有作为律、令补充的"廷行事"，在汉代叫做"故事"
或简称"事"，即将过去判处过的典型案例，汇集起来，作为断狱的参考和依据。这样，由
律、令、廷行事等组成的秦法，就变成一张密不透风的网，迫使劳动人民老老实实地屈从地
主阶级的意志。秦朝的法律从本质上看维护的是反映地主阶级利益的财产关系，其专政
的主要对象是农民阶级。例如，《法律答问》共有一百八十七条，其中关于"防盗"、"惩盗"
的条目特别多。对盗牛、马、猪、羊、钱币、衣、丝、桑叶等都立有专条。其中规定，盗采别人
的桑叶，即使少得"不盈一钱"，也要受到服役三旬（三十天）的惩罚，再重就得沦为长年服
役的刑徒了。表面上看这种法律是公正的。但仔细推敲，就会明白，地主豪富没有必要去
偷不值一钱的桑叶，只有在死亡线上挣扎的贫苦农民才会因"盗采"一把桑叶而"违法"，被
迫去服苦役。

　　秦朝法律的严酷，一是体现在它的"连坐法"，二是体现在它的"轻罪重罚"。自从商鞅
变法时制定了"令民为什伍，而相收司连坐"②的连坐法之后，该法就一直被秦统治者沿用。
根据连坐法，一人犯罪，不仅罪及妻孥室家、三族，而且还要罪及邻里。这一法规也推及到
军队中，战士犯罪或逃跑，就要罪及同伍之人以及父母、妻子。秦朝法律的严酷，特别体现
在它的"轻罪重罚"，即惩办的严厉和酷烈，从秦简和史籍记载看，秦朝刑罚名目多达十数
种，每种又分许多细目，其酷烈程度，令人发指。死刑种类很多。秦简记载了四种：戮——
先加以侮辱，然后杀掉。弃市——以刀刃刑人于市。磔——凌迟处死于市。定杀——对
麻疯病之类患者罪犯，抛入水中淹死。见于史籍记载的死刑名目还有"族"、"夷三族"、"枭
首"、"车裂"、"腰斩"、"体解"、"囊扑"、"剖腹"、"蒺藜"以及"凿颠"、"抽胁"、"镬烹"等。这
些花样繁多的死刑，有些是法律规定的，更多地是各级官吏在法定常刑之外创造的。这些
五花八门、阴森可怖的死刑，恐怕使佛经描绘的地狱也相形见绌！次于死刑的肉刑，即"折
人肢体，凿其肌肤"，是使受刑人生理残疾的刑罚。在秦朝，肉刑大部分与徒刑结合在一起
使用，名目也很多。黥刑又称墨刑，先以刀划破面部，然后在伤口处涂上墨，使受刑者脸上
留下永恒的印记，这种刑罚既是肉体折磨，又是精神侮辱。史籍记载，在焚书令下达三十
日以后还不烧书者，就要处以这种刑罚。劓刑即割去鼻子。《法律答问》规定，五个人合伙
盗六百六十钱，就要处以这种刑罚。刖刑即断足，这是一种使人失去劳动能力的肉刑。宫

---

① 《云梦秦简·语书》。
② 《史记·商君列传》。

刑又称腐刑,是使男女丧失生殖能力的一种刑罚,也是死刑之外最残酷的一种刑罚。次于肉刑的是大量的徒刑,它往往与肉刑一起使用。徒刑的种类也不少,如城旦春,即男子筑城,女子春米,刑期四至五年。秦律规定,五人盗一钱以上,在受刖刑后还要处以此种刑罚。鬼薪白粲,《汉旧仪》载:"鬼薪者,男当为祠祀鬼神伐山之蒸薪也;女为白粲者,以为祠祀择米也。"是打柴和择米的一种徒刑,期限为三年。隶臣妾也是一种徒刑,男子当隶臣,女子当隶妾,是一种在官府和达官贵人之家服役的刑罚,期限是一年。这种刑徒,或来源于罪犯,或来源于俘虏,也有被籍没的罪人家属。司寇,任务是看管服刑的刑徒,期限为二年。还有一种刑徒叫候,是秦朝最轻的一种徒刑,任务近于司寇,刑期一年。由于秦朝的法律特别繁密苛酷,触犯刑律的人就特别多,所以史书记载的刑徒数量就多得惊人。秦始皇修骊山陵墓动用了七十万刑徒,戍五岭动用了五十万刑徒,可见经常服刑的人总数当在百万以上。尽管刑期不太长,但由于服役条件十分恶劣,服徒刑而能生还者很少。正是因为刑徒遭受的是难以忍受的非人待遇,因而他们反抗统治者斗争的态度特别坚决,并从其中涌现出秦末农民起义军的第一批忠勇的战士。

此外,秦朝还有笞刑,即打板子,一般在审讯过程中使用,是封建官吏随心所欲地残害百姓的一种刑罚。髡、耐是一种剃去头发的刑罚。迁是一种近乎后世流放的刑罚。赀是罚款罚徭的刑罚。废是撤消官吏职务的刑罚。谇是当众加以斥骂的刑罚。秦皇朝刑罚等级如此之多,说明它决不放过任何微小的违犯封建法规的行动。另外,秦律中还规定了"赎刑"的条款,这显然是给达官贵人、地主富豪的犯罪找到了一条开脱的门径。

严密的法令,酷烈的刑罚,使秦皇朝变成了一座恐怖的大监狱,因触犯刑律而受到惩罚的人达到空前的数量。在一个二千万左右人口的国家里,刑徒经常保持在一百万人左右,受刑者达人口总数的5%以上。所以,当陈涉领导的农民军攻打范阳的时候,蒯通对秦朝的范阳令说:"秦法重,足下为范阳令十年矣,杀人之父,孤人之子,断人之足,黥人之首,不可胜数。"[①]这说明秦皇朝统治的地方,几乎要变成杀人的屠场了。

沉重的赋税和徭役使社会的简单再生产几近中断,残酷的刑罚又使百姓的人身安全失去起码的保证。这就使本来应该促进生产发展和社会繁荣的新的封建的生产关系越来越失去它应有的积极作用。劳动人民在流血中痛苦呻吟,历史在艰难岁月里步履蹒跚。当秦始皇在臣子们充耳的颂歌声中即将走完他全部生命历程的时候,他所制造的反抗烈焰,也到了爆发漫天火光的时候了。

(四)"焚书坑儒"

秦始皇在统一六国、巩固统一和加强专制主义中央集权等方面都获得了划时代的成

---

① 《史记·张耳陈馀列传》。

功,但是,在知识分子以及与之有关的思想文化政策方面,却以"焚书坑儒"的野蛮暴行留下极其不光彩的一页。

秦国长期僻处西方一隅,高山大河限制了它与中原地区的交往,具有一定程度的封闭性。秦穆公东向中原争霸受挫后,转向戎狄,"益国二十,拓地千里"。虽然疆域逐步扩大,但文化事业仍然比较落后。战国时期,秦孝公任用商鞅大力推行变法,使秦国在短期内取得了巨大的成功,经济、军事力量获得了惊人的发展,因而取得了统一中国的胜利。但是,秦国历届统治者都是急功近利,只看到政治、经济和军事同秦国兴旺发达的关系,却意识不到思想文化建设所起的长远的潜移默化的作用。秦始皇及其臣僚在统一六国的过程中,虽然也有意识地收揽了一大批饱学之士,其中大概包括了诸子百家的代表人物,七十多人得到博士的头衔。但是,秦始皇收揽这些知识分子的头面人物并不是从战略的高度重视思想文化建设,而是让他们随时备顾问,以御用文人的身份为秦皇朝歌功颂德。平心而论,进入秦朝宫廷和各级官府的知识分子,绝大部分人都热望以自己的知识和才智为秦皇朝服务,并由此猎取富贵利禄。秦始皇君臣完全应该利用统一全国后的大好形势,把广大知识分子的向心力导向为自己服务的轨道,充分发挥他们的专业特长,振兴文教,以纠正秦朝重政治、经济、军事而轻文化的弊端。然而,恰恰相反,秦皇朝听信李斯之流的谬说,依据申、韩的法家思想,片面弘扬商鞅以来的法治传统,逐渐形成一套专制主义的文化政策,从而一步步地激化了与知识分子特别是儒生们的矛盾。从战国进入秦朝的绝大多数知识分子,都经过百家争鸣的学术气氛的熏陶,长于辩诘,遇事敢于发表自己的见解,这就必然与秦皇朝舆论绝对一律的要求发生冲突,言论自由的心态与思想专制的现实无法适应,"焚书坑儒"的惨剧就是不可避免的了。

公元前221年(秦始皇二十六年),秦朝建国伊始,朝堂上就发生了一场围绕在全国实行何种政治体制的辩论。丞相王绾从秦皇朝的长治久安出发,考虑到战国以来的实际情况和当时人们的心理习惯,建议实行"郡国并行"制,他说:"诸侯初破,燕、齐、荆地远,不为置王,毋以填之。请立诸子,唯上幸许。""始皇下其议于群臣,群臣皆以为便"①。这说明王绾的建议切合当时的实情,因而得到群臣的赞同。谁知当时任廷尉的李斯站出来,力排众议,要求在全国各地不加区别地一律实行郡县制,其理由是:

> 周文武所封子弟同姓甚众,然后属疏远,相攻击如仇雠,诸侯更相诛伐,周天子弗能禁止。今海内赖陛下神灵一统,皆为郡县,诸子功臣以公赋税重赏赐之,甚足易制。

---

① 《史记·秦始皇本纪》。

天下无异意,则安宁之术也。置诸侯不便。①

李斯的意见当然有其合理的一面,同时也迎合了秦始皇要求实行高度中央集权的愿望,得到了他的肯定,于是在全国范围推行郡县制。这场辩论中,李斯虽然是胜利者,但坚持"郡县分封并行"的王绾等人也未受到惩罚。至少在秦始皇看来,这是不同意见的争论,王绾等人忠心可嘉。由于李斯的意见得到肯定,秦皇朝在政治和思想上的专制主义倾向愈来愈得到加强,对于不同意见的容忍度也愈来愈小了。公元前213年(秦始皇三十四年),又一场大辩论便引出了"焚书坑儒"的惨祸。这一年,秦始皇于咸阳宫举行盛大宴会大宴群臣。仆射周青臣乘机对秦始皇吹捧了一番:

> 他时秦地不过千里,赖陛下神灵明圣,平定海内,放逐蛮夷,日月所照,莫不宾服。以诸侯为郡县,人人自安乐,无战争之患,传之万世。自上古不及陛下威德。②

周青臣之类的阿谀逢迎之臣在当时是十分吃得开的。在这种宴会上此类谀词也是司空见惯。它会增加喜庆气氛,秦始皇也已经听习惯了。谁知参与这次宴会的博士齐人淳于越看不惯这种一味歌功颂德的风气,加上对分封问题有不同看法,于是站出来讲了一通不合时宜的话:

> 臣闻殷周之王千余岁,封子弟功臣,自为枝辅。今陛下有海内,而子弟为匹夫,卒有田常、六卿之臣,无辅拂,何以相救哉?事不师古而能长久者,非所闻也。今青臣又面谀以重陛下之过,非忠臣。③

因为早在八年前秦始皇已经肯定了李斯的意见,在全国范围内推行郡县制。淳于越旧话重提,表面上是批评周青臣,实际上却是批评秦始皇与李斯的重大决策。不过,淳于越的批评虽然尖锐,但却没有丝毫恶意,倒是表现了他的敢于谏诤的勇气和对秦皇朝特有的忠贞。他的关于"师古"的建议也不好说是什么"复古倒退",而只是要求秦始皇注意总结汲取历史的经验和教训。以古为鉴是当时许多知识分子的思维模式。秦始皇再一次将淳于越的意见,交群臣讨论时,已经升为丞相的李斯抓住机会,借题发挥,沿着愈演愈烈的思想

① 《史记·秦始皇本纪》。
② 《史记·秦始皇本纪》。
③ 《史记·秦始皇本纪》。

文化专制的路线,提出了"罢黜百家,独尊法术"以及为此而焚书的主张:

> 五帝不相复,三代不相袭,各以治,非其相反,时变异也。今陛下创大业,建万世之功,固非愚儒所知。且越言乃三代之事,何足法也?异时诸侯并争,厚招游学。今天下已定,法令出一,百姓当家则力农工,士则学习法令辟禁。今诸生不师今而学古,以非当世,惑乱黔首。丞相臣斯昧死言:古者天下散乱,莫之能一,是以诸侯并作,语皆道古以害今,饰虚言以乱实,人善其所私学,以非上之所建立。今皇帝并有天下,别黑白而定一尊。私学而相与非法教,人闻令下,则各以其学议之,入则心非,出则巷议,夸主以为名,异取以为高,率群下以造谤。如此弗禁,则主势降乎上,党与成乎下。禁之便。臣请史官非秦记皆烧之。非博士官所职,天下敢有藏诗、书、百家语者,悉诣守、尉杂烧之。有敢偶语诗书者弃市,以古非今者族。吏见知不举者与同罪。令下三十日不烧,黥为城旦。所不去者,医药卜筮种树之书。若欲有学法令,以吏为师。①

李斯这个为了统一思想而焚书,为了舆论一律而禁止言论自由的建议得到了秦始皇的首肯,于是一道焚书令飞向全国。随着焚书的烈焰熊熊燃起,战国时代视为天经地义的言论自由被窒息了,这自然激化了秦皇朝与法家之外的各家知识分子的矛盾。第二年(前212年),曾答应为秦始皇寻找"仙药"的方士侯生和卢生对秦始皇"专任狱吏"、"以刑杀为威"的集权专制发了一通议论:

> 始皇为人,天性刚戾自用,起诸侯,并天下,意得欲从,以为自古莫及己。专任狱吏,狱吏得亲幸。博士虽七十人,特备员弗用。丞相诸大臣皆受成事,倚辨于上。上乐以刑杀为威,天下畏罪持禄,莫敢尽忠。上不闻过而日骄,下慑伏谩欺以取容。秦法,不得兼方,不验,辄死。然候星气者至三百人,皆良士,畏忌讳谀,不敢端言其过。天下之事无小大皆决于上,上至以衡石量书,日夜有呈,不中呈,不得休息。贪于权势至如此,未可为求仙药。②

这两个人对专制主义条件下所形成的秦始皇政治气氛的议论是接近事实的。他们一方面感到这种气氛的压抑,另一方面更怕求"仙药"不成受到惩罚,于是悄然逃去。以此为导火线,盛怒中的秦始皇下令严惩在咸阳的方士和儒生。牵连到此案中的四百六十多个方士

---

① 《史记·秦始皇本纪》。
② 《史记·秦始皇本纪》。

和儒生被坑杀于咸阳以东的渭水河畔。今陕西临潼以西二十里处有一洪坑沟,据清乾隆《临潼县志》记载又名坑儒谷,就是当年秦皇朝坑杀儒生的地方。秦始皇的"焚书坑儒"是中国封建皇朝历行思想文化专制主义的第一个"杰作",后世几乎被所有历史学家斥为愚蠢而又野蛮的暴行。只有近代梁启超提出"坑儒"罪小而"焚书"罪大的观点。他在《战国载记》中说:

> 二事同为虐政,而结果非可以一概论。坑儒之事,所坑者咸阳四百余人耳,且祸实肇自方士。则所坑者,什九皆当如汉时文成五利之徒,左道欺罔,邪谄以易富贵,在汉法宜诛也。即不然,袭当时纵横家余唾,揣摩倾侧,遇事风生。即不然,如叔孙通之徒,迎合意旨,苟以取容。凡若此辈者,皆何足惜。要之当时处士横议之风,实举世所厌弃。虽其间志节卓荦、道术通洽之士,亦较他时代为特多。然率皆深遁岩穴,邈与世绝矣。其仆仆奔走秦廷者,不问而知其为华士也。始皇一坑,正可以扫涤恶氛,惩创民蠹,功逾于罪也。若夫焚书则不然。其本意全在愚民,而其法令实行,遍及全国。当战国之末,正学术思想磅礴勃兴之时,乃忽以政府专制威力,夺民众研学之自由,夭阏文化,莫此为甚。而其祸最烈者,尤在灭绝诸国史记。……自三代春秋以来,学术渊海,实在史官。故春秋士夫言学者,必取正于史。虽以孔子之圣,犹适周读柱下书,始敢言述作也。秦燔史记,而千余年先民进化之总记录,一举而尽。汉后学者,乃不得不抱残守缺,悴心力于撷拾考据,否则为空衍冥漠之论而已。学术正始敷荣而摧窒之,是始皇之罪也夫。[①]

比起那些对"焚书坑儒"一味詈骂的观点来,梁启超的意见不能说毫无可取之处。应该承认,在秦始皇坑杀的儒生中,的确有侯生、卢生之类的江湖骗子,这类人坑杀几个是毫不足惜的。但是,这些人中的绝大多数不会是江湖骗子,而是以儒生为主、兼有其他学派代表人物的一个知识分子群体,因而,从总体上看,坑儒与焚书一样都是一种摧残文化的野蛮行径。以儒生为代表的知识分子,从战国的分裂状态汇集到统一的秦皇朝的庙堂,除少数隐居岩穴的清高之士以外,绝大部分人都愿意以自己的知识和技能为秦皇朝服务。如何调动这一批人的积极性,充分发挥他们的聪明才智为秦皇朝经济文化的发展贡献力量,应该是秦皇朝的知识分子政策和思想文化政策着力解决的问题。可惜秦皇朝在此问题上完全采取了错误的政策。首先,秦始皇君臣没有从思想上认识知识分子尤其是儒生的重要作用,根本不了解"逆取顺守"的真理。在全国已统一,历史转入发展经济文化的和平时

---

① 《饮冰室合集》专集之四十六,中华书局 1936 年版。

期,仍坚持战争年代即夺取政权时期的用人政策。其所重用之人,非好大喜功之武夫,即刻薄寡恩之狱吏,他们只会把秦皇朝的政策推向对内残酷压榨、对外穷兵黩武的绝路。其次,焚书坑儒是一种空前野蛮和愚蠢的暴行,它是战国时期"礼贤下士"之风的反动,也是对"百家争鸣"的学术思潮的扼杀,是思想文化史上的一次大倒退。焚书毁掉了大批珍贵的文化典籍,是中国文化史上一场空前的浩劫,造成永远无法弥补的损失。与秦始皇君臣的愿望相反,焚书坑儒非但难以禁止人们的自由思考,而且一举打掉了儒生们对秦皇朝的最后一点幻想,使他们产生了与秦皇朝不共戴天的仇恨。那些劫后余生者,有的逃出咸阳,有的暂时隐蔽,有的虚与委蛇。当秦末农民战争的烈火燃起的时候,儒生们便公开站到了秦皇朝的对立面,勇敢地投入起义队伍,与造反的农民相结合,变成了反秦的重要力量。孔子的九世孙孔鲋,怀抱礼器,毅然投奔陈胜,被任为博士,最后与陈胜一同死难。叔孙通、张苍等人也由秦朝的官吏归降起义军,后来成为汉皇朝的开国功臣。显然,秦始皇也为他这个野蛮的举措付出了最高昂的代价,这就是秦朝的二世而亡和嬴氏家族的绝祀灭宗。当焚书的烟焰还没有消失,儒生的鲜血还在渭水之滨流淌的时候,人民的反叛已经开始了。

(五)秦二世的暴政加速了农民起义的爆发

公元前210年(秦始皇三十七年),秦始皇在出巡途中病死于巨鹿沙丘平台(今河北广宗西北)。中车府令、宦官赵高胁迫丞相李斯与之合谋,立秦始皇的少子胡亥为二世皇帝,变本加厉地推行秦始皇的一套苛暴政策,加速了农民起义的爆发。

秦始皇作为一代雄主,第一次使中国实现了封建的统一,加速了封建生产关系在全国范围的成长,其"内兴功作,外攘夷狄"的活动,给中国历史打下不可磨灭的印记。但是,作为一个暴君,他又以自己在上层建筑领域随心所欲的活动,破坏了封建的经济基础,使本来应该发挥的封建生产关系的优越性,没有发挥出来。作为一个特殊的历史条件所造就的新兴地主阶级的代表人物,秦始皇身上一方面表现了雄才大略、气度恢宏的勃勃生气,另一方面更集中地表现了他还带着奴隶主烙印的地主阶级代表人物的好大喜功、唯我独尊、狂妄恣睢、骄奢淫逸、贪婪残暴、刻薄寡恩的本性。他为了自己的享乐,在全国建造数以百计的离宫别馆,而阿房宫和骊山陵墓的硕大无朋与穷极壮丽,都创造了空前的历史记录。他发疯般地追求长生不死药,企图永远骑在人民头上作威作福。他刚愎自用,为所欲为,使奸佞之辈,麇集朝野。他亲手创建了当时具有世界规模的盛大皇朝,也亲手埋下了使这个皇朝一朝瓦解的祸根。当他带着"万世江山,传之无穷"的坚定信念寿终正寝的时候,他怎么也不会想到,历史会在他尸骨未寒的时候,就把残酷的报应降临到他子孙的头上。

秦始皇之死为历史的发展提供了一个转折的契机：只要秦二世反秦始皇之道而行之，改弦更张，调整政策，历史未尝不能出现"山重水复疑无路，柳暗花明又一村"的局面。这一层，身居中枢的冯去疾、李斯、冯劫等人已经看到并且提出了自己的建议，可惜他们已经无法左右当时的形势了。而在真正掌握国家权力的赵高挟持下的秦二世胡亥，恰恰是秦始皇的最坏的接班人。历史给他安排的任务，仿佛就是亲手毁掉秦始皇创建的宏伟基业。

西汉初期的贾谊，是一个有着深邃历史眼光的政治家和思想家，他最先分析了秦二世遇到了怎样的历史契机以及如何失掉了这个契机。他在一篇名文《过秦论》中说：

> 今秦二世立，天下莫不引颈而观其政。夫寒者利短褐，而饥者甘糟糠，天下之嗷嗷，新主之资也。此言劳民之易为仁也。向使二世有庸主之行，而任忠贤，臣主一心而忧海内之患，缟素而正先帝之过，裂地分民以封功臣之后，建国立君以礼天下，虚囹圄而免刑戮，除去收帑污秽之罪，使各反其乡里。发仓廪，散钱币，以振孤独穷困之士。轻赋少事，以佐百姓之急。约法省刑，以持其后，使天下之人皆得自新。更节修行，各慎其身，塞万民之望，而以威德与天下，天下集矣。即四海之内，皆欢然各自安乐其处，唯恐有变。虽有狡猾之民，无离上之心，则不轨之臣，无以饰其智，而暴乱之奸止矣。二世不行此术，而重之以无道，坏宗庙与民，更始作阿房宫，繁刑严诛，吏治刻深，赏罚不当，赋敛无度。天下多事，吏弗能纪，百姓穷困而主弗收恤。然后奸伪并起，而上下相遁，蒙罪者众，刑戮相望于道，而天下苦之。自君卿以下至于众庶，人怀自危之心，亲处穷苦之实，咸不安其位，故易动也，是以陈涉不用汤武之贤，不借公侯之尊，奋臂于大泽，而天下响应者，其民危也。

贾谊的上述分析是颇有见地的。一个稍纵即逝的历史契机在秦二世手里轻轻滑掉了。秦二世作为秦始皇最喜爱的儿子，继承的却是秦始皇身上那些最坏的东西，并且做了恶性的发展。他相信暴力万能，把恐怖主义视为治国的法宝。而此时完全被赵高挟持的李斯，已泯灭了最后一点良知，变本加厉地把胡亥引向迅速灭亡的道路。当胡亥问他怎样才能"赐志广欲，长享天下而无害"时，李斯出于"重爵禄"的私心，"乃阿二世意欲求容"，以书对曰：

> 夫贤主者，必且能全道而行督责之术者也。督责之，则臣不敢不竭能以徇其主矣。此臣主之分定，上下之义明；则天下贤不肖莫敢不尽力竭任以徇其君矣。是故主独制于天下而无所制也。能穷乐之极矣，贤明之主也，可不察焉！……
>
> 夫不能修申、韩之明术，行督责之道，专以天下自适也，而徒务苦形劳神，以身徇百姓，则是黔首之役，非畜天下者也，何足贵哉！夫以人徇己，则己贵而人贱；以己徇

人,则己贱而人贵。故徇人者贱,而人所徇者贵,自古及今,未有不然者也。……

明主圣王之所以能久处尊位,长执重势,而独擅天下之利者,非有异道也,能独断而审督责,必深罚,故天下不敢犯也。……

且夫节俭仁义之人立于朝,则荒肆之乐辍矣;谏说论理之臣间于侧,则流漫之志诎矣;烈士死节之行显于世,则淫康之虞废矣。故明主能外此三者,而独操主术以制听从之臣,而修其明法,故身尊而势重也。凡贤主者,必将能拂世磨俗,而废其所恶,立其所欲,故生则有尊重之势,死则有贤明之谥也。是以明君独断,故权不在臣也。然后能灭仁义之途,掩驰说之口,困烈士之行,塞聪掩明,内独视听,故外不可倾以仁义烈士之行,而内不可夺以谏说忿争之辩。故能荦然独行恣睢之心而莫之敢逆。若此然后可谓能明申、韩之术,而修商君之法。法修术明而天下乱者,未之闻也。……唯明主为能行之。若此则谓督责之诚,则臣无邪,臣无邪则天下安,天下安则主严尊,主严尊则督责必,督责必则所求得,所求得则国家富,国家富则君乐丰。故督责之术设,则所欲无不得矣。群臣百姓救过不给,何变之敢图?若此则帝道备,而可谓能明君臣之术矣。虽申、韩复生,不能加也。[①]

李斯这个人在秦皇朝建立过程中和建国以后的重大决策中,都曾建立过不巧的功勋。秦始皇的几乎每一项政绩,都包含着李斯的功劳。但是,此人私心太重。他为了保住自己的荣华富贵,先是屈从赵高参与沙丘阴谋,扶胡亥做皇帝,接着就是兜售这一套"督责之术"。这套统治术是脱掉一切伪装的刑罚暴力万能论,是一种公开以荒淫无耻为无上光荣的享乐论。它把地主阶级代表人物性格中最阴暗的一面,即专制独裁、残忍无情、骄奢淫逸等等都不加任何掩饰地表达出来。王夫之在《读通鉴论·秦二世》中无限感慨地评论说:"苟非二世之愚,即始皇之骄悖,能受此言而不谴乎?斯抑谓天下后世之不以己为戎首无所恤乎?无他,畏死患失之心迫而有所不避耳。"这一评论是入骨三分的。李斯就以这一套凶残阴毒的"督责之术",引导二世在残暴和腐化的道路上迅速走向罪恶的深渊。而李斯自己最后也自食其果,悲惨地死于他为二世设计的那个"督责之术"了。二世胡亥没有经历祖宗创业的艰难,他生下来之后,享受的是无以复加的荣华富贵,耳闻目睹的是父亲为所欲为的权力。在赵高、李斯之流的教唆下,他把秦始皇政策措施中最劳民伤财的那些部分继承下来并变本加厉地推行。

招来天怒人怨的阿房宫、骊山陵墓等工程在继续修建,驰道、直道、五尺道等也在加紧施工。在埋葬秦始皇时,他残忍地将后宫无子的嫔妃全部殉葬,将了解地宫秘密的工匠全

---

① 《史记·李斯列传》。

部杀死。

他继续实行严刑峻法,把更沉重的赋役加在人民的头上。"税民深者为明吏","杀人众者为忠臣","赋敛愈重,戍徭无已"①。"百姓之随逮肆刑,挽辂首路死者,一旦不知千万之数"②。"刑者半道,死者日积。……百姓不胜其求,黔首不胜其刑,海内同忧而俱不聊生"③。

他继续变本加厉地"纵耳目之欲,穷侈靡之变,不顾百姓之饥寒穷匮"④。他征材士五万人屯卫咸阳,令教射狗马禽兽。为了解决粮食问题,下令郡县转输菽粟刍稿,服役者需自带粮食,咸阳周围三百里内不得自食其谷。

他为了使自己能够独享秦始皇留下的江山社稷这份巨大的遗产,对宗室贵族和功臣宿将大加杀戮。还在由沙丘回咸阳的路上,他就与赵高一起设计害死了在百姓中颇有威望的公子扶苏和为建立秦皇朝立下不朽战功的蒙恬、蒙毅兄弟。又将自己的兄弟姐妹处以极刑,以致"宗室振恐"。对待自己的臣子,"谏者以为诽谤",重者处死,轻者遭谴,而阿谀逢迎之徒,邪恶奸佞之辈,却得到提拔重用。如此一来,统治阶级内部也各怀鬼胎,离心离德,陷于分崩离析的局面。

历史的发展,总是同昏庸残暴的统治阶级的愿望相反。二世胡亥满以为,凭借着他的"督责之术"和严刑峻法,就会使"救过不给"的臣子们俯首帖耳地供其驱使,使慑于死亡的黔首们温顺如绵羊般地供其奴役,他就可以为所欲为、予取予求、恣意享乐了。但是,事情恰恰相反,二世的所作所为,不仅使广大劳动人民打消了对他改弦更张的一线希望,把武器的批判提上历史的日程,而且也使整个统治集团陷于混乱,他们预感到末日的来临而准备作鸟兽散。这样,一方面人民中郁积的反抗怒火,如在弦之箭,有一触即发之势;另一方面,统治阶级内部又不可能团结一致对起义的农民进行有效的镇压。农民起义的条件终于成熟了。秦二世使出浑身解数,求得的并不是为所欲为的享乐,而是他的启蒙老师赵高架在他脖子上的利刃。

---

① 《史记·李斯列传》。
② 《淮南子·兵略训》。
③ 《盐铁论·诏圣》。
④ 《淮南子·兵略训》。

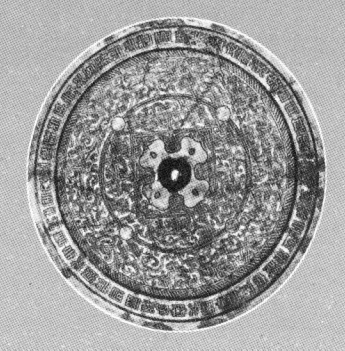

第二章
起事　入关　亡秦

一、"篝火狐鸣"

（一）风雨欲来

封建社会代替奴隶社会虽然是一个巨大的历史进步,但因为它一开始就是在地主与农民的阶级对立中存在和发展的,其基础又是建立在地主对农民的剥削之上,所以,从封建社会诞生那天起,地主和农民两个阶级的斗争就不可避免地拉开了帷幕。

由于秦皇朝加给广大人民的最沉重的负担是徭役,所以人民的反抗斗争开始主要表现为逃避徭役或不如期服役。《云梦秦简·封诊式》就记载了一个逃避徭役达五个月的"士伍",他在接到服役的命令后,压根儿就不去报到。这种情况在秦简中称之为"逋事"。还有的人虽然也勉强按时报到了,但到服役地点以后又寻找机会跑掉,在秦简中此类情况叫做"乏徭"。进一步,不少农民无视秦朝的户籍制度和严刑峻法,擅自离开家乡,外出流亡,逃到人迹罕至的深山荒野,有的甚至逃到很远的少数民族地区。"民愁亡聊,亡逃山林",就是这种情况的真实写照。再进一步,就是"为盗",与官府和富豪展开更高形式的斗争。据史书记载,到秦始皇晚年已是"群盗满山"了。不过,直到秦始皇死前,农民的反抗斗争还是零散的,小规模的,低级的,大体停留在"逃亡"与"为盗"的水平上,并没有形成震撼秦皇朝的力量,因而也没有引起统治者的重视。

公元前221年(秦始皇二十六年),东郡(今山东菏泽、聊城,河南濮阳的一部分地区)地方落下一块陨石,有人在上面刻了"始皇帝死而地分"七个字。秦始皇知悉后,即刻遣御史"逐问",但所有被讯问者都拒绝承认。秦始皇一怒之下,下令杀死陨石周围的所有居民,同时"燔销其石"。当年秋天,有一秦朝使者从关东返回咸阳,夜里经过华阴平舒(今陕西华阴西)附近,突然一人双手持璧拦住使者的马车,对他说:"请将此璧交给滈池君。"又说:"今年祖龙死。"使者十分惊疑,便要详加盘问,但来人再也没说话,放下璧,迅速隐入黑暗里。使者将璧奉献秦始皇,秦始皇令御史府官员对璧进行查验,认出是公元前218年(秦始皇二十九年)秦始皇南巡时沉入大江的那块璧。祖龙指秦始皇,那位持璧的神秘人物对他发出了仇恨的诅咒。这两件事说明,当时社会的各阶层中郁积的反秦怒火,已经难以抑制,正寻找适当的突破口向外喷发。而未来农民起义军的领袖人物,此时正四处联络,密谋策划,组织队伍,开始小规模的反抗行动,点燃了大起义之前的星星之火。在秦始皇寿终之前,悄悄地走上反抗道路并付诸实践的,不仅有本书的传主刘邦,还有日后与刘邦结下不解之缘的彭越和英布。刘邦的起事稍后详述,这里只讲彭越与英布的起事,以显现那个风雨欲来,群雄并起的历史形势。

彭越,昌邑(今山东金乡)人,是一个靠打鱼为生的人,他在秦始皇的晚年(约公元前

211 至公元前 210 年间)拉起一支流民组成的队伍,活跃于烟波浩淼的巨野泽,以劫掠富人为生,写下了自己最初的造反史。他时刻窥测方向,等待大干一场的机会。

英布,九江郡六(今安徽六安北)人,因壮年受黥刑,又名黥布。他作为刑徒被罚修骊山陵墓,服役期间,广泛结交刑徒中的有志之士,秘密串联蓄意反秦的各类人士。以后,他瞅准机会,带着一批志同道合的刑徒,从陵墓的工地逃出来,辗转回到他的故乡九江郡,往来长江之上,同样以"群盗"的声名,开始了最初的造反活动。

在秦始皇统治的晚年,由于阶级矛盾和社会矛盾急剧尖锐化,类似刘邦、彭越和英布的造反者肯定还有不少。但此时,他们每支队伍都是人数较少,分散活动,各自为伙,互不联络。目的主要是逃避赋役和各种刑罚。他们劫掠府库和富人,也主要是为了解决生活问题。他们还没有提出推翻秦皇朝的口号,也还没有组织起一支足以威胁秦朝统治的大军。这一切都说明,这些斗争还处在初级阶段。但是,这些遍布黄河长江中下游的造反的星星之火,却反映了秦朝各地都潜伏着危机,到处都聚积着反抗的力量。这些星星之火,在呼唤登高一呼的英雄领袖,引导它们走向燎原之势!

(二)大泽乡的怒吼

公元前 209 年(秦二世元年)七月,在泗水郡蕲县的大泽乡(今安徽宿县东南),开来一支九百多人的疲惫不堪的队伍,他们是被秦朝征发到渔阳(今北京市密云县)从事戍守的士卒,其中绝大部分是被称为"闾左"的赤贫之辈。这时候,正是夏秋之交的多雨季节,队伍刚住下来,倾盆大雨就从天而降,一连数日不停。本来河湖纵横的大泽乡立时变成一望无际的泽国水乡。望着漫天的大雨和滞留无法行军的队伍,每个人都十分焦急。因为他们知道,按照秦朝的法律,误了期限,是要杀头的。正当大家一筹莫展的时候,在队伍中担任屯长职务的陈胜、吴广勇敢地站了出来,振臂一呼,发出了造反的吼声。这声音,穿过层层雨帘,得到所有士卒的响应。中国历史上第一次全国性的农民大起义终于冲破风雨交加的黑夜,拉开了它火红的战幕。

群众的革命运动,总是需要和造就自己的英雄领袖。没有领袖,革命不仅无法发动,而且更难胜利发展。陈胜与吴广就是应着时代的召唤,义无反顾地登上历史舞台而掀起摇天撼地革命风暴的英雄领袖。

陈胜,字涉,阳城(今河南方城)①人,是一个出身十分贫苦的农民。青少年时期,曾在富人家里做雇工。有一次,在田间休息的时候,他环顾四野,长长地叹了一口气,对佣耕的伙伴说:"苟富贵,无相忘。"同伴们笑着问他:"若为佣耕,何富贵也?"陈胜叹息说:"嗟呼,燕雀安知鸿鹄之志哉!"这个故事说明,青年时代的陈胜,并不安于自己贫贱的地位,他向

---

① 陈胜里籍学术界还有河南淮阳和安徽宿县二说。

往着富贵,期待着有朝一日如鸿鹄般地展翅翱翔。同时,也暴露了陈胜的一个致命的弱点,他自视太高,看不起贫穷的伙伴,一旦富贵,就要脱离群众。这正是他后来走向失败的重要原因之一。吴广,字叔,阳夏(今河南太康)人,也是农民出身。史称"吴广素爱人,士卒多为用者"。当出征的士卒被困大泽,面对滂沱大雨愁眉不展时,陈胜、吴广利用做屯长的职务作掩护,秘密地进行着起义的谋划。他们分析形势,很快达成共识:"失期,法皆斩","今亡亦死,举大计亦死,等死,死国可乎?"陈胜、吴广都是楚国人,楚国被秦军灭亡时,楚人曾进行过猛烈的抵抗,楚国的南公留下了"楚虽三户,亡秦必楚"的预言。这一切,陈胜、吴广都曾耳闻目睹。所以当他们谋划起事时,还带着为楚国报仇的色彩。陈胜对吴广说:

> 天下苦秦久矣。吾闻二世少子也,不当立,当立者乃公子扶苏。扶苏以数谏故,上使外将兵。今或闻无罪,二世杀之。百姓多闻其贤,未知其死也。项燕为楚将,数有功,爱士卒,楚人怜之。或以为死,或以为亡。今诚以吾众诈自称公子扶苏、项燕,为天下唱,宜多应者。①

"自称公子扶苏、项燕,为天下唱",看来是一个不伦不类的理由,但在当时或许有一定的号召力,吴广赞同陈胜的分析,于是又共同行卜。卜者已悉其意,所以给他们一个"有功"的吉兆,同时示意他们用鬼神迷信制造舆论,动员群众。陈胜、吴广会其意,先将丹书"陈胜王"的帛置入鱼腹中,令戍卒买鱼烹食,发现丹书的文字,引起他们的惊异。接着,吴广又于当天夜里潜至附近的丛祠旁,燃起熊熊篝火,同时学着狐狸的叫声,不住地呼喊"大楚兴,陈胜王"。戍卒们听到这奇怪的叫声,联系到鱼腹丹书,惊诧不已,预感到仿佛有什么大事将要发生,有了接受起义的心理准备。第二天,吴广故意激怒统率戍卒的尉官,让他当众鞭笞自己,以引起戍卒的愤怒。吴广乘其不备,奋起夺取了尉的宝剑并将他杀死。与此同时,陈胜也迅速杀死了另一尉。这一事件轰动了整个军营。陈胜、吴广立即召集全体戍卒谋划下一步的行动,陈胜慷慨激昂地说:

> 公等遇雨,皆已失期,失期当斩。藉弟令毋斩,而戍死者固十六七。且壮士不死即已,死即举大名耳,王侯将相宁有种乎!

陈胜说出了戍卒们想讲而又讲不出来的话,采取了他们想干而又缺乏勇气实践的行动。

---

① 《史记·陈涉世家》。下引不再注。

他们向两位英雄发出了由衷的欢呼,表示了跟随二人赴汤蹈火的决心。陈胜、吴广命戍卒连日筑起一个宽大的土坛,与戍卒们一起举行了一个简单而隆重的誓师反秦的仪式。土坛上下,旗帜飘扬,两颗尉的人头成了祭天的供品,九百戍卒整齐威严地排列在土坛四周。陈胜、吴广登坛,带领一律左袒的戍卒庄严盟誓,诈称接受扶苏、项燕的命令,陈胜自立为将军,吴广为都尉,"斩木为兵,揭竿为旗",正义凛然地向秦皇朝宣战。土坛上下,群情激昂,呼声震天动地。当时社会上最卑贱的劳动人民,终于对高压在他们头上的庞然大物秦皇朝发出了反抗的怒吼!两千二百多年过去了,陈胜、吴广与戍卒们盟誓的土坛依然横卧在今日安徽宿县东南二十公里之遥的田野上。登坛四望,那纵横交错的河渠,那在风中萧萧的芦苇,仍然令凭吊者生出无限遐想。

陈胜、吴广领导的起义军尽管是一支不足千人的队伍,而且装备低劣,缺乏训练,又没有强大的后勤保证,"不用弓戟之兵,锄櫌白梃,望屋而食"①,但是,由于他们抱着死里求生的决心,有着顽强的斗志和必胜的信心,因而显示了强大的战斗力,兵锋指处,所向披靡。起义军迅速攻占大泽乡和蕲县。接着,陈胜令符离(今安徽宿县境)人葛婴率军西向,连克铚(令安徽宿县境)、酂(今河南永城西南)、苦(今河南鹿邑)、柘(今河南柘城)、谯(今安徽亳县)等城。一路上,贫苦农民、奴婢、手工业者潮水般地涌入起义军。紧接着,起义军经过猛烈的激战,攻下陈(今河南淮阳)。这时,起义军已是拥有兵车六七百乘、骑兵千余、步兵数万的大军了。陈胜进驻陈以后不几天,就召集当地三老、豪杰,共同商量建立政权的问题。这时已经加入起义队伍的原魏国官吏张耳、陈馀提出了"缓称王"的建议:

> 夫秦为无道,破人国家,灭人社稷,绝人后世,罢百姓之力,尽百姓之财。将军瞋目张胆,出万死不顾一生之计,为天下除残也。今始至陈而王之,示天下私。愿将军毋王,急引兵而西。遣人立六国后,自为树党,为秦益敌也。敌多则力分,与众则兵强。如此野无交兵,县无守城,诛暴秦,据咸阳以令诸侯。诸侯亡而得立,以德服之,如此则帝业成矣。今独王陈,恐天下解也。②

在张耳、陈馀的脑子里,诸侯据土称王的观念十分强烈,他们希望历史回到战国时期的状态。他们劝陈胜"缓称王"并无恶意,而只是希望他在条件充分时再称王。不过,他们理解的"帝业"并不是秦始皇式的专制君主,而是周天子式的高踞于诸侯之上的"天下共主"。当时参加会议的三老、豪杰却一致认为陈胜应该理所当然地称王。他们异口同声

---

①　贾谊《过秦论》,载《史记·秦始皇本纪》。

②　《史记·张耳陈馀列传》。

地说:"将军身披坚执锐,率士卒以诛暴秦,复立楚社稷,存亡继绝,功德宜为王。且夫监临天下诸将,不为王不可,愿将军立为楚王也。"于是陈胜也就当仁不让地做了王,定国号为"张楚"。长期以来,"张楚"是否为陈涉政权的国号问题曾在史学界引起争论。长沙马王堆三号汉墓出土的帛书《五星占土星行度表》中有"张楚"纪年的确切记载,可以证明"张楚"作为国号是确定无疑的。陈胜之所以决定采取这个国号,显然是为了赢得广大人民的拥护。

陈胜、吴广起义的消息,像飓风一样不胫而走。散于各地的反秦力量,立即云集景从。"当此时,诸郡县苦秦吏者,皆刑其长吏,杀之以应陈涉。……楚兵数千人为聚者,不可胜数"。刘邦等起事于丰、沛,项梁、项羽叔侄起事于会稽,彭越起事于巨野,秦嘉起事于东海(今山东郯城),吕臣起事于新阳(今安徽界首)。其他小股起义更是遍地皆是,不胜枚举。起义者的成分也很复杂,除了农民、奴隶、刑徒之外,绝大部分六国旧贵族及其后裔也都扯起了恢复故国的旗帜,加入了反秦的队伍。一些在秦朝受到排挤、镇压的儒生,也纷纷投入起义队伍。尽管当时各路起义军成分不一,领袖各异,目的也不相同,但在秦朝灭亡以前,所有起义军都把进攻的矛头指向秦皇朝。一时间,农民革命成为时代的主流。

陈胜坐镇陈城,指挥起义军分路出击。他任命吴广为假王,指挥一支起义军进攻荥阳。命令武臣、张耳、陈馀等人率兵夺取黄河以北原来赵国的土地。命令邓宗率兵直趋东南,攻略横跨长江的九江郡。命令原魏国人周市率兵北进,夺取原属魏国的土地。又命令周文率一支起义军主力,绕开荥阳,经由颍川郡直叩函谷关,向秦朝的腹地关中进军。很短的时间内,除吴广领导的一支队伍在荥阳遇到三川郡守李由的抵抗无法前进外,其他诸路义军几乎没有遇到什么有力的抵抗,兵锋所向,势如破竹,捷报频传。仅仅几个月中,关东原六国的土地,除个别地方还由秦军婴城固守外,绝大部分都被起义军攻占了。尤其是周文所统帅的一支义军主力部队,一路上斩关夺隘,如入无人之境,很快就进至距咸阳不到一百里的戏(今陕西临潼附近)。眼看就要直捣首都,推翻秦皇朝指日可待了。形势发展如此之快,不仅使秦朝统治者目瞪口呆,就是起义军的领袖们也感到非始料所及。因为从表面上看,这个胜利实在来得太突然、太容易了。

革命形势的发展,为什么如此迅速?当年气吞万里、所向无敌的秦军,为什么在看来近乎乌合之众的义军面前,再也抖不起昔日的威风而一败涂地呢?为什么陈胜这样一个名不见经传、缺乏高贵血统的小人物,有如此强大的号召力,连六国旧贵族、孔鲋之类的圣人后裔,也一一拜倒在他的面前,心甘情愿地跟他去造反呢?贾谊是较早对此问题进行探索总结的思想家,请看他的论述吧:

秦王既没,余威震于殊俗。陈涉瓮牖绳枢之子,氓隶之人,而迁徙之徒,才能不及中人,非有仲尼、墨翟之贤,陶朱、猗顿之富,蹑足行伍之间,而倔起什伯之中,率罢散之卒,将数百之众,而转攻秦。斩木为兵,揭竿为旗,天下云集而响应,赢粮而景从,山东豪俊遂并起而亡秦族矣。

且夫天下非小弱也,雍州之地,崤函之固,自若也。陈涉之位,非尊于齐、楚、燕、赵、韩、魏、宋、卫、中山之君;锄耰棘矜,非铦于钩戟长铩也;谪戍之众,非抗于九国之师;深谋远虑,行军用兵之道,非及乡时之士也。然而成败异变,功业相反也。试使山东之国与陈涉度长絜大,比权量力,则不可同年而语矣。然秦以区区之地,千乘之权,招八州而朝同列,百有余年矣。然后以六合为家,崤函为宫,一夫作难而七庙堕,身死人手,为天下笑者,何也?仁义不施,而攻守之势异也。①

贾谊的上述分析,虽然还带着地主阶级的等级偏见,看不到正是陈涉之类的卑贱者,身上蕴藏着创造历史的巨大力量。但他认为秦朝建立后"攻守之势"已发生变化,从"仁义不施"寻找秦皇自身政策的失误,还是很有见地的。上面我们已经分析过秦皇朝的政策所造成的巨大社会危机,它不仅是秦末农民起义爆发的主要原因,也构成其胜利发展的重要因素。除此之外,还有许多因素,也成为农民军胜利发展的重要原因。

就农民军方面看。首先,大泽乡的起义虽然比较仓促,但陈胜、吴广还是做了必要的准备工作。"诈称扶苏、项燕,为天下唱",是为了把实质上的造反涂上一层温和的色彩,使群众在心理上易于接受,"鱼腹丹书"、"篝火狐鸣",迎合了农民落后迷信的一面,给起义罩上一种天命攸归的神秘外衣;而定"张楚"为国号,恰恰又适应了楚国人民与秦皇朝不共戴天的情绪,增强胜利的信心。其次,由于秦皇朝的政策不仅严重伤害了所有的被剥削者,而且也严重地损害了六国的旧贵族及其依附者的利益。无情的镇压,频繁的迁徙,把死亡和破产加到了他们头上,使从阶级属性上看来本应成为秦皇朝阶级基础的这一部分力量,也变成了秦皇朝的反对派。这些旧贵族及其依附的官吏和知识分子,与故国人民还有较密切的联系,当他们打出复兴故国的旗号响应陈涉的反秦起义时,不少故国的民众站到他们的旗帜下。虽然六国旧贵族加入起义军带来的危害不久以后就显现出来,但在发动初期,无疑壮大了起义军的声势和力量。并且,因为响应起义的队伍如雨后春笋遍布各地,就使关东的秦军顾此失彼,不易集中一支强大的军队对起义军进行有效的镇压。这就给起义军的迅速发展造成了可乘之机。再则,尽管陈胜在起义之后战略战术上都有严重的失误,但也有比较正确的方面。"张楚"政权建立之后,陈胜没有止步不前,而是不失时机地派出部队,东西南北,四面出击,使秦朝在东方的各级官吏来不及准备、联络、协调,就在

---

① 《过秦论》。

这种突然袭击面前,惊慌失措地失去了有效抵抗的能力。

就秦皇朝统治集团的所作所为而言,也恰恰为起义军的迅速发展创造了条件。秦二世上台之后实行的一系列政策措施,加速了统治集团内部的分崩离析。同时,以秦二世和赵高为核心的统治集团更以惊人的速度腐化堕落。他们早已丧失了吞并六国时期的蓬勃朝气,成为反动、残忍、愚蠢、昏聩的没落集团。他们闭眼不看"攻守之势"变化了的形势,还是一直相信秦皇朝的无比强大,可以镇住任何心怀异志的反叛者,陶醉于建筑在千百万黔首血泪和尸骨之上的荣华富贵之中。他们根本想不到自己已经坐在火山口上,所以也没有预防农民起义的任何准备。当陈胜、吴广点燃的起义之火在东方已成燎原之势的时候,昏头昏脑的秦二世还不相信这是真的。谒者从东方回到首都,如实地向秦二世报告起义军的情况,得到的是"交吏治罪"的惩罚。此后,从东方回到首都的官员,谁也不敢对秦二世讲述起义军的真实情况,有些人故意投秦二世之所好,用"群盗,郡守、尉方逐捕,今尽得,不足忧"①加以搪塞。如此一来,秦二世就用自己制造的帷幕,把自己严严实实地蒙住,成为一个闭目塞听、掩耳盗铃、完全失去了对真实事物感应能力的糊涂虫。当这个统治集团的成员面对自己生死攸关的大事互相蒙骗和欺诈的时候,哪里还能制定出一个有效对付起义军的战略战术?又怎么能够及时调兵遣将,组织对起义军的镇压呢?只是在周文统率的数十万大军攻至戏,喊杀声震动咸阳的巍巍宫阙时,秦二世才如梦初醒。但是,为时已晚,遍及关东各地的起义军已经壮大到难以镇压了。

然而,起义初期的形势虽然朝着有利于农民军的方向迅速而顺利地发展,但是,它同时也带来许多对农民军不利的因素。一方面,它使以陈胜为首的起义军领袖骄傲轻敌,对秦军实力及其反扑的凶狠和疯狂,缺乏实事求是的清醒估计,因而缺乏必要的应急准备。另一方面,它又掩盖了起义军的内部矛盾,以致在秦军主力穷凶极恶的进攻面前,由于旧贵族的分裂活动,使整个起义军调遣不灵,难于组织有效的反击。

周文一军顺利攻克戏地,标志着陈胜为首的起义军的攻势已经达到顶点。被起义军的巨大胜利吓得失魂落魄的秦朝统治者开始清醒了。秦二世除了组织关中原有秦军进行拼命抵御外,又采取两项应急措施:一是接受少府章邯的建议,赦免修筑骊山墓的数十万刑徒和人奴产子,同时将他们武装起来,交由章邯统帅,迎击对咸阳威胁最大的周文一军。二是命令守卫北部长城线上的三十万精锐之师,由王离、苏角等率领,火速南下,镇压关东的起义军。由于秦军开始了有组织有计划的反击,军事形势骤然变得对起义军不利了。

章邯指挥的秦军在戏一举击败周文统帅的起义军后,乘胜追击。周文抵抗乏力,节节

---

① 《史记·秦始皇本纪》。

败退。退出函谷关后,据守曹阳(今河南灵宝县境)二三个月,又被章邯打败,只得再退守渑池(今河南渑池西)。十多天后,起义军与尾随而至的章邯军在渑池进行了最后一次激战。周文兵败自杀,这支数以十万计的大军就基本溃散了。

这时候,由吴广率领的另一支起义军正被秦三川郡守李由挡在荥阳一带,欲进不能,欲弃不忍,屯兵坚城之下,两军成胶着状态。当周文兵败的消息传来,吴广的部将田臧与其周围的人将荥阳受挫的责任归于吴广,并密谋杀害了他。陈胜知悉后,遣使授田臧令尹之印,任其为上将,负责全权指挥荥阳前线的军事行动。田臧杀吴广后,颇思在军事上有所振作。他留下李归等率部分义军继续围困荥阳,自己则统帅主力北上,迎击章邯军。两军鏖战于敖仓(今河南荥阳北),田臧战死,军队溃散。章邯一军乘胜进至荥阳城下,与李由内外夹击李归指挥的起义军,李归战死,义军瓦解。至此,吴广统帅的这一义军完全失败。章邯连战连捷,气焰嚣张。他一面派出一支军队,千里奔袭,击破了邓说率领的驻守东海(今山东郯城)的一支起义军。一面亲自督率秦军主力击破伍徐统帅的驻守许(今河南许昌附近)地的一支起义军。紧接着,就向陈胜起义军的大本营陈城猛扑过来。陈胜亲自指挥张贺一军迎敌,陈西一战,义军大败,张贺战死。陈胜退出陈城,率残兵经汝阳(今安徽阜阳)转至下城父(今安徽涡阳)。此时已是寒风凛冽的腊月,秦军气势汹汹,起义军中笼罩着失败情绪。义军中的败类、陈胜的御者庄贾卑鄙地刺杀了陈胜,投降章邯邀功请赏。差不多与此同时,奉陈胜之命率军进攻南阳的宋留,在攻克南阳之后,正挥军攻击武关,准备打开由南面通向关中的道路。在听到陈胜的死讯以后,立即由武关退兵,打算折回南阳。因南阳这时已被秦军占领,只得辗转退守新蔡(今属河南)。面对周围汹汹进攻的秦军,宋留可耻地放下了武器。然而,他的投降并没有换得苟延生命的条件,他被押解咸阳以后,立即被车裂处死了。

从大泽乡起义,到下城父遇难,以陈胜为首的农民起义军的大部分都遭到了失败,秦末农民战争的第一个高潮结束了。但是,农民起义军并没有完全失败,它只是暂时转入了低潮。而这个低潮正是向第二个高潮——项羽、刘邦领导起义军与秦军主力决战并推翻秦皇朝——的转变时期。此时,不仅项羽、刘邦、英布、彭越、秦嘉等领导的几支起义军还在继续战斗,而且陈胜的余部也还坚持着斗争的旗帜。就在陈胜死后不久,他的故涓人将军吕臣率领的一支苍头军(奴隶组成的队伍)由新阳(今安徽界首北)突袭陈城,处死了叛徒庄贾,将"张楚"的大旗重新插上了陈城的城楼。

以陈胜为首的农民起义军,其兴也骤,其败也速。三个月之间,由九百疲惫之卒,发展成近百万人的大军,扫荡了大半个中国,使强大的秦皇朝摇摇欲坠,其发展之速,令人惊异。可是,待章邯率军东出函谷关与起义军对战,不到三个月,陈胜就兵败身死,数以百计的起义军也几乎全部溃散,其失败之速也同样令人惊异。世界上不存在没有原因的结果。正如其迅速发展有着历史的必然性一样,其迅速失败同样也不是偶然的。从根本上说,封建社会的农民阶级虽然是经济和文化的主要创造者,是推动历史前进的中坚力量,但却不是新的生产力和生产关系的代表。因而,作为一个自在的阶级,它既强大而又弱小。一方面,当它勇敢地反抗封建剥削压迫的时候,能够掀起颠覆表面上强大无比的封建皇朝的狂涛巨澜,显示出移山倒海的力量。另一方面,由于"零散的单独的小规模的剥削把劳动者束缚于一个地点,使他们彼此隔绝,使他们无法理解自己的阶级一致性,使他们无法统一起来,无法了解压迫的原因不在个人而在整个经济体系"①。所以,他们只是在遭受残酷剥削压迫、生活不下去的时候,才发动起义,却"没有确定的鲜明的政治要求,就是说没有改变国家制度的要求"②。他们虽然渴望改变贫困痛苦的境况,"却不善于把自身的愿望和要求同整个政治制度联系起来"③。正由于这种历史的和阶级的局限,他们抵制不了剥削阶级传统的政治和思想的影响,最后往往成为地主阶级政治上和思想上的俘虏。以致如同列宁所说的那样:"他们想按自己的理想来改造这些不为他们所了解的社会关系,这种企图和努力是不能不遭到失败的。"④

历史必然性是通过偶然性起作用的。陈胜、吴广起义军失败的必然性所通过的偶然性不仅表现为秦军的暂时的强大,也表现为起义军领袖所犯的那些不可避免的、以及能够避免而没有避免的错误。

起义军最初三个月的发展虽然是顺利的,但却没有大量消灭秦军的主力。这时的秦皇朝由于两代政策上的严重失误,其实力与扫灭六国时相比,已经大大削弱了。然而,它毕竟是掌握了全国政权的统治者,不仅有着远较起义军丰富的统治经验,而且有着比起义军雄厚不知多少倍的物质基础,更有一支历经千百次战斗锻炼、训练有素、装备精良的军队,它的将领又是有着多年战争实践经验、比较通晓战略战术、能征惯战的骁勇之辈。当秦二世清醒之后,立即组织了对起义军的凶猛反扑。章邯统帅的主要由刑徒和奴产子组成的部队,按理似不应有太强的战斗力,但是,由于它以关中秦军为中坚,有一批具有实战经验的军事骨干,又有着章邯、司马欣、董翳这样一些较有谋略的将领,一经对阵,孰优孰劣就判然分明了。而由王离、苏角等统帅的自长城线上撤下来的军队,更是秦军的精华,它对农民军的优势是十分明显的。章邯一军在与农民军作战时采取的战略战术也是正确的。它利用农民军兵分多路的弱点,采取了集中兵力各个击破的方针。出师之后,戏下一战,击溃周文一军,然后穷追不舍,接着连战曹阳、渑池,彻底打垮了这支军队。继而迅速

---

① 《列宁全集》第 1 卷,人民出版社 1955 年版,第 277 页。
② 《列宁全集》第 1 卷,人民出版社 1955 年版,第 445 页。
③ 《列宁全集》第 8 卷,人民出版社 1959 年版,第 874 页。
④ 《列宁全集》第 1 卷,人民出版社 1955 年版,第 169 页。

东向,同吴广统帅的另一义军主力决战,经敖仓、荥阳两役,又消灭了这支义军主力。在此之前,章邯一直坚持不分散兵力,始终集中一个拳头作战。这样,每次战役都集中了较义军绝对优势的兵力,掌握了战场上的主动权。"行动自由是军队的命脉,失去了这种自由,军队就接近于被打败或被消灭"①。周文、吴广两支义军主力被消灭以后,陈胜能够指挥的可战之兵已经不多了。这时候,章邯才分出一支兵力,远袭东海郡,击败了邓说领导的一支起义军。分出另一支部队,攻下颍川和郏县。自己则统帅主力攻占许地,消灭了伍徐领导的起义军。然后马不停蹄,攻陷陈城,拿下了陈胜的大本营。之后,对败退中的陈胜义军残部紧追不舍,陷汝阳,克下城父,直到亲眼看到叛徒庄贾把陈胜的首级献到他的帐前。无庸讳言,章邯这种以消灭起义军主力为目标,以捣毁"张楚"政权为目的的战略决策,是十分高明的。他的集中优势兵力,连续作战,不予敌以喘息之机、每战必胜的战术原则也是奏效的。

相反,以陈胜为首的起义军,本身存在着许多不可克服的局限性,因而产生了许多本来应该避免但却未能避免的缺点、失策和错误。

首先,陈胜不可能有明确的阶级观点。他不理解他所领导的这场斗争的实质是农民与地主两个阶级的大搏斗,而是错误地认为这是一场复兴六国的斗争。他诈称项燕、扶苏,定国号为"张楚",固然有策略上的考虑,但也是他阶级观念模糊的反映。由于秦末农民起义一开始就笼罩着复兴六国的烟雾,因而使不少六国旧贵族轻而易举地混入起义队伍。这些人竭力在起义军中制造一种舆论,仿佛秦皇朝的暴虐无道,主要不是表现在它残酷地压迫和剥削农民、手工业者和奴隶,使他们丧失了"生之乐趣",而是因为它消灭了六国割据势力。因而这场斗争的目的就不是推翻秦皇朝,解除或减轻对劳动人民的剥削和压迫,而是恢复六国,把昔日那些王公贵族重新扶上宝座,以洗雪当年被秦始皇灭国的耻辱。这些六国旧贵族混入起义队伍以后,一面要求陈胜缓称王,一面却热衷恢复六国的旧有统治。他们一旦手中有点力量以后,就千方百计地摆脱陈胜的控制,迫不及待地割据称王。他们根本不理会陈胜的号令,甚至在起义军主力陷于危机之时袖手旁观,实际上帮了秦军的大忙。当吴广受阻荥阳、周文在章邯反击下节节败退、急需救援的时候,武臣不经陈胜同意,就在邯郸自立为赵王,任陈馀为大将军,张耳、邵骚为左右丞相,拥兵割据。当陈胜命令他们火速发兵救援周文、吴广军的时候,张耳、陈馀竟对武臣讲了这样一段话:"王王赵,非楚意也,楚已诛秦,必加兵于赵。计莫如毋西兵,使使北徇燕地以自广也。赵南据大河,北有燕、代,楚虽胜秦,不敢制赵。若楚不胜秦,必重赵。赵乘秦之弊,可以得志

---

① 《论持久战》,《毛泽东选集》(合订本),人民出版社1966年版,第470页。

于天下。"①他们对陈胜十万火急的命令置若罔闻,反而乘机派韩广等率兵夺取以前燕国的土地。这批旧贵族们把战国时期纵横家借敌以自重、乘人之危而谋一己之私利的纵横捭阖之术,都一一拿来对付陈胜了。陈胜此时自身岌岌可危,当然无力对武臣等严行惩罚。此一反叛而不受惩罚的榜样一出,野心家群起效尤。韩广以武臣对付陈胜的办法对付武臣,如法炮制,在旧燕国贵族的支持下,自立为燕王。齐国旧贵族田儋杀掉秦朝的狄(今山东高青)令,自立为齐王,并公开袭击陈胜派出的周市一军。而周市在平定原魏地以后,千方百计要求陈胜立旧魏国贵族魏咎为魏王。陈胜也依其所请,把自己本来可以支配的力量,变成了异己的势力。这些旧贵族在拥有土地,获得"王"的头衔(且不管这种头衔来路如何)之后,纷纷拥兵自重,不服调遣,大大削弱了起义军的力量,致使陈胜的起义军在章邯的猛烈攻势下孤掌难鸣,陷于最后的失败。

其次,从军事上讲,起义军本身存在的弱点更多。部署指挥上屡屡出现失误,是造成起义军惨败的直接原因。义军初起,应者云集,大量反秦的农民、刑徒潮水般地涌入起义队伍。二三个月之内,起义军由九百戍卒发展成上百万的大军,这固然反映了反秦的大好形势,但也给起义军领袖提出了一系列不易驾驭的难题。百万大军,需要有一大批精通军事谋略的统帅和将领,而当时起义军中唯一的军事人才也只是在项燕军中做过"视日"的周文,其余包括陈胜、吴广在内,周市、田臧、宋留、伍除之辈,过去几乎都没有指挥过一兵一卒,更遑论实战经验了。起义之后,骤然成为数以万计、十万计大军的统帅,他们是很难胜任愉快的。一支能征惯战的军队,不仅要有一批能驾驭战争变化、精通战略战术的统帅,而且必须有严密的组织、严格的训练和严明的纪律,这对每日涌入大量士兵的起义军来说,几乎是无法做到的。这样,起义军所拥有的数量上的优势,往往不易发挥,而缺乏训练的军队,也很难适应严酷的战斗。同时,军队应该有精良的装备,而起义军战士手中仅有临时找来的"锄櫌白梃"。军队还应该有源源不绝的后勤供应,而起义军却只能"望屋而食",以夺取敌人的军需和临时的征调维持供应。与秦军相比,起义军除了在人心向背上占着优势外,其余的可比方面,秦军几乎全部优于起义军。这样两支军队在战场上相遇的时候,优劣胜败就是不难判断的了。

正因为起义军缺乏高明的统帅,战略战术上的失误便一再出现。起义军攻克陈城,建立"张楚"政权以后,战略上没有确定主攻方向,而是四面出击,平均用力,一时间到处开花,捷报频传。看上去轰轰烈烈,实际上兵力分散,各支义军又缺乏必要的战略和战术上的协同,潜伏下了被各个击破的危险。而起义军的领袖们,则被一时的胜利所陶醉,对秦军的反击能力缺乏实事求是的估计,当然也无法做出应急的准备。当章邯指挥秦军在戏

---

① 《史记·陈涉世家》。

击败周文一军的时候，形势骤然变得对起义军不利了。但此时陈胜除了命令武臣救援之外，再也想不出其他应付的措施。武臣拒不发兵，整个起义军遂节节败退，陷于消极抵御，被动挨打的局面，终于无法摆脱不利的困境。其时，周文一军溃败后，起义军还有几支部队保存着较大的力量。这时候，完全可以通过调整部署改变不利局面：一方面命令周文残部迅速后退，与秦军脱离接触，避免被全歼的危险；另一方面，可以适当收缩兵力，起码可以合周文、吴广两部为一军后撤至义军较多的东方地区。这样，既可以重新争取到战场上的主动权，又可以诱迫章邯军到对其不利的地区作战，局势可能出现转机。计不出此，就只有消极抵抗一途，致使被动的态势一直没有改变过来。陈胜及其伙伴，对战争全局更缺乏一种高瞻远瞩的战略眼光。打下陈城以后，军事形势发展很快，秦朝在关东的防御体系几乎全部瓦解，形势要求陈胜把自己的指挥中心迁至交通方便的战略要地。但陈胜却一直把起义军的总部放在陈城。这里地瘠民贫，经济不发达，难以给起义军筹措大量的粮秣军需。这里远离当时的重要政治经济中心，交通不便，不易与各路义军迅速沟通联系，对远在千里之外的前线军事，无法进行及时而有效的指挥。这里地处平原，无险可守，一旦敌人大军压境，难以进行持久而有效的抵抗。当洛阳、大梁、南阳等名城打下来之后，陈胜完全应该把自己的大本营迁到其中的一个地方，最好是洛阳。然后凭黄河、芒山之险，据敖仓之粟，利用这里四通八达的道路网，随时调整部署，进退自如，左右逢源，就可能出现另一番局面。计不出此，始终局促于陈这样一座小城，实际上等于安下一步死棋。后来，当章邯率军逼临城下时，陈胜不是迅速决策向秦嘉、项羽、刘邦等控制的地区靠拢，而是向义军力量很弱的东南方向逃跑。到达汝阳以后，似乎发现了失误，又转向东北方向撤退。但是，时间已经错过，致使章邯之军很快赶了上来，因而发生了下城父的悲剧。其实，如果陈胜一开始就向下城父方向撤退，按路程计算，可有充足时间与刘邦、秦嘉的起义军联成一气，局势就可能出现有利的变化。这些本来可以避免失败的机会，陈胜都一一失掉了。如此，惨败的命运就不可避免地落到了他的头上。

作为一个农民起义队伍的领袖，陈胜也缺乏卓越的政治才能。起事之后，他没有提出千百万民众倾心的口号，也没有制定出简明可行的政策。特别是，他不善于统驭部下，不敢于严肃纪律，是非不分，赏罚不明，助长了部下各自为政、任意胡为的坏风气。致使义军始终未能成为一支纪律严明、行动统一、具有顽强战斗力的部队，因而经不住严酷战阵的考验。陈胜对武臣、韩广、张耳、陈馀等人擅自拥兵称王、不服调遣、破坏纪律的行为，纵然无力惩罚，也不应曲意迁就。因为此例一开，也就等于给了其他将帅任意行动的自由。将军田臧以近乎"莫须有"的罪名，"矫王令"杀死了与陈胜共同发动起义的吴广，陈胜不仅未说半句责难的话，反而"使使赐田臧楚令尹印，使为上将"。秦嘉在东海"矫以王命"杀死陈胜派去的监军武平君自立为大司马，陈胜也予以默认，不加惩罚。相反，较早追随陈胜起义,屡立战功的葛婴,就因为情况不明擅自立了襄强为楚王,后来闻陈王已立,即使杀掉襄强向陈胜谢罪,陈胜也丝毫不加原谅,仍然杀掉了葛婴。如此赏罚不明,怎么能够维持统一而严明的纪律,又怎么能使将领们团结一致,共同战斗呢?

更有甚者,陈胜首举义旗,发难反秦,表现了大无畏的英雄气概和革命首创精神,反映了"苦秦久矣"的劳动人民的利益与要求,在秦末农民战争中做出了不可磨灭的贡献。但是,陈胜在地主阶级思想的影响下,羡慕帝王,追求富贵,对封建统治者那套荣华富贵心向往之。"王侯将相宁有种乎?"固然有对封建的根深蒂固的血统论挑战的一面,但何尝又不是表现了陈胜对王侯将相地位的倾慕?要知道,对陈胜来说,他当时绝对不会分辨什么封建的王侯将相和农民的王侯将相,从本质上说,陈胜早就是皇权主义的俘虏了。"张楚"政权建立以后,当数以百万计的起义军战士正在前线与秦军浴血苦战,农民军最后的胜利还很渺茫的时候,陈胜已经在区区弹丸之地的陈城,修缮宫室,置办用具,心安理得地做起王来了。不仅如此,他做王以后,就忘记了自己昔日"苟富贵,无相忘"的誓言,独断专行,冤杀无辜,大摆帝王的威风,"夥颐!涉之为王沈沈者!"严重脱离了他本来应该代表的劳苦大众。你看,在陈胜称王以后,当年与之一起佣耕的伙伴闻讯来陈探望这位发誓不忘故旧亲朋的老朋友时,却是宫门深沉,警卫森严,见面竟是那么困难。后经"遮道而呼",总算见着了。这些伙伴们以为,他们还可以像昔日佣耕时那样随便谈笑,毫无拘束地"言陈王故情"。大概因为这些"故情"有损于陈胜今日的王者之威风,陈胜竟听信谗言,残忍地杀死了这些纯朴憨直的穷朋友。致使"诸陈王故人,皆自引去,由是无亲陈王者"①。甚至对其岳父,陈胜也"以众宾待之。妻父怒云:'怙强而傲长者,不能久焉。'不辞而去"②。面对这种情况,陈胜并不觉醒,反而任用佞臣朱房为中正,胡武为司过,监司群臣,完全凭个人好恶随时惩办自己的将领。结果搞得人人自危,奸佞者趋进,忠直者离去。陈胜于是陷于众叛亲离的窘境,这自然大大削弱了起义军的力量。

虽然陈胜掀起的农民起义的反秦风暴并没有被扑灭,但他亲自领导的这支起义军主力却基本上瓦解了。陈胜由一个胸怀"鸿鹄之志"的雇农,首举义旗,登上王位,在演出了震撼环宇的短暂的一幕之后,悲惨地死于自己的御者之手。陈胜起义六个月后即告失败的最深刻的历史教训是,在封建的经济关系占统治地位的社会里,一个农民革命领袖要坚持农民阶级的革命立场,维护农民阶级的利益是多么不容易!以后的历史也表明,在中国封建社会里,不少农民领袖,往往是以反对压在农民头上的帝王将相开始自己的革命生涯,又往往是在把自己变成昔日革命的对象时,结束自己的一生。反对昔日的老爷,自己

---

① 《史记·陈涉世家》。

② 《史记·陈涉世家》司马贞《索隐》引《孔丛子》。

又不知不觉地变成老爷,这几乎是所有农民领袖们都无法逃脱的历史归宿。

　　陈胜起义军的失败虽然标志了秦末农民战争第一阶段的结束,但他点燃的革命烽火却没有熄灭。以刘邦、项羽为首的其他起义队伍继续举起反秦的火炬,把陈胜未竟的事业推向新的辉煌! 伟大的史学家司马迁将这位仅王六个月的雇农写进"世家",并给予崇高的评价:"陈胜虽已死,其所置遣侯王将相竟亡秦,由涉首事也。"

刘邦当上泗水亭长以后，忠于职守，兢兢业业地为秦皇朝服务。作为一个基层小吏，他督理民事，催役征粮，查奸防盗，并多次押解刑徒远赴咸阳，十余年如一日。实指望以自己的才干得到不断晋升，但十多年下来，自己仍然是一介小小的亭长。刘邦静夜扪心自思，逐渐对自己的前程困惑莫名。特别是秦皇朝建立后的种种举措，更使刘邦对它的热望逐渐冷却。作为亭长，刘邦必须一一贯彻执行秦皇朝的全部政策法令，而随着这些政策法令的推行，是百姓对这个皇朝幻想的破灭。百姓由失望、绝望到反抗的情绪的变化，刘邦显然比一般人有更多的感受。同时，由于刘邦多次押送刑徒去咸阳，他必然比一般百姓了解更多的国内情势，更深切地感触到百姓中间滋长的反抗潮流。这一切促使刘邦在经过痛苦的思索之后，毅然做出了与秦皇朝分手的抉择。在此思想的指导下，刘邦精心策划了丰西纵徒事件，从此走上了冒死反抗秦皇朝的道路。本来，刘邦是一个有着多年从政经验的老亭长，押送刑徒也不止一次，这一公务活动对他来说实在是轻车熟路，按理是不应该出现什么差错的，不断逃亡的情况是可以避免的。可是，刘邦先是睁一眼闭一眼地让刑徒们一个又一个地逃走，接着又故意在人烟稀少的丰西大泽中停下来，在一个小酒店中默默地饮了许多酒。之后，当夜幕笼罩大地的时候，刘邦走进刑徒的队伍中，在他们惊愕目光的注视下，一一除去了他们身上的绳索。然后，诚恳而深情地对他们说："公等皆去，吾亦从此逝矣！"绝大多数刑徒在对刘邦表示了深深的感激之情后悄悄消失在夜幕中。最后，剩下十多个身强力壮的人围住刘邦不走，表示了跟定他造反的决心。刘邦带着这支队伍，先在丰西泽中隐蔽一时，后辗转进入今日江苏安徽交界的芒砀山泽中，躲避秦朝地方政府的追捕。刘邦丰西泽中纵徒起义虽然不能与不久之后爆发的大泽乡起义相比，但在丰、沛地方肯定形成了很大的冲击波，引起秦朝地方政府的惊恐和不安，他们必然派兵缉拿刘邦及其同伙。但由于此时的秦皇朝已经失去民心，官军缉拿刘邦的活动不会得到百姓的拥护与配合，再加上有萧何、曹参在沛县城中做内应，不时互通情报，刘邦一伙得以利用芒砀山泽有利的自然条件与追捕的官军周旋。数月之间，使官军只有徒唤奈何。自丰西泽纵徒至响应陈胜、吴广起义一段时间，刘邦虽然没有高举义旗向秦军发起正面进攻，但却进行了一系列的起事的准备工作。他利用群众的迷信心理，通过吕雉宣传他藏匿的山泽之上有云气，制造他"贵为天子"的舆论，耸动远近的视听。由此吸引丰沛地区的青年男子加入他的队伍，"沛中子弟或闻之，多欲附者矣"。他的周围陆续集合起数百人的队伍，组成了刘邦后来南征北战、夺取天下的骨干力量。其中不少人成为汉皇朝的开国功臣，得到封侯的奖赏。《史记·高祖功臣侯者年表》和《汉书·高惠高后文武功臣年表》记载的有博阳侯陈濞、隆虑侯周灶、东茅侯刘钊、台侯戴野、乐成侯丁礼、宁侯魏进、曲城侯蛊逢等。凭刘邦的政治敏感，他意识到大规模的反秦起义的爆发已经为时不远，他积累力量，等待时机，企盼着冲出芒砀，走向拼搏的战场。

刘邦一伙潜伏的芒砀山泽之中，留下不少遗迹，留传至今的莫过于皇藏峪了。这个地方位于安徽萧县县城东南六十里的群山之中。这里山峦起伏，古木参天，四季长青，风光分外幽美。树木中黄桑树尤多。每到深秋，随着金风送爽，黄桑树以它金黄的颜色点缀于万绿丛中。所以此地原名黄桑峪。后来因刘邦一伙曾匿身于此，就更名为皇藏峪了。峪中有一胜景皇藏洞，位于南朝梁朝所建的瑞云寺西南百余步，为一天然崖洞。洞口挡着一块一丈多高的"飞来石"，洞中呈圆形，深六米多，洞底平坦，四壁油光，内望漆黑一片。相传刘邦等人就是在此洞躲过了官军的一次搜捕。瑞云寺东南二十余步还有一深不见底的天然小井，相传为刘邦以剑穿石所造成，故名"拔剑泉"。

刘邦的企盼没有落空。公元前 209 年（秦二世元年）七月，陈胜吴广与他们的九百名戍卒，终于在大泽乡发出了反秦的怒吼！这一消息犹如飓风般迅速传遍大江南北，黄河上下，立即引燃了各地反秦的怒火。当此之时，"山东少年苦秦吏，皆杀其守尉令丞反，以应陈涉，相立为侯王，合从西乡，名为伐秦，不可胜数也"①。刘邦得到大泽乡起义的消息后，立即率领他在芒砀山泽聚集起来的力量，日夜兼程北上，兵不血刃地拿下了自己的故乡丰邑，正式打出了反秦的旗帜。时间大概是公元前 209 年（秦二世元年）的八月。占领丰邑后，他进一步招兵买马，壮大自己的力量，同时对沛城摆开了进逼的架式。由于进占丰邑没有经过剧烈的战斗，更没有引人入胜的传奇情节，因而被后世史学家略而不计，仿佛刘邦起事之始就是进攻沛城。实际上刘邦先占丰邑，扩大了自己的队伍，吸收了大批骨干，对以后的胜利进军具有重要意义。据《史记·高祖功臣侯者年表》记载，随刘邦丰邑起兵后来获得侯爵者不乏其人。清阳侯王吸、广平侯薛欧、斥丘侯唐厉、猗氏侯陈遬、博阳侯周聚、纪侯陈仓、煮枣侯赤、张侯毛泽、鄢陵侯朱濞、合阳侯刘仲、什方侯雍齿等，都是从这里开始了他们的军事和政治生涯。

大泽乡起义和"张楚"政权建立的消息传出以后，关东地区的秦朝官吏也都惊惧不安，他们中的不少人为了保全身家性命，愿意归附"张楚"政权。沛县县令就是其中之一。他害怕沛县的百姓响应陈涉举行起义，把自己送上断头台，于是思谋"欲以沛应涉"②，宣布起义，归附到陈胜的旗帜下。但面对刘邦一伙在丰邑咄咄逼人的气势，他又有点举棋不定。为此，他找来沛县主吏萧何、狱掾曹参商量，征求他们对此事的意见。此时的萧何、曹参早

---

① 《史记·秦始皇本纪》。
② 《史记·高祖本纪》。

已暗中与刘邦密切联系,于是趁机对县令进言:"君为秦吏,今欲背之,率沛子弟,恐不听。愿君召诸亡在外者,可得数百人,因劫众,众不敢不听。"①这里,萧、曹示意县令,单独起事没有把握,不如与已经据丰起事的刘邦联合行动。再说,刘邦是县令的属史,一切关系都易于协调。得到县令的首肯后,他们立即让经常与刘邦沟通联系的狗屠樊哙迅速通知刘邦,要他立即率众前来沛城参加这里的起义活动。然而,当刘邦兴冲冲地率领数百人的队伍连夜赶到沛县城郊时,沛县令却又反悔了。他明白自己与刘邦之间有不少不愉快的往事,深怕刘邦参与起事自己无法控制局面,甚至会危及自己的地位与安全,于是下令兵丁闭门守城,阻止刘邦一伙入城。同时,又同亲信密谋杀掉刘邦的内应萧何和曹参。萧、曹二人侦知情况有变,知道与沛县令共谋起义已不可能,于是当机立断,秘密潜出沛城,与刘邦一起谋划新的起事方案。刘邦根据变化了的情况,知道沛令已不可合作,于是马上修书一封,缚在箭上射入城中,谕告沛城百姓共同起义:

> 天下苦秦久矣。今父老虽为沛令守,诸侯并起,今屠沛。沛今共诛令,择子弟可立者立之,以应诸侯,则家室完。不然,父子俱屠,无为也。②

沛城百姓中郁积的反秦怒火一经刘邦点拨,顿时燃烧起来。他们自动组织起来,手持各种兵器和器具,一呼百应地冲进县衙,沛令来不及组织抵抗,即被杀死。其余官吏都老老实实地归附了起义的百姓。接着大家敞开城门,欢呼着将刘邦的队伍迎入城内,并一致要求刘邦接任沛令,领导大家对付秦军。刘邦看到自己的老朋友萧何、曹参都是沛县的老吏,地位一直在自己之上,在沛县有较高的威望,此次起事又参与联络谋划,在他们面前还是谦让一点为好。于是故作姿态地说:"天下方扰,诸侯并起,今置将不善,一败涂地。吾非敢自爱,恐能薄,不能完父兄子弟。此大事,愿更相推择可者。"③萧何、曹参明白刘邦的话是说给自己听的,更清楚那不过是刘邦的谦词,况且,他们作为县中小吏,手下不仅没有刘邦那样的一支队伍,而且扯旗反秦也没有必胜的把握,一旦失败就会危及自己的宗族,所以,不如推出刘邦为首领,自己作为追随者更能进退自如。因此,他们一致表明拥护刘邦的态度。诸父老也说:"平生所闻刘季诸珍怪,当贵,且卜筮之,莫如刘季最吉。"④刘邦看到沛城的父老子弟都真诚地拥护自己,内心十分高兴,知道起义军的首领非己莫属,在谦让

---

① 《史记·高祖本纪》。

② 《史记·高祖本纪》。

③ 《史记·高祖本纪》。

④ 《史记·高祖本纪》。

了一番之后,也就答应做了沛公①。经过简单的准备,当时就举行了隆重的誓师典礼:祠黄帝,祭蚩尤于沛庭,杀牲以血衅鼓,起义队伍的旗帜皆用赤色。刘邦当着数千名起义的百姓,庄严地宣告了与秦皇朝战斗到底的决心。这就是著名的丰沛起义,时在公元前209年九月,这是刘邦为缔造大汉皇朝进行艰苦卓绝奋斗的光辉起点。此时,刘邦手下已聚拢起一支二三千人的队伍,占有了沛城和丰邑两座小城,他以此为根基,指挥这支小小的队伍向秦朝政府发起了勇猛的进攻。首先北向进攻胡陵(今江苏沛县与山东鱼台间)、方与(今山东鱼台境),取得成功后,还守丰邑。此时,已是公元前208年(秦二世二年)年初。章邯指挥的秦军已经杀出函谷关,集中兵力猛攻陈涉的起义军并接连得胜。而齐、赵、魏、燕诸国的旧贵族也相继打出故国的旗号,抢占地盘,派遣官吏,大张旗鼓地进行复国活动。关东义军虽然人数众多,但力量分散,致使章邯军频频获胜。秦朝在关东地区尚未被消灭的地方官,在章邯军胜利消息的鼓舞下,纷纷调集军队,组织对起义军的围剿。秦泗水郡监御史平督兵围攻丰邑,企图一举歼灭刘邦这支刚刚起义的军队。刘邦利用丰邑城池坚固、易守难攻的地理优势,发挥义军同仇敌忾的高昂士气,奋力迎击秦军,大获全胜。之后,刘邦命雍齿据守丰邑,自己则乘胜率义军主力北上,以迅猛的攻势一举拿下薛城(今山东滕县东南)。秦泗水郡守壮亲自督兵来争薛城,但立足未稳即被起义军打败。他随溃兵南逃到戚(今山东枣庄市薛城东),被刘邦的左司马曹无伤生擒处死。接着,刘邦率义军主力回击亢父(今山东济宁市南),再南下方与,将这一地区的秦军扫荡净尽。正当刘邦决定向外进击时,反秦义军内部发生火并。陈胜派出的略取魏地的周市,利用雍齿与刘邦的不睦,策动他背叛刘邦,将丰邑和自己统帅的义军转归魏国。刘邦见后院起火,十分气愤,督率主力猛攻雍齿,以期夺回丰邑,结果未能奏效。刘邦气愤交加,只得拖着生病的身体撤兵返回沛城休整。这时候,秦嘉等人立了楚国后裔景驹为假王,以留城(今江苏沛县南)为根据地,吸引了周围的起义队伍,势力较为强大。刘邦知道自己孤军奋斗困难重重,就率军依附秦嘉,请求他增兵协力夺回丰邑。但此时军事形势发生重大变化,章邯在打垮陈胜起义军的主力以后,分兵进剿各路起义军。其中别将司马㽵率一军北上,一举攻破相城(今安徽濉溪市西),进入砀郡,向起义军猛扑过来。各路义军暂时搁置彼此间的矛盾,合力迎战秦军。刘邦一军也随嘉军西进,与司马㽵之军激战于萧县(今属安徽)。由于战斗失利,只得退保留城。稍事休整后,刘邦与其他义军调整部署,集中兵力,猛攻砀城(今安徽砀山南),鏖战三日,不仅收复该城,而且收编了砀郡兵五六千人,实力大为增强。紧接着又攻克下邑(今安徽砀山),阻止了司马㽵一军的攻势。丰沛起义以来一连串的军事行动,

---

① 《史记·高祖本纪》裴骃《集解》引《汉书音义》曰:"旧楚僭称王,其县宰为公。陈涉为楚王,沛公起应涉,故从楚制称曰公。"

刘邦差不多都取得了胜利。这些战斗锻炼了起义部队,展示了刘邦的政治谋略和军事才能,使他在数以十计的诸路义军中崭露头角,他的队伍也扩大到近万人,成为一支不可小觑的力量。但是,由于此时秦军仍来势汹汹,起义军的几次胜利还未能扭转不利局面,秦嘉、刘邦等起义军只能苦撑待变。不久,形势向有利义军的方向转化。项梁、项羽统帅的江东子弟兵渡江北上,一路势如破竹地进至薛城,成为当时反秦起义军中最强大的力量。项氏一军的到来增强了刘邦战胜秦军的信心,他立即率全军投靠项梁,以期在合力同秦军作战中求得自身的发展。

项氏之军是在陈胜起义的鼓舞下诞生于江南的一支部队,它是由项梁、项羽叔侄领导的。项梁是楚国名将项燕的儿子,楚国被秦国灭亡后,他带着自己的侄儿项羽,怀着伺机复仇的决心,辗转流落吴中。他寄厚望于自己的侄儿,加以精心地培育。项羽小时候,项梁让他读书,他读不进去,让他学习剑术,他又不能坚持。项梁十分生气。但项羽却不以为然地说:"书,足以记名姓而已。剑,一人敌,不足学,学万人敌。"①项梁于是教他学兵法,项羽很高兴,但稍稍懂得一点之后,又不肯继续学下去了。项梁与项羽来到吴中后,"吴中贤士大夫皆出项梁下。每吴中有大徭役及丧,项梁常为主办,阴以兵法部勒宾客及子弟,以是知其能"②。显然,项氏叔侄在吴中建立了广泛的社会联系,有着较好的群众基础。公元前210年(秦始皇三十七年),秦始皇巡行至会稽山,祭大禹,渡浙江(今钱塘江)北上,百姓在渡口围观。这时,站在人群中的项羽看着秦始皇的煊赫气势,情不自禁地说:"彼可取而代也。"项梁赶忙捂住他的口,悄声说:"不要胡说,这会惹来灭族的大祸!"不过,项梁内心还是很高兴,觉得侄儿是一个志向远大的青年人。此时的项羽已长成身高八尺,相貌堂堂,"力能扛鼎,才气过人"的魁梧男子,吴中的年轻人没有一个不怕他的。公元前209年(秦二世元年)九月,项梁乘会稽郡守准备响应陈胜举事、疏于防范之机,指挥项羽杀死郡守,夺取了对该郡的控制权,公开响应陈涉,集合八千子弟兵,举起了反秦的旗帜,迅速占领了吴中各县,成为江南最大的反秦义军。十二月,陈胜领导的义军失败。这时,遵照陈胜的命令进攻广陵(今江苏扬州市)的召平,渡过长江,矫陈胜之命拜项梁为上柱国,命他率兵渡江北上,全力进击秦军。项氏叔侄早想北上发展,立即应命率八千精锐兵马渡过长江,迅速向北进击,同时一路上收编了陈婴、黥布等多支起义军,进至下邳(今江苏邳县境)时,已经是拥兵六七万的劲旅了。之后,项梁击败了驻守彭城(今江苏徐州市)之东不愿归顺的秦嘉一军,杀死秦嘉及其拥立的楚王景驹,北上屯兵于薛城。刘邦见秦嘉军已垮掉,项梁一军气势正盛,赶忙率兵前来投靠。项梁对刘邦的举动十分赞赏,立即拨给他精兵五

①　《史记·项羽本纪》。
②　《史记·项羽本纪》。

千、五大夫将十人以示褒奖。刘邦一军的力量进一步壮大,从此开始了他与项氏叔侄共同战斗的岁月。

公元前 208 年(秦二世二年)六月,项梁得到陈胜的死讯以后,就在薛城召开了各路起义军领袖参加的会议,共同分析形势,协调力量,决定反秦斗争的各项事宜。刘邦也参加了这次会议。此时,居巢(今安徽安庆北)人、七十岁的范增已在项梁幕中,他对项梁说:

> 陈胜败固当。夫秦灭六国,楚最无罪。自怀王入秦不反,楚人怜之至今,故楚南公曰"楚虽三户,亡秦必楚"也。今陈胜首事,不立楚后而自立,其势不长。今君起江东,楚蠭午之将皆争附君者,以君世世楚将,为能复立楚之后也。①

项梁同意范增的分析。在这次聚会时,他已命人找到了沦为牧羊儿的楚怀王的孙子心,建议立为起义军的共同领袖,仍然号楚怀王,以从百姓的愿望。又以陈婴为上柱国,辅佐怀王,以盱台(今江苏盱眙北)为都城。项梁自号武信君。由于他一军力量强大,又取得了对秦军作战的一系列胜利,实际上成为众望所归的号令一切的各路起义军的盟主。会上,决定各路起义军进行战略战役上的协同作战,全力反击骄横一时的章邯军。薛城会议增强了项氏叔侄在政治上的地位,在相当的程度上协调了各路起义军的作战行动,从而大大增强了起义军整体抗敌的力量,使起义军开始从陈胜的失败中又重新振作起来。

薛城会议以后,项梁一军经过数月休整,于公元前 208 年(秦二世二年)七月冒着大雨攻破亢父(今山东济宁市南)。此时,章邯正兵围东阿(今山东东阿西南)的齐军,攻势甚为猛烈。田荣求救。项梁率军日夜兼程,长驱四百余里,与田荣和司马龙且率领的齐军共同对敌,大败秦军于东阿城下,迫使章邯军向西溃逃。又令刘邦、项羽合兵破秦军于城阳(今山东菏泽北)。接着,项梁再挥军与秦军激战于濮阳(今河南濮阳南)以东,取得重大胜利。迫使秦军龟缩濮阳以自保。与此同时,刘邦、项羽督兵猛攻定陶,未能克敌。转攻雍丘(今河南杞县),杀死秦朝的三川守李由,消灭了秦皇朝部署在洛阳周围的最强大的一支劲旅。八月,项梁挥军南下定陶,再次大破秦军。三个月之中,以项梁为首的义军主力,在刘邦军的配合下,勇猛顽强,连续作战,四战四捷,狠狠打击了章邯一军的嚣张气焰,使起义军受到很大鼓舞,进一步坚定了战胜秦军的信心。然而,七、八月间的胜利使项梁滋长了骄傲轻敌的情绪,放松了对秦军的戒备。其谋士宋义劝谏他说:"战胜而将骄卒惰者败。今卒少惰矣,秦兵日益,臣为君畏之。"②项梁不仅听不进去,还嫌宋义在身边碍手碍脚,就打发

---

① 《史记·项羽本纪》。
② 《史记·项羽本纪》。

他出使齐国。宋义束装就道,路遇齐国派来联络的使者高陵君显。宋义劝他不要急于去见项梁,因为项梁即将在秦军的突袭中失败。宋义的分析是正确的。果然,秦朝借项梁一军休整停止进攻之机,悄悄从关中送来大批士卒,增强了章邯军的战斗力。九月,章邯在经过较充分的准备之后,在一个漆黑的夜里冒雨突袭定陶,项梁猝不及防,被杀身亡,起义军也遭受很大损失。在此之前,刘邦和项羽正率军猛攻外黄(今河南民权县境),由于秦军顽强死守,激战月余,未能攻克。正当他们转攻陈留(今河南开封东南)的时候,得到项梁兵败身死的噩耗。刘邦、项羽判断军事形势有变,立即停止对陈留的攻击,与吕臣等率军迅速向彭城退却,缩短战线,调整部署:吕臣一军驻彭城东,项羽一军驻彭城南,刘邦一军驻砀,互为犄角,互相策应,做好了还击秦军的充分准备。但是,章邯一军并没有乘胜进攻。因为攻破项梁一军的胜利同样使章邯忘乎所以,滋长了严重的骄傲情绪,自然也就无法清醒地估计形势。他错误地判断黄河以南的起义军残部已不能构成对秦军的威胁,就率秦军主力北渡黄河,向恢复不久的赵国进攻,以期肃清黄河以北的反秦力量。如此一来,两军斗争的主要战场就转到了黄河以北的赵国首都邯郸附近。

刘邦从公元前209年(秦二世元年)九月在丰沛起义正式拉起一支反秦的武装力量,到前208年(秦二世二年)底退军于砀,一年多的时间内,他统帅这支起义军,在今日山东、江苏、安徽、河南交界的黄淮平原,与秦军进行了十数次激烈的战斗,虽然也遭受到一些挫折和失败,但绝大部分战斗都取得了胜利。他的军队也由初起时的二三千人发展成近万人的劲旅。通过一年多战争实践的锻炼,不仅全军的军事素质有很大的提高,而且从中涌现出曹参、周勃、樊哙、灌婴、夏侯婴等一批智勇超群的将领,为以后的胜利发展奠定了较坚实的基础。不过,这一阶段刘邦一军的发展还比较缓慢,他基本上不是独树一帜对秦军作战,而是先依附于秦嘉,再依附于项梁,作为配角出现于反秦的战场。在当时数以十计的起义军中,刘邦的军队还是比较弱小的一支。但是,由于刘邦一开始就比较注意用严格的纪律来约束自己的军队,因而使他在当时楚怀王和其他起义军领袖中间获得了"宽大长者"的美誉,这对于他以后能够迅速地独立发展显然是十分有利的。

三、鏖战巨鹿

公元前 208 年(秦二世二年)九月,楚怀王得到项梁战死的消息以后,立即采取一系列措施以适应骤然变得对起义军不利的形势。他从盱台迁都彭城,将吕臣、项羽带领的军队收归自己统帅,同时就近指挥、联络各路起义军。在人事上也做了相应的调整和安排。他任命吕臣为司徒,其父吕青为令尹,组织起初具规模的政权机构。封项羽为长安侯,号鲁公,参与军事策划。任命刘邦为砀郡长,封武安侯,统帅砀郡之兵,作为彭城西面的屏障。其实,秦军此时对彭城的压力已大大减轻。章邯在定陶破项梁军后,认为怀王麾下的项羽、刘邦等起义军已不能构成对秦军的威胁,于是渡过黄河,对当时刚刚复国不久的赵国发动了猛烈进攻,赵军损失惨重。赵王歇、赵相张耳率残兵败将退保巨鹿城。陈馀率军数万,驻于巨鹿之北,与巨鹿互相支援。章邯命令王离、涉间指挥从长城一线调来的精锐秦军围攻巨鹿,自己则在巨鹿之南安营扎寨,令士兵筑甬道输送军粮。赵王歇等在秦军日益剧烈的攻势面前左右支绌,只得频频向怀王求援。怀王等鉴于唇亡齿寒,决定派兵救赵。在此之前,齐国使者高陵君显曾聆听宋义预言项梁之兵必败的一席话,他见到怀王后,对宋义大加称颂:"宋义论武信君之军必败,居数日,军果败。兵未战而先见败征,此可谓知兵矣。"[1]怀王因而召见宋义,一番交谈,使他对宋义的军事谋略深信不疑。于是决定以宋义为上将军,号"卿子冠军",项羽为次将,范增为末将,率起义军主力北渡黄河驰援赵国,同时又令刘邦率一军向咸阳进军。从此以后,起义军主力对秦军的作战,便分成了南北两个战场。由于秦军的精锐之师都集中于北战场,因而那里的胜负就必然影响到刘邦在南战场的成败。所以,这里有必要先把河北战场做一番交待。

公元前 207 年(秦二世三年)十月,宋义作为统帅率军到达安阳(今山东曹县东北)以后,即命令全军停止前进,一驻就是四十六天。尽管此时赵国危在旦夕,求救的使者络绎不绝,宋义仍泰然自若,无动于衷。项羽急不可耐,向宋义建议说:"吾闻秦军围赵王巨鹿,疾引兵渡河,楚击其外,赵应其内,破秦军必矣。"[2]宋义非但不接受项羽的正确建议,反而讲了一大套实际上必然导致起义军失败的作战方针:"夫搏牛之虻不可以破虮虱。今秦攻赵,战胜则兵罢,我承其敝;不胜,则我引兵鼓行而西,必举秦矣。故不如先斗秦赵。夫被坚执锐,义不如公;坐而运策,公不如义。"表面上看,宋义讲得头头是道,但是,如果真的照他的方针办事,必将给起义军带来难以估量的损失。因为当时在巨鹿激烈对战的双方,秦军是敌人,赵军是盟友,二者与宋义、项羽统帅的楚军都有着至关重要的关系。而当时明

---

① 《史记·项羽本纪》。

② 《史记·项羽本纪》。

摆着的形势是:楚军如不迅速渡河救赵,赵军就难以逃脱被歼灭的命运,秦败赵胜的局面根本不可能出现。秦一旦灭赵,必然乘战胜之威回军进攻楚军,这样就会置楚军于十分不利的被动局面。"乘敝举秦"云云,不啻一厢情愿的梦呓而已。宋义估计项羽可能不服从他的命令,于是杀气腾腾地下令说:"猛如虎,很如羊,贪如狼,强不可使者,皆斩之。"①企图镇住项羽。接着,他为了留有退路,疏通关系,安排自己的儿子宋襄去任齐国相。他不顾军情十万火急,竟离开安阳亲自送儿子去齐国上任,在无盐(今山东东平县境)置酒高会。而此时,十数万楚军将士却正在十一月的风雨中受着冻饿的熬煎,叫苦连天。项羽早就对宋义不体恤士卒,视战争胜败如儿戏的一套做法不满,此时更是义愤填膺,他悄悄地对身边几个亲近的人说:

> 将戮力而攻秦,久留不行,今岁饥民贫,士卒食芋菽,军无见粮,乃饮酒高会,不引兵渡河因赵食,与赵并力攻秦,乃曰"承其敝"。夫以秦之强,攻新造之赵,其势必举。赵举而秦强,何敝之承!且国兵新破,王坐不安席,扫境内而专属于将军,国家安危,在此一举。今不恤士卒而徇其私,非社稷之臣。②

项羽的分析是十分深刻的。宋义几月前明察项梁之败,显示了一个旁观者的清醒头脑。自己做统帅后,沾沾自喜于一孔之见,陷于当局者迷的可悲境地。项羽愤于宋义的错误决策,于是迅速酝酿成熟了一个取宋义而代之的计划。十一月的一天,项羽借晨朝宋义的机会,毅然将其刺杀于军帐之中。之后,他向将士宣布宋义"联齐反楚"的罪状,宣称自己的行动是奉怀王之命,行诛杀之权。由于宋义的所作所为太不得人心,而项羽的勇毅和果决又足以慑服众人,因而项羽处决宋义的行动就得到了将士们的一致拥护,被推为假上将军,取得了对全军的统帅权。接着,项羽命人追杀宋义之子于齐,又使桓楚将事变真相报告楚怀王。楚怀王虽然对项羽的擅杀主将不满意,但考虑到既成事实而自己又缺乏惩罚他的手段与实力,只得正式任命他为上将军,全权指挥对秦军的战斗。

十二月,风雪弥漫,巨鹿前线的军事形势变得愈来愈对赵军不利。章邯令士卒筑甬道,从漳河直通王离的军营。王离得到源源不绝的粮秣和其他军事物资的供应,士气大振,更加猛烈地围攻巨鹿。巨鹿城内,死伤累累,矢尽援绝,眼看难以支持。驻守巨鹿城北的陈馀一军虽有数万人马,但畏敌如虎,不敢出战。前来救援的齐军、燕军以及张敖统帅的万余代地兵马,也都在陈馀营地周围筑垒自守,谁也不敢冲出来与秦军交锋。章邯、王

---

① 《史记·项羽本纪》。
② 《史记·项羽本纪》。

离、苏角等秦军将领面对指日可下的巨鹿城,凶焰万丈,认为胜券在握,河北的义军就要被他们从地图上抹掉了。他们做梦也不会想到,项羽统帅的起义军已经逼近漳河,即将以迅雷不及掩耳之势给他们以致命的一击。

项羽整饬军马,精心部署与秦军的决战。他先遣当阳君英布率布两万将士悄悄渡过漳河,以突然的奇袭给骄横的秦军当头一击,抢占了河边阵地,稳住了脚跟。楚军的胜利使陈馀看到了希望之光,他要求项羽迅速增兵河北。项羽知道决战时机已到,于是督率全军渡过漳河。“皆沉船,破釜甑,烧庐舍,持三日粮,以示士卒必死,无一还心”①。这个“破釜沉舟”的故事,后来就成为表示义无反顾、不胜即死的成语。渡河之后,项羽立即指挥起义军主力马不停蹄地投入战斗,创造了中国军事史上以少胜多、以弱胜强的奇迹。《史记·项羽本纪》以传神的笔触描绘了这场永垂史册的大战:

> 于是至则围王离,与秦军遇,九战,绝其甬道,大破之,杀苏角,虏王离,涉间不降楚,自烧杀。当是时,楚兵冠诸侯。诸侯军救巨鹿下者十余壁,莫敢纵兵。及楚击秦,诸将皆从壁上观。楚战士无不以一当十,楚兵呼声动天,诸侯军无不人人惴恐。于是已破秦军,项羽召见诸侯将,入辕门,无不膝行而前,莫敢仰视。项羽由是始为诸侯上将军,诸侯皆属焉。②

巨鹿之战的胜利,展示了项羽这位还不足三十岁的统帅的杰出的军事才能和高超的指挥艺术,以及他不畏强敌,敢于斗争、敢于胜利的英雄气概。从巨鹿之战前河北的军事形势看,双方军力,秦军大大超过赵军及其他来援的诸侯军,秦军的训练、装备、后勤供应以及整个军事素质,也明显优于起义军,而战场上的主动权更是掌握在处于外线作战的秦军手中。显然,当时如果没有一支精锐之师迅速投入对秦军的战斗,河北诸路反秦军的失败几乎是不可避免的。在这种情况下,如何改变战场上敌我力量的对比,怎么样把战场上义军的被动态势扭转过来,就成为战胜秦军的关键。项羽在这次事关全局的战略决战中,较好地利用了当时的有利条件,充分发挥自己的军事才能,抓住战机,勇往直前,从而演出了一幕有声有色、威武雄壮的活剧,在中国古代战争史上留下了辉煌的一页。

首先,在这次战役中,项羽有着压倒敌人的气势,有着战则必胜的决心,有着灭此朝食的无畏精神。战前,他当机立断,杀死畏敌如虎、畏葸不前的宋义,在全军将士中树立了威

---

① 《史记·项羽本纪》。
② 《史记·项羽本纪》。

望。战争开始,他又以破釜沉舟的决心,率军赴敌,以其豪迈的气势激励、感染着全军将士,从而使他们发挥出以一当十的奇迹般的战斗力,终于战胜了表面强大、声势显赫的秦军。其实,项羽在秦军面前的无畏精神,正是来源于起义军的正义原则。表面上强大的秦军,维护的是一个残民以逞、暴殄天物的腐朽政权,它得不到人民的拥护,在道义上处于绝对劣势。并且,经过三年与起义军的作战,力量已受到很大消耗,后备兵员也近于枯竭,后勤供应几乎到了难乎为继的地步。它的强大实际上已失去了坚实的基础。而农民起义军此时却是正义在手,得到广大劳动人民的拥护,完全有理由藐视秦军,坚定战胜它的信心和决心。

其次,项羽的军事指挥艺术是十分高明的,他采取的第一个军事行动,是以两万将士迅速渡过漳河,一举切断王离一军的后勤供应线,使之变成一支饥饿的孤立的部队,为彻底战胜它创造了条件。接着,他督率全军渡河,以必胜的信心,必死的决心,毅然冲向敌阵。"两军相逢勇者胜"。先声夺人的起义军犹如一群冲下山冈的猛虎,使秦军失去了抵抗的能力。失败的命运在秦军意想不到的时刻突然降临,他们只能老老实实地服从命运之神的安排。在这次战役中,项羽坚决贯彻速战速决的战术原则,这是权衡敌我双方条件而决定的一种正确选择。因为秦军在人数、装备、训练等许多方面均优于起义军,章邯、王离两支军队又相距不远可以互相支援,对付这样的敌人并不是轻而易举的事。同时,项羽的几支盟军此刻又都畏敌怯阵,不敢开垒接战。不在短时间内战胜秦军,待其调整部署,脱出被动态势,充分发挥其有利因素后,再战胜它就比较困难了。因此,必须在秦军毫无觉察的情况下,采用奇袭的办法,出其不意,攻其不备,连续作战,速战速决,不给敌军以喘息之机。待秦军清醒过来的时候,战局已经发生了有利用于起义军的变化,秦军失败的命运已经无法挽回了。这样,几天之内,一场决定秦皇朝命运的决战,就以农民军的胜利而结束。作为这场战役的军事统帅,年仅二十六岁的项羽,以异乎寻常的从容坚定,运用娴熟的指挥艺术,督导十数万英勇顽强的起义军将士,痛快淋漓地歼灭了秦在灭亡六国的战争中建立起来的最精锐的部队,彻底改变了敌我力量的对比,敲响了秦皇朝的丧钟。此后,章邯统帅的秦军残部,再也无法对起义军进行有效的抵抗,通向咸阳的道路已经畅通了。巨鹿之战是秦末农民战争的转折点。项羽和他统帅的这支农民军,在推翻秦皇朝的战争中,起了决定性的作用,立下了不朽的功勋。

巨鹿之战进一步加深了秦朝统治集团内部的分裂和斗争。秦军在巨鹿战败的消息传到咸阳后,秦二世立即派使者痛斥章邯,把秦军失败的责任全部推到他身上。章邯派长史司马欣回咸阳,意欲向秦二世和赵高申述巨鹿之战的全部情况,一连等了三天,但秦二世与赵高皆拒绝与他见面。司马欣意识到事情不妙,连夜抄小路秘密返回章邯军,对他说:"赵高用事于中,下无可为者。今战能胜,高必疾妒吾功;战不能胜,不免于死。愿将军孰计之。"①至此,章邯才明白自己已经陷于进退维谷的境地:战不能胜,退则必被诛。在章邯苦闷彷徨之时,陈馀遗书于他,晓以利害,促其归顺起义军:

> 白起为秦将,南征鄢郢,北坑马服,攻城略地,不可胜计,而竟赐死。蒙恬为秦将,北逐戎人,开榆中地数千里,竟斩阳周。何者?功多,秦不能尽封,因以法诛之。今将军为秦将三岁矣,所亡失以十万数,而诸侯并起滋益多。彼赵高素谀日久,今事急,亦恐二世诛之,故欲以法诛将军以塞责,使人更代将军以脱其祸。夫将军居外久,多内郤,有功亦诛,无功亦诛。且天之亡秦,无愚智皆知之。今将军内不能直谏,外为亡国将,孤特独立而欲常存,岂不哀哉!将军何不还兵与诸侯为从,约共攻秦,分王其地,南面称孤;此孰与身伏铁质,妻子为僇乎?②

章邯也明白自己的处境,于是派使者至项羽军营谈判投降条件。谈未成,项羽乘章邯麻痹之际,使英布率兵三万连日南渡漳河,向章邯军发起攻击,使其遭受重创。接着,项羽又率领全军在汙水之上连连击败秦军。这时候,章邯看到除了投降之外,再也没有别的出路。而项羽也感到自己军粮近乎告罄,再战也十分困难,就在洹水之南的殷墟(今河南安阳市西)接受了章邯一军的投降,二十余万秦军放下了武器。项羽封章邯为雍王置楚军中。然后使长史司马欣为上将军,将秦军为前行。项羽亲率大军沿黄河而西,浩浩荡荡地向咸阳进军。由于秦军的精锐已经损失殆尽,项羽向关中的进军基本上没有遇到什么抵抗。可是,当公元前 206 年(汉元年)十二月项羽率军到达咸阳的时候,刘邦统率的起义军已经先期到达,秦皇朝已经宣告灭亡两个月了。

---

① 《史记·项羽本纪》。
② 《史记·项羽本纪》。

四.进军关中

公元前 207 年九月,当宋义、项羽等率楚军主力渡过黄河、北去救援赵国的时候,刘邦受怀王之命,率领一支人马开始了向秦都咸阳的进军。在此之前,怀王曾与各路义军首领相约:"先入定关中者王之。"以此激励他们争做进军咸阳的先锋。然而,由于当时秦军力量从总体上还强于起义军,不少义军首领都不敢承担这一重任。只有项羽"怨秦破项梁军",自告奋勇,愿与刘邦共同承担入关破秦的重任,但是怀王周围的一班老将都认为项羽不是统兵入关的最佳人选,他们向怀王建言:

> 项羽为人僄悍猾贼。项羽尝攻襄城,襄城无遗类,皆坑之,诸所过无不残灭。且楚数进取,前陈王、项梁皆败。不如更遣长者扶义而西,告谕秦父兄。秦父兄苦其主久矣,今诚得长者往,毋侵暴,宜可下。今项羽僄悍,不可遣。独沛公素宽大长者,可遣。①

怀王听信了老将们的建议,任命项羽为宋义的副手,率楚军主力北上,承担了对付秦军主力的重任。同时选任刘邦作为进军关中的统帅,承担最后推翻秦皇朝的历史重任。而以后的实践证明,对刘邦的任用是历史的正确选择。

由于秦军主力集中于黄河以北,在项羽猛烈的攻势下自顾不暇,根本不可能顾及其他地方的战况。更由于秦皇朝已无可机动的兵力集中防守黄河以南,所以减少了刘邦进军路上的阻力。与宋义、项羽军北上救赵的同时,刘邦统帅一支不足万人的队伍,也踏上了进军关中的征程。由彭城出发,经砀(今安徽砀山南),收编散在该地的陈胜、项梁兵卒,转军北上,攻破城阳(今山东菏泽北)后,又在杠里攻击秦军,击溃其二军。之后,迅速南下,公元前 207 年十月,在成武(今属山东)击破秦东郡尉指挥的一支秦军。彭越率一支义军归附。继续南进,到达栗(今河南夏邑),并刚武侯柴武军四千余人。紧接着,与魏将皇欣、武蒲(或作满)合攻秦军于昌邑(今山东金乡),未能取胜。随即挥军奔西南,下高阳(今河南杞县境),著名策士郦食其来归。刘邦听从郦的建议,派他为说客,招降了秦的陈留(今河南开封南)郡守,取得大量粮秣军资。同时,郦食其之弟郦商又率四千人马来归,使刘邦军力大增,成为一支数万人的劲旅了。三月,刘邦督军与郦商指挥的陈留兵共攻开封(今河南开封西南),未拔。旋即北上,与秦将杨熊激战于白马(今河南濮阳),再战于曲遇(今

---

① 《史记·高祖本纪》。

河南中牟境)东,连连获胜。杨熊败退荥阳,被秦二世派使者斩杀。接着,刘邦挥军南下,直下颍阳(今河南禹县南)。继而应谋士张良之请,转军西北,攻占原韩国的大片土地,占领了太室山中险要的战略要地镮辕。此时,赵国将军司马卬率军准备渡过黄河,抢先入关。刘邦为阻止他的行动,迅速由镮辕北上,攻占平阴(今河南洛阳西北),切断了渡口的交通。之后,大军主力南下,与秦军激战于洛阳以东,稍稍失利,即脱离战斗,回军阳城(今河南登封东)。此时,刘邦已决定不循当年陈胜军进军路线由函谷关进入关中,而是走南阳、武关一线。于是,集中军中的骑兵,以最快的速度直奔南阳。与南阳郡守指挥的秦军在犨(今河南鲁山东南)东相遇,一番激战,南阳守败北,急忙带领残兵败将退保宛城(今河南南阳)。刘邦的义军占领了整个南阳郡,唯宛城秦军拼死固守不下,不易攻克。刘邦不愿在宛城纠缠,于是引兵绕过宛城西行,准备弃宛于不顾,全力向武关前进。张良认为,西去路上秦兵尚众,背后如留下秦兵据守的坚城,一旦敌军前后夹击,义军必将陷于非常危险的境地。因而必须解决宛城守敌,才是万全之策。刘邦接受张良的建议,在西去的路上秘密回军,在宛城之南抄小路星夜返回宛城。由于刘邦一军行动迅速而诡秘,宛城守军毫无觉察。待郡守黎明得到消息的时候,起义军已将宛城严严实实地围了三层。郡守惊恐万状,预感到大难临头,就打算自刎,一死了之。他的舍人陈恢力劝郡守不要寻短见,还有比死更好的出路。他往见刘邦,说服刘邦招降南阳守:

> 臣闻足下约,先入咸阳者王之。今足下留守宛。宛,大郡之都也,连城数十,人民众,积蓄多,吏人自以为降必死,故皆坚守乘城。今足下尽日止攻,士死伤者必多;引兵去宛,宛必随足下后;足下前则失咸阳之约,后又有强宛之患。为足下计,莫若约降,封其守,因使止守,引其甲卒与之西。诸城未下者,闻声争开门而待,足下通行无所累。①

刘邦认为陈恢的意见很有道理,欣然采纳,接受宛守吕齮的投诚,并封其为殷侯,封陈恢千户,兵不血刃地取得了整个南阳郡。七月,刘邦大军西行,所遇秦将大部分都开城纳款,刘邦未折一兵一卒,即顺利地占领丹水(今河南淅川县境)、析(今河南西峡县)、郦(今河南南阳市北)、胡阳(今河南唐河南)等城。刘邦用严格的军纪约束士兵,每攻克一地,都严禁士兵掳掠扰民,给百姓留下了很好的印象。八月,刘邦率数万之众攻破武关(今陕西商南县境),打开了从南面通向咸阳的门户。此时,项羽已结束了巨鹿之战,招降章邯,正从东面进军咸阳。

---

① 《史记·高祖本纪》。

在项羽、刘邦大军从东、南两面进逼咸阳的时候，秦皇朝统治集团的内部矛盾进一步激化。秦在赵高的教唆下大量杀戮宗室贵族和李斯等大臣后，却发现大权已经被丞相赵高所窃夺。赵高指鹿为马，专权罔上，加剧了与秦二世的矛盾。他唯恐秦二世诛及自身，就与其弟郎中令赵成，女婿咸阳令阎乐合谋，决定抢先下手，杀死秦二世。一天，阎乐、赵成率兵突入秦二世居住的望夷宫，击杀守卫宫室的卫兵。至此，秦二世才如梦初醒，谓其旁一宦者曰："公何不早告我？乃至于此！"宦者曰："臣不敢言，故得全，使臣早言，皆已诛，安得至今？"但秦二世死到临头还向阎乐乞怜哀告："吾愿得一郡为王。"弗许。又曰："愿为万户侯。"弗许。曰："愿与妻子为黔首。"①冀延一夕之命，这个要求也遭到拒绝，秦二世被迫自杀，这是他应得的下场。赵高以秦地缩小，六国后人皆已继立为理由，立秦始皇之弟子婴为秦王②，同时派出使者来到刘邦军中，提出共同分王关中的计划。刘邦怀疑赵高的诚意，没有答应，只是借秦军麻痹之机攻取了武关。九月，子婴与其二子合谋，刺杀赵高于斋宫。然后，遣将士拒守峣关（今陕西蓝田县境），抵御起义军，企图做最后的挣扎。正在此时，刘邦的大军也进至关前，刘邦采纳张良的建议，一面遣郦食其、陆贾游说守关将领，以重利引诱他们投降，使他们失去戒备，松懈防务；一面命令士兵悄悄绕过峣关，翻越蒉山，从关背后偷袭秦军，一举成功，占领峣关。然后继续北进，蓝田南一战，取得重大胜利。秦军溃退蓝田北。刘邦一边"益张疑兵旗帜"，制造声势，一边重申军事纪律，起义军所过无掳掠，受到当地百姓的欢迎。正当秦军懈怠之际，起义军连续猛攻，再获全胜。乘胜追击，全歼蓝田的秦军。至此，秦军的最后一点有生力量损失净尽，首都咸阳的能战之兵已经寥寥无几，子婴手下再也没有什么力量阻止刘邦夺取咸阳了。

公元前206年（汉元年）十月，刘邦的大军进驻灞上（今陕西蓝田县境）。此去咸阳，只不过百里之遥。秦王子婴守着偌大一座咸阳，既无可战之兵，又无可守之险，只得接受刘邦"约降"的条件，下令秦军残余部队停止抵抗。他自己则"素车白马，系颈以组，封皇帝玺、符、节"，到咸阳以南五十里的轵道（亭名，今西安市内）旁，恭恭敬敬地向刘邦投降。凭心而论，子婴既不是低能儿，也不是胡亥之类的昏暴之主，观其立王五日即与其二子合谋刺杀巨奸大憝赵高于斋宫，"三族高家以徇咸阳"的举措，不能不承认他是一位头脑清醒、才能卓异、行动果决的帝王。然而，秦朝经过秦始皇、秦二世两代的暴虐统治，已经彻底失掉民心，也斫尽了自身的最后一点生机。子婴即使有天纵之才，历史给他提供的时间和空间都不容其施展了。

雄才大略、不可一世的秦始皇创建的赫赫扬扬的秦皇朝，仅仅经过十五个年头，就在

---

① 《史记·秦始皇本纪》。

② 关于子婴，《史记》之《秦始皇本纪》谓二世兄子；《李斯列传》谓始皇弟。司马贞《索隐》引刘氏云："弟字误，当为孙。子婴，二世兄子。"此处从《李斯列传》。

农民起义的烈火中灰飞烟灭。当封建社会的曙光刚刚普照中华大地的时候,它固有的矛盾所导致的农民起义和农民战争展示了无坚不摧的力量,也预示了以后一个又一个中国封建皇朝的命运。刘邦统帅的这支农民起义军,自公元前207年(秦二世三年)九月奉怀王之命自彭城出征,到公元前206年(汉元年)十月在咸阳之南的轵道旁以胜利者的姿态接受秦王子婴的投降,历时仅一年零一个月。其进展之迅速,战果之辉煌,实在令人惊异。一年之中,这支起义军越山涉水,斩关夺隘,攻城略地,迂回曲折,从中原到关中,长驱三千余里,历经十数次激烈战斗,终于亲手撕下了秦皇朝的最后一页日历,完成了历史赋予的伟大使命。起义军也由出发时不足万人的队伍,发展成十多万人的精锐之师,成为项羽之军以外实力最强的一支军事力量。为日后在楚汉战争中战胜项羽、夺取统一中国的历史性胜利奠定了较坚实的基础。

刘邦自从响应陈胜、吴广举行丰沛起义,到夺取咸阳,共历时三年。在前两年中,他的起义军基本上是在别人支配下作战,虽然也获得不少成功,但队伍没有大的发展,直到从彭城西征,也还不足万人。可是从公元前207年(秦二世三年)九月刘邦一军独立作战,纵横驰骋黄河以南一年多时间,不仅取得了一系列战役的胜利,推翻了秦皇朝,而且使这支军队壮大了十倍以上。刘邦一军在如此短暂的时间内迅速发展壮大并取得如此重大胜利的原因在哪里?概括起来说,客观条件给刘邦一军的成功提供了最大的可能性,而刘邦及其文臣武将所发挥的主观能动性又使这种可能性迅速而完满地变成了现实。

从客观条件讲,刘邦是一个时代的幸运儿,历史将更多的钟爱毫不吝惜地给予了他。当陈胜、吴广在大泽乡发出划时代的怒吼之后,全国云集景从,造反的旗帜一时间在关东四处飘扬。在最初众多起事的队伍中,刘邦在丰沛拉起来的那支队伍并不出众,不仅力量弱小,而且更没有六国旧贵族那样有影响的显贵。一个亭长、几个县吏,再加上几个吹箫屠狗的亡命徒,统帅的都是从乡村田野里走出来的赤贫之辈,实在有点寒伧。这支军队不要说与陈胜、吴广、项氏叔侄的队伍不能相比,就是较之秦嘉、英布以及齐、燕、赵、魏诸国之师也不可同日而语。然而,它却后来居上,一年之后即发展成仅次于项羽军的一支武装力量,而在秦皇朝灭亡后,又成为项羽为领袖的楚军的主要竞争对手,其发展之迅速和顺利是其他队伍不可比拟的。这是因为,在当时数以十计的反秦队伍中,在通往八百里秦川的征途上,历史给刘邦一军安排的,恰恰是一条阻力最小、成功系数最大的道路。当时秦军最主要的军事力量有两支:一是章邯统帅的拱卫首都咸阳的关中精锐部队,一是由王离、苏角、涉间等统帅的守卫长城、对付匈奴骑兵的勇武之师。此时这两支部队都集中在黄河以北,不消说秦军如此安排就是一种战略错误,因为黄河以北的义军并未构成对它最大的威胁。依照怀王的安排,对付秦军这两支劲旅的任务由宋义、项羽统帅的楚军承担。后来,项羽杀掉宋义,独自指挥这支军队。他最后进击的目标虽然也是关中,对于咸阳更是志在必得,但是,这却是进军咸阳的多条路线中阻力最大的一条路线。因为它必须战胜秦军的最强悍的机动兵团,还需要横渡黄河天堑,飞越高山雄关。不仅胜负本身是个未知数,即使战况顺利,也要耗掉不少时间。果然,当项羽挥军血战巨鹿,招降章邯残部于殷墟,以气吞山河的勇武将两支秦军主力从军事地图上抹掉,继而统帅四十万胜利之师风风火火、意气昂扬地赶到咸阳的时候,秦王子婴的投降仪式已经过去两个多月,夺取关中的首功已经记在刘邦的功劳簿上了。与之相反,刘邦进军的黄河以南,几乎没有什么秦朝的主力部队,唯一有能力且握有一支较强武装的三川守李由,在此之前已做了起义军的刀下鬼,他的军队也全部瓦解。其余部队绝大部分都是郡守、县令们统带的地方武装,人数既少,战斗力也很弱,并且,由于在章邯以后秦皇朝始终未能派出一个能够指挥和协调各地军事行动的有威望的统帅,各郡县之间就难以互相配合与支援。如此一来,秦皇朝暂时还保有的那些郡县只不过是一个个孤立的军事据点。刘邦一军的力量虽然不大,但由于它始终集中使用,因而在对付每一个郡县的武装时,却又构成了对秦军的绝对优势,再加上其他因素的配合,所以每次战役几乎都以刘邦一军的胜利而告终。同时,刘邦在进军途中,还能不断地吸收陈胜、吴广起义军的残部和项梁一军的溃卒以及其他小股起义部队,而且还用招降纳叛的办法广泛收编秦朝郡县地方武装,因而使自己的队伍得到迅速的扩大。反观项羽以外的其他反秦义军,有的隶属于项羽的麾下,受制而不易发展,有的局促于一隅而难以扩大,最后都难成气候。刘邦一军自奉命西征以来,即独树一帜,既不受制于他人,又不局限于一隅,而是独立自主地在黄河中下游最富庶的地区行军作战。而这一地区恰恰是陈胜起义军战斗洗礼过的地方,一方面有良好的群众基础,得到百姓的拥护;一方面又有充足的兵源和粮秣,扩兵和军资供应皆不成问题。这一切,显然给刘邦一军的胜利发展提供了得天独厚的条件。

诚然,客观条件的确给刘邦进军关中的胜利提供了最大的可能性,但是,要将此种可能性变成现实却要求当事人最大限度地发挥自己和群体的主观能动性。这其中,刘邦及其部下精心的谋划,正确的战略策略和机动灵活的战术指挥,就是把可能变成现实的最重要的条件。刘邦在萧何、张良、郦食其、陆贾、曹参、周勃、樊哙等文臣武将的协助下,不仅选取了一条阻力最小的进军路线,而且通过采取迂回曲折、避实击虚、分化瓦解、各个击破的战略战术,将政治手段与军事手段交互并用,从而以最小的代价取得了最大的战果。比如,对陈留和南阳两座重兵据守的坚城,刘邦听从郦食其和张良的建议,采用招降的办法化敌为友。对武关和峣关两处险关,刘邦听从张良建议,以谈判掩护进兵,用"诈"取胜。而当起义军进驻灞上,秦皇朝失去抵抗力量之后,刘邦又不失时机地向子婴送出最后通牒,以迫降手段避免了对咸阳的攻坚。每一次战役,虽然作战对象不同,地理条件各异,使用的战术有别,但几乎都打得干脆利落,痛快淋漓,奏响了胜利的凯歌。在整个进军过程中,刘邦一直虚心听取谋臣策士的正确意见,也是取得胜利的重要原因。例如,在高阳传舍,他不计较郦食其以长者自居的傲慢态度,虚心向他求教攻取陈留的方略。结果郦食其凭自己的三寸不烂之舌说降陈留郡守,使刘邦不费一兵一卒、一刀一矢而获得一座坚城和大批粮秣军资,力量大大增强。刘邦第一次兵临南阳时,因估计宛城不易攻克而绕城西进,经张良陈述利害得失后,立即改变部署,星夜回师,再围宛城。在宛城守军惊恐不安之时,又听从南阳守舍人陈恢的建议,以优渥的条件顺利招降。当然,更重要的还在于刘邦及其谋臣战将,在秦末农民战争造成的"伐无道,诛暴秦"的有利形势下,敢于藐视暂时还显得强大的敌人,以雄伟的气魄,敢于斗争、敢于胜利的气势,毅然走向与强敌决斗的战场,而在每次具体战役中,又能缜密思考,精心部署,以自己的决心和行动,去赢得每一个胜利。同时,刘邦从起事那天起,就特别注意自己军队的纪律,因而获得"宽大长者"的美誉,从而被怀王定为进军关中的唯一人选。在进军关中的路上,刘邦更是注意军队的纪律,约束士卒不掳掠,不妄杀,不扰民,因而能够得到百姓的普遍拥护,从而减少了阻力,增加了助力,使这支军队如虎添翼,所向披靡。

最后,刘邦一军的胜利,还得益于秦皇朝总体上的战略失误。关中是秦皇朝的发祥地和根据地,又是全国最富庶的地区之一,经过秦国数百年、秦朝十多年的经营,不仅集中了大量粮秣军资,经得起长期战争的消耗,而且由于它对原秦民和六国之民实行不同的政策,关中之民还普遍拥护这个皇朝。如此优越的地理民情在军事上是一笔极其宝贵的财富,应该充分利用,发挥其在同义军斗争中的作用。当年秦国在同六国斗争时就很好地利用了这一地理优势,每次出征不顺时立即退回关中,扼守函谷关,御敌于关门之外。纵使军事上有些损失,由于后方根据地十分巩固,生产发展,社会稳定,资财丰饶,军队很快能恢复元气。尽管东方六国两次合纵、协力攻秦,使秦国据关自守,终使六国无可奈何。秦末农民起义爆发后,如果秦朝统治集团有点战略眼光,在出关镇压起义军的同时,始终在关中保持一支强大的军事力量,以便在关东尽失的情况下凭借关中的地理优势进行最后的抵抗,这样即使不能挽救秦皇朝的灭亡,也至少会给刘邦一军在关中的作战造成极大的困难,延迟其取得胜利的时间。不过,以胡亥、赵高等为代表的秦朝统治集团是一群昏庸、腐朽、愚昧的无能之辈,他们已经失去了常人对形势变化的感应能力,自然也不会制定出对付起义军的有效战略和策略。所以,当秦皇朝的主要军事力量被消灭在关东战场上以后,空虚的关中就只能在刘邦的马前举起降旗。汉朝人在探索秦朝灭亡的原因时较多地从政治上着眼,所谓"仁义不施,而攻守之势异也",这当然是根本性的大道理。但军事决策、指挥、调度上的频频失误也是它加速灭亡的重要因素。宋人何去非在《秦论》中已注意到这一点。他说:

（秦）严兵拒关，为自救之计，虽以无道行之，而山西千里之区，犹可岁月保也。不知虑此，乃空国之师以属章邯、李由之徒，越关千里以搏寇，而为向日堂堂兼敌之师，亦已悖矣。方陈胜之首事而天下豪杰争西向而诛秦也，盖振臂一呼而带甲者百万，举麾一号而下城者数十。又人皆山林崛起之匹夫，其存亡胜负之机取决于一战，其锋至锐也。而章邯之徒不知固守其所，以老其师。乃提孤军弃天险，渡漳逾洛左驰右骛，以婴四合之锋，卒至于败。而沛公之众扬袖而入空关。虽二世之乱足以覆宗，天下之势足以夷秦，而其亡遂至于如此之亟者，用兵之罪也。[①]

何去非的看法是有见地的。不过，他不理解，此时的秦朝君臣早已失去了统一六国时的进取精神和勃勃生机，他们之中既没有秦始皇及其周围臣子那样远见卓识的政治家，也缺乏王翦、白起、蒙恬兄弟那样智勇双全的军事统帅，与政治上的失误相联系，军事上的失误就是不可避免的了。

———————————

① 转引自乾隆四十四年《长安府志》。

五、约法三章

刘邦接受秦王子婴投降之后,以樊哙为首的诸将中有人提议杀掉这位亡国之君,刘邦不同意,说:"始怀王遣我,固以能宽容,且人已降服,又杀之,不祥。"①他命人将子婴等人看押起来,留待以后再作处理。刘邦对子婴的处理是高明的。因为子婴与秦皇朝的暴政基本无关。他做秦王后,立即除掉赵高集团,力图振作。在看到抵抗无望时,又顺从地交出政权,没有负隅顽抗。显然他既不是秦民痛恨的对象,也不是义军仇视的对象。刘邦不杀子婴,显示了他较高的政策水平,给关中的百姓留下了最初的美好印象。

接受子婴投降后,刘邦率领他的十万胜利之师,浩浩荡荡地开进了秦都咸阳。面对着万众的夹道欢呼,刘邦不由得忆起自己当年在咸阳街头观看秦始皇出巡时发出的"大丈夫当如此也"的壮语。而今人世沧桑,天翻地覆,昔日微不足道的亭长今日已成为八百里秦川的主人了。人世的变迁是多么地不可思议啊!想到此,刘邦真有点飘飘然昏昏然了。及至进入阿房宫,展现在他面前的是令人眼花缭乱的金碧辉煌的楼台殿阁,华丽深沉的帷幕罗帐,数以万计的狗马、珍玩、重宝,还有那千姿百态、婀娜动人的嫔妃宫女。刘邦这位出生穷乡僻壤,终日与社会下层百姓为伍的农民领袖,再也抵挡不住这些东西的巨大诱惑,立即决定在这里住下来,尽情地享受一番,以补偿前半生乡村简朴生活的缺憾。此时,倒是狗屠出身的将军樊哙还保持着比较清醒的头脑。他疾言厉色地对赖在阿房宫不走的刘邦发出了义正词严的斥责,力劝他立即离开这个不祥之地。但刘邦对这位最早参加起义、对自己有着兄弟般情谊的伙伴的规谏无动于衷,执意想品尝一下秦始皇的生活享受。后来,由于张良的进一步语重心长的劝谏,刘邦才渐渐醒悟过来,明白此时还不是享乐的时候。于是下令封"秦重宝财物府库",恋恋不舍地离开了秦宫,回到驻扎在霸上的军营。阿房宫中樊哙、张良对刘邦的规谏和刘邦最后采纳他们的谏议,并不说明这些人拒绝荣华富贵,只是表明他们清醒地认识到对他们这样一个初入关中的军事集团来说,享受还排不上议事日程。

刘邦回到霸上的军营之后,立即紧张地进行治理关中的谋划。因为根据怀王的前约"先入关者王之",刘邦可以理所当然地占有关中的地盘。所以他们十分认真地筹划治理关中的方案。十一月,刘邦宣布"约法三章",推出了他进入关中之后的第一项重大政治举措。他邀请关中各地的"父老、豪杰"到霸上,向这一批在百姓中颇有影响力和号召力的人物,宣布了这项带有法规性的临时章程:

---

① 《史记·高祖本纪》。

父老苦秦苛法久矣,诽谤者族,偶语者弃市。吾与诸侯约,先入关者王之,吾当王关中。与父老约,法三章耳:杀人者死,伤人及盗抵罪,余悉除去秦法。诸吏人皆案堵如故。凡吾所以来,为父老除害,非有所侵暴,无恐!且吾所以还军霸上,待诸侯至而定约束耳。[①]

"约法三章"是迄今为止看到的刘邦宣示的第一个政令,虽然条文看起来简单,但其包含的实际内容却是相当丰富的。第一,它拉近了刘邦与关中百姓的距离。关中地区是秦皇朝的发祥地与根据地,是秦皇朝的战略总后方。这里的人民曾长期支持了秦皇朝所进行的统一战争。大概因为他们所受的封建剥削相对较轻和狭隘的地域观念所局限,在关东六国纷纷起兵反秦,甚至一直到秦朝灭亡之时,这里仍然是秦皇朝安定的后方。秦皇朝灭亡后,关中之民惊恐不安,联系到他们二十余万子弟在新安被项羽坑杀的惨剧,唯恐入关的刘邦之军对他们施以残酷的报复。刘邦的"约法三章"以"父老苦秦苛法久矣,诽谤者族,偶语者弃市"点明关中百姓与六国百姓同样受秦皇朝酷虐政治之害,刘邦并不在关中关东之间划上此疆彼界。使关中之民消除与关东起义军之间心理上的隔阂。又以"凡吾所以来,为父老除害,非有所侵暴,无恐"消除他们的惊恐情绪,同时把自己打扮成关中百姓的救星,使起义军与关中之民在感情上沟通起来。第二,全盘接受秦朝在关中的各级官吏,让他们继续供职,使关中地区的行政机构正常运转,维护了社会的安定。如果说关中百姓因秦皇朝的垮台而惊恐不安,那么秦朝在关中的各级官吏惊恐的程度必然远远超过关中百姓。因为他们是秦皇朝的爪牙,秦皇朝的虐政正是通过他们之手实施的。对关中百姓来说,他们是直接的压迫者和剥削者,对刘邦起义军来说,他们是互相对战的仇敌。刘邦一军完全有理由有能力惩罚他们。然而,刘邦不仅没有惩办他们,反而来了个"诸吏人皆案堵如故"的告示,要求他们各安其位,继续行使职权。这样,就给这批人吃了定心丸,使他们忐忑不宁的心迅速安定下来。关中的秦吏一下子倒向刘邦这位新主子,对他感恩戴德,竭诚服务。秦皇朝的统治支柱变成了刘邦的统治支柱。由于这批人有较丰富的吏治经验,与关中百姓有着千丝万缕的联系,对关中的地理、民情又异常熟悉,招降接纳这一批人对刘邦日后治理关中显然是十分有利的。第三,以最简单的法规维持关中的社会秩序。秦朝灭亡,其法律制度自然失去效用。刘邦一军成为关中的统治者,如没有一个明确的法规,百姓无所适从,就极易导致无政府状态。刘邦不失时机地宣布"杀人者死,伤人及盗抵罪,余悉除去秦法",既明确宣布废止繁苛的秦朝法律,又以一个简单明了的新法规作为人们行为的规范,这对维持关中地区的社会稳定,保持行政机构继续运转,维护社会生产和

---

① 《史记·高祖本纪》。

生活的正常进行具有重要意义。作为"约法三章"的核心内容,它保证人身安全和私有财产不可侵犯,实际上是宣布既有的社会秩序和财产关系不容变更和侵犯。也就是说,刘邦向关中百姓准确无误地表明:他推翻的仅仅是一个嬴姓的皇朝,而不是这个皇朝所代表的制度。第四,明确宣布刘邦是关中新的统治者,让关中的百姓和原来的秦吏知道自己的新主人。"吾与诸侯约,先入关者王之,吾当王关中"。表明刘邦王关中并非出于自己的专擅,而是实践与诸侯的前约,于法于理都是站得住脚的。关中百姓不必有丝毫怀疑,必须心悦诚服地接受他这一位新主人。为了使关中百姓明白他封秦府库、不急于处置秦亡后事宜的良苦用心,特别宣示:"且吾所以还军霸上,待诸侯至而定约束耳。"以此表明自己出于"大公"的至诚态度。显然,"约法三章"是刘邦君臣经过深思熟虑,精心制定的一个政策法规,反映了关中百姓在政权易主的非常岁月里对于正常秩序和安定生活的要求。因此,它一经颁布,就立即解除了关中百姓的忧虑和不安。"秦人大喜,争持牛羊酒食献飨军士"。刘邦又故意谦让不受,说是"仓粟多,非乏,不欲费人"[1],进一步取得了关中百姓的好感,"惟恐沛公不为秦王"。这表明,刘邦的上述政策取得了政治上的巨大成功,它使刘邦集团在关中百姓中留下了良好的印象,与关中百姓结下了不解之缘。虽然不久之后项羽实行的大分封违约将刘邦发遣汉中、巴蜀,但却未能斩断刘邦与关中百姓的联系。"约法三章"为后来刘邦顺利地夺取关中地区并以此为根据地战胜项羽奠定了坚实的基础。

刘邦为统治关中采取的第二个重大举措是派兵驻守函谷关。大概在颁布"约法三章"后不久,有一个鲰生向刘邦提出了以兵驻守函谷关,独占关中为王的建议:"秦富十倍天下,地形强。今闻章邯降项羽,项羽乃号为雍王,王关中。今则来,沛公恐不得有此。可急使兵守函谷关,无内诸侯军,稍征关中兵以自益,距之。"[2]这位鲰生看到关中是一块地理条件优越、人口众多、物产丰饶的风水宝地,周、秦两朝都是以此为根据地奄有全国,刘邦能据此为基地,对今后争夺天下肯定具有重要意义。刘邦接受了鲰生的建议,遂决定派兵扼守函谷关,拒绝项羽为首的诸路义军入关,全力经营关中根据地,以武力实现楚怀王的前约,在关中为王。不过,后来事实证明,鲰生的建议和刘邦的决定,说明他们对自己面临的军事形势,考虑并不十分周密,对于自己集团与项羽集团在军事实力上的对比也缺乏清醒的估计。项羽既然消灭了秦皇朝的主要军事力量,手上又掌握了当时最强大的武装,他怎么会眼看着关中这一充满诱惑的胜利果实而止步不前呢?况且,凭刘邦当时手上的那点武装力量,又怎么能够有效地阻止项羽一军进关呢?结果是,不仅函谷关没有守住,还徒然贻项羽动武的口实。派兵守关的举措实在是弄巧成拙,走向了自己愿望的反面。不过,

---

① 《史记·高祖本纪》。

② 《史记·高祖本纪》。按鲰生即《楚汉春秋》所载向刘邦建议"遣守函谷,无内项王"的解生。

刘邦在关中的举措，从总体上说还是成功的。因为他使自己在关中百姓中树立了一个贤明统治者的形象，这一点后来证明比项羽的四十万大军更有力量。

正当刘邦在霸上整饬军马，派兵守关，简派官吏，到关中各地宣示"约法三章"，全力经营关中，做他的王业根据地的时候，公元前206年（汉元年）十一月，项羽也正统帅着他的四十万胜利之师雄赳赳地向关中挺进。大军行抵新安（今河南渑池东），项羽导演了一场惨绝人寰的大屠杀。原来项羽所部吏卒大都是关东人，他们之中不少人在秦时曾被征发到关中服徭役，受过担任监领任务的秦军吏卒的欺凌。章邯率秦军投降后，起义军士卒借机对秦降卒施行报复，不断随意加以"折辱"，致使双方关系十分紧张。秦吏卒私下议论说："章将军等诈吾属降诸侯，今能入关破秦，大善；即不能，诸侯虏吾属而东，秦必尽诛吾父母妻子。"秦降卒有此顾忌，本来是很正常的。而且由于此时刘邦已灭亡秦皇朝，降卒父母妻子的安全已有保障，他们的顾忌完全可以消除。可是项羽知悉降卒的情况后，非但不做消除秦降卒疑虑的工作，反而立即与黥布等人计议说："秦吏卒尚众，其心不服，至关中不听，事必危，不如击杀之，而独与章邯、长史欣、都尉翳入秦。"①于是在一天夜里，调动兵将突然袭击秦降卒，将二十余万人坑杀于新安城南。这是项羽一桩愚蠢野蛮的暴行。项羽之兵马上就要进入关中，这二十余万关中子弟兵能够欢天喜地与家人团聚，这显然是项羽带给关中百姓的最好的见面礼，完全能够赢得关中百姓的好感和拥护，是同刘邦争夺关中民心的重要砝码。可是项羽将这一最珍贵的见面礼残酷地毁掉了。关中人民无论如何也无法在感情上接受一帮杀人犯做自己的统治者。这是后来项羽失败的重要原因之一。项羽坑杀降卒，率军直趋关中。可是，当他进至函谷关，看到的并不是敞开关门、张灯结彩的欢迎仪式，而是紧闭关门、枪刀林立的战争气氛。项羽那凯旋英雄的自尊心受到了伤害，他顿时怒不可遏，立即命令英布督军攻城。由于刘邦派去守关的并不是一流的将领，派去的军队也不太多，缺乏打大仗的思想准备，关门很快被攻破。项羽怒气冲冲地率大军进驻戏（今陕西临潼境）。一时间，刘邦、项羽两支大军齐集关中，隔霸水对峙。双方剑拔弩张，虎视眈眈，给关中刚刚晴朗的天空又罩上了浓密的战云，一场新的大规模的武装冲突随时可能爆发。虽然刘邦轻而易举地夺得了关中，但是，要想占据这块土地，实现王关中的前约，还需要进行十分艰苦的奋斗。从当时的情势看，不经过一番激烈的战场上的较量，国内的和平秩序是不会建立起来的。

---

① 《史记·项羽本纪》。

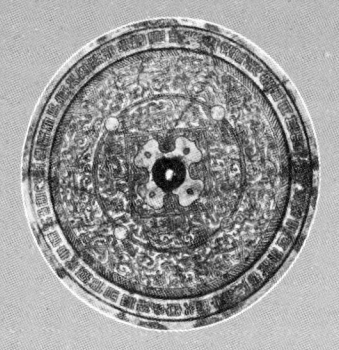

第三章　楚汉之争

一、楚霸王的梦想

(一)鸿门宴

秦皇朝的灭亡,使各路起义军失去了共同作战的目标。虽然参加起义的士卒都热切期望返回田园重操旧业,过上和平和安宁的生活,但他们的领袖人物却不约而同地将视线转向秦皇朝遗下的大好江山,必欲取之而后快。本来,这个胜利果实是数以百万计的农民用生命和鲜血换得的,最有资格享用的应该是他们。但是,旧的地主阶级的当权派被打倒之后,掌握了起义军领导权的一批新旧地主分子,不管他们的来路如何,都将自己视为这一胜利果实的新主人。由于他们分属于不同的武装集团,人人都想获得全部或部分胜利果实,因而一番新的武力较量就是不可避免的了。灾难深重的中国农民已经为刚刚到来的胜利饱受了种种苦难,他们还必须为这一胜利果实的争夺战,再次付出沉重的代价。

由于秦皇朝对秦国本土和关东地区实行不同的剥削政策,因而反秦的武装起义主要爆发于关东地区。同时,也由于秦皇朝不仅残酷地压迫和剥削劳动人民,而且对六国旧贵族和无军功的一般地主施以迁徙、杀伐政策,这就使反秦的武装起义有着极其广泛的社会基础。因为参加反秦起义的成分异常复杂,在斗争中就逐步形成了大大小小色彩各异的军事集团。在秦朝灭亡前,他们以秦朝为共同的打击目标,尚可维持表面的团结。一旦秦皇朝灭亡,他们就必然依照自己的愿望安排战后的秩序,如此一来,各集团间的矛盾和斗争就是不可避免的了。

在三年的反秦战争中,各地起事的武装力量以十数计,经过战争的洗礼和不断的分化组合,形成了具有代表性的八大军事集团。他们是:

以楚怀王为首的旧楚国贵族军事集团。由于楚怀王心是原楚王的直系子孙,在楚国贵族和百姓中有一定的号召力,因而被项梁推出来做了各路起义军共同的名义上的领袖。他的周围麇集着一批旧楚国的贵族和与原楚国有着千丝万缕联系的文臣武将。在整个战争期间,该集团以彭城为中心,以名义上的共主发布一些号令。由于这一集团一直处在与秦军斗争的第二线,满足于形式上的共主地位,只拥有一支没有经过战阵锻炼的比较弱小的军事力量。秦皇朝灭亡后,它已变得无足轻重,处于被项羽集团任意摆布的尴尬地位。

项梁、项羽叔侄领导的军事集团一直以楚军的名义活动,可称之为新楚国军事集团。这一武装集团是同秦军作战的主力,在诸路义军中处于盟主的地位。由于在推翻秦皇朝的斗争中做出了最大的贡献,项羽在战后几乎成了众望所归的领袖。这个集团推翻秦皇朝的决心虽然是坚定的,在斗争中表现了义无反顾的斗志和磅礴的气势,留下了惊天地、泣鬼神的业绩,但是,由于该集团的领导核心都是楚国旧贵族,其中又缺乏熟谙政治韬略的明智的政治领袖,再加上昧于时代潮流,因而在行动中不时流露出怀旧的情绪。在他们的脚步向前迈进的同时,眼睛却情不自禁地向后张望。这个集团以恢复秦统一前的列国割据为职志,其政治意识是十分落后的。在其优容礼遇下,原六国旧贵族的势力乘机崛起,成为当时政治上一支相当活跃的力量。项羽集团开始还没有自己的固定地盘,可是他拥有当时最为强大的军事力量,他决定以军事力量为后盾,论功行赏,安排战后的秩序,绘制一幅理想的政治地图。

刘邦所领导的起义军是一支比较纯正的农民队伍,虽然其领导核心中有张良等少数旧贵族出身的人物,但并不妨碍它在较大程度上坚持"伐无道,诛暴秦"的斗争方向。刘邦集团的力量虽不如项羽集团,但却超过其他集团。并且,由于它亲手灭亡了秦皇朝,占有了富庶的关中地区,再加上它拥有当时最优秀的一批政治谋略家和军事家,就成为潜力最大的军事集团。尽管这个集团的近期目标是"王关中",可是不断前进的时代潮流已经把再次统一全国的历史重任放到了它的肩上。对于这一辉煌的历史前景,刘邦集团在公元前206年(汉元年)十二月前后大概还缺乏明析的认识。他们只能在时代潮流的推动下逐步认清自己能够和应该达到的目标。

以赵王歇为领袖,以张耳、陈馀为谋主的赵国军事集团,占有以邯郸为中心的原赵国大部分土地。这一集团的领导核心与原六国旧贵族有千丝万缕的联系,他们没有统一全国的雄心壮志,只想保有自己的基地享受安富尊荣的生活。

以魏王豹为领袖,以彭越等为谋主的魏国军事集团,占据以陈留为中心的原魏国的大部分土地。这一军事集团的核心人物虽与原魏国贵族有一定的联系,但更重视自己的荣华富贵。彭越作为出身下层的起义军领袖决不甘心屈居人下,他随时准备谋划自己的出路。因而,这一集团不过是一松散的军事联盟,是极易被瓦解的。

以齐王田市为领袖,以田荣、田横为谋主的齐国军事集团,占有以临淄为中心的原齐国大部分土地。这一集团的领导核心都是田齐的后裔,并且拥有较大的军事力量,是项羽、刘邦集团之外最有实力的军事集团。不过,他们的政治意识也相当落后,并且田氏贵族内部也矛盾重重。他们并不想依附于刘、项任何一个集团,只求据地自保以延续旧齐国的香火。

以燕王韩广为首的燕国军事集团,占据以蓟为中心的原燕国大部分土地。韩广并非旧燕国贵族,他是在其他六国旧贵族纷纷恢复故国的浪潮中被原燕国贵族推上王位的。燕国军事集团地处北部边鄙,实力不大,特别是其核心集团中缺乏政治和军事方面的干才,因而在未来政治与军事斗争的舞台上不会有大的作为。

以韩王成为首的韩国军事集团,占有以阳翟为中心的原韩国大部分土地。韩王成虽然是原韩国王族的后裔,但他本人才能平庸,全靠张良的谋划,才在原韩国故地站稳脚跟,据有十余城的地盘。然而,直到秦朝灭亡,韩成的实力在诸路义军中也是比较弱小的,同时又处于四战之地,历史已经注定他成不了什么大的气候。

此外,在刘邦、项羽的队伍中,尤其是项羽的麾下,还有不少原六国的旧贵族及其依附的文武之士。这些人中的绝大部分都是乘反秦的风暴而起,自始至终以恢复故国为目标,其政治意识是比较落后的。即使在秦朝灭亡前,这些人也只是农民起义军的同路人。他们不仅在反秦斗争中不够坚决,而且不时玩弄权术,在起义队伍中制造分裂,干些损人利己的勾当。在即将到来的楚汉战争中,六国旧贵族的绝大部分都倒在项羽一边,结果同项羽一样逃脱不了灭亡的命运。

尽管参加反秦斗争的各个军事集团之间的矛盾从一开始就存在,但在秦皇朝灭亡以前,这一矛盾还不至于激化到公开的武装冲突。可是,等到秦皇朝这个众矢之的一倒,各武装集团间的暴力冲突立即提上历史日程。由于刘邦和项羽各自领导着一个强大的军事集团,任何一方都不会服从对方的意志,因而斗争主要在他们二者之间展开。其他较小的地区封国集团,则随着形势的变化不断地改变着对二者的依违关系。这就使这场斗争呈现出极其尖锐、复杂的局面。

公元前206年(汉元年)十二月,攻破函谷关进驻新丰鸿门的项羽军和早已屯兵霸上的刘邦军,夹霸水对垒互峙,大战呈一触即发之势。此时,刘邦的左司马曹无伤已被项羽的四十万大军吓破了胆。为了自己的荣华富贵,他决定背叛刘邦,投降项羽。于是派人偷偷地溜到项羽的军营,告密说:"沛公欲王关中,使子婴为相,珍宝尽有之。"①这种说法不见得完全符合事实,曹无伤如此添油加醋地向项羽告密,无非是以此表示自己的忠心,讨好项羽,促使项羽尽快对刘邦开战,以便自己从中渔利。果然,项羽得到曹无伤的密报后,怒不可遏,立即传令三军,厉兵秣马,定于第二天向刘邦军发起攻击。这时项羽集团中最有政治眼光和军事谋略的范增也建议项羽不失时机地向刘邦一军进击,务期全胜。他煽动说:

> 沛公居山东时,贪于财货,好美姬。今入关,财物无所取,妇女无所幸,此其志不在小。吾令人望其气,皆为龙虎,成五彩,此天子气也。急击勿失。②

项羽的叔父、左尹项伯与刘邦的谋士张良有生死之交。有一次项伯犯了人命案,全赖张良搭救,才得以活命。此时,他知悉项羽决定明日与刘邦开战的消息后,立即连夜驰至霸上,

---

① 《史记·项羽本纪》。
② 《史记·项羽本纪》。

进入刘邦的军营,秘密会见张良,说明原委,要求他迅速离开,以免与刘邦同归于尽。张良十分镇静,说:"臣为韩王送沛公,沛公今事有急,亡去不义,不可不语。"于是立即将此消息报告刘邦。刘邦大吃一惊,急急向张良讨教:"为之奈何?"张良问:"谁为大王为此计者?"刘邦回答说:"鲰生说我曰:'距关,毋内诸侯,秦地可尽王也。'故听之。"张良又问:"料大王士卒足以当项王乎?"刘邦默然,说:"固不如也,且为之奈何?"张良胸有成竹,说:"请往谓项伯,言沛公不敢背项王也。"①刘邦要求张良赶紧邀项伯相见,他将待之以兄长之礼。刘邦见到项伯后,毕恭毕敬,"奉卮酒为寿,约为婚姻",一下子拉近了彼此的距离。接着,刘邦对自己派兵守关之事婉言辩解说:

> 吾入关,秋毫不敢有所近,籍吏民,封府库,而待将军。所以遣将守关者,备他盗之出入与非常也。日夜望将军至,岂敢反乎!愿伯具言臣之不敢倍德也。②

刘邦诚恳的态度和辞气卑恭的一席话打动了项伯,他慨然应允在项羽那里为之解释、疏通、缓和紧张气氛,并要求刘邦第二天一早亲自拜会项羽,对其说明原委,消除误会。之后,项伯连夜返回鸿门,将刘邦对他说的话如实转告项羽。同时为刘邦辩解说:"沛公不先破关中,公岂敢入乎?今人有大功而击之,不义也。不如因善遇之。"③一方面因为项伯的话说得入情入理,另一方面更因为马上对刘邦开战也无必胜的把握,项羽于是答应按项伯的意见办,在鸿门军帐中等待与刘邦相会。

　　第二天一早,刘邦与张良、樊哙一起,率卫兵百余骑来到鸿门拜会项羽。刘邦装出坦诚的样子,向项羽谢罪说:"臣与将军戮力而攻秦,将军战河北,臣战河南,然不自意能入关破秦,得复见将军于此。今者有小人之言,令将军与臣有郤。"④这些以谢罪的口气讲出来的话,实际上把自己洗刷得干干净净,在项羽听来也是入情入理。项羽为了推卸自己的责任,立即把曹无伤告密之事和盘托出:"此沛公左司马曹无伤言之,不然,籍何以至此。"⑤承认自己误信谗言。事已至此,在项羽看来,误会已经冰释。他下令在军帐中大摆宴席招待刘邦一行。宴会上,项羽、项伯东向坐主席,范增南向陪坐,刘邦北向坐宾席,张良面西侍座。虽说是宴会,但由于主宾双方都心存疑忌,察言观色窥伺对方的意图,所以气氛相当紧张。席间范增数次以目示意项羽,又三次举起所佩的玉玦示意,要项羽当机立断,借机

　　① 《史记·项羽本纪》。

　　② 《史记·项羽本纪》。

　　③ 《史记·项羽本纪》。

　　④ 《史记·项羽本纪》。

　　⑤ 《史记·项羽本纪》。

杀掉刘邦。项羽虽明白范增的意思,但总感到不宜贸然行事,因而只默默饮酒,不动声色。范增十分着急,就借故离开宴会,急召项羽的从弟项庄说:"君王为人不忍,若入前为寿,寿毕,请以剑舞,因击沛公于坐,杀之。不者,若属皆且为所虏。"①项庄领命,带剑入内,先祝寿,接着以军中无乐,请舞剑助兴为名,在宴会上舞起剑来。项伯看出项庄舞剑,意在沛公,遂立即拔剑与之对舞,同时常用己身掩护刘邦,使项庄无法下手。张良看到刘邦处于十分危险的境地,赶快到军门外招来樊哙,要他迅速入内保护刘邦。樊哙立即带剑拥盾推倒守卫军门的卫士,旋风般地径直进入举行宴会的营帐。在惊愕的众人面前,樊哙义正词严地谴责项羽,使之理屈词穷。借此时机,刘邦起身入厕,张良、樊哙紧随其后。项羽不放心,令都尉陈平召刘邦回军帐。樊哙当机立断,不告而别,保护刘邦由山间小径飞速奔回霸上军营。张良估计刘邦一行已经走远,随即返回营帐。他一面委婉地说明刘邦不告而别,返回自己军营的原因,一面代刘邦向项羽和范增献上礼物。项羽接受礼物,放置座上,木然无所反应。范增看到诛杀刘邦的计谋已化为泡影,十分懊恼,便也顾不得什么礼仪,将刘邦送他的玉斗丢在地上,一剑击得粉碎,愤愤不已地说:"唉!竖子不足与谋。夺项王天下者,必沛公也,吾属今为之虏矣。"②刘邦回到军中,惊魂稍定,立即处死内奸曹无伤,同时命令全军加强戒备,以随时对付项羽军可能发动的突然袭击。

刘邦、项羽此次惊心动魄的相会,史称"鸿门宴",在中国是一个家喻户晓的故事。在大史学家司马迁的笔下,所有与会者都神态毕呈,活灵活现,栩栩如生,使两千年后的读者如见其人,如闻其声。

如何看待这一场化干戈为玉帛的鸿门宴呢?

恩格斯说:"历史事件似乎总的说来同样是由偶然性支配着的。但是,在表面上是偶然性起作用的地方,这种偶然性始终是受内部的隐蔽着的规律支配的。"③鸿门宴使一场箭在弦上的战争和平解决。表面上看,危机的起因是刘邦接受鲰生关于守关拒入的不够慎重的建议和曹无伤的进谗告密。危机的解除则是由于项伯的从中斡旋以及张良、樊哙的机智决断,巧于应付。而鸿门宴上刘邦的命运又系于项羽的一念之差。人们似乎有理由相信:如果项羽完全听信范增的调度,果断地处死刘邦,秦朝以后的历史就不会有一场楚汉之争,历史也就完全可能是另一种面貌了。事实上,鸿门宴之所以没有发展成刘项两军的武装冲突,而是暂时维持了和平局面,从项羽的性格和刘邦部属的谋略这些偶然因素来解释,虽然有一定的道理,但也不过是仅仅停留在对于事件表面现象的观察。实际上,刘

---

①　《史记·项羽本纪》。

②　《史记·项羽本纪》。

③　恩格斯《路德维希·费尔巴哈和德国古典哲学的终结》,《马克思恩格斯选集》第4卷,人民出版社1972年版,第243页。

项之间的矛盾从其参加反秦起义的时候就存在了。项羽出身楚国贵族,有着足以自豪的血统,再加上勇敢善战,所向无敌,对刘邦这类出身卑微的下层百姓是瞧不上眼的。当年项氏叔侄将刘邦收容在自己麾下,项羽甚至与刘邦"约为兄弟",目的是让刘邦俯首帖耳地听命于自己,从而壮大反秦的力量。他们决不愿意看到刘邦与自己分庭抗礼。刘邦在反秦战争初期之所以甘愿依附于项氏,则不过是保存实力,以求发展的权宜之计。他那"大丈夫当如此也"的理想和追求使其不可能长期屈居人下。当年他敢于率不足万人的队伍毅然踏上进军咸阳的征途,说明他渴望不受羁绊地独立发展。不过,在秦皇朝这个共同的斗争目标消失之前,刘项之间的联盟是不会破裂的。而当秦皇朝灭亡之后,他们之间的矛盾便立即变得突出了。项羽在反秦斗争中一方面组建起一支经过战阵锻炼的强大的武装力量,建立了所有义军领袖无法比拟的功勋;一方面也自然地形成了任何人都难以望其项背的威望。凭借着这一巨大的资本,他力图独占反秦斗争的胜利果实,随心所欲地规划战后的政治蓝图,他清醒地意识到,战后能与之抗衡的只有刘邦集团。因此,他对先己入关并且想独王关中的刘邦十分警惕,削弱、限制刘邦力量的发展自然也就成了既定方针。鸿门宴上的斗争只是项羽执行此一方针的最初尝试,反观此时的刘邦,已不是当年初起丰沛、仅仅充当项氏叔侄配角的狡黠的亭长,而是一支十万大军的英雄领袖。经过三年艰苦的征战,他不仅掌握了一支仅次于项羽的武装力量,而且拥有首入关中、诛灭暴秦的政治资本。对于战后的安排,他不会完全听命于项羽,他要求有与自己实力相当的发言权。此时,尽管他还没有统一全国的宏图大略,但最低目标也要求实践怀王之约,称王关中,做八百里秦川的主人。这表明,刘、项两集团间的矛盾是不可调和的,迟早要兵戎相见,在战场上一决雌雄。鸿门宴之所以没有成为双方武装冲突的起点而是一次不欢而散的宴会,之后双方还能维持短暂的和平局面,除了张良、项伯、樊哙等人的主观努力之外,还有更深一层的原因。首先,刘邦、项羽两集团曾共同建立过反秦的统一战线,彼此还"约为兄弟",并且有着共同对秦军浴血战斗的经历。现在秦皇朝刚刚灭亡,双方都还不愿意"兄弟反目",以干戈毁弃同盟。因为双方的将士以及百姓对兄弟义军的反目成仇似乎还缺乏心理上的准备。其次,最重要的是两军各有所长,也都有不足,两军在关中地区呈现暂时的均势,对于贸然开战,都还有所顾忌。项羽集团尽管有着消灭秦军主力的雄厚资本,武力强大,威望超群,摆出咄咄逼人的气势,令人望而生畏,但是,项军的弱点和不足也是明显的:它前不久刚打过巨鹿之战,之后马不停蹄进击关中,人马疲惫,战斗力受到影响。同时,它刚刚进入关中,立足未稳,军资粮秣也不充裕。更加上它军纪败坏,坑杀降卒,肆意烧杀,失掉关中民心,因而在关中十分孤立。它军事上的优势实际上大打折扣。所以项羽不想冒险犯难,衅自我开。项羽在巨鹿之战时,当机立断,雷厉风行。鸿门宴上,犹豫逡巡,迟疑不决,前后表现,判若两人。究其原因,就是项羽没有必胜的把握。刘邦集团在军事力量上虽然远较项羽集团逊色,影响、威望也难以与之相比,但是,它也有着项羽集团所不具备的优势:一是有亡秦的政治资本,二是有一个足智多谋,运筹帷幄的智囊团,三是以"约法三章"赢得了关中人民的信任,有着良好的群众基础。这一切,是项羽集团必须考虑的问题。以这些优势为基础,刘邦集团在处理两个集团的关系上又采取了谦逊忍让的巧妙策略,有理有节,摆出无辜见疑的姿态,首先争取了项伯的同情,接着在宴会中途悄然退场,使范增无计可施,由于刘邦集团以退让求缓和,不采取任何激化矛盾的行动,特别是坚持不杀第一刀,由此在政治上取得了主动地位,获得了广泛的社会同情。同时,也应该看到,刘邦集团也有不可小视的军事实力,十万人马,又经过近两个月的休整补充,粮秣军资都比较充足,即使真的开战,项羽集团也一时难以将它打垮。正是由于以上诸多因素的互相制约,刘、项双方又都有暂时缓和矛盾的愿望,在此条件下,张良、项伯和樊哙的活动才获得了成功,从而演出了鸿门宴这一幕惊心动魄、情节跌宕起伏的戏剧。鸿门宴虽然以一场喜剧而收场,但是,刘项两个集团之间的矛盾却没有从根本上解决。矛盾的暂时缓解使双方都不满意,大规模的斗争只不过延期而已。不过,通过鸿门宴上的小小较量,刘项两个集团都摸到了对方的一点脉搏。虽然在弦之箭没有射出去,但彼此都心照不宣地秘密筹划对付对方的方略,准备着日后更严酷而惨烈的战争。

(二)大分封

鸿门宴之后不几天,项羽不同其他任何义军首领协商,就单方面开始行动。他一面指挥自己的军队开进不设防的秦都咸阳,处死了秦降王子婴,纵兵屠杀咸阳的无辜百姓,大肆劫掠宫中和民间的珠玉、金银、绢帛、妇女,一面放火肆意焚烧秦皇朝的宫室、官府。三月不熄的熊熊大火,把凝结着无数劳动人民血汗和生命、闪烁着我国古代能工巧匠无穷智慧光辉的阿房宫以及周围延绵百里的庞大建筑群化为灰烬。滚滚的浓烟烈火,充分发泄了项羽对秦皇朝的极度的仇恨和报复心理,反映了他政治的短视和对劳动人民血汗成果毫无怜惜之情的贵族意识。这一愚蠢而野蛮的举措,扫除了关中人民中对项羽残存的最后一点幻想。

当咸阳秦宫的大火日夜不停地燃烧的时候,项羽就在他的驻地开始按照自己的愿望论功封赏,规划战后的政治地图,安排国内的秩序。由于此时的楚怀王仍然是诸路义军名义上的共主,项羽首先派人到怀王那里假惺惺地征求他对战后地盘和权力分配的意见。怀王对自己的地位和权力缺乏自知之明,还以为自己真的是凌驾于项羽之上的独尊之共主。因而对项羽的征询作了"如约"的回答,即坚持刘邦以灭秦之功封王关中。这显然违背了项羽的意愿。其实,项羽征询怀王意见的目的是想从他那里讨得一个"一切任将军处置"的许诺,以便使自己任意封赏的权力披上一层形式上合法的外衣。可是怀王未能满足他的要求。项羽对怀王的表态十分气愤，他不顾礼仪，对跟随他征战的诸侯将相大发雷霆说："怀王者，吾家项梁所立耳，非有功伐，何以得主约！本定天下，诸将及籍也。"①项羽说出了一个不容争辩的事实，怀王的确是项梁为了反秦斗争的需要而立起来的一个招牌。不过，招牌既已立起来，即使其效用已经完结，如何处置它却大有讲究。但在项羽看来，秦朝既已灭亡，怀王作为招牌的作用也已完结，就可以弃之如敝屣了。特别是由于这位怀王在此之前已与项羽结下旧怨，而今又不愿死心塌地地充当项羽手中的工具，他的地位和生命也就处于危险之中。果然，不久之后，公元前 206 年正月，项羽就拿出了一个对付这位不安于招牌地位的怀王的办法，他佯尊怀王为"义帝"，同时又以"古之帝者，地方千里，必居上游"为理由，将他由彭城徙居湘水上游的郴县(今属湖南)。这里当时是尚未开发的蛮荒之地，山高林密，猛兽毒蛇出没。作为义帝的封地，实际上是一种流放式的惩罚。

公元前 206 年(汉元年)二月，项羽经过同他的谋臣们一番粗略的设计，开始实施他拟定的分封方案。他"自立为西楚霸王，王梁、楚地九郡，都彭城"②。据后来史学家考证，项羽"实得泗水、砀、陈、会稽四郡"③。大体上囊括了今之安徽、江苏和浙江的大部分地区，以及山东、河南的一部分，这片地方大都是原楚国的领地，也是项羽最早起事的地方，他的八千子弟兵的故乡。项羽对这片地方，既有乡梓情谊，又有发祥地的眷恋。他以此为封地，显然是经过深思熟虑的选择。项羽为自己安排了最大的一块封地，又以"西楚霸王"的名号表明自己拥有凌驾其他诸侯王之上的地位。对其他起义军的首领，他分别根据与自己关系的亲疏，更多地是根据自己的好恶，给予不同的封赏，这其中最费思谋的是如何封赏刘邦的问题。因为刘邦集团的势力最大，最有资格和能力对他举起反叛的旗帜，况且楚怀王还有一个"先入定关中者王之"的前约，必须想一个万全之策。如何能够既不给刘邦富庶的关中作封地，又使自己不背上"负约"的丑名，乃是一种最为理想的选择。最后他与范增等人搞出了一个分封刘邦的方案，以巴、蜀为秦国故地为由，要刘邦到这一重山阻隔的地方做汉王。幸亏张良较早知悉内情，就通过项伯的关系为刘邦求得汉中为封地。这样，项羽就宣布刘邦为汉王，以汉中、巴、蜀为封地，以南郑(今陕西汉中)为都城。项羽、范增认为如此对付刘邦万无一失。因为巴、蜀离中原辽远，四面关山阻隔，是秦皇朝流放罪犯的地方。汉中地区虽然离关中较近，但中间隔着巍巍南山(即今之秦岭)，只有崎岖的栈道沟通联系。将刘邦封到这种地方，犹如蛟龙困在沙滩，很难有所作为，更不容易轻而易举地冲出重山峻岭与项羽争夺天下了。为了进一步阻止刘邦有朝一日冲出汉中夺取关中，项羽又将关中地盘一分为三，分封秦朝的三个降将为王：以章邯为雍王，据咸阳以西(今陕

---

① 《史记·高祖本纪》。

② 《史记·高祖本纪》。

③ 钱大昕《廿二史考异》。

西西部与甘肃东部地区),都废丘(今陕西兴平);封司马欣为塞王,据咸阳以东至黄河沿岸地区,都栎阳(今陕西高陵县境);封董翳为翟王,据上郡(今陕北地区),都高奴(今陕西延安)。这三个王雄踞关中至长城一线的原秦国故地,成品字形,互为犄角,构成了刘邦夺取关中与继续东进的屏障。项羽满以为,章邯、司马欣与董翳皆秦朝旧臣,既熟悉关中的地理民情,又与关中百姓有千丝万缕的联系,一定能不负所望,将刘邦堵截于汉中、巴、蜀。实际上,项羽对此三人的封赏是一大失误。他们虽然熟悉关中地理民情,但却因投降项羽造成降卒被坑二十余万,从而变成关中百姓不共戴天的仇敌。如此三人封在关中,等于置身于众矢之的,要求他们抚民治兵,堵截刘邦,何啻梦呓!

除分封以上诸王外,在原东方六国的土地上,项羽同时又分封了十多个诸侯王:

改封原魏王豹为西魏王,据河东(今山西地区),都平阳(今山西临汾)。

封申阳为河南王,据河内郡(今河南以洛阳为中心地区),都洛阳(今属河南)。申阳原为张耳的部下,因率先攻下河南郡,并在黄河渡口迎接项羽之军,颇得项羽好感,因而受封。

封韩王成于故韩地(今河南中部),都阳翟(今河南禹县)。

封司马卬为殷王,据河内郡(今河南以安阳为中心地区),都朝歌(今河南淇县)。司马卬原为赵国将领,因率兵攻取河内,从而受封。

改封原赵王歇为代王,据代郡(以今河北阳原为中心的河北、山西交界地区),都代(今河北蔚县北)。

封张耳为常山王,据原赵国之地(以今河北邯郸为中心地区),都襄国(今河北邢台)。张耳原为魏国名士,曾任魏国外黄令。最早参加农民起义军,后在项羽帐下任职,随之入关,故而受封。

封黥布为九江王,据九江郡(今安徽南部,江西北部地区),都六(今安徽六安)。黥布最早起兵反秦,后一直在项羽军中为将,冲锋陷阵,屡建奇功。因而受封。

封番君吴芮为衡山王,据衡山郡(以今湖北黄冈为中心的湖北、安徽交界地区),都邾(今湖北黄冈北)。吴芮原为秦朝的番阳(今江西波阳)令,率百越之兵参加反秦斗争,后从项羽入关,故而受封。

封共敖为临江王,据南郡(今湖北中西部地区),都江陵(今属湖北)。共敖原为楚怀王的柱国,因率兵击南郡立功受封。

改封燕王韩广为辽东王,据辽东、辽西、右北平诸郡(今辽东和河北北部地区),都无终(今河北蓟县)。

封臧荼为燕王,据燕国故地(今河北北部),都蓟(今北京市)。臧荼原为燕国将军,因参与救赵,后随项羽入关,故而受封。

改封齐王田市为胶东王,据今山东胶东地区,都即墨(今山东平度东)。

封田都为齐王,据今山东淄博、滨州等地,都临淄(今山东淄博市)。田都原为齐国将军,因参与救赵,后随项羽入关,故而受封。

封田安为济北王,据今山东德州、聊城、济南、泰安等地区,都博阳(今山东泰安南)。田安为故齐王建之孙,他起兵反秦,攻下济北数城,后引兵归降项羽。

另外,还封赏陈馀三县之地,封番君之将梅铕为十万户侯。至此,秦朝统一过的中华大地又被项羽的分封置于十几个诸侯王的分割统治之下。

应该承认,项羽用裂地分封的办法来安排战后中国的政治地图,同时作为对那些在秦末农民战争中立下卓著勋劳人物的酬赏,的确有着时代的客观原因。由于秦皇朝在统一中国以后,对广大劳动人民,尤其是原东方六国的农民实行特别严酷的压迫剥削政策,因而使山东六国之民自然地产生一种强烈的怀旧情绪,把自己生活境遇的改善寄托在故国的恢复。正因为适应这一思潮的需要,陈胜的国号才定为"张楚",而其他六国旧贵族乘机打出来的复兴故国的旗帜才能四处飘扬。项羽本来出身于楚国贵族,他们叔侄是带着恢复故国的狂热走上反秦之路的。起事之后,尤其是巨鹿之战以后,几乎所有参与起事的六国旧贵族及其依附的文武之士,都归附到他的旗帜之下。在人们普遍怀旧的气氛里,在六国旧贵族的包围中,项羽自觉不自觉地变成了六国旧贵族的代表。他把春秋战国时期列国分立的政治形式理想化,把分封看成建立和平安定秩序的灵丹妙药,而把秦皇朝统治下的苦难和不安一古脑儿归因于专制主义中央集权的政治制度。因而他们叔侄始则寻找楚怀王的孙子立为起义军的共主,继则容忍和支持其他六国旧贵族恢复故国的活动,最后来了一次几乎可与西周大分封相媲美的裂土大分封。殊不知,在专制主义中央集权的行政体制已经确立的历史条件下,当统一已经成为社会发展趋势的时候,硬是人为地制造出一个列国分立的状态,这显然违背了当时中国的经济文化发展要求,更播下了日后所封各国间矛盾纷争的种子。不能不说是项羽政治路线和战略决策的重大失误。本来,项羽在推翻秦皇朝的战争中功劳最大,威望最高,战后又握有一支左右形势的强大军事力量,较之同时代的其他英雄豪杰,他确实更有条件成为秦始皇之后再一次统一中国的封建帝王。可是,由于整个政治决策的严重失误,他却让历史提供的良好机遇失之交臂。时代的车轮已经向前滚动了四百多年的悠长岁月,而执迷不悟的项羽却还在那里大做齐桓、晋文称霸的美梦,这种倒行逆施必然会受到历史的无情惩罚。实行分封四年之后,当项羽在乌江亭长面前亲手结束自己的生命,西楚霸王的灿烂金冠悄然落地的时候,他才发现自己的梦想不过是一枕黄粱而已。不过,可悲的是,他至死也没有觉察到自己的失误。

的确,在项羽看来,用裂土分封的办法来酬赏那些随他南征北战的六国旧贵族和其他功臣宿将,给他们每人一顶金光闪闪的王冠,一块自由支配、子子孙孙永远继承的封地和一群可供驱使的百姓,总该是最好的方法了吧? 然而,项羽却没有想到他的分封必然带来的一系列无法克服的弊病。首先,他的分封不可能"公平合理"地满足每个人的要求。实际上,他那种完全根据自己的好恶,随心所欲地任意封赏,不仅难以满足大多数人的愿望,反而加剧了他与被封者之间以及被封者相互之间的矛盾。比如:章邯、司马欣、董翳三人都是秦皇朝的降将,他们所统带投降的二十多万关中士卒被项羽全部坑杀于新安,关中百姓由此对它们恨之入骨。其中的章邯,不仅镇压了陈胜吴广领导的起义军,而且袭杀了项梁,对于如此罪大恶极的人物,出于政治的需要,项羽竟封他们三人为关中王,这必然引起其他反秦将领的不满和关中百姓的反感。同时,项羽还任意改换一些人已经占有的地盘。如赵王歇被改封为代王,从富庶的赵国腹地迁徙至苦寒的代郡地区。将燕王韩广改封为辽东王,也由条件较好的燕国腹地被迁徙至荒僻辽远的辽东、辽西地区。等等。这些被改封者不能不对项羽产生怨毒之心。另外,最早起兵反秦的田荣,因为不服项羽调遣,尺土未封。与张耳齐名,功劳亦不相上下的陈馀,因为未同项羽一同入关,也只能得到食封三县的酬赏。他们自然对项羽不满,并且以武力反抗他的分封。其次,六国旧贵族和其他被封者的欲望是没有止境的。已封者与未封者之间,已封者之间必然会为争夺地盘进行你死我活的斗争。分封带来的不是和平而只能是新的战争。这是项羽万万没有想到的。再次,项羽对被封者和未封者的反叛,其镇抚能力并不是无懈可击的。项羽陶醉于巨鹿之战的巨大声威,过高地估计了自己的威望和实力,过低地估计了其他被封诸侯王尤其是刘邦等军事集团的力量。项羽满以为,只要他的分封方案一公布,所有被封者一定会俯首称臣,山呼万岁,齐声称颂他的英明,唯西楚霸王之马首是瞻。他的面前,立刻会呈现出一幅和平与安宁的神异图画,麒麟献舞,凤凰来仪,历史将记载与他的名字连在一起的伟大盛世。然而,事实与他的预料恰恰相反。他的分封方案公布不久,被封诸侯王之间,被封者与未被封者之间很快便引发了激烈的斗争,四处燃起的烽烟使他焦头烂额,疲于奔命,他只能拼出全力与自己种下的恶果进行毫无希望的抗争。

公元前 206 年四月,项羽分封完毕。他一面命令各受封者就国,一面收拾在咸阳掳掠来的大量金银、珍宝、绢帛和妇女,准备返回彭城。这时候,有一个叫韩生(一说蔡生)的人向项羽建议说:"关中阻山河四塞,地肥饶,可都以霸。"①应该说,这是一个很有政治军事眼光的建议。关中地区土地肥沃,物产丰富,四面有险可守,进可以东向争夺天下,退可以闭关自保,周、秦两代皆以此为根据地成就大业。在秦末农民战争中,关中遭受的破坏较轻,不仅人口众多,社会秩序也比较安定,而且有秦朝长期屯积的大批粮秣和军用物资,的确是建都的理想基地。但是,项羽对这个正确的建议不予理睬。此时,他面对化为灰烬的秦

---

① 《史记·项羽本纪》。

朝宫室和对他冷漠敌视的关中百姓,感到此地并非久留之地。他想的是自己的故乡下相(今江苏宿迁)和起事发迹的会稽郡,那壮阔浩荡的长江,那熟悉悦耳的乡音,才是自己梦魂牵绕的地方。他感慨系之地说:"富贵不归故乡,如衣绣夜行,谁知之者!"①项羽的话不仅再次表现了他政治上的短视,而且也暴露了他战略思想上的低能,特别展示了他囿于故乡小天地的小家子气,他缺乏的是统领全国的理想和气魄。韩生看到项羽是一个心地狭促,不可理喻的人物,十分失望,就骂了一句:"人言楚人沐猴而冠耳,果然。"项羽听后,立即将韩生烹杀。在楚汉战争即将揭幕的时刻,骄横的项羽不仅把正确的建议拒之门外,而且还把真心诚意为他筹划的谏议者残酷杀戮,如此昏聩暴虐,野蛮无情,只能预示他未来不祥的结局。

项羽在返回彭城的同时,又派人向义帝传达胁迫他迁往长沙郡郴县的命令。而当义帝遵命渡江南行时,他又密令九江王英布(一说为衡山王吴芮和临江王共敖)将义帝截杀于大江之中。现在的湖南省郴县有一义帝冢,传说是被杀后的义帝埋骨的地方。项羽指使英布等击杀义帝,再次表现了他的心地狭隘和睚眦必报的心理,是他政治生涯中的一项重大失误。义帝是项氏立起来的招牌,他的地位已经获得诸义军领袖的认可,在整个反秦战争中又没有什么过失,既尊其为"义帝",又把他流放到荒远地区,保留其生命绝不会给项羽带来什么危害。项羽连这样一条于己无害的孱弱生命都容纳不下,他的麾下怎么会有贤才竭诚为他服务呢?他又怎么能在已封的诸侯王中树立自己"天下共主"的霸王形象呢?项羽的失误远不止此。击杀义帝的震荡还未过去,项羽又自食其言,以韩王成无军功为理由,不准他返回自己的封国。他先将韩王成带至彭城,不久又毫无理由地将他杀掉。其实韩王成是一个反秦有功的人物,他曾在张良的辅佐下率兵从秦军手中夺取原韩国的十余座城池,为刘邦进军关中扫清了不少障碍。项羽论功封赏,他得到原韩国故地应是顺理成章。可是,项羽先封之于前,又废之于后,继而杀之于彭城,如此地不讲信义,草菅人命,又怎么能获得诸侯王的信任与拥护?果然,项羽的这些所作所为引起了大多数诸侯王和将领们的反感,由此发生了接二连三的反叛事件。先是被新封为燕王的臧荼带兵来到燕国,以武力胁迫燕王韩广去做辽东王。但韩广坚决不服从项羽的分封,硬是占据燕地不走。二人兵戎相见。臧荼击杀韩广于无终(今河北蓟县)之后,不仅夺占了燕国旧地,并且顺手把辽东也变成了自己的领地。差不多与此同时,未受封的齐将田荣也对项羽分置三王于齐地发出了愤怒的反抗。他一面要求被改封为胶东王的田市坚决据有临淄,不去即墨赴任;一面发兵迎击被新封为齐王的田都,使之就国不成,狼狈逃回彭城。这时候,田市因畏惧项羽,同时也对新封地比较满意,就偷偷地跑到即墨就国。田荣一怒之下派兵将他

---

① 《史记·项羽本纪》。

追杀于即墨。之后，田荣一不做，二不休，干脆自立为齐王，接着又纵兵西向，击杀了济北王田安，把项羽分封的齐、胶东、济北三王的封地全部据为己有。田荣等的反叛使其他心怀异志的人受到鼓舞。战功赫赫未得寸土之封的彭越悲愤难平，田荣乘机拉拢，授予他将军印，唆使他以武力夺取原魏国的土地，示意他相机称王。仅得三县封地的陈馀自然不甘心被歧视、冷落，看到田荣反叛成功，很快占有了齐国故土，就使人向田荣游说并请求援兵：

> 项羽为天下宰，不平。今尽王故王于丑地，而王其群臣诸将善地，逐其故主，赵王乃北居代，馀以为不可。闻大王起兵，且不听不义，愿大王资馀兵，请以击常山，以复赵王，请以国为捍蔽。①

田荣巴不得有更多的人反叛项羽，以壮大声势，改变自己孤立的局面，自然全力支持陈馀。立即派兵协助陈馀的三县之兵向新立的常山王张耳发起进攻。张耳立足未稳，一触即溃，只得弃国投奔刘邦。陈馀即将赵歇迎回故国重新做了赵王，而自己则因利乘便地做了代王。这样，当项羽兴冲冲地衣锦还乡，准备在彭城享受安富尊荣的霸王生活时，看到的却是后院燃起的冲天火光。项羽一厢情愿的大分封，得到的却是他最料想不到的恶果。不过，此时的项羽还充满自信，认为凭借他手中的武力仍然能够让反叛者就范，后院的星火不会发展成燎原之势，西楚霸王的宝座将会安如磐石。

---

① 《史记·项羽本纪》。

二、汉王的以屈求伸

上面已经提到,项羽在分封诸侯王的时候,将刘邦视为最大的防范对象。不仅违背王关中的前约,把刘邦分封到山川阻隔、偏僻荒远的汉中、巴、蜀做汉王,而且把他所统帅的十万大军削减成三万人。面对项羽的这一十分不公平的处置,刘邦实在忍无可忍,就召集文臣武将,谋划在关中对项羽开战,不惜拼它个鱼死网破。从当时楚强汉弱的形势看,刘邦这个因一时愤激而作出的决策显然是不明智的。当时的实际情况是:一方面项羽掌握了绝对优势的军事力量,又经过数月的休整,士气正旺,难以与之争锋;另一方面,在分封中暂时得到满足的六国旧贵族和其他将领也大都站在项羽一边。以三万人的微弱力量,贸然与项羽开战,无异以卵击石,孤注一掷,后果是不堪设想的。刘邦的武将文臣看得明白,周勃、灌婴、樊哙等将领轮番前来劝阻,希望刘邦不要出此下策。但刘邦总难咽下这口恶气,执意坚持开战。这时候,萧何面见刘邦,详细而冷静地分析了汉军面临的严峻形势。指出在形势于己十分不利的情况下,唯一万全的妥善办法,就是暂时采取退让的策略,隐忍不发,接受项羽的分封方案,屈就汉王之位。然后积极地准备条件,积蓄力量,等待时机,再东向争夺天下。最后,萧何向刘邦提出了今后行动的总战略,这就是:"王汉中,养其民以致贤人,收用巴、蜀,还定三秦。"①由于众人的反复规劝,刘邦最终清醒了,决定依照萧何的意见行事,不争一日之短长,而求终局之胜利。公元前206年四月,刘邦率领三万士卒和"楚与诸侯之慕从者数万人"离开关中,从杜南(今陕西户县境)南下,经蚀中(即子午道)的栈道,越南山(今之秦岭),向汉中进发。张良随刘邦至褒中(今陕西南郑北)后,决定返回韩国故地活动,目的是以韩国旧贵族的身份,以韩司徒的名义,利用各种关系,为刘邦争取尽可能多的同盟者。临行前,"因说汉王烧绝栈道,示天下无还心,以固项王意"②。刘邦依计而行。霎时,数百里的栈道大火熊熊,烟焰蔽天。刘邦的这一举措立即被密报到项羽那里,项羽得意地窃笑了,他那颗悬着的心终于放了下来。因为项羽明白,栈道是沟通汉中和关中的唯一通道,重新修复绝非一日之功。烧绝栈道说明刘邦要关起门来经营汉中、巴、蜀,短期内不会出来给项羽找麻烦。既然刘邦已经无可奈何地俯首就范,项羽也就可以高枕无忧了。

其实,刘邦一切忍让、退缩的动作,目的都是为了麻痹项羽,以掩饰为日后的进攻所做的准备。他进入汉中之后,君臣同心,励精图治,争分夺秒,加紧进行东向争夺天下的准备工作。

---

① 《汉书·萧何传》。
② 《史记·留侯世家》。

刘邦首先任命萧何为丞相,委以治国的全权。萧何掌握着从秦朝丞相府取得的全部法律档案文书,因而对全国各地的户口、税收、土地以及山川河流等基本情况了若指掌。这对后来刘邦向全国各地进军提供了很大方便。萧何做丞相后,迅速简派官员,全力治理汉中地区。汉中"北瞰关中,南蔽巴蜀,东达襄邓,西控秦陇"①,是秦、蜀、陇、楚的交通要冲,进可以攻,退可以守,地理位置十分重要。加之四周群山环绕,境内河流密布,气候温和,沃野数百里,在军事上是一个理想的前进基地,这里本来就未受战争的破坏,社会秩序比较安定。萧何以其卓越的行政能力,在短时间完成了政权的交接,使这里的生产和生活基本上正常进行。与此同时,萧何又与郦商将军一道,基本上用和平手段完成了对巴、蜀的控制。巴、蜀地处长江上游,四面高山林立,形成天然壁垒。长江横穿东西,沱江、湔水、大涉水、西汉江等纵贯南北,气候温湿,灌溉便利,土地肥沃,物产丰饶,自古就有"天府之国"的美誉。春秋以前,巴族和蜀族人民就在这里繁衍生息,创造了灿烂的巴蜀文化。战国时期,巴蜀成为秦国的郡县。李冰任蜀郡守时,修筑了著名的都江堰,使这里进一步得到开发,成为秦国与东方六国进行战争的战略总后方。萧何十分清楚巴、蜀的地位和作用,因此亲赴该地区建立和完善各级行政机构,督导法律的推行和各项生产事业的发展,使巴、蜀很快与汉中联为一体,成为刘邦日后与项羽决战的战略总后方,成为源源不绝的兵源、粮秣和军需物资的供应基地,为保证刘邦在楚汉战争中取得最后胜利起了巨大的作用。这里应顺便提到刘邦接受范目的建议,征募賨人(即巴人)为兵,参加了夺取关中的战役。汉人应劭说:"高祖为汉王时,阆中人范目说高祖募取賨人,定三秦。"②范目为中原人,秦时在阆中做官,刘邦收用了他。大概他为刘邦提出了不少好的建议,对治理巴、蜀和对项羽战争的胜利都起了积极的作用,因而后来得到封侯的赏赐。总之,在整个楚汉战争中,如果没有萧何在后方的苦心经营,特别是征调巴蜀的人力物力以保证兵源和军需的充足供应,刘邦就难以从数次几乎全军覆没的危境中重新振作起来,最后摘取胜利的果实。汉皇朝建立之后,刘邦对与他一同打天下的文臣武将论功行赏,最后力排众议,推尊萧何功劳第一,这实际上也是承认了巴蜀地区的百姓在统一战争中的不可磨灭的贡献。宋人郭允蹈这样评论说:

> 汉高帝留汉中未几,反其锋以向关中,足迹虽未尝至蜀,然所漕者巴蜀之军粮,陷阵者巴渝之劲勇,由故道战陈仓定雍地而王业成矣,孰谓由蜀出师不可以取中原哉!③

① 《读史方舆纪要》卷56《陕西五》。
② 王利器《风俗通义校注》佚文,中华书局1981年版。
③ 《华阳国志·巴志》。

历史上,由蜀出师者不一定都能取得中原。但是,在刘邦统一中国的战争中,巴蜀的确起了其他地区无法替代的作用。

其次,刘邦不拘一格,任用贤才。他根据萧何的推荐,把出身卑微,其貌不扬,但在军事上具有奇才的韩信选拔为汉军的统帅。尽管由于韩信当时地位低下,人微言轻,又非丰沛起事的功臣,他的拔出同列在刘邦的文臣武将中引起了非同寻常的震惊、嫉妒和非议,但刘邦却丝毫不为所动,毅然将大将的印绶交到韩信手上,表现了他的知人之明、任人之专和信人之诚。而韩信在拜将台上对刘邦讲的一席话,也的确反映了韩信作为一个战略家对楚汉双方那种洞若观火的明察和非凡的军事谋略。由于韩信曾经在楚军中服务,他了解项羽的为人和楚军的优劣所在,也由于他在汉军中做过管理粮秣的后勤军官,他对汉军的优劣也了若指掌。更因为他投身于反秦的战争中多历年所,走遍大半个中国,对秦亡以后的国内形势同样明悉洞达。所以,当韩信登上巍巍拜将台从刘邦手上捧过大将的印绶时,击败楚军、统一天下的战略战术已经是成竹在胸了。刘邦在听过韩信那高瞻远瞩、令人折服的形势分析后,面前似乎展示出未来胜利的诱人曙光。刘邦兴奋得手舞足蹈,对韩信颇有相见恨晚之感。今天,在汉中古城的南门外,万木丛中,修茸一新的拜将台故址临风而立,任人凭吊。登临此台,极目四望,汉中古城尽收眼底,滔滔汉水激起白色的波浪,令人想起两千多年前刘邦与韩信在台上指点江山、谋划胜利的宏伟气势。台北侧碑亭石柱上,镌有不少古今楹联,其内容多为韩信的遭际鸣不平,对刘邦则多表露贬抑之意,其感情倾向实在有欠公允。只有今人的一副楹联独出新意,文曰:

具礼受命举贤任能堪使英雄酬壮志
登坛定策展锋露韬匡扶汉室完金瓯

楹联对刘邦与韩信同声颂赞,一个破格用贤,一个不负重托,君臣同心,相得益彰,才有后来垓下之战的辉煌胜利。应该说,这一楹联比较恰切地表述了刘邦汉中拜将的底蕴。此后,刘邦坐镇汉中,文依萧何,武靠韩信,治理地方,整军经武,精心进行北出南山、规复关中,东出函谷关、进兵中原的紧张谋划。当项羽被东方所封的诸侯王的叛乱搞得焦头烂额、穷于应付的时候,韩信突袭关中的军事准备工作已经在紧锣密鼓中完成。公元前206年八月,韩信指挥的汉军在悍勇的賨人配合下,神不知鬼不觉地冲出了汉中,犹如天兵神将般突然出现在关中,终于揭开了楚汉战争的帷幕。从公元前206年四月至八月,仅仅四个月的时间,刘邦领导的军事集团就完成了进军关中的全部准备工作,其谋划的迅速、高效、有序,令人叹为观止。从中充分展示了刘邦作为创业帝王的气质和才能。他率部进入汉中后,虽然事情千头万绪,但刘邦自始至终把回军关中作为自己行动的中心,其他任何事情都依此中心而运作。其中特别着力的是两件大事,一是安定辖区,恢复秩序,发展生产,征兵筹粮,把汉中、巴、蜀的行政运作和经济活动迅速地转向战时轨道。此事委托以萧何为首的精干的行政班子全力谋划实施。二是选将练兵,制定进军关中乃至夺取全国的军事计划和战略战术,此事他委托以韩信为首的军事指挥班子协力谋划。由于刘邦抓住了主要矛盾,特别由于他付托得人,因而经过短短四个月的经营,便卓有成效地达到了预期的目的。

三、定三秦

在刘邦率部进驻汉中，收取巴、蜀，为进军关中、东向同项羽争夺天下而积极准备的时候，跟随他入关破秦的山东①将士"皆歌思东归"，人心浮动。其中有一部分人甚至不辞而别，悄然离去。这种动向，一方面说明东向争夺天下乃军心所向，将士们已经不耐烦局促于汉中一隅之地；另一方面也说明，将士们急于东归的情绪不允许刘邦进行旷日持久的战争准备工作。韩信敏锐地觉察到这一动向，建议刘邦加以利用，抓住机遇迅速"决策东乡"。他说：

> 项羽王诸将之有功者，而王独居南郑，是迁也。军吏士卒皆山东之人也，日夜跂而望归，及其锋而用之，可以有大功。天下已定，人皆自宁，不可复用。不如决策东乡，争权天下。②

韩信这一利用将士"歌思东归"的情绪不失时机地冲出函谷关，与项羽决战疆场的战略思想是非常正确的。这是因为项羽这时在东方虽然遇到了所封诸侯王的反叛，但凭借他的军事力量完全有条件打垮叛逆者。而一旦等项羽稳定了他在东方的统治，人心思安的社会思潮就会蔓延开来。届时再重启战端，就很难获得百姓的同情，胜利的前景也就不容乐观。此时，项羽在东方立足未稳，齐、燕、赵等诸侯王又相继举起反叛的旗帜，关东百姓皆犹疑徘徊，不知所从，正是乘其不备，东向进击的天赐良机。刘邦全力支持韩信的战略决策，一场还定三秦的战斗就打响了。

公元前206(汉元年)年八月，刘邦用韩信"明修栈道，暗渡陈仓"的计策，一面派樊哙、周勃等人督率士兵和役夫煞有介事地修复烧毁的栈道，将雍王章邯的注意力吸引过来，集重兵防守；一面刘邦与韩信亲率汉军主力悄悄从南郑出发北进，渡过褒水，穿过崎岖难行的东狼谷，再攀越故道的崇山峻岭，以迅雷不及掩耳之势向驻守陈仓(今陕西宝鸡东)的章邯之军发起猛烈攻击，轻而易举地取得了首战的胜利。这时，都于废丘(今陕西兴平)的章邯如梦初醒，立即亲率其主力驰援陈仓，双方在这里展开了一场激烈的战斗。由于汉军准备充分，以逸待劳，士气高昂，英勇赴敌，而章邯军长途跋涉，仓促上阵，指挥失误，士气不振，结果被汉军打得落花流水，溃不成军。章邯只得率残部退守好畤(今陕西乾县)，汉军穷追不舍，好畤一战，再获全胜。章邯经此两战，已经领略了汉军的威力，他不敢再战，只

---

① 文中提到的"山东"，泛称太行山或函谷关以东，也称关东。

② 《史记·高祖本纪》。

好率残兵败将退守都城废丘,深沟高垒,坚守不出,双方形成对峙的局面。刘邦与韩信一面命令部分汉军围困废丘,相机攻击坐以待毙的章邯,一面指挥其他汉军乘胜攻占了咸阳。与此同时,还有若干支汉军协同主力作战,各军互相配合,完成了对雍王章邯主要军事力量的围歼。这些协同主力作战的汉军有:

曹参之军"初攻下辨、故道、雍、斄。击章平军于好畤南,破之,围好畤"①。这一路首先出击,扫荡了下辨(今甘肃成县西北)、故道之敌,为汉军主力直抵故道、突袭陈仓创造了条件。陈仓之役结束后,曹参之军又相继攻取了雍(今陕西宝鸡西)、斄(今陕西武功西)。此时汉军主力正追击章邯军于好畤。章邯之弟章平率军来援。章邯以为有机可乘,反戈与汉军主力战于好畤。为保证汉军主力击破章邯军,曹参一军将章平一军截击于好畤之南,使之无法援助章邯军,保证了汉军主力对章邯军作战的胜利。好畤之战结束后,曹参之军与汉军主力汇合,参加了围困废丘的军事行动。

樊哙之军"别击西丞白水北"②。此一军显然是从蜀郡北部出发,沿白水北向进击,在扫荡了陇西之敌以后,回军东向,协助曹参之军打赢了雍、斄之战。

周勃之军参战较晚,但参战的次数较多,战绩也比较辉煌。此一军先攻槐里(今陕西兴平东南),好畤,赢得首功。继而"击赵贲、内史保于咸阳"③,再攻漆(今陕西彬县),转而攻取汧(今陕西陇县南),由下邽(今陕西眉县东北)、频阳(今陕西富平东北)迂回数百里,最后参加了围困废丘的战斗。

灌婴之军"下栎阳,降塞王"④,最后亦参加了围困废丘的战斗。

靳歙之军参加了西线的战斗,"击章平军于陇西,破之,定陇西六县"⑤。

郦商之军在接收巴蜀之后,转军北上,在西北一线创造了辉煌的战绩。它攻取了北地(今甘肃宁县西北)、上郡(今陕西绥德东南),接连攻破章邯别将统帅的敌军于乌氏(甘肃安定)、枸邑(今陕西旬邑东北)、泥阳(今甘肃宁县东南)。

韩信对攻破雍王章邯之军的战斗是十分重视的。一方面因为他是三秦王中实力最大、威望最高、军事才能最优异的诸侯王,又扼守着汉中进入关中的咽喉斜谷口和陈仓,是汉军夺取关中的主要障碍;另一方面,又因为此战是汉军进击关中的初战,战斗的胜负关系到整个楚汉战争的全局,不能有半点疏忽。因此,韩信对此役精心设计,精心指挥,除由他指挥汉军主力担任正面突击,对付章邯亲自指挥的雍军主力外,还至少安排了大小不等

① 《史记·曹相国世家》。
② 《史记·樊郦滕灌列传》。
③ 《史记·绛侯周勃世家》。
④ 《史记·樊郦滕灌列传》。
⑤ 《史记·傅靳蒯成列传》。

的六支偏师协同作战。不仅万无一失地保证了对章邯一军作战的胜利,而且顺利地夺取了陇西(今甘肃东部)、北地(今陕、甘、宁交界处)、上郡(今陕北地区)。这样一来,进击关中的关键之役也就成为整个楚汉战争的前奏曲,它的胜利使塞王和翟王成为惊弓之鸟,在汉军的巨大威慑前只能俯首就擒了。

汉军在击破章邯的主力后,除留一部分军队继续围困已经陷于绝境的章邯孤军于废丘外,主力越过废丘向咸阳以东挺进。几乎没有经过什么大的战斗,都于栎阳(今陕西高陵东)的塞王司马欣和都于高奴(今陕西延安)的翟王董翳,就都在刘邦的马前投降了。前后不到两个月,除了章邯拒守的孤城废丘外,关中的绝大部分土地都属于汉王所有了。当年楚怀王关于“先入定关中者王之”的前约,刘邦在灭秦后不到一年,就用战争的手段迅速地实现了。在汉军主力大规模进击关中的同时,刘邦还命令将军薛欧、王吸等率领一支小部队由汉中东出武关,与在南阳一带活动的王陵一军汇合,迅速地返回刘邦故里丰邑,迎接刘邦的父亲太公、妻子吕雉和一双儿女,目的是防止他们在即将开始的楚汉战争中陷于敌手。不料这一行动的意图很快被项羽侦知,他立即发兵进行阻击,在阳夏(今河南太康)一线切断了汉军东进的路线。楚汉两军终于在战场上兵戎相见了。

从公元前206年八月至九月不到两个月的时间内,刘邦之所以能够迅速地取得攻占关中的巨大胜利,原因是多方面的。第一,刘邦做了充分的准备工作。刘邦自公元前206年四月进驻汉中后,从四月至八月。在四个月左右的时间里,依靠萧何、韩信等一班得力的文臣武将,全力进行出关作战的准备工作。一面收取巴、蜀,使之与汉中联成一气,稳定秩序,发展生产,建立巩固的战略后方,一面加紧训练士卒和认真简拔将帅,从而使汉军的实力和军事素质都有明显的加强。特别是简拔韩信于万军之中并授以指挥的全权,使汉军的战略决策水平和战役指挥艺术有了质的飞跃。第二,刘邦用张良之计,在退驻汉中以后毅然忍痛烧掉蚀中的栈道,这一行动对项羽产生了很大的麻痹作用,使他至少相信刘邦短期内不会有进攻关中的打算。从而将监视堵截刘邦冲出汉中的军事重任全盘交给了封于关中的三个秦朝降将。项羽自己并没有在关中留下一支足以对抗汉军的得力军队,这就使刘邦在进军关中时没有遇到太大的阻力。第三,张良的活动为刘邦的军事准备和向关中的进军起了有力的掩护作用。项羽在处置刘邦的问题上虽然连连失误,但并非全无警觉。当韩信指挥的汉军突袭关中时,虽然齐国、赵国的反叛拖住项羽不易分身,但还是引起了他的警惕。如果此时项羽明白刘邦进军关中的后果,真的置齐、赵之事于不顾,率楚军主力迅速援救三秦,倾全力与汉军在关中决战,势必给刘邦带来意想不到的困难,楚汉之争就可能有更多的波折。而这时候,张良的活动对项羽未能转兵西进起了重要作用。此时的张良以韩国使者的身份出现,加上他“五世相韩”的背景,就使他多了一层保护色彩,在刘邦和项羽之间处于一种超然的地位。张良充分利用这一有利条件,一面诬骗项羽说:"汉王烧绝栈道,无还心矣。"为刘邦东向争天下的总的战略意图打掩护,以麻痹项羽;一面又故示亲近,以"齐王田荣反书告项王"①,把项羽的注意力吸引到了东方。项羽果然上当,没有出兵援救三秦,而是倾全楚之力进击田荣。此时的项羽大概仅将刘邦当成了癣疥之疾,而将在后院点火的田荣当成了心腹之患,因而没有干预刘邦的军事行动。这样,就使汉军可以从容不迫地在关中全力对三秦王作战,从而稳操胜利之券。第四,汉军遇到的敌人比较弱劣。关中地区的三个诸侯王都是秦皇朝的降将,正如韩信所分析的那样,他们本身都有许多不可克服的弱点:作为秦皇朝的高级官吏,他们在关中压迫剥削百姓的历史,人们记忆犹新;作为降将,他们是以二十多万关中子弟兵的被坑杀换取了王位。关中的百姓,尤其是那些被坑杀士卒的父母妻子,恨不得食其肉而寝其皮。他们在关中百姓的心目中是不共戴天的仇敌,他们对汉军的斗争也只能是失道寡助。项羽将此三人封王关中本来就是很大的失误,受到汉军攻击时又置之不顾,他们的失败实在是不可避免的。与之相反,刘邦是反秦诸路英豪中最早进入关中并且亲手亡秦的农民领袖,他那"约法三章"的政治措施和秋毫无犯的军队纪律,都给关中百姓留下了良好的印象,再加上有楚怀王"先入定关中者王之"的前约,就使刘邦在民心向背问题上占了绝对优势。刘邦进军关中的军事行动自然得到了关中百姓的热烈拥护。这正是刘邦在此役中能够很快取得全胜的最重要的条件。章邯虽然是秦朝的名将,在镇压农民起义军的战争中也打过几次漂亮的胜仗,此次面对汉军的突袭,他的军队也的确表现了较其他两王更顽强的战斗力,不过,对于章邯说来,此时他所处的环境几乎无一有利条件,他的才能也只是使自己苟延时日而已。果然,到公元前205年(汉二年)六月,废丘被灌婴等攻破,章邯以自杀而告终。第五,韩信正确的战略决策和高超的指挥艺术也是克敌致胜的重要保证。刘邦接受韩信建议,适时组织实施了关中战役。利用汉军将士"歌思东归"的情绪,乘三秦王在关中的统治尚未稳定之机,运用突然袭击的战法,在敌人最料想不到的时间和地点发起了进攻。在整个战役中,汉军把章邯之军作为主要打击目标,主攻与辅攻相结合,消灭敌人军力与夺取地盘相结合,连续作战,不给敌人以喘息之机,从而以最短的时间、最小的代价取得了最辉煌的战果。

刘邦顺利地攻取关中,在昔日秦皇朝的都城咸阳树起了汉王赤色的军旗。这个胜利尽管没有花费太大的力气,却具有重大的意义。因为对刘邦说来,这是他在同项羽争夺天下、统一中国的道路上迈出的具有决定意义的一步。八百里秦川,物华天宝,人口稠密,土地肥沃,物产丰富,东、西、北三面黄河环绕,南以巴、蜀、汉中为依托,地势险要,易守难攻。周武王据此东向争天下,灭商取中原,创八百年基业。秦国继之,六世奋斗,嬴政取得了并

---

① 《史记·留侯世家》。

灭六国,第一次统一中国的历史性胜利。项羽不听韩生之言,放弃在此建都,铸成大错。刘邦先据汉中、巴、蜀,再据此地,从而得到了一个同项羽进行长期战争的可靠的后方基地,保证了以后四年的楚汉战争中始终有源源不竭的兵源和其他巨量军需物资的供应。虽然项羽对刘邦攻取关中的军事胜利暂时还处在麻木不仁状态,但是,用不了多久,事实将会使他痛切地感到,这一历史性的重大胜利,恰恰构成了后来刘邦在楚汉战争中屡挫屡起、立于不败之地的重要条件。

初战大胜,轻取关中,不仅使刘邦获得了他梦寐以求的理想地盘,而且也进一步增强了他战胜项羽的信心。尽管在前进的道路上还横亘着无数困难和艰险,但刘邦毅然决定不失时机地冲出函谷关,向中原地区进兵,把战火引向项羽统治的腹地,在夺取全国完成统一的道路上,迈出更具有重大意义的一步。

四、袭彭城

刘邦平定关中后，经过一个多月的休整、准备，决定出关作战。因为此时项羽之军仍在齐国作战，中原空虚，那些据地称王的诸侯们无一人能够抵挡汉军的刀锋。刘邦、韩信等抓住战机，将汉军投向了中原战场。公元前205年(汉二年)十月，刘邦命令汉军打出函谷关，进攻项羽分封于洛阳的河南王。由于河南王兵力单薄，无法组织有效的抵抗，汉军进展异常顺利，很快攻克河南王的都城洛阳。刘邦亲自随军出关，至陕(今河南三门峡市)指挥作战，安抚百姓。正在此时，张良从韩地归来，协助刘邦运筹军国大计。此后便经常在刘邦左右，楚汉战争四年中始终是刘邦最得力的谋士。在汉军的凌厉攻势下，河南王申阳很快前来投诚，刘邦于是下令在其封地设置河南郡。这是刘邦在关外建立的第一块根据地，也是继续东进的前哨阵地，在以后的征战中起了重要作用。刘邦指挥汉军继续东进，与项羽新立的韩王郑昌发生激战，同时立故韩襄王之孙信为韩太尉，并授予他经略韩地的全权。韩太尉信率军猛攻郑昌，双方激战于阳城(今河南登封东)，郑昌兵败，拱手投降。十一月，刘邦立信为韩王，让他取代郑昌的地位，并率部随汉军作战。

在汉军节节胜利，不断向东方迅速推进的时候，项羽统帅的楚军主力仍然在对反叛的齐军作战。公元前205年(汉二年)正月，楚军进抵城阳(今山东菏泽北)，齐王田荣挥军迎战，被楚军彻底击败。他辗转北逃，在平原(今山东平原北)被当地百姓击毙。项羽复立田假为齐王，让他作为自己的代理人维持在齐地的统治。为了扫除田荣的残余势力，项羽指挥楚军继续北进，由城阳经谷城(今山东东阿南)、历城(今山东济南)、临淄，一直打到北海(今山东昌乐附近)。一路之上，楚军纪律败坏，"烧夷齐城廓室屋，皆坑田荣降卒，系虏其老弱妇女。徇齐至北海，多所残灭"①。这不能不引起齐国百姓极大的愤怒与反抗。他们相聚反叛，四处袭扰楚军。田荣的弟弟田横收集被打散的齐国士卒，重新组织起一支数万人的队伍，向楚军展开反击。经过一场激战，夺回城阳。不屈服的齐国百姓不断袭击楚军，使之首尾难顾，狼狈异常。项羽亲自指挥楚军主力围歼田横的齐军，但却迟迟不能取胜，两军呈胶着状态。楚军主力被吸引在齐国，一方面造成楚国腹地空虚的态势，另一方面也使楚东西部的与国处于孤立无援的境地，从而给汉军的进击创造了十分有利的机会。刘邦抓住时机，首先向西魏王的封地进兵。公元前205年(汉二年)三月，汉军自临晋(今陕西大荔东)偷渡黄河，迅速北进，一路势如破竹，很快包围了西魏的都城平阳(今山西临汾)。西魏王豹在汉军突如其来的打击下知道抵抗无望，只得向刘邦投诚。接着，刘邦又

---

① 《史记·项羽本纪》。

乘战胜之威,指挥汉军转而向东南挺进,渡沁水,越太行,顺利地攻克河内(今河南温县北),俘虏了项羽所分封的殷王司马卬,同时以其封地改设河内郡。正在这时候,在项羽那里任都尉的陈平千里来归,使刘邦麾下又增加了一名智慧超群的谋士,出奇计解大难的治国英才。刘邦在河内稍事休整,决定南渡黄河,对新攻占的河南郡加以整顿。他由平阴津(今河南孟津县北)渡过黄河后,折而西行,进驻洛阳。其时,刘邦出关作战不到五个月,即顺利地收服三王,取得了今之山西南部、河南中西部的广大地区,在中原站住了脚跟。有一天,刘邦自洛阳外出巡视,新城(今河南伊川南)的一位八十二岁的三老董公拦住了他,建议刘邦抓住项羽谋杀义帝一事大造舆论,争取众多人的同情。他说:

> 臣闻"顺德者昌,逆德者亡","兵出无名,事故不成"。故曰:"明其为贼,敌乃可服。"项羽为无道,放杀其主,天下之贼也。夫仁不以勇,义不以力,三军之众为之素服,以告之诸侯,为此东伐,四海之内莫不仰德,此三王之举也。[1]

董公一席话提醒了刘邦,刘邦高兴地说:"善,非夫子无所闻。"他立即郑重其事地为义帝发丧,"袒而大哭,哀临三日",同时派出使者分赴各地,向项羽分封的诸侯王们发出了讨伐西楚霸王的皇皇檄文:

> 天下共立义帝,北面事之。今项羽放杀义帝江南,大逆无道。寡人亲为发丧,兵皆缟素。悉发关中兵,收三河士,南浮江汉以下,愿从诸侯王击楚之杀义帝者![2]

这位遮道上书的三老董公,显系楚国之人,因而对义帝怀着赤子般的忠诚,对他的被害有着如丧考妣般的哀痛。刘邦也曾为楚人,他显然从董公的上书中看到了一点百姓的情绪。不管怎么说,义帝是楚国王族的血胤,各路英雄都是在他这位"共主"的旗帜下进行了三年反秦的战争并且取得了胜利。他在百姓中还有一定的影响,而项羽对他的处置实在丧失人心。刘邦于是抓住这个题目,煞有介事地为义帝发丧,做了一篇声情并茂的大文章。究其实,刘邦又何尝把牧羊童子的义帝放在眼里,与项羽一样,他也不过是把义帝看成一个工具而已。当然,二者的区别还是有的:项羽把活着的义帝看做一个工具,一旦其作用完结,也就毫不怜惜地将其杀掉。刘邦与之相反,是把死后的义帝作为工具,把他的被害作为对项羽进行正义凛然讨伐的借口,为其向东方的进兵披上一层道德的外衣,以争取百姓

---

① 《汉书·高帝纪》。
② 《汉书·高帝纪》。

的同情。平心而论,即使依照义帝当年的约定,刘邦所取得的也只不过是"王关中"的权力。而今,关中已成为他的囊中之物,再继续向东方进兵不是有点师出无名吗?恰巧在这个节骨眼上,笨拙的项羽杀害义帝,等于适时地给刘邦提供了一个新的借口。经董公稍加点拨,聪明的刘邦立即心领神会,抓住此事大做文章。不仅使刘邦立于为"共主"复仇的主动地位,而且也给其他对项羽持不满态度的诸侯王提出了一个义正词严的反叛理由。为义帝发丧不需损一兵一卒,却一下子把项羽在政治上置于被告的地位,使之处于一种有口莫辩、孤立无援的境地。同时,也扩大了其内部的裂痕。不久,赵国的陈馀以刘邦答应诛杀张耳为条件,在项羽面前举起了反叛的刀锋。

公元前 205 年(汉二年)四月,田横立田荣之子田广为齐王,重新聚合齐国的力量,对楚军的进攻进行顽强的抗击。项羽亲自指挥楚军连续猛攻田横据守的城阳,却迟迟不能得手。此时,他虽然已经知悉刘邦挥军东下的情报,但总想在彻底击破齐军,解除后顾之忧以后再回师对付汉军。然而,由于齐地的战事久拖不决,楚军主力被死死拖住,这就给刘邦创造了顺利东进的良机。刘邦联合反楚归汉的五诸侯王常山王张耳、河南王申阳、韩王郑昌、魏王豹、殷王司马卬,集合起五六十万大军,在几乎毫无抵抗的情况下,沿黄河南岸迅速向东推进,前锋直抵外黄(今河南兰考东)。这时候,曾经一度臣服于齐国的彭越,已经攻占了原魏国的十余座城池,组建起一支三万余兵马的能征惯战的武装,成为东方各诸侯王之外一支举足轻重的力量。彭越听到刘邦东征的消息,亲来外黄,表示归附效忠之意。刘邦十分高兴,立即决定恢复不久前投诚的魏王豹的王位,任命彭越为魏相国,授予他恢复魏国原有土地的全权。事实上等于将魏国的实际统治权交给彭越。彭越是秦朝末年农民战争中最早的一批起事者之一,勇敢善战,富于谋略,长期独立,是一个出色的将领。他的归顺,壮大了刘邦的力量,对刘邦后来在楚汉战争中战胜项羽起了重要作用。刘邦在外黄稍稍调整了一下部署,乘楚军主力远在齐国的有利时机,集中兵力,长途奔袭,经虞(今河南虞城北)、下邑(今安徽砀山)、萧(今安徽萧县北),一举攻克西楚霸王的都城彭城(今江苏徐州),获得了大量的粮秣军资、宝货美人。刘邦欣喜若狂,被一时的胜利冲昏了头脑,故态复萌,"日置酒高会",意欲把当年在咸阳宫中没有得到的享受,在此痛痛快快地补上一课。由此铸成了刘邦在楚汉战争中的一次重大失误。刘邦此次千里远袭,轻取彭城,完全是利用项羽的失误而侥幸获取的一次胜利,对楚军的主力并未给予重大打击。楚军主力完好无损,它不仅保有顽强的作战能力,而且具有很强的机动能力。一旦回师反戈一击,汉军遇到的将是一场空前的恶战。由于此前刘邦一直没有同楚军的主力对战,从与三秦王交手到攻克彭城又都十分顺利,使他产生了骄傲轻敌情绪,对于自己军队和同盟军队的缺点和不足也缺乏清醒的认识。事实上,在刘邦统帅的军队中,除一小部分汉军主力有较强的战斗力外,其他诸侯王的归附部队非但战斗力较弱,而且对刘邦也并非忠贞不二,刘邦还难以完全驾驭他们。所以,汉军尽管看起来人数很多,但内部并不统一,实际战斗力并不很强。同时,汉军进至彭城,已经远离关中根据地数千里之遥,不仅军资粮秣等的供应会遇到困难,而且周围地区的地理民情也对汉军不利。况且,几十万大军摆成一字长蛇阵,在军事上极易为敌人所乘。一旦被分割包围,就会陷于首尾难顾、被动挨打的困境。然而,此时在彭城的宫室中恣意享乐的刘邦却全然看不到这一点,他已经被轻易得来的胜利陶醉得忘乎所以,飘飘欲仙了。一方面,刘邦对自己军队的弱点和不足不能正视,另一方面又对楚军的战斗力和机动能力估计不足。进占彭城以后,既没有派出强有力的部队北进截击即将返回的楚军主力,也没有在彭城周围部署防御阵地反击来犯之敌,而是一天到晚饮酒作乐。主帅如此,其他将士兵丁自然群起仿效。如此一来,失败之神必然毫不客气地降临到刘邦和汉军头上,对他的失误进行了一次十分严厉的惩罚。

项羽在齐地得到彭城失陷的消息以后,异常震惊和愤怒。他当机立断,除留下部分楚军继续与齐国周旋外,自己则亲率三万最精锐的人马,由鲁(今山东曲阜)径直南下,经胡陵(今山东鱼台县境)、沛,一路急驰,马不停蹄,很快攻占萧(今安徽萧县),在刘邦丝毫没有觉察的情况下,如利刃般切断了汉军西返的道路。第二天凌晨,楚军悄悄转兵东向,突然对彭城的汉军发起了猛烈的攻击。丧失警惕的汉军面对楚军凌厉的攻势,几乎失去了招架之力,很难组织有效的抵抗。从凌晨战至午时,汉军被打得落花流水,只得退出彭城,慌不择路地向西南方向溃逃。楚军紧追不舍,溃逃的汉军建制打乱,官兵相失,争先恐后地抢渡谷水和泗水,十多万人葬身湍激的洪流。侥幸渡过河水的汉军在翻越一片山地后继续向南逃命,在灵壁(今安徽濉溪)以东抢渡濉水时,又被追来的楚军截杀。十多万人马被逼下濉水,淹死者不计其数,濉水为之不流。苦战登岸的汉军刚刚聚拢,立足未稳,又被赶来的楚军密不透风地包围了三层。刘邦一军,人困马乏,粮尽援绝,士卒损失大半,眼看陷于绝境,形势异常危殆。连连取胜的楚军见汉军已成瓮中之鳖,就采取围而不击的策略,企图将刘邦及其残余部队活活困死在濉水南岸的荒野里。正在刘邦及其谋臣苦苦思索如何摆脱被歼命运的计策时,突然,搅天撼地的大风挟着飞沙走石从西北方向吹来,折断树木,掀倒房屋,一霎间天昏地暗,对面不见人影。处在风口上的楚军顿时乱成一团,无暇顾及汉军。刘邦乘此良机,率数十骑突破包围圈,向西北方向逃走。此时的刘邦,只有一个愿望:迅速奔回故乡丰邑,将老父和妻子儿女接走,以免他们陷于敌人之手。可是,这时项羽已先于刘邦派一支人马奔袭丰邑,打算劫持刘邦家属作为人质。刘邦老父和妻子儿女得知楚军逼近的消息后,举家遁逃。刘邦一行返回故乡,面对自己熟悉的田园房舍,百感交集。虽然家人生死不明,他也不敢久留,立即策马转东南方向狂奔。前行不远,正遇上从家乡逃出来的儿子和女儿,他们在惊慌中与祖父和母亲失散。刘邦喜出望外,赶忙将两个孩子抱上车子一起逃命。不多时,楚军的骑兵闻风赶来。危机之中,刘邦希望自己的车子跑得快一点,尽早摆脱追击的敌军。为了减轻重量,他三次将自己的儿子和女儿推到车下。每次都是夏侯婴救起两个孩子。虽然几次遇到危险,狼狈不堪,但在将士们的拼死保护下,刘邦总算甩掉了追击的敌人,得以稍事喘息。这时候,在审食其保护下出逃的刘邦父亲太公和妻子吕雉在与其子女失散后,迷失了方向,不意与楚军遭遇而被俘,成为楚军的人质。经过几天的驰驱,刘邦几十骑人马终于到达下邑(今安徽砀山)。因为刘邦的妻兄吕泽此时率一部汉军驻扎在这里。楚军的攻势也暂时停止,刘邦惊魂稍定。在这里,他部署收容逃归的汉军士卒,略加整顿、休息,便开始有计划地向西退却。由于楚军在彭城附近对汉军作战的巨大胜利,几天之内,寒暑易节,跟随刘邦东征讨伐项羽的五六十万大军几乎瓦解净尽,勉强依附于他的一些诸侯王也乘机叛汉归楚。刘邦平定关中时投诚的塞王司马欣、翟王董翳也都悄悄地跑到项羽那里去了。彭城一战,刘邦的损失是巨大的。这是楚汉两军第一次正面交锋。由于此前汉军作战的对象都是项羽分封的那批诸侯王,他们军力较小,而且皆处于孤立状态,经不住汉军猛烈的攻击,非死即降。由此使刘邦产生了骄傲轻敌的思想,希图速胜,因而有千里奔袭彭城的军事行动。彭城之战,刘邦触了一个大霉头,才晓得项羽的实力不可小觑,要战胜他必须有一个艰苦奋战的过程。同时,也使刘邦明白,在汉军与楚军的力量对比发生根本的变化之前,无法期望项羽分封的那些诸侯王同自己结盟反对项羽。唯一的办法是通过不断的军事行动战胜他们。

彭城之战以后,从公元前205年(汉二年)四月至五月,项羽指挥楚军主力摆开咄咄逼人的架式向西推进,汉军节节败退,形势一时变得对刘邦极为不利。不过,刘邦的军队虽然在此役中受到严重挫折,但并没有完全失败。这是因为,一方面,萧何坐镇经营的关中、汉中和巴、蜀根据地已经根深蒂固不可动摇,它会为汉军补充失去的一切;另一方面,汉军的主要将领和基本骨干力量也未受到损失,恢复元气并不困难。特别是,汉军的此次惨败,既使刘邦服下了一副清醒剂,也使刘邦加深了对项羽和楚军的认识:一是楚军未灭,现在还不是做太平天子尽情享受的时候。二是楚军的战斗力不可低估,项羽战场指挥作战的能力不可低估。三是同盟军中那些看风使舵、三心二意的诸侯王不可依靠。所有这一切,对于提高刘邦集团对项羽集团斗争的水平是有益的。

表面上看,彭城一战,楚军对汉军取得了巨大的胜利,再次显示了项羽的指挥艺术和英勇善战。但是,这次战役的胜利成果又是十分有限的。第一,它没有解决楚汉之间的胜负,刘邦的失败是暂时的,汉军的节节抵抗仍然不可轻视。第二,它也没有解决楚与其他反叛的诸侯王之间的矛盾。不错,魏王豹以及司马欣、董翳之流背汉归楚似乎令项羽欣慰,然而,后院的反叛之火却没有因彭城的胜利而自动熄灭。由于项羽率楚军主力离开齐地,田横乘机驱逐了项羽拥立的齐王田假,赶走了留在齐地的少数楚军,再一次规复了三齐之地,仍然从北面给楚军造成很大的威胁。摆在项羽面前的形势实在也不容乐观。

　　实际上,两月左右的彭城之役对楚汉双方来说是一次互有胜负的战争。刘邦攻破彭城,使项羽的根据地受到一次很大的破坏,损失至巨,但因为没有消灭项羽的有生力量,这个胜利也就不能从根本上改变双方力量的对比。楚军自齐回师,对汉军实施了一次重大的打击,使其有生力量遭受巨大损失,一时无法进行有效的反击,只能节节败退,自砀经外黄直退到荥阳(今河南荥阳北)。这时候,由于刘邦一时还难于组织大规模的反击,只能对项羽采取守势;楚军虽然在实力上超过汉军,但因为刘邦一方在政治和谋略上占优势,并以关中根据地为依托拼死固守,楚军一时也难以消灭汉军。这样一来,楚汉战争便进入了相持阶段。在此阶段,决定双方力量此消彼长的关键因素,与其说是军事斗争的胜负,无宁说政治谋略的优劣。这一方面,楚军的劣势日益显现,汉军的优势日趋发展,经过此一阶段的反复较量,汉军的力量终于超过楚军,楚汉战争也就进入了最后的决战。

五、战荥阳

公元前 205 年(汉二年)五月,刘邦率领从彭城前线败退下来的汉军在节节抵抗中撤至荥阳一线,韩信率兵与刘邦会合,其他被打散的汉军也陆续会聚于此。同时,坐镇关中的萧何亦"发关中老弱未傅者悉诣军",依秦制即征发十七岁以下不到服役年龄的青少年和六十岁以上免役的老人前来支援。此举说明汉军损失之大和对关中人力资源的巨量征发。但不管怎样,刘邦终于又立定了脚跟,汉军经过整顿和补充又从失败中振作起来,与紧追不舍的楚军在京、索之间(今河南荥阳境)展开了激烈的战斗,将战线稳定在荥阳一带。刘邦在全线采取守势的情况下,适当调整部署,在有利的时机和地点及时出击。他任命灌婴为中大夫,任命原秦军骑士李必、骆甲为左右校尉,精选一批善于骑射的士卒,组成一支机动灵活的骑兵部队作为突击队,在战场上纵横驰骋,不时打击敌人。在荥阳以东的一次激战中,这支骑兵突击队出奇致胜,大破楚军的骑兵,挫败了楚军的锐气和进攻的势头,使其无法越荥阳而西。汉军坚守战略要地荥阳,同时筑甬道直通黄河岸边的敖仓,将那里秦朝留下的大批粮食做军食。敖仓是秦朝设在东方的最大粮仓,粮食积聚如山。汉军牢牢地控制住这个地方,就保证了自己的粮秣供应。此时,楚军不能攻破汉军的防线西进,汉军亦无力举行大规模的反击,于是在荥阳前线就出现了双方互有胜负的拉锯战。

在这种形势下,刘邦采取了一系列正确的政治、经济和军事措施,促使敌我力量对比逐步发生有利于汉军的变化,从而为取得楚汉战争的胜利创造了条件。

首先,刘邦于六月返回汉的临时首都栎阳(今陕西高陵东),立刘盈为太子,发布诏令大赦罪人。为了对付这时在关中地区发生的大饥荒,他指派官员组织那里的百姓暂时迁至收成较好的汉中和巴、蜀地区渡过难关。同时,又指挥汉军用以水灌城的办法,攻破了雍王章邯据守的孤城废丘,迫使章邯自杀,从而拔掉了三秦王在关中的最后一个据点。为了有效实施对关中的统治,又调整那里的行政区划,设置陇西、上郡、渭南(后改称京兆)、河上(后改称冯翊)、中地(后改称扶风)等五郡,以统一管理三秦王之封地,进一步巩固了关中根据地。八月,刘邦在返回荥阳前线的前夕,又进一步明确和扩大了丞相萧何的权力,使"何守关中,侍太子,治栎阳。为法令约束,立宗庙社稷宫室县邑,辄奏上,可,许以从事;即不及奏上,辄以便宜施行"①。作为一个治国的干才,萧何果然不负刘邦所望。他悉心辅佐太子,把临时都城栎阳治理得井井有条。他在秦律的基础上制定出最早的汉律蓝本,以维持关中地区的秩序与稳定。他建立宗庙社稷,整治宫室,建立健全县邑等行政机

---

① 《史记·萧相国世家》。

构,使汉皇朝在关中立定脚跟,初具规模。特别是由于他的悉心经营,为刘邦解除了后顾之忧,保证了前线对兵员和粮秣的供应,从而为改变敌我力量对比做出了重要贡献。

第二,在与荥阳一线的楚军主力对峙的同时,分兵攻击力量较弱的项羽的同盟军,以便孤立楚军,削弱它的整体作战能力。为此,刘邦任命韩信为左丞相、曹参、灌婴为将军,统帅汉军精锐一部,向黄河以北的魏、赵等封国进军。刘邦败退荥阳以后,魏王豹慑于楚军表面上的强大,决定背汉归楚。他以"请归视亲病"为名,诓骗刘邦放其返回魏地。但渡过黄河以后,他就封锁渡口,倒向楚军,公开与汉军为敌。此后不久,一度附汉的赵相陈馀因刘邦未满足他诛杀张耳的要求,也打出了反叛的旗帜,使赵国变成了与汉军对抗的重要力量。刘邦命韩信等率兵北徇魏、赵之地,目的是占领黄河以北的广大地区,从北面形成对楚军的威胁,以减轻楚军对正面汉军的压力。这一战略部署无疑是棋高一着。刘邦在进兵前夕,决定先礼后兵,让郦食其先去魏国游说,希望魏王豹能够回心转意,再回到刘邦的阵营中来。但是,魏王豹对刘邦待人的作风十分恼火,他说:"人生一世间,如白驹过隙。今汉王嫚而侮人,骂詈诸侯群臣如奴耳,非有上下礼节,吾不忍复见也。"[1]表示坚决不再复归刘邦。郦食其无功而返。刘邦对魏王豹的不归大概在意料之中。他急切想从郦食其那里知道的是魏王豹对其麾下将领的安排:

> 食其还,汉王问:"魏大将谁也?"对曰:"柏直。"王曰:"是口尚乳臭,不能当韩信。骑将谁也? 曰:"冯敬。"曰:"是秦将冯无择子也,虽贤,不能当灌婴。步卒将谁也?"曰:"项它。"曰:"是不能当曹参。吾无患矣。"[2]

刘邦对战胜魏王豹如成竹在胸。九月韩信奉命向魏地进兵,自夏阳(今陕西韩城南)渡过黄河,一路势如破竹,下河东,取安邑,俘获魏王豹,并很快将其解至荥阳。魏地平定后,在那里设置了河东、上党、太原三郡。接着,韩信审时度势,又制定了一个更大胆的进军计划,派人向刘邦汇报说:"愿益兵三万人,臣请以北举燕、赵,东击齐,南绝楚之粮道,西与大王会于荥阳。"[3]这个计划很快得到刘邦的批准。刘邦拨出三万兵马,命张耳前去协助韩信领导这次军事行动。公元前205年(汉二年)后九月,韩信于平阳(今山西临汾)向代国进兵,阏与(今山西和顺境)一战,大破代相夏说指挥的代国兵,生擒夏说。随着韩信的节节胜利,他统帅的军力不断扩大。刘邦因此得以从他那里把一批批的精兵抽调来荥阳一线,增强对付楚军的汉军主力。公元前204年(汉三年)十月,韩信与张耳统帅的数万汉军迅

---

① 《汉书·魏豹传》。

② 《汉书·高帝纪》。

③ 《汉书·韩信传》。

速翻越太行山,猛扑赵国,以极其高明的战略战术在井陉大破赵军二十万,斩陈馀,俘获赵王歇,占领赵国,置常山、代郡。接着又乘战胜之威,招降燕国,顺利平定河北。韩信建议刘邦立张耳为赵王,镇抚河北各地,河北之地从此为汉所有。虽然此后项羽数次派兵渡河攻略赵地,但均被韩信、张耳击败。汉在河北地区的统治基本上稳定下来之后,韩信就率得胜之师南下,支援在荥阳一线与楚军拼死鏖战的刘邦。刘邦分兵取河北的战略构想是非常高明的,而他选取韩信作为军事统帅去实施这一战略目标更显示了知人之明。取得广袤的河北地区,对改变敌我力量的对比起了重要作用。

第三,刘邦继续采取一切可以采取的措施,拉拢那些暂不属于自己系统的楚军敌对势力,千方百计争取那些不太稳定的同盟者,以孤立项羽,壮大自己的力量。还在兵退下邑的时候,刘邦就想出了以关东之地作为酬赏以争取同盟者的计划。当他询问群臣"谁可与共功者"时,张良立即提出英布、彭越和韩信是三个最理想的人选。只要对他们三人不吝赏赐,打败项羽是完全有把握的。张良看得分明,这三个人都不是丰沛旧人,与刘邦缺乏感情上的联系,但又都具有相当的军事才能,并且手上都握有一支比较强大的军事力量,他们的向背对于敌我力量的对比至关重要。此三人出身低下,完全可以用富贵利禄来打动他们。在刘邦争取同盟者的谋划中,第一个目标就是被项羽封为九江王的英布。因为英布在刘邦攻陷彭城时没有全力援助项羽,说明他与项羽间已经出现裂痕,有隙可乘,拉他背楚向汉完全可能。特别重要的是,如果英布背楚归汉,不仅可以迟滞楚军对汉军攻击的速度,而且能够形成西北南三面对楚军包围的有利态势。还在刘邦自彭城退至虞(今河南虞城北)时,他就命谒者随何去游说英布。他对随何说:"公能令布举兵叛楚,项羽必留击之。得留数月,吾取天下必矣。"①随何到了九江(今安徽六安),向英布分析了楚汉战争的形势,说明汉胜楚败已是势所必然,晓以利害,劝说英布背楚归汉。英布权衡利弊,决定与项羽决裂。项羽知悉后,立即派项声、龙且率兵攻伐英布。双方激战数月,虽然结果是楚军获胜,英布失去了他九江的地盘,但是,由于他的反戈一击,等于在楚军的侧翼猛捅一刀,迫使项羽分兵作战,迟滞楚军西进的目的达到了。后来,英布率其残部辗转千里来归刘邦,刘邦对之慰安有加,同时为之补充兵员军资,留之与汉军共同固守成皋,在荥阳一线与楚军对战。英布最早投入反秦起义军,勇敢善战,在项羽麾下常常充任先锋,屡立战功,成为实力最雄厚的诸侯王,他的背楚归汉对于项羽是一次沉重的打击。

第四,离间项羽的君臣关系。此事主要由自项羽那里归汉洞悉项羽集团内部关系的陈平担任。刘邦交给陈平黄金四万斤,指示他用反间计离间项羽与其最得力的文臣武将范增、钟离眛、龙且、周殷等人的关系。陈平不惜重金,"纵反间于楚军,宣言诸将钟离眛等

---

① 《史记·高祖本纪》。

为项王将,功多矣;然而终不得裂地而王,欲与汉为一,以灭项氏而分王其地。项羽果意不信钟离眜等"①。此一计成功后,陈平又在四月楚军围攻荥阳最激烈的日子里离间项羽与范增的关系,使项羽猜忌范增的忠诚,拒绝他的正确建议。范增知忠而见疑,悲愤莫名,大怒说:"天下事大定矣,君王自为之!愿请骸骨归!"②范增一怒而归彭城,因疽发背而死于途中。应该说,在项羽军中,最工于计谋的人物就是范增。此人参加反秦军时已年过七十,有着丰富的阅历。在楚军他是个摇鹅毛扇的人物,老谋深算。是他出主意立楚怀王孙心以为义军旗号。在鸿门宴上,是他力主击杀刘邦以绝后患。项羽分封诸侯王时,又是他出谋将刘邦放逐偏远的巴蜀。而在荥阳被围、汉军危殆时,又是他建议项羽急攻勿失。总之,此人是刘邦一个难于对付的敌人,除掉他不啻消灭楚军的千军万马。陈平离间计的成功使项羽失去了一位多谋善断的重臣。

刘邦在楚汉两军相对峙的日子里所采取的以上这些措施,对汉军来说具有重大的意义:它逐渐改变了楚汉双方力量的对比,使项羽连失同盟军,越来越陷于孤立;使其核心集团离心离德,互相疑忌,增加决策的失误。由此就必然限制项羽及楚军长处的发挥,为汉军下一步彻底击败楚军创造了有利条件。

从公元前 204 年(汉三年)十月至四月,尽管韩信一军在黄河北灭魏破赵降燕的诸战役中都取得了巨大的胜利,但是,荥阳前线楚军的相对优势还没有完全丧失,刘邦一军依然处在非常艰难的境地,只能咬牙坚持,苦撑待变。四月,项羽指挥楚军将刘邦死死围困于荥阳,日夜进行猛烈的攻击。处于岌岌可危中的刘邦甚至一度试探与项羽讲和,将荥阳作为楚汉的分界线中分天下,但遭到项羽的断然拒绝。五月,眼看荥阳城破在即,与刘邦长得有点相像的纪信提出了自己舍身诳骗楚军使刘邦突围脱险的计策:

> 将军纪信曰:"事急矣!臣请诳楚,可以间出。"于是陈平夜出女子东门二千余人,楚因四面击之。纪信乃乘王车,黄屋左纛,曰:"食尽,汉王降楚。"楚皆呼万岁,之城东观,以故汉王得与数十骑出西门遁。……羽见纪信,问:"汉王安在?"曰:"已出去矣。"羽烧杀信。③

纪信将军从容受死,以自己的生命为刘邦解除了困厄。刘邦逃离荥阳前,命令韩王信、周苛、魏王豹、枞公等继续固守荥阳,自己则先退至成皋(今河南荥阳西),再入函谷关,准备稍事休息,整顿士马,增加士卒,以便重返荥阳与楚军搏战。这时,有一个袁生向刘邦献上

① 《史记·陈丞相世家》。

② 《史记·陈丞相世家》。

③ 《汉书·高帝纪》。

南出武关,诱使项羽分兵之计:

> 汉与楚相距荥阳数岁,汉常困,愿君王出武关,项羽必引兵南走,王深壁。令荥阳成皋间且得休。使韩信等辑河北赵地,连燕齐,君王乃复走荥阳,未晚也。如此,则楚所备者多,力分,汉得休,复与之战,破楚必矣。①

这个建议无疑是正确的,因为它可以诱使楚军同时在几条战线作战,分散兵力,疲于奔命,进一步丧失其优势。刘邦采纳了袁生的建议,率军南下,出武关,在宛、叶一带开辟了另一个进击楚军的战场。项羽侦悉刘邦在宛城,果然引兵南下,寻刘邦作战。刘邦看到楚军被吸引过来,立即坚壁不出,使楚军屯兵坚城之下,进退失据,犹豫逡巡,陷入被动。而当项羽指挥楚军在荥阳宛、叶一线与汉军对战时,留在魏地的彭越乘楚军后方空虚的机会,以巨野泽为中心,展开了频繁的游击战争。一面向楚军的薄弱环节进攻,抢占地盘;一面截击楚军的运粮队伍,卡断楚军的交通运输线,从而给楚军的后方造成严重威胁。五月,彭越挥军南下,两渡濉水,自彭城向南迁回接近下邳(今江苏邳县南),与楚将项声、薛公指挥的楚军激战,击杀薛公,从东面威胁到彭城的安全。项羽为解除后顾之忧,自己亲率一部分楚军主力东返。六月,项羽迅速击破彭越一军,解除了对彭城的威胁。之后,立即回军西向。乘项羽东返的机会,刘邦引兵自宛、叶北上,击破项羽安排的防守成皋的终公一军,收复成皋。项羽率军猛攻荥阳。荥阳守将周苛在刘邦逃离荥阳后,杀死魏王豹,与枞公、韩王信合力守城。但此三人皆非项羽对手,而荥阳城中兵力薄弱,结果很快被项羽攻陷,周苛被生俘。项羽劝周苛说:"为我将,我以公为上将军,封三万户。"周苛大义凛然,丝毫不为所动,大骂项羽说:"若不趣降汉,汉今虏若,若非汉敌也。"②项羽怒而烹杀周苛、击杀枞公,虏韩王信,进而包围成皋。周苛是刘邦的将军中唯一一个在项羽面前不屈而死的英雄。西晋诗人陆机写了《周苛颂》,对他的坚贞精神大加歌颂:

> 周苛慷慨,心若怀水。形可以暴,志不可凌。贞轨既没,亮迹以升。帝畴两庸,后嗣是膺。

项羽攻破荥阳后,乘战胜之威,全力进攻成皋。眼看成皋失陷在即,刘邦与灌婴急忙同车自成皋北门逃出,北渡黄河,进至小修武(今河南获嘉境)。第二天早晨,刘邦自称汉使,突

---

① 《史记·高祖本纪》。
② 《史记·项羽本纪》。

然来到韩信、张耳的驻地朝歌(今河南淇县)。其时韩信、张耳尚未起床,刘邦即于卧室内取其印符,收回对其所部汉军的指挥权,然后召集诸将会议,重新部署兵力:令张耳带兵一部,全力经营赵国,巩固对该地的统治。任命韩信为相国,指挥一部分赵兵继续东进,攻取齐国。这时,项羽已攻破成皋,沿黄河向西推进,形势对汉军不利。刘邦指挥原韩信统帅的兵马,于八月引兵至黄河北岸,屯驻小修武南,准备与楚军决战。这时郎中郑忠建议,楚军攻势正猛,不宜与之争锋,应深沟高垒,避敌锋锐,堕敌士气,然后相机决战。刘邦接受郑忠建议,一面坚壁不出,使楚军主力望城兴叹;一面命将军刘贾、卢绾率士卒两万人、骑数百匹,自白马津(今河南滑县境)渡过黄河,插入楚军后方,与彭越一军互相支援,往来游击,焚烧楚军的粮秣军资,断绝前线楚军的军需供应。待楚军集中兵力围剿时,刘贾、卢绾等又坚壁不出,搞得楚军欲战不能,欲罢不忍,左右支绌,毫无办法。与此同时,彭越一军在楚军主力随项羽西进后,再次发动攻势,连克睢阳(今河南商丘境)、外黄(今河南兰考东)等十七城,使楚军的后方再次受到威胁,彭城震动。九月,项羽为了解除后顾之忧,只得留下大司马曹咎守成皋,自己再次督率楚军主力东返,以求彻底解除彭越一军对后方的威胁。

这时候,刘邦还没有看出楚军的优势正在丧失,对能否很快战胜楚军也缺乏信心。面对楚军猛烈的攻势和荥阳、成皋的失守,刘邦甚至打算放弃成皋以东地方,而将汉军撤至巩(今河南巩县西)、洛(今河南洛阳东)一线阻止楚军的西进。然而,郦食其已经看出总的军事形势正朝着有利于汉军的方向发展。他认为汉军应取积极进攻的战略,并建议刘邦乘项羽东返之机迅速夺回荥阳,充分利用敖仓的屯粮就地解决军食,同时占领成皋、太行道、飞狐口、白马津等战略要地,相机全面出击,就可以稳操胜券。刘邦接受郦食其的建议,一面集中兵力加紧对荥阳和敖仓的争夺;一面派郦食其东去游说齐国归汉,同时从几条战线加强对楚军的攻势。一年之后,不仅政治形势,而且整个军事形势也变得明显对汉军有利了。

刘邦对齐国的策略是双管齐下:郦食其先入齐国进行游说,韩信指挥大军紧随其后,准备武力解决。公元前204年(汉三年)九月,郦食其来到齐国都城临淄,经过他的一番雄辩的游说,齐王放弃在楚、汉之间的中立立场,归降刘邦。此时,韩信统帅的伐楚大军尚未到达平原(今山东平原南)。齐国归降的消息传到军中以后,韩信打算停止向齐国进兵。但是,辩士蒯通的一席话又使他改变了主意,决定继续向齐地进军。以武力完成对它的占领。公元前203年(汉四年)十月,韩信挥军渡过黄河,偷袭了毫无戒备的屯于历下(今山东历城)的齐军主力,并很快攻克齐都临淄。这时候,齐国君臣才如梦方醒,一种被出卖了的耻辱和愤怒使他们将百口莫辩的郦食其残酷地烹杀了。之后,齐王田广一面遣使向项羽纳款输诚,与楚结盟,请求援兵;一面分兵防守高密(今山东高密南)、博阳(今山东泰安南)、城阳(今山东菏泽北)、胶东(今山东平度东)等城池,全力抵抗汉军的进攻。这里,韩信把郦食其本来已经用和平手段解决的问题,重新用战争的办法加以解决,不仅使郦食其这位才气纵横的谋臣无辜地丢掉了性命,而且把已经争取到的同盟者齐国硬是推到项羽一方,增加了战胜楚军的困难,从策略上看实在是不足取的。不过,世上的许多事情都是利弊相兼的。由于韩信充分发挥了自己的军事才能,十一月,潍水一战,击败了楚将龙且指挥的齐、楚联军,同时又派兵分别追歼了其他齐军残部,还是较快地平定了齐国。这比保留齐国作为同盟者,省去了许多日后的麻烦。韩信平定齐国后,迅速挥师南下,从北方形成了对楚军后方的巨大威胁,大大改变了敌我力量的对比,最后敲响了西楚霸王的丧钟。

差不多在韩信袭破齐国历下军的同时,西线的汉军也向留在荥阳一线的楚军发动了猛烈的反击。楚大司马曹咎经不住汉军多次挑战、骂阵,不顾项羽离开前“谨守成皋”的嘱托,引兵渡汜水迎战。士卒半渡,汉军迎头痛击,楚军一败涂地。楚军的主要统帅曹咎、司马欣和董翳皆自刎而死。刘邦挥军南渡黄河,收复了荥阳。之后,屯军广武(今河南荥阳北),重新取得敖仓之粟,军威大振。这时,在梁地与彭越作战连连取得胜利的项羽得到荥阳、成皋失陷的消息以后,立即率楚军主力西返,很快进至广武附近,并令士兵筑起一座堡垒,与屯兵此地的汉军对峙。至今,在荥阳以北的黄河岸边,还留下了对垒互峙的汉王城和霸王城的遗址,无言地向后人述说着当年楚汉两军在此进行的那场动人心魄的鏖战。这时的楚军军需供应更加困难,项羽预料继续对峙下去对自己不利,就想用烹杀刘邦父亲太公的办法胁迫刘邦屈服。但刘邦丝毫不为所动。后因项伯从中说情,太公才幸免于难。后来,项羽又提出单独与刘邦挑战,一决雌雄。刘邦不仅拒绝上当,而且在阵前历数项羽的十大罪状,对他进行义正词严的谴责:

> 始与项羽俱受命怀王,曰先入定关中者王之,项羽负约,王我于蜀汉,罪一。项羽矫杀卿子冠军而自尊,罪二。项羽已救赵,当还报,而擅劫诸侯兵入关,罪三。怀王约入秦无暴掠,项羽烧秦宫室,掘始皇帝冢,私收其财物,罪四。又强杀秦降王子婴,罪五。诈坑秦子弟新安二十万,王其将,罪六。项羽皆王诸将善地,而徙逐故主,令臣下争叛逆,罪七。项羽出逐义帝彭城,自都之,夺韩王地,并王梁楚,多自予,罪八。项羽使人阴弑义帝江南,罪九。夫为人臣而弑其主,杀已降,为政不平,主约不信,天下所不容,大逆无道,罪十也。吾以义兵从诸侯诛残贼,使刑余罪人击杀项羽,何苦乃与公挑战![①]

---

① 《史记·高祖本纪》。

刘邦列举的项羽十大罪状,有根有据,是一篇正义凛然的檄文,令项羽气急败坏,而最后所表示的对项羽的极度轻蔑,更使他怒火中烧,恨不得一口将刘邦生吞下去。他命令伏弩对准刘邦发射,击中刘邦的胸部。刘邦疼痛难忍,又恐影响士气,于是急中生智,弯腰扪足说:"虏中吾指。"回到军营后,因伤势较重,不得不卧床休息。但为了稳定整个汉军的情绪,他还是接受张良的建议,勉强支撑着身子,走遍军营慰问士卒。之后,刘邦悄然回到成皋,一面养伤,一面与谋臣将领谋划击败项羽的良策。伤愈以后,他回到关中的临时都城栎阳,慰问百姓,筹措军需,调集后援兵力,很快率领新征发的士卒重返荥阳前线,继续屯兵广武,与楚军进行新的战斗。

公元前203年(汉四年)将尽的时候,楚汉战争的形势已经发生了根本性的变化。尽管在荥阳一线楚汉双方似乎仍然势均力敌:楚军既不能攻破汉军的防线向西推进,汉军亦无法击破楚军的主力向东方发展。但是,在其他两个战场上,汉军却显示出越来越明显的优势。韩信用武力平定齐国后,转军南下,从北面严重威胁到楚都彭城的安全。此时,虽然项羽的说客武涉和韩信的谋士蒯通都极力鼓动韩信背汉自立,在楚汉之外树立起第三种势力,但韩信在从刘邦那里得到齐王的封号以后,毫不犹豫地听从刘邦的号令,指挥新胜之师迅速从城阳一线压向彭城。另外,一直在楚军后方坚持战斗的彭越、刘贾、卢绾等军,在两年多的时间里,在极其不利的条件下,以机动灵活的战术避实击虚,迂回曲折,往来游击,攻城略地,破坏军资,截断粮道,搞得楚军主力首尾难顾,在千里战线上东西调动,疲于奔命,多次解除了荥阳前线汉军的危机,有力地配合了汉军的正面作战。经过三年多的发展壮大,到公元前203年(汉四年)年底,彭越等统帅的汉军已经发展成实力可观的一支武装力量。这时候,这支大军自昌邑(今山东金乡北)南下,直插楚军的腹地,从西北方向威胁到彭城的安全。公元前203年(汉四年)八月,已经归附于汉的北貉、燕人也派出一支勇悍的骑兵助汉军作战。所有这一切表明,最后消灭楚军,结束这场旷日持久的战争的日子已经为期不远了。对于这种形势的变化,精疲力竭的项羽已经感觉到了。于是,以刘邦请求放还老父和妻子吕雉为契机,项羽同意讲和,双方签订了停战协定。共同议定以鸿沟(今河南开封至淮阳的一条人工河)为界,以东属项羽,以西属刘邦。这实际上是一个中分天下的方案。由于当时楚、汉双方都打得精疲力竭,项羽明白他用武力难以战胜刘邦,刘邦对于自己即将胜利的前景也还看不清楚,所以双方比较容易地达成协议。刘邦在老父和妻子被放回以后,即打算如约撤兵返回关中。从当时的整个形势看,这当然是一个短视的决定。张良、陈平二人此时已看见汉军将胜的端倪,力劝刘邦不要理会停战和约,乘楚军东撤松懈麻痹之机,指挥汉军尾追进击,夺取对楚战争的最后胜利。他们说:

　　　　汉有天下太半,而诸侯皆附之。楚兵罢食尽,此天亡楚之时也,不如因其机而遂取之。今释弗击,此所谓"养虎自遗患也"。①

一席话使刘邦恍然大悟,他接受张良、陈平的建议,立即全面筹划部署围歼楚军的最后的战斗。楚、汉两军的决战时刻终于到来了。

---

① 《史记·项羽本纪》。

六、十面埋伏

公元前 202 年(汉五年)十月,时令已届初冬。刘邦一面指挥荥阳一线的汉军主力从荥阳和叶(今河南叶县南)两路尾追进击东撤的楚军,一面命令已封为齐王的韩信和封为建成侯的彭越迅速南下,攻击楚军后方。可是,当刘邦一军越过鸿沟到达固陵(今河南太康南)的时候,韩信、彭越两军却行动迟缓,没有如期发起对楚军的攻势。项羽抓住此一间隙,利用刘邦一军单独作战的机会,猛地一个回马枪,把汉军杀得落花流水。刘邦只得深沟高垒,坚壁自守,重新协调几支汉军的军事行动。这时候,张良已经看出韩信、彭越二人不如期参加会战的原因,是借机要挟刘邦满足他们对封号和土地的要求。他建议刘邦简派使者赶赴韩、彭军中,宣布封彭越为梁王,再增加韩信故乡的楚地作为韩信的封土,以满足二人的权力欲。刘邦立即实行。这一着果然灵验,韩信和彭越马上挥军南下,向楚军的侧背进行猛烈的攻击。韩信一军在顺利地攻取楚都彭城以后,继续向南挺进。与此同时,彭越一军也渡过濉水,直向东南插去。两军汇合,形成了从北面对楚军的大包围;十一月,刘贾统帅的另一支汉军渡过淮水,包围寿春(今安徽寿县),招降了楚大司马周殷。周殷以楚之九江兵迎回英布,与刘贾统帅的汉军一起自南而北向楚军猛击。十二月,在汉军的三面夹击之下,项羽率军节节败退至垓下(今安徽灵璧东南)。刘邦、韩信、彭越、英布、刘贾等指挥的汉军不下几十万,将仅剩十余万人马的楚军团团围住。韩信以其超群的军事才干,统一指挥最后围歼楚军的战斗。他十面设伏,八方进击,使楚军陷于绝境。时届严冬,天寒地冻,朔风怒号,雨雪交加。楚军士卒既大量减员,粮食军资又极端缺乏,更加上士气极度低落,因而几乎每战必败。项羽一筹莫展,只得坚壁不出。一天夜里,项羽闷坐在军帐之中,闻汉军四面皆楚歌,其词曰:

> 九月深秋兮四野飞霜,天高水涸兮寒雁悲伤。最苦戍边兮日夜彷徨,披坚执锐兮孤立沙岗。离家十年兮父母生别,妻子何堪兮独宿孤床。白发倚门兮望穿秋水,稚子忆念兮泪断肝肠。家有余田兮谁与执守?邻家酒热兮谁与之尝?一旦交兵兮倒刃而死,骨肉为泥兮衰草蒿凉。魂魄悠悠兮往之所以,壮志寥寥兮付之荒唐。汉王有德兮降军不杀,指日擒羽兮玉石俱伤。我歌岂诞兮天谴告汝,汝其知命兮勿为渺茫。[①]

---

① 引自《刘邦研究》第 3 期。相传其歌词为张良所作,伪托的可能性很大,但似可反映当时楚军的心境,故录于此。

项羽十分吃惊地询问部下:"汉皆以得楚乎?是何楚人之多也!"①他夜不能寐,只得在军帐中饮酒消愁。面对他最宠爱的虞姬和长期载他驰骋疆场的乌骓马,禁不住百感交集。他起身在军帐中不断徘徊,回忆自己短暂而叱咤风云的一生,瞻念即将来临的人生末路,不由得慷慨悲歌:

> 力拔山兮气盖世,时不利兮骓不逝,骓不逝兮可奈何,虞兮虞兮奈若何?②

虞姬亦和而歌曰:

> 汉兵已略地,四面楚歌声。大王意气尽,贱妾何聊生。③

项羽悲歌,虞姬泣和,英雄美人,双双涕泪纵横。左右随侍的军卒侍女皆痛哭失声,谁也不忍看项羽和虞姬那痛心疾首的面容。虞姬明白楚军的失败已成定局,不忍目睹项羽的人生归宿,乘其不备,拔剑自刎于军帐中。项羽怀抱虞姬遗体,悲痛欲绝。突围前他命令士卒将虞姬遗体草草掩埋。今天,虞姬墓仍存留于安徽省灵璧县城东十六里处,灵泗公路的南侧,唐河东首。墓前立有清代和民国年间的三块石碑。其中的一块石碑上有如下两行刻字:

> 虞兮奈何自古红颜多薄命
> 姬也安在独留青冢向黄昏

表示了对这位美丽多情的古代妇女的哀悼。近代京剧《霸王别姬》更以缠绵凄恻的唱段,婀娜多姿的剑舞,表现了英雄美人生离死别的动人情怀。

夜色即将退去。项羽明白再也不能滞留垓下,就跨上乌骓马,率八百骑勇士,乘弥天大雾,悄悄地突围南逃。及至天明,汉军才发现项羽逃遁。刘邦遂命令灌婴率五千轻骑迅速跟踪追击。项羽脱出重围后,拼命急驰,渡过淮河,回顾自己身后队伍,仅剩百余骑。南进至阴陵(今安徽淮南东),迷失道路,一个农夫故意给他指错方向,使他的人马俱陷于大泽中。在绕了一个大弯子走到东城(今安徽定远境)的时候,只剩下二十八骑。而灌婴指

---

① 《史记·项羽本纪》。
② 《史记·项羽本纪》。
③ 《史记·项羽本纪》张守节《正义》引《楚汉春秋》。

挥的数千骑兵已经赶了上来。此时,项羽自知难以脱险,决心与汉军决一死战。他慷慨地对身边的二十八骑士说:

> 吾起兵至今八岁矣,身七十余战,所当者破,所击者服,未尝败北,遂霸有天下。然今卒困于此,此天之亡我,非战之罪也。今日固决死,愿为诸君快战,必三胜之,为诸君溃围,斩将,刈旗,令诸君知天亡我,非战之罪也。①

说完,项羽纵马驰驱,旋风般地冲入敌阵,犹入无人之境,枪挑剑刺,连斩汉将及士卒数百人,迫使汉军人马辟易数里,再一次表现了他世罕其匹的勇力和顽强的战斗精神。然而,这却无法改变他失败的结局,只能给他即将到来的死亡稍稍增加一点悲剧色彩而已。东城一战,项羽的二十八骑大部战死。凭着他的英勇、机智、顽强和超群的神力,再次突出重围,在潮水般涌来的汉军穷追下,策马向东南狂奔。当项羽到达长江北岸的乌江(今安徽和县东北)时,恰好乌江亭长正操一小船等在江边。他恳切地劝慰项羽说:"江东虽小,地方千里,众数十万,亦足王也。愿大王急渡。今独臣有船,汉军至,无以渡。"②这位亭长显系楚国人,他与项羽相遇于乌江,不管是出于有意的等待,还是无意的遭遇,都说明江东百姓对项羽这位由此发迹的英雄怀着深深的敬仰与眷恋之情。项羽既然摆脱追兵,本打算在此渡江,重返他熟悉的江东。虽然很难说就能够马上卷土重来,但至少可以苟延一时之命。但这时候,面对滚滚东去的大江,听着亭长情真意切的话语,项羽突然又改变了主意。他惨然一笑,悲愤地对亭长说:

> 天之亡我,我何渡为!且籍与江东子弟八千人渡江而西,今无一人还,纵江东父兄怜而王我,我何面目见之? 纵彼不言,籍独不愧于心乎?③

项羽毕竟是那个时代锻造出来的一位伟大的英雄,在他的生命即将结束的时候犹不失英雄的本色。他断然谢绝了亭长的好意,将自己的马赠与亭长,说:"吾知公长者。吾骑此马五岁,所当无敌,尝一日行千里,不忍杀之,以赐公。"④然后转过身来,与仅存的八个骑士一起,毅然挥动宝剑冲入汉军阵中。在经过一场惨烈的肉搏之后,项羽又杀死汉军数百人,他自己身上也受伤十余处。这时,他忽然看到汉军中有一个熟人吕马童,便大声

---

① 《史记·项羽本纪》。
② 《史记·项羽本纪》。
③ 《史记·项羽本纪》。
④ 《史记·项羽本纪》。

说:"若非吾故人乎?""吾闻汉购我头千金,邑万户,吾为若德"①。乃自刎而死。时年仅三十一岁②。

　　　　生当做人杰,死亦为鬼雄,至今思项羽,不肯过江东。

　　这是宋代著名女词人李清照对项羽慷慨悲壮之死献上的一首深情的颂歌。作为一个失败的英雄,项羽的确有值得歌颂的地方。他少有大志,学过剑术兵法。二十四岁随叔父项梁起兵响应陈胜起义,挥剑斩杀会稽守。之后,率八千江东子弟兵渡江北上,投入了凶险惨烈的反秦战争,并很快成长为秦末农民起义军中叱咤风云的伟大统帅。在三年反秦战争的艰苦岁月里,他始终活跃在战斗的最前线,冲锋陷阵,所向披靡,留下下一连串胜利的记录。即使在项梁战死、章邯凶焰万丈、农民军处境最困难的时候,他也不气馁,不妥协,而是以压倒敌人的雄伟气魄和必胜的信心,同秦军进行最激烈的战斗。在公元前207年(秦二世三年)底至前206年(汉元年)初的巨鹿决战中,他作为义军的最高统帅,更以一往无前的气势,必死的决心,无与伦比的英勇顽强和机动灵活的战略战术,破釜沉舟,义无反顾,率领着十万起义军将士与章邯、王离、苏角等统帅的秦军主力进行了一场空前残酷的战略决战,把秦皇朝十数年来屡经战阵锻炼,有着辉煌战绩的精锐之师,一举消灭在漳水之畔,创造了中国古代战争史上的奇迹,从而最后改变了敌我力量的对比,决定了秦皇朝灭亡的命运。如果说,在秦末农民战争中,陈胜的首义之功不可没,那么,项羽的卓著战功亦将彪炳日月,永垂青史。项羽以农民起义军的英雄领袖开始了自己的政治生涯,以巨鹿之战达到了自己事业的辉煌峰巅,以自封的西楚霸王导入蹉跎岁月,以垓下东城的鏖战而慷慨悲壮地走向坟墓。在历史的不断变化的急剧选择中,个人的命运竟是如此地变化无常。不管你是如何奋力挣扎,英勇抗争,一只无形的手还是牵着你走向那你始料不及的结局。由于项羽不可能认识深藏在历史表象背后的必然性的作用,对自己的失败又缺乏一种冷静、清醒的自我反省,而频繁的战争,智力和体力不间歇的高速运转也不允许他深沉的思考,这样,他也就只能在面对茫茫苍天的无可奈何的怨恨中结束自己的生命。

　　项羽死后,汉军很快分兵平定了楚地的反抗。大概因为项羽生前曾被楚怀王封为鲁公,所以鲁城(今山东曲阜)军民对项羽有着较深的感情,因而对汉军的抵抗一直坚持到最后。刘邦对此十分震怒。他亲自指挥大军包围鲁城,准备破城之后杀尽全城军民。可是,

---

　　① 《史记·项羽本纪》。
　　② 《史记·项羽本纪》裴骃《集解》引徐广曰:"汉五年之十二月也。项王以始皇十五年己巳岁生,死时年三十一。"

当他靠近城垣，准备下令攻城的时候，隐隐约约地听到城内传出"弦诵之声"。刘邦明白礼义之邦的军民在为自己的主人守礼死节，不忍再动刀兵。于是下令停止攻击，派人持项羽的头颅绕城一周晓示鲁城的守军和百姓，劝告他们停止无望的抵抗，鲁城投降了。之后，刘邦以鲁公的礼仪将项羽头颅隆重地安葬于谷城（今山东东阿旧县村）。面对一抔黄土掩住的这位英雄人物，刘邦不能不想起曾经与之"约为兄弟"的战友情谊，也不能不想起他们并肩与秦军进行的那些殊死战斗，"汉王为发哀，泣之而去"①。此时刘邦所流露的感情应该说是真实的。他对项羽遗族的处理也相应地采取了宽大为怀的政策，"诸项氏枝属皆不诛，封项伯等四人皆为列侯，赐姓刘氏"②。招降纳叛是历史上所有远见卓识的政治家一再实行的政策。因为当政治上的对手对于自己的威胁已经消失的时候，宽宥政策既不会带来危险，又可以收揽人心，更可以化阻力为助力。刘邦对项羽身后事的处理，显示了他的高明和大度。

历时四年之久的楚汉战争随着项羽的身葬谷城终于平息下来，秦末农民战争的胜利果实最后落到了农民出身的刘邦手里。不过，此时的刘邦已经在历史必然性的制约下由农民阶级的代表变成地主阶级的代表了，不管他是否意识到，也不管他愿意与否，时代的巨手已经把他安放在这个位置上。秦末农民起义的英雄们虽然用鲜血和生命换来了推翻秦皇朝的伟大胜利，但他们所得到的却是一个名叫刘邦的新皇帝和他所代表的新的封建皇朝。历史为什么如此地不公平呢？毛泽东对此曾讲过如下一段精辟的话：

> 只是由于当时还没有新的生产力和新的生产关系，没有新的阶级力量，没有先进的政党，因而这种农民起义和农民战争得不到如同现在所有的无产阶级和共产党的正确领导，这样，就使当时的农民革命总是陷于失败，总是在革命中和革命后被地主和贵族利用了去，当作他们改朝换代的工具。这样，就在每一次大规模的农民革命斗争停息以后，虽然社会多少有些进步，但是封建的经济关系和封建的政治制度，基本上依然继续下来。③

历史注定了封建社会的农民是一个劳动的阶级而不是一个享受的阶级，他们能够推翻封建政权却不能成为这个政权的主人，他们可以杀掉一批地主官僚但却不能消灭整个地主阶级，正如他们中的部分人能够挤到地主阶级的队伍中却无法改变整个农民的阶级地位一样。但是，他们的鲜血不会白流，他们的灾难也会得到补偿。当刘邦作为汉朝皇帝君临

---

① 《史记·项羽本纪》。

② 《资治通鉴·汉纪三》高帝五年。

③ 《毛泽东选集》（合订本），人民出版社1966年版，第619—620页。

天下,下诏宣布"与民更始"的时候,秦末劫后余生的那些农民和他们的子孙将会发现:较之秦皇朝,他们的生存环境和生产条件确实已经有了显著的改善。一种大体上安宁、有序、温饱的生活前景已经展现在他们的面前。

七、以"智"胜"勇"

(一)"斗力"者的惨败

历时四载、一波三折、跌宕起伏、撼人心魄的楚汉战争,最终以项羽的惨败、刘邦的胜利而告终。历史是多么不公平啊!出身高贵,英勇善战,战争开始时又握有几十万精锐之师的项羽,到头来却败在出身亭长、贪财好色、颇有些流氓气质,而在战争开始时仅有几万人马的刘邦手下。所以,项羽至死也不明白自己失败的原因,他是带着"天之亡我,非战之罪也"的宿命论观念无可奈何地惨然离开人世的。的确,对于一个年仅三十一岁,在七八年间一直横戈跃马、驰骋疆场的失败的英雄,要求他在生命结束之前对自己有一个符合客观实际的深刻检讨,显然是有点苛求了。对于汉胜楚败的历史经验,当事人和同时代的政治家、思想家、史学家,都从不同的角度进行了探索,但是,真正全面深刻地总结历史经验,应该主要由后代的思想家和史学家来承担。这是因为,一个历史事件的各个层面及构成此一事件诸多因素的制约关系、尤其是它的后果,只有在事后才能逐步显现出来。同时,只有摆脱了同该事件的利害联系和感情纠葛之后,才能对其进行更冷静、客观和深入的观察与思考。伟大的历史学家司马迁最早承担了这一任务,他在《史记·项羽本纪》中最后评论说:

> 羽非有尺寸,乘势起陇亩之中,三年,遂将五诸侯灭秦,分裂天下,而封王侯,政由羽出,号为"霸王",位虽不终,近古以来未尝有也。及羽背关怀楚,放逐义帝而自立,怨王侯叛己,难矣。自矜功伐,奋其私智而不师古,谓霸王之业,欲以力征经营天下,五年卒亡其国,身死东城,尚不觉寤而不自责,过矣。乃引"天亡我,非用兵之罪也",岂不谬哉!

这里,司马迁批判项羽把自己失败的原因归咎于冥冥苍天,他则主要从人事方面寻找项羽覆灭的答案,这种观察问题的方法的确是比较高明的。但是,他为项羽失败所找的那个"奋其私智而不师古"的原因尽管有一定道理,但基本上却是囿于传统的历史偏见。作为一种历史认识毕竟显得肤浅。楚汉战争中刘胜项败的原因是十分复杂的,但最后的结果作为一种历史的选择又是正确的。下面,让我们从楚汉双方的基本政策,用人路线以及战略战术等诸多方面的得失利弊入手,探索一下历史为什么会做出如此的选择。

项羽是一个军事天才。他年轻慓悍,勇冠三军,身先士卒,果毅沉稳,在战役和战术指挥上出众超群。在与秦军的一系列激战中,他几乎很少有失败的时候。他走到哪里,就把胜利带到那里,仿佛胜利之神与他结下了不解之缘。在四年左右的楚汉战争中同样如此。

你看,他来到西线,刘邦就被打得狼狈不堪,甚至数履险境,几度突围,几乎被俘。他以三万之师反戈彭城,刘邦五六十万大军即刻土崩瓦解。他赶往东线,齐国就溃不成军,如汤沃雪,而彭越经过艰苦征战夺得的城镇,数日之内便被他一一夺回。就是在垓下突围,只率二十八骑到达东城后,他也能面对数百倍于己的汉军,再次展示他的神勇与无畏。《史记·项羽本纪》这样描述道:

> 汉军围之数重。项王谓其骑曰:"吾为公取彼一将。"令四面骑驰下,期山东为三处。于是项王大呼驰下,汉军皆披靡,遂斩汉一将。是时,赤泉侯为骑将,追项王,项王瞋目而叱之,赤泉侯人马俱惊,辟易数里,与其骑会为三处。汉军不知项王所在,乃分军为三,复围之。项王乃驰,复斩汉一都尉,杀数十百人,复聚其骑,亡其两骑耳。乃谓其骑曰:"何如?"骑皆伏曰:"如大王言。"

项羽和他统帅的二十八骑,在失败已成定局的情况下,犹能如猛虎冲入羊群,溃敌、斩将、刈旗,杀得汉军前仰后合,一片惨象,实在是惊心动魄。战争中的项羽,犹如一股巨大的旋风,他无论走到哪里,都能排除阻障,横扫一切,反掌之间,就能把胜利夺到手上。其气势和勇武,果毅与顽强,千载之后,犹令人感佩和钦敬。然而,项羽最后得到的毕竟是"身死东城,为天下笑"的结局。其根本原因就在于,他的军事才能,英勇善战是同错误的政策、错误的战略指导思想紧密结合在一起的。

项羽出身于楚国的旧贵族,他对于秦皇朝所表露的不共戴天之仇恨,与其说出于对秦皇朝残酷压迫剥削劳动人民的反感,不如说是对秦皇朝灭亡楚国的积愤。因而他的起兵反秦,根本就不是"拯民于水火",即在一定程度上解除劳动人民的苦难,而是为了恢复亡于秦的故国。这样,项羽就自觉或不自觉地成了封建割据势力的代表,同迫切希望恢复故国的六国旧贵族站到了同一条战线上。他们夺取了农民起义军浴血苦战获得的胜利果实,又力图使历史倒退到封国林立的春秋战国之世。这样做既背离了历史发展的基本方向,当然更不符合广大劳动人民的愿望。正如王夫之所说:"郡县之制……合古今上下皆安之,势之所趋,岂非理而能然哉?"[①]显然,项羽进入关中之后所采取的裂地封王的措施本身,就构成了他日后失败的根本原因。刘邦一再谴责项羽背义帝之约没有封他王关中,司马迁也认为这是项羽失败的原因之一,其实都是错误的。刘邦那样做纯然是一种策略的考虑,司马迁则是囿于一种对古代理想化的历史观。事情明摆着:即使项羽如约封刘邦王关中,刘邦能够允许项羽安安稳稳地做他的西楚霸王吗?其他被封的诸侯王和未被分封的实力派能安于自己

---

① 《读通鉴论》卷1《秦始皇》。

的地位吗？因分封而形成割据，因分封不均而起战端，天下共主的西楚霸王一开始就把自己放到了众矢之的的尴尬境地，失败对于他来说也就成了难以避免的结局。

不仅如此。秦皇朝因为繁重的赋税、徭役和残酷的刑罚激起了农民大起义。反秦斗争胜利以后，首先要解决的问题便是：制定正确的政治经济政策，为广大劳动人民创造安定的社会环境，良好的生产生活条件，使之从秦皇朝的重压下解放出来，能够安居乐业地生活。可惜项羽在这最重要的方面毫无建树。原因说来也很简单，因为在西楚霸王的脑海里只装满了六国旧贵族及其功臣宿将的分赃计划和安富尊荣、恣意享受的腐败思想。劳动人民在他那里根本占不到一席地位，他压根儿就没有想到百姓的苦难、百姓的愿望，自然也就不会意识到这样一个真理：只有正确地满足农民最低限度的要求才会使自己立于不败之基。那么，项羽究竟采取过哪些改善农民生活环境和生产条件的政策呢？从《史记》、《汉书》和其他有关史料中几乎找不到一点与此有关的资料。项羽在军事上是个天才，但在政治上却是个庸才。项羽集团中最有谋略的范增也不过是熟谙纵横之术的策士，他的心思也不在治国安民方面。当劳动人民用自己的鲜血和生命推翻旧的统治者，可是到头来却发现新的统治者与旧的统治者是一丘之貉，难道他们能够容忍这种状况继续下去吗？政治决定军事。一个缺乏政治远见，缺乏符合历史潮流而又顺应民心政策的军事集团，无论它如何强大，到头来也不会逃脱灭亡的命运。

项羽本人虽然英勇善战，他统帅的军队也慓悍顽强，创造了一系列辉煌的战绩，然而，项羽却不能用铁的纪律约束这支军队，这就造成了这支军队的致命弱点，即军纪的败坏，"所过无不残灭"。在新安，项羽坑杀秦军降卒二十万，其中大部分是关中农民的子弟。进入关中之后，他杀掉秦降王子婴，放火焚烧秦皇朝的宫室，大火三月不灭，使劳动人民数十年的辛勤劳动成果，无数巧夺天工的各种工艺珍品，价值连城的历代文物毁于一旦。在齐国，楚军更是烧杀抢掠，无所不为。在历时七年之久的转战之中，项羽不止一次地用"屠城"报复顽抗的守城军民，致使大量无辜的百姓和失去抵抗能力的守军惨遭屠戮。这种残暴野蛮的行径与秦皇朝相比只不过是以暴易暴而已，怎么能得到百姓的拥护呢？总而言之，尽管项羽领导的武装集团在军事上取得了许多胜利，但在政治上却全盘失败了：他制定不出赢得民心的政策措施，又以分封种下战乱纷争的种子，更以屠戮滥杀把百姓驱赶到敌方，所有这一切，就使他拂逆了社会的发展方向，失掉了民众的拥护，从而使他的失败也就成为不可挽回的历史趋势了。

在用人上，项羽执行的是一条任人唯亲的错误路线。"其所任爱，非诸项，即妻之昆弟，虽有奇士不能用"①。而对其他文臣武将，他又疑心太重，任而不专，时刻防范，这就很

---

① 《史记·陈丞相世家》。

容易为刘邦的离间之计所乘。他的谋士之中最有谋略的范增因受到怀疑愤然离去,武将中很会用兵的钟离昧因无端被疑而无法发挥作用。特别是韩信这样的将帅,陈平这样的谋臣,都是不可多得的奇才,全不得重用背之而去,后来竟成为协助刘邦致项羽于死命的对头。如此一来,项羽的圈子必然越来越小:他所亲任的人越来越少,愿意为他拼命牺牲的人也越来越少,最后连亲戚故旧也都纷纷背叛而去,使项羽成了真正的孤家寡人。王夫之感慨系之地评论说:

> 为汉王之腹心者项伯也,其兄弟也;追而迫之自到者吕马童也,其故人也。从之于大败之余者三十余骑,而兄弟姻亚不与焉。①

正因为实行这种任人唯亲的政策,项羽领导的军事集团始终未能形成一个文武齐备、君臣协和、上下默契、同心同德的领导核心。更加上项羽刚愎自用、独断专行,听不进不同意见,拒绝了许多好的建议,结果使其政治和军事的许多重大决策一再失误,但都得不到纠正。例如,韩生建议他定都关中,东向而制天下,非但得不到奖赏,反而惨遭烹杀。范增劝项羽急攻荥阳,不给刘邦以喘息之机,项羽非但不接受,反而疑范增与汉军有私。如此地忠而见疑,信而遭谤,甚至付出生命的代价,人们又怎么肯为之效力? 对此,扬雄在《法言》一书中评论说:

> 或问:楚败垓下,方死,曰"天也",谅乎? 曰:汉屈群策,群策屈群力;楚憝群策而自屈其力,屈人者克,自屈者负,天曷故焉!

这一认识是非常深刻的。从一定意义上讲,政治和军事的竞争是人才的竞争,对此,刘邦的认识远胜于项羽,而项羽至死也没有省悟。

项羽在战略上的失策更加明显。他不听韩生建议,以距故乡近在咫尺为由建都彭城,本身就是一个重大失误。彭城为四战之地,易攻难守,极易为敌所乘。他分封诸侯王,以土地和百姓酬赏起事的六国旧贵族和助其灭秦的实力派人物,本意是让他们为虎添翼,增加自己的奥援。结果由于封赏不公,其中不少人反而变成了他的死对头。当诸侯王们纷纷反叛时,项羽也就跌入四面楚歌的困境。项羽一军虽然在楚汉战争开始的时候是最强大的一支军事力量,单独对付任何一个诸侯王都有着致敌于死命的绝对优势。但是,由于他从战争一开始就在战略上陷于被动局面,其所具有的战术优势始终无法改变战略上的

---

① 《读通鉴论》卷1《汉高帝》。《史记·项羽本纪》谓项伯为之季父。

劣势。在整个楚汉战争中,项羽的楚军一直在三个战场上作战:在荥阳一线对付刘邦统帅的汉军主力,在楚国腹地对付彭越、刘贾、卢绾等指挥的汉军游击兵团,在齐国对付田荣、田横等反叛势力。到项羽灭亡前夕,田氏反叛势力虽然被韩信一军消灭,但韩信一军却作为一支更强大的力量从北面对楚军构成了远远超过齐军的威胁。因此,从战争开始到战争结束,楚军一直陷于三面作战的困境。尽管项羽走到哪里,那里就可以出现胜利的局面,但是,只要他一旦离开那里,那里已经取得的胜利也就立即化为乌有。在历时四年的楚汉战争中,项羽没有一天安闲的日子,他一直是东征西讨,马不停蹄,仆仆于黄尘古道,顾此失彼,疲于奔命。分封完毕,项羽带着在秦都掠来的大量宝货、美人,安然东归彭城。然而,席不暇暖,齐地即起战端,项羽的权威受到了严重挑战。项羽只得亲征叛齐。可是,后院之火尚未扑灭,刘邦却乘此时机,不仅一举夺取关中,而且打出了函谷关。接着,又千里奔袭,轻而易举地攻克彭城。项羽掠来未及享用的宝货、美人成了刘邦的战利品。项羽急忙率三万精锐之师回救彭城,虽然给了刘邦一次重大打击,把汉军驱赶至荥阳一线,但是,后方齐军的反攻、梁地彭越的袭扰,又使他不得不赶回楚地以解燃眉之急。就这样,四年之中,项羽三次从东方赶往荥阳前线,又两次从荥阳回师东方对付彭越等军的袭击,致使数以十万计的将士也跟着他终日奔波和苦战。经过四年的严重消耗,楚军的战术优势也逐渐失掉了,最后的失败自然也就跟踪而至。由于汉军巧妙的战略部署,使楚军的战略重点不时转移,在三面作战中始终没有对汉军造成毁灭性的打击,而自己的力量却处于有减无增的困顿之中。项羽在军事上的失误还表现在他没有全力控制敖仓。楚军东西往来运动,战线太长,后方距前线太远,粮秣和军资的筹措、运输、供应始终是难以解决的大问题。而彭越、刘贾和卢绾等在楚军后方的往来游击更增加了楚军这一方面的困难。但是,荥阳附近的敖仓是秦朝时期关东最大的屯粮基地,楚军在战争开始时凭其强大的军力,完全可以夺取并控制这个地方,以就地解决军食,可是项羽没有这样做。公元前204年(汉三年),楚军曾攻占荥阳、成皋,数次截断甬道,使汉军无法就食敖仓之粟。此时的楚军亦完全有能力夺取并控制敖仓,项羽仍然没有这样做,再一次失掉机会。相反,郦食其当时就正确地指出了项羽的失误,并建议刘邦全力夺取和控制敖仓。刘邦这样做了,再加上萧何在关中的努力,其军粮始终比楚军优裕。后来项羽主动向刘邦讲和,主要原因倒不是楚军丧失再战的能力,而是因为他的军粮已接近罄绝。一支陷入饥饿的部队显然是难以发挥它应有的战斗力的。

最后,楚军因为有项羽这样一位战术高明、勇敢善战的军事统帅,而且大部分战役又都是由他亲自谋划指挥,结果造成了楚军的另一个重大缺陷,即其将领的普遍低能。试想,在楚军的千军万马中,有几个智勇双全、可以独当一面的将军?又有哪一个将领独立指挥过一次获得重大胜利的战役?由于项羽事事独断专行,指挥由己,这样,就不能放手发挥其他将领的主观能动性,也就无法使他们在战争中增长经验和才干。在项羽的指挥下,尽管他们也打过不少出色的战役,表现出英勇顽强的作风,可是,他们一旦离开项羽独立行动,一个个几乎都变成了常败将军。最明显的有两次战役。公元前 203 年(汉四年)十月,韩信击破齐军占领临淄以后,齐国求救于楚军。项羽派大将龙且前往救援。龙且率齐、楚联军二十万人马与韩信军在潍水一线对阵。这时,龙且的一个谋士献计说:

> 汉兵远斗穷战,其锋不可当。齐、楚自居其地战,兵易败散。不如深壁,令齐王使其信臣招所亡城,亡城闻其王在,楚来救,必反汉。汉兵二千里客居,齐城皆反之,其势无所得食,可无战而降也。[①]

韩信统帅的汉军,刚刚打完历下、临淄之战,乘战胜之威,利于速决。这个谋士提出的却是一个坚壁清野,以逸待劳,策动反叛,待机破敌的持久战术。对付韩信之军,不能不说是棋高一着。如果真的实行,虽说不一定能"无战而降"汉军,但可以肯定会给韩信征服齐国的军事行动造成更多的困难和阻力。不料骄傲轻敌的龙且对这样高明的策略根本听不进去。他不以为然地说:

> 吾平生知韩信为人,易与耳!……且夫救齐不战而降之,吾何功?今战而胜之,齐之半可得,何为止![②]

结果,这位骄横蛮悍的将军所采取的急战求胜的策略正迎合了韩信速战速决的要求。十一月份,两军夹潍水对阵。韩信略施小计,就彻底打垮了齐楚联军,大言不惭的龙且也做了韩信的刀下鬼,从而为韩信迅速平定齐地创造了有利条件。此后,韩信统帅的汉军在毫不受阻的情况下长驱南下,陷彭城,围垓下,配合刘邦,取得了最后围歼项羽的胜利。公元前 204 年(汉三年)九月,当项羽从荥阳前线回军对彭越作战时,留下大司马曹咎坚守成皋。临行前,项羽一再告诫他说:"谨守成皋!则汉欲挑战,慎勿与战,勿令得东而已。我十五日必诛彭越,定梁地,复从将军。"[③]项羽知道他手下的将领单独对战谁也不是刘邦的对手,但坚壁不战却可使刘邦无可奈何。然而,这位项羽手下的第一号大将曹咎只不过是一位一触即跳,有勇无谋的赳赳武夫。公元前 203 年(汉四年)十月,当汉军在成皋城下数次挑战,对他一再进行羞辱时,曹咎就把项羽的告诫全部置诸脑后,率军脱离有坚固城防

---

① 《史记·淮阴侯列传》。
② 《史记·淮阴侯列传》。
③ 《史记·项羽本纪》。

的成皋,抢渡汜水与汉军作战,结果中了刘邦的计策。汉军乘楚军半渡、人马混乱之时,突然发起猛烈攻击,大破楚军。曹咎与董翳、司马欣等皆自刎而死。荥阳一线的军事形势又骤然变得对汉军有利了。总之,在项羽为首的军事集团中,除了他与范增之外,其他将领都不过是有勇无谋或勇谋皆无的平庸之辈。只要项羽亲临指挥,楚军就能打胜仗;一旦离开项羽,这支军队立即就失去了神威,变得毫无战斗力。而刘邦手下的许多将领几乎都能够打败一支失去项羽直接指挥的楚军。

公元前203年(汉四年)十月,在楚汉两军对峙的荥阳前线,项羽曾对刘邦挑衅说:"天下匈匈数岁者,徒以吾两人耳,愿与汉王挑战,决雌雄,毋徒苦天下之民父子为也!"项羽以己之长比刘邦之短,他把楚汉两个集团的斗争看得像两个拳击运动员在赛场上交手那样简单。他迷信自己的武力,却不明白,这两个集团之间的斗争有着十分复杂的政治、经济内容,军事斗争是为这种政治、经济内容服务的。面对项羽的挑衅,刘邦在阵地上理直气壮地回敬他:"吾宁斗智,不能斗力。"①刘邦的回答也充满智慧:以己之长斗项羽之短。结果是,坚持斗智的刘邦最后战胜了政治跟光短浅、迷信军事万能的项羽。看来,至死不悟、仅凭"匹夫之勇"的项羽只能长眠谷城而留下永恒的遗憾。

(二)"斗智"者的成功

刘邦最后成为楚汉战争的胜利者,享受了秦末农民战争的胜利果实,这一结果似乎出乎人们的意料之外,但却在情理之中。

刘邦领导的汉军由楚汉战争开始时的三万之众,经过四年的艰苦鏖战,终于由小变大,由弱变强,从汉中一隅巧取关中,继而冲出函谷关,与不可一世的项羽逐鹿中原,终于摘取了统一的果实,成为当时中国的主宰。刘邦之所以能取得如此伟大的胜利,除了项羽的一连串失误给他造成了不少有利条件和可乘之机外,更主要的是由于他采取了一系列顺应历史潮流,广泛赢得民心的政治经济政策,并在军事上制定了一套正确的战略战术。而上述政策与战略战术之所以能够制定出来并得以顺利贯彻执行,是因为刘邦麾下有一个文武搭配得当、足智多谋、团结一致而又配合默契的领导集团。

应该承认,刘邦和项羽同属于地主阶级的代表人物。过去流行一时的那种认为项羽代表奴隶主阶级复辟势力的说法,其根据显然是不充分的。不过,项羽和刘邦所代表的却不是地主阶级的同一个集团。从项羽的整个政治倾向和政策看,他代表的是封建贵族割据势力。而刘邦所代表的则是在战争中发展起来的新兴地主集团。这个集团的许多重要人物出身于社会下层,与广大的农民有着千丝万缕的联系。刘邦本人及其功臣宿将,除个别人之外,都没有显赫的家世。刘邦出身于比较富裕的农民,本人不过是秦皇朝的一介亭

---

① 《史记·项羽本纪》。

长。陈平之家有田仅三十亩,兄嫂都是老实的农民,他年过三十尚娶不到媳妇。韩信更是"常从人寄食"的城乡赤贫的流浪汉。其他人,如樊哙"以屠狗为事",灌婴"贩缯",娄敬"挽车",周勃则"织薄曲为生",还"为人吹箫给丧事"。这些人由于长期处于社会下层,对劳动人民的疾苦有所了解,对秦皇朝的弊政认识较深。正如毛泽东所说:"刘邦能够打败项羽,是因为刘邦和贵族出身的项羽不同,比较熟悉社会生活,了解人民心理。"①因而他们能够在一定程度上反映劳动人民的愿望和要求,能够采取一些符合历史发展潮流的政治经济政策。所以,刘邦与项羽之间的战争,既是不同地主集团之间为争夺农民胜利果实而进行的斗争,又是一场封建统一的战争。由于刘邦集团能够反映劳动人民的愿望,顺应历史走向统一的潮流,他们的胜利正是时代的要求。

刘邦从领导丰沛起义那天起,就注意用严格的军事纪律来约束自己的部下,他的军队也就成为当时起义军中纪律最为严明的一支部队。所以,在秦皇朝灭亡之前刘邦还不是特别出众的义军领袖的时候,就给人留下了"宽大长者"的印象。进入关中之后,他不杀子婴,封闭府库,还军霸上,"约法三章",百姓自动送上门来的牛、酒也婉言谢绝。这一切,与项羽军"所过无不残破"的烧杀抢掠形成了鲜明的对比。更重要的是,即使在军书旁午、战斗紧张的日子里,刘邦也没有忘记随时制定和颁布一些顺应民心的政治经济政策。子婴投降不久,他宣布废除秦的苛法,以"杀人者死,伤人及盗抵罪"的三章之法表示"与民更始"。他充分利用所获秦皇朝的战利品以解决自己的粮食、军资和各种需要,不向百姓收取赋税。这样一下子就把关中的民心吸引过来,"唯恐沛公不为秦王"。由此也就为日后驱逐章邯等三秦王,夺取关中地区奠定了可靠的基础。公元前206年(汉元年)八月,汉军夺得关中以后,刘邦在第二年即下令"诸故秦苑囿园池,皆令人得田之"②,初步满足了关中部分无地和少地农民的土地要求。同一年,关中发生饥荒,他又"令民就食蜀汉"③,使百姓不至因自然灾害而大量死亡。与和平时期相比,战争年代是最易给百姓造成苦难的岁月。交战双方都肆意向百姓索取,很少顾忌百姓的死活。刘邦能在力所能及的范围内解决战争年代百姓的疾苦,是十分可贵的。他的措施起到了争取民心的作用。与项羽推行的那些屠民政策相比,不啻霄壤之别。百姓从双方政策的映照对比中,就不难决定自己的立场了。明太祖朱元璋在分析刘胜项败的原因时,也着重从双方政策的不同加以论列。他说:"周室陵夷,天下分裂,秦能一之,弗能守之。陈涉作难,豪杰蜂起,项羽狡诈,南面称孤,仁义不施,而自矜功伐。高祖知其强忍而承以柔逊,知其暴虐而济以宽仁,卒以胜之,及项羽

---

① 毛泽东1959年12月至1960年2月读苏联《政治经济学教科书》的谈话,《党的文献》1994年第5期。
② 《史记·高祖本纪》。
③ 《史记·高祖本纪》。

死东城,天下传檄而定,故不劳而成帝业,譬如群犬逐兔,高祖则置而获之者。"①这个分析是颇有见地的。

从军事上看,刘邦本人不如项羽之勇冠三军,在战役的指挥艺术上也不如项羽高明。因而在战场上屡有失误,数度困厄。但是,刘邦及其谋臣将帅在战略思想上却比项羽高明得多,项羽分封之后,刘邦及其谋臣权衡形势,明白自己无力立即与项羽在关中开战。于是以屈求伸,顺从地退至汉中,同时烧掉栈道,以麻痹项羽和秦地三王。之后,积蓄力量,精心谋划,利用关中民心对他有利的条件,以奇袭的手段,迅猛的攻势,很快占领了关中。使关中、汉中和巴蜀联成一片,建立起巩固的后方根据地。他又选定萧何为丞相,坐镇关中,全力经营后方。使汉军在长达四年的战争中,有着源源不断的兵员、粮秣和军资的供应。这就使刘邦背靠关中,面向中原,进可攻,退可守,立于不败之地。同时,刘邦及其谋臣还根据楚军一帅(项羽)强而众将弱的特点,避其所长,击其所短,在战争开始后不久就设计了三个战场,使楚军陷入腹背受敌、顾此失彼、疲于奔命的困境。刘邦本人始终在十分困难的条件下坚持了最艰苦的正面战场上的指挥。虽然几次遇险,数度危殆,刘邦却仍然以极其顽强的毅力熬过了荥阳前线的日日夜夜,毫不动摇地坚持三个拳头同时打击敌人。尽管在一个时期内刘邦指挥的正面战场承受着巨大的军事压力,但他还是让韩信率一部分精锐的汉军去开辟黄河以北的战场,去夺取赵、燕、齐等广大的土地。同时,又令刘贾、卢绾率兵两万深入楚军后方,协助彭越对楚军进行骚扰。这种部署正是致项羽于死命的英明战略决策。而当荥阳前线十分吃紧时,刘邦又挥军南出武关,在宛、叶之间开辟了第二个正面战场,使正面楚军在南北近千里的战线上来往奔波,相对减轻了荥阳一线的压力。虽然项羽英勇无比,又有娴熟的指挥艺术,他走到哪里都能使那里的汉军遭受失败和挫折,然而,由于项羽没有分身法,其将领中的绝大部分又都平庸低能,所以一旦项羽离开那里,那里的汉军便能很快转败为胜。经过几个回合的斗争以后,楚军的力量逐步被削弱,而汉军的力量却一天天强大起来。到公元前202年(汉五年)中,楚军对汉军的局部优势也几乎丧失殆尽,项羽亲自指挥的楚军也无法在正面战场上发动攻势。汉军最后围歼楚军的形势也就形成了。

刘邦的战略眼光还表现在他对敖仓的争夺与据守。开始,他也并非一下子认识到敖仓的重要战略地位,特别是它拥有的粮食对汉军生死攸关的意义。后经郦食其提醒,刘邦明白了敖仓的得失意味着什么。他在成皋之战中击杀楚大司马曹咎以后,立即夺回敖仓并牢固据守,从而以这里丰富的藏粮保证了前线的供应,成为汉军在荥阳一线长期坚持和最后战胜项羽的重要条件。

---

① 《明太祖实录》卷15。

公元前202年(汉五年)初,疲惫不堪的项羽主动求和,刘邦为了迎回太公和吕后也接受议和。双方签订以鸿沟为界,中分天下的和平协定之后,刘邦看着如约东撤的楚军,也打算罢兵西归,回关中休整士马。这时,张良等人劝他撕毁和约,利用楚军放松戒备之时,不失时机地对楚军发动最后的攻击。刘邦恍然大悟,立即部署了三面围歼楚军的计划。刘邦的举措完全出乎项羽的意料之外。等到他意识到受骗上当的时候,为时已晚。一方面是毫无戒备、士气低落、思乡厌战、急欲东归的楚军;一方面是预作准备、士气高昂、求战心切、志在必胜的汉军,不待两军的最后决战,胜负的形势已经决定了。尽管固陵一战,由于韩信、彭越之军未能及时赶来配合,楚军鼓其余勇仍然给予汉军一次重创,但不久之后的垓下、东城之战,楚军就在四面楚歌声中土崩瓦解、彻底覆灭了。正是由于刘邦及其谋臣发挥了"宜将剩勇追穷寇,不可沽名学霸王"的彻底斗争精神,不给楚军以休养生息的喘息机会,抓住战机,穷追猛打,才得以在垓下、东城高奏起胜利的凯歌。

虽然韩信认为刘邦在战争指挥艺术方面缺乏才干,至多能够指挥十万之众;项羽也一直看不起他,至死也未在刘邦面前认输,但是,刘邦在战争指挥艺术上也决非低能之辈。应该承认,刘邦在楚汉战争中表现出来的胆略和智谋的确大多出自谋臣的建议;不过,不少时候刘邦的独立判断和战场指挥也显示了很高的水平。例如,刘邦几乎一直在荥阳一线独立指挥对楚军的正面作战,他能够在敌我力量对比相当悬殊的情况下始终坚守着这一战线,使楚军无法越雷池一步,就是一件很不简单的事情。再如刘邦令韩信、曹参、灌婴等率军攻取魏国时,就对战争的胜负做了十分准确的判断,说明他知己知彼,善于预断。这应该是一个战略家最重要的品质。

刘邦在整个战争的过程中,还制定了正确的争取同盟者和瓦解敌军的策略。在汉军袭占关中,东出函谷关的初期,由于自己的力量还比较弱小,因而对项羽所封诸侯王尽量采取招降留用的方针。司马欣、董翳、魏王豹、韩王信、赵王歇、陈馀、张耳等人,都曾经由不同途径一度隶于刘邦麾下。尽管这些人中的大多数并不是坚定的同盟者,他们以个人利益为依归,随风转舵,左右依违,朝秦暮楚,其中一些人后来都离叛而去,投到了项羽的怀抱。刘邦对他们是了解的。但是,为了对项羽斗争的需要,刘邦还是尽一切努力使他们哪怕暂时留在自己的营垒之内,以达到孤立项羽的目的。公元前205年,在刘邦彭城受挫后,魏王豹错误估计形势,背汉向楚,在河东与刘邦对抗。不久,韩信率军渡河攻魏,轻而易举地取胜,魏王豹第二次做了汉军的俘虏。这时,刘邦仍以宽大为怀,不仅没有将他处死,而且再次予以留用,并让他与周苛、枞公等一起坚守荥阳。后被周、枞二人处死。彭越原是最早起义反秦的著名将领,在反秦战争中立下很大功劳。后来在项羽分封时受到不公正待遇。刘邦借机将他拉到自己方面,让他在楚军后方进行游击战争,成为汉军对楚军斗争的重要战场,在战胜项羽的战争中起了重要作用。九江王英布也是最早起义反秦的将领之一,后隶项羽麾下,冲锋陷阵,屡建奇功。分封时得到王位,是项羽的重要同盟者之一。他据地六(今安徽六安),与彭城互为犄角。地位相当重要。刘邦在彭城受挫,退兵虞(今河南虞城北)时,就意识到争取英布的重要性。认为只要将他拉过来,使之拖住楚军数月,汉军就可以从失败的危机中解脱出来。经过刘邦谋士随何的游说,英布背楚归汉,使楚军的西南翼失去了一个有力的屏障。随着楚汉战争的胜利进展,韩信、彭越等人一方面建树了丰功伟绩,另一方面也壮大了自己统帅的军事力量。此后,他们野心滋长,头脑膨胀,权力欲越来越大。因此,如何稳住他们,使之在消灭楚军以前不反叛自己,为取得楚汉战争的最后胜利尽力,是一个十分重要的问题,公元前203年(汉四年),当韩信平定齐地,派使者向刘邦要求"假齐王"的封号时,刘邦十分生气。但一经张良提醒,他立即意识到此时稳住韩信的重要性,并派遣张良为特使,郑重其事地携印前往齐地,封韩信为真齐王。从而使韩信拒绝了武涉和蒯通诱使他背汉向楚或背汉自立的游说,率兵南下,从北面威胁楚军的后方。公元前202年(汉五年)十月,当刘邦统帅的汉军在固陵前线受挫,韩信和彭越借机要挟,要求得到更多的土地和封爵时,刘邦再一次满足了他们的要求,从而使二人在最后的关键时刻参加了围歼楚军的战斗。在大力瓦解项羽同盟者的同时,刘邦又把眼睛盯住了项羽集团的内部。他任用陈平,不惜重金,以纵横捭阖、挑拨离间的种种手段,制造和加剧项羽及其文臣武将之间的矛盾。结果是,项羽手下的著名将军钟离昧无端受到怀疑,有力无处使。头号军师,足智多谋的范增被迫告老还乡,路上忧愤而死。项羽手下的能臣猛将本来就寥寥无几,经此离间之后,他就变成了真正的孤家寡人,其灭亡的命运也就是不可挽回的了。

与项羽显著不同,刘邦在用人方面始终坚持任人唯贤的路线。在其麾下,真正是猛将如云、谋臣如雨。刘邦不仅任人唯贤,而且善于用贤。刘邦自己对此也是相当自负的,请看《史记·高祖本纪》的一段描述:

> 高祖置酒洛阳南宫。高祖曰:"列侯诸将无敢隐朕,皆言其情。吾所以有天下者何?项氏之所以失天下者何?"高起、王陵对曰:"陛下慢而侮人,项羽仁而爱人。然陛下使人攻城略地,所降下者因以予之,与天下同利也。项羽妒贤嫉能,有功者害之,贤者疑之,战胜而不予人功,得地而不予人利,此所以失天下也。"高祖曰:"公知其一,未知其二。夫运筹策帷帐之中,决胜于千里之外,吾不如子房。镇国家,抚百姓,给馈饷,不绝粮道,吾不如萧何。连百万之军,战必胜,攻必取,吾不如韩信。此三者,皆人杰也,吾能用之,此吾所以取天下也。项羽有一范增而不能用,此其所以为我擒也。"

刘邦主要从用人方面寻找战胜项羽的原因,虽然不太全面,但却是符合事实的卓见。正因为坚持了任人唯贤的基本路线,刘邦在用人上一般不搞小圈子。萧何、曹参、卢绾、樊哙、灌婴等人,固然是以丰沛起义的故旧元勋得到他的信任,但主要还是因为他们的忠诚和才干。其他人,如张良出身韩国贵族,半路投奔刘邦。但因忠心与谋略出众,一直在刘邦身边参赞政治与军事,同生死共患难,所以刘邦对他的信任几乎达到言听计从的地步。韩信出身卑微,貌不惊人,又是从项羽那边归附过来的人,开始不被重视,后来经萧何推荐,刘邦发现他是个帅才,就毅然排除阻力,不次擢升,一下子将他提拔为汉军的统帅,从而使韩信的军事才干得到充分发挥,在战胜项羽的战争中起了别人无可替代的作用。再如陈平,也是从项羽那里半路投到刘邦门下的。他的私生活有点小毛病,在汉军中也曾收取贿赂,他的被重用自然引起了一些将领的怀疑与嫉妒,甚至连周勃、灌婴等也向刘邦进谗言。刘邦在疑惑之余同陈平进行了一次十分坦率的谈话以后,就被他的坦诚所折服,彻底打消了对他的疑心,任命他做了监督诸将的护军中尉。后来,在设计使刘邦成皋脱险和离间项羽君臣的活动中起了很大的作用。刘邦不仅能做到任人唯贤,而且能做到任人以专。他对于自己手下的文武臣僚都能充分信任,放手使用,使他们的聪明才智都能在复杂的政治、军事和外交实践中得到锻炼,迅速成长为独当一面的优秀政治家、智勇双全的将帅,与项羽手下将领们的低能、平庸、缺乏独立处事和指挥作战能力相反,刘邦手下的文臣武将几乎都有独立处理各种复杂问题和指挥作战的能力。萧何、张良、陈平、曹参、王陵等是政治家的典型。在楚汉战争中,萧何坐镇后方,治国治民,保证前方的兵员军需供应,各种军国大事,诸凡民政、财政、税收、徭役、治安等等,都处理得井井有条。后来他做了汉皇朝的第一任丞相,也是完全称职的。萧何之后,曹参、陈平、王陵等人相继担任相职,从而保持了汉皇朝休养生息政策的连续性。其他武将如韩信、彭越、英布、卢绾、刘贾、周勃、樊哙、灌婴等,都具有独立指挥作战并取得胜利的能力,在楚汉战争中,各自都做出了独特的贡献。另外,郦食其、随何、陆贾等人很有点纵横家的特色,擅长四处游说,刘邦充分发挥他们的才能,不时衔命出使。以刘邦的军事力量为后盾,这些人的三寸不烂之舌有时可以克城破军降将,显示出很大的威力。正是靠着这样一个文武搭配齐全、各有特点而又能密切配合的领导集团,刘邦才赢得了楚汉战争的最后胜利。

刘邦在洛阳南宫的宴会上承认他在许多方面的本事不如萧何、张良、韩信等人,并非自谦之词。这从他那些被臣下纠正了的错误决策就可以看出来。惊人的坦率是刘邦性格的重要特点之一。但是,刘邦的善于用人,从谏如流,知错必改,知错立改的优点,又超过了他部下中的任何一个人,显示了他雄才大略、容纳百川的帝王气度。也正因为如此,使他能够不拘一格地选用人才,能够博采众长,广泛汲取来自各方面的正确建议。从而保证了他有一个适合实际情况的政治经济政策,制定出战胜项羽的正确的战略和策略。刘邦取得楚汉战争的最后胜利,靠的正是他们整个领导集团的集体智慧。一场复杂而长期的战争，是政治、经济、军力和谋略的比赛。战争的最高统帅决不可能是什么都懂的全才，他只有充分调动手下各类人才的优势，将单个优势组合成集团优势，才能发挥出最大的效能，产生出无坚不摧的力量。刘邦正是这样的一位高明的统帅。想想看吧：不战而下陈留，回马计降南阳，巧计袭取武关，是郦食其、张良等的建议和计谋。鸿门宴脱险，靠的是张良的谋略和樊哙的勇敢。项羽分封之后，刘邦一时冲动，曾想孤注一掷与项羽在关中开战，是萧何、张良等人的规劝使他头脑清醒，从而及时避免了一次军事冒险所带来的损失。此后，由汉中突袭关中，是听从了韩信的谋划。公元前204年（汉三年）三月为义帝发丧，是接受三老董公的建议。离间项羽君臣之间的关系，是陈平给他出的主意。自武关开辟另一个对付项羽的正面战场，是一个名叫袁生的儒生提出的意见，等等。此类例子，不胜枚举。显然，不管意见来自何方，出自何人，只要刘邦认为合理可行，他都乐于接受。而提出建议的人也因此获得不次升迁，有些甚至还得到封侯的奖赏。

由于种种原因，刘邦有时自己也不可避免地做出错误的决定。但是，一经别人指明，他立即就加以改正，从不固执己见，坚持错误。例如，郦食其投奔刘邦以后，虽曾向他提出过不少好的建议，但也出过"傻"主意。公元前204年（汉三年）十二月，刘邦一度被楚军包围在荥阳，形势十分危急，就与郦食其谋划削弱楚军的方略。郦食其当即提出裂地封王原六国国君后裔的办法，刘邦未加深思，马上命人刻制六国王印，准备遣人四出分封。正在此时，张良从外地归来，刘邦向他提到此事。这个出身于韩国贵族公子的谋臣立即向刘邦指出分封六国国君后裔有"八不可"。刘邦听后恍然大悟，赶忙"辍食吐哺"，"令趣销印"①，从而在关键时刻避免了一次大的失误。此类例子还有一些。总之，刘邦并不是一个不犯错误的神人，而是一个虽犯错误但却能及时改正错误的聪明练达的创业之主。正因为如此，刘邦才能不断地改变自己的某些错误决策，将各项政治经济政策调整得更加符合时代要求，将军事的战略和策略调整到通向胜利的轨道。

秦皇朝灭亡以后，中国社会走向统一的历史必然性给项羽、刘邦以及其他拥有军事实力的豪杰之士提供了均等的争取胜利的机会。问题在于谁的活动，主要是其各项政治经济政策和军事谋略能将这种历史必然性变成现实。恰恰是初看起来自身条件并不怎么优越的刘邦成为历史必然性的体现者，最后摘取了胜利的果实。而看起来条件相当优越的项羽反倒成了一个悲壮失败的英雄。这一段波澜起伏、异彩纷呈的史实说明，历史总是给每一个英雄人物提供一个广阔的发挥主观能动性的舞台，凭借这个舞台，可以演出一幕幕威武雄壮的活剧。而历史人物在舞台上的令人眼花缭乱的活动，那些由无数偶然事件构成的历史场景，正体现着历史必然性在其实现过程中的千姿百态的风貌。然而，只要仔细

---

① 《史记·留侯世家》。

研究,人们就会发现,在大多数看起来是偶然性的历史事件背后,历史必然性却以其不可抗拒的力量发挥作用。刘邦所领导的军事集团之所以在楚汉战争中取得了对项羽的胜利,归根结底是因为他的活动体现了历史必然性的要求。这一历史必然性可以归结为:国家要统一,社会要安定,百姓要和平与安宁的生活。

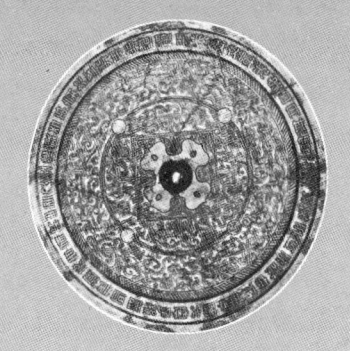

第四章
登基　受降　迁都　平叛

一、定陶登基

公元前 202 年(汉五年)十二月,垓下之战结束。经过四年之久的浴血鏖战,刘邦终于摘取了楚汉之战的胜利果实。此时,他已经是两鬓飞霜的五十五岁的老翁了。十二月底,刘邦率领他的谋臣战将离开还未打扫的战场向北进发。大路旁,田野中,到处是楚军丢弃的辎重、粮草、兵器,还有那横七竖八的楚汉两军战死士卒的尸体。刘邦明白,战争使全国百姓付出的是难以计算的代价。虽然这时已届隆冬,北中国朔风怒号,雪花飘拂,但驱车行进在淮北战场上的刘邦却热血澎湃,心潮如海,思绪万千,难于自已。因为他清清楚楚地知道,他已经是经过七年血战洗礼的中国大地的主人了。刘邦这时很可能忆起十多年前在咸阳街头纵观秦始皇出游的情景,那时自己不过是一个名不见经传的小小亭长,在冠盖云集的咸阳,谁也不会注意一个满身土气的乡巴佬。然而,物换星移,时过境迁,历史在十年间发生了多么巨大的变化,不可一世的嬴姓政权已经变成历史陈迹,驰骋黄河南北的西楚霸王也已退出历史舞台。今后,万众聚观欢呼的已经不是秦始皇及其子孙,而是他这个从乡村田野里走出来的普通农民的儿子了。刘邦回到韩信军的统帅部定陶(今山东定陶北)以后,迅速办了三件大事:一是下令收回韩信的兵权,将他统帅的大部汉军收归自己统带。正月,又发布诏令,更立齐王韩信为楚王,以淮北为封地,都下邳(今江苏邳县西南)。这等于是对韩信不久前两次要挟的回报。解除韩信兵权,使他无法构成对自己的威胁;更立他为楚王,收回已经答应赐予他的封地齐国,以四战之地的淮北为其封地,就大大减少了韩信与自己相颉颃的资本。二是封彭越为梁王,以原魏国的一部分为封地,都于定陶。这实际上也是对彭越要挟的回报。梁王的封号虽然保住了,但得到的封土并不是原魏国的广大土地,而仅仅是其中的一小部分。彭越也失去了与之抗衡的力量。三是继续平定项羽的残余势力。垓下之战后,刘邦派使者前去招降占据江陵(今属湖北)的临江王共敖。可是这位临江王不识时务,拒绝臣服。刘邦立即命令卢绾、刘贾等统兵进击,很快取得胜利。与此同时,垓下之战后奉命渡江南下的汉军也很快占领了以吴郡为中心的长江下游地区。至此,当年秦皇朝势力所及的地区,已经飘扬起汉王的赤色的旗帜,普天之下尽是汉王之土了。既然刘邦已成为华夏大地的最高主宰,项羽所封的汉王头衔就已经不足以显示其权力、富贵与尊严了。当年统一六国的秦王嬴政曾直截了当地要求群臣议定他的新名号,今天,刘邦的心思也自然为其朝夕相处的臣僚所窥知,他们无须刘邦指点,即自发组织起来,推戴刘邦为皇帝了。此事究竟是谁最早提出来的,这并不重要。采取的形式是诸侯王的联名上书,他们恭请刘邦蹑足九五,速正大位,名正言顺地做皇帝:

　　楚王韩信、韩王信、淮南王英布、梁王彭越、故衡山王吴芮、赵王张敖、燕王臧荼昧死再拜言，大王陛下：先时秦为亡道，天下诛之。大王先得秦王，定关中，于天下功最多。存亡定危，救败继绝，以安万民，功盛德厚。又加厚诸侯王有功者，使得立社稷。地分已定，而位号比儗，亡上下之分，大王功德之著，于后世不宣。昧死再拜上皇帝尊号。①

诸侯王要求刘邦速正大位的理由很简单，一是"功盛德厚"，王的称号已不能反映其地位之隆崇，二是汉王与其他诸侯王同处一个层次，"亡上下之分"，不符合等级制度的习惯要求。刘邦虽然明白皇帝之位非己莫属，自己梦寐以求的也就是早日享受一下做皇帝的滋味。但是，当皇冠临头的时候，面对诸侯王们将自己捧上云霄的上书，他又感到需要谦让一番以显示自己的风度。于是回答说："寡人闻帝者贤者有也，虚言亡实之名，非所取也。今诸侯王皆推高寡人，将何以处之哉？"②诸侯王们知道刘邦的谦让目的是要他们将其做皇帝的理由讲得更充分，所以他们的劝进也就更加殷切，大家异口同声地说：

　　大王起于细微，灭乱秦，威动海内。又以辟陋之地，自汉中行威德，诛不义，立有功，平定海内，功臣皆受地食邑，非私之也。大王德施四海，诸侯不足以道之，居帝位甚实宜，愿大王以幸天下。③

意思十分清楚，你刘邦不做皇帝，我们这些已沾你之光做了诸侯王的人能安于其位么？再说，还有更多的跟你打天下的臣僚们正以焦急的心情等待你以皇帝特有的尊严降旨赐爵封土呢！刘邦故意做戏，谦让了三次，才冠冕堂皇地说："诸侯王幸以为便于天下之民，则可矣。"④这里，刘邦将自己做皇帝与"便民"联系在一起，足见他是何等的聪明！于是，在诸侯王和群臣的欢呼声中，刘邦于公元前 202 年（汉五年）二月甲午日在氾水之阳（今山东定陶县境）的一个土台上举行了登基大典。今天，当年清流潺潺的氾水已被数度决口的黄河水淤成了一马平川，在定陶县城之北的田野上还孤零零地矗立着一座土台，它就是当年刘邦登基的地方。它默默地在这片平坦的田畴上存在了两千多年，虽阅尽人间沧桑，但再也没有昔日的辉煌。然而，就是在这个土台上，宣布了大汉皇朝的新纪元。不过，从当时的情况推断，刘邦及其群臣都是急不可耐地在匆忙中筹措这个登基大典的，这个隆重的仪式

　① 《汉书·高帝纪》。
　② 《汉书·高帝纪》。
　③ 《汉书·高帝纪》。
　④ 《汉书·高帝纪》。

在当时必定是十分简单,甚至有点寒伧。试想,大战甫毕,百业凋零,经济残破,人口锐减,物资匮乏,而他登基的地点,既不是秦都咸阳,亦不是洛阳之类古老的名城,而是屡经战乱破坏的定陶。定陶虽然在战国时代号称为"居天下之中"的富庶繁华的城市,但在这时也差不多成了一片废墟。观其即皇帝位的地点是选在氾水北岸的一片空旷之地,并且只是简单地筑了一个土台,其仓促潦草,即可想见一斑。但在当时,刘邦及其臣僚们似乎谁也未对这个登基大典的地点和草率提出疑义。因为他们所关注的是这个大典的象征意义,他们急于通过这样一个仪式,使刘邦为首的这个胜利的军事集团对于中国的统治尽快取得一个名正言顺的法定地位,辞旧迎新,与民更始。刘邦既然做了大汉皇朝的皇帝,他与周围所有人的一切关系自然也都随之发生新的变化。于是,昔日在田野不辍劳作的妻子吕雉由王后升格为皇后,儿子刘盈由王太子升格为皇太子。而他那位连真实姓名也没有留下来的老母亲①的在天之灵,居然也叨了皇帝儿子的神圣灵光,被堂而皇之地追尊为昭灵夫人了。

刘邦做皇帝后,不断发布一系列的诏书命令,以指导这个封建皇朝各项事务的运行。他发布的第一个诏书是封吴芮和无诸为王,其原文如下:

> 故衡山王吴芮与子二人,兄子一人,从百粤之兵,以佐诸侯,诛暴秦,有大功,诸侯立以为主。项羽侵夺之地,谓之番君,其以长沙、豫章、象郡、桂林、南海立番君芮为长沙王。
>
> 故粤王无诸世奉粤祀,秦侵夺其地,使其社稷不得血食。诸侯伐秦,无诸身率闽中兵以佐灭秦,项羽废而弗立。今以为闽粤王,王闽中地,勿使失职。②

平心而论,吴芮与无诸在灭秦之役和楚汉战争中没有什么特别突出的功劳,《史记》、《汉书》对他们的功绩只以寥寥数语记之,为什么在汉皇朝开国伊始,首先获得王爵和封地的是他们呢?吴芮其人原为秦皇朝的番阳(今江西波阳东)令,这是长江中游彭蠡泽畔一个偏僻小县的县令。大概因为他为官不太扰民,颇有些政绩,因而被当地百姓称誉为"番君"。秦末农民战争的烽火燃起的时候,流落江上"为盗"的英布前来归附。他看出英布并非等闲之辈,就把女儿嫁给他,并带领当地的越族人民毅然投向起义队伍,北上反秦。公元前207年(秦二世二年)刘邦率军攻取南阳时,吴芮的部将梅鋗率参战,协助他攻取了

----

① 《史记·高祖本纪》张守节《正义》引《汉仪注》:"高帝母起兵时死小黄城,后于小黄立陵庙。"明言刘邦母已死于起兵时。《汉书·高帝纪》"十年夏五月,太上皇后崩"一条,如非衍文,即为刘邦后母。《史记》不载,亦可为证。

② 《汉书·高帝纪》。

浙、丽等地,对促进秦皇朝的迅速灭亡起了一定的作用。后来,吴芮追随项羽,率百越之众同项羽一起入关,项羽起初也承认吴芮参与反秦的功劳,因而在大分封时赐予他衡山王的名号,以邾(今湖北黄冈)为都城,是项羽分封的十八个诸侯王之一。以后,项羽出尔反尔,又削夺吴芮的爵位与封土,将其降为番君。楚汉战争一结束,刘邦甫登大位,立即以其参加反秦起义有功为由,改封他为长沙王,都临湘(今湖南长沙)。封为闽越王的无诸,是春秋晚期称雄东南的越王勾践的后裔。战国后期承袭其祖先为王。秦朝统一中国以后,他的王位被废,在他统治的地方设立了闽中郡(今浙江南部和福建一带)。秦末农民起义爆发以后,无诸认为复国的时机已到,就追随番阳令吴芮参加了推翻秦皇朝的斗争。可是项羽入关实行大分封时却没有赐予他任何爵位与封土,他的愤怒与不平是可想而知的。楚汉战争中,他自然参加了刘邦的阵营。战争结束后,刘邦封他为闽越王,以闽中郡为封地,以东冶(今福建福州)为都城,算是对他参加反楚战争的酬赏。刘邦建国伊始,并没有首先封赏他最亲近的功臣宿将,而是对与他关系比较疏远且并无特殊功劳的吴芮和无诸进行封赏,表面上似出人意料,实际上有他的深意。王夫之对刘邦此举评价甚高,他在《读通鉴论》中评论说:

> 汉王初继皇帝位,未封子弟功臣,而首以长沙王吴芮,闽粤王无诸,此之谓"大略"。二子者,非有功于灭项者也,追原破秦之功而封之。以天下之功为功,而不功其功,此之谓"大公"。楚、汉争于北而南方无事,久于安则乱易起,立王以镇抚之,此之谓"制治于未乱"。以项羽宰天下不公为罪而过之,反其道而首录不显之绩,此之谓"不遏遗,得尚于中行"。若此者,内断之心,非留侯所得与,况萧何、陈平之小智乎!量周天下者,事出于人所不虑,若迂远而实协于人心,此之谓"不测"。

王夫之的论述似乎有点心理分析的味道。他认为此处表现了刘邦远远超过张良、萧何、陈平的大智,只有"量周天下"的帝王,才能有此"事出于人所不虑"的举措。应该承认王夫之的分析是有见地的。刘邦当时是否想得这么多这么深,刘邦此举是出于"圣心独断"还是君臣共谋,还有待于进一步研究。不过,刘邦此举不失为英明决断则是可以肯定的。由于吴芮长期为官江南,加上政声颇佳,为了稳定江南地区的统治自然以封他王于此地最为合适。特别是,吴芮本人在政治与军事上并无卓异才干,而其所统辖的军事力量又很弱小,封其为长沙王,既是治理该地的合适人选,又可作为汉皇朝与宣布独立的南越王之间的缓冲。况且,当时的江南,虽然地域广阔,气候地理条件也较优异,但人口稀少,尚待开发,经济文化均较落后,吴芮名义上虽领有五郡,实际上只有长沙和豫章二郡,象郡、桂林、南海三郡尚在南越王的统治下。吴芮根本无法形成威胁汉朝中央的力量。所以,刘邦此时乐意在他身上显示一下自己的"大公"。吴芮做长沙王以后,对汉朝中央奉命唯谨,丝毫不存在倨傲失礼之处。所以后来刘邦在削平异姓诸侯王的时候,只有长沙王及其子孙得以世享其禄,保住了爵位与封土。无诸是粤人,又是勾践后裔,因而在闽越地区的少数民族中有着较高的威望和影响。刘邦封他于故地为王,能够更好地稳定汉皇朝在那里的统治。闽中地处东南海隅,亦是荒远之地,鞭长莫及。而刘邦当时注意的中心是中原地区。只要能维持闽中地区的和平与安宁,使少数民族与中原人民和睦相处,刘邦当然不惜封爵。而且,在当时的历史条件下,封无诸为王治理闽中之地,较之从汉朝中央简派另外的任何郡县官吏都要便利得多。后来历史的发展表明,刘邦称帝之初即首先封赏此二人,的确显示了他政治上的深谋远虑。不久之后,刘邦开始了削平异姓诸侯王的斗争。尽管中原地区的诸侯王们对汉中央剑拔弩张,而英布、韩王信和燕王卢绾等甚至与汉中央兵戎相见,但江南地区却保持了稳定,吴芮及其子孙与无诸的确尽了自己守土牧民的责任。

刘邦在氾水之阳的土台上草草举行了登基典礼之后,即率领文武百官浩浩荡荡地进驻洛阳。他决定以此为首都,全面治理这个新生的满目疮痍的国家。刘邦战胜项羽,匆忙登上帝位,虽然标志着他取得了具有历史意义的伟大胜利,但是,对于刘邦来说,这仅仅是一个新时期的开端,摆在他面前的还有一系列复杂的亟待解决的问题。大汉皇朝的巩固和繁荣,还需要付出更多的艰苦努力。想想看,项羽集团虽然消灭了,但六国旧贵族的残余势力还流散于全国各地。由于他们与故国百姓还有着千丝万缕的联系,他们仍然构成社会的不安定因素。这一批人需要妥善安置,谨慎处理。项羽集团的覆灭,尽管标志着与汉军对抗的最大的武装力量的消失,然而,在楚汉战争中和战争后陆续分封的一些异姓诸侯王却又成了汉朝中央的潜在威胁。他们封国广阔,跨州连郡,遍布于函谷关以东的中原地区,形成半独立的政治军事集团。不彻底解决他们,汉皇朝的统一就是不完整的,汉皇朝的巩固自然也要打很大的折扣。同时,雄踞北方边疆地区的匈奴乘秦末中原大乱之际,经常越过长城,南下骚扰,其来去如飙风的铁骑已构成对北部边疆地区的严重威胁。靖边同样是巩固汉皇朝统治的重要内容。更重要的是,经过七年战争,最富庶的中原地区已经是人口锐减,土地荒芜,经济凋敝,十室九空,国家和百姓都异常贫困。如何使残破的社会经济得到恢复和发展,使背井离乡的百姓得以回乡安居乐业,使新生的汉皇朝走向繁荣昌盛,更是刻不容缓需要解决的问题。刘邦作为一个军事统帅的才能在反秦战争和楚汉战争中已经得到了充分的证明。他的政治才干究竟如何,还需要在治理国家的复杂事务中接受新的考验。

刘邦虽然做了皇帝,大汉皇朝揭开了历史上新的一页,但是,六国贵族中的一些豪杰之士还不愿归服这个新的皇朝,而项羽军中的一些将士也还隐匿民间,拒绝出来自首。收降并妥善处理这批山林伏莽是巩固汉皇朝所必须。刘邦根据不同对象,采取不同政策,在短期内较好地处理了这一问题,为汉皇朝消除了隐患。

(一)田横与五百士之死

刘邦首先要招降的是齐国王族田横和他率领的士卒。田横和他的兄长田儋、田荣等在齐国灭亡后虽然都成了秦皇朝的子民,但由于历史原因,他们在齐地百姓中尚有很大势力和影响,而他们恢复故国的强烈愿望不时在胸中激荡。陈胜、吴广起义反秦的消息传来以后,他们兄弟三人乘机而起,袭杀狄(今山东高青南)令,打出了恢复齐国的旗号。田儋自立为齐王,东征西讨,很快恢复了齐国故土。田儋被章邯击杀以后,田荣拥立其子田市为王,自任为相,田横为将,继续占据齐国,成为反秦的一支重要力量。公元前206年(汉元年)十二月,项羽打进关中以后,论功封土赏爵,分齐地为三,分别封田市为胶东王,田都为齐王,田安为济北王。田荣因自己未获王位,怒项羽分封不公,先是极力阻止三王就国,后来径直以武力夺取三齐之地,自立为王,对项羽举起了反叛的旗帜。公元前205年(汉二年)正月,项羽伐齐,田荣被杀,齐军遭到很大损失。田横收集残卒,反击楚军于城阳。此时,刘邦率汉军袭取彭城,使项羽不得不率楚军主力回救。田横乘机反攻,驱走楚军,重新控制三齐之地。他立田荣之子田广为齐王,自任齐相,专断齐国之政。由于齐国一直与项羽作对,刘邦极力与之建立统一战线。公元前204年(汉三年)底,郦食其衔刘邦之命入齐,劝说齐国归汉。田横审时度势,决定归顺刘邦。第二年十月,当田横与郦食其"置酒高会",放松戒备之时,韩信统帅的汉军突袭齐国历下军,使之受到毁灭性的打击。田横一怒之下,烹杀郦食其,转而与楚军联合,猛烈反击韩信军。潍水一战,一败涂地。田广被汉军俘虏后,田横自立为齐王,率残部继续对抗汉军。终因寡不敌众,齐军全盘失败。田横只得带少数部属,逃至梁地。暂时依附与齐国有历史渊源的彭越。不久,楚汉战争结束,刘邦做了皇帝,彭越也在此之前被封为梁王。田横害怕刘邦追究其背汉向楚的罪过,就率其徒属五百余人辗转入海,匿居于东海(今黄海)万顷波涛中的一个小岛(今田横岛)上。刘邦知道田横兄弟在齐地有着较大的潜在势力,与齐国百姓还有斩不断的感情思缕,不收服他们,一旦有风吹草动,他们就可能兴风作浪。于是派出使者,持特赦令召田横来洛阳。此时的刘邦确实没有加害于他的意思,因为刘邦想要显示的恰恰是自己的宽宏大度。然而,田横明白,自己到了洛阳,一定成为刘邦的阶下囚。纵使不杀,也要在严密的监视下过囚徒般的生活,那种诚惶诚恐的日子实在令人无法忍受。田横于是借口曾烹杀郦食其、愧与其弟郦商同朝为辞,拒绝征召:"臣烹陛下之使郦生,今闻其弟郦商为汉将而贤,臣恐惧,不敢奉诏,请为庶人,守海岛中。"①刘邦对这种要求自然是不会同意的。为了消除田横的顾忌,使之毫无疑虑地前来洛阳,刘邦立即对时任卫尉的郦商下了一道十分严厉的命令:"齐王田横即至,人马从者敢动摇者致族夷!"②接着,再令使者去海岛,一面向田横转述刘邦给郦商诏书的内容,请他打消顾虑;一面传达刘邦要他立即赶赴洛阳的命令:"田横来,大者王,小者乃侯耳;不来,且举兵加诛焉。"③在使者一再地威逼催促下,田横无可奈何,只得携客二人,乘驿站车马诣洛阳。行至距洛阳三十里的尸乡(今河南偃师西)驿站时,田横住下来,对同行的汉朝使者说:"人臣见天子当洗沐。"避开使者以后,田横悄声对其客说:

> 横始与汉王俱南面称孤,今汉王为天子,而横乃为亡虏而北面事之,其耻固已甚矣。且吾烹人之兄,与其弟并肩而事其主,纵彼畏天子之诏,不敢动我,我独不愧于心乎?且陛下所以欲见我者,不过欲一见吾面貌耳。今陛下在洛阳,今斩吾头,驰三十里间,形容尚未能败,犹可观也。④

田横毅然自杀身死。两客秉其命奉其头,与使者一起急驰洛阳向刘邦复命。刘邦面对田横那形容未败的刚毅的面容,一则以喜,一则以叹。他心中的隐患终于自行消亡了,但田横的刚烈之气却不能不令人感佩和震惊。刘邦凝视着田横那凛然不屈的面孔,流着泪说:"嗟呼,有以也夫! 起自布衣,兄弟三人更王,岂不贤乎哉!"⑤刘邦下令任命田横的两个客为都尉,发士卒两千人,以王者之礼殡葬田横。葬礼甫毕,田横的两个客各在其坟茔旁掘一穴,同时自杀以殉田横。刘邦知道后,愈加震惊,同时对留在岛上的五百人也愈加不放心。于是再派使者前去,命令将他们统统迁到洛阳。岛上的五百壮士得知田横的死讯以后,悲愤欲绝,全部自杀,无一人随使者去洛阳。后来,这个悬浮在今日即墨以东万顷波涛之上的海岛就被命名为田横岛。岛上有一座隆起的土墓,背山面海,掩映于苍松翠柏之中,相传葬于其中的就是五百壮士的忠骨。今天,在河南偃师以西的洛水北岸,有一座颇为壮观的坟茔,那就是名闻遐迩的田横墓。它北望黄河,南临洛水,千百年来引来无数的敬仰者凭吊。

---

① 《史记·田儋列传》。
② 《史记·田儋列传》。
③ 《史记·田儋列传》。
④ 《史记·田儋列传》。
⑤ 《史记·田儋列传》。

　　田横和他的五百壮士宁死不屈的刚烈举动,曾受到后人的赞扬。我国近代艺术大师徐悲鸿的名画《田横五百士》,借题发挥,以其特有的艺术表现力描绘了田横与其五百士诀别的悲壮情景。其实,在田横及其五百士的身上,主要表现的还是当时十分盛行的英雄意识和侠义精神。田横曾经自立为齐王,一时主宰着东方大国,万民仰慕,声势显赫。如今,兵败国亡,他必须低首下心地跪在刘邦面前叩首称臣以乞求活命,这委实使他感到难以忍受,因而决定以死来捍卫自己的尊严。而他的那些壮士们,也都是在"士为知己者死"的信条支配下,面对茫茫大海视死如归的。

　　田横及其五百壮士悲壮自杀的事件给刘邦留下了异常深刻的印象,那就是:尽管楚汉战争的结果使他当之无愧地成为当时最有权势的人物,但世界上仍有宁死不愿做他臣民的人在。他作为皇帝的法力也不是无限的。由此引起了刘邦对田横一类人的重视,显然,对于潜在的反叛者是决不能掉以轻心的。不久之后,刘邦就接受娄敬的建议大规模迁徙豪强到关中地区,或许与此事有一定的关系。

(二)季布与丁公的生死荣辱

　　刘邦做皇帝后,除以强力胁迫原六国贵族后裔服从自己的意志之外,对于逃匿于民间的原楚军及其同盟军的将领也发出了追捕的命令。当时有一个名叫季布的人,以任侠著名于时,曾任楚军将领。在楚汉战争中,他数度与刘邦相遇于战场,每次都把刘邦打得落荒而逃,刘邦因而对他恨之入骨。楚汉战争结束以后,刘邦一面悬赏千金购买季布的头颅,一面严禁私人将其藏匿:"敢有舍匿,罪及三族。"[1]季布四处躲藏,后来辗转潜藏到濮阳(今河南濮阳南)一个姓周的家里。周氏为了保护季布的生命,就对他施以髡钳之刑,换上黑黄色的粗布衣服,藏于丧车之中,与自己的数十名家僮一起,卖给了鲁国大侠朱家。朱家早已识破了季布的底细,于是为他买田置舍,并诫其子曰:"田事听此奴,必与同食。"以后,朱家到了洛阳,寻找权贵人物为季布求情。他见到了已被封为汝阴侯的夏侯婴,故意问:"季布何大罪? 而上求之急也?"夏侯婴回答:"布数为项羽窘上,上怨之,故必欲得之。"朱家很不以为然,就讲了一通应对季布免于追究的道理:

　　　　臣各为其主用,季布为项籍用,职耳。项氏臣可尽诛邪? 今上始得天下,独以己之私怨求一人,何示天下之不广也! 且以季布之贤而汉求之急如此,此不北走胡即南走越耳。夫忌壮士以资敌国,此伍子胥所以鞭荆平王之墓也。君何不从容为上言邪?[2]

────────────

① 《史记·季布栾布列传》。
② 《史记·季布栾布列传》。

朱家的话讲得十分得体,因为"臣各为其主"是当时通行的价值观念,贵为天子,富有四海的刘邦此时应弘扬的正是这样一种道德观。而且,当季布对自己的威胁消失后,再计较以前的恩怨就有失天子的大度。特别是,如逼之太急,季布就会投奔南北的敌对势力,造成对汉皇朝的不可预料的危害。朱家希望夏侯婴能为季布说情,以得到刘邦的宽宥。夏侯婴猜测季布肯定藏匿于朱家之家,又感到朱家的话很有道理,就乘一次朝见刘邦的机会,把朱家的话委婉地对刘邦讲了。刘邦是一个一点即通的帝王之才,他顿悟朱家的话中并无恶意,感到当前正是收揽天下人心之时,赦一季布,就可以使更多隐匿于民间的楚军将领、新老诸侯王的臣子们自愿归诚,更可以向天下展示自己不念旧恶的大度与坦诚。于是,刘邦决定首先在季布身上显示一下自己的气度,就毅然下达了对他赦免的诏令。接着,又亲自召见季布,好言慰劝一番,拜他为郎中。此后,季布果然对刘邦感恩戴德,对汉皇朝忠心耿耿,竭尽心力与忠诚为之服务。汉惠帝时,季布升任中郎将。在匈奴单于致书污辱吕后,以上将军樊哙为首的群臣强烈要求对匈奴开战的情况下,季布挺身而出,力排众议,恺切陈辞,申明当时的国力与民情均不宜与匈奴开战,使吕后与满朝文武头脑冷静下来,避免了一次军事冒险。从而继续以"和亲"政策维持了汉匈关系相对和好的局面,为汉皇朝赢得了恢复发展生产的宝贵时间。汉文帝时,季布做到河东郡(郡治安邑,今山西夏县)守,勤政安民,甚有政声。楚人谚曰:"得黄金百斤,不如得季布一诺。"①

　　刘邦在赦免并重用季布的同时,对季布的母弟丁公②却采取了完全相反的政策。丁公也是楚军将领,在楚汉战争中,他曾多次与刘邦在阵上相遇。一次,在彭城西面的战斗中,丁公与刘邦短兵相接,双方杀得难舍难分,处于危境中的刘邦急中生智地说了一句:"两贤岂相厄哉!"丁公一怔,随即引兵而还,放过了刘邦。楚汉战争结束后,刘邦登上了皇帝的宝座,丁公与季布一样藏匿民间。不久,丁公看到刘邦对其仇敌季布非但赦而不杀,反而信任重用,想到自己在战争年代有恩于刘邦,何愁不得重赏!于是大着胆子来谒见刘邦,满心以为刘邦会对他这位恩人大大酬谢一番。万万没有想到已经戴上天子冠冕的刘邦却翻脸无情,丝毫不念旧日恩义,立即下令将丁公绑赴军中,斩首示众。同时宣称:"丁公为项王臣不忠,使项王失天下者乃丁公也。"刘邦还明白宣示,他之所以对丁公采取如此严厉的处置,是为了"使后世为人臣者无效丁公!"③与对季布的宽大处置相比,此时的刘邦显得多么刻薄寡恩啊!你看,对昔日的仇敌是那么宽宏大量,而对昔日的恩人又是如此残酷无情!刘邦的行动为什么这样乖戾?这样有悖常理?其实原因非常简单,因为此时的刘邦

---

① 《史记·季布栾布列传》。

② 《史记·季布栾布列传》裴骃《集解》引晋灼曰:"《楚汉春秋》云薛人,名固。"司马贞《索隐》:"谓布之舅也。"《后汉书·冯衍传》及注皆言"丁固"。

③ 《史记·季布栾布列传》。

已不是当年战场上那个屡遭困厄、前程未卜的汉王，而是统一的大汉皇朝的皇帝。他对任何事情的处理都必须从维护这个皇朝的根本利益出发，从维护传统的封建道德出发，从维护自己作为万民之主的皇帝的形象与尊严出发。一句话，个人恩怨必须服从于整个刘氏皇朝的整体利益。对于刘邦这种"以德报怨、以怨报德"的做法，司马光特别欣赏。他甚至认为两汉能维持四百年之久的基业，也是由于刘邦在这个问题上虑事"深且远"的缘故。他说：

> 高祖起丰沛以来，网罗豪杰，招亡纳叛，亦已多矣。及即帝位，而丁公独以不忠受戮，何哉？夫进取之与守成，其势不同。当群雄角逐之际，民无定主；来者受之，固其宜也。及贵为天子，四海之内，无不为臣；苟不明礼义以示之，使为臣者，人怀贰心以徼大利，则国家能久安乎！是故断以大义，使天下晓然皆知为臣不忠者无所自容，而怀私结恩者，虽至于活己，犹以义不与也。戮一人而千万人惧，其虑事岂不深且远哉！子孙享有天禄四百余年，宜矣！①

司马光生当理学形成的北宋时代，他完全是以封建的伦理观念为出发点来评论汉代的历史事件，当然难免偏颇。不过，他对刘邦处理季、丁二人的不同作法的评论还是看透了事情的底蕴。应该承认，刘邦是聪明的。他知道，在群雄逐鹿的年代，为了壮大自己，削弱敌人，必须用尽一切办法招降纳叛，土地、封爵、美人、权力，什么东西可以作为诱饵。刘邦麾下，由此而招来的文臣武将有一大批，其中不少人或为刘邦出谋划策，或为刘邦斩关夺隘，成为汉皇朝的开国功臣，享受荣华富贵。可是，当刘邦一统天下、贵为天子之后，他就想到必须提倡臣下对君主的绝对忠贞，勉励臣下终生侍奉一主，危难之时以死报国，并且明令奖惩以励风化而教节操。这位丁公实在太不识相，偏偏在刘邦决定转变政策的时候前来邀功请赏，结果是白白地送掉了性命。其实，丁公只要不大事张扬地找刘邦邀功请赏，而是悄悄地隐匿民间，刘邦绝对不会故意追究他的对项羽不忠之罪。时过境迁，再找门路到刘邦那里通点消息，说不定刘邦顾念旧恩会赏他一官半职，起码也不会使他有冻馁之苦，完全可以优游岁月，终其天年的。项伯是项羽的同宗兄弟，从楚汉战争一开始就干着吃里扒外的勾当。结果不仅未受诛戮，而且获得封侯的奖赏。而在楚汉战争中数以千百计的叛降者不是都没有受到惩罚么！丁公之死是一个非常偶然的例外，但它透出来的却是一个非常重要的信息：刘邦已在为他手创的大汉皇朝的长治久安进行煞费苦心的筹划了。

---

① 《资治通鉴·汉纪三》高帝五年。

三、迁都长安

刘邦移往洛阳以后,立即简派官员督工修缮宫室,加固城垣,打算以此为都城。刘邦这样决定并非全无道理。洛阳是历史名城,从西周初年建城起,至汉初已八百多年。它北靠邙山,南临伊、洛,居中原之中,交通便利,战略地位十分重要。公元前770年以后,东周王朝以此为都城,经数百年经营,已颇具规模。以此作为汉皇朝的都城,还是有不少优越条件的。当时刘邦手下的文臣武将没有一个人提出疑义,说明刘邦的决定得到了绝大多数人的认可。然而,正当刘邦为把洛阳作为国都进行规划的时候,一个名叫娄敬的戍卒对此提出否定意见,同时建议迁都关中。这个建议对西汉皇朝二百余年的发展有着至关重要的作用。

娄敬,齐国人,公元前202年(汉五年)五月,他被征发到陇西(今甘肃东部)戍守。路过洛阳时,他看到这里正大兴土木,一片繁忙的建设景象。经询问,得知刘邦打算以此地为都城。娄敬吃了一惊。赶忙放下小推车,穿着老羊皮袄,找到一位同乡虞将军,请他引荐拜见皇上,说是有重要事情禀报。虞将军答应引荐,但见娄敬的衣服太寒伧,劝他换一身鲜丽一点的服装。娄敬坚决不换,说:"臣衣帛,衣帛见,衣褐,衣褐见,终不敢易衣。"①虞将军将此事禀报给刘邦。大概刘邦当时还不习惯于大摆皇帝架子,而晋见皇帝也还没有后世的诸多清规戒律,于是立即答应召见娄敬。见面时,刘邦问娄敬有什么话要说。娄敬问:"陛下都洛阳,岂欲与周室比隆哉?"刘邦有点得意地回答正是如此。娄敬于是详细分析了周、汉两朝取天下时历史条件的不同和关、洛地区地理条件的差异,着力阐明关中地区的有利形势,力主刘邦迁都关中。他说:

> 陛下取天下与周室异。周之先自后稷,尧封之邰,积德累善十有余世。公刘避桀居豳。大王以狄伐故,去豳,杖马箠居岐,国人争随之。及文王为西伯,断虞芮之讼,始受命,吕望、伯夷自海滨来归之。武王伐纣,不期而会孟津之上八百诸侯,皆曰纣可伐矣,遂灭殷。成王即位,周公之属傅相焉,乃营成周洛邑,以此为天下之中也,诸侯四方纳贡职,道里均矣,有德则易以王,无德则易以亡。凡居此者,欲令周务以德致人,不欲依阻险,令后世骄奢以虐民也。及周之盛时,天下和洽,四夷乡风,慕义怀德,附离而并事天子,不屯一卒,不战一士,八夷大国之民莫不宾服,效其贡职。及周之衰也,分而为两,天下莫朝,周不能制也。非其德薄也,而形势弱也。今陛下起丰沛,收

① 《史记·刘敬叔孙通列传》。

卒三千人,以之径往而卷蜀汉,定三秦,与项羽战荥阳,争成皋之口,大战七十,小战四十,使天下之民肝脑涂地,父子暴骨中野,不可胜数,哭泣之声未绝,伤痍者未起,而欲比隆于成、康之时,臣窃以为不侔也。且夫秦地被山带河,四塞以为固,卒然有急,百万之众可具也。因秦之故,资甚美膏腴之地,此所谓天府者也。陛下入关而都之,山东虽乱,秦之故地可全而有也。夫与人斗,不搤其亢,拊其背,未能全其胜也。今陛下入关而都,案秦之故地,此亦搤天下之亢而拊其背也。①

娄敬大概是活跃于战国末期属于"游士"之类的知识分子,秦统一以后一直隐居不仕。秦末农民战争中也没有投入起义军展示自己的才能。汉皇朝刚建立,他就作为戍卒被征发服役了。上面纵论历史现实和关、洛地理形胜的一席话,其中的周、汉对比,特别是对周朝的赞颂之词,显示了当时儒家知识分子的传统观点,实在是对周代历史的一种理想化的改铸。但对关、洛地理形势优劣的比较,却显示了不凡的政治眼光。正如他所指出,洛阳虽处天下之中,但却是四战之地。经过三年秦末农民战争和四年的楚汉战争,洛阳所在的关东地区遭受的破坏非常厉害,经济的恢复和发展显然需要时日。在自然经济的条件下,一个都城周围如果不是富庶之区,这个都城的维持就会困难重重。而且,由于当时异姓诸侯的封国大都集中于洛阳的南北和以东地区,这些封国基本上是一些半独立的政权,它们与汉朝中央的矛盾还没有解决。洛阳作为国都的安全也是一个大问题。显然,定都洛阳实在是弊多利少。刘邦及其群臣在如此大事上的考虑是欠周密的。与洛阳相比,关中的有利条件是很多的。这里是西周和秦朝的发祥地,周的都城镐京,秦的都城咸阳,都建在关中腹地的渭水之畔。关中土地肥沃,人口众多,周秦以来所受战乱破坏远较关东为轻。将国都建置于此,物资供应当不成问题。就地理形势而言,关中更是得天独厚。它北接黄土高原,西靠陇西丘陵,南界秦岭,东凭黄河与崤山,形成一道道天然屏障,进可攻,退可守。即使乱起东方也较易平定。把关中作为汉皇朝的建都之地,显然是一种最好的选择。娄敬的建议显示了他对全国形势的洞悉和为汉皇朝的未来筹划的深谋远虑,不能不令刘邦刮目相看。刘邦听完娄敬的一番宏论之后,虽然很佩服他的识见,但对于迁都这种大事,还不想贸然由自己做出决定。于是广泛在群臣中征求意见。因为刘邦的部下大都是山东人。对自己的故乡有着特殊的感情,他们以秦朝二世而亡,关中并非吉祥之地为理由,坚决反对迁都关中。只有张良力排众议,赞同娄敬的意见,力主迁都关中。刘邦对张良向来是言听计从,于是下定决心,下令迁都。刘邦为了表彰娄敬建议迁都关中的功绩,特赐姓刘氏,任命他做了郎中,号曰"奉春君"。一个戍卒脱颖而出,一项关乎汉皇朝长治久安的

---

① 《史记·刘敬叔孙通列传》。

迁都计划顺利付诸实施。以后的历史事实表明,刘邦接受娄敬建议,把汉皇朝的统治中心放在关中,建设起一座宏伟壮丽的名城长安作为国都,的确是一项英明的决策。因为在不久以后进行的削平异姓诸侯王的战争和汉景帝时发生的平定吴楚七国之乱的战争中,关中地区巍然不动,作为稳定的战略大后方,对保证战争的胜利起了举足轻重的作用。

四、平定异姓诸侯王

当刘邦在震耳欲聋的欢呼声中登上皇帝宝座的时候,他并没有被已取得的胜利陶醉得忘乎所以。因为他十分清楚,对于自己来说,治理这个满目疮痍、遍体鳞伤的国家,使生产发展,经济繁荣,国家统一巩固,社会生活走上正常的轨道,并不是一件容易的事情,还需要经过艰苦的努力和一系列的斗争。而当时对汉皇朝统一和集权的最大威胁是来自一大批异姓诸侯王。这些异姓诸侯王大部分是在楚汉战争中和胜利后分封的。当时,刘邦的分封,一方面是出于战胜项羽的需要,另一方面则是受秦末颇有群众基础的社会分封思潮的影响。正是在这一思潮影响下,六国旧贵族乘反秦起义之机纷纷打出恢复故国的旗号,而项羽在处理秦亡以后的政局时分封了十八个诸侯王。其时,刘邦之所以与项羽反目成仇,并不是因为分封制不合于自己的理想,而是因为项羽没有实践楚怀王的前约,致使先入定关中的刘邦眼睁睁地看着他打下来的三秦大地成为三个秦朝降将的封土,而自己却被赶到面积狭小、群山环绕、闭塞落后的汉中地区为王。显然,在当时分封思潮的影响下,刘邦接受分封的意识,实施裂地封王的措施就具有了某种必然性,而并非纯然权宜之计。因此,当韩信在刘邦封拜他为大将的仪式上兜售"以天下城邑封功臣,何所不服"时,刘邦洗耳恭听,并没有提出任何疑义。公元前204年(汉三年)十二月,当刘邦被项羽大军围于荥阳,形势岌岌可危之时,郦食其向他提出遍封六国后裔为王,以为项羽广泛树敌的建议,他同样毫不犹豫地答应,并命人刻制王印,准备付诸实行。后听张良一席话,才恍然大悟,取消了封六国后人为王的决定。不过,张良所讲不可封六国之后的八条理由,也没有一条否定分封制本身。其重点是阐明当时形势与周灭殷时的情况不同,一旦分封六国后裔为王,就会使跟随刘邦打天下的谋臣将士们寒心。张良与郦食其的不同仅仅在于:分封的对象不应是六国后裔,而应该是跟随刘邦南征北战的将士和谋臣。对于张良的意见,刘邦当时是佩服得五体投地的。十分清楚,经过七年多反秦战争和楚汉战争的洗礼,刘邦的头脑中接受了越来越多的分封意识。在楚汉战争中和胜利后刘邦实行论功分封,既满足了他麾下文臣武将的富贵利禄之心,又兑现了自己酬答功臣的诺言,反映了君臣的共同心声,展现的恰恰是那个特定时代的价值观念。既然如此,韩信、彭越、英布等一批功高盖世的将军们裂地封王应该说赏当其功。其后不久发生的削平异姓诸侯王的行动,那惨烈无比的虐杀和族灭似乎就不该出现了。然而,后来事态的发展却既非刘邦之所料,更非异姓诸侯王之所愿,他们都是被历史必然性这只逻辑的手牵到了鲜血淋漓的角斗场。异姓诸侯王们一个个喋血于他们昔日为之奋斗的君王前,刘邦、吕后则弹冠相庆于胜利的喜悦中,留给历史的只是永恒的遗憾和叹息。那么,这个历史的必然性是什么呢? 它就是中央集权与地方割据的矛盾。刘邦迁都关中以后，放眼关东的广袤原野，那里基本上是异姓诸侯王的世界：楚王韩信占据今淮北苏北广大地区，握有一支人数虽少但久经战阵的军队。淮南王英布占据今安徽南部、湖北东部和江西北部地区，拥有长江中游的财富之区，手中有一支可观的武装力量。梁王彭越占据原魏国部分地区，势力及于今之河北、山东、河南的交界地带，手中亦有一支较强的武装力量。燕王臧荼占据燕国旧地，掌握了今之河北北部、辽宁西部的许多地方。赵王张敖占据以邯郸为中心的原赵国旧地，拥有今之河北、河南接壤地区。韩王信占据以太原为中心的今山西北部和内蒙古南部地区，背靠匈奴，南向中原，势力虽不大却不易对付。势力最小的长沙王吴芮，也还奄有今湖南和江西大部分地区，形成了长江以南的一个权力中心。这些诸侯王，占地跨州连郡，自置官吏，自领军队，拥有该封地的行政、军事和财政的全权，形成了半独立的割据政权，对西汉中央政府构成了严重威胁。与之相比较，汉朝中央政府直接统辖的地区却只有关中、汉中和巴蜀等十五郡，虽然较为富庶，但偏在西部，总面积也较关东小得多，这样就难以形成汉中央对地方，尤其是对诸侯王国的有效控制。应该说，刘邦在制定和执行分封诸侯王的政策时并不乏主观的真诚，可一旦付诸实践后，又感到他们的存在威胁着自己的安全，其间再加上个人关系上的恩恩怨怨以及性格上的冲突，双方之间的斗争也就不可避免了。因为诸侯王事关国家的统一和中央集权的巩固，所以成为西汉建国以后摆到议事日程上的头等大事。刘邦这位提三尺剑取天下的马上皇帝，在寿终正寝之前，还必须在马上为汉皇朝的长治久安进行一番持久而艰苦的征战。

（一）韩信伏诛

韩信（？—公元前196年），是刘邦麾下第一员大将，一个谋略出众、智慧超群、用兵如神的战略家和智勇兼备的军事统帅，在楚汉战争中为战胜项羽建立了巨大的历史功勋。楚汉战争后期，他被封为齐王，西汉建国后又被改封为楚王。公元前201年（汉六年）十月被削地夺爵，以淮阴侯的爵位在京师过着如同囚犯的生活。除了燕王臧荼之外，韩信是第一个被刘邦问罪并加惩罚的诸侯王。此时距韩信被封为齐王不到二年，距改封为楚王不到一年。席不暇暖，他就被从王座上拉了下来，运交华盖，昔日的辉煌只能从梦中寻觅了。

韩信，淮阴（今江苏清江）人，出身于城市贫民，父母的姓名也没有留下来。他母亲死时，连丧葬费都没有。在秦皇朝的统治下，他因"贫无行，不得推择为吏，又不能治生商贾，常从人寄食饮，人多厌之者"[①]。开始他常寄食下乡南昌亭长家，不久被亭长的妻子赶走。万般无奈，韩信到护城河边钓鱼。一群老年妇女也在河边洗衣服。其中一人见他没有饭吃，可怜他，管他吃了一顿饭。以后数十天，天天管他吃饭。韩信很高兴，对老妇人（漂母）

---

① 《史记·淮阴侯列传》。

说:"吾必有以重报母。"老妇人认为韩信穷困到这个份上,还说大话,很不高兴,怒道:"大丈夫不能自食,吾哀王孙而进食,岂望报乎!"①韩信因贫困无以为生,屡遭人们的白眼,景况是十分可怜的。有一次,他甚至被淮阴的一群市井无赖逼得从一人的胯下通过:

> 淮阴屠中少年有侮信者,曰:"若虽长大,好带刀剑,中情怯耳。"众辱之曰:"信能死,刺我;不能死,出我胯下。"于是信孰视之,俛出胯下,蒲伏。一市皆笑信,以为怯。②

这群市井无赖以此取乐,以为韩信真的怕他们。其实韩信胸有大志,不是那种一触即跳的匹夫之勇,他深知"小不忍则乱大谋",不愿与他们较一日之短长,于是才采取这种表面看起来怯弱无能的举动。不过,从这则故事可以看出,韩信是一个身材长大,终日刀剑不离身的武士形象。他不仅有一身武艺,而且据情势推断,他还熟读兵书,满腹文韬武略。与那些恶作剧的"屠中少年"相比,根本不是一个层次,双方也无法沟通。秦末农民起义爆发后,群雄并起,韩信终于等来了施展自己才干的机会,于是毅然仗剑从军,参加了项梁率领的起义队伍。项梁战死后,他又转而跟随项羽,任郎中之类的小官。在项羽麾下,韩信的军事才能始终未能得到显露和发挥。他几次向项羽献计献策,均未得到采纳。项羽太缺乏识人之明,既不会发现人才,更不会使用人才。他怎么也不会想到,就是他瞧不起的这个人,日后成为致他于死命的汉军统帅。韩信看到在项羽部下难以施展自己的抱负,遂于公元前206年(汉元年)初离楚归汉,被任命为连敖③,一个司马之类的小官。一次犯法当斩,同案犯十多人皆已斩讫,临到韩信时,正遇上夏侯婴。韩信直视夏侯婴说:"上不欲就天下乎?何为斩壮士!"④夏侯婴"奇其言,壮其貌",下令免其死罪。接着与韩信一番交谈,更觉其非同凡响,就将他推荐给了刘邦。但并没有引起刘邦特别重视,只任命他做了管理粮秣的治粟都尉。因萧何在刘邦手下总揽行政和军需供应,与韩信接触较多,对他的才能十分欣赏。刘邦率军抵达汉中以后,山东诸将中有些人对刘邦集团的前途感到茫然,悄悄地不辞而别。公元前206年六月,韩信感到自己在汉军中得不到重用,也愤然出走。萧何得知此事之后,来不及与刘邦打招呼,就星夜将韩信追回。今陕西南郑县的仙台山中有一截贤岭,其上建有淮阴侯祠,褒城马道驿北有一小河名寒溪,相传为萧何追上韩信的地方。在南郑县南的大巴山上亦建有淮阴侯祠,这些古迹都是后人为纪念韩信以及关键时刻追

---

① 《史记·淮阴侯列传》。

② 《史记·淮阴侯列传》。

③ 《史记·淮阴侯列传》裴骃《集解》引徐广曰:"典客也。"司马贞《索隐》引李奇云:"楚官名。"引张晏云:"司马也。"

④ 《史记·淮阴侯列传》。

回韩信的萧何而建造的。历代文人墨客在此留下不少诗文,以凭吊这位叱咤风云的英雄人物。其中宋代王仁裕有一首《题孤云绝顶淮阴侯祠》,是这样写的:

> 一握寒天草木深,路人犹说汉淮阴。
>
> 孤云不掩兴亡策,两角曾悬去住心。
>
> 不是冕旒轻布素,岂劳丞相远追寻?
>
> 当时若放还西楚,尺寸中华未可侵。

全诗颂扬韩信的功绩和萧何留贤、荐贤的识人之明,对刘邦不无微词。不过,刘邦毕竟具帝王之器识,他毫不迟疑地接受了萧何的建议,以隆重的拜将仪式,毅然把韩信简拔为汉军统帅。在拜将台上,韩信详细分析了楚汉双方各自的优劣,力劝刘邦还定三秦,出关东向,与项羽争夺天下。他说:

> 项王喑噁叱咤,千人皆废,然不能任属贤将,此特匹夫之勇耳。项王见人恭敬慈爱,言语呕呕,人有疾病,涕泣分食饮,至使人有功当封爵者,印刓敝,忍不能予,此所谓妇人之仁也。项王虽霸天下而臣诸侯,不居关中而都彭城。有背义帝之约,而以亲爱王,诸侯不平。诸侯之见项王迁逐义帝置江南,亦皆归逐其主而自王善地。项王所过无不残灭者,天下多怨,百姓不亲附,特劫于威强耳。名虽为霸,实失天下心。故曰其强易弱。今大王诚能反其道:任天下勇武,何所不诛!以天下城邑封功臣,何所不服!以义兵从思东归之士,何所不败!且三秦王为秦将,将秦子弟数岁矣,所杀亡不可胜计,又欺其众降诸侯,至新安,项王诈坑秦降卒二十余万,唯独邯、欣、翳得脱,秦父兄怨此三人,痛入骨髓。今楚强以威王此三人,秦民莫爱也。大王之入武关,秋毫无所害,除秦苛法,与秦民约,法三章耳,秦民无不欲得大王王秦者。于诸侯之约,大王当王关中,关中民咸知之。大王失职入汉中,秦民无不恨者。今大王举而东,三秦可传檄而定也。[①]

韩信详细分析了项羽集团的弱点和不利因素,大大增强了刘邦战胜项羽的信心,自然,也使刘邦认识了韩信的才干,不仅对他刮目相看,而且充分相信,放手使用,给予指挥一方面军事的全权。此后,韩信如鱼得水,军事才能得以充分发挥。公元前206年(汉元年)八月,刘邦用韩信之策,出奇兵,渡陈仓,定三秦。第二年,又打出函谷关,魏王、殷王、河南王

---

① 《史记·淮阴侯列传》。

等在刘邦的马前叩首称臣。公元前 205 年(汉二年)四月,当刘邦自彭城败退西逃时,也全赖韩信发兵荥阳接应,方才稳住阵脚。这时候,齐、赵、魏等诸侯王因慑于楚军表面强大,皆反汉与楚约和。刘邦使郦食其往说魏王豹,劝其回心转意。魏王豹不听。刘邦命韩信为左丞相率兵击魏。韩信问自魏归来的郦食其:"魏得毋用周叔为大将乎?"曰:"柏直也。"信曰:"竖子耳。"①立即挥军击魏。魏王豹也积极准备迎战。他估计韩信的进攻仍会遵循前一次汉军自临晋(今陕西大荔西)渡河的路线,因而将魏军精锐部队屯驻蒲坂(今山西永济西),扼守黄河渡口,以阻止汉军渡河。韩信将计就计,故意在临晋虚张声势,摆着一副要在那里渡河的架势,而将主力悄悄运动至夏阳(今陕西韩城),"以木罂缶渡军",奇袭安邑(今山西夏县境)。惊慌失措的魏豹倾全国之军迎击汉军,但为时已晚。九月,魏军被韩信一举打垮,魏豹被俘。接着,刘邦又拨给韩信三万兵力,派张耳协助,命他乘战胜之威攻取赵国。韩信挥军飞越太行山,准备自井陉突入赵境。赵王歇和陈馀得到消息以后,立即在井陉口屯兵二十万,全力抵御汉军的进攻。这时,陈馀手下有一个叫李左车的谋士献计说:

> 闻汉将韩信涉西河,虏魏王,禽夏说,新喋血阏与。今乃辅以张耳,议欲下赵,此乘胜而去国远斗,其锋不可当。臣闻千里馈粮,士有饥色;樵苏后爨,师不宿饱。今井陉之道,车不得方轨,骑不得成列,行数百里,其势粮食必在其后。愿足下假臣奇兵三万人,从间路绝其辎重;足下深沟高垒,坚营勿与战。彼前不得斗,退不得还,吾奇兵绝其后,使野无所掠,不至十日,而两将之头可致于戏下。愿君留意臣之计。否,必为二子所禽矣。②

李左车的上述建议,显示了他不凡的战略眼光。如果其计被采纳,韩、张二人是否遭擒虽不一定,但汉军攻取赵国必然要经历更多的曲折。可惜陈馀从儒者的观点出发,"常称义兵不用诈谋奇计",他要堂堂正正地与汉军对战。其实,此人对兵法一窍不通,并且又骄傲轻敌,他认为战胜韩信是轻而易举的:

> 吾闻兵法十则围之,倍则战。今韩信兵号数万,其实不过数千。能千里而袭我,亦已罢极。今如此避而不击,后有大者,何以加之!则诸侯谓吾怯,而轻来伐我。③

---

① 《汉书·韩信传》。
② 《史记·淮阴侯列传》。
③ 《史记·淮阴侯列传》。

由于拒绝了李左车正确的建议,这样,两军还未对战,胜负已经决定了。当侦察人员报告赵军不用李左车之计而在井陉正面摆开了决战的架势时,韩信喜出望外。他立即命令全军沿崎岖险峻的山间小路迅速东进,在距井陉口三十里的地方安营扎寨。子夜时分,韩信点拨轻骑两千,令每人持一赤帜,抄一条小路秘密接近赵军军营,悄悄隐蔽在赵军难以发现的山谷之中。指令他们说:"赵见我走,必空壁逐我,若疾入赵壁,拔赵帜,立汉赤帜。"同时又命裨将传令全军,先草草吃点东西投入战斗,待攻破赵军以后再放心地饱餐一顿。对于韩信如此不寻常的部署,汉军将士们半信半疑。韩信命令万余大军做前锋向既定位置前进。天刚蒙蒙亮时,在离赵国军营不远的地方背水立阵。赵军望见后皆大笑不止。天大亮以后,韩信令军士树起大将旗帜,指挥全军向赵军冲锋。一霎时,战鼓隆隆,杀声震天,汉军勇猛地跃出井陉口。赵军开壁迎战,一时杀得难解难分。两军酣战之际,韩信命汉军装出不能支持的样子,丢弃旗鼓军械,败退至河畔的汉军背水营地,与背水阵中的将士们合在一起,转而复战。赵军见汉军败退,立即全军出动,一窝蜂般地抢夺汉军的旗鼓军械,并对汉军发起猛烈进攻。由于汉军此时已是背水而战,无后退之路,士卒皆奋勇当先,殊死拼搏,赵军人数虽众但占不了上风。而韩信预先埋伏的两千骑兵,候赵军空壁而出之时,立即迅速突入赵军营寨,拔去赵军旗帜,换上汉军旗帜。赵军见攻击汉军不能取胜,欲返回自己的军营固守时,看到自己营垒上遍插汉军的旗帜,皆大惊失色,纷纷落荒而逃。汉军乘胜前后夹击,彻底打垮了赵军,陈馀被杀,赵王歇作了俘虏。井陉之战的胜利大出汉军将士的意料,在庆祝胜利的时候,诸将与韩信有一段对话,显示了韩信打破常规指挥这次战役的谋略:

> 诸将效首虏,毕贺,因问信曰:"兵法右倍山陵,前左水泽,今者将军令臣等反背水陈,曰破赵会食,臣等不服。然竟以胜,此何术也?"信曰:"此在兵法,顾诸君不察耳。兵法不曰'陷之死地而后生,置之亡地而后存'?且信非得素拊循士大夫也,此所谓'驱市人而战之',其势非置之死地,使人人自为战;今予之生地,皆走,宁尚可得而用之乎!"诸将皆服曰:"善。非臣所及也。"①

破赵之战显示了韩信在实践中灵活运用兵法的才能,使他在看起来无法取胜的时间、地点和条件下出人意料地取得了胜利。当时的情势对韩信统帅的汉军不利:汉军人数少于赵军且刚刚经过灭魏之战,远来疲惫,而赵军人数众多,又以逸待劳;井陉地形乃一山间小径,崎岖蜿蜒,不仅行军困难,而且大部队既不易集中亦不易展开,如赵军于途中设伏,后

---

① 《史记·淮阴侯列传》。

果不堪设想;韩信初任汉军统帅,还没有更多地展示自己的才能而取得将士们的信任。在此情况下,他灵活地运用兵法,出奇制胜,险中取胜,打了一场痛快淋漓的歼灭战,写下了自己军事生涯最辉煌的一章。

韩信对李左车献给陈馀的计策十分赞叹,佩服他是个人才。因而在战争中严令将士不得伤害李左车,并悬出赏格:"有能生得者购千金。"①后果然生俘李左车。韩信虚心向他求教攻取燕国的方略,李左车不愧为一个有非凡战略眼光的谋士,他首先分析了汉军的长处与不足:

> 今将军涉西河,虏魏王,禽夏说阏与,一举而下井陉,不终朝破赵二十万众,诛成安君(即陈馀)。名闻海内,威震天下,农夫莫不辍耕释耒,褕衣甘食,倾耳以待命者,若此,将军之所长也。然而,众劳卒罢,其实难用。今将军欲举倦散之兵,顿之燕坚城之下,欲战恐久力不能拔,情见势屈,旷日粮竭,而弱燕不服,齐必距境以自强也。燕齐相持而不下,则刘项之权未有所分也。若此者,将军所短也。②

然后,他向韩信提出了一个"以长击短"的谋取燕国的方略:

> 方今为将军计,莫如案甲休兵,镇赵抚其孤,百里之内,牛酒日至,以飨士大夫醳兵,北首燕路,而后遣辩士奉咫尺之书,暴其所长于燕,燕必不敢不听从。燕已从,使谊言者东告齐,齐必从风而服,虽有智者,亦不知为齐计矣。如是,则天下事皆可图也。兵固有先声而后实者,此之谓也。③

韩信依计而行,陈兵燕境,然后遣使入燕游说。由于汉军新破魏、代、赵诸国,声威远震,燕国只得老老实实地投降。汉军兵不血刃,黄河以北燕国的广土众民就归到了刘邦麾下。韩信遣使向刘邦报捷,并请求刘邦封张耳为赵王,以管辖刚刚得来的赵国。自己则率军征伐齐国。公元前 204 年(汉三年)六月,刘邦把韩信一军的精锐带至荥阳一线以增强对付项羽的正面战场,同时拜韩信为相国,命他统辖赵国张耳的军队向齐国进兵。韩信率军东进,至平原(今山东平原南),得到齐国已被郦食其说降的消息。韩信本打算停止进兵,但他的谋士蒯通却劝他说:

---

① 《史记·淮阴侯列传》。
② 《史记·淮阴侯列传》。
③ 《史记·淮阴侯列传》。

将军受诏击齐,而汉独发间使下齐,宁有诏止将军乎?何以得毋行也!且郦生一士,伏轼掉三寸之舌,下齐七十余城,将军将数万众,岁余乃下赵五十余城,为将数岁,反不如一竖儒之功乎!①

在蒯通的功名利禄的煽惑下,韩信坚定了用武力攻占齐国的决心。公元前203年(汉四年)十月,当齐国君臣与郦食其置酒高会之时,韩信率军突袭了齐国屯驻历下的主力军。齐君田广一怒之下,烹杀郦食其,通款项羽,与楚军联合抵抗汉军的进攻。韩信乘胜攻取齐都临淄以后,继续东进,与齐国残余军事力量和楚将龙且统帅的楚军夹潍水对峙。这时,有一谋士向龙且提出了一条坚壁清野、以逸待劳、策动反叛、相机破敌之计,可惜刚愎自用、骄傲轻敌的龙且不能采用。反而督军与汉军隔潍水布阵,从而为韩信的胜利创造了条件。韩信知悉楚军的部署,大喜过望。立即命军士连夜将万余只袋子装满沙石,把潍河上流的河床堵塞。然后引军半渡,向龙且军攻击。双方一阵激战,韩信军佯败,回渡潍水。龙且不知是计,以为汉军真的败退,急忙挥军追击。正当楚军渡水之时,韩信已命士卒将沙袋所筑之拦河堤决开,滚滚大水将正渡河的楚军士卒淹死不计其数,其余楚军被河水分开,彼此不能相救。汉军回师猛击,杀掉龙且,潍水以西楚军全军覆没,以东楚军纷纷溃逃。齐王田广继续东逃,楚军残余则向东南狂奔,企图逃归彭城。韩信命汉军穷追不舍,至城阳(今山东菏泽北),将楚军残部尽皆俘获。潍水一战,彻底打垮了齐楚二十万联军,并很快占领了齐国全境,再次展示了韩信高超的指挥艺术。不过,韩信平齐的胜利虽然从军事上看不乏积极意义,但是从政治上看却并不光彩。因为郦食其本来用和平手段解决的问题,韩信又重新使用战争的手段去解决,不仅使郦食其惨遭烹杀,而且无端牺牲了许多士卒的生命。对此,王夫之曾这样评论说:

毒天下而以自毒者,其唯贪功之人乎!郦生说下齐,齐已受命,而汉东北之虑纾,项羽右臂之援绝矣。……乃韩信一启贪功之心,从蒯通之说,疾击已降,而郦生烹,历下之军喋血盈野,诸田卒以殄其宗。惨矣哉!贪功之念发于隐微,而血已漂卤也。②

韩信以牺牲郦食其为代价取得了平齐之战的胜利,从史料中找不到刘邦对他谴责的表示,但从后来刘邦封郦食其之子为侯看,他对这位具有纵横之才的老谋士的惨死是十分痛惜的。之所以未就此事谴责或惩罚韩信,原因是复杂的。一、或许由于路途遥远,郦食其说

---

① 《史记·淮阴侯列传》。
② 《读通鉴论》卷2《汉高帝》,文中蒯彻即蒯通,因避汉武帝刘彻讳改彻为通。

齐成功的信息未传到刘邦那里;或许已传到刘邦那里,但刘邦发出的停战命令没有传到韩信那里;或许刘邦压根就没有发出停战的命令。不管是什么原因,韩信攻齐是奉命行事,谴责或惩罚他都没有充分的理由。二、韩信不仅以武力平定了齐国,而且消灭了二十万齐楚联军,减轻了楚军在正面战场上对汉军的压力,为最后战胜楚军创造了条件。与这个胜利相比,郦食其的牺牲作为代价是值得的。刘邦没有理由对一个胜利的英雄进行谴责,更不用说惩罚了。三、更重要的是,此时楚军在正面战场对刘邦的压力使他透不过气来,他日夜企盼韩信一军迅速从北面攻击楚军以解正面汉军的困厄。军情十万火急,刘邦有求于韩信。刘邦纵使对韩信的行动十分不满,此时也不敢对他露出半点责备之意,更不用说惩罚了。

韩信完成平齐之役,已经为刘邦夺取了大半个中国,这个功劳是刘邦集团中任何人也无法比拟的。随着韩信战功的增加和占地的广阔,其个人的权力欲也逐渐膨胀起来。本来,封建时代的文人武士投到国君门下供其驱使,贡献智谋和力气,目的就是为了猎取爵位、官职、权力、俸禄。正如韩非所说:“臣尽死力以与君市,君重爵禄以与臣市。”①然而,这种猎取又必须在国君允许的范围之内,超越限度就是僭越,强行索取更是国君所不允许的。韩信在拜将时对刘邦的慷慨陈辞中,要求刘邦“以天下城邑封功臣”,虽说有着特定的时代背景,但也暴露了他强烈的政治欲望。王夫之在《读通鉴论》中已经指出此举非臣子的道德规范所允许(说见下文)。平定齐国以后,韩信认为相国的头衔已不足以当其功,于是径直向刘邦要求“假齐王”的封赏了。公元前203年(汉四年)十一月,他派出使者向刘邦请求说:“齐伪诈多变,反覆之国也,南边楚,不为假王以镇之,其势不定。愿为假王便。”②这时候,刘邦正被项羽的大军围困在荥阳,形势十分危急。他对韩信在此时此刻要挟自己给予封赏又惊又怒。因而大骂韩信:“吾困于此,旦暮望若来佐我,乃欲自立为王!”张良、陈平意识到此时还不是指责韩信的时候,当务之急是必须笼络住韩信,使他在关键时刻参加对楚军的战斗,以解决刘、项两个集团争夺天下的问题。于是示意刘邦答应韩信的要求。刘邦一经点拨,顿时醒悟,马上转变态度,因复骂道:“大丈夫定诸侯,即为真王耳,何以假为!”③立即遣张良为特使,封韩信为齐王,同时命他迅速挥军南下,从北面攻击楚军。如果说,在拜韩信为大将时刘邦对他的野心尚未觉察的话;那末,在下令封他为齐王时已隐藏了杀机。刘邦对他的信任程度正大大减弱,准备在适当的时候除掉他。

韩信平齐以后,势力大增,成为刘邦、项羽之外又一支举足轻重的力量。项羽意识到,再也不能小觑这一位在自己手下溜走的小小郎中了。此时如果能使韩信背汉向楚,或者

① 《韩非子·难一》。
② 《史记·淮阴侯列传》。
③ 《史记·淮阴侯列传》。

在楚汉之间保持中立,楚军所处的不利形势就会出现新的转机。于是他派出辩士武涉秘密潜至齐地,拜见了因功被封为齐王而踌躇满志的韩信,竭力游说他背汉向楚。武涉在韩信面前煽惑说:

> 足下所以得须臾至今者,以项王尚存也。当今二王之事,权在足下。足下右投则汉王胜,左投则项王胜。项王今日亡,次则取足下。足下与项王有故,何不反汉与楚连合,三分天下王之? 今释此时,而自必与汉以击楚,且为智者固若此乎![①]

武涉鼓动韩信背汉向楚,以求三足鼎立,尽管是从项羽的利益出发的,但他也的确看到了刘邦与韩信间隐蔽着的矛盾,具有先见之明地指出了韩信将来潜在的危险。这时的韩信只感到刘邦对自己几乎言听计从,而随着功劳的增大,自己的爵位和官职也不断上升。既然刘邦现在对自己如此厚爱,将来的富贵荣华更不会有什么问题。显然,韩信对自己的未来还缺乏清醒的认识,所以他婉言拒绝了武涉的要求。韩信拒绝的理由看起来也是相当充分的:

> 臣事项王,官不过郎中,位不过执戟,言不听,画不用,故背楚而归汉。汉王授我上将军印,予我数万众,解衣衣我,推食食我,言听计用,故吾得以至于此。夫人深亲信我,我倍之不祥,虽死不易。[②]

韩信一方面不相信武涉为他预言的可怕未来,另一方面又被一种"士为知己者死"的侠义精神所左右,因而决心跟随刘邦到底。武涉的游说没有成功。韩信手下的辩士蒯通接着又对他进行规劝。蒯通告诉韩信,他精于相人之术,非常灵验:"贵贱在于骨法,忧喜在于容色,成败在于决断,以此参决,万不失一。"[③]韩信让他为自己相面,蒯通故作神秘地说:"相君之面,不过封侯,又危不安。相君之背,贵乃不可言。"[④]韩信表示愿闻其说。蒯通让韩信屏退左右,然后纵论天下大势,力劝韩信据齐自立,进而独制天下:

> 天下初发难也,俊雄豪杰建号一呼,天下之士云合雾集,鱼鳞杂遝,熛至风起。当此之时,忧在亡秦而已。今楚汉分争,使天下无罪之人肝胆涂地,父子暴骸骨于中野,

---

① 《史记·淮阴侯列传》。
② 《史记·淮阴侯列传》。
③ 《史记·淮阴侯列传》。
④ 《史记·淮阴侯列传》。

不可胜数。楚人起彭城，转斗逐北，至于荥阳，乘利席卷，威震天下。然兵困于京、索之间，迫西山而不能进者，三年于此矣。汉王将数十万之众，距巩、雒，阻山河之险，一日数战，无尺寸之功，折北不救，败荥阳，伤成皋，遂走宛、叶之间，此所谓智勇俱困者也。夫锐气挫于险塞，而粮食竭于内府，百姓罢极怨望，容容无所倚。以臣料之，其势非天下之贤圣固不能息天下之祸。当今两主之命悬于足下。足下为汉则汉胜，与楚则楚胜。臣愿披腹心，输肝胆，效愚计，恐足下不能用也。诚能听臣之计，莫若两利而俱存之，参分天下，鼎足而居，其势莫敢先动。夫以足下之贤圣，有甲兵之众，据强齐，从燕、赵，出空虚之地而制其后，因民之欲，西乡为百姓请命，则天下风走而响应矣，孰敢不听！割大弱强，以立诸侯，诸侯已立，天下服听而归德于齐。案齐之故，有胶、泗之地，怀诸侯以德，深拱揖让，则天下之君王相率而朝于齐矣。盖闻天与弗取，反受其咎；时至弗行，反受其殃。愿足下孰虑之。①

蒯通的计策从韩信的个人利益看来的确是有吸引力的，但究其实，无非是项羽式裂地分封的变种，既不合历史潮流，事实上也难以成功。韩信如果真的这样做，那也只能重蹈项羽的覆辙，不过给刘邦的统一天下增加一些困难、延长一点时间而已，总的历史进程是不会改变的。韩信一时犹豫不决，拿不定主意。他认为刘邦对自己恩义深厚，应该报知遇之恩，不能见利而背恩忘义。思维再三，他还是重复那句话："汉王遇我甚厚，载我以其车，衣我以其衣，食我以其食。吾闻之，乘人之车者载人之患，衣人之衣者怀人之忧，食人之食者死人之事，吾岂可以乡利倍义乎！"②蒯通对韩信的"执迷不悟"仍心有不甘，又进一步以历史和现实为例，反复申述"世态炎凉，利尽则交亡"的道理，敦促韩信痛下决心。他说：

始常山王、成安君为布衣时，相与为刎颈之交，后争张黡、陈泽之事，二人相怨，常山王背项王，奉项婴头而窜，逃归于汉王。汉王借兵而东下，杀成安君泜水之南，头足异处，卒为天下笑。此二人相与，天下至欢也。然而卒相禽者，何也？患生于多欲而人心难测也。今足下欲行忠信以交于汉王，必不能固于二君之相与也，而事多大于张黡、陈泽。故臣以为足下必汉王之不危己，亦误矣。大夫种、范蠡存亡越，霸勾践，立功成名而身死亡。野兽已尽而猎狗烹。夫以交友言之，则不如张耳之与成安君者也；以忠信言之，则不过大夫种、范蠡之于勾践也。此二人者，足以观矣。愿足下深虑之。且臣闻勇略震主者身危，而功盖天下者不赏。臣请言大王功略：足下涉西河，虏魏王，

---

① 《史记·淮阴侯列传》。

② 《史记·淮阴侯列传》。

擒夏说,引兵下井陉,诛成安君,徇赵、胁燕、定齐,南摧楚人之兵二十万,东杀龙且,西乡以报,此所谓功无二于天下,而略不世出者也。今足下戴震主之威,挟不赏之功,归楚,楚人不信;归汉,汉人震恐;足下欲持是安归乎?夫势在人臣之位而有震主之威,名高天下,窃为足下危之。①

虽然蒯通申述的理由是有说服力的,但韩信仍推诿说:"先生且休矣,吾将念之。"蒯通仍不死心,数天以后,他再次面见韩信,提出最后的忠告:

夫听者事之候也,计者事之机也,听过计失而能久安者,鲜矣。听不失一二者,不可乱以言;计不失本末者,不可纷以辞。夫随厮养之役者,失万乘之权;守儋石之禄者,阙卿相之位。故知者决之断也,疑者事之害也,审毫厘之小计,遗天下之大数,智诚知之,决弗敢行者,百事之祸也。故曰:"猛虎之犹豫,不若蜂虿之致螫;骐骥之跼躅,不如驽马之安步;孟贲之狐疑,不如庸夫之必至也;虽有舜禹之智,吟而不言,不如喑聋之指麾也。"此言贵能行之。夫功者难成而易败,时者难得而易失也。时乎时,不再来。愿足下详察之。②

蒯通告诫韩信,在楚、汉之争胜负未定之时,正是独树一帜的最佳时机,因为此时楚汉两家只能采取拉拢韩信的措施,谁也无力对他进行征讨。必须趁此时机,为自己创出一个新局面。但韩信"犹豫不忍背汉,又自以为功多,汉终不夺我齐,遂谢蒯通"③。蒯通知道韩信难以说动,叹息说:"夫迫于细苛者,不可与图大事;拘于臣虏者,固无君王之意。"④蒯通认为道不同不相为谋,且继续留在韩信军中又可能危及自身,遂"佯狂为巫",离开韩信,云游江湖去了。应该承认,蒯通看到了剥削阶级代表人物以利害相结合以至反目成仇的历史和现实,比较准确地预言了韩信在不久的将来遇到的危险处境,其眼光的确是锐敏而深刻的。但是,他开给韩信的自救之方却是短视的,实在并不高明。历史的潮流正导向统一,可是蒯通却去劝韩信重温齐桓、晋文的美梦,韩信即使真的依其计而行,到头来也是不会成功的。后来,韩信在被杀前夕,后悔自己没有早听蒯通之言。其实,韩信的最后失败,倒不是因为他没有按照蒯通的建议去行动,而是因为他先在刘邦的汉皇朝范围内割据称雄,与刘邦加强专制主义中央集权的要求相矛盾;尔后又参与谋反,违背了作为一个忠顺臣子

① 《史记·淮阴侯列传》。
② 《史记·淮阴侯列传》。
③ 《史记·淮阴侯列传》。
④ 《史记·淮阴侯列传》。

的基本准则。王夫之曾指出,韩信虽然是一个优秀的军事干才,但在政治上却是一个低能儿。他善于立功,却不会避祸。在一些君王十分敏感的问题上锋芒毕露,功名利禄之心太强,从而招来杀身之祸:

> 韩信数项羽之失曰:"有功当封爵者,印刓敝,忍不能予。"由斯言也,信之所以徒任为将而不与闻天下之略,且以不保其终者,胥在是矣。抑信之为此言也,欲以胁高帝而市之也。故齐地甫定,即请王齐,信之怀来见矣。挟是心以市主,主且窥见其心,货已雠而有余怨。云梦之俘,未央之斩,伏于请王齐之日,而机动于登坛之数语。刀械发于志欲之妄动,未有爽焉者也。信之言曰:"以天下城邑封功臣,何所不服。"为人主者可有是心,而臣子且不可有是语。况乎人主之固不可以是心市天下乎![①]

在阶级社会里,剥削阶级之间的关系从本质上讲是一种功利相市的关系,但又蒙上一层忠孝节义的伦理道德的外衣。在刘邦与韩信的关系上,问题不是出在该市与不该市,也不是出在是由人主还是由人臣来点破此一层薄纸的问题,而是出在人主与人臣对于市所持的价码的不一致上。韩信后来之所以被刘邦猜忌和厌恶,一是因为他不等刘邦封赏而自讨封赏,侵越了刘邦的权限,二是因为他在不该讨封赏的时候讨封赏,三是因为他的要价太高。

本来,韩信要求假齐王的封号一事已经在刘邦心中留下阴影。所以,刘邦在满足他要求的同时也准备好了在不久的将来除掉他。对此,韩信在当时显然是无法觉察的。这时的韩信只是想到自己建树的巨大功劳,想到了用这些功劳应该从刘邦那里换来更多的地盘、权力和财富,以及享受不尽的荣华富贵。武涉、蒯通的游说之所以未能打动韩信,是因为他把要求刘邦对自己的封赏看成正当的平等交易。所以,在得到了齐王的封号以后,韩信并没有收敛自己的欲望,而是得寸进尺,得陇望蜀。公元前202年(汉五年)十月,当刘邦率汉军主力追击楚军到固陵,要求韩信迅速率军前来参战时,韩信竟故意拖延,迟迟不奉命南下。结果使楚军获得喘息之机,项羽一个回马枪,把汉军打得狼狈不堪。张良洞悉韩信不及时率军南下的隐秘,是想得到故乡楚地,将其划归他的封国,并以此作为他前来参战的筹码。就建议刘邦满足韩信的要求。此一着果然灵验,韩信马上督军南下,从北面完成了对楚军的包围。接着,韩信出色地指挥了对项羽最后围歼的垓下之战,为汉皇朝的建立立下了最后一桩功劳。韩信不知道,此时他的功业虽然已达到顶点,但他对刘邦的功用却已经完结。韩信并没有感到这个对他的命运至关重要的历史转折,依然念兹在兹地

---

① 《读通鉴论》卷2《汉高帝》。

以功臣自居。如此以来,他与刘邦的冲突就不可避免地发生,杀身之祸也就悄悄降临到他的头上了。既然最大的敌人项羽已经消灭,潜在的对手韩信也就成了刘邦最主要的防范对象。刘邦在垓下之战结束后回军经过韩信的统帅部驻地定陶时,就在韩信毫无觉察的情况下收回了他对汉军的指挥权。接着又宣布改封他为楚王。这两项措施显然是刘邦为防范韩信反叛而精心策划的。因为韩信的特长是带兵,帅而无兵,就不易兴风作浪。齐国连城七十,地广人众,有鱼盐之利,加之民风慓悍,自春秋以来就是东方大国。将这一重要地方封赏给韩信,刘邦是既不乐意,更不放心。因而差不多在剥夺其军权的同时,也宣布了改封他为楚王的决定。淮北地方较齐地为小,地瘠民贫,四面又无险可守,由韩信经营其地,即使他日后反叛,也比较容易对付。王夫之对刘邦在楚汉战争刚刚结束就夺取韩信的兵权一事十分赞赏。认为此举为"天下安宁所系":

> 汉王甫破项羽,还至定陶,即驰夺韩信军,天下自此宁矣。大敌已平,信且拥强兵也何为? 故无所挟以为名而抗不听命,既夺之后,弗能怨也。如姑缓之,使四方卒有不虞之事,有名可据,信兵不可夺矣。夺之速而安,以奠宗社,以息父老子弟,以敛天地之杀机,而持征伐之权于一王,乃以顺天休命,而以得以生。[1]

这种看法是很有见地的。刘邦在楚汉战争激烈进行的时候,他就意识到了诸侯王们日后对汉皇朝中央政府所构成的威胁,同时在内心深处已经酝酿着将来削平他们的计划。而在楚汉战争的硝烟还没有散尽的时候,他就不失时机地采取了第一个断然行动:剥夺功劳最大,统兵最多,对汉朝中央威胁最大的韩信的兵权。从而以此为标志,开始了刘邦削平异姓诸侯王的行动。而韩信的悲剧也从此揭幕。不过,此时的韩信丝毫没有反叛刘邦的意思,作为城市贫民出身的韩信,投军七年,凭着自己的军事才干,迅速晋升到位极人臣的诸侯王,他已经心满意足了,他并不觊觎刘邦所占的那个皇帝位子,只想在楚王的宫室中尽情地享受一番。楚汉战争结束后,他领衔上书,将刘邦推上了皇帝的尊位。之后,他就来到自己的封地,对故旧论功行赏。他首先召见当年给他饭吃的漂母,表示深深的谢意,并以千金为报。这位心地善良的老人大概从此结束了洗衣生涯,能够衣食无虞地安度晚年了。接着,韩信找到了当年的下乡南昌亭长,送给他一百个大钱,曰:"公,小人也,为德不卒。"[2]算是对其妻子当年驱逐自己的一点报复。最后,又召见了那位曾令自己出其胯下的淮阴少年,不仅未加惩罚,而且还任命他做了王国中尉,似乎显得特别大度。他对跟随

---

① 《读通鉴论》卷 2《汉高帝》。
② 《史记·淮阴侯列传》。

自己的王国官吏们说："此壮士也,方辱我时,我宁不能杀之邪? 杀之无名,故忍而就于此。"①

公元前201年(汉六年)十月,刘邦与韩信在楚将钟离眜问题上发生了抵牾。钟离眜家住伊庐(今江苏连云港南),是韩信在楚军时的好朋友。楚汉战争结束后,钟离眜成为汉朝皇帝通缉归案的要犯,但韩信出于朋友之情和侠义精神,将逃到他那里的钟离眜窝藏起来,这显然是对汉朝法律和皇帝权威的蔑视。韩信此举已使自己陷于被动。刘邦得知钟离眜隐藏于楚国的消息之后,命令韩信将钟逮捕归案。但韩信碍于故人情面,拖延未予执行。刘邦对此十分恼火。正在这时,刘邦派到楚地的耳目报告韩信"行县邑,陈兵出入",有谋反之嫌。韩信拖延执行刘邦逮捕钟离眜的命令,显然是不对的。但密报韩信此时就要谋反,也实在缺乏事实根据。不过,由于刘邦、韩信之间在楚汉战争后期就出现裂痕,战后更进一步加剧了信任危机,彼此之间任何时刻都警惕着对方的动静。在这种情况下,拨弄是非很容易逗其伎,任何谣言都可能导致双方兵戎相见。果然,刘邦对这个并不符合事实、显系捏造的密报深信不疑。他立即召集文臣武将谋划对策,将军们慷慨激昂,一致主张即刻发兵对韩信进行大张旗鼓的讨伐。刘邦思忖再三,觉得这样做没有必胜的把握,所以不敢贸然决定。刘邦转而征求陈平的意见。陈平认为,朝廷耳目所密报韩信谋反一事,不仅外面无人知晓,韩信本人亦被蒙在鼓里,因而可以采取智取的策略。这样既免去武力讨伐的风险,又可万无一失地擒住韩信。陈平建议刘邦伪游云梦,让韩信自投罗网。刘邦欣然接受陈平的建议,向诸侯王发出了他将游云梦的诏书,实际目的是借韩信晋见之机,将其逮捕。韩信对此,毫无察觉。当得知刘邦大驾即将来到楚国边界的消息时,韩信虽然心存疑惧,但对如何行动却举棋不定:发兵反抗,没有什么借口,也没有必胜的把握,再说自己也没有犯罪的把柄抓到刘邦手里,由此而获罪,实在不值得;堂堂正正地前去谒见皇上,又怕遭到刘邦的暗算。因而犹豫逡巡,难以下定决心。这时候,有个谋士建议韩信杀掉钟离眜,以其头颅作为晋见刘邦的礼物,刘邦一定满意。这样,既可以释去前嫌,也就没有什么危险了。韩信思虑再三,也感到只有此法或可使自己摆脱厄运,在自己生命攸关的问题上,韩信只得忍痛牺牲朋友之情了。韩信来见钟离眜,将谋士的话直言相告。钟离眜知道自己的末日已经来临,气急败坏地对韩信说:"汉所以不击取楚,以眜在公所。若欲捕我以自媚于汉,吾今日死,公亦随手亡矣。"②同时大骂韩信是不讲信义,只顾自己、出卖朋友的小人。然后自刎于韩信面前。这里,钟离眜显然过高估计了自己的存在对于韩信安危的作用。过去他为项羽之将并未挽救项羽的灭亡;而今,以待罪之身隐匿于韩信之处怎

---

① 《史记·淮阴侯列传》。
② 《史记·淮阴侯列传》。

么可能成为韩信的安全屏障呢！不过,钟离眛对于韩信要亡于刘邦之手这一点还是不幸而言中了。十二月,当韩信持钟离眛之首到陈(今河南淮阳)谒见刘邦的时候,刘邦如愿以偿地将他捕获。至此,韩信才明白中了刘邦的诱捕之计。韩信满腹委屈,愤怒地对刘邦说:"果如人言:'狡兔死,良狗烹;高鸟尽,良弓藏;敌国破,谋臣亡。'天下已定,我固当烹!"①韩信这里引述的是春秋时期越国范蠡的名言,道出了古代君臣可共患难,不可以共安乐的真谛。刘邦听后哈哈大笑,回敬韩信说:有人告你谋反,我不得不逮捕你。刘邦将韩信带至洛阳以后,大概是因为查不出什么谋反的证据,就将他赦免,但同时决定贬其为淮阴侯,留在京师监视起来。平心而论,刘邦此时的确找不到韩信谋反的证据,因为他这时候既无谋反的思想,更没有谋反的行动。包庇一个逃犯钟离眛,在自己的封国之内带兵巡视,纵有不妥,亦构不成谋反罪。韩信的致命弱点在于,他的思想还停留在列国林立的战国时代。他认为在自己的封国之内他有权任意处置一切,对于在专制主义中央集权条件下做一个诸侯王很不适应,因而与汉朝中央的矛盾和冲突就难以避免。这一次,刘邦惩罚韩信实在是欲加之罪,何患无辞,目的不过是借谋反的罪名削掉其封土与军队而已。应该看到,这次事件是韩信政治生涯的重大转折。以此为契机,他内心深处潜伏的叛逆意识开始迅速地滋长了。由于没有谋反实据而被削地夺爵,肯定使韩信委屈满腹,耿耿于怀,同时使他对刘邦彻底绝望,感到再也不能指望从刘邦那里得到什么高官厚禄,而自己的囚徒处境也是无法改变的。于是,韩信采取了一种消极的反抗办法,"常称疾不朝从。信由此日夜怨望,居常鞅鞅,羞与绛、灌等列"②。有一次,他来到樊哙的居处闲聊,樊哙恭恭敬敬地迎送,言必称臣。韩信出门,自嘲说:"生乃与哙等为伍!"③想不到今生竟与樊哙这样的人为伍!

韩信以淮阴侯的爵位住在长安,时时处于刘邦的监视之下。如果他认识到自己的处境,乐天知命,随遇而安,或斗鸡走狗,或醇酒妇人,装出一副与世无争的模样,刘邦纵使想除掉他也找不到像样的理由,他或许能得以善终。但是,韩信却是一个自视甚高、不甘寂寞、锋芒毕露,并且念念不忘自己功勋的人物。这就注定了他悲剧的命运。在韩信闲居无聊的时候,刘邦有时也找他聊天。一次,二人谈论到汉朝诸将能力高下时,刘邦问韩信:"如我能将几何?"韩信脱口而出:"陛下不过能将十万。"刘邦又问:"于君何如?"韩信洋洋得意地回答说:"臣多多而益善耳。"刘邦也很不客气地说:"多多益善何为我擒?"韩信只好回答说:"陛下不能将兵,而善将将,此乃信之所以为陛下擒也。且陛下所谓天授,非人力

---

① 《史记·淮阴侯列传》。
② 《史记·淮阴侯列传》。
③ 《史记·淮阴侯列传》。

也。"①韩信在刘邦面前表现了惊人的坦率。对于这样一位善于统兵的帅才,刘邦自然是日夜加以警惕的。韩信在数年的近于囚徒般的生活中,对刘邦由失望、怨尤、愤怒,逐渐走上了谋反的道路。他时时痛悔自己不听蒯通之言,不断思考如何对刘邦的"负义"进行报复。不久,机会终于等来了。韩信与阳夏侯陈豨感情甚笃,恰巧刘邦任命陈豨以相国的职务监领代、赵两地的兵权。莅任前,陈豨特来向韩信辞行。韩信握着他的手,屏退左右,与之步于庭,仰天叹曰:"子可与言乎?欲与子有言也。"陈豨恭敬地说,唯将军之命是从。韩信遂与密谋说:

> 公之所居,天下精兵处也;而公,陛下之信幸臣也。人言公之畔,陛下必不信;再
> 至,陛下乃疑矣;三至,必怒而自将。吾为公从中起,天下可图也。②

这样,韩信就与陈豨定下了里应外合、发动叛乱的密谋。陈豨到任以后,蓄养大批宾客死士为叛乱积聚力量。有一次,陈豨告归,路过邯郸时,竟有车千乘,偌大的邯郸官舍都容纳不下。在礼仪上,这是一种僭越。赵相周昌上书刘邦,对陈豨提出弹劾。刘邦下令调查陈豨宾客之事,引起了陈豨的惊恐不安,加速了谋反的步伐。公元前197年(汉十年)九月,陈豨自立为代王,公开举起了反叛的旗帜。刘邦决定亲自率兵征伐陈豨。临行前,刘邦大概已经怀疑韩信与陈豨勾结,就故意要求韩信随军赴前线效力。韩信认为这正是他在首都举行谋叛的良机,就以生病为名拒绝从行。刘邦率兵进至邯郸,由于争取了赵、代地区官吏和百姓的支持,很快平定了陈豨的叛乱。刘邦率大军赴邯郸后,京师一时空虚。韩信立即紧张地进行谋反的策划。他一面派出心腹秘密赴陈豨那里联络,一面与家臣密谋,决定乘夜间诈赦诸官徒奴,发兵袭击吕后与太子。一切部署既定,只待陈豨密报一到,就开始行动。这时,淮阴侯府有一舍人得罪于韩信,信因其人,欲杀之。舍人弟遂将韩信的密谋向吕后告发。公元前196年(汉十一年)正月,吕后本打算立即召见韩信加以惩处,又恐其识破难以达到目的。于是同相国萧何谋议,让人诈称从前线归来,报告陈豨兵败身死,今群臣皆上朝祝贺。韩信听到这一消息,正在惊惧痛惜不知所措的时候,相国萧何特来登门拜望,并一本正经地对韩信说:你虽然身体欠安,但在这种时候,应该强打精神支撑着身子上朝祝贺。韩信听信了萧何的话,勉强入宫朝贺。一进宫门,迎接他的是全副武装的卫士,韩信束手就擒。吕后下令立即将其斩于长乐宫悬钟之室。韩信临死前,后悔莫及地

---

① 《史记·淮阴侯列传》。
② 《史记·淮阴侯列传》。

说:"吾悔不用蒯通之计,乃为儿女子所诈,岂非天哉!"①韩信的家属也遭到当时最严厉的惩罚:夷三族。应该说,韩信的被杀是罪有应得的。他临死之前把自己的失败归咎于天意,与项羽一样的愚昧可悲。历史进入公元前196年(汉十一年),汉皇朝早已统一和稳定,社会经济逐步得到恢复和发展,人民也在休息中乐安思定。在这种条件下,韩信与陈豨互相勾结,谋反叛变,妄图把国家重新拉向分裂、动荡和不安之中。这既违背历史潮流,也拂逆人民的愿望,其失败是必然的。韩信谋叛的失败,证明了这样一个历史真理:时势造英雄。一个人如果投身到顺应历史潮流的事业中,他获得的将是成功;反之,如果投身到反历史潮流的事业中,纵使为天才奇才,到头来也只能以失败而告终。平心而论,韩信在汉皇朝的创建过程中是建树了不朽功业的,刘邦对他的处理也有令人同情之处,但是,他的失败与被杀仍然是不足惜的。因为他最后的活动已经成为阻碍历史发展的因素了。

韩信以一介寒士投身军旅,将自己的军事才能充分发挥出来。数年之内,克城夺地,迭获胜利,最后裂土封王,成为汉初历史上一个显赫莫比的特殊人物,其猎取富贵权势利禄之心得到很大满足。在大汉皇朝建立之后,他对刘邦是衷心拥戴的。所以,他不仅拒绝了武涉背汉向楚的游说,也拒绝了蒯通离汉自立、三分天下的建议。然而,王位还没有坐稳,就被诬谋反,削地夺爵,继而又被扣押京师,形同俘虏,其后悔、怨愤之心可想而知。追求富贵权势的欲望一变而为谋反是一种合乎逻辑的发展,其感激刘邦知遇之恩不忍背汉和后来参与陈豨密谋铤而走险都是真实的。王夫之对此有一段评论说:

> 始信不从蒯彻之言与汉为难者,项未亡也。三分天下,鼎足而立,蒯彻狂惑之计耳。……信反于齐,则张耳扼其西,彭越控其南,鼎足先折而徒为天下蝥贼,信知其不可而拒彻,计之深也。项王灭,汉王倦归于汉中,信起而乘之,乃可以得志。彻之说,信岂须臾忘哉?……其曰不忍背汉者,姑以谢彻耳。削王而侯,国小而无兵,尚欲因陈豨而发难,拥三齐之劲旅,西向而虎视,尚难忌哉?②

这种看法不能说全无道理,但却完全忽视了韩信个人的发展变化,更没有找出促成这种发展变化的客观原因。在王夫之眼里,仿佛韩信生来就是一个浑身反骨的逆子贰臣,这既不符合事实,当然也没有什么说服力。韩信在灭齐之役结束,其统帅军力达到顶点的情况下,在武涉、蒯通的轮番游说下,之所以不背汉自立,主要还不是害怕张耳、彭越,此二人决不是韩信的对手。而是因为他对自己作为刘邦臣子的未来充满信心:既然自己对刘邦奉

---

① 《史记·淮阴侯列传》。
② 《读通鉴论》卷2《汉高帝》。

献了赤诚和不世之功,相信刘邦也决不会亏待自己。后来的事情变化完全出乎自己的意料,一种委屈、愤懑和对形势的错误估计,把韩信引向反叛,也导向最后被诛的悲剧。比较而言,司马迁和司马光的评论似乎更接近历史真实。司马迁说:

> 吾如淮阴,淮阴人为余言,韩信虽为布衣时,其志与众异。其母死,贫无以葬,然乃行营高敞地,令其旁可置万家。余视其母冢,良然,假令韩信学道谦让,不伐己功,不矜其能,则庶几哉,于汉家勋可以比周、召、太公之徒,后世血食矣。不务出此,而天下已集,乃谋畔逆,夷灭宗族,不亦宜乎![1]

司马迁对韩信被诛悲剧出现原因的分析是有见地的,但"假令韩信学道谦让"就可避免悲剧的说法仅仅是一厢情愿而已,果如此,韩信也就不成为韩信了。司马光在《资治通鉴》中这样评论说:

> 世或以韩信首建大策,与高祖起汉中,定三秦,遂分兵以北,禽魏,取代,仆赵,胁燕,东击齐而有之,南灭楚垓下,汉之所以得天下者,大抵皆信之功也。观其距蒯彻之说,迎高祖于陈,岂有反心哉!良由失职怏怏,遂陷悖逆。夫以卢绾里闬旧恩,犹南面王燕,信乃以列侯奉朝请;岂非高祖亦有负于信哉?臣以为高祖用诈谋擒信于陈,言负则有之;虽然,信亦有以取之也。始,汉与楚相距荥阳,信灭齐,不还报而自王;其后汉追楚至固陵,与信期共攻楚而信不至;当是之时,高祖固有取信之心矣,顾力不能耳。及天下已定,信复何恃哉!夫乘时而缴利者,市井之志也;酬功而报德者,士君子之心也。信以市井之志利其身,而以士君子之心望于人,不亦难哉![2]

其中,除了封建传统道德的说教有些迂腐外,其他分析都是有相当见地的。事实上,韩信之类人物的悲剧在当时的历史条件下几乎是不可避免的。一方面,刘邦对异姓诸侯王的分封虽然有时代的原因,但更多的出于一种权宜之计,是为了孤立项羽而设计的一种暂时的联盟。当楚汉战争结束之后,这种联盟的历史使命也就宣告完结。不管有无正当理由,刘邦最后一定要扫灭他们。另一方面,在楚汉战争中崛起的韩信之类实力派军人抱着裂地分封、子孙永享的观念要求和对待已经得到的土地和权利,这种要求既与刘邦原来的意图南辕而北辙,又与汉皇朝加强专制主义中央集权的现实要求相背谬。随着时间的推移,

---

① 《史记·淮阴侯列传》。
② 《资治通鉴·汉纪四》高帝十一年。

两者之间的矛盾必然要趋于激化，斗争也就不可避免。既然刘邦的汉皇朝已经证明了自己的历史正当性，韩信一类背谬历史潮流人物的失败也就是必然的了。就韩信本人而言，他的军事才能在当时虽然是第一流的，但他的政治眼光却是短浅的，在处理与刘邦的关系上，他既缺乏萧何忠心到底的品格，又缺乏张良功成身退的机智。他用春秋战国时期诸侯国对周室的要求来要求大汉皇帝刘邦，不能不说是犯了时代的错误。

　　韩信的被诛虽然是咎由自取，但由于刘邦的处置不当也是促成此一悲剧的重要原因，更因为韩信功勋卓著，因而他的遭际引起了后世人们的深切同情。无数文人墨客在凭吊韩信的历史遗迹时留下连篇累牍的诗文：

> 将略兵机命世雄，苍黄钟室叹良弓。
> 遂令后代登坛者，每一寻思怕立功。①
>
> 丈夫生即为真王，蒯通岂必谋非臧。
> 食人之食死人事，不知鸟尽良弓藏。②
>
> 拜将台高此尚存，英雄千载属王孙。
> 炎刘赤帝心先诈，强楚方张气已吞。
> 拒彻数言思不倍，王齐一策祸为门。
> 闲来不尽登临意，汉水秦山草木昏。③
>
> 王孙昔钓长淮流，钓竿一掷重瞳愁。
> 赤龙得水上天去，钟室酬功付刀锯。
> 汉家青史两钓台，千秋独为韩信哀。
> 何如客星早归钓，一别东都更不来。④
>
> 万尺风云大将台，凌空高峙对城隈。
> 漫讥隆准非仁辟，毕竟王孙是俊才。
> 弓影直教高鸟尽，鱼钩饵得假王来。

---

① 刘禹锡《韩信庙》。
② 王士祯《韩侯钓台歌》。
③ 张正蒙《拜将台》。
④ 郁植《韩侯钓台》。

　　　　　黥彭功烈同销歇,汉水滔滔去不回。①

　　这些一咏三叹而有余哀的诗句,除了寄托着对韩信的深切同情之外,更多地是抒发对历代君王残酷屠戮功臣的愤激。不过,这些古代诗人对问题的看法是比较肤浅的,有的停留在就事论事的水平上,有的仅是借机表达一种世事兴亡之感。他们缺乏的恰恰是司马迁、司马光那样的较为深邃的历史眼光。

(二)彭越惨死

　　彭越(? —公元前 196 年),字仲,砀郡昌邑(今山东金乡西)人。大概出身于农民,或兼在巨野泽中捕鱼。秦朝末年,还在陈胜、吴广起义之前,他就集合了一批不满秦朝暴政的农民、渔户,活跃在巨野泽中"为群盗"。当时的巨野泽,是绵延在今日山东梁山、郓城、金乡、嘉祥之间,方圆数百里的一片水乡泽国,正是统治力量比较薄弱的地方。尽管彭越起事反秦较早,但因为活动地域较小,又未同官府进行大规模的战斗,所以影响不大。大泽乡起义的消息传来以后,有人劝彭越乘机响应,向秦政权发起大规模冲击。彭越说:"两龙方斗,且待之。"②这时他还持观望态度。一年之后,关东地区反秦的烈火四处燃起。活跃在巨野泽中的少年百余人推他为领袖,要求正式扯旗造反,响应反秦的起义。彭越当时虽然还有点犹疑,但终于答应共同举事。一开始,彭越就为起义军规定了严格的纪律,约定第二天日出聚会,"后期者斩"。第二天约定时刻,有十余人迟到。彭越说:"臣老,诸君强以为长。今期而后后,不可尽诛,诛最后者一人。"③即令校长斩之,以肃军纪。徒属皆大惊失色,莫敢仰视,从而收到了以威服众的效果。彭越带领这支一百余人的队伍走出巨野泽,向南活动,又收集诸侯散卒,很快发展到一千余人。公元前 208 年(秦二世二年),刘邦率兵围攻昌邑(今山东金乡)时,彭越曾率兵前来助战。这大概是他结识刘邦的开始。因昌邑未克,刘邦挥军西向,彭越一军仍以巨野泽为根据地活动。后来,起义军分成两大支,一支由刘邦统帅,在黄河以南作战,目标是攻取咸阳。另一支由项羽统帅,渡过黄河寻秦军主力决战。彭越统领自己的队伍,乘东方空虚之机,收集魏军散卒,四处出击,建立了以巨野泽为中心的根据地,今之山东、安徽、河南交界处的广大地区,成了他的势力范围。公元前 206 年(汉元年)初,项羽在巨鹿战胜秦军后挥师入关,分封诸侯,凡随他进关者大都有了一块或大或小的封地。此时,彭越的队伍虽然发展到一万余人,在反秦战争中做出了相当的贡献,但因为他一直在东方独立活动,没有随项羽入关,又没有六国后裔之类的高

---

　　① 　郭士藩《汉台》。

　　② 　《史记·魏豹彭越列传》。

　　③ 　《史记·魏豹彭越列传》。

贵出身,故被项羽冷落,没有获得任何封爵和土地。彭越对此十分不满,就在自己的地盘上割据称雄。不久,楚汉战争爆发。刘邦知道彭越对项羽不满,就利用与他合作共击秦军的历史渊源,争取他成为自己的同盟者。他使人赐彭越将军印,令其进击济阳(今山东定陶)的楚军。从此,彭越便成为汉军在东方有力的同盟者。由于彭越的活动严重威胁到彭城的安全,项羽令楚将萧公角反击彭越,被彭越打得大败。公元前205年(汉二年)春天,彭越与魏豹一起东向击楚,连连获胜,在外黄(今河南兰考东)与率军东进的刘邦会师。这时候,彭越已攻下原魏地十余城,队伍也发展成拥有三万多人的大军。刘邦看到彭越的队伍已成为一支举足轻重的力量,十分高兴。为了褒奖彭越,刘邦决定立魏豹为魏王,任命彭越为魏相国,实际上将治理魏国的实权交到他的手上。彭越因为从刘邦那里取得了官位和在东方便宜行事的权力,一时兴奋无比,他指挥自己的军队连连向楚军进攻,利用楚军主力被拖在齐国因而后方空虚的机会,很快占领了原魏国的绝大部分土地。而刘邦一军也轻而易举地袭取彭城,给了项羽一次重大打击。但是,不久,项羽由齐国率主力回师,猛烈反击占领彭城的刘邦,很短时间即将汉军赶回荥阳一线。与此同时,楚军也全力进击彭越军,将其不久前攻占的地方几乎全部夺回。在楚军的凌厉攻势面前,彭越并不死打硬拼,而是迅速地将自己的军队撤至黄河沿岸,采用游击战术,避实击虚,避强击弱,神出鬼没地袭击楚军的小部队,时常截断楚军的粮秣供应线,夺取其辎重军械,给项羽造成很大的威胁。公元前204年(汉三年)五月,彭越又利用项羽在荥阳一线与汉军酣战,后方空虚之机,集中主力,很快攻克睢阳(今河南商丘)、外黄等十七城,威胁到楚都彭城。使楚军首尾难顾,减轻了楚军在荥阳一线对汉军的压力,再次破坏了楚军的战略计划。项羽为了稳住后方,只得在荥阳一线停止攻势,亲率楚军主力东返对付彭越一军,很快又夺回了彭越攻占的许多地方。彭越再一次率军避开楚军的锋芒,北撤至谷城(今山东东阿南),待项羽将大军集中阳夏(今河南太康),准备西进时,彭越又迅速回军,连下昌邑(今山东金乡西)周围二十余城,再次截断楚军的运输线,并夺得楚军粮食十余万斛,运送给荥阳一线的汉军,解决了刘邦的给养困难。

如果说,彭越在反秦战争中其军事才干尚未充分显露,他还未立下显著功勋的话;那么,到楚汉战争时期,他的杰出的军事才能就得到了非常充分的表现,并建立了巨大的功勋。在整个汉军系统中,能够独立指挥一支军队同楚军作战并迭获胜利的将领,除了韩信之外,就要推彭越了。正是由于他归附刘邦并在楚军的后方努力作战,构成刘邦整个战略部署中重要的方面军,才使楚军在战略上陷入困境,始终无法摆脱腹背受敌、首尾难顾的窘况,从而数次解刘邦于危境,使项羽在接近成功时功亏一篑,对刘邦在楚汉战争中取得胜利起了别人不可替代的作用。然而,随着彭越军事力量的发展和功劳的增加,也使他同刘邦之间产生了矛盾并日趋激化。刘邦考虑问题从战略全局出发,彭越不免囿于局部利益;刘邦在战争年代慎于封赏,彭越总想得到与功劳相当的封土和爵位。这样,二者之间就不易协和。公元前203年(汉四年)初,当刘邦在前线受到楚军猛烈攻击、形势十分困难时,曾迫切要求彭越率兵迅速赴荥阳一带从背后攻击楚军,但彭越却以"魏地初定,尚畏楚,未可去"①为理由加以拒绝。这不能不引起刘邦的不满与警惕。公元前202年(汉五年)十月,楚汉战争已进入战略决战阶段,整个形势对汉军有利。刘邦指挥汉军主力进击楚军至阳夏,派使者敦促彭越速统兵前来参加聚歼楚军的战斗。可是,此时彭越正在觊觎魏豹死后留下的王位,在得到刘邦的许诺之前,坚决按兵不动。结果在固陵(今河南太康南)一战,使刘邦陷于孤军作战而失败。刘邦向张良请教:"诸侯兵不从,为之奈何?"张良已看透彭越、韩信等人迟迟不发兵的目的是要求封爵和土地,就对刘邦说:"彭越本定梁地,功多,始君王以魏豹故,拜彭越为魏相国。今豹死毋后,且越亦欲王,而君王不早定。"②建议取睢阳(今河南商丘南)北至谷城(今山东平阴西南)的广大地区封王彭越,他就会痛快地前来参战。刘邦依其计而行,派使者许彭越以王位,并许诺他想得到的土地。彭越果然高高兴兴地率兵参加了垓下之战,为刘邦的胜利做了最后的一次贡献。楚汉战争结束以后,刘邦正式封彭越为梁王,以定陶为都城,大体上领有了原魏国的土地,成为汉初与韩信、英布等并峙而立的三大诸侯王之一。彭越的个人欲望虽然暂时得到了满足,但刘邦对他的信任程度却越来越小,他们之间怎么也建立不起亲密无间的关系。应该说,彭越对自己所获取的权力和土地是心满意足的。因为一介渔夫,"为盗"起家,数年之内位极人臣,富贵荣华,享用不尽,有此造化,大概是他做梦也想象不到的。所以,与韩信一样,在彭越的头脑中,一开始并不存在反叛的意识。因为他只想在大汉皇帝之下做一个安富尊荣的诸侯王,而并不觊觎刘邦的皇帝位子。公元前201年(汉六年)十二月,当刘邦以伪游云梦之计在陈擒拿韩信之时,彭越对韩信并没有表现出丝毫的同情之心、同病相怜和兔死狐悲之感。这说明他只想保住自己的权位,尚未计及其他。公元前198年(汉九年)和公元前197年(汉十年),他定时两次到长安朝见刘邦,执臣子之礼,态度恭顺。说明他希望搞好同刘邦的关系。从公元前202年(汉五年)到公元前197年(汉十年)的五年间,彭越与刘邦的关系并未出现裂痕。不过,由于此前彭越曾不服调遣并要挟封王,楚汉战争后又以占地广袤的诸侯王横亘中原,刘邦与彭越的关系是不好协调的。尽管彭越一直在做诸侯王的太平美梦,但刘邦的刀锋却要使这种美梦变成一枕黄粱。

公元前197年(汉十年)九月,与韩信勾结的陈豨据代地反叛。刘邦亲自率师北征,驻节邯郸。同时,遣使至梁国征兵协助进剿陈豨。刘邦此举的目的显然是要把彭越置于自

---

① 《史记·魏豹彭越列传》。
② 《史记·魏豹彭越列传》。

己的监护之下,以防止在北面吃紧时彭越乘机异动。大概彭越也窥出此中的消息,害怕被刘邦暗算,就以生病为名拒不奉诏。为了敷衍刘邦,彭越只遣一将率一支小部队赴邯郸,参加刘邦指挥的军事行动。不料此举铸成大错。刘邦见彭越未亲自带兵前来,异常愤怒,立即遣使责难彭越。彭越也感到事态严重,就打算亲自去邯郸向刘邦谢罪。彭越手下的将军扈辄建议说:"王始不往,见让而往,往则为擒矣,不如遂发兵反。"①彭越没有接受这个建议,但也打消了前往谢罪的念头,而是继续称病。这样,彭越就失去了与刘邦改善关系的良好契机。彭越如能于此时亲自带兵前往,在平定陈豨的叛乱中表现自己的忠诚,刘邦没有理由也没有必要拿他开刀。他拒绝这样做,必然更增加刘邦对他的疑忌。恰在这时,梁国的太仆犯了罪,为了逃避惩罚,他决定利用彭越与刘邦的紧张关系,于是急忙逃奔邯郸,向刘邦添油加醋地密报彭越与扈辄合谋造反。刘邦根据这一未经核实的证据,马上遣使率武士至定陶,宣布了逮捕彭越的诏令,并立即押送洛阳加以囚禁。显然,刘邦不可能派一支大兵去定陶,逮捕彭越进行得如此顺利,说明彭越及其手下人对此并未进行反抗。这至少表明彭越谋反之说要打一个很大的问号。然而,由于刘邦的意图是对彭越严加惩治,因而"有司"审讯的结果,自然也就得出了"反形已具"的结论。最后法官们呈请刘邦以《汉律》治罪的时候,刘邦明白,彭越的"谋反"罪实在是证据不足,同时也感到,离开封地、剥夺兵权的彭越已经难以构成对汉皇朝的威胁,所以也就不为已甚,决定在他身上显示一下自己不忘旧功和宽宏大量的气度。于是宣布赦免彭越的死罪,将其贬为庶人,并流放到蜀地的青衣(今四川临邛西),做一个普通百姓。事实是,彭越并没有"谋反",他的过错无非是没有亲率军队去邯郸。夺爵削地又加流放的惩罚实在太重了。所以,彭越是带着满腹冤屈走上流放之路的。当他途经郑(今陕西华县)时,适逢吕后从长安来洛阳亦经过此地。彭越认为吕后乃一妇人,或许容易打动其恻隐之心,于是便痛哭流涕地向她陈诉自己的冤情,希望吕后在刘邦面前为自己说项,允许他回昌邑老家做一个平民百姓。谁知吕后是一个尚权谋、工心计的皇后,彭越的求情反而引来杀身之祸。吕后佯为许诺,与彭越一起回到洛阳。吕后见到刘邦,对他说:"彭王壮士,今徙之蜀,此自遗患,不如遂诛之。"②刘邦于是将彭越交吕后全权处理。公元前196年(汉十一年)三月,彭越被囚于洛阳已半年左右,日夜企望刘邦开恩使其返乡为民。谁知吕后正在进行致其于死命的谋划。她令彭越的舍人出来,诬告彭越"复谋反",同时将彭越交由廷尉王恬开审理。王恬开依照吕后的指令将彭越定成夷灭宗族的大罪,受到了与韩信同样的惩罚。彭越出身卑贱,是时代的浪潮为他发挥自身的军事潜能创造了条件,创立了赫赫战功,做了六年诸侯王,享尽了人间

---

① 《史记·魏豹彭越列传》。
② 《史记·魏豹彭越列传》。

的荣华富贵。最后,因一个被诬告的罪名,被刘邦、吕后一纸诏书送入阴曹地府,而且骨肉被菹为醢,遍赐诸侯王。其遭遇之惨,令人发指。彭越的惨死,主要不是因为他的罪过,而是因为汉皇朝要收回他占据的土地和权力。显然,为了达到收回封土和权力的目的,必须不惜以任何手段清除占据这一封土和权力的当事人。这样一来,彭越之被诛灭也就具备了必然性。就彭越个人而言,他的惨死,较之韩信、英布之死,的确有点冤哉枉也。然而,就当时汉皇朝逐步实施的加强专制主义中央集权的需要来说,却又是不可避免的,这就是彭越的悲剧。

(三)英布覆灭

韩信伏诛,彭越惨死,都发生在公元前196年(汉十一年)的春天。这两件大事传递给淮南王英布一个不祥的信息:他的末日也快到来了。

英布(?—公元前196年),六(今安徽六安)人,平民出身。年轻时,有人给他相面,预言他将来"当刑而王"。壮年时,因触犯秦皇朝的法律,果然被处以黥刑。从此,又名为黥布。英布受刑后,非但不气恼,想到相者的预言,他反而高兴地说:"人相我当刑而王,几是乎?"①了解此事的人,往往以此取笑他,他也不与计较。英布受黥刑后,即被秦政府以刑徒的身份征发到郦山服徭役,参加为秦始皇修建陵墓的劳动。他到郦山以后,在数十万刑徒中大肆活动,广泛联络其中的徒长、豪杰。后来,他秘密串联一部分刑徒,辗转逃出关中,结伙到长江沿岸"为群盗",走上了反抗秦皇朝的道路。这时候,秦末农民大起义的形势也已接近成熟了。英布此时的表现,说明他是一个有胆有识,极富组织能力并且有强烈富贵功名之心的人物。

公元前209年(秦二世元年)七月以后,陈胜、吴广在大泽乡起义的消息传遍了大江南北。英布感到自己结束"为盗"生涯,大干一场的机会已经到来。于是他带领数千人往见秦朝的番阳(今江西波阳东)令吴芮,鼓动他举兵反秦。吴芮是受当地百姓拥护的好官,在秦朝的基层官吏中是凤毛麟角的人物。他顺应历史潮流,毅然答应英布的要求,并将自己的女儿嫁给他,与英布一起举起了反秦的旗帜。公元前208年(秦二世二年)初,章邯率秦军镇压了陈胜起义军以后,又大破吕臣之军,气焰十分嚣张。英布率兵北进,迎击秦军于清波。取胜后,引兵东下。当听到项梁在会稽起事反秦并率兵北上的消息时,英布便率军渡过淮河,归附北上的项梁军。此后,英布在整个反秦战争中都在项梁、项羽麾下作战,常常充当先锋,屡立战功。英布归附项梁军不久,起事反秦的几支队伍发生火并,在击破景驹、秦嘉等军的战斗中,英布的骁勇善战为全军之冠。不久,项梁得到陈胜殉难的消息,就立楚怀王之孙心为楚怀王,任命英布为当阳君,让他随自己征战。项梁在定陶战死以后,

---

① 《史记·黥布列传》。

英布随楚怀王收缩兵力于彭城。当时,秦军主力在黄河以北向新立的赵国猛烈攻击。为了救赵,楚怀王任命宋义为上将军,项羽为次将,统帅起义军北上,英布也随军前往。后来,项羽在安阳杀死畏葸不前的宋义,率军救赵。英布在此次战役中,率先指挥部分义军渡过漳河,奇袭秦军,取得首战的胜利。项羽渡河以后,指挥起义军与秦军决战于巨鹿,英布常担任最艰巨最危险的作战任务,打了不少漂亮的胜仗。巨鹿之战的胜利使项羽威名远播,也使英布的勇敢善战闻名遐迩,在各路起义军中享有很高的威望。

公元前206年(汉元年)十二月,项羽率大军西行入关。路经新安(今河南渑池东)时,英布奉项羽之命夜坑秦降卒二十余万。大军抵函谷关时,刘邦所遣将士守关拒入。项羽一怒之下,一面督军从正面攻关,一面令英布率军从关旁的小道攀缘偷渡,从关后发起突然袭击,消灭了守关士兵,使项羽大军得以顺利入关。而后,英布又领兵最先进入秦都咸阳。在整个反秦战争中,由于英布在项羽麾下多次担当重任,冲锋陷阵,所向披靡,屡立战功,深得项羽的信任与嘉奖。从一定意义上讲,楚军的胜利与威信,是同英布的勇敢善战分不开的。"楚兵常胜,功冠诸侯。诸侯兵皆以服属楚者,以布数以少败众也"①。所以,后来项羽在分封诸侯王的时候,英布被封为九江王,都于六(今安徽六安),占据今日安徽淮南、皖南及江西北部的广大地区。项羽与楚怀王的矛盾很大,分封时佯尊楚怀王为义帝,勒令他徙都长沙郴县,同时又密令英布于途中截杀。英布依照项羽的命令,派兵追杀楚怀王于郴(今湖南郴县)。从英布以上的经历可以看出,这位刑徒出身的起义军将领,不愧是一位具有反抗精神和英勇善战的虎将,在推翻秦皇朝的斗争中立下了很大功劳。但是,他的不足之处又十分突出,头脑简单,政治上迟钝,基本上是有勇少谋的一介武夫。坑杀秦降卒,追杀义帝等不义之举,都是他奉项羽之命实施的。

公元前206年(汉元年)五月,齐国田荣抗拒项羽在齐地分封三王的决定,举兵反叛。项羽为了维护他安排的战后秩序,决定北上讨伐田荣,同时令英布率九江兵前来助战。英布获得九江的地盘以后,土地、爵位、权势、财富四者俱全,他贪恋从未享受过的诸侯王的富贵尊荣,对于血肉横飞的战场厮杀已经有点厌倦了。因而以生病为由拒绝征召,仅遣一将率数千士卒前去敷衍一下项羽。从此,英布与项羽之间的关系开始出现裂痕。在项羽心目中,从前那个唯命是从、忠心耿耿、赴汤蹈火在所不辞的英布消失了。第二年,刘邦乘项羽征伐齐国,后方空虚之机,指挥汉军奔袭彭城获得成功,给西楚霸王统治的腹心地区造成巨大的破坏。项羽再次命令英布就近率军救援彭城。英布对刘邦的进攻没有切肤之痛,自己的地盘安然无恙,何必为别人的地盘去拼命流血呢!再说,自己虽然与项羽有隶属关系,但与刘邦也没有什么深仇大恨,不如置身事外,坐山观虎斗更符合自己的利益。

---

① 《史记·黥布列传》。

所以再一次以生病为名拒绝发兵。对于英布的这种态度,项羽再也不能缄默和容忍,数次遣使责布。英布慑于项羽的威严,虽然不敢正式打出反叛的旗帜,但也不想恢复往日那种唯命是从的隶属关系,所以一再拒绝面见项羽,双方的矛盾日益加深。这时候,尽管项羽对英布十分不满,但环顾周围,西方是咄咄逼人的汉军,北方是反叛的齐国与赵国,以全楚之力对付他们已经有点力不从心,实在也不愿意英布再成为公开的敌人。而且,英布毕竟还没有公开反叛,对自己或许还有用处,因而不便对他采取公开的军事行动。

公元前204年(汉三年)初,刘邦从彭城败退西撤,经梁至虞(今河南虞城北)。这时,刘邦看到,诸侯王中最有力量而没有反叛项羽的就剩下一个英布了,于是决定利用英布和项羽之间的矛盾,派人游说英布对项羽反戈相向。只要此着成功,就等于在项羽侧背捅上一刀,迟滞楚军西进的步伐,为刘邦从容部署对楚军的反击赢得时间。谒者随何自告奋勇承担这一任务。这年十一月,他率二十人秘密潜至淮南。英布的太宰阻挠随何面见英布,一连三日,随何一行被冷落在宾舍。随何于是对太宰说:

> 王之不见何,必以楚为强,以汉为弱,此臣之所以为使。使何得见,言之而是邪,是大王所欲闻也;言之而非也,使何等二十人伏斧质淮南市,以明王倍汉而与楚也。①

太宰无话可说,只得引随何见英布。随何见到英布,劈头就问:我真不明白大王为什么与楚关系这么密切?英布回答得十分明白:“寡人北乡而臣事之。”②随何于是反复向英布申述亲楚与附汉的利弊得失,以身家性命和富贵利禄去打动英布,极力劝说他背楚归汉:

> 大王与项王俱列为诸侯,北乡而臣事之,必以楚为强,可以迁国也。项王伐齐,身负板筑,以为士卒先,大王宜悉淮南之众,身自将之,为楚军前锋,今乃发四千人以助楚。夫北面而臣事人者,固若是乎?夫汉王战于彭城,项王未出齐也,大王宜骚淮南之兵渡淮,日夜会战彭城下,大王抚万人之众,无一人渡淮者,垂拱而观其孰胜。夫托国于人者,固若是乎?大王提空名以乡楚,而欲厚自托,臣窃为大王不取也。然而大王不背楚者,以汉为弱也。夫楚兵虽强,天下负之以不义之名,以其背盟约而杀义帝也。然而楚王恃战胜自强,汉王收诸侯,还守成皋、荥阳,下蜀、汉之粟,深沟壁垒,分卒守徼乘塞,楚人还兵,间以梁地,深入敌国八九百里,欲战则不得,攻城则力不能,老弱转粮千里之外;楚兵至荥阳、成皋,汉坚守而不动,进则不得攻,退则不能解。故曰

① 《史记·黥布列传》。
② 《史记·黥布列传》。

楚兵不足恃也。使楚胜汉，则诸侯自危惧而相救。夫楚之强，适足以致天下之兵耳。故楚不如汉，其势易见也。今大王不与万全之汉而自托于危亡之楚，臣窃为大王惑之，臣非以淮南之兵足以亡楚也。夫大王发兵而倍楚，项王必留；留数月，汉之取天下可以万全。臣请与大王提剑而归汉，汉王必裂地而封大王，又况淮南，淮南必大王有也。故汉王敬使使臣进愚计，愿大王之留意也。①

随何其人，不愧为汉初纵横家的代表人物。他洞悉时事，通达机变。以上这番长谈，是一篇分析楚汉战争形势的好文章。尽管当时楚强汉弱的总的态势还没有从根本上改变，但他以令人信服的透辟说理，指出楚败汉胜的历史前景，让英布认清大势。特别是，他设身处地，处处从英布的利益考虑，条分缕析，入情入理，娓娓动听，从而深深打动了英布，使之口服心折，决心背楚归汉。不过，此时的英布还不打算将此一重大行动立即付诸实践，他想暂时隐秘此事，与楚使虚与委蛇，等待时机，再公开自己的立场。英布的考虑不是没有道理的，一旦项羽知悉他背楚附汉，肯定会兴兵征讨，他手下的那点兵卒决不是项羽的对手。而且，彭城距淮南很近，轻骑朝发夕至，将会使他面临一场残酷的厮杀，损失肯定是巨大的。但是，随何的使命却是让英布与项羽立即兵戎相见，吸引部分楚军，以减轻项羽在正面战场上对汉军的压力。这时候，项羽的使者正在淮南，住在驿馆传舍中，不断督促英布发兵助楚。随何为了坚定英布背楚归汉之心，直入楚使所住的传舍，傲然居于上座，对楚使说："九江王已归汉，楚何以得发兵？"英布对随何的行动十分吃惊，知道自己已被推上绝路。随何转而对英布说："事已构，可遂杀楚使者，无使归，而疾走汉并力。"②事已至此，英布只得听从随何的摆布，杀掉项羽的使者，起兵攻击楚军。项羽得到英布反叛的消息，怒不可遏，立即命令项声、龙且督率楚军一部猛攻淮南。双方相持数月，从而分散了楚军追击汉军的兵力，使刘邦得以较从容地撤退，并在荥阳一线稳住阵脚，重新部署对楚军的抵抗。不久，龙且指挥的楚军攻破淮南，英布与随何抄小路辗转回到刘邦那里。英布在关键时刻背楚向汉，挽救了刘邦因彭城失败而形成的危局，为刘邦立下了第一个大功劳，也是他带给刘邦的第一个见面礼。随何一介书生，无权无势，关键时刻挺身而出，凭三寸不烂之舌，使英布归汉；又以断然手段，使英布与项羽间大动刀兵，其智慧、沉毅、善断、果决，在刘邦的谋士群中，可与张良、陆贾、郦食其比肩，是一个不可多得的人才。

公元前204年(汉三年)十二月，英布同随何一起，带着满身征尘，来到荥阳谒见刘邦。英布满以为会受到刘邦隆重而热烈的欢迎，结果是刘邦在踞床洗足时漫不经心地召见了

---

① 《史记·黥布列传》。
② 《史记·黥布列传》。

他。虚荣心极强的英布顿时感到莫大的污辱,痛悔自己背楚归汉,甚至一时产生了自杀的念头。可是,英布来到刘邦为他安排的馆舍,发现"帐御饮食从官如汉王居,布又大喜过望"①。颜师古在评论刘邦如此对待英布时说:

> 高祖以布先久为王,恐其意自尊大,故峻其礼,令布折服,已而美其帷帐,厚其饮食,多其从官,以悦其心,此权道也。②

这恐怕是后人的揣测。其实,此时的刘邦倒不见得有如此深谋远虑。他的豁达大度、不拘小节,正是一个布衣帝王还没有自觉到必须受帝王之礼约束的表现。无论如何,此时的刘邦对英布是十分感激的,因为英布在关键时刻扭转了战局,刘邦对他生活上的破格待遇正反映了这种感激之情。这时候,项伯已经收服九江兵,尽杀布妻子。英布明白此后只能死心蹋地跟定刘邦打天下,于是使心腹秘密潜回九江收拾残部,许多故人幸臣兵卒纷纷来归,共有数千人随使者归汉。英布以数千淮南士卒为基干,加上刘邦拨给他的部分部队,组成一支劲旅,在成皋一线参加对楚军的作战。公元前 203 年(汉四年)七月,为了酬赏英布的功劳,也为了进一步调动他对楚军作战的积极性,刘邦封英布为淮南王,令其筹划恢复淮南地盘的军事行动。第二年初,英布使人潜回九江,招徕旧部,鼓动百姓,很快占据数县地盘,在楚军侧背建立起一个军事据点。接着,英布又与刘贾率一支汉军入九江,诱降据守那里的楚大司马周殷,使其背楚归汉,再次在楚军的侧背插上一支利刃。之后,英布与刘贾、周殷等一起,率九江兵自南而北,参加了在垓下聚歼楚军的最后战斗。这是英布为楚汉战争中刘邦的胜利立下的第二大功勋。

楚汉战争结束后,刘邦置酒庆功,故意"折随何之功",讥讽随何为"腐儒",并宣言"为天下安用腐儒"。随何不服,君臣之间有一段有趣的对话:

> 随何跪曰:"夫陛下引兵攻彭城,楚王未去齐也,陛下发步卒五万人、骑五千,能以取淮南乎?"上曰:"不能。"随何曰:"陛下使何与二十人使淮南,至,如陛下之意,是何之功贤于步卒五万人、骑五千也。然而陛下谓何腐儒,为天下安用腐儒,何也?"上曰:"吾方图子之功。"乃以随何为护军中尉。③

应该说,随何的功劳是很大的,但刘邦给予的酬赏却难当其功。许多知名度不高的武将都

---

① 《史记·黥布列传》。
② 《汉书·英布传》。
③ 《史记·黥布列传》。

得到封侯的重赏,而随何却始终与此无缘。这说明刘邦较看重武功,而对谋略的价值认识不足。英布战功卓著,在楚汉战争结束前就已经从刘邦那里获得淮南王的封爵。战争结束后,英布得到九江、庐江、衡山、豫章等数郡的封地,成为今日安徽淮南、皖南以及江西大部分地区的统治者。

英布以一个身份低下的刑徒,冒险造反,投身军旅,风云际会,数年之间成为跨州连郡的诸侯王。一时间,他尽情地享受着富贵荣华,陶醉在权势、尊荣和富贵构筑的安乐之乡,心满意足。从公元前201年(汉六年)至公元前198年(汉九年),他三次朝见刘邦于陈、洛阳和长安,丝毫没有表现出对刘邦不忠的痕迹,对韩信的失国遭谴、蒙冤受辱也没有表现出丝毫的同情心。他与刘邦之间似乎不存在冲突的理由。但是,由于英布所居之地太多太广,所拥有的权力太重太大,这就妨碍了汉朝中央的集权和统一。而刘邦在建国以后又日益认识到削弱异姓诸侯王的必要性,如此以来,二者之间的冲突就无法避免了。尽管刘邦与英布之间直至楚汉战争结束的时候也不存在他与韩信、彭越之间那样的宿怨,然而,因为统一集权的历史要求已经形成削平诸侯王的客观形势,他们之间的斗争终有一天要提到历史的日程。

公元前196年(汉十一年)春,异姓诸侯王中功劳最大,占地最广、拥兵最多,但建国不久即被废为淮阴侯的韩信,因参与陈豨的谋叛被吕后、萧何诛杀。英布听到这个消息之后,颇有兔死狐悲之感,心中充满疑惧和不安。显然,汉皇朝建立五六年以后,刘邦与诸侯王之间的不信任感大大增加了。同年三月,梁王彭越又被诛灭。当盛着彭越肉酱的饭钵(遍赐诸侯王)送到淮南的时候,英布正在田野中狩猎。看到肉酱以后,他的脸色顿时变成死灰,一种不祥的预感立即袭上心头。他意识到,三个最有力量的诸侯王已被消灭了两个,刘邦的下一个目标可能就是自己。他为了预防汉朝中央派兵突袭淮南,于是密令部将集合士卒,在王国边境日夜巡逻警戒。正在此时,英布疑心其爱姬与中大夫贲赫有暧昧关系。决定逮捕贲赫治罪。贲赫侦知英布的意图以后,立即逃出淮南,乘驿站车马飞奔至长安。待英布发现贲赫潜逃,马上派人追赶,但已经来不及了。此一偶然事件,就成为汉中央与英布之间冲突的导火线。刘邦得到贲赫关于英布"谋反有端"的报告以后,立即与萧何商量对策。萧何认为英布一贯比较奉公守法,怀疑贲赫因私怨而行诬陷。建议刘邦先将贲赫囚禁起来,然后派人赴淮南秘密侦察,搞清真实情况后再决定处理办法。英布本来就对贲赫的出逃心存疑惧,继而又发现朝廷秘密派员前来侦察,认为自己的阴事已为汉中央知悉,仓促之间,遂下令夷灭贲赫的家族,发兵西向,公开打出了反叛的旗号。表面上看,英布的反叛是由于贲赫告密的一次偶然事故,实际上,这不过是一个引爆点而已。英布的走向反叛具有深刻的历史必然性,至于这种反叛在什么时候以什么借口爆发,则完全是偶然的。对于英布反叛的必然性,当时有一位故楚令尹薛公已经看出一些端倪。英布反叛的消息传出以后,举朝愤然,将领们纷纷要求"发兵击之"。夏侯婴召薛公问英布为何反叛,薛公回答:"是故当反。"夏侯婴接着问:"上裂地而王之,疏爵而贵之,南面而立万乘之主,其反何也?"薛公指出:"往年杀彭越,前年杀韩信,此三人者,同功一体之人也。自疑祸及身,故反耳。"①夏侯婴认为薛公很有见地,就将他引荐给刘邦。薛公对刘邦仔细分析了英布反叛的原因和他在军事上可能采取的策略。指出"布反不足怪也"。他说,在军事上,如果英布采取上策,一定是"东取吴,西取楚,并齐取鲁,传檄燕、赵,而守其所,山东非汉之有也";如果采取中策,必然是"东取吴,西取楚,并韩取魏,据敖仓之粟,塞成皋之口,胜败之数未可知也";如果采取下策,就会是"东取吴,西取下蔡,归重于越,身归长沙,陛下安枕而卧,汉无事矣"②。刘邦问:"是计将安出?"薛公分析说,三策之中,英布只能取下策,因为"布故郦山之徒也,自致万乘之主,此皆为身,不顾后为百姓万世虑者也"③,即是说,英布的一切出发点都是为了自身的眼前利益,缺乏战略眼光。战事的进展证明薛公的分析是正确的。英布宣布反叛以后,刘邦的主要军事力量尚集中于西部地区,短时间难以在东方集中较大的兵力。函谷关以东,是并立的几个诸侯王国,其中任何一个王国都无法与英布相抗衡。这一形势对英布是十分有利的,所以他在叛乱之初能够取得一些军事胜利。英布打击的第一个目标是刘贾的荆国。刘贾战败,走死富陵(今江苏洪泽北)。英布将荆国之兵全部收编为自己的军队,北渡淮河,进击楚国。楚王刘交,不谙军事,将自己的军队一分为三,分头抵御,分散了力量,加上仓促应战,指挥无方,被英布打败,一气奔逃至薛(今山东薛城)。至此,今之长江以北的江苏、安徽大部分地区皆为英布所有。他认为已无后顾之忧,于是转兵西进,向汉军主力进攻。当时,英布错误估计形势。还在反叛之初,他就对自己的将领说:"上老矣,厌兵,必不能来。使诸将,诸将独患淮阴、彭越,今皆已死,馀不足畏也。"④英布连灭两国,得意洋洋,认为自己已经是天下无敌了。当英布进军至蕲(今安徽宿县东南)时,与刘邦统帅的汉军主力相遇。刘邦驻节庸城,正坚壁以待。刘邦在阵上与英布相遇,高声问他:"何苦而反?"英布的回答倒也干脆:"欲为帝耳。"⑤刘邦大骂英布忘恩负义,挥军进击,汉军以逸待劳,勇猛冲杀,英布数万之众,顷刻瓦解。英布见大势已去,只得带领百余疲惫之卒,匆忙渡过长江,向长沙国逃窜。因为英布的妻子是已故长沙王吴芮的女儿,现长沙王吴臣是他的妻舅⑥。他满以为凭此关系自己可以在长沙国找到一

① 《史记·黥布列传》。

② 《史记·黥布列传》。

③ 《史记·黥布列传》。

④ 《史记·黥布列传》。

⑤ 《史记·黥布列传》。

⑥ 《史记》、《汉书》之黥布传均作哀王。师古曰:"据表云惠帝二年哀王回(一作固)始立,今此是芮之子成王臣耳。"

个安全的避难所,岂不知吴臣此时已经接到刘邦令其诱杀英布的诏令。为了自己的身家性命,为了保住先人传下的王爵和一方封土,他只能唯命是从。可能是为了避免郎舅见面时不愉快的情景,在英布至长沙前,吴臣就遣人于途中诱使他向越地(今浙江)潜逃。英布不知是计,途中折而奔东南方向逃命。行至番阳(今江西波阳东),即被长沙伏兵杀死。从公元前 196 年(汉十一年)七月,到公元前 195 年(汉十二年)十月,前后不到四个月,淮南王英布这一占地广阔、力量强大的诸侯王也在刘邦的战马前彻底覆灭了。英布的军事才干远逊于韩信与彭越,其政治才能更是平庸,但是,他的反叛却是经过一场激烈的战争平定的。这是因为,在经过韩信、彭越事件之后,英布的警惕性已大大提高,不用刀兵而用巧计诛灭他已经不大容易了。不过,正因为此时韩信、彭越已经覆灭,异姓诸侯王的力量大大削弱,整个形势对汉朝中央更加有利,再加上英布缺乏战略眼光,在军事上采取了如同薛公预言的那种"下策",更由于刘邦御驾亲征,指挥得当,将士用命,长沙王密切配合,所以才没有太费周折就取得了胜利。司马迁评论英布说:

> 英布者,其先岂春秋所见楚灭英、六,皋陶之后哉?身被刑法,何其拔兴之暴也!项氏之所坑杀人以千万数,而布常为首虐。功冠诸侯,用此得王,亦不免于身为世大僇。祸之兴自爱姬殖,妒媚生患,竟以灭国![1]

司马迁的史识在当时应该说是第一流的。但是,上面对英布的评论所表述的见解并不高明。他没有看到英布覆亡的必然性,而将其说成"妒媚生患"和坑人施暴的报应,这种看法还不如薛公的认识深刻,它降低了刘邦扫灭异姓诸侯王的时代意义和英布覆灭的悲剧意义。

(四)卢绾败亡

在卢绾被封为燕王之前,占据燕国王位的是臧荼。臧荼出身不详,从其后来的表现看,大概属于燕国贵族的后裔。他先是响应陈胜、吴广起义,参加了反秦的队伍。后随韩广北征,至燕地,韩广自立为燕王、他为燕将。公元前 207 年(秦二世三年)巨鹿大战时,他率燕军前来救赵,参加了对章邯军的战斗。之后,随项羽西入关,得到项羽的赏识,公元前 206 年(汉元年)二月,项羽裂地分封时,为了酬答臧荼追随自己反秦之功,特别把燕王韩广徙为辽东王,另封臧荼为燕王。后来,韩广不承认项羽分封有效,继续占据燕地,拒不徙王辽东。臧荼与之兵戎相见,将韩广击杀,同时也把辽东置于自己的控制之下。这时臧荼实际占有的土地,大体恢复到了战国时期燕国的旧土,成为幅员辽阔的雄踞北方的大国。楚

---

[1] 《史记·黥布列传》。

汉战争时期,臧荼基本上采取独立自保的立场,但在感情上与项羽有更多的联系。公元前204年(汉三年)十月,韩信在攻破赵国后,接受李左车的建议,利用战胜之威,以一纸劝降文书,迫使臧荼归顺刘邦,刘邦自然也承认了臧荼原有的王位和封土。公元前204年八月,项羽的失败已成定局。臧荼为了表示对刘邦的忠心,特派一支骑兵前来参战,对最后战胜项羽起了一定的作用。楚汉战争结束以后,臧荼与韩信等诸侯王一起,上疏拥戴刘邦称皇帝。但是,由于臧荼与项羽有着更多的渊源,因而对刘邦有着一种出自内心的反感和不信任情绪。再加上地处边陲,以为刘邦鞭长莫及,所以并不乐意接受汉皇朝的统治,而随时伺机反叛,企图独立割据。公元前202年(汉五年)七月,上距项羽灭亡仅半年之久,臧荼便首先发难,成为异姓诸侯王中第一个举起反叛旗帜的人物。刘邦亲统汉军,北上征伐。由于当时全国刚刚统一,人心思安,韩信、彭越、英布等中原地区的诸侯王都支持刘邦的征讨行动,再加上臧荼才能平庸,根本不是刘邦的对手,所以同年九月,燕国的叛乱即被敉平,臧荼兵败失国,做了汉军的俘虏。

燕国的叛乱平定以后,刘邦下诏征求群臣的意见,要求他们推荐新燕王的人选。大臣们都猜测到刘邦属意于卢绾,因而异口同声地说:"太尉长安侯卢绾常从平定天下,功最多,可王燕。"[1]于是卢绾就被刘邦立为新燕王,为汉皇朝守卫东北边陲。卢绾是一个怎样的人?他为什么能得到刘邦如此的信任?后来又为什么走上反叛的道路而自取灭亡呢?

卢绾(公元前256年—公元前194年),泗水郡丰邑人,与刘邦同里,今丰县城西北隅尚有其故宅遗址。他们的父辈十分要好,二人又是同日而生,同时入学念书,因而从幼年起就结下了深厚的友情。长大后,二人更是形影不离,异常亲密。有一次,年轻的刘邦犯了法,为逃避吏卒追捕东躲西藏。卢绾时时不离左右,悉心保护,终于使刘邦渡过了难关。刘邦领导丰沛起义时,卢绾是重要参与者之一。此后,在三年的反秦战争时期,卢绾更是紧紧追随,赞助帷幄。公元前206年(汉元年)四月刘邦做汉王时,卢绾被任命为将军,经常留在刘邦身边,担任警卫任务。楚汉战争期间,卢绾被晋升为太尉,跟随刘邦驰骋疆场,参加了一系列重大战役,功劳很大。由于他与刘邦的关系非同一般,所以可以经常随便出入刘邦的居室,宠贵莫比,其他人皆不能望其项背。即使地位高于他的萧何、曹参等人,论起与刘邦的关系,也比不上卢绾与刘邦的关系亲密。二人称兄道弟,几乎到了无话不说、不分彼此的境地。楚汉战争结束后,卢绾被封为长安侯,封地为原秦都咸阳。不久,刘邦又命他单独率领一军,与刘贾一起,共同平定了临江王共尉的反叛。接着,刘邦又让他随驾进击臧荼,再一次立下了显赫的战功。所有这一切,都为他日后的封王创造了条件。卢绾就是在这种情况下,一半由于刘邦的偏爱,一半由于从征的功勋,在参加丰沛起义七年

---

[1] 《史记·韩信卢绾列传》。

之后,得以拔出同列,成为丰沛旧臣中唯一的一个获得王爵的异姓之人。

卢绾被封为燕王后,位极人臣,成为汉皇朝在东北边疆的可靠屏障。卢绾知道自己的荣华富贵来自何处,因而对刘邦忠心耿耿,封王五六年间,克尽职守,确保东北边陲平安无事。在他的意识中绝无"反叛"二字,刘邦对他也是十分放心的。然而,历史上任何个人的行动自由都是相对的,都受着时代条件的严格制约。卢绾既然成为异姓诸侯王的一员,也就使他不由自主地处于同韩信、彭越、英布等同样的地位,凡事都从保住自己的封地和爵位出发进行思考和行动,这就必然与刘邦加强中央集权的要求相背谬。更由于卢绾政治眼光短浅,疏淡了与刘邦的感情联系,经不起别人的诱惑、教唆,最后也出人意料地走上了反叛的道路。公元前196年(汉十一年)九月,代相陈豨以代为根据地,联合匈奴以及早已投降匈奴的韩王信发动了叛乱。这时,刘邦亲自统帅汉军进驻邯郸,指挥围剿陈豨的军事行动。卢绾也奉命率燕国之兵从东北方向参加了这场战斗。当时,陈豨派原韩王信的部将王黄到匈奴那里请求援兵,恰巧卢绾也派遣其部下张胜出使匈奴,目的是告诉匈奴单于:陈豨兵破在即,希望他不要与之联合,以免与汉朝结怨。张胜到匈奴后,遇到了流落于匈奴的故燕王臧荼之子臧衍。臧衍对张胜说:"公所以重于燕者,以习胡事也。燕所以久存者,以诸侯叛反,兵连不决也。今公为燕欲急灭豨等,豨等已尽,次亦至燕,公等亦且为虏矣。公何不令燕且缓陈豨,而与胡和? 事宽,得长王燕;即有汉急,可以安国。"[1]张胜对臧衍这一套借匈奴、陈豨的势力以自重的理论十分赞赏,就擅自请匈奴骑兵袭击燕军,以制造汉匈关系的紧张气氛。事件发生以后,卢绾怀疑张胜投降匈奴,反叛朝廷。一气之下,上书刘邦,请求族灭张胜之家。不久,张胜自匈奴返回燕国,将臧衍的话向卢绾复述了一遍,卢绾听后也认为很有道理,于是立即改变主意,一面以别人冒充张胜家属加以杀戮,以便向刘邦交代;一面释放张胜家属,让其长期充当匈奴的间谍。同时又令亲信范齐秘密潜往陈豨那里,密谋联合起来对抗汉朝,不过,由于陈豨的叛乱很快被汉军平定,他们的阴谋计划无法得逞。从现存史料看,刘邦对卢绾这位同乡而又同庚的少年时代的伙伴一直是很信任的,封之为王,委之以镇守东北边境的重任,希望君臣始终互相信任,共享富贵安乐,压根儿就没有把他同韩信、彭越、英布一样对待,更没有想到卢绾有朝一日会树起反叛自己的旗帜。但是,事物在发展,人也在变化。卢绾坐到燕王的位子上以后,便渐渐地由不自觉到自觉地站到了诸侯王的立场上,视封土与爵禄比生命还重要。为了长保封土与爵禄,他竟不顾朝廷和民族利益,利令智昏,最后发展到与匈奴和叛将相勾结,走上了与汉朝中央相对抗的道路,激化了他与刘邦之间的矛盾。其责任显然在卢绾一方。汉军平定陈豨的叛乱以后,一个投诚的陈豨裨将向汉军报告了卢绾使范齐勾结陈豨共同反叛朝廷

---

① 《史记·韩信卢绾列传》。

的阴谋。刘邦听后大吃一惊,简直有点不相信自己的耳朵。愤怒之下,立即派出使者征召卢绾。卢绾知道事情已经败露,就称病拒绝征召。刘邦于是又派出辟阳侯审食其、御史大夫赵尧一起前往燕国,一是迎接卢绾回长安,二是案验卢绾左右亲信,考查卢绾与匈奴以及陈豨之间密谋策划的实情。卢绾知汉使到来,更加惊恐不安,不敢与汉使相见。同时召集其幸臣说:"非刘氏而王,独我与长沙耳。往年春,汉族淮阴,夏,诛彭越,皆吕后计。今上病,属任吕后,吕后妇人,专欲以事诛异姓王者及大功臣。"[1]他感到去长安不会有好结果,决定继续"称病不行"。卢绾周围的人看到燕国与朝廷间矛盾激化,双方剑拔弩张,为了自身的利益,纷纷逃匿,有些人悄悄逃归长安。如此以来,卢绾反叛朝廷的阴谋进一步败露了。审食其把在燕国收集到的有关情况上报刘邦,更增加了刘邦的怀疑和愤怒。不久,投降汉朝的匈奴人又详细报告了张胜以燕国使者的身份在匈奴的谋叛活动。至此,刘邦不得不最后确信:他的这位童年的伙伴的确已经变成了汉皇朝的叛逆,于是毅然命令樊哙统帅汉军精锐对卢绾进行毫不留情的讨伐。卢绾面对无法收拾的局面,方才后悔自己的做法铸成了大错。想到与刘邦长久而深厚的情谊,他不忍与自己昔日的兄弟刀兵相向,于是带着家属、宾客和骑兵数千人,撤退至长城脚下。目的一方面是避开樊哙的兵锋,为以后缓和与汉中央的关系留下余地;另一方面是等待刘邦病愈后亲自往长安谢罪,以期得到刘邦的宽恕。公元前195年(汉十二年)四月,卢绾得到了刘邦的死讯。他知道此时返回长安,必不能为吕后所谅,就同其部众逃往匈奴,最终走上了公开反叛的道路。卢绾在匈奴虽然被封为东胡卢王,但由于良知未泯,终日闷闷不乐,常思寻找机会返回汉朝,但这一机会却一直没有找到。他在匈奴度过了一年多郁郁寡欢的岁月,便默默地死去了。由于在匈奴的日子过得并不惬意,加上气候、风俗等生活条件不适应,卢绾的家人对故乡的思念与日俱增。公元前180年(吕后八年),卢绾的妻子终于找机会逃回长安,实现了卢绾生前的愿望。但是,由于吕后病得很厉害,不能与之相会。只是让她住在燕王在京师的旧邸中,准备病愈后再置酒与之相见。谁知吕后一病不起,不久即死去。卢绾之妻此时也已是风烛残年,吕后崩逝后不久,她也悄悄死去,总算叶落归根,安然长眠于故土了。卢绾的子孙也一直心向中原,景帝中六年(公元前144年),卢绾的孙子东胡王他之降汉,被封为亚谷侯。由卢绾铸成的大错,最终由他的子孙改正了。

在刘邦削平异姓诸侯王的日程表上,最初显然没有排上卢绾的名字。他的失国降敌完全是他自己一手造成的。不过,从汉皇朝加强专制主义中央集权的角度看,卢绾的覆灭应该说是利多弊少,因为汉中央由此进一步加强了对原燕国地区的控制。卢绾的反叛与失国也说明了分封诸侯王的制度尽管有其存在的历史条件,但它本身却存在着明显的弊

---

① 《史记·韩信卢绾列传》。

端：不管将谁放到那个位子上，也难免不与中央发生对抗。这个制度既可以使亲密的朋友变成势不两立的仇敌，也可以使父子兄弟恩断义绝，以刀兵相见。如果说，分封异姓诸侯王是刘邦在时代条件制约下不得不采取的无可奈何的行动，那么，诛灭他们则是刘邦在实践中逐步明确的方针。正是在此方针的指导下，刘邦本来不想诛杀的卢绾最后也落到失国降敌的可悲下场。卢绾亡于匈奴以后，虽然仍旧怀念着他与刘邦之间往日的美好情谊，但覆水难收，一失足成千古恨；昔日的功臣卢绾只能以其晚节不忠载入汉皇朝的史册。司马迁认为，卢绾与韩王信一样，并非因为才高德劭，而是因为历史机遇得以裂地分封，"南面称孤"。他们的悲剧是因为"内见疑强大，外倚蛮貊以为援，是以日疏自危，事穷智困，卒赴匈奴，岂不哀哉"[①]。这一看法虽然还未从宏观上把握悲剧的必然性，但大体上是符合历史实际的。

(五)韩王(信)反叛

公元前206年(汉元年)二月项羽分封诸侯王时，原韩国贵族韩成被封为韩王，以阳翟(今河南禹县)为都城。但后来项羽却以韩成无军功为由，食言而肥，未遣他去封地，而是先将他带至彭城，废去王号，改封为侯，不久，竟将他杀掉了。这样，韩成就成为项羽随心所欲的封王活动中的第一个牺牲品。同年八月，当刘邦打出汉中还定三秦的时候，项羽又封故吴令郑昌为韩王，让其在颍川郡一带立国，目的是让他阻止刘邦东进。刘邦被封为汉王后，韩襄王的孙子韩信追随入汉中。他曾向刘邦建议说："项王王诸将近地，而王独远居此，此左迁也。士卒皆山东人，跂而望归，及其锋东乡，可以争天下。"[②]显示了不凡的战略眼光。刘邦进入关中后，曾许诺以后封韩信为韩王。刘邦东出函谷，向中原进军时，先任命韩信为韩太尉，令其率兵攻取郑昌所占有的韩国封地。韩信将郑昌包围于阳城(今河南方城)，进行猛烈的攻击，迫使郑昌投降，同时略定韩地十余城，基本上规复了原韩国的地盘。公元前205年(汉二年)十一月，韩信被刘邦立为韩王，率军与刘邦一起同楚军作战。第二年六月，韩王信与刘邦之将周苛共守荥阳，被项羽俘获，周苛被杀，韩王信则伺机逃归汉军。此后，他随刘邦参加垓下之战，最后战胜了项羽。韩王信的军事才干虽然不能说特别出色，但他参加了楚汉战争的全过程，为刘邦的胜利立下了功劳。楚汉战争结束以后，韩王信据有原韩国故地，以颍川(今河南禹县)为都城。作为韩国的贵族公子，他当时比较满足，因为他毕竟光复了祖宗的旧物。但不久，情况发生变化。公元前201年(汉六年)春天，刘邦以"韩信材武，所王北近巩、洛，南迫宛、叶，东有淮阳，皆天下劲兵处，乃诏徙韩王

---

① 《史记·韩信卢绾列传》。
② 《史记·韩信卢绾列传》。

信王太原以北,备御胡,都晋阳"①。显然,刘邦对韩王信立国于距长安、洛阳很近的中原腹地很不放心,怕他一旦反叛给汉皇朝的统治带来麻烦。于是将他的封地迁至北近匈奴的苦寒地区。刘邦满以为如此处置,既可将韩国变成汉朝的直接辖区,解除韩王信对汉中央的威胁,又可以使之成为北部边疆的屏障,抵御匈奴的南侵,变害为利,一举两得,是再妥当不过的了。但是,刘邦却没有考虑到,凡事有利必有弊,必须在二者之间慎重选择。韩王信之迁国晋阳以北,固然消除了他对汉朝京师及中原腹地的威胁;但其封国与匈奴接壤,却又为他勾结匈奴提供了便利条件。特别在汉朝中央与诸侯王国互不信任的气氛下,在汉朝与匈奴的关系还相当紧张的情况下,刘邦的政策措施稍有不慎,就有可能刺激他叛国投敌。事实上,刘邦的迁国措施立即引起了韩王信的疑惧与不满。他怀疑这是刘邦要收拾他的信号,为了自己的安全,他决定将国都从晋阳(今山西太原)再迁至距匈奴更近的马邑(今山西朔县),以便随时可以逃入匈奴,与刘邦对抗。但他在向刘邦请求移都的上书中却说得冠冕堂皇:"国被边,匈奴数入,晋阳去塞远,请治马邑。"②刘邦对此未加深究,也就允准了。这年秋天,匈奴单于冒顿突然督兵围攻马邑,战况异常激烈。韩王信数次派出使者到匈奴寻求和解。汉朝中央得到匈奴兵南下、马邑危机的消息以后,立即发兵前往救援。汉军抵马邑后,侦知韩王信数次遣使去匈奴,就怀疑他背着朝廷与匈奴勾结。情况汇报到刘邦那里以后,刘邦即致书韩王信,责备他说:"专死不勇,专生不任。寇攻马邑,君王力不足以坚守乎?安危存亡之地,此二者朕所以责于君王。"③韩王信本来就对迁国不满,接到刘邦的信后,又愤于汉朝廷在危难之际对他的不信任,更怕遭到刘邦的诛杀。考虑再三,决定投降匈奴,配合匈奴骑兵袭击太原。一念之差,韩王信便由一个为汉皇朝守边御敌的诸侯王,一变而为引狼入室的历史罪人了。

韩王信的投降匈奴,顿时改变了北部边境的形势,助长了匈奴单于南侵的嚣张气焰,汉匈关系顿时紧张起来。刘邦得到韩王信叛降的消息以后,于公元前200年(汉七年)冬天亲率大军北征。铜鞮(今山西沁水南)一战,大破韩王信军,斩其将王喜。韩王信狼狈逃往匈奴。他的部将曼丘臣、王黄立原赵国贵族赵利为王,收集韩王信残部,继续盘踞原韩王信封地,与韩王信、匈奴单于谋划联合进攻汉朝。匈奴单于使左右贤王率万余骑兵与王黄等屯驻广武(今山西代县西南)以南,伺机南下晋阳,与汉兵大战,汉军得胜,向西追击至离石(今属山西),再战,汉军又胜。匈奴人复又聚兵楼烦(今山西宁武),准备南下。汉军迎战,又一次获胜。汉军乘胜追击,士气旺盛。这时,得到匈奴冒顿单于驻代谷的消息,此

① 《史记·韩信卢绾列传》。

② 《史记·韩信卢绾列传》。

③ 《汉书·韩信传》。

时刘邦居晋阳,使情报人员深入匈奴侦察,匈奴示以疲惫孱弱的假象。刘邦上当,决定倾全力一举击破匈奴,遂督军北进平城(今山西大同),在白登山遭到匈奴伏击,被围困七昼夜,损失惨重。从此,刘邦明白汉朝国力还不足以与匈奴决战,于是转而采取和亲政策,对边疆采取守势。而韩王信则充当匈奴南侵的急先锋,往来骚扰,给汉朝的北部边疆造成了不少麻烦与损失。

公元前196年(汉十一年)春天,韩王信与匈奴骑兵联合南侵,占领参合(今山西阳高)。刘邦命柴武率汉军迎击。柴武修书一封致韩王信,晓以大义,规劝他率部反正归汉。其中说:"陛下宽仁,诸侯虽有叛亡,而复归,辄复故位号,不诛也。大王所知。今王以败亡走胡,非有大罪,急自归!"韩王信得书,思忖再三,认为归去不会比淮阴侯(韩信)、梁王(彭越)等的下场更好,就回书一封,婉言谢绝:

> 陛下擢仆起闾巷,南面称孤,此仆之幸也。荥阳之事,仆不能死,囚于项籍,此一罪也。及寇攻马邑,仆不能坚守,以城降之,此二罪也。今反为寇将兵,与将军争一旦之命,此三罪也。夫种、蠡无一罪,身死亡;今仆有三罪于陛下,而欲求活于世,此伍子胥所以偾于吴也。今仆亡匿山谷间,旦暮乞贷蛮夷,仆之思归,如痿人不忘起,盲者不忘视也,势不可耳。[①]

韩信的这封回书,对自己的投降匈奴、背叛汉朝表达了内疚之情,同时也诉说了他对故土的强烈思念,说明他良知未泯。不过,他担心自己返回汉朝不会有什么好结果也决非杞人忧天。因为刘邦削弱乃至消灭异姓诸侯王的方针已定,淮阴侯韩信和梁王彭越的惨死不能不使他们惊悸惶恐。但是,也应该看到,韩王信以投降匈奴进攻汉朝作为对刘邦打击异姓诸侯王的反抗,无论如何也是不足取的。由于韩王信拒绝反正,柴武挥军进击参合。韩王信也就在这次战斗中死在汉军的枪刀之下。他的死实在是罪有应得。韩王信之死标志着又一个异姓诸侯王的覆灭,使匈奴失掉了对付汉朝的一个鹰犬,是刘邦的一大胜利。不过,这并未改变汉匈关系的基本格局,汉朝与匈奴的斗争还要经历极其曲折、复杂和激烈的进程。

(六)张敖失国

在刘邦削平异姓诸侯王的斗争中,作为刘邦乘龙快婿的赵王张敖,也由于并非自身的偶然因素失掉了王位。

由于张敖的王位由其父张耳承袭而来,所以必须从张耳说起。

---

① 《史记·韩信卢绾列传》。

　　张耳是魏国大梁(今河南开封)人,生当战国末期,属于士这一阶层。年轻的时候曾做过魏公子信陵君的宾客。后不知何故,亡命于外黄(今河南兰考东),娶一富人女为妻,获得丰厚妆奁,因而能不事生产,四处游历,结交豪杰,"致千里客"。不久即做了魏国的外黄令,是一个颇有知名度的人物。后来认识大梁的少年名士陈馀,结为刎颈之交。刘邦年少时亦曾与张耳交游,建立了深厚的情谊。秦朝灭魏以后,闻张耳、陈馀为魏国名士,就以重金悬赏通缉二人。他们一起潜逃至陈(今河南淮阳),变姓名做了里监门。陈胜率大泽乡起义的队伍进军至陈时,张耳与陈馀前来投奔。陈胜及其将士久闻二人的大名,喜出望外,尊他们为座上客,成为陈胜的重要谋臣;但是,时过不久,二人与陈胜在称王问题上发生了分歧。陈中父老豪杰皆劝陈胜称王,树起与秦皇朝对立的旗帜。而张耳、陈馀则认为陈胜称王是"示天下私",主张速遣人立六国后裔为王。这说明他们是抱着恢复战国割据的目的加入起义军的。陈胜否定了他们的意见,毅然称王。接着,张耳、陈馀又向陈胜提出了收复河北的计划,得到陈胜的允准。他们便同陈胜故人武臣共率一支起义军北上,自白马津(今河南滑县境)渡过黄河,连下赵地数十城,势力获得较大发展。不久,他们便鼓动武臣自立为赵王,张耳任丞相,陈馀为大将军,据地称雄,拒绝陈胜的调遣,走上了与陈胜起义军分裂的道路。公元前208年(秦二世二年)初,陈胜起义军的主力在西进途中连连遭到挫折,形势十分危急。陈胜为此要求武臣、张耳、陈馀等发兵救援。他们不仅置之不理,而且还借起义军与秦军激战的机会,派兵四处攻城略地,扩大自己的势力范围。他们的分裂活动,对起义军无疑是雪上加霜,加速了陈胜起义军的失败。以上史实表明,张耳、陈馀之类人物是出于对秦皇朝灭亡自己国家的愤怒力图恢复故国而加入反秦起义队伍的,他们的政治意识显然是落后的。

　　后来,武臣被其部下,原秦朝降将李良所杀,张耳与陈馀又立原赵王的后裔赵歇为赵王。公元前208年(秦二世二年)底,章邯指挥秦军进攻赵国,把赵王歇与张耳包围于巨鹿,形势危如累卵。此时,陈馀率常山兵数万人,屯驻于巨鹿之北,但畏敌如虎,坐视不救。张耳愤怒异常,命其部下张原、陈泽前去责备陈馀说:"始吾与公为刎颈交,今王与耳旦暮且死,而公拥兵数万,不肯相救,安在其相为死!苟必信,胡不赴秦军俱死?且有十一二相全。"话说到这个分上,陈馀仍不为所动,拒绝发兵相救。理由是,与其同归于尽,不如我留下为你们报仇:"吾度前终不能救赵,徒尽亡军。且余所以不俱死,欲为赵王、张君报秦。今必俱死,如以肉委饿虎,何益?"[①]在生死考验关头,陈馀没有舍命相救,只是拨五千人交张黡与陈泽去对付秦军,结果全军覆没。巨鹿之战以后,张耳与陈馀相见,张耳怒气冲冲,责让陈馀。陈馀拂袖而去,双方由此交恶。公元前206年(汉元年)二月项羽实行大分封

---

① 《史记·张耳陈馀列传》。

时,张耳因从项羽入关,被封为常山王,以信都(今河北邢台)为都城。陈馀未随项羽入关,仅被封三县,因而愤愤不平。分封甫毕,陈馀即投靠田荣,从田荣处借得部分士卒,突袭张耳。张耳的王位还未坐稳,就失去了封国。他的谋士建议张耳投靠刘邦,张耳于是辗转入关,正与还定三秦的刘邦相遇,从此跟定刘邦。公元前 204 年(汉三年),韩信、张耳破赵国,斩杀陈馀和赵王歇。张耳被封为赵王,领有河北的大部分土地。公元前 202 年(汉五年)七月张耳死去,其子张敖嗣立为赵王。由于张耳没有什么显赫的战功,其子嗣王以后,手下亦没有一支屡经战阵的武装力量,对汉朝中央构不成如同韩信、彭越和英布那样的威胁,因而刘邦对张敖还是比较放心和信任的。刘邦将自己的长女鲁元公主嫁给张敖,希望他及其治下的赵国能够成为汉中央在东方的支柱之一。但是,张敖一旦成为一个比较独立的诸侯王,他就有着自己的局部利益。在他自觉不自觉地维护自己的局部利益时,就不可避免地与汉朝中央发生冲突。公元前 200 年(汉七年)七月,刘邦北伐匈奴受挫南返时,从平城路经赵都邯郸。赵王张敖执子婿之礼,毕恭毕敬,从早到晚亲自为刘邦服务,十分殷勤周到。而刘邦却颐指气使,"箕踞骂詈",大摆其皇帝的架子,态度十分傲慢无礼。赵国相贯高、赵午等都是六十多岁的老人了,他们长期追随张耳,特别重视礼仪,对刘邦的倨傲态度异常不满。同时,在这些人的头脑中,战国时期七雄分庭抗礼的意识还根深蒂固,他们还不太习惯于专制帝王的绝对尊严。因而对张敖在刘邦面前的卑躬屈膝很是不满,埋怨他孱弱无能,失了作为一国之君的尊严。他们鼓动张敖说:"夫天下豪杰并起,能者先立,今王事高祖甚恭,而高祖无礼,请为王杀之。"[1]张敖听后大吃一惊。他清楚地知道,贯高等人如果真的对刘邦动武,不管成功与否,都将给自己带来灭族的大祸。因为凭赵国那一点微不足道的武力,一旦与汉朝中央对抗,实在无异于以卵击石。张敖对他们的谋划坚决拒绝。他咬破自己的手指,表示了誓死忠于汉皇朝的决心。他诚恳地对贯高等人说:"君何言之误!且先人亡国,赖高祖得复国,德流子孙,秋毫皆高祖力也。愿君无复出口。"[2]张敖权衡全局,坚决制止臣下有越轨行为。但是,贯高、赵午等人似乎颇有点"侠肝义胆",作为臣子,他们认为张敖受到污辱就等于自身也受到污辱,这口气非出不可。这批人把事情看得太简单,以为只要杀掉刘邦,局势就会一下子变得对他们有利,他们就会成为建立不世之功的大功臣。他们十几个人异口同声地说:"乃吾等非也,吾王长者,不倍德,且吾等义不辱,今怨高祖辱我王,故欲杀之,何乃污王为乎? 今事成归王,事败独身坐耳。"[3]于是,尽管张敖坚决不同意他们的密谋计划,他们还是背着张敖在暗中悄悄地进行准备。公元前 199 年(汉八年)冬天,刘邦在东垣(今河北石家庄)击溃韩王信余党之后班

---

① 《史记·张耳陈馀列传》。
② 《史记·张耳陈馀列传》。
③ 《史记·张耳陈馀列传》。

师回朝,又一次路经赵国。贯高等人认为千载难逢的机会到了,于是在柏人(今河北柏乡)的行辕中安排刺客于厕所的墙壁之中,准备在刘邦住宿时乘机刺杀他。后来刘邦经过这里时突然有点不祥之感,欲留宿,心动,因问左右:"县名何为?"回答是"柏人"。刘邦认为这个县名与己不利,说:"柏人者,迫于人也!"①不宿而去。因此,贯高等人的密谋也就落了空。

公元前198年(汉九年)十二月,贯高的一个仇人向汉朝廷告发了他们的密谋。刘邦立即下令逮捕张敖及其党羽。事情败露后,张敖手下参与密谋的十余人都争要自刭,只有贯高大骂说:"谁令公为之?今王实无谋,而并捕王;公等皆死,谁白王不反者!"②他们明白了贯高的意图,都决心随赵王一起前去长安。虽然刘邦"诏赵群臣宾客有敢从王皆族",但"贯高与客孟舒等十余人,皆自髡钳,为王家奴,从来"。贯高在狱中竭尽全力为张敖辩白,受尽酷刑,"身无可击者,终不复言"。吕后对诸侯王一贯冷酷无情,这次因事关自己的女儿女婿,也从旁为之说情,认为张敖既尚鲁元公主,似不应有反叛之心。刘邦在震怒中斥责吕后说:"使张敖据天下,岂少而女乎!"③

由于廷尉审不出结果,刘邦于是让贯高的同乡中大夫泄公前去探问虚实。贯高对他说:"人情宁不各爱其父母妻子乎?今吾三族皆以论死,岂以王易吾亲哉!顾为王实不反,独吾等为之。"具道本指所以为者王不知状④。泄公据实上奏,刘邦得悉真相以后,同时赦免了张敖和贯高,并对贯高的"能立然诺"十分赞赏。作为一个抚有全国的帝王,"忠"已是他最看重的品质。然而,贯高在得知张敖被赦后,并没有庆幸自己遇赦而准备在刘邦治下安度余生,而是毅然自杀了。临死前,他对泄公说:"所以不死一身无余者,白张王不反也。今王已出,吾责已塞,死不恨矣。且人臣有篡杀之名,何面目复事上哉!纵上不杀我,我不愧于心乎?"⑤忠肝义胆,溢于言表。贯高以此"名闻天下"⑥。虽然事实证明张敖无罪,但他还是失掉了王位。因为尚鲁元公主的缘故,他的下场远较其他诸侯王为好。他被封为宣平侯,陪鲁元公主在京师优游岁月。他的宾客亦倍受重用,不少人做到二千石的高官。其子也以侯爵长期享受荣华富贵。平心而论,张敖获罪失国实在纯属无辜,但是,由此而导致赵国集团的覆灭,对巩固汉皇朝的专制主义中央集权来说,也是事有必至理所当然的。

---

① 《史记·张耳陈馀列传》。
② 《史记·张耳陈馀列传》。
③ 《史记·张耳陈馀列传》。
④ 《史记·张耳陈馀列传》。
⑤ 《史记·张耳陈馀列传》。
⑥ 《史记·张耳陈馀列传》。

刘邦称帝前后分封的八个异姓诸侯王，到公元前196年（汉十一年），除了传至第二代的吴姓长沙王局促于偏远落后的江南一隅，因势小力薄、又特别奉命唯谨而被保存外，其余都被汉中央先后扫灭了。显然，这是刘邦在称帝以后为巩固和加强汉皇朝的统治所采取的重大措施，也是他重要的历史贡献。不管扫灭这些诸侯王出于什么借口，某些做法看起来又显得多么残酷无情，而其中有些诸侯王又是如何地倍受冤枉，刘邦对他们的诛灭仍然是应该加以肯定。因为这些诸侯王都是在楚汉战争的特殊历史条件下形成的。他们占地广阔，抚民众多，其中有些人又野心勃勃。他们利用手中的权势和财富招降纳叛，招兵买马，形成了颇具实力的政治军事集团，对汉朝中央产生了巨大的离心力，严重威胁着汉皇朝的安全。如不适时剪除而任其发展，后果将不堪设想。所以，刘邦逐步诛除异姓诸侯王的战略决策是正确的。在持续六七年的诛除异姓诸侯王的斗争中，充分显示了刘邦的远见、智谋和能力。刘邦在楚汉战争中分封这些异姓诸侯王，一方面是受到反秦战争时期所形成的时代氛围的影响，另一方面则是为了全力对付项羽的需要。虽然不能说从分封那天起就准备以后除掉他们，但对其中的某些人如韩信、彭越、英布等，刘邦的警惕性还是很高的。全国统一以后，刘邦很快发现这些异姓诸侯王是妨碍国家统一集权的不稳定因素，于是很快开始了诛灭他们的斗争。在斗争过程中，刘邦娴熟地运用智取和强取相结合的办法，采取各个击破的策略，用较小的代价，比较顺利地解决了汉初这一影响全局的重大问题。对于力量最大的韩信和彭越，以及力量较小的张敖，都采取了智取的办法，基本上没有动武就解决了问题。其他臧荼、卢绾、韩王信，因地处边陲，背靠匈奴，不得不动用武力，费了一些周折，问题解决得不够顺利和彻底。真正动用武力，使用规模较大的战争手段解决问题的，只有一个英布。由于当时这些诸侯王的封地合起来比汉皇朝直辖郡县的面积还要大，大多数又拥有较强的军事力量，其中且不乏韩信、彭越那样的军事干才，完全动用武力来解决他们，一定会付出很大的代价。如果这些诸侯王联合起来对付汉朝中央，打垮他们就需要花费更大的力量和更长的时间。刘邦根据不同情况，采取不同方法，运用各个击破的战略方针显然是最正确的一种选择。刘邦从建国伊始虽然就意识到必须削平异姓诸侯王，但他并不是同时向他们开战，而基本上是一个时间打击一个对象，这就使他们一时难以联合起来形成后来吴楚七国之乱那样的形势。刘邦特别注意区别轻重缓急，首先解决对汉中央威胁最大的楚王韩信。因为在这些诸侯王中，力量最大、最富军事韬略、最难对付的就是韩信。只要解决了他的问题，其他的人都较易对付。而解决韩信又只能智取，不能强攻。刘邦在陈平等人的参与下轻而易举地解决了韩信，也就等于解决了诸侯王中的关键人物，其余问题皆可顺利解决。到公元前196年（汉十一年）刘邦亲征英布时，解决诸侯王的问题已近尾声，纵使英布有天大的能耐，他也难以掀起动摇国内局势的风浪了。当然，刘邦在削平异姓诸侯王的斗争中之所以取得最后胜利，最根本的原因还在于:经过秦末农民战争和楚汉战争的长期动乱之后,广大劳动人民普遍需要休养生息,渴望和平与安定。更由于汉初刘邦实行的各项政治经济政策基本上满足了劳动人民的要求,因而得到了他们的拥护。而诸侯王的割据影响了国家的统一,他们的反叛又恰恰破坏了社会的和平与安定。他们的活动自然不会得到劳动人民的拥护与支持,因而失败是必然的。当和平与安定的历史趋势形成的时候,任何力量卓异的个别人也无法阻止这种历史趋势的发展。韩信当年指挥了那么多漂亮的战役,使刘邦惊叹不已,自愧不如;彭越在楚军后方往来游击,搅得项羽不得安宁;英布身先士卒,冲锋陷阵,勇不可当。但是,曾几何时,他们都好像换了一个人一样,一个个都在刘邦的面前束手就擒,落得个身败名裂的下场。这些诸侯王的失败,证明的是一个古老的历史真理:时势造英雄。不过,当时代造就的英雄的活动又违背时代的潮流时,这些英雄的末路也就到来了。班固评论这些异姓诸侯王的覆灭时讲了这样一段话:

> 昔高祖定天下,功臣异姓而王者八国。张耳、吴芮、彭越、黥布、臧荼、卢绾与两韩信,皆徼一时之权变,以诈力成功,咸得裂土,南面称孤。见疑强大,怀不自安,事穷势迫,卒谋叛逆,终于灭亡。张耳以智全,至子亦失国。唯吴芮之起,不失正道,故能传号五世,以无嗣绝,庆流支庶。有以矣夫,著于甲令而称忠也!①

这里,班固从"正道"与否的封建政治道德观,从个人品质出发,对八个异姓诸侯王的生死荣辱进行的历史评论显然是十分肤浅的。他看不到,八个异姓诸侯王的分封具有时代的必然性,而他们的走向覆灭更具有时代的必然性。将历史上的成败得失看成君子与小人的斗争是一种最简单便捷的历史方法论,但依靠它得出的结论与历史真理之间却有着十分遥远的距离。

---

① 《汉书·韩彭英卢吴传》赞。

第五章
继承　创新　发展

一、陆贾《新语》与汉初统治思想的确立

公元前202年（汉五年）正月，刘邦在定陶的氾水之阳匆匆地举行了登基大典，向全国臣民宣布了汉皇朝的正式建立。不久，刘邦即移驻洛阳，打算在此建都。五月，他在洛阳南宫大宴群臣，共同讨论总结在楚汉战争中战败项羽的经验。就是在这次宴会上，刘邦从用人路线方面阐述了自己的成功之道，讲出了那一段脍炙人口、影响深远的话。西汉初年，全国范围内出现了一个反思秦朝二世而亡的社会思潮。无数政治家、思想家都在认真思考这一问题并力求得出满意的答案。刘邦及其文臣武将还在反秦战争和楚汉战争中就以秦朝二世而亡的教训作为君臣们议论的重要话题，并且千方百计地希图为新生的汉皇朝找到一套可以长治久安的思想和制度，刘邦作为秦末农民起义军的著名领袖，他曾亲身感受秦朝暴政的痛苦，并把"伐无道、诛暴秦"作为自己和部下行动的口号。因而他一进入关中地区，便立即宣布"约法三章"表示"与民更始"。汉朝建立以后又在制度和政策上采取了一系列有别于秦皇朝的措施，力图在实践中与秦皇朝划清界限。但是，如何从思想理论上总结秦朝灭亡的教训，同时给汉初的政治经济政策一个理论上的说明与阐发，却是刘邦及其布衣将相的群体难以做到的。恰在此时，有一个名叫陆贾的谋士站出来，以自己精心创作的《新语》一书，在汉初的反思潮流中承担了这一任务。

陆贾（？—公元前170年），楚国人。他以客卿的身份随刘邦参加了反秦战争和楚汉战争。由于他能言善辩，学富五车，满腹经纶，因而常常作为刘邦的使者完成各种复杂而艰巨的任务。如在进军关中的道路上，他奉刘邦之命收买守卫峣关的秦将，使之丧失警惕，为起义军突袭峣关的成功创造了有利的条件。在楚汉战争中，又是他作为汉军的使者前往楚军军营，说服项羽释放了被掳为人质的刘邦父亲和妻子。西汉皇朝建立以后，他又两次出使南越，劝说南越王赵佗归附汉朝，对于缓和汉越关系和汉朝南方边境的安定，起了很好的作用。

陆贾读过许多先秦的典籍，对儒家的《诗》、《书》等文献也很有研究，在与刘邦交谈时经常加以引用和宣扬。有一次，陆贾在刘邦面前津津乐道地称引《诗》、《书》，刘邦听了，很不耐烦地说："乃公居马上而得之，安事《诗》、《书》？"陆贾身上，还没有后世专制帝王淫威下臣子的奴颜和媚骨，他毫不示弱，针锋相对地回敬刘邦说：

> 居马上得之，宁可以马上治之乎？且汤武逆取而以顺守之，文武并用，长久之术也。昔者吴王夫差、智伯极武而亡；秦任刑法不变，卒灭赵氏。向使秦已并天下，行仁

义,法先圣,陛下安得而有之?①

这一段尖锐而中肯的话显然深深地打动了刘邦,一扫其居高临下的傲然之气,"高帝不怿而有惭色"。的确,战争结束以后,如何逆取顺守,文武并用,即如何实现从战争政策到和平政策的转变,以达到长治久安的目的,正是作为开国皇帝的刘邦日夜思考的问题。于是,刘邦诚恳地对陆贾说:"试为我著秦所以失天下,吾所以得之者何,及古成败之国。"②即要求陆贾为他总结历史与现实斗争的成功经验与失败教训,以便作为自己与臣僚们治国安邦的参考。正是在这一背景下,产生了陆贾精心创作的《新语》一书。该书共十二篇,史载陆贾每写好一篇,即呈送刘邦。刘邦即让他在群臣面前宣读。每一篇不仅得到了刘邦的高度赞扬,而且群臣听了也都情不自禁地高呼万岁。刘邦亲自给这部书起了一个名字,号曰《新语》。顾名思义,就是它说出了从未听说过的新鲜话语。显然,《新语》一书解决了汉初统治集团上上下下都普遍关心的问题,成为刘邦君臣们的政治教科书。

　　大概刘邦读过《新语》之后还未来得及消化就逝世了。惠帝登基后,吕后当国,诸吕逐渐地窃居要津。这时,吕后明目张胆地违背刘邦的"白马之盟",坚持封王诸吕的形势日益明朗,但朝野上下却无人能够阻止。陆贾明白,这一场统治集团的内部斗争肯定会酿成血肉横飞的惨剧。知识分子明哲保身的人生哲学使陆贾以生病为名辞去了太中大夫的官职,举家迁往好畤(今陕西乾县)居住。他将自己出使南越时所得赏赐的一部分卖掉,获值千金,平分给五个儿子,让他们各自独立,自谋生计。陆贾自己则"安车驷马",佩带价值百金的宝剑,携带歌伎和侍者十余人,四处游历,结交宾客,颐养天年。他对五个儿子说:"与汝约:过汝,汝给吾人马酒食。极欲,十日而更。所死家,得宝剑车骑侍从者。一岁中往来过他客,率不过再三过。数见不鲜,无久恩公为也。"③根据陆贾的年龄和当时的形势判断,看来陆贾是打算息影林泉,以这种方式悠闲自在地度过自己的下半生了。陆贾如此安排自己的生活,所奉行的正是"达则兼济天下,穷则独善其身"的儒家人生哲学,是一种不得已而求其次的选择。其实,赋闲中的陆贾并不是远离人间烟火,他仍然时刻关心着汉朝的政局,并随时准备为之尽自己的一份力量,贡献自己的聪明才智。

　　公元前188年(惠帝七年),惠帝刘盈死去,吕后立刘盈后宫子为皇帝,进一步控制朝政,诸吕专权的局面最终形成,刘氏政权危如累卵。这时候,右丞相陈平忧心如焚,他知道自己无力与吕后正面抗争,又不甘心刘氏皇统的断绝,更怕祸及自身,平时只得深居简出,装着一副与世无争的样子,使吕氏疏于防范。其实,他是苦苦思索一条既能避祸、又能维

---

① 《史记·郦生陆贾列传》。《汉书》本传注引郑氏曰:"秦之先造父封于赵城,其后以为姓。"
② 《史记·郦生陆贾列传》。
③ 《史记·郦生陆贾列传》。

护刘氏皇统的出路。有一次,陆贾特意到陈平府上造访,不待门人传达,径直入座。正在闭目苦思的陈平竟没有发觉陆贾的到来。陆贾故意探问陈平:"何念之深也?"陈平是个城府很深的人,不作正面回答,故意反问:"生揣我何念?"陆贾于是单刀直入,一下揭开谜底:"足下位为上相,食三万户侯,可谓极富贵无欲矣。然有忧念,不过患诸吕、少主耳。"①至此,两心相印。陈平立即向他求教万全之计,陆贾于是便将自己经过多日深思熟虑的计策向陈平和盘托出。他说:

> 天下安,注意相;天下危,注意将。将相和调,则士务附;士务附,天下虽有变,即权不分。为社稷计,在两君掌握耳。臣常欲谓太尉绛侯,绛侯与我戏,易吾言。君何不交欢大尉,深相结?②

这是一个以协和的将相为领导,以刘邦创业时期的元勋重臣为核心,团结其他文武臣僚,相机挫败吕氏篡权阴谋的计划。以屡出奇计著称的陈平苦思冥想也没有设计出来的万全之策,竟从陆贾的口中说了出来。陈平喜出望外,立即主动与太尉周勃深相结纳,互相达成默契。与此同时,陈平又以奴婢百人,车马五十乘,钱五百万交给陆贾做游资,让他广泛地在汉朝公卿大臣中间进行活动,以便沟通信息,联络感情,进行诛除诸吕的密谋活动。由于陆贾当时已不是朝中的显官,而仅仅是一个退职的闲员,他的活动不为诸吕注意。他就充分利用这一条件,充当陈平、周勃等人的幕后军师和联络人员,起了别人无法替代的作用。公元前180年(吕后八年)吕后一死,诸吕即迅速被周勃、陈平等人诛灭,其中的一个重要因素应归之于陆贾运筹帷幄之功。

陆贾一介书生,生当战乱年代,无斩将刘旗之功,对功名利禄并不十分看重。他官秩不过千石,且为官时间不长,一生的绝大部分时间是做客卿或赋闲家居。最后得以寿终,是一个乐天知命的人物。在西汉初年的政治舞台上,陆贾的声势并不显赫,但是,他却是西汉皇朝统治理论的创建者之一,是当时地主阶级中对历史和现实了解得最清楚、眼光最远大而锐敏的人物之一。一部《新语》奠定了他在汉代思想史上承上启下的地位。

陆贾《新语》一书,是西汉皇朝地主阶级的理论家总结秦亡的教训和刘邦获取天下的成功经验,第一次把儒、法、道糅合在一起而提出来的较完备的理论。它以"无为"为最高政治理想,以仁义、礼法、任贤为基本内容,为西汉皇朝的长治久安创建了思想理论基础。《汉书·艺文志》把《新语》列为儒家,其实,陆贾的思想与孔子、孟子、荀子等为代表的原始

① 《史记·郦生陆贾列传》。
② 《史记·郦生陆贾列传》。

儒学已有相当的距离,除了儒家的基本思想外,还包含有黄老和法家思想的许多内容。在《新语》中,陆贾首先为西汉统治者描绘出一幅"无为"社会的理想蓝图:

> 君子之为治也,块然若无事,寂然若无声,官府若无吏,亭落若无民,闾里不讼于巷,老幼不愁于庭,近者无所议,远者无所听,邮亭无夜行之吏,乡间无夜名之征,犬不夜吠,鸟不夜鸣,老者息于堂,丁壮者耕耘于田,在朝者忠于君,在家者孝于亲。于是赏善罚恶而润色之,兴辟雍庠序而教诲之。然后贤愚异义,廉鄙异科,长幼异节,上下有差,强弱相扶,小大相怀,尊卑相承,雁行相随,不言而信,不怒而威,岂特坚甲利兵,深刑刻法,朝夕切切而后行哉?①

这套充满浪漫色彩的政治理想,其实质就是要求统治者对刚刚从秦末农民战争和楚汉战争的长期战乱中解脱出来的劳动人民,采取一种较少干扰,任其自然的统治方略,实行轻徭、薄赋、节俭、省刑为主要内容的缓和矛盾的政策,给他们一个恢复发展生产的良好环境,使之尽快出现经济繁荣,社会安定,百姓安居乐业的局面。在此前提下,封建国家再以赏罚劝惩之,以仁义教训之,使之弃恶向善,促进整个社会风气的好转,从而出现上下和睦、尊卑有序,君上无为而百姓和乐的景象。十分明显,在这幅理想的蓝图中,道家的"无为而治",儒家的"仁义礼乐",法家的"赏善罚恶"等基本信条,都融会贯通到一起了。

秦朝"以法为教","以吏为师",穷兵黩武,严刑峻法,导致二世而亡的悲剧,使汉初的思想家们把眼光投向了儒家的仁义礼乐。陆贾作为秦末农民战争的参加者之一,亲眼看到不可一世的秦皇朝在起义军的战马嘶鸣中迅速土崩瓦解,这使他清醒地认识到民心不可侮,民意不可违,民力不可轻,是否得到百姓拥护是一个皇朝兴亡成败的关键:"夫欲建国、强威、辟地、服远者,必得之于民。"②而要想得到百姓的拥护,就必须把自己的统治建筑在最稳固的基石之上。这就要求统治者做到"握道而治,依德而行,席仁而坐,仗义而强,虚无寂寞,通动无量"③。具体办法也就是要以仁义取代"极武",以道德取代利欲,以贤能取代奸佞,以"无为而治"取代好大喜功。陆贾以秦朝二世而亡的史实为根据,说明一味的高压、残酷的刑罚、过量的盘剥,即法家的那一套统治方略,不仅不是巩固统治的法宝,而且恰恰成为导致暴乱的根源。他说:

> 秦始皇帝设为车裂之诛以敛奸邪,筑长城于戎境以备胡越,征大吞小,威震天下,

---

① 《新语·至德》。
② 《新语·至德》。
③ 《新语·至德》。

将帅横行,以服外国。蒙恬讨乱于外,李斯治法于内,事愈烦,天下愈乱,法愈滋而奸愈炽;兵马益设而敌人愈多。秦非不欲为治,然失之者,乃举措暴众而用刑太极故也。①

陆贾指出,秦始皇与秦二世父子都笃信法家学说,认为严刑峻法,兵马斧钺是万能的,结果仅十五年二世而亡,武力刑罚之不足恃由此可得到充分证明。刑、武之所以不足恃,原因就在于它只能失民心而不能得民心。只有用仁政德治代替极武和虐刑,才能树立起真正的政治威信,使"民畏其威而从其化,怀其德而归其境,美其治而不敢违其政"②。陆贾相信,在强大的仁义道德力量的感召下,一定会出现"百姓以德附,骨肉以仁亲,夫妇以义合,朋友以义信,君臣以义序,百官以义承……守国者以仁坚固,佐君者以义不倾"③的美好的治世局面。他认为,尧舜和周公当政的时代之所以成为历史上有名的治世,也就是因为那是"以仁义为巢"的时代:

> 昔虞舜治天下,弹五弦之琴,歌南风之诗,寂若无治国之意,漠若无忧民之心,然天下治。周公制礼作乐,郊天地,望山川,师旅不设,刑格法悬,而四海之内奉供来臻,越裳之君重译来朝。④

为了强调仁义的作用,陆贾在这里对传说中的尧舜和虽有记载但被美化了的周公都做了过分美化的描述。显然,在当时的历史条件下,特别强调一下仁义的作用,对于曾经参加过反对秦皇朝暴政的西汉统治者说来,更具有现实意义。不过,如果因此而认为陆贾就是纯而又纯的儒家学者那就错了。事实上,陆贾虽然十分强调仁义的作用,但并不否认刑罚的重要性,而是认为二者各有各的用处,它们相辅相成,紧密配合,"文武并用",才是治国抚民的比较完善的方法。

陆贾要求统治者必须对自己的贪欲加以节制。他对统治阶级无限的贪财纵欲和不加节制的奢侈享乐深恶痛绝。他认为,封建帝王"奢侈纵恣",势必加重对劳动人民的剥削,激化统治者与被统治者的矛盾,也是造成亡国灭宗的重要原因。他以鲁庄公为例,说明追求奢侈享乐的结果是"财尽于骄淫,人力罢于不急,上困于用,下饥于食"⑤,形成了严重的

---

① 《新语·无为》。
② 《新语·无为》。
③ 《新语·道基》。
④ 《新语·无为》。
⑤ 《新语·至德》。

社会危机。秦始皇、秦二世的"骄奢靡丽"更是登峰造极,无以复加。这些封建帝王的奢侈享乐败坏了社会风气,使天下富人群起效尤,百姓自然痛苦不堪,秦朝的灭亡也就不可避免了。陆贾通过历史教训,痛切地认识到,要想治理好国家,必须对君主、臣僚乃至整个统治阶级的享受加以限制,提倡以道德仁义代替利欲:

> 圣人卑宫室而高道德,□□服而谨仁义,不损其行,以增其容,不亏其德,以饰其身。国不兴无事之功,家不藏无用之器。所以稀力役而省贡献也。璧玉珠玑不御于上,则玩好之物弃于下;雕刻缋画不纳于君,则淫伎曲巧绝于民。①

在汉初社会经济凋敝,国与民俱困,劳动人民尤其贫困的条件下,要求统治者带头限制自己的贪欲和享乐欲,造成节俭、质朴的社会风气,以减轻对广大劳动人民的剥削,显然是有进步意义的。

陆贾还大力提倡任人唯贤的用人路线。他认为,任贤还是用佞同样也是一个国家兴盛或衰败的重要原因:"杖圣者帝,杖贤者王,杖仁者霸,杖义者强,杖谗者灭,杖贼者亡。"②历史上的圣帝贤王总是"居高处上则以仁义为巢,乘危履倾则以贤圣为杖,故高而不坠,危而不仆","功垂于无穷,名传于不朽"。相反,秦皇朝却是以赵高之流的奸佞之辈为杖,所以最后难逃"倾仆跌伤之祸"。陆贾进而指出,从理论上讲,几乎任何君王都知道贤愈于佞,可是在现实生活中却往往相反,总是"佞臣在位",而贤才得不到重用的时候居多。原因就在于人君不善于识别贤佞和选择人才。更为可贵的是,陆贾已经认识到,君王要想选拔真正的贤俊之才,必须跳出贵族公卿的圈子,把视野放到社会的最底层,发掘那里潜藏的具有"不羁之才"和"万世之术"的贤能之士。这并不是说陆贾已经要求统治者从劳动人民中选拔官吏,但是,他要求放宽视野,在更大的范围内选拔经国治世的优秀人才,以扩大地主阶级统治基础的思想无疑是有进步意义的。另外,陆贾关于君王如何识别臣下的忠与奸、正与邪、贤与佞的问题上,也有不少独到的见解。他认为,贤明之人对于君王是净臣,"直道而行,知必屈辱而不避","行不敢苟合,言不为苟容",好进逆耳之言,使人听起来很不愉快;而佞臣则恰恰相反,"好为诈伪,自媚饰非而不能为公","阿上之意,从上之旨","无悖逆之言,无不合之义"③,好说顺耳之言,使人听起来舒舒服服。因此,决不能以是否讨好君王作为贤与佞的标准。同时,陆贾又指出,贤能之人往往遭到奸佞之辈的嫉妒,诽谤与诬陷,它来势凶猛,势如狂涛,以致"众口之毁誉,浮石沉木,群邪所抑,以直为曲,视之

---

① 《新语·本行》。
② 《新语·辅政》。
③ 《新语·辨惑》。

不察,以白为黑"①。作为人君稍有不慎,就有可能出现"指鹿为马"之奸,就有可能为谗言所惑,受骗上当。有鉴于此,所以人君必须特别注意明察,分辨是非,识别忠奸,既要能准确地简拔贤良,又要能及时地严惩奸佞。"诛除奸臣贼手之党,解释凝滞纰缪之结,然后忠良方直之人则得容于世而施于政"②。只有如此,贤人俊才才能得到重用,国家的各项事业才能兴旺发达。在先秦时期的各派思想家中,儒与墨、儒与法的观点几乎在各个领域中都尖锐对立,唯独在用人问题上几乎一致地得出了"任人唯贤"的结论。这说明此一问题已成为全社会关注的时代思潮。陆贾这里阐述的思想显然是从儒、墨、法等学派那里继承来的,但却比以往所有思想家对这个问题的论述更加全面和深刻。这是因为陆贾较之他的前辈有更多的历史经验和教训可以总结。

陆贾《新语》一书所展示的哲学思想,尤其是其中的自然无为的天道观和今胜于古的历史进化论,构成了中国哲学发展史上一个承上启下的环节。对后来唯物论思想的发展起了重要的启迪作用。不过,《新语》这部书对汉初社会的影响主要还在政治方面。在一定意义上说,它成了以刘邦为首的汉初布衣皇帝和布衣将相的政治教科书,为他们制定政策提供了理论基础。后世人们从汉初的轻徭、薄赋、节俭、省刑的一系列促进社会稳定、生产发展和经济繁荣的政策中,不难看出《新语》思想的影响。陆贾作为一个杰出的政治家和思想家,虽然官位不高,权力有限,基本上处于一种客卿的地位,一生连个侯爵也没有得到,但是,在汉初的政治和思想领域中却做出了别人不可替代的巨大贡献。然而,两者相较,他在思想上的贡献更大一些。的确,汉初的政治舞台上没有陆贾,其面貌不会有明显的变化。可是,汉初思想界如果少了陆贾及其《新语》,那就犹如奥林匹斯山少了宙斯一样失掉了灵魂。

---

① 《新语·辨惑》。
② 《新语·慎微》。

西汉初年的中央与地方行政体制,大体上都是沿袭秦制或稍加变通。这套专制主义中央集权制度的建立和完善,对于巩固和加强汉皇朝的统治与稳定,维护和平与安宁的社会秩序,以及恢复发展生产,繁荣经济都具有明显的积极意义。但是,汉初的地方行政体制与秦皇朝也有较大的不同之处,这就是汉初在实行郡县制度的同时,还实行了诸侯王国和侯国两级分封制度。如上所述,还在楚汉战争中,刘邦为了分化瓦解项羽集团,调动各地实力派共同对项羽作战,在当时特定的恢复秦以前诸侯国的氛围中,他陆续分封了八个异姓诸侯王。然而,西汉刚刚建立,刘邦就发现这种分封造成了地方诸侯王对中央权力的分割和威胁。由于所封者皆为异姓,与刘邦缺乏血缘和感情的联系,再加上对某些人的分封也是出于权宜之计,所以在西汉建国以后的六七年中,刘邦就通过包括武力在内的各种手段,陆续扫除了除长沙王吴芮之外的其他异姓诸侯王。这对维护统一、加强中央集权是完全必要的。但是,刘邦在消灭异姓诸侯王的过程中,却又陆续分封了九个同姓诸侯王。刘邦这样做,除了时代条件之外,也是主观上接受秦亡教训的结果。刘邦及其臣子,几乎一致认为秦朝所以二世而亡,原因主要是"荡灭古法",其中当然也包括了废除西周的分封制:

> 秦据势胜之地,骋狙诈之兵,蚕食山东,一切取胜,因矜其所习,自任私知,姍笑三代,荡灭古法,窃自号为皇帝,而子弟为匹夫,内亡骨肉本根之辅,外亡尺土藩翼之卫。陈、吴奋其白挺,刘、项随而毙之。故曰,周过其历,秦不及期,国势然也。[1]

有鉴于此,刘邦于是决定分封自己的兄弟子侄为诸侯王,使之广泛地分布于关东地区,据土抚民,以作为汉中央的屏障,巩固刘氏皇朝的统治。正如《汉书·诸侯王表》所说,"汉兴之初,海内新定,同姓寡少,惩戒亡秦孤立之败,于是剖裂疆土,立二等之爵。功臣侯者百有余邑,尊王子弟,大启九国[2]。刘邦分封同姓诸侯王是从公元前200年(汉七年)开始的,起因是前一年的田肯建议。公元前201年十二月,刘邦以"伪游云梦"之计擒韩信,开始了剪灭异姓诸侯王的行动。这时,刘邦帐下一个名叫田肯的谋臣一面向刘邦恭贺诱擒韩信的胜利,一面建议封王子弟到齐国,以便在大汉皇朝的东翼建立起与汉中央遥相呼应的封国,以巩固汉皇朝的统治:

> 陛下得韩信,又治秦中。秦,形胜之国,带河山之险,悬隔千里,持戟百万,秦得百

---

① 《汉书·诸侯王表》。
② 《汉书·诸侯王表》。

二焉。地势便利,其以下兵于诸侯,譬犹居高屋之上建瓴水也。夫齐,东有琅邪、即墨之饶,南有泰山之固,西有浊河之限,北有渤海之利。地方二千里,持戟百万,悬隔千里之外,齐得十二焉。故此东西秦也。非亲子弟,莫可使王齐矣。①

大概这位在《史记》、《汉书》中仅露过一次面的田肯所提建议与刘邦所想深相契合,他立即便得到刘邦五百斤黄金的重赏。虽然田肯在这里所建议的只是王齐的人选,但却开启了刘邦大封同姓诸侯王的先河。自此以后,刘邦在消灭异姓诸侯王的同时,陆续分封了九个同姓诸侯王国和一百多个功臣和王子侯国。这九个诸侯王国都分布于关东地区,据《汉书·诸侯王表》记载:

> 自雁门以东,尽辽阳,为燕、代。常山以南,太行左转,度河、济,渐于海,为齐、赵。谷、泗以往,奄有龟、蒙,为梁、楚。东带江、湖,薄会稽,为荆吴。北界淮濒,略庐、衡,为淮南。波汉之阳,亘九嶷,为长沙。诸侯比境,周匝三垂,外接胡越。天子自有三河、东郡、颍川、南阳,自江陵以西至巴蜀,北自云中至陇西,与京师内史凡十五郡,公主、列侯颇邑其中。

然而,历史的发展,总是"事与愿违",本来,刘邦分封同姓诸侯王是为了作为汉朝中央的辅弼,但后来却几乎都走到了反面,诸侯王一个个落得个身死国除的下场。

荆王刘贾,是刘邦叔父的儿子。既是同宗兄弟,又是少年朋友。大概在刘邦举行丰沛起义之时,他就成为一名坚定的追随者。公元前206年(汉元年),在他随刘邦还定三秦的时候,被任命为将军。他率兵平定塞王司马欣封地以后,又随刘邦东出函谷关,参加对项羽的作战。公元前204年(汉三年),他奉刘邦之命,率步兵三万,骑数百,自白马津(今河南滑县境)南渡黄河,迅速深入楚军后方,往来游击,"烧其积聚,以破其业,无以给项王军食"②。待楚军主力前来围剿,"贾辄避不肯与战,而与彭越相保"③。这种避实击虚、机动灵活的游击战术,大大牵制了楚军西进的力量,为改变楚汉战争前期楚强汉弱的形势做出了较大的贡献。公元前202年(汉五年),刘邦率汉军主力追击楚军至固陵(今河南太康南),刘贾奉命率军渡过淮河,围寿春(今安徽寿县),使人招降楚大司马周殷,然后与英布一起率九江兵北上,参加了最后围歼楚军的垓下之战。项羽灭亡以后,刘贾又奉命与太尉卢绾一起南击拒不投降的临江王共尉(共敖之子),平定该地,设立南郡(今湖北江陵)。刘贾因战功卓著,

---

① 《史记·高祖本纪》。
② 《汉书·荆燕吴传》。
③ 《汉书·荆燕吴传》。

又与刘邦同宗,因而在公元前 201 年(汉六年)一月被立为荆王,以故东阳郡、障郡、吴郡五十三县为封地。六年之后,公元前 195 年(汉十二年),淮南王英布反叛,首先东向进攻刘贾的荆国。刘贾率军抵抗,不能取胜,败退至富陵(今江苏洪泽境),为英布兵所杀,从此国除。刘贾作为刘邦与异姓诸侯王斗争的牺牲品,实际上在对异姓诸侯王的斗争中尽了自己的一份力量。因为当时汉中央与异姓诸侯王的矛盾占据主导地位,刘贾与汉中央的矛盾还没有显现他就死了。应该说,在刘氏宗室中,刘贾并非等闲之辈。在楚汉战争中他曾统帅一支军马单独作战,取得不少胜利,表现了不凡的军事才干。然而,在英布的攻势面前,他似乎丧失了昔日的战斗能力。一败之后就再也没有恢复过来,很快身死国灭;究其原因,一是英布的军事谋略显然比他高明,又采取了突然袭击的战法,使刘贾仓促应战,来不及充分准备。二是刘贾做了诸侯王后,大概一直耽于享乐之中,对同异姓诸侯王的斗争缺乏清醒的认识,思想上军事上完全放松了戒备,因而难以逃脱失败的命运。

代王刘仲名喜,是刘邦的二兄。《史记》、《汉书》找不到多少关于他的事迹的记载。此人既无政治才干,又乏军事谋略,只是凭借与刘邦的血缘关系,于公元前 201 年(汉六年)一月被立为代王,封地为北部边陲的云中、雁门、代郡五十三县。事实证明刘邦对刘仲的封赏是个错误。当时,汉皇朝刚刚建立,乘秦汉之际的混乱而势力膨胀的匈奴正对北部长城一线虎视眈眈。封为代王的人选应该在资历、声望和才能方面都是出类拔萃之辈,才能应付当时当地的复杂局面。刘仲既非合适的人选,刘邦又未能配备一个如曹参之类的智能之士做他的辅佐,这就注定了他失败的命运。同年,匈奴进攻代国,刘仲一战即溃,弃国间道逃回洛阳。刘邦念兄弟之情,没有杀他,只是削去王位,另封为郃阳侯,在平静的生活中于惠帝二年(公元前 193 年)死去。公元前 196 年(汉十一年)春,刘邦攻破反叛的陈豨军,平定代地,封子刘恒为代王。刘恒为薄姬所生。他在代王的位子上度过十七年的岁月,在吕后当国时期保住了自己的爵位和生命。公元前 180 年(吕后八年),吕后病死,周勃、陈平等共定谋,诛杀诸吕,迎代王刘恒继皇位,是为汉文帝。

楚王刘交是刘邦的同父异母弟,是刘邦兄弟四人中年龄最小的一个。也许是由于父母特别疼爱,抑或是由于其时家庭经济条件比较优裕,刘交在他们兄弟四人中受到了当时最良好的教育。史书记载他年少时好读书,“多材艺”,曾与鲁国儒生穆生、白生、申公等同受《诗》于浮丘伯,因而有着较高的文化修养。丰沛起义以后,刘交一直跟随刘邦南征北战,立下显著功劳。灭秦以后,被刘邦封为文信君,又随刘邦入汉中,参加了平抚巴蜀的军事行动。接着,又随韩信等还定三秦,参加了楚汉战争的全过程。刘邦做皇帝后,他与卢绾一同担任刘邦的侍卫之臣,“出入卧内,传言语诸内事隐谋”[①]。汉六年(公元前 201 年),

---

① 《史记·楚元王世家》。

楚王韩信被废黜之后,刘交与刘贾分别被立为楚王和荆王。他的封国据有砀郡、薛郡、郯郡三十六县之地,大体相当于今之苏、鲁、皖交界处。刘交就国后,以自己昔日的同窗好友穆生、白生、申公为中大夫。说明这位诸侯王十分重视儒学。吕后当政时,他的老师浮丘伯在长安,他于是又遣自己的儿子刘郢客与申公同去长安浮丘伯门下学习。后来,申公成为经学大师,文帝时为博士。他为《诗》作传,是《鲁诗》的创始人。刘交自幼好《诗》,在其影响下,他的几个儿子也都用功读《诗》。他也曾为《诗》作传,号曰《元王诗》。刘交为王二十三年死去,其子郢客袭位,四年后亦死去。他的儿子刘戊袭位。景帝时,刘戊参与刘濞发动的七国叛乱,兵败自杀。宣帝时,袭王位的刘延寿因谋反被废黜,国除。

　　齐王刘肥是刘邦最年长的儿子,其母是刘邦做亭长时的"外妇"曹氏。公元前201年(汉六年)立为齐王,"食七十城,诸民能齐言者皆予齐王"①。由于齐国占地广阔,土地肥饶,又兼鱼盐工商之利,刘邦对其治理特别重视,特派曹参为相国,全面负责齐国的军国大计。曹参在齐国,最早推行"黄老之治",使其政治、经济都走上稳定发展的轨道。在平定异姓诸侯王和反击匈奴的斗争中,齐国之军成为汉中央重要的辅助力量。在刘邦、吕后当国的二十多年中,齐国一直是汉皇朝在东方的重要屏障。公元前193年(惠帝二年),刘肥入朝,"帝与齐王燕饮太后前,置齐王上坐,如家人礼。太后怒,乃令人酌两卮鸩酒置前,令齐王为寿。齐王起,帝亦起,欲俱为寿。太后恐,自起反卮。齐王怪之,因不敢饮,阳醉去。问知其鸩,乃忧,自以为不得脱长安"②。因一件生活礼仪上的小事,几乎送掉性命,刘肥算是明白了自己的处境。这时,他的内史勋(《汉书》作士)献计说:"太后独有帝与鲁元公主,今王有七十余城,而公主乃食数城。今王诚以一郡上太后为公主汤沐邑,太后必喜,王无患矣。"③齐王依计而行,不仅献出了城阳郡(今山东济宁、菏泽一带)作为鲁元公主的汤沐邑,而且尊这位年龄小于自己的妹妹为王国的太后。这一着果然讨得了吕后的欢心,刘肥得以安然脱身返国。刘肥于公元前189年(汉惠帝六年)死去。其子孙世袭齐国。后齐国的封域逐渐被分割出许多诸侯国,刘肥的儿子中共有九人为王。其次子刘章在吕后时被封为城阳王,他孔武有力,后来在诛杀诸吕的事件中起了重要作用。直至公元前166年(汉文帝十四年),齐文王死,因无子而国除。

　　赵王刘如意,是刘邦最宠爱的戚姬所生的儿子。公元前198年(汉九年)赵王张敖被废黜以后,封为赵王。刘邦晚年,明白戚姬与吕后不睦,虑及自己百年之后吕后不放过赵王,特任命耿介敢言的周昌为王国相,加意辅佐保护。公元前195年(汉十二年),刘邦死去,吕后即将赵王征召至长安,残酷地加以鸩杀。

① 《史记·齐悼惠王世家》。
② 《汉书·高五王传》。
③ 《汉书·高五王传》。

淮阳王刘友,为刘邦姬妾所生子。公元前 196 年(汉十一年)立为淮阳王。第二年赵王刘如意被杀以后,他被吕后徙封为赵王。吕后为了控制他,"以诸吕女为后"。但刘友不爱吕后强行为他安排的王后而爱其他姬妾,致使他与吕氏王后的矛盾越来越尖锐。立王十四年后,吕氏王后怒而赴长安向吕太后进谗言说:"王曰:'吕氏安得王!太后百岁后,吾必击之。'"①吕后一怒之下,将刘友召至京师,"置邸不见,令卫围守之,不得食。其群臣或窃馈之,辄捕论之"②。刘友饥饿难忍,就用自己编的一首歌抒发胸中的愤懑:

> 诸吕用事兮,刘氏微;迫胁王侯兮,强授我妃。我妃既妒兮,诬我以恶;谗女乱国兮,上曾不寤。我无忠臣兮,何故弃国?自快中野兮,苍天与直!于嗟不可悔兮,宁早自贼!为王饿死兮,谁者怜之?吕氏绝理兮,托天报仇!③

几天之后,这位敢于违抗吕后意旨的刘姓王就饿死在守卫森严的王邸。诸吕覆灭之后,文帝珍惜手足之情,立刘友之子刘遂为赵王。景帝当国时,刘遂因参与吴王刘濞为首的叛乱,身死国除。

梁王刘恢,也是刘邦姬妾所生的儿子。公元前 196 年(汉十一年),梁王彭越被诛杀以后,刘邦立刘恢为梁王。赵王刘友幽死之后,吕后又徙刘恢为赵王。吕后为控制刘恢,以吕产之女为其王后。这位王后携一批从官,把持后宫,干预王国之政,限制国王的行动。刘恢有一爱姬也被王后鸩杀。刘恢与刘友一样,只能以诗歌排遣自己的苦闷。不久,就自杀了。吕后认为刘恢以妇人之事而死,太没出息,决定不立继嗣,由是国除。

燕王刘建,也是刘邦姬妾所生子。公元前 195 年(汉十一年),燕王卢绾叛逃匈奴。第二年,刘建被立为燕王。公元前 181 年(吕后七年)死去。他只有一个美人生下的儿子,被吕后杀死,绝嗣国除。

淮南王刘长,是刘邦与赵王张敖的美人所生的儿子。汉八年(公元前 199 年),刘邦经赵国北上伐匈奴,赵王张敖将自己的美人献给刘邦。有身孕后,正碰上赵国贯高等谋反事发,美人与赵王等一起被系囚长安。美人曾通过吕后,希望将自己即将为刘邦产子一事告诉刘邦,妒意大发的吕后自然加以拒绝。不久,美人产下儿子,因得不到刘邦的礼遇愤而自杀。狱吏将婴儿抱给刘邦,刘邦追悔莫及,令吕后抚育之,并厚葬其母。公元前 196 年(汉十一年),刘邦在击灭淮南王英布以后,立刘长为淮南王,以九江、庐江、衡山、豫章四郡为封地。刘长因早年失母,为吕后养大,与她关系亲近,因而在吕后当国时得以保全。刘

---

① 《汉书·高五王传》。
② 《汉书·高五王传》。
③ 《汉书·高五王传》。

长稍长，"有材力，力能扛鼎"①。知其母曾求辟阳侯审食其沟通与吕后和刘邦的联系，但审食其未在吕后面前力争，致使其母惨死。他怨恨审食其，常寻机报复。吕后在世时，未敢发。"及孝文初即位，自以为最亲，骄蹇，数不奉法。上宽赦之"②。文帝三年（公元前177年），刘长入朝，径直往见审食其，以袖中所藏金锥猛刺，同时命随从一齐动手，将其杀死。之后立即"肉袒"至文帝前谢罪说：

> 臣母不当坐赵事，其时辟阳侯力能得之吕后，弗争，罪一也。赵王如意子母无罪，吕后杀之，辟阳侯弗争，罪二也。吕后王诸吕，欲以危刘氏，辟阳侯弗争，罪三也。臣谨为天下诛贼臣辟阳侯，报母之仇，谨伏阙下请罪。③

这种为报私仇而无视国家法律的行为理应治罪。但是，此时的审食其已失去吕后这样的靠山，汉文帝对他又没有什么好感，刘长的罪过自然得到赦免。然而，刘长并不知收敛自己的行为，他"归国益骄恣，不用汉法，出入称警跸，称制，自为法令，拟于天子"④。作为兄长，文帝不好对刘长过于责备，就让做将军的舅舅薄昭作书劝谏。书中，薄昭历数文帝对刘长的厚德，同时严肃指出他的横行不法，正使自己处于"八危"之境：

> 夫大王以千里为宅居，以万民为臣妾，此高皇帝之厚德也。……大王不思先帝之艰苦，日夜怵惕，修身正行，养牺牲，丰洁粢盛，奉祭祀，以无忘先帝之功德，而欲属国为布衣，甚过。且夫贪让国土之名，轻废先帝之业，不可以言孝。父为之基，而不能守，不贤。不求守长陵，而求之真定，先母后父，不谊。数逆天子之令，不顺。言节行以高兄，无礼。幸臣有罪，大者立断，小者肉刑，不仁。贵布衣一剑之任，贱王侯之位，不知。不好学问大道，触情妄行，不祥。此八者，危亡之路也，而大王行之，弃南面之位，奋诸、贲之勇，常出入危亡之路，臣之所见，高皇帝之神必不庙食于大王之手，明白。⑤

书中最后要求刘长上书文帝"谢罪"，以求皇帝宽宥。然而，刘长得书不仅毫无悔过之意，反而加快了谋反的策划。公元前174年（文帝六年），刘长指使部下，勾结闽越、匈奴，欲发

① 《史记·淮南衡山列传》。
② 《史记·淮南衡山列传》。
③ 《史记·淮南衡山列传》。
④ 《史记·淮南衡山列传》。
⑤ 《汉书·淮南王传》。

动反叛朝廷的军事行动,事未发而败露,文帝遣使将刘长召至长安。丞相张苍、典客冯敬等五府联合对刘长一案进行审判,认为他"废先帝法,不听天子诏,居处无度,为黄屋盖乘舆,出入拟于天子,擅为法令,不用汉法",而且谋反有据,并抗拒朝廷的查讯,"长当弃市,臣请论如法"①。文帝碍于兄弟情分,决定免其一死,废除其王位,放逐蜀地严道邛邮(今四川荥经西南)。刘长在放逐途中,于雍县(今陕西凤翔)绝食而死。后来,文帝又立刘长的三个儿子为诸侯王,分王淮南故地。景帝时,因谋叛逆,身死国除。

吴王刘濞,是刘邦兄刘仲之子。公元前196年(汉十一年)秋,刘邦亲征淮南王英布时,二十岁的沛侯刘濞以骑将随军出征。他英勇善战,击破英布军于蕲西。其时荆王刘贾已为英布军杀死,无子嗣爵。刘邦认为吴、会稽等东南诸郡民风轻悍,不立一个壮年王子于此地不易镇抚。因为自己的儿子此时大都年少,就决定封刘濞为吴王,王三郡五十三城。刘濞受印后,刘邦召见他,发现他有"反相",就抚摸着他的背告诫说:"汉后五十年东南有乱者,岂若邪?然天下同姓为一家也,慎无反!"刘濞叩头于地说:"不敢。"②孝惠高后时,国内安定,吴国招致天下亡命之徒,开发豫章铜矿,铸造钱币,又煮海水为盐,"以故无赋,国用富饶"。文帝时,吴王太子刘贤来京城,在与皇太子饮酒赌博时发生冲突,被皇太子杀死。从此,吴王对朝廷心存不满,称病不朝。后来,由于文帝对他一直采取优容政策,双方矛盾没有激化。景帝即位后,御史大夫晁错坚决主张削弱诸侯王的权力。他上书景帝说:

> 昔高帝初定天下,昆弟少,诸子弱,大封同姓,故王孽子悼惠王王齐七十余城,庶弟元王王楚四十余城,兄子濞王吴五十余城:封三庶孽,分天下半。今吴王前有太子之郄,诈称病不朝,于古法当诛,文帝弗忍,因赐几杖。德至厚,当改过自新。乃益骄溢,即山铸钱,煮海水为盐,诱天下亡人,谋作乱。今削之亦反,不削之亦反。削之,其反亟,祸小;不削,反迟,祸大。③

晁错的削藩建议使吴王等找到了反叛的借口。公元前154年(景帝三年)正月,吴王纠合楚、胶西、胶东、淄川、济南、赵等封国,发动了大规模的武装叛乱。此时的刘濞已决定孤注一掷,他下令国中说:"寡人年六十二,身自将。少子年十四,亦为士卒先。诸年上与寡人比,下与少子等者,皆发。"④起兵二十万,并诱使东越与之共同行动。一时声势浩大,给汉

---

① 《汉书·淮南王传》。
② 《史记·吴王濞列传》。
③ 《史记·吴王濞列传》。
④ 《史记·吴王濞列传》。

中央造成很大威胁。但是,由于这七国的叛乱违背历史潮流,不得民心,仅三个月即被汉中央讨平,刘濞也落了个身死国除的可悲结局。

上面所记记述的刘邦分封的这些同姓诸侯王国,大体上囊括了今日中国的辽宁、河北、山西北部,山东、江苏、安徽、河南东部,浙江、江西、湖南、湖北东部,遍布长江、黄河中下游的大部分地区。其时,汉中央直接控制的地区只有关中、巴蜀以及今之河南、湖北、山西的一部分。如果说,刘邦剿灭异姓诸侯王显示了唯我独尊的皇权对异姓的天然排斥,那么,与诛灭异姓诸侯王几乎同时进行的对同姓诸侯王的分封则是基于对同一血统的无限信任,同时,更是刘邦"惩戒亡秦孤立之败"教训的结果。刘邦认为,由于秦始皇没有实行分封兄弟子侄为诸侯王的措施,就使皇权处于孤立无援的境地,一旦四面八方都起来造反,皇朝就必然分崩离析。刘邦分封自己的兄弟子侄为诸侯王,一面使他们继承相应的财产权力,各有归宿,以维系刘氏宗室贵族内部的协和与团结;另一方面又可使诸侯王国与郡县交叉分布,构成汉中央的有力藩屏。中央地方互为犄角,内外配合,就可以及时扑灭反叛,维护汉皇朝的长治久安。应该承认,西汉初年,这些诸侯王国的确起到了拱卫汉朝中央的作用。正如班固所指出的:"高祖创业,日不暇给,孝惠享国又浅,高后女主摄位,而海内晏如,亡狂狡之忧,卒折诸吕之难,成太宗之业者,亦赖之于诸侯也。"[1]这是因为,王国初封之时,大部分诸侯王年龄尚小,权柄基本操在刘邦派出的担任傅相的元勋大臣手里,所以他们与汉朝中央的矛盾尚不十分尖锐,在一些基本问题上尚能保持一致。在平定异姓诸侯王、诛除诸吕和反击匈奴的斗争中,各诸侯国都听从号令,遣将派兵,协助中央作战,起了一定的作用。但是,刘邦认为秦皇朝灭亡的原因之一是没有分封子弟为王的观点并不完全正确。因为这些诸侯王占地太广,权柄太重。他们"大者或五六郡,连城数十,置百官宫观,僭于天子"[2],本身就是分裂割据的因素。后来,随着诸侯王国经济、军事实力的发展,年龄逐渐增大的诸侯王们野心也急剧膨胀。因而他们的存在也就越来越构成对西汉中央集权的严重威胁。"然诸侯原本以大,末流滥以致溢,小者淫荒越法,大者睽孤横逆"[3]。因此,后来就酿成吴楚七国之乱和汉景帝的平叛战争以及汉武帝时期一系列限制、打击诸侯王的法律和政策的出台。武帝以后,诸侯王占地不过一郡,王国主要官吏一律由中央任免,他们失去直接统兵治民的权力,变成了衣食租税的大贵族地主,无法与朝廷相抗衡了。至此,刘邦创立的分封兄弟子侄为诸侯王的制度才基本上稳定下来,并大体上为以后的封建皇朝所遵循。虽然这个制度有时也会造成割据称雄的藩王,给封建皇朝的稳定带来麻烦,但终封建时代却基本上延续下来。原因很简单,作为皇室贵族权力和财产再

---

① 《汉书·诸侯王表》。

② 《史记·汉兴以来诸侯王年表》。

③ 《汉书·诸侯王表》。

分配的一种制度,在那个时代还有它赖以存在的土壤。

西汉建国以后,刘邦除了分封同姓诸侯王之外,还论功行赏,从公元前 202 年(汉五年)到公元前 195 年(汉十二年),七八年间,一共封了一百四十七个侯①。不过,因为这时候"大都名城民人散亡,户口可得而数裁十二三",所以获得侯爵者所得到的封户还不是很多,大者不过万家,小者五六百户。此外,还给一部分未获侯爵的人以食邑若干户的赏赐。刘邦这样做,主要是为了酬赏那些在战争中立功的文臣武将,同时也是为了满足当时一些人的心理和舆论的要求。这是因为,战国至秦以来,封建的封爵制度已经深入人心,成为人们冒死立功的驱动力。张良、韩信等人就曾多次对刘邦说,文臣武将之所以甘愿跟随你南征北战,不避矢石,冒死犯难,不惜抛头颅洒热血,其动力就是"日夜望咫尺之地"。而刘邦战胜项羽的重要原因之一,也就是他能不吝惜土地,慷慨以赏赐臣下。刘邦在其封爵之誓中说:"使黄河如带,泰山若厉,国以永存,爰及苗裔。"②即一旦封赏,受封者子子孙孙都可以永远享有其封地。对于这种分封的办法,刘邦自己也认为是很好的。公元前 195 年(汉十二年)三月,刘邦在他临终前的一次诏书中说:

> 吾立为天子,帝有天下,十二年于今矣。与天下之豪士贤大夫共定天下,同安辑之。其有功者上致之王,次为列侯,下乃食邑。而重臣之亲,或为列侯,皆令自置吏,得赋敛,女子公主。为列侯食邑者,皆佩之印,赐大第室。吏二千石,徙之长安,受小第室。入蜀汉定三秦者,皆世世复。吾于天下贤士功臣,可谓亡负矣。③

这种功臣封侯并世袭的制度,是分封诸侯王制度的衍生物。如果说,分封同姓诸侯王是宗室贵族内部财产和权力继承与分配的制度,那么,功臣分封则是统治集团内部财产和权力继承与分配的制度。这种制度与统一集权的郡县行政体制很不协调,既容易滋生分裂割据的种子,更因无功而富贵使功臣的后代不可抑止地走向腐败。因此,到西汉文帝以后,尤其是汉武帝时代,对侯国的削除也就成为巩固和加强中央集权的一项重要内容。一方面由于封建皇朝有意地打击,一方面也由于袭侯爵者的胡作非为,到汉武帝时期,刘邦时代那些封侯者的后裔已衰败殆尽了:

> 故逮文、景四五世间,流民既归,户口亦息,列侯大者至三四万户,小国自倍,富厚如之。子孙骄逸,忘其先祖之艰难,多陷法禁,陨命亡国,或亡子孙。讫于孝武后元之

---

① 加上外戚及王子侯六人,共一百五十三人。

② 《汉书·高惠高后文功臣表》。

③ 《汉书·高帝纪》。

年,靡有孑遗,耗矣。①

不过,与分封同姓诸侯王的制度一样,由于封功臣侯爵的制度对于功臣宿将有极大的吸引力,因而在封建社会里还无法予以彻底废除。在两汉时期,朝廷也是一面打击旧的"不法"功臣侯者,一面又封赏新的功臣。有时为了显示不忘元勋旧臣之功,故意寻访他们的后裔重加封赏。"故孝宣皇帝愍而录之,乃开庙臧,览旧籍,诏令有司求其子孙,咸出庸保之中,并受复除,或加以金帛,用章中兴之德"②。

---

① 《汉书·高惠高后文功臣表》。
② 《汉书·高惠高后文功臣表》。

三、完善汉家制度

刘邦虽然是打着"伐无道,诛暴秦"的旗号开始了自己的政治生涯,并在推翻秦皇朝、颁布"约法三章"的同时宣布了废除秦朝苛法的命令;然而,当他继秦之后建立自己的大汉皇朝时,他却发现自己必须继承这个被推翻的皇朝的绝大部分制度。原因非常简单:因为刘邦推翻的仅仅是一个使社会矛盾急剧激化的嬴姓封建统治集团,却无法改变当时封建社会的经济基础、社会结构和阶级关系,因而新皇朝在政治、法律等上层建筑领域中也就只能因袭秦皇朝所建立的制度并根据实际情况加以"损益"。"汉承秦制",并不是由某个人的好恶决定的。从根本上说,乃是一种历史条件制约下的必然选择。

刘邦建立的西汉皇朝进一步完善了秦皇朝开始在全国推行的专制主义中央集权的行政体制。其基本内容是:"皇帝有至高无上的权力,在各地方分设官职以掌兵、刑、钱、谷等事,并依靠地主、绅士作为全部封建统治的基础。"①

在西汉皇朝,皇帝同样拥有至高无上的权力,并有标志这种权力的一套独一无二的尊号和名物制度。蔡邕《独断》对延续至东汉末年的这套名物制度有如下记载:

> 秦承周末,为汉驱除,自以德兼三皇,功包五帝,故并以为号。汉高祖受命,功德宜之,因而不改也。
>
> 汉天子正号曰皇帝,自称曰朕。臣民称之曰陛下。其言曰制诏,史官记事曰上,车马衣服器械百物曰乘舆。所在曰行在所,所居曰禁中,后曰省中。印曰玺。所至曰幸,所进曰御。其命令一曰策书,二曰制书,三曰诏书,四曰戒书。

与此相适应,皇帝的亲属也有一套独特的尊号和制度。如皇帝父曰太上皇,母曰皇太后,妻曰皇后,子曰皇太子、皇子,女曰公主,孙曰皇孙,等等。这一套连带的尊号及其相应的制度,在刘邦统治时期大体上都确定下来了。其中,"太上皇"这一称谓,在中国历史上为刘邦所首创。公元前201年(汉六年),刘邦住在栎阳(今陕西富平东南),"五日一朝太公",对自己的父亲尽人子之礼。然而,此时太公的家令却想到,刘邦虽然是太公的儿子,却同时是全国最高的统治者,所以,太公与刘邦的关系,既是父子,又是君臣,在礼仪上就不能完全遵循一般的父子之道了。于是,他对太公说:"天无二日,土无二王。皇帝虽子,人主也;太公虽父,人臣也。奈何令人主拜人臣! 如此,则威重不行。"②一席话提醒了太

---

① 《毛泽东选集》(合订本),人民出版社1966年版,第587页。
② 《汉书·高帝纪》。

公。后来刘邦又去朝见父亲时,太公就恭而敬之地执人臣之礼,"太公拥彗,迎门却行"。这使刘邦惊诧不已,赶忙"下扶太公"。太公却一本正经地说:"帝,人主也,奈何以我乱天下法!"刘邦感到有点过意不去,为了在礼仪上维系父子名分,就在五月间下诏尊太公为太上皇:

> 人之至亲莫亲于父子,故父有天下传归于子,子有天下尊归于父,此人道之极也。前日天下大乱,兵革并起,万民苦殃,朕亲披坚执锐,自帅士卒,犯危难,平暴乱,立诸侯,偃兵息民,天下大安,此皆太公之教训也。诸王、通侯、将军、群卿、大夫已尊朕为皇帝,而太公未有号,今上尊太公曰太上皇。①

第二年,因太公思念家乡,刘邦又特在骊邑以丰邑旧貌筑城,并迁诸故旧居此,以讨太公的欢心。太公死后,命曰"新丰"②。

　　太上皇是特殊历史条件下的产物。因为中国皇帝的承传皆是父死子继,父在而子已即皇帝位者为数甚少。在中国历史上,仅太公、唐高祖、唐玄宗、宋徽宗、清高宗等数人有此徽号而已。所以,太上皇之设并未形成一个严格的制度,与之有关的官制也不规范,大体上是临时设置,太上皇死去即废。比较而言,皇帝后宫以及与之相连的太子、外戚、宦官制度,在刘邦时代已经基本确立。刘邦称汉王不久,就立长子刘盈为太子,此后,虽然有因皇帝无子而迎立兄弟或其子的事例,但父子相传,立嫡立长的大体趋势已经确定下来。与皇太子制度相适应,也建立起一套为太子服务的东宫官系统,如太傅、少傅、詹事、中庶子等。

　　与皇帝后宫制度紧密联系的是外戚制度。所谓外戚,是指皇室的外姓亲属,后妃系统的亲族以及皇家公主的夫族。实际上,他们是一个依附于太后、皇后和皇帝宠妃的裙带政治集团。公元前206年(汉元年),刘邦刚做汉王,即封吕后之父吕公为临泗侯,此后,皇后父及其兄弟等封侯就成为两汉定制。外戚名籍属宗正管理,享有许多特权。由于外戚无功受禄,仅凭裙带关系猎取富贵,所以是封建皇朝中的重要腐败因素。刘邦死后不久,就出现诸吕专权的局面,给西汉政治造成许多混乱。

　　中国奴隶社会与封建社会都保留了宗法制度,为了保持王室一家一姓血统的纯正,早在先秦时期,宫廷中即已使用宦官。开始时主要用其服杂役,后来因其与国君朝夕相处,

---

　　① 《汉书·高帝纪》。
　　② 《史记·高祖本纪》张守节《正义》引《括地志》云:"新丰故城在雍州新丰县西南四里,汉新丰宫也。太上皇时凄怆不乐,高祖窃因左右问故,答以平生所好皆屠贩少年,酤酒卖饼,斗鸡蹴鞠,以此为欢,今皆无此,故不乐。高祖乃作新丰,徙诸故人实之,太上皇乃悦。"

逐渐取得信任,被委以重任,走上政治舞台,专断朝政,肆意杀戮,成为皇帝制度肌体上致命的毒瘤之一。刘邦做皇帝以后,"仍袭秦制,置中常侍官"。虽当时并未造成大的危害,但以后却在两汉历史上演出了许多荒唐的丑剧。

刘邦承袭秦制,在新建的汉皇朝实行专制主义中央集权的行政体制。皇权无限,皇位世袭,地方集权中央,皇帝专断一切。刘邦作为皇帝,总揽了一切行政、立法、司法、财政和军事大权。如果说,在楚汉战争的年代,他为了战争的需要,曾经给予诸如韩信、萧何等人以"先斩后奏"、便宜行事的权力;那末,到全国统一以后,这种权力就再也不交给任何人了。比如,所有对于官吏的任免、赏罚和生杀予夺之权都操在皇帝之手。韩信之无辜废去王位与后来被杀于长乐钟室,就是刘邦的意旨;而堂堂相国萧何仅仅因为向刘邦请求以上林苑土地周济贫民,就被下狱治罪。封建皇帝的威严、气势和无边的权力在刘邦身上得到了充分的体现。

为了使整个国家机器正常运转,刘邦在进驻汉中之后,就建立起一套简易的管理军事、行政、司法和财政的官僚机构,保证了楚汉战争的胜利。不过在这一时期,由于汉政权的一切活动都是围绕着军事运转,所以存在着机构不健全、官职任免混乱和职责不清等许多问题。例如,在此期间同时拥有丞相头衔的就有萧何、韩信、曹参等多人,其实真正履行丞相职责的只有萧何一人。太尉一职也由周勃、卢绾、樊哙等同时担任,御史大夫也是一时二人并任。至于官制和官吏名称更是混乱,楚制、秦制杂用,没有统一的制度。显然,这时候某些官职的任命只是刘邦对其臣子功劳的酬赏,而不是要求被任命者真正履行该官职所承担的职责。楚汉战争结束,西汉皇朝正式建立以后,这种非常时期出现的官职不协调的混乱局面也宣告结束。刘邦在萧何等人的襄助下,损益秦制,建立了一整套从中央到地方的官僚机构。

在汉朝中央,建立了以丞相为首的、全面对皇帝负责的中央政府,其主要官职是:

丞相,秦时一般设左右丞相,以左丞相为上。汉初一般只设一个丞相,高帝十一年改称相国,又简称相。惠帝、吕后时曾一度复置左右丞相,以右丞相为尊。丞相的职责是"掌丞天子,助理万机"①,为百官之长。这一职务皆从功臣中遴选,位尊权大。陈平说:"宰相者,上佐天子理阴阳,顺四时,下育万物之宜,外镇抚四夷诸侯,内亲附百姓,使卿大夫各得其任职焉。"②可见丞相职责无所不统,无所不包,上自天时,下至人事,都是其掌管范围。因为职事繁重,所以丞相府中吏员众多,其重要官属有司直、长史以及诸曹掾属等。这些官吏分职司事,管理着全国从中央到地方的各项事务。

---

① 《汉书·百官公卿表》。
② 《史记·陈丞相世家》。

太尉,是皇帝的最高军事顾问。秦时有国尉,似无太尉。刘邦为汉王时曾任命卢绾任太尉之职。太尉并无发兵统兵权,所以属官不多。此官后来变化较大,武帝以后及东汉时期,曾长期成为权力重心。

御史大夫,秦官,汉因之,位上卿,"掌副丞相"。因为它是由天子的亲信发展而来,所以与皇帝的关系相当密切,经常受皇帝差遣处理一些重要问题。又因为它是皇帝的秘书长,所以皇帝的制书与诏书下达时,也多由其承转,然后才下达丞相。御史大夫甚至可以奉命督兵出征,承担军事重任。御史大夫位于丞相之下,"九卿"之上,其主要职责是辅佐丞相,总理国政,即所谓"位次丞相,典正法度,以职相参,总领百官"①。它同时还主管图籍秘书、四方文书、法度律令,兼有考课、监察和弹劾百官的权力。御史大夫设有专门的官府处理政务,与丞相府号称二府。其属官有御史中丞、侍御史、监御史等。

以上三官后人统称之为"三公",其实他们的权力并不是平行的。在汉初,丞相的权力远远超过太尉和御史大夫,实际上是皇帝之下的一元化官僚机构的首领。在"三公"之下,依照秦制设立了所谓"九卿"和其他各类官员,分别管理封建国家和宫廷事务。这些主要官员是:

奉常,后改为太常,"掌宗庙礼仪"。兼管博士弟子员的选拔、教育和补吏等事宜。

郎中令,后改为光禄勋,"掌宿卫宫殿门户"。实际上是总管宫内一切事务,因而机构庞大,属官众多,且秩位也高。

卫尉,其职责是统辖卫士,护卫宫门。

太仆,掌皇帝车马。因其经常不离皇帝左右,"天子每出,奏驾上卤簿用;大驾则执驭"②。又因其主持国家的马政,所以地位十分重要。

廷尉,掌管刑狱,为最高司法官。廷尉一方面依法断案,不能徇私枉法;一方面接受地方上的上诉,受理全国的疑难案件,同时还管理中央的监狱。

典客,后更名为大行令、大鸿胪。其职责是"掌诸归义蛮夷",即少数民族事务,还有诸侯王入朝时的朝会、封爵等礼仪,以及管理四方郡国的上计之吏等。

治粟内史,后更名大农令、大司农。其职责是管理国家钱、谷、租税等财政的收入与支出。

少府,其职责是管理"山海池泽之税",专供以皇帝为首的皇室之用。由于它是皇室的财务总管,管理的事务十分庞杂,因而其机构之大和属官之多在诸卿中居第一位。

宗正,其职责是管理皇族和外戚事务,任此职者都是宗室贵族。

---

① 《汉书·朱博传》。

② 《续汉书·百官志》。

以上九官，即后世所说的"九卿"。其实，秦和西汉都未建置法定的九卿官。丞相以下达到中二千石的卿级官员数目也不止九人。除以上诸官外，还有掌管京师治安的中尉（后改名执金吾），掌管宫廷建筑的将作少府（后改名将作大匠），掌管皇后、太子家事的詹事，掌管少数民族事务的典属国，主管京师行政事务的内史，主管列侯事务的主爵中尉等。所有这些官吏都由皇帝任免和调动，概不世袭。并且在这些主管官吏下面还各有一大批属官掾史，协助其管理各项具体事务。

以上这些官职，大都从秦朝因袭而来。刘邦死后，西汉的行政机构虽然有程度不同的变化，但终两汉之世，大体上都是这个基本模式。刘邦时期的汉朝中央官制与秦朝一样，也体现了专制与集权的特点。其突出表现是没有一个机构可以限制或监督皇帝的权力，恰恰相反，而是众多的机构专门为皇帝及其家族服务。所谓"九卿"中的六卿：奉常、郎中令、卫尉、太仆、宗正、少府，在很大程度上都是为皇帝服务的，其余如詹事、将作少府等也大都属于此类官员。所谓"宫中府中，俱为一体"①，说明封建国家与皇帝是密不可分的。

在地方行政体制方面，汉朝也承袭秦制。在封国之外，设郡县二级管理机构。郡设郡守，后更名为太守，为一郡的最高长官，举凡民政、司法、财政、教育、选举以及兵事等，无所不统。其佐官有郡丞，为郡守之辅佐，边郡设长史，掌兵马。郡还设都尉，辅佐郡守掌管一郡的军事。因郡的事务繁多，分曹办事，所以因事制宜，置有大批属吏。如管理民政的户曹、比曹、时曹、田曹、水曹；管理财政的仓曹、金曹；管理运输邮传的集曹、漕曹、法曹；管理军事的兵曹、尉曹；管理治安和司法的贼曹、决曹、辞曹；以及管理教育的学官和管理卫生医疗的医曹等。郡中属吏中地位最重要的是在郡府中职总内外的功曹，和担任监察、巡行属县的督邮。另外，郡守还有最亲近的如主簿之类的一批门下属吏。

郡以下的行政机构是县。在汉朝，县因情况不同而有不同的名称："列侯所食县曰国，皇太后、皇后、公主所食曰邑，有蛮夷曰道。"②县的行政长官，万户以上称县令，万户以下称县长。县令长的职责是"皆掌治民，显善劝义，禁奸罚恶，理讼平贼，恤民时务，秋冬集课，上计于所属郡国"③。实际上对其所辖县的民政、财政、司法、狱讼、兵役，即兵、刑、钱、谷等事，无所不管。县令每年秋定期集课，然后上计所隶郡，以待郡府评定殿最。郡守通过每年的上计和平时的检查，对县令长的工作进行考察。县的主要佐官有县丞和县尉。县丞的职责是"署文书，典知仓、狱"④。县尉的职责是主盗贼和役使卒徒，往往独立行使职权，所以有官府。县的其他属吏亦分曹办事，与郡的列曹基本对口。县府的员吏多至数百人，

① 诸葛亮《出师表》。

② 《汉书·百官公卿表》。

③ 《续汉书·百官志》。

④ 《续汉书·百官志》。

是一个颇具规模的官僚机构。

虽然从全国范围看,县是封建国家的基层行政单位,但真正直接管理百姓的是乡、亭、里之类的组织。国家的赋税、徭役、兵役以及地方教化、狱讼、治安等事,都是乡里之吏直接承办的。县以下设乡,"乡有三老、有秩、啬夫、游徼。三老掌教化。啬夫职听讼,收赋税。游徼徼循,禁贼盗"①。乡中三老是百姓的表率,职责是教导人民安分守己,老老实实接受封建的压迫和剥削。汉朝统治者对选择三老十分重视。刘邦在公元前 204 年(汉三年)二月,即楚汉战争还在激烈进行的岁月里,就下达了举三老的诏书:"举民年五十以上,有修行,能帅众为善,置以为三老,乡一人。择乡三老一人为县三老,与县令丞尉以事相教,复勿徭戍。"②后又下诏举荐孝悌、力田协助三老敦教化,劝农桑。并设县三老、郡三老、国三老,形成一套从上到下的垂直教化体系。三老在汉代有较高的政治社会地位,不但可以与县令、丞分庭抗礼,而且可以直接上书皇帝,陈述自己的意见,由于三老不是行政职务,也无俸禄,他的教化比之行政官员更易为百姓接受。乡吏实际以啬夫为主,他承担乡中的主要行政职务。啬夫又分两种,一种是大乡的有秩啬夫,为郡所置,秩百石,登入官簿,佩带半通印青丝绶,是汉代官吏中最末一级。一种是小乡的无秩啬夫,为县所置,不入官品,无印绶,俸禄低于百石,且往往兼管三老和游徼的职责。啬夫管理一乡的行政、司法,收取赋税,征发徭役,是乡里最直接的统治者。所以两汉时期有"但闻啬夫,不知郡县"③的说法。游徼直属于县,由县派驻各乡担任徼巡,惩治盗贼。另外,乡的吏员还有乡佐,是乡啬夫的主要佐吏,协助啬夫处理乡中的一切事务。

亭是管理治安与邮驿的机构,主要设置在城市和处于交通要道的乡村集镇。亭的主吏是亭长,由县尉直接管理。其主要职责是"求捕盗贼",维持治安,同时兼管邮传。上级官员出行经过其地,他要"导从车",负责保卫工作。亭长还有权检查过往行人,执行宵禁,捕系犯人,因而也有亭狱的设置。由于亭有一定的管辖范围,因而也有理民之责,如宣科令,劝生业,励风俗,行教化等也成了亭长的分内之事。亭的吏卒还有亭佐、亭候、求盗等。

乡以下的居民组织是里、什、伍。里有里正(或称里魁)、父老、社宰、里监门等。里中居民,十家为什,五家为伍,所有百姓都被编制在什伍组织中,称为"编户齐民"。按照规定,一切民户都要进行登记,包括户主的姓名、性别、年龄、家内人口及土地财产,作为征收赋税和征发兵役徭役的根据。户籍上一般还登记身长、肤色等状貌,作为人口逃亡时缉捕的材料。不在户籍的人,叫做"无名数",丢掉户籍流亡,就成为"流民"。"无名数"和"流民"在西汉法律上都被认为是犯罪的人。工商业者另立户籍,叫做"市籍"。凡是属于"市

①《汉书·百官公卿表》。
②《汉书·高帝纪》。
③《后汉书·爰延传》。

籍"的人都要受到政治上经济上的限制和监督。汉代每年八月登造一次户口册,由乡吏组织民户到县"案比"。汉承秦制,居民也实行什伍连坐,一人犯法,什伍之人都要受株连和惩罚。这种户籍案比、连坐的制度,是在以农业为主的自然经济基础上产生的,它反过来又巩固这种自然经济,以便把大部分居民束缚在土地上,"死徙勿出乡",使其为封建国家源源不断地提供租税、兵役和徭役,成为封建统治的基础。

刘邦继承秦制所建立的郡国并行的地方行政体制,一方面保证了总体上的中央集权,另一方面又保留了不同程度的封建割据,为后世封建社会奠定了基本的模式。这个地方行政体制的最大特点是行政、司法、军事与财政的合一。与全国政权最后集中到皇帝那里相一致,各级地方的最高权力最后也都集中到各级行政长官手里,形成一个权力中心。由于每一级只有一个权力中心,并且只接受来自上级的监督,既无同级制约,更缺乏来自下面的监督,如此一来,地方吏治的好坏在很大程度上就取决于该级主管长官的信仰、品格、素质和能力。而地方行政体制的正常运行,则主要靠较完备的行政法规和朝廷不断发布的诏、令、制、敕的指导。这种垂直领导和单渠道信息反馈,一旦某个环节出现问题,则可能造成运转的失误。

刘邦在西汉皇朝建国初期承袭秦制所建立起来的从中央到地方的行政机构,尽管某些方面还不够完善,政权中的高中级官员多系武力功臣,总体文化素质不高,但由于整个队伍比较精干并且比较廉洁,因而行政效率较高,保证了汉皇朝的国家机器在七年的全国大乱后能够正常运转。

西汉皇朝建立以后,刘邦在实行大规模的军队复员的同时,又因袭秦制,建立了一支常备军作为整个封建政权的支柱。汉初的兵役制度与征兵制,规定男子二十岁傅籍为"正",即登记为正丁,从正丁中挑选一部分身强力壮者服兵役。这批人每年八月到郡参加"都试"即军训,然后服役二年。一岁做卫士,一岁做材官、骑士或楼船士。退役后,保留军籍,遇有战事,随时应征入伍,直至五十六岁免役。汉初的军队分四个兵种,材官是步兵,骑士是骑兵,车士是车兵,楼船士是水兵。大体上依照地理条件的不同部署相应的兵种。三辅和西北边郡地区多骑士,内郡多材官,沿江沿海地区多楼船士。车士在汉初还存在,但数量已不多,后来逐渐淘汰了。汉代军队从组织系统上分中央军与地方军两部分,皆有较严密的组织系统。遇有重大军事行动,皇帝临时任命将军为统帅,征调中央和地方的军队编组作战兵团出征。每一位将军指挥一个由部、曲、屯组成的作战集团,其编制是:将军——(部)校尉、军司马——(曲)军候——(屯)屯长。平时郡县兵的组织系统是:郡守、尉——县令(长)——县尉。在边郡地区,组织略有不同,其系统是:郡守、尉——候官——候长——隧长。险要之处又设有障、塞,大者曰障,小者曰塞,分别置有障尉、塞尉。障尉、塞尉与候官、候长系统不同,均直属于守、尉。在军事力量的部署上,西汉皇朝从刘邦起就坚持内重外轻的原则,把最精锐的部队安放在京师及其周围地区,一方面可以有力地拱卫京师,一方面能够随时调往出事地点完成军事使命。在汉武帝以前,为了警备首都和保卫皇室的安全,设置了郎中令、卫尉和中尉三个统兵官和三支军事力量。郎中令是皇帝的卫士长,其麾下有一支由郎官组成的卫队,其实是一支贵族兵,担任宫殿门户及宫殿内的守卫。这支军队的每个成员都是军官,是从贵族和官僚子弟中精心选拔出来的。卫尉统辖的军队叫做南军,担任宫城(指未央宫)城门及宫城内的警卫任务,为皇帝的近卫军。南军的士兵都从汉中央直辖的郡县征发而来。中尉统辖的军队叫做北军,担任京师的守备和治安任务。这支军队的士兵主要来自京师长安及其周围地区。京师的卫戍部队所以设置南北两军而不是由一军独立承担,显然有使二军互相牵制以使朝廷易于控制的意图。宋朝人山斋易氏对此曾有十分精辟的论述:

> 汉之兵制莫详于京师南北军之屯,虽东西两京沿革不常,然皆居重驭轻,而内外自足以相制,兵制之善者也。盖是时兵农未分,南北两军实调诸民,犹古者井田之遗意。窃疑南军以卫宫城,而乃调之于郡国;北军以护京师,而乃调之于三辅,抑何远近轻重之不伦耶?尝考之司马子长作《三王世家》,载公户满意之言曰:"古者天子必内有异姓大夫,所以正骨肉也;外有同姓大夫,所以正异族也。"……郡国去京师为甚远,民情无所适莫可,缓急可为恃,故以之卫宫城,而谓之南军;三辅距京师为甚迩,民情有闾里墓坟族属之爱,而利害必不相弃,故以护京城,而谓之北军,其防微杜渐之意深矣。①

汉朝建立伊始,就重视军事制度的确立和完善,从而使自己经常保持着一支强大的军事力量。有了它,既可迅速镇压农民阶级的反抗,又可有效地抑止地方反叛势力的蠢动,还可以对周边少数民族的侵扰进行及时的防卫。因而,这支军队就成为国家安全、社会稳定的重要保证。

西汉建国以后,还进一步制定和完善了各种法律制度。刘邦入关灭秦之后,在宣布废秦苛法的同时,也宣布了"约法三章"。这在当时对于稳定社会秩序、取得关中地区地主阶级和广大劳动人民的拥护都起了较好的作用,收到了"蠲削烦苛,兆民大说"②的效果。然而,随着时间的推移,刘邦及其臣子们发现,"约法三章"失之太简,越来越难以适应西汉建国以后巩固和加强封建统治的需要。"其后四夷未附,兵革未息,三章之法不足以御奸",

---

① 《文献通考》卷150《兵考》。
② 《汉书·刑法志》。

于是刘邦命萧何等人"攈摭秦法,取其宜于时者,作律九章"①,制定了最初的《汉律》。不过,这个《汉律》的全部条文,同《秦律》一样,已大部分亡佚了。据汉代留下的记载,可以推断,《汉律》废除了《秦律》某些过于严酷的条款,特别是除去了二世统治时期赵高新增的苛法,但却保留了《秦律》的大量基本条目和许多内容。同时,又根据现实情况和实际统治的需要,新增加了《兴律》、《户律》和《厩律》三章,与原来的六章合在一起,成为《九章律》。后来,叔孙通又作了《傍章律》十八章,作为《九章律》的补充。显然,《汉律》与《秦律》有着一脉相承的关系。从后来惠帝下诏"省法令妨吏民者,除挟书律"②,吕后下诏"除三族罪,妖言令"③,文帝下诏"尽除收帑相坐律令"、"除肉刑法"④的情况看,《汉律》的确保留了《秦律》一些严酷的内容,所以,鲁迅正确地指出:"汉律还是秦法。"⑤而陈天华亦指出,秦朝的"诽谤之诛,夷族之法,终汉之世未尝去也"⑥。不过,应该承认,《汉律》较之《秦律》严酷的程度毕竟有所缓和,惠帝、吕后、文帝又沿着宽刑的方向发展,从而给百姓创造了一个较为宽松的生活环境,这对生产的恢复发展是十分有利的。《汉书·刑法志》这样记载:

> 当孝惠、高后时,百姓新免毒蠚,人欲长幼养老。萧、曹为相,填以无为,从民之欲,而不扰乱,是以衣食滋殖,刑罚用稀。
>
> 及孝文即位,躬修玄默,劝趣农桑,减省租赋。而将相皆旧功臣,少文多质,惩恶亡秦之政,论议务在宽厚,耻言人之过失。化行天下,告讦之俗易。吏安其官,民乐其业,畜积岁增,户口浸息。风流笃厚,禁网疏阔。选张释之为廷尉,罪疑者予民,是以刑罚大省,至于断狱四百,有刑错之风。

以上描述尽管不无溢美之处,但反映的应是比较接近真实的历史实际。

与萧何等人制定《汉律》的差不多同时,刘邦还命令韩信等人制定了军法,叔孙通等人制定了各种礼乐制度,其中包括使刘邦心旷神怡的朝仪,张苍等人制定了历法和度、量、衡等各种章程,从而使西汉皇朝的各种规章制度初具规模。

在选官制度方面,汉初基本上也沿袭了秦制,选取官吏的主要途径是军功。这是因为,汉皇朝是通过激烈的战争建立的,人们的军事才干最容易在战争中显露出来,而一批

---

① 《汉书·刑法志》。
② 《汉书·惠帝纪》。
③ 《史记·吕太后本纪》。
④ 《汉书·文帝纪》。
⑤ 鲁迅《而已集·小杂感》。
⑥ 《陈天华集·中国革命史论》。

跟随刘邦参加反秦起义、楚汉战争的文武功臣都需要安排官位予以酬赏。所以,汉朝建国以后的高、中级官吏,主要来源于军功升迁。这些官吏中,除张良、陈平、张苍、叔孙通、陆贾等少数人外,一般都缺乏较高的文化知识,他们的弱点和不足在复杂的行政事务管理中逐渐暴露出来。刘邦在战争年代,对以儒生为代表的知识分子是不屑一顾的。后来的实践使他看到了知识的不足给行政带来的困难,于是便想办法改变官吏的结构。首先采取的办法就是下诏在全国求贤,其目的显然是网罗在野的知识分子,以充实各级官僚机构。公元前196年(汉十一年)二月,刘邦颁布了一个情真意切的求贤诏书,其中说:

> 盖闻王者莫高于周文,伯者莫高于齐桓,皆待贤人而成名。今天下贤者智能岂特古之人乎?患在人主不交故也,士奚由进!今吾以天之灵,贤士大夫定有天下,以为一家,欲其长久,世世奉宗庙亡绝也。贤人已与我共平之矣,而不与我共安利之,可乎?贤士大夫有肯从我游者,吾能尊显之。布告天下,使明知朕意。御史大夫(周)昌下相国(萧何),相国酂侯下诸侯王,御史中执法下郡守,其有意称明德者,必身劝,为之驾,遣诣相国府,署行、义、年。有而弗言,觉,免。年老癃病,勿遣。①

刘邦在下达这个诏令的第二年就去世了,因而它的实际作用在刘邦之世并不显著。刘邦在世时,曾下令任命叔孙通的百余名弟子为郎官,算是他大批任用知识分子的记录。但是,应该看到,刘邦的诏令在汉代政治史上还是有重要意义的,因为它创立了由皇帝下诏求贤的制度,这个制度终两汉之世一直在推行,成为汉代选拔人才的一个重要途径。特别在汉武帝时期,通过这一途径选取了不少有用之才,从而形成了西汉历史上一个人才辈出、功业兴盛的黄金时代。

刘邦在西汉建国之初百废待举、百业待兴,国家大事千头万绪之际,不失时机地制定和完善了各项政治法律制度,是一项具有深远意义的重大举措。这些法律制度的建立和完善,标志着封建国家的政治和社会生活走上了正常的发展轨道,对经济的发展、社会的稳定有着重要的作用,同时,也奠定了此后西汉乃至整个中国封建社会政治法律制度的基础。

---

① 《汉书·高帝纪》。

四、迁徙豪强

公元前 200 年(汉七年)七月,奉刘邦之命出使匈奴实施"和亲"政策的娄敬回到长安,他根据自己沿途的观察和思索,向刘邦提出了迁徙豪强以实关中的建议:

> 匈奴河南白羊、楼烦王,去长安近者七百里,轻骑一日一夜可以至秦中。秦中新破、少民,地肥饶,可益实。夫诸侯初起时,非齐诸田,楚昭、屈、景莫能兴。今陛下虽都关中,实少人。北近胡寇,东有六国之族,宗强,一日有变,陛下亦未得高枕而卧也。臣愿陛下徙齐诸田,楚昭、屈、景,燕、赵、韩、魏后,及豪杰名家居关中。无事,可以备胡;诸侯有变,亦足率以东伐。此强本弱末之术也。①

刘邦立即同意娄敬的此项建议,并任命他全盘负责这一工作。娄敬于是一次将东方六国旧贵族及其后裔十余万口迁至八百里秦川,让他们散居于长安附近地区。公元前 198 年(汉九年)十一月,刘邦再一次"徙齐、楚大族昭氏、屈氏、景氏、怀氏、田氏五姓关中,与利田宅"②。

刘邦的迁徙豪强政策并不是自己的一项创举,而是秦皇朝固有政策的延续。秦皇朝在统一六国的过程中和统一全国以后,曾多次实施迁豪。《华阳国志·三》这样记载:"惠文始皇,克定六国,辄迁其豪杰于蜀。"从公元前 230 年(秦王政十七年)至公元前 221 年(秦始皇二十六年),随着秦军次第灭亡六国,六国的旧贵族及其依附者富商大贾等等,大都被强行迁离原地。例如,在汉代以冶铁致富的蜀地之卓氏和程郑,就是从东方六国迁来的,所以司马迁称程郑为"山东迁虏"。秦皇朝统一全国后,有记载的迁豪共两次。一是公元前 221 年(秦始皇二十六年)"徙天下富豪于咸阳十二万户"③,这是秦代迁豪唯一有明确数字的一次记载,大概也是数量最多的一次迁豪。二是"秦末世,迁不轨之民于南阳"④,这一次究竟迁了多少人,不得而知;而"不轨之民"是否应该全作豪民解,亦不好确定。但其中必有一定数量的豪民则是可以肯定的。在迁豪的同时,还有更大规模的徙民。从秦惠王继位(公元前 289 年)至秦朝末年的七八十年间,有记载的徙民就多达十四五次,约平均五年一次。秦始皇统治时期徙民最频繁,达九次之多。其中向岭南一次就迁徙罪徒五十

---

① 《史记·刘敬叔孙通列传》。
② 《史记·高祖本纪》。
③ 《史记·秦始皇本纪》。据《三辅黄图》已载为二十万户。
④ 《史记·货殖列传》。

万人,创造了空前的历史记录。这说明,秦朝的迁豪徙民,规模大,次数多,是封建国家经常进行的工作。徙民在很大程度上是出于军事和国土开发的需要,虽然带有严酷的军事强制性质,但从总体上讲其作用是积极的,它巩固了国防,加速了边远地区的开发,促进了民族的融合和先进文化的传播。迁豪显然是对六国旧贵族及其依附富人的惩罚性和管制性措施,其目的是巩固封建统一,加强中央集权,防止他们起来兴风作浪,从事复兴故国的活动。六国政权虽然被秦始皇用强大的军事力量一一消灭了,但六国旧贵族在其各自的故国,不仅在政治上还有相当广泛的影响,而且在经济上也还有较雄厚的力量。这些人,国亡家尚在,不贵而富有,他们显然构成了对秦皇朝的潜在危险。因此,秦朝统治者不论在其逐次平定六国的过程中,还是在统一全国之后,都有迁豪之举。秦朝实施迁豪对于巩固国家统一,加强中央集权、稳定社会秩序的确起了较好的作用。首先,由于六国旧贵族被迁到遥远而陌生的地方,远离故土,不仅与故国人民的联系被斩断,而且又被置于秦政府强大军事力量的严密监视之下,这样就大大削弱了他们在政治上的影响;同时,由于他们中的大多数人在迁徙之后处于离群索居状态,很难积聚成团结统一的力量,这样他们作为秦皇朝政治上的潜在危险也就大大地缩小了。其次,强迫其迁离故土也是对旧贵族及其依附者富商大贾在经济上的巨大打击。这些人在迁离故土时虽然可以带走一些动产,如金银财宝之类;但大量的不动产如土地和房舍等都得忍痛抛弃了。如卓氏一家在被迫由赵国迁往蜀地时,"独夫妻推辇,行诣迁处"①,其狼狈之相可见一斑。

刘邦继承秦制搞了两次迁豪,其子孙则把迁豪与徙民结合起来又进行过多次:

《汉书·景帝纪》:"五年(公元前 152 年)春正月,作阳陵邑。夏,募民徙阳陵,赐钱二十万。"

《汉书·武帝纪》:"建元三年(公元前 138 年),赐徙茂陵者户钱二十万,田二顷。""元朔二年(公元前 127 年),徙郡国豪杰及訾三百万以上于茂陵"。"元狩五年(公元前 118 年),徙天下奸猾吏民于边"。"太始元年(公元前 96 年),徙郡国吏民豪杰于茂陵、云陵"(颜师古认为此处的云陵为云阳之误,因为此时昭帝的云陵尚未确定)。

《汉书·昭帝纪》:"始元三年(公元前 84 年),募民徙云陵,赐钱田宅。""始元四年(公元前 83 年),徙三辅富人云陵,赐钱,户十万"。

《汉书·宣帝纪》:"本始元年(公元前 73 年),募郡国吏民訾百万以上徙平陵。""二年(公元前 72 年)春,以水衡钱为平陵,徙民起宅第"。"元康元年(公元前 65 年)春,以杜东原上为初陵,更名杜县为杜陵。徙丞相、将军列侯、吏二千石、訾百万者杜陵"。

如果说以上迁豪都是为了充实园陵,那么,规模不等的边郡徙民则都是为了军事需要

---

① 《史记·货殖列传》。

和边疆开发。如汉武帝元狩四年(公元前 119 年)冬,徙关东贫民七十二万五千口至陇西、北地、西河、上郡、会稽诸郡。元鼎六年(公元前 111 年),徙民张掖、敦煌。元封元年(公元前 110 年),徙东越之民于江淮之间。等等。

由刘邦开始的西汉迁豪徙民政策,直到汉哀帝时才宣布终止,前后持续了差不多二百年的时间。这项政策在历史上几经变化,迁徙目的、对象前后都有很大的不同。那么,以"伐无道,诛暴秦"相号召的刘邦,为什么在建国之初就毫不迟疑地接受娄敬的建议,继续秦皇朝的迁豪政策呢? 首先,与秦朝迁豪的原因一样,也是为了消除政治上的潜在危险。六国旧贵族及其依附者富商大贾,虽然经过秦始皇时期的两次迁徙,力量受到很大削弱,但是,漏网之鱼尚多。这些人在秦末农民战争中仍然表现出相当大的力量。娄敬所谓"诸侯初起时,非齐诸田,楚昭、屈、景莫能兴",就是指的此种情况。项梁叔侄所代表的楚国旧贵族的力量,田广、田荣和田横所代表的齐国旧贵族复兴故国的不屈气概,刘邦当然都记忆犹新。一有风吹草动,他们之中仍有可能出现揭竿而起、据地称王的领袖人物。让这类人物散在全国各地,刘邦是寝食难安的。通过迁豪将这批危险人物置于自己眼皮底下监视起来,就等于消除了一大块心病。因而娄敬的建议一经提出,刘邦没有丝毫犹豫就接受并付诸实施了。其次,是为了充实关中地区,强干弱枝,以对付其他地区的反叛势力和匈奴的侵扰。关中地区本来富甲天下,但经过秦末农民战争,尤其是楚汉战争的破坏,土地荒芜,人口减少,经济力量相对削弱。同时,关中北距匈奴较近,容易遭受这支游牧民族的攻击。将六国旧贵族迁到这里可以化不利因素为有利因素。一方面能够增加关中的人口,加速这里的开发;而且六国旧贵族及其依附者都有较雄厚的经济实力,可以使关中经济得到较快的发展,从而增强抵抗匈奴的力量。另一方面,又可以使离心因素变为向心因素。通过对六国旧贵族的安抚政策,使之拉近与现政权的距离,逐渐达到对汉皇朝的认同,达到"无事,可以备胡;诸侯有变,亦足率以东伐"的"强干弱枝"的目的。这个政策经过刘邦及其后世子孙的相继实施,的确收到了较好的效果,原来预期的目的基本上都达到了。关中地区的经济得到较快的发展,成为汉皇朝稳定的中心区域。在对异姓诸侯王和同姓诸侯王的斗争中,尤其是平定吴楚七国之乱和后来反击匈奴的斗争中,这里都成为汉皇朝的战略总后方,起了任何别的地方都不可替代的作用。与秦末农民起义时的情况不一样,当吴楚七国之乱爆发时,六国旧贵族及其后裔们,基本上都没有加入叛军的行列。这种情况的出现当然有多种原因,但迁豪政策的实施应是不可忽视的因素,它的确起到了巩固统治、加强中央集权的重要作用。后来,汉武帝的重要谋臣主父偃说:"天下豪杰兼并之家,可徙茂陵,内实京师,外销奸猾。"①《汉书》的作者班固也说:"汉兴,立都长安,徙齐诸

---

① 《汉书·主父偃传》。

田,楚昭、屈、景及诸功臣家于长陵。后世世徙吏二千石、高訾富人及豪杰并兼之家于诸陵。盖亦以强干弱枝,非独为奉山园也。"①由于大量豪富之家集中于京师及其周围诸陵,他们役使依附的劳动力不断进行开发,加上得天独厚的自然条件,关中地区的经济很快出现了空前的繁荣。史载"关中之地,于天下三分之一,而人众不过什三;然量其富,什居其六"②,恐非虚语。王夫之在《读通鉴论》中,痛斥秦汉时期的迁豪是一种"虐政",显然是一种偏颇之见。

---

① 《汉书·地理志》。
② 《史记·货殖列传》。

五、发展生产

表面上看,历史显然是由具备独立意志、自由活动的个人创造的。可是事实上,任何个人都不能,也无法随心所欲地创造历史。这是因为,任何人当他开始自己的创造活动的时候,他遇到的是历史已经形成的客观条件。而这些条件往往构成许多不可逾越的界限,对他的活动形成无形但却强大的制约力量,从而决定着他的活动所能达到的最大范围和最高水平。从秦朝的亭长登上汉朝皇帝宝座的刘邦,在重建封建的上层建筑的同时,又制定和实行了一系列医治战争创伤、恢复发展生产的政策。这些政策的推行,一方面显示了刘邦及其臣僚改造现实条件的主观努力,另一方面也清楚地反映了时代的客观要求。

公元前202年(汉五年)二月,当刘邦庆祝自己登基的鼓乐响彻泗水之阳的时候,他面对的却是不容乐观的现实:一方面,中国历史上第一次农民战争对封建统治造成的巨大冲击波还没有完全消失;另一方面,七年战争对国家和社会经济造成了巨大破坏。这是对刘邦制定和实行政策的两个最大的制约因素。

从公元前209年(秦二世元年)七月至公元前206年(汉元年)十月的秦末农民战争,推翻了秦皇朝的残暴统治,更新了统治集团。这就在很大程度上扫除了阻碍社会生产力发展的封建经济基础和上层建筑中最腐朽的因素。通过这次战争,广大农民阶级以及各类被压迫者,用自己的生命和鲜血争得了自身的一定程度的解放。一些参加农民起义军后来又在刘邦队伍中立下军功的农民,在刘邦推行的"世世复"的政策下大大改善了自己的政治经济地位。战争中逃离故土,"聚保山泽,不书名数"的农民也一度挣脱了封建的枷锁。数以百万计的刑徒获得了自由人的身份。奴隶们在参加起义以后也摆脱了主人的奴役。等等。所有这一切就使汉初的封建人身依附关系较秦时有所松弛,阶级力量对比有所变化。这些显示农民战争直接作用的成果,使劫后余生的广大劳动者重新获得了创造的活力。

但是,还应该看到,由于单纯农民战争不能改变封建制度而只能打击和改造封建统治,所以它的直接作用往往不易持久和巩固。农民战争的历史作用更多地间接表现在对新建皇朝政策的影响上。这种影响主要在两个方面发生作用:一是创造促使新的封建统治者调整政策的客观条件和社会环境,即无法超越的制约因素;二是迫使新皇朝的统治者时时考虑前车之鉴,接受历史教训。秦皇朝十多年的残暴统治,无以复加的赋役征发几乎耗尽了劳动人民的最后一点脂膏,紧接着又是遍及最富庶的中原大地的七年战争的惨重破坏。仅仅四年的楚汉战争,就是"大战七十,小战四十,使天下之民肝脑涂地,父子暴骨中野,不可胜数,哭泣之声未绝,伤夷者未起"①。"汉兴,接秦之敝,诸侯并起,民失作业,而大饥馑。凡米石五千,人相食,死者过半"②。战争之后,人口锐减,经济残破,田园荒芜,哀鸿遍野。一个昔日数万户人口的繁盛的曲逆(今河北完县),劫后余生者仅有五千户,还被刘邦惊呼"壮哉县!"称赞为洛阳之外最富庶的城市。其他地方可想而知。当时,百姓穷困到了极点,封建国家也面临着极其严重的财政困难:"天下既定,民无盖藏,自天子不能具醇驷,而将相或乘牛车。"③面对如此艰窘的社会条件,如何才能巩固新皇朝的统治? 这是刘邦及其君臣无法回避而必须认真思考的问题。本来,刘邦及其文臣武将大多数出身于社会下层,对百姓的疾苦和要求有较为深切的了解。他们又曾经作为农民军的领袖南征北战,亲眼看到不可一世的秦皇朝在农民军的战马前宣告灭亡,对农民起义军的伟大力量和秦朝二世而亡的教训有着强烈的印象和深刻的感触。因此,所谓"亡秦之鉴"也就成为刘邦君臣们经常议论的话题。在进军咸阳的路上,在豪华的阿房宫中,在楚汉两军鏖战的疆场之上,他们时刻不忘秦亡的鉴诫,警惕着重蹈覆辙。陆贾的《新语》就是汉朝统治者以自己的眼光审视秦亡教训的第一部书。刘邦君臣们深刻而持久的历史反思,必然使他们产生调整政策的主观要求。正是由于以上客观和主观两方面的原因,经过汉初统治阶级调整过的各种政策,就不能不打上秦末农民战争的印记,保留农民战争的部分成果,从而曲折地反映出广大劳动人民的某些愿望和要求。

秦末农民战争对汉初统治阶级的影响和制约,还突出表现在意识形态上汉初君臣选择黄老之学作为统治思想。如果说,刘邦对汉初统治思想的寻觅还处在盲目中,那么,刘邦以后的君臣们则自觉地将自己的视角集中到黄老思想上。曹参、陈平、王陵以及窦太后和文、景二帝都是在对黄老思想的笃信中度过了自己和平时期的岁月。黄老思想之所以在汉初六十年间诸子百家余绪一度活跃的历史条件下取得了独占鳌头的地位,原因很简单,就是它所主张的诸如"清净无为"、"德刑并用"、"任贤使能"、"君仁臣忠"、"轻徭薄赋"等思想,恰恰为汉初的休养生息政策提供了理论根据。而汉初黄老思想的代表作就是我们上面一再提到的陆贾的《新语》。

正是在秦末农民战争所创造的客观条件的制约下,在全民反思秦亡教训的历史氛围中,刘邦及其臣僚们制定和推行了一系列恢复发展生产的政治经济政策,自觉不自觉地适应了历史发展的要求。这些政策紧紧围绕着一个中心,这就是千方百计地增加和保护社会劳动力,提高他们从事生产的积极性;同时,又创造条件,促进生产者与生产资料的结合,使社会生产得以顺利地进行。

①　《史记·刘敬叔孙通列传》。
②　《汉书·食货志上》。
③　《汉书·食货志》。

为了增加和保护社会劳动力,刘邦多次发布诏令,赦免罪人,使他们回到土地上从事生产。公元前205年(汉二年)正月,楚汉战争刚刚拉开战幕,还定三秦的战斗还没有完全结束,刘邦在夺取了北地郡之后,就宣布"赦罪人"。同年六月,又借立汉王太子之机,在栎阳再次发出了"赦罪人"的诏令。公元前202年(汉五年)十二月,垓下之战刚刚结束,刘邦就下令"诸民略在楚者皆归之"①。同年正月,又在定陶下令:"兵不得休八年,万民与苦甚,今天下事毕,其赦天下殊死以下。"②显然,以上诏书规定所赦免的大都是原秦皇朝、三秦王和项羽统治地域的"罪人",这带有争取同盟者的策略上的意义。后来,刘邦对于触犯汉皇朝法律的"罪人"也开始赦免。公元前201年(汉六年)十月,刘邦在陈擒韩信之后,就地发出了大赦天下的诏令:"天下既安,豪杰有功者封侯,新立,未能尽图其功。身居军九年,或未习法令,或以其故犯法,大者死刑,吾甚怜之。其赦天下。"③公元前198年(汉九年)春天,再次下令"前有罪殊死以下,皆赦之"④。公元前197年(汉十年)七月,因太上皇死去,下令"赦栎阳囚死罪以下"⑤。公元前196年(汉十一年)正月,平定反叛的韩王信以后,刘邦在洛阳发出了"大赦天下"的诏令。同年七月,讨伐反叛的淮南王英布时,最后一次下诏"赦天下死罪以下"⑥。刘邦在其统治的十年中,共下达了八次赦免"罪人"的诏令。综观这些诏令,目的对象各异,有的是与敌对势力争取民众,有的仅适用某些地域,有的加上一些限制条件,使被赦的"罪人"打了折扣。但是,不管怎样,把一些与土地脱离的罪犯释放使之与土地重新结合,无疑增加了生产第一线的劳动力,同时也大大调动了这部分人的生产积极性。与以上政策相联系,刘邦还在公元前202年(汉五年)发布了一个"民以饥饿自卖为人奴婢者,皆免为庶人"⑦的诏令,使相当一批奴婢获得了解放,回到了土地上从事农业生产。面对人口大量减少,劳动力严重不足的现实,刘邦又实行了鼓励生育的政策,公元前200年(汉七年)下令"民产子,复勿事二岁"⑧。

在刘邦实行的一系列的恢复发展生产的措施之中,影响最大,成果最显著的莫过于复员军队、招抚流亡了。公元前202年(汉五年)五月,登上帝位不久的刘邦从定陶来到洛阳,立即发布了一个总纲性的诏书:

---

① 《汉书·高帝纪》。

② 《汉书·高帝纪》。

③ 《汉书·高帝纪》。

④ 《汉书·高帝纪》。

⑤ 《汉书·高帝纪》。

⑥ 《汉书·高帝纪》。

⑦ 《汉书·高帝纪》。

⑧ 《汉书·高帝纪》。

诸侯子在关中者,复之十二岁,其归者半之。民前或相聚保山泽,不书名数,今天下已定,令各归其县,复故爵田宅,吏以文法教训辨告,勿笞辱。……军吏卒会赦,其亡罪而亡爵及不满大夫者,皆赐爵为大夫。故大夫以上赐爵各一级,其七大夫以上皆令食邑,非七大夫以下,皆复其身及户,勿事。①

又曰:

七大夫、公乘以上,皆高爵也。诸侯子及从军归者,甚多高爵,吾数诏吏先与田宅,及所当求于吏者,亟与。爵或人君,上所尊礼,久立吏前,曾不为决,甚亡谓也。异日秦民爵公大夫以上,令丞与亢礼。今吾于爵非轻也,吏独安取此!且法以有功劳行田宅,今小吏未尝从军者多满,而有功者顾不得,背公立私,守尉长吏教训甚不善。其令诸吏善遇高爵,称吾意。且廉问,有不如吾诏者,以重论之。②

从刘邦诏书中提到的"爵或人君,上所尊礼,久立吏前,曾不为决"以及"法以有功劳行田宅,今小吏未尝从军者多满,而有功者顾不得"的情况看,刘邦"以军功行田宅"的措施遇到来自基层官吏的很大阻力。这些基层官吏利用手中的权力为自己大捞好处,虽无军功却获得爵位田宅;而从军立功者反而得不到应得的爵位与田宅,甚至在小吏面前备受刁难。刘邦对此自然十分恼火。而从其"有不如吾诏者,以重论之"的申明来看,刘邦实行此项措施的态度又是十分坚决的,他决不允许任何人敷衍塞责。总起来看,这个诏令是以优厚的条件使广大从军的战士和军官复员回乡。一般士卒都得到一小块土地,其中跟随刘邦入汉中定三秦的那部分人更获得世世代代免除赋役的特权。而对于获得七大夫以上高爵的人待遇更加优厚。刘邦一方面对于跟他南征北战的士卒加意酬赏,另一方面也为了使他们成为汉皇朝统治的支柱。在此优渥的政策下,那些复员后的士兵大都成了小自耕农,而绝大部分军官则成为军功地主。这些人一旦成为土地上的主人,他们对刘邦及其皇朝的拥护是不言而喻的。对于在战乱中离家流亡的农民和地主,刘邦以"复故爵田宅"为诱饵,引导他们返回故土,同时又以多次赐爵等方式刺激他们的生产积极性。以上这些政策措施,一面表明了刘邦政权为地主阶级服务的本质;一面也反映了他稳定封建秩序、驱民归农、发展生产的迫切愿望。通过以上这些措施,刘邦为亟待恢复的农业生产增加了较多的劳动力。在汉初人口锐减,增加劳动力已成为恢复农业生产关键条件的前提下,刘邦的上

---

① 《汉书·高帝纪》。
② 《汉书·高帝纪》。

述政策措施提供了农业生产正常进行的最主要的条件。

为了实现生产者与生产资料相结合，刘邦也注意解决土地问题。上引诏令中的"复故爵田宅"、"以有功劳行田宅"，当然都是重要措施。除此而外，刘邦还采取了另外一些办法。如公元前205年（汉二年）十月，他下令"故秦苑囿园池，皆令人得田之"①。这大概可以解决关中地区无地或少地农民的一部分土地问题。另外，据当时情势推断，由于战乱造成的人口锐减，汉初的土地问题不会成为发展生产的太大障碍。即使当时没有从军的一般无地少地的农民，只要在战争中幸存下来，其中的大多数人也会在农民战争洗礼过的地方获得一小块赖以生存的土地。如此一来，在汉朝初年特定的历史条件下，生产者与生产资料的结合，就通过不同的途径基本实现了。

生产者与生产资料的结合虽然是社会生产得以进行的最基本的条件，然而，在封建社会里，作为国民经济主要部门的农业生产能否顺利进行，还必须具备两个条件：一是保证生产者有较充裕的劳作时间，二是将剥削量限制在使生产者能够恢复体力和养家糊口的程度。这两个条件在西汉初年也基本上具备了。因为刘邦及其臣僚们从自己的切身体验和秦亡的教训中知道，轻徭薄赋对于稳定百姓、发展生产具有至关重要的意义，所以一直比较注意这样的政策。《汉书·食货志》说：

> 上于是约法省禁，轻田租，什五而税一，量吏禄，度官用，以赋于民。而山川园池市肆租税之入，自天子以至封君汤沐邑，皆各为私奉养，不领于天子之经费。漕转关东粟以给中都官，岁不过数十万石。

这个剥削量，与秦朝统治时期相比，与汉武帝时期的实际剥削量相比，都是较低的。这是因为，西汉建国之初，虽然百废待兴，需钱的地方很多，但刘邦君臣比较能够抑制自己的享受欲望，加上此时官吏队伍精干，行政费用较低，所以剥削是较轻的。刘邦在其当国时期，还多次有意识地下诏免除租税和徭役。例如，公元前205年（汉二年）二月，当楚汉战争仍在激烈进行的时候，刘邦就下令："蜀汉民给军事劳苦，复勿租税二岁。关中卒从军者，复家一岁。"②公元前199年（汉八年）三月，刘邦率军北击据太原反叛的韩王信回到洛阳以后，"令吏卒从军至平城及守城邑者，皆复终身勿事"③。公元前196年（汉十一年）冬，刘邦击破陈豨将赵利于东垣，奖赏"诸县坚守不降反寇者，复租赋三岁"④。同年二月，又对献费

---

① 《史记·高祖本纪》。

② 《汉书·高帝纪》。

③ 《汉书·高帝纪》。

④ 《汉书·高帝纪》。

的数额做了明确的规定："欲省赋甚。今献未有程,吏或多赋以为献,而诸侯王尤多,民疾之。令诸侯王、通侯常以十月朝献,及郡各以其口数率,人岁六十三钱,以给献费。"①当年四月,"令丰人徙关中者皆复终身"。六月,再下令"士卒从入蜀汉关中者,皆复终身"②。等等。这些减免租赋徭役的诏令,除对献费的规定外,都不是普遍施惠于全国的百姓,而是加了一系列地域、时间和条件的限制,更多的是对从军吏卒的恩赏。与后来文景时期的轻徭薄赋相比,是很有限的。这是因为,汉皇朝建立之初,人口较秦时减少很多,负担租税服徭役的人数更少,而七八年间,对异姓诸侯王和匈奴的战争几乎没有停息,军费及其他开支难以节省,刘邦实在无条件实行全面的轻徭薄赋。尽管如此,刘邦时期对百姓的赋役征发毕竟有了章法,与秦皇朝统治时期的"内兴功作,外攘夷狄,收泰半之赋,发闾左之戍。男子力耕不足粮饷,妇女纺绩不足衣服。竭天下之资财以奉其政,犹未足以澹其欲也"③的情况相比,已经是天渊之别了。就是与后来汉武帝统治时期的"田渔重税,关市急征,泽梁毕禁,网罟无所布,耒耜无所设,民力竭于徭役,财用殚于会赋,居者无食,行者无粮,老者不养,死者不葬。赘妻鬻子,以给上求,犹弗能赡"④的惨状相比,也是不可同日而语的。

虽然《汉律》继承了秦法并且保留了不少苛酷之刑,但是,刘邦统治时期的刑罚与秦朝相比毕竟有所减轻。他入关之后,立即宣布"约法三章","蠲削烦苛",而《汉律》九章正是在宣布废除秦苛法、与民更始的历史大背景下制定的,因而其刑罚有所减轻是不言而喻的。当然,由于《汉律》并不改变地主阶级专政的本质,而在具体执行过程中也存在不少问题,所以系而不决、罚而不当的事情还是时有发生。对此,刘邦在公元前200年(汉七年)向御史下达了这样一个诏令:

> 狱之疑者,吏或不敢决,有罪者久而不论,无罪者久系不决。自今以来,县道官狱疑者,各谳所属二千石官,二千石官以其罪名当报之。所不能决者,皆移廷尉,廷尉以当报之。廷尉所不能决,谨具为奏,傅所当比律令以闻。⑤

这种要求各级官吏奉法循理、及时公正、认真负责,杜绝敷衍塞责的诏令是有积极意义的。刘邦亲自下诏过问罪犯的审理,重申司法程序,要求对案情清楚、量罪准确的案件及时判决,对无罪者更不要久系不论,对于疑难案件也要将案情、判决意见及所据律令逐级上报,

---

① 《汉书·高帝纪》。
② 《汉书·高帝纪》。
③ 《汉书·食货志》。
④ 《淮南子·本经训》。
⑤ 《汉书·刑法志》。

直到最后由皇帝裁决。刘邦这样做，显然是为了保证法律不折不扣的执行，使犯罪者得到相应的惩罚，守法者不被蒙冤治罪，以防止某些官吏上下其手，贪赃枉法，从中舞弊。有法必依，违法必纠，公正迅速地审理罪犯，既不放纵恶人，亦不冤杀无辜，始终是古往今来清正廉明的司法制度所追求的目标，也是社会稳定的重要标志。刘邦的诏令对于汉初司法审判制度的规范化具有一定的积极意义。当然，总起来看，刘邦当国时期的刑罚较之文景时代还是严酷了一些，但与秦皇朝那令人发指的严刑峻法相比，毕竟有所缓和，这对安定社会秩序、提高劳动人民的生产积极性是有利的。

在刘邦恢复发展生产的政策中，还有一项直接从秦皇朝继承而来，这就是传统的重农抑商政策。公元前199年（汉八年）三月，刘邦在洛阳发布了一项抑商的诏令："贾人毋得衣锦绣绮縠絺纻罽，操兵，乘骑马。"①这一规定实际上是对商贾政治地位和社会地位的歧视政策。《汉书·食货志》还记载："天下已平，高祖乃令贾人不得衣丝乘车，重租税以困辱之。"这一规定主要是对商贾经济上的抑制。"重农抑商"是法家思想的重要内容，也是儒家学派的一贯主张。而从秦朝开始，又几乎成为中国历代封建皇朝的既定国策。应该承认，重农抑商政策在相当长的历史时期内，对维护封建的经济基础是起了积极作用的。因为封建经济是以农业为基础的自给自足的自然经济，农业作为封建经济之"本"是不容动摇的。封建经济虽然也需要商品交换，但却不需要它过于发达，特别不容许它超出封建经济需要而畸形繁荣。这是因为，富商大贾们所经营的超出农业需要的商品和高利贷，恰恰构成了对自然经济的严重威胁。所谓"用贫求富，农不如工，工不如商，刺绣文不如倚市门"②。商业和高利贷的高额利润，必然要引诱部分农民弃农经商，从而削弱农业作为"本"的地位。更重要的是，封建社会的商人们往往是"以末致财，用本守之"③，即用经营商业和高利贷赚取的大量金钱兼并土地，造成农民大量破产和与土地脱离，从根本上危及封建的经济基础。显然，刘邦重申重农抑商政策以及从政治经济上对富商大贾的势力进行压制，在汉初的特定历史条件下，对于维护处于复苏中的小农经济是有积极作用的。但是，也应该看到，在中国封建社会里，"重本抑末"政策从来就具有两重性，它在"重本"的同时维护了封建农业僵化落后的经营方式，并没有从根本上改善农民长期贫困落后的地位。与此同时，它在抑制商品经济对农业经济副作用的同时也抑制了它对农业经济的积极作用。因为刘邦以及封建的政治家和理财家们始终不了解，商品经济的适度发展，不仅是农业经济发展的需要，也是农业经济发展的条件。刘邦在汉初开启的"重本抑末"政策被他的后继者全面承袭和发展了。到文、景当国时期，"重农抑商"的思想已达到了它的典型化形

---

① 《汉书·高帝纪》。
② 《史记·货殖列传》。
③ 《史记·货殖列传》。

态。这种思想和政策集中体现在他们的诏书中。

文帝二年(公元前178年)正月诏:

> 夫农,天下之本也。

同年九月诏:

> 农,天下之大本也,民所恃以生也,而民或不务本而事末,故生不遂。①

景帝后元二年(公元前142年)四月诏:

> 雕文刻镂,伤农事者也。锦绣纂组,害女红者也。农事伤则饥之本也,女红害则寒之原也。夫饥寒并至,而能亡为非者寡矣。……欲天下务农蚕,素有畜积,以备灾害。强毋攘弱,众毋暴寡,老者以寿终,幼孤得遂长。

后元三年(公元前141年)正月诏:

> 农,天下之本也。黄金珠玉,饥不可食,寒不可衣,以为币用,不识其终始。间岁或不登,意为末者众,农民寡也。其令郡国务劝农桑,益种树,可得衣食物。吏发民若取庸采黄金珠玉者,坐臧为盗。二千石听者,与同罪。②

在中国封建社会发展的任何时期,都需要与农业经济相适应的商品经济一定程度的发展,一味对工商经济进行抑制的政策只是在特殊历史条件下才有积极作用。刘邦统治时期的"重本抑末"政策的作用虽然从总的方面看是积极的,但随着历史的发展,其消极作用则越来越大。汉武帝时期的经济政策的转变当然有复杂的政治原因,但其中也有经济规律的制约作用。

总之,刘邦及其君臣所制定和实施的上述一系列恢复发展生产的政策,适应了时代的要求,反映了各个阶级、尤其是劳动人民的愿望。这些政策,稳定了当时的社会秩序,促成了生产者与生产资料的结合,刺激了劳动人民的生产积极性,为社会生产的正常进行创造

---

① 《汉书·文帝纪》。
② 《汉书·景帝纪》。

了必要的条件,促进了汉初社会生产的恢复和发展。所有这一切,都给西汉皇朝的政策创造了一个良好的开端。而它作为祖宗之法,又在惠帝、吕后、文帝和景帝时期得到了继承和发展。例如,文帝后元四年(公元前160年)下令"免官奴婢为庶人"①,就是刘邦释放奴婢政策的继续。惠帝元年(公元前194年),"减田租,复十五税一"②;文帝二年(公元前178年),"赐天下民今年田租之半",十二年(公元前168年),"赐农民今年租税之半",十三年(公元前167年),"除田之租税"③,文帝时"民赋四十,丁男三年而一事"④;景帝元年(公元前156年)五月,"令田半租",二年(公元前155年),"令天下男子二十始傅"⑤,等等,都是刘邦轻徭薄赋政策的继续和发展。惠帝四年(公元前191年),"省法令妨吏民者,除挟书律"⑥;吕后时"除三族罪,妖言令"⑦;文帝元年(公元前179年)十二月,"尽除收帑相坐律令",二年(公元前178年),除诽谤妖言之罪,十三年(公元前167年)五月,"除肉刑法"⑧;景帝中元四年(公元前146年)秋,"赦徒作阳陵者死罪",六年(公元前144年)五月,"诏有司减笞法,定箸令",后元元年(公元前143年)正月,诏"令治狱者务先宽"⑨,等等,都是刘邦轻刑政策的继续和发展。惠、文、景等皇帝也都多次重申"重农抑商"政策,一再下诏,劝课农桑,并严禁官吏经商盘剥农民。正是因为刘邦及其后世子孙继续执行了这样一套轻徭、薄赋、节俭、省刑的政策,使汉代的社会经济很快出现了复苏之势。史书记载,"孝惠高后之间,衣食滋殖"⑩,文帝时"百姓无内外之繇,得息肩于南亩,天下殷富,粟至十余钱,鸣鸡吠狗,烟火万里"⑪。经过高、惠、文、景六十多年的恢复发展,到公元前140年(建元元年)雄才大略的汉武帝即位的时候,就出现了我国封建社会经济的第一个繁荣时期。在《史记·平准书》中,司马迁对当时的繁荣景象有这样一段脍炙人口的描绘:

> 至今上即位数岁,汉兴七十余年之间,国家无事,非遇水旱之灾,民则人给家足,都鄙仓廪皆满,而府库余货财。京师之钱累巨万,贯朽而不可校。太仓之粟陈陈相因,充溢露积于外,至腐败不可食。众庶街巷有马,阡陌之间成群,而乘字牝者傧而不

① 《汉书·文帝纪》。
② 《汉书·惠帝纪》。
③ 《汉书·文帝纪》。
④ 《汉书·贾捐之传》。
⑤ 《汉书·惠帝纪》。
⑥ 《汉书·惠帝纪》。
⑦ 《汉书·高后纪》。
⑧ 《汉书·文帝纪》。
⑨ 《汉书·惠帝纪》。
⑩ 《汉书·食货志》。
⑪ 《史记·律书》。

得聚会。守闾者食粱肉,为吏者长子孙,居官者以为姓号。故人人自爱而重犯法,先行谊而后绌耻辱焉。

应该承认,这段绘形绘色的描述尽管不无夸大之处,但大体上还是符合事实的。这种繁荣局面的出现,首先应该归功于手足胼胝,不畏寒暑,辛勤劳作的广大农民,其次也应归功于刘邦及其后继者制定和执行的政策。正因为刘邦在秦朝二世而亡这一血的教训启导下,在农民战争所创造的历史条件制约下,制定了一系列顺应历史潮流和百姓愿望的政策,使劳动人民中蕴藏的生产积极性和创造性充分发挥出来,从而使一个经济文化高度发达的汉皇朝屹立于古代的东方。刘邦也就作为一代创业皇帝名垂千古。

六、"和""安"胡越

当刘邦率领他的群臣挥戈马上,在残破的中原大地上开始创建西汉皇朝的时候,从广阔的北中国草原地区崛起的匈奴族,正虎视眈眈地注视着万里长城以南的肥田沃野。如何处理汉与匈奴这两大民族的关系,成为关乎大汉皇朝安危的重大问题之一。

匈奴是长期繁衍生息于我国北部边陲地区的一个少数民族,远在殷周时期就与中原的王朝发生了密切的联系。见于先秦文献中的山戎、猃狁、薰粥等,就是它在历史上留下来的名字。匈奴长期以游牧为生,逐水草而居,为开发祖国的北部边疆地区做出了重大贡献,创造了独放异彩的匈奴文化。战国时期,匈奴人已处在原始社会向奴隶社会的过渡时期。对财富和奴隶的贪欲,驱使匈奴族的首领率领着迅猛慓悍的骑兵多次南下侵扰,逼得七国中与匈奴为邻的秦、赵、燕等国不得不在自己的北部边鄙筑起长城作为自我保护的屏障。秦朝统一六国以后,秦始皇令将军蒙恬率三十万精锐之师北击匈奴,收复河南地,置四十四县,移民屯垦,派重兵镇守。为了保持与关中地区的通畅联系,调兵运粮,修筑了自云阳(今陕西淳化境)至九原(今内蒙古包头市西)的千里直道。与此同时,又以原秦、赵、燕等国长城为基础,修筑了西起临洮(今甘肃岷县),东至辽东(今朝鲜平壤西海岸)的万里长城,这一举世闻名的伟大防御工程,配以重兵,有效地阻止了匈奴对秦朝北部边陲的侵扰。秦末农民起义爆发后,防守长城一线的秦军大部分撤回内地对付农民起义军,匈奴骑兵再次乘机南下。此时匈奴杰出的领袖冒顿自立为单于,他东向击破东胡王,西向赶走大月氏,南并楼烦、白羊河南王,接着,继续南下,"悉复收秦所使蒙恬所夺匈奴地者,与汉关故河南塞,至朝那、肤施,遂侵燕、代。是时汉兵与项羽相距,中国罢于兵革,以故冒顿得自强,控弦之士三十余万"①。此时的匈奴已建立起较完备的奴隶制国家政权,形成了带有游牧民族特点的军事政治一体化的体制。《史记·匈奴列传》记载了冒顿单于以下的组织:

> 置左右贤王,左右谷蠡王,左右大将,左右大都尉,左右大当户,左右骨都侯。……自如左右贤王以下至当户,大者万骑,小者数千,凡二十四长,立号曰"万骑"。诸大臣皆世官。呼衍氏,兰氏,其后有须卜氏,此三姓其贵种也。诸左方王将居东方,直上谷以往者,东接秽貉、朝鲜;右方王将居西方,直上郡以西,接月氏、氐、羌;而单于之庭直代、云中;各有分地,逐水草移徙。而左右贤王、左右谷蠡王最为大,左右骨都侯辅政。诸二十四长亦各自置千长、百长、什长、裨小王、相封、都尉、当户、且渠之属。

---

① 《史记·匈奴列传》。

这时的匈奴已建立起自己的一套礼仪、法律和养生送死的制度,特别奖励攻战,崇尚冒险。"其攻战,斩首虏赐一卮酒,而所得卤获因以予之,得人以为奴婢。故其战,人人自为趋利,善为诱兵以冒敌。故其见敌则逐利,如鸟之集;其困败,则瓦解云散矣。战而扶舆死者,尽得死者家财"①。在冒顿单于的统帅下,匈奴骑兵不断向北征伐,使浑庾、屈射、丁零、鬲昆、薪犁等漠北之国先后臣服。这样,匈奴就控制了东起大兴安岭,西抵帕米尔高原,北至贝加尔湖,南达长城一线的广袤万里的辽阔地区,成为汉皇朝的北方劲敌。公元前201年(汉六年)九月,匈奴骑兵突然大举南下,将韩王信包围于马邑(今山西朔县)。利用韩王信对刘邦的怨愤,诱降成功。韩王信投降以后,引匈奴骑兵长驱南下,直抵晋阳(今山西太原)城下。汉皇朝的北部边疆形势骤然紧张起来。公元前200年(汉七年)十月,刘邦不顾娄敬的劝阻,在对敌我力量对比情况还不明析的情势下,轻率地率三十万大军北伐,企图一举战胜匈奴。战争开始后,汉军虽然在铜鞮(今山西沁县境)、晋阳等地取得连战皆捷的胜利,并乘胜收复楼烦(今山西宁武),但因时值隆冬,"大寒雨雪,卒之堕指者十二三"②,给继续战斗带来意想不到的困难,形势已经对汉军变得十分不利。然而,此时的刘邦已经被轻而易举取得的一些小胜利冲昏了头脑,没有看到匈奴还没有发挥出来的巨大的军事潜力,继续挥军北进,结果中了匈奴诱敌深入的诡计:"于是冒顿佯败走,诱汉兵。汉兵逐击冒顿,冒顿匿其精兵,见其羸弱,于是汉悉兵,多步兵,三十二万,北逐之。"③结果被匈奴的四十万精锐骑兵包围于白登(今山西大同西北)七昼夜,"汉兵中外不得相救饷",陷入极大的困境。后来全赖陈平用秘计,通过贿赂匈奴阏氏,劝说冒顿"解围之一角",刘邦才得以逃脱。白登之战的失利给了刘邦一副清醒剂,使他认识到当时汉皇朝的国力还难以与匈奴在战场上一决胜负,最明智的选择是对匈奴暂时采取妥协退让的政策。刘邦率兵回到广武(今河南荥阳北)时,老老实实地向劝阻他不要轻举冒进的娄敬承认错误。白登一战,成为刘邦转变对匈奴政策的重要契机。

刘邦北伐匈奴失败后,匈奴更加紧了对汉皇朝北部边境的侵扰。"是后韩王信为匈奴将,及赵利、王黄等数倍约,侵盗代、云中。居无几何,陈豨反,又与韩信合谋击代。……是时匈奴以汉将众往降,故冒顿常往来侵盗代地"④。刘邦于是向娄敬请教对付匈奴的方略,娄敬指出,汉皇朝刚刚建立,百姓还没有从战乱中恢复元气,国家财政也很困难,匈奴是一个武力强大的游牧民族,正处于极盛时期,显然难以用武力战胜它。唯一的办法是采取"和亲"政策,以汉室公主嫁与匈奴单于,同时赂以财物满足其贪欲,以此缓和匈奴的进攻,

① 《史记·匈奴列传》。
② 《史记·匈奴列传》。
③ 《史记·匈奴列传》。
④ 《史记·匈奴列传》。

换取汉皇朝边境的暂时安宁。刘邦基本上同意了娄敬的建议，认为这是当时唯一可行的利大害小的选择。但是，因为吕后害怕自己的唯一女儿鲁元公主下嫁单于，坚决不同意娄敬的建议，"和亲"政策没有立即付诸实施。公元前 197 年（汉十年）九月，代相陈豨反叛，与逃亡匈奴的韩王信合谋侵扰代郡。刘邦令樊哙率兵征讨，在收复了代、雁门、云中等郡县以后，即对匈奴采取守势，没有出塞追击。但是，由于此时投降匈奴的汉将较多，匈奴利用他们不断地侵扰，代郡等地深受其害。刘邦为了缓和这种敌对局面，决定着手实施"和亲"政策。他任命娄敬为"和亲"使者，将宗室女以公主的名义嫁与匈奴冒顿单于为阏氏。同时每年给予匈奴一定数量的"絮缯酒米食物"，与匈奴单于"约为兄弟"。"和亲"政策实行以后，匈奴对北部地区的侵扰有所收敛，边境地区的紧张局势有所缓和。与此同时，刘邦也加强了北部地区的防卫。他多次派出周勃、樊哙等名将，对叛汉降匈奴的韩王信、陈豨、卢绾等人进行毫不妥协的打击，并将韩王信和陈豨击杀，把卢绾赶到长城脚下。他还封自己的儿子刘恒为代王，刘建为燕王，以功臣宿将为辅佐，率大军进驻北部边境前线，对匈奴进行积极的防御，汉军不主动进击匈奴，但严密监视其行动，对来犯之敌坚决予以还击。由于刘邦对匈奴采取以"和"、"安"为主的积极防御战略，因而终刘邦之世，虽然匈奴对边地的侵扰一直没有间断，但大规模的造成巨大破坏的入侵却没有发生。匈奴对汉皇朝的危害基本上被控制在最小的程度之内了。

不可否认，刘邦当时对匈奴所实行的"和亲"政策，是在汉匈力量对比对汉朝不利的情况下实行的，因而不可避免地带上屈辱妥协的色彩。但是，在当时的历史条件下，它又是可供选择的最好的政策。由于"和亲"政策的实施，使汉匈两大民族之间较长时间没有爆发大规模的战争，这就为汉皇朝赢得了开国初期具有重要意义的和平环境，从而保证了休养生息政策的实施。在这种条件下，百姓得到安宁，生产事业得到发展，国力也随之逐步增强，为日后以武力反击匈奴赢得了准备时间，积聚了军事力量。刘邦首创的这一"和亲"政策，在惠帝、吕后和文、景时期都得到了继承。惠帝当国时期，冒顿单于曾致书吕后，加以污辱。但吕后隐忍不发，卑辞回书，不与计较，使一场迫于眉睫的大战消弭于苦涩的一笑之中。文帝、景帝"复修和亲"，坚持衅不自我开。虽然其间匈奴有几次大规模的侵扰，但文、景二帝都能从积极防御的目的出发，对其进行有节制的武装反击，没有主动扩大战争规模。一旦形势略有好转，即再重申"和亲"，主动修好。如公元前 177 年（文帝三年）五月，"匈奴右贤王入居河南地，侵盗上郡葆塞蛮夷，杀略人民"[1]。文帝令丞相灌婴发车骑八万五千予以反击，将其驱出长城，即罢战休兵。冒顿单于对文帝此举十分赞赏，第二年，主动派出使者与汉修好。在致文帝书中，要求"寝兵休士卒养马，除前事，复故约，以安边民，

---

[1] 《史记·匈奴列传》。

以应始古,使少者得成其长,老者安其处,世世平乐"①,表达了与汉朝维持"和亲"关系的良好愿望。冒顿单于死后,其子立为老上单于,嗣后汉匈之间虽然又发生过激烈的武装冲突,但由于文帝坚持"和亲"的既定方针,终于又使两个民族间的紧张关系缓和下来。公元前162年(文帝后元二年),文帝遣使使匈奴,致书老上单于,表达了情真意切的友好愿望:

> ……先帝制:长城以北,引弓之国,受命单于;长城以内,冠带之室,朕亦制之。使万民耕织射猎衣食,父子无离,臣主相安,俱无暴逆。……今天下大安,万民熙熙,朕与单于为之父母。朕追念前事薄物细故,谋臣计失,皆不足以离兄弟之欢。朕闻天不颇覆,地不偏载。朕与单于皆捐往细故,俱蹈大道,堕坏前恶,以图长久,使两国之民若一家子。②

由于惠、文、景几代皇帝较好地继承了刘邦的"和亲"政策,就使广大中原地区在和平的环境里获得发展生产、繁荣经济、增强军事力量的良好机会。经过近六十年的和平发展,到汉武帝即位,西汉皇朝终于达到了它在政治、经济和军事的强盛时期,转变对匈奴政策的条件成熟了。于是,汉武帝也就毅然改变了对匈奴屈辱妥协的政策,把训练有素的汉军开上前线,在大漠南北同匈奴进行了殊死博斗。战争、政治、外交的手段同时或交互使用,经过十余年的艰难鏖战,终于把匈奴从河套阴山一带、河西走廊地区以及天山南北的西域诸国赶了出去,取得了对匈奴作战的历史性胜利,为后来匈奴主动要求恢复"和亲"、重修汉匈友好关系创造了条件。显然,没有汉初六十年的"和亲"所赢得的和平,也就不会有汉武帝时期对匈奴进行武装斗争所取得的胜利。应该说,刘邦对匈奴的"和亲"政策,尽管蒙上一层屈辱的阴影,但显示的却是刘邦及其臣僚们的远见卓识。后来不少的政治家和思想家,从中国传统的夷夏之辨出发,往往对"和亲"政策发出非议。例如司马光就是这样评论汉初"和亲"的:

> 建信侯(指娄敬)谓冒顿残贼,不可以仁义说,而欲与为婚姻,何前后之相违也!夫骨肉之恩,尊卑之叙,唯仁义之人为能知之,奈何欲以此服冒顿哉!盖上世帝王之御夷狄也,服则怀之以德,叛则震之以威,未闻与为婚姻也。且冒顿视其父如禽兽而猎之,奚有于妇翁!建信侯之术,固已疏矣;况鲁元已为赵后,又可夺乎?③

---

① 《史记·匈奴列传》。
② 《史记·匈奴列传》。
③ 《资治通鉴·汉纪四》高帝九年。

这种观点,表面上看起来似乎也不无道理,但却忽略了"和亲"政策在维系民族关系方面所具有的不可替代的作用,更没有注意到历史条件对西汉统治者的制约,从而流于一种不切实际的空论,一种从义理出发的书生之见。事实上,民族关系的本质是阶级关系。在封建社会里,从来就不存在各民族一律平等的民族政策,只有相对说来对各民族发展提供和平条件的较好的民族政策。"和亲"政策作为处理民族关系的手段并非没有局限性,也并不是不受时间、地点和条件限制的万应灵膏,但是,历史却一再证明,在一定历史条件下,"和亲"不失为维系民族友好关系的理想选择。在两汉历史上,多次的"和亲"对于维护当时中国这个多民族国家的和平与安宁,促进民族融合,加强各民族间的经济文化交流都起了积极的作用。

在妥善处理了与匈奴的关系以后,刘邦又本着"和"、"安"的原则处理了与南越的关系。从远古时候起,越族就居住在今日的两广及越南地区,由于部落众多,史称百越。越族最早开发了祖国的南疆,发展了独特的南越文化。秦始皇统一六国以后,派兵进入南越,在那里设置南海、桂林、象等郡,由中原人前去任职,实行对南越的直接统治。同时,从中原地区徙民五十万,与越人杂处,把中原先进的生产技术和文化传至南越,加强了汉与越的民族融合,促进了南越经济文化的发展。秦二世时,农民起义,中原鼎沸的消息传到了南越。时任南海尉的任嚣正在病中。临终前,他把时任龙川(今广东龙川)令的真定人赵佗召到病榻前,对他说:

> 闻陈胜等作乱,秦为无道,天下苦之,项羽、刘季、陈胜、吴广等州郡各共兴军聚众,虎争天下,中国扰乱,未知所安,豪杰畔秦相立。南海僻远,吾恐盗兵侵地至此,吾欲兴兵绝新道,自备,待诸侯变,会病甚。且番禺负山险,阻南海,东西数千里,颇有中国人相辅,此亦一州之主也,可以立国。郡中长吏无足与言者,故召公告之。①

言讫,即命赵佗行南海尉事。不久,任嚣死去,赵佗一面急令关闭与中原交通的关口,切断与中原地区的联系,一面寻找借口诛杀南海郡的原秦朝官吏,在关键岗位上换上自己的亲信。在得到秦朝灭亡的消息后,赵佗即以武力兼并了桂林和象郡,自立为南越武王,统治区域及于今日两广的大部、贵州一部和越南北部。汉皇朝建立以后,刘邦当然不允许在自己的领土之内存在一个独立的割据政权,但因一时忙于整顿内部和对付匈奴,没有急于解决南越问题。

公元前196年(汉十一年),刘邦基本上解决了异姓诸侯王问题,与匈奴的关系也比较

---

① 《史记·南越列传》。

缓和,这年五月,为了"和集百越,毋为南边患害",决心解决赵佗的割据问题。因为汉政权此时已经稳定强大,而南越与中原又有着密切的经济文化上的联系,刘邦决心用和平的方式促使赵佗归服。他下诏立赵佗为南越王,命陆贾为汉中央的使者去南越,借赐赵佗印绶之机劝说他归服汉朝。陆贾来到南越以后,赵佗以越人的装束、礼仪,"魋结箕踞见陆生"。陆贾看着赵佗傲慢无礼的样子,虽然心里很不高兴,但隐忍不发,而是语重心长地对赵佗说:

> 足下中国人,亲戚昆弟坟墓在真定。今足下反天性,弃冠带,欲以区区之越与天子抗衡为敌国,祸且及身矣。且夫秦失其政,诸侯豪杰并起,唯汉王先入关,据咸阳。项羽背约,自立为西楚霸王,诸侯皆属,可谓至强。然汉王起巴蜀,鞭笞天下,劫略诸侯,遂诛项羽灭之。五年之间,海内平定,此非人力,天之所建也。天子闻君王王南越,不助天下诛暴逆,将相欲移兵而诛王,天子怜百姓新劳苦,故且休之,遣臣授君王印,剖符通使。君王宜郊迎,北面称臣,乃欲以新造未集之越,屈强于此。汉诚闻之,掘烧王先人冢,夷灭宗族,使一偏将将十万众临越,则越杀王降汉,如反覆手耳。[①]

陆贾一席话,晓之以礼,动之以情,临之以威,说得赵佗倾耳而听,"蹶然而起坐",对陆贾连连称谢,自责久居蛮夷之地,已忘记了中原的礼仪,实在不应该。接着,赵佗笑着问陆贾,自己若与萧何、曹参、韩信等人相比,谁的本事更大一些? 陆贾故意恭维说他的本事似乎更大一些。赵佗十分得意,进而又问自己与刘邦相比怎样? 陆贾则乘机极力宣传刘邦的雄才大略和汉皇朝的兴旺昌盛,示意赵佗要正确地认识自己和南越,不要夜郎自大。陆贾说:

> 皇帝起丰沛,讨暴秦,诛强楚,为天下兴利除害,继五帝三王之业,统理中国。中国之人以亿计,地方万里,居天下之膏腴,人众车举,万物殷富,政由一家,自天地剖泮未始有也。今王众不过数十万,皆蛮夷,崎岖山海间,譬如汉一郡,王何乃比于汉![②]

赵佗毕竟是中原之人,对光辉灿烂的中原文化和制度有着自然的向往与追求,而陆贾的雄辩、才华和风度更使他心悦诚服。每次听陆贾侃侃而谈,如沐春风。赵佗留陆贾在南越住了数月之久,尽力款待,二人反复交谈,推心置腹,关系越来越亲密,他对陆贾的尊敬与佩

① 《史记·郦生陆贾列传》。
② 《史记·郦生陆贾列传》。

服也与日俱增。陆贾的到来,使赵佗听到了久违的乡音,了解了中原地区的巨大变化,决心取消割据,归附汉朝。他感慨系之地说:"越中无足与语,至生来,令我日闻所不闻。"①赵佗赠送陆贾价值千金的金银珠宝,以表示自己的感激之忱。陆贾承刘邦之诏拜赵佗为南越王,向汉朝皇帝称臣奉约。陆贾的出使获得了巨大的成功,重新恢复了中原地区与南越之间断绝了十余年之久的政治、经济和文化的联系,使汉朝南部的边陲获得和平与安宁。刘邦用和平手段促使南越归服之所以顺利成功,首先应归因于汉皇朝的强大、繁荣以及先进的文化对周边民族产生的巨大向心力;其次应归因于赵佗的深明大义,他对祖国有割不断的赤子情怀;再次应归因于时代条件:多年战乱后的中国,人心思安,不用武力解决政治问题对谁都有利。在此有利的形势下,刘邦采取了现实主义的策略:承认赵佗的地位,照顾他的实际利益,使赵佗归服汉朝多有所得而毫无所失,除了名义上对刘邦称臣外,他对南越的统治一如既往,他又何乐而不为呢? 陆贾返回长安复命,刘邦十分高兴,立即任命他为太中大夫,作为对他出使成功的酬赏。

吕后统治时期,有的官员建议禁止铁器输往南越,吕后未经慎重思考下令执行。当时南越还不能自产铁器,所用铁器全赖中原供应。此举使赵佗异常愤怒,他说:"高帝立我,通使物,今高后听谗臣,别异蛮夷,隔绝器物,此必长沙王计也,欲倚中国,击灭南越而并王之,自为功也。"②于是自号为南越武帝,发兵北向,进攻毗邻的长沙国。吕后派兵迎敌,难以取胜。一年后,因吕后死去,汉中央即停止了对南越的军事行动。赵佗乘机扩张,同时用贿赂的办法把闽越(今福建)、西瓯、骆越(今越南中北部)收归自己统辖,建立起"东西万余里"的割据政权。赵佗也"乘黄屋左纛,称制,与中国侔"③,公然做起皇帝来了。公元前179 年(文帝元年),汉文帝即位以后,决心缓和与南越的紧张关系。他一面为赵佗在真定的祖坟置守邑,"岁时奉祀",同时赐给他的从昆弟以官职爵禄;一方面接受陈平推荐,重任居家赋闲的陆贾为太中大夫,令他再次出使南越。陆贾带着文帝给南越王赵佗的赐书和大量礼品再一次出使南越。陆贾见到赵佗,委婉地谴责他擅自称帝而不报告于汉。赵佗十分惶恐,于是作书谢罪,其中半是辩解半是自嘲地说:

> 蛮夷大长老夫臣佗,前日高后隔异南越,窃疑长沙王谗臣,又遥闻高后尽诛佗宗族,掘烧先人冢,以故自弃,犯长沙边境。且南方卑湿,蛮夷中间,其东闽越千人众号称王,其西瓯骆裸国亦称王。老臣妄窃帝号,聊以自娱,岂敢以闻天王哉!④

① 《史记·郦生陆贾列传》。
② 《史记·南越列传》。
③ 《史记·南越列传》。
④ 《史记·南越列传》。

赵佗对陆贾当面顿首谢罪,表示"愿长为藩臣,奉贡职"。为了表示自己的诚意,赵佗下令国中曰:"吾闻两雄不俱立,两贤不并世。皇帝,贤天子也。自今以后,去帝制黄屋左纛。"[①]恢复了向汉朝中央称臣,汉与南越的关系再次畅通了。在疏通汉中央与南越的关系上,陆贾立下了不朽的功勋。南越自从秦朝时成为中央皇朝的郡县,开始了与中原地区越来越频繁的经济文化交流。西汉皇朝从刘邦起,比较妥善地处理了汉中央与南越的关系,进一步密切了中原与南越的联系,使民族畛域逐步消失,经济文化上的联系越来越密切,广大的岭南地区成为中国牢不可破的组成部分,为祖国的繁荣昌盛发挥着越来越大的作用。

①　《史记·南越列传》。

第六章
开创布衣将相之局

从公元前202年(汉五年)刘邦称帝建立西汉皇朝,到汉文帝统治时期(公元前179年—公元前157年),汉初的四十多年间,在中国封建社会绵延两千多年的历史上,出现了独有的"布衣将相之局"。尤其在刘邦当国的七年中,这一特点更加鲜明和典型。放眼望去,从最高的皇帝到雄据一方的异姓诸侯王,从大权在握的丞相到统帅雄兵的骁将,绝大部分都来自社会下层。显赫的权力,尊贵的爵位,耀眼的荣华,也难以洗净他们身上的泥土和市井之气。这一布衣将相之群的人数之多和历时之长,是中国任何封建皇朝所无可比拟的。清代著名学者赵翼早已注意到这一历史现象,并对形成这一局面的原因进行了有意义的探索:

> 汉初诸臣,惟张良出身最贵,韩相之子也。其次则张苍,秦御史;叔孙通,秦待诏博士;次则萧何,沛主吏掾;曹参,狱掾;任敖,狱吏;周苛,泗水卒史;傅宽,魏骑将;申屠嘉,材官。其余陈平、王陵、陆贾、郦商、郦食其、夏侯婴等,皆白徒。樊哙则屠狗者,周勃则织薄曲吹箫给丧事者,灌婴则贩缯者,娄敬则挽车者,一时人才皆出其中,致身将相,前此所未有也,盖秦汉间为天地一大变局,自古皆封建诸侯,各君其国,卿大夫亦世其官。成例相沿,视为固然。其后积弊日甚,暴君荒主,既虐用其民,无有底止,强臣大族篡弑相仍,祸乱不已。再并而为七国,益务战争,肝脑涂地,其势不得不变。而数千年世侯、世卿之局,一时亦难遽变,于是先从在下者起,游说则范睢、蔡泽、苏秦、张仪等,徒步而为相。征战则孙膑、白起、乐毅、廉颇、王翦等,白身而为将。此已开后世布衣将相之例。而兼并之力尚在有国者,天方借其力以成混一,固不能一旦扫除之,使匹夫而有天下也。于是纵秦皇尽灭六国,以开一统之局。使秦皇当日发政施仁,与民休息,则祸乱不兴,下虽无世禄之臣,而上犹是继体之主也。惟其威虐毒痛,人人思乱,四海鼎沸,草泽竞奋,于是汉祖以匹夫起事,角群雄而定一尊。其君既起自布衣,其臣亦自多亡命无赖之徒,立功以取将相,此气运为之也。天之变局,至是始定。然楚汉之际,六国各立后,尚有楚怀王心、赵王歇、魏王咎、魏王豹、韩王成、韩王信、齐王田儋、田荣、田广、田安、田市等。即汉所封功臣,亦先裂地以王彭、韩等,继分国以侯绛、灌等。盖人情习见前世封建故事,不得而遽易之也。乃不数年而六国诸王皆败灭,汉所封异姓王八人,其七人亦皆败灭。则知人情犹狃于故见,而天意已另换新局,故除之易耳。而是时尚有分封子弟诸国。迨至七国反后,又严诸侯王禁制,除吏皆自天朝,诸侯王惟得食租衣税,而多以事失侯,于是三代世侯、世卿之遗法始荡然净尽,而成后世征辟、选举、科目、杂流之天下矣,岂非天哉![1]

---

[1] 《廿二史札记》卷2《汉初布衣将相之局》。

在这里,赵翼对汉初布衣将相之局形成的原因讲出了很有价值的观点:春秋以来世侯、世卿制度的逐步破坏,战国时期的白身而为将、徒步而为相传统的影响,秦末农民战争又把最下层的社会成员推到了历史的前台。虽然"人情习见前世封建故事",汉初对异姓、同姓诸侯王的封赏仿佛重现战国群雄并立景象,"而天意(此处可作历史趋势解)已另换新局",历史的发展已把五霸、七雄的理想变成梦呓。这一切说明赵翼有着相当深邃的历史眼光。但是,他认为自从西汉中期景帝、武帝对诸侯王进行较彻底的打击和限制之后,随着征辟、察举、科目等选官制度的推行,西汉以后的中国历代封建皇朝仿佛都是布衣将相执掌朝政了。这里,赵翼显然是把后世通过各种选官途径组织起来的官僚机构混同于布衣将相之局了。不可否认,由于中国的封建社会是以任免制的官僚体制代替奴隶社会的世卿世禄的贵族政治体制,因而几乎每个朝代都有一部分幸运儿由布衣而卿相。"朝为田舍郎,暮登天子堂",并非绝无仅有的个别现象。这种情况,在一场大规模的农民战争之后建立的新皇朝初期则更为显著。但是,从严格意义上讲,即使纯粹由农民出身的朱元璋做皇帝的明朝初期,也不好说形成了布衣将相之局。因为明朝初年的文臣武将除少部分来自社会下层的劳动人民之外,绝大部分都出身世宦世儒之家。其他朝代如东汉初、晋初、隋初、唐初、宋初、清初就更是如此。那么,为什么独独西汉初年形成了历史上公认的布衣将相之局呢?

汉初布衣将相局面的形成,既有深刻的历史原因,更多地应归因于现实的特殊条件。中国历史发展到春秋时期,尤其是战国时代,随着封建制度取代奴隶制度,社会从经济基础到上层建筑都发生了极其剧烈的变化,世卿世禄制度遭到严重的破坏。激烈而复杂的政治、外交和军事斗争,把社会上最优秀的人物召唤到历史的竞技场上。使出身于社会下层的贤能之人大展宏图,一夜之间蜚声列国,富贵莫比;同时也使出身高贵的平庸之辈被无情地淘汰,"降在皂隶"或葬身沟壑。各个诸侯国的君主为了富国强兵,力争在群雄角逐中立定脚根并获得发展,无不摆出礼贤下士的姿态,四处招揽人才,食有鱼,出有车,居有屋,养士之风盛极一时。身怀绝技的文武之士,仆仆于列国之间,趾高气扬,待价而沽,黄金台上,楚王宫中,到处都留下他们的踪迹。甚至引车卖浆者流,鸡鸣狗盗之徒,也堂而皇之地跻入统治阶级的殿堂,凭一技之长博取富贵利禄。这种情况,有力地冲击着世卿世禄制度所造成的门第、血统、等级等观念。与此相适应,在地主阶级作为一个革命阶级向奴隶主贵族进行斗争的时候,其思想理论上的代表法家也喊出了"不分贵贱亲疏,一断于法"的口号,显示了他们对形式上平等的要求。如此以来,形式上的平等观念的传播与事实上社会下层某些劳动者地位的上升相结合,形成了由奴隶社会向封建社会过渡时期特有的等级混乱、壁垒松弛的现象,这种情况一直持续到秦朝统一中国。秦皇朝虽然也制定了严格的爵位等级制度,但因为它基本上废除了奴隶社会通行的分封制度,把爵位与军功劳绩联系在一起,至少在表面上给人以爵位面前人人平等的印象。雇农出身的陈胜能够说出"王侯将相宁有种乎"这种石破天惊的豪言壮语,可以在秦末农民战争中被三老、豪杰们推上王位而被起义队伍所接受,说明这一时期人们在观念上已经发生了重大变化,布衣称王,布衣为将相都已经得到社会的认可。可以这样说,没有春秋战国时期阶级关系的重大变化,没有社会观念的不断更新,也就没有西汉初年的布衣将相之局。

如果说,在战国七雄的时代各国还在很大程度上保留了较多的奴隶制的残余,那么,在秦皇朝统一全国后,封建制度几乎在经济基础和上层建筑的各个领域中都确立了自己的优势。它大力提倡并积极推行的奖励耕战的基本政策,固然制造了一批当权的军功地主,但也鼓励了众多的小农通过耕战改变自己的政治经济地位。统一全国之前的秦国,僻处西方一隅,由于复杂的历史和社会原因,其旧贵族的势力本来就不怎么强大。经过商鞅十多年的变法,这些旧贵族又受到很大打击,他们世袭财富和权力的观念远较东方六国淡薄。特别是,远自秦穆公以来,秦国的用人政策就显得比东方六国开放。在秦国的各级政府中,不仅集结着来自东方六国的许多优秀人才,而且其中也不乏由社会下层晋升起来的文臣武将。到秦皇朝树立了在全国的统治以后,封建官僚制度得以普遍推行,人才选拔的范围更加广泛。处于社会下层的小自耕农——他们构成了秦皇朝"黔首"的绝大部分,在"以法为教"、"以吏为师"和"食有劳而禄有功"的政策之下,人人面前都展示着发家致富、猎取爵禄的美好希望。不过,在整个秦皇朝统治时期,布衣将相的观念虽然已被社会接受,若干个别的布衣将相也得意洋洋地出入阿房宫,但是,布衣将相之局却始终没有形成。原因很简单,从韩信"贫无行,不得推择为吏"的情况看,秦皇朝选取官吏起码有一个财产资格,这实际上就把大量的社会下层的贤能之人拒之于官府大门外,从而在事实上使其官吏的绝大部分来自文武官员的后裔和地主阶级的中上层。尽管如此,自春秋至秦朝统一这一段历史时期若干布衣将相的出现,尤其是布衣将相作为一个重要的社会观念得到人们广泛的认可,就为汉初布衣将相之局的出现提供了历史的和现实的依据。

造成汉初布衣将相之局的根本原因是伟大的秦末农民战争。这次战争的发难者是一个名叫陈胜的雇农,而此人又是抱着"王侯将相宁有种乎"的信念掀起中国历史上第一次农民起义风暴的。在这场历时三年多的农民战争中,虽然也有不少六国旧贵族及当年依附于他们的文武之士参加了起义军,但更多的地位卑贱的下层劳动者凭借着这一广阔的舞台显示了自己创造历史的巨大力量和卓越才干。秦皇朝灭亡后,项羽实行大分封,六国贵族及其后裔中的不少人又重新戴上王冠,历史仿佛给了他们一次光复祖业的机会。然而,接踵而至的四年楚汉战争却使麇集于项羽周围的这批六国旧贵族的力量受到了又一次致命的打击。这样以来,当刘邦集团高奏凯歌的时候,跟随他打天下的那个群体也就理所当然地以布衣将相的身份在汉初政局中居于独占鳌头的地位。因此,可以这样说,秦末农民战争为社会下层的贤能之士崭露头角提供了一个根本的条件,而楚汉战争又使刘邦为首的布衣集团通过战胜项羽为首的六国贵族集团而取得了独享政治权力的局面。

最后,更应该指出的是,汉初布衣将相之局的形成与刘邦本人也有着极为密切的关系。上面谈到的历史原因和现实条件,说明布衣将相之局的出现具有一定的历史必然性。但是,这种历史必然性之变成现实,却是通过刘邦之手完成的,所以刘邦的活动也就成为布衣将相之局形成过程中不可缺少的一环。刘邦是中国历史上第一个布衣出身的帝王,在创建汉皇朝的斗争中,他对来自社会下层的那些布衣贤者,既没有项羽所抱的那种贵族偏见,也没有陈胜称王以后对故旧亲朋的那种傲慢态度。而是虚心接纳,坦诚相待,量才使用,信任以专,有功必赏。正因为如此,在秦末农民起义军众多的领袖人物中,刘邦对布衣贤者就形成了超越任何其他人的吸引力,以致使各种出身不同、气质各异、才能和秉赋千差万别的各类人才,从不同渠道,通过不同形式,汇集到刘邦的麾下,如此以来,汉军就成为当时拥有布衣贤者最多的集团。不仅参加丰沛起义的亲戚故旧一直追随刘邦到底,生死与共,患难与共,而且中途还有不少人从项羽和其他集团中陆续前来投奔。韩信、陈平、王陵、郦食其兄弟等人的来归就具有很典型的意义。这些布衣贤者之所以一经跟定刘邦就死心踏地,毫不动摇,是因为他们认定在刘邦那里可以找到施展自己才能和抱负的机会,能够获取他们梦寐以求的功名利禄。就这样,刘邦与布衣贤者互相需要,互相利用,组成了一个富于进取精神的朝气蓬勃的军事政治集团。在秦汉之际那个特殊的历史条件下,这个集团比较体察民情,善于利用历史机遇,团结一致,共同奋斗,不仅完成了推翻秦皇朝的历史使命,而且击败项羽,力克群雄,成为新一代封建皇朝的创立者。布衣皇帝与布衣将相也就相得益彰地决定了西汉初年的政治格局。

空前绝后的布衣将相之局给西汉初年的政治经济政策和社会风气都打上了深刻而独特的烙印。

首先,由于布衣皇帝和布衣将相组成了西汉皇朝的当权者,而这些人又与社会下层的劳动人民有着千丝万缕的联系,他们经历过农民战争的洗礼,亲眼看到不可一世的秦皇朝在农民战争的战火中灰飞烟灭,所以他们在制定汉初的各项政策时能够多少考虑到广大劳动人民的利益与要求,因而自觉不自觉地顺应了历史发展的规律,从而对汉初六十多年间生产的恢复和发展起了促进作用。

其次,汉初布衣将相成为当权者之后,一方面受制于当时特定的历史条件,一方面囿于自己的出身、经历和观念,对于财富的无厌追求要经历一个发展过程,对于奢侈享乐的无底欲望同样也要经历一个发展过程,这就造成汉初的社会风气比较纯朴,土地兼并的速度比较缓慢,赋役剥削相对说来也比秦末大为减轻。这一切,显然为社会经济的恢复和发展创造了良好的条件。

　　再者,由于汉初的布衣将相绝大部分"重厚少文",皇帝又是一个布衣出身的马上天子,再加上汉初的恢复重建工作千头万绪,因而对文化教育事业的发展重视不够,造成了汉初的文化教育事业不够发达,思想、学术、文学、艺术等方面的成就不高。刘邦晚年虽然对此问题有所觉察,但为时已晚,也没有对他的布衣将相产生多大影响。当然,造成汉初文化教育发展滞后的原因是比较复杂的:秦皇朝的"焚书坑儒"政策,连年战争所造成的破坏以及人民的极度贫困等是主要原因。但执政者文化水准的普遍偏低而形成的短视,亦不能不说是重要原因。

　　汉初的布衣将相形成了一个具有很多共同特点的群体。这些人普遍出身于社会下层,文化素养较差,厌于繁文缛礼,有时不拘小节。但同时他们又足智多谋,质直坦诚,敦厚纯朴,忠贞勤勉,个个皆可绝对信赖,独当一面。重要的是他们的这些特点恰恰与当时的历史条件相谐和。当然,就每个具体人而言,又都有着各自不同的思想和性格,不少人之间甚至有着霄壤之别。下面,让我们通过对这一群体中的主要代表人物的评述,看看时代的炉火如何把一大批出身不同、职业有别、性格迥异的人物陶冶成一代优秀的政治家、军事家和外交家,激烈而复杂的斗争如何使卑贱者身上迸发出各自卓越的才华。

一、"萧规曹随"

这里首先叙述的是相继担任大汉皇朝丞相的两个人物,一个是居文臣之首的萧何,一个是领武将之冠的曹参。他们的相继执政,深深影响了汉初的历史,是布衣将相群中耀眼的双子星座。

萧何(?—公元前193年),秦泗水郡沛县(今属江苏)人。他虽然没有显赫的家世,但据"贫无行,不得推择为吏"的秦朝选官制度推断,他能够在秦朝被推择为县吏,估计不会是赤贫之辈,他很可能出身于中小地主阶层,并且受过一定的教育。萧何以在沛县做文吏开始了自己的政治生涯。由于他办事认真,待人宽厚,具有超出其同事的聪明才智,因而不久就以"文毋害"被晋升为沛县的主吏掾,即县令以下主事的官员。萧何利用职务之便,广泛结交县内的吏民豪杰,在他们之中树立了很高的威信。刘邦是萧何很早就结识的好友之一。还在他未做亭长时,就已经与萧何建立了较深厚的情谊。刘邦不拘小节,率意而行,几次触犯秦朝的法律,全赖萧何从中斡旋和庇护,才得以化险为夷。后来,刘邦做了泗水亭长,因其办事不够细漏,常出纰漏,也是由于萧何的保护,才得以度过困厄,平安无事。有一次,刘邦奉命到咸阳去服役。县中一般小吏都送他三百钱作盘费,独有萧何赠予他五百文。这一件小事也说明,刘邦与萧何远在丰沛起义之前已经相知甚深了。当时,秦皇朝实行御史监郡制度。监察泗水郡的御史十分欣赏萧何的才干。特将他辟为卒史,即郡丞以下的主要属吏,让他协助自己工作。在当时泗水郡的属吏中,萧何的能力和成绩均居第一。由于萧何的工作特别出色,御史准备上奏朝廷,推荐萧何到秦皇朝中央做官。可能此时的萧何已经预感到秦朝面临的危机,因而婉言谢绝了一般官吏梦寐以求的晋升机会,继续留在沛县做他的小吏。

公元前209年(秦二世元年)七月,陈胜、吴广领导的农民起义军首先从大泽乡发出了反秦的怒吼。在此之前,刘邦也聚众数百人隐于芒砀山泽之间待机而起,同时与萧何等保持着秘密联系。大泽乡起义的消息传到沛县以后,萧何与曹参就极力劝说沛令顺应民心,举兵反秦。同时建议他招来刘邦及其徒众,共谋大计。可是,当刘邦和樊哙兴冲冲地率众前来沛城时,县令又反悔了。他不仅下令紧闭城门对刘邦等一行数百人拒不接纳,而且还企图杀害与刘邦有联系的萧何与曹参。在此危急关头,萧何与曹参一起,秘密从城上缒下,逃到刘邦的队伍之中。然后,协助刘邦共同攻下沛城,杀死沛令,领导了丰沛起义。此后,刘邦称沛公,做了这支起义军的首领。萧何被任命为沛丞,负责全面管理这支起义军的行政和后勤事务,跟随刘邦南征北战,成为最有力的辅佐之一。

公元前206年(汉元年)十月,刘邦统帅的十万大军攻占关中,秦王子婴在轵道旁束手投降,秦皇朝宣告灭亡。起义军浩浩荡荡开进秦首都咸阳以后,将士兵卒纷纷跑到秦朝的府库中掠取金帛财物,全军上下,沉浸在一片欢腾之中。这时候,只有萧何对那些金银财物不屑一顾,而是带着他手下的官吏悄悄地进入秦朝的丞相府,将那里保存的法律文书和各种档案材料全部加以清点接收。这一举动充分显示了萧何较之其他将领的远见卓识。以后,"汉王所以具知天下厄塞,户口多少,强弱之处,民所疾苦者,以何具得秦图书也"①。显然,当其时,将领士卒们看到的是眼前的金银财宝,萧何想到的是全国的山川形势,各地的土地、户口、物产以及百姓的疾苦;将领士卒们追求的是眼前的享受,萧何考虑的却是未来大汉皇朝的统一大业和建国规模;将领士卒陶醉于已经取得的巨大胜利,萧何思谋的是即将到来的艰苦斗争和国家机器的运转。萧何作为县吏的行政实践,不仅锻炼了他的才能,而且大大开阔了他的眼界。进入咸阳的这一举动,已显露出大汉皇朝未来宰相的胸襟、气魄和视野。如果说,在推翻秦皇朝的斗争中,萧何已为刘邦立下很大的功劳;那么,应该说,他的接收秦皇朝丞相府档案一举,可以抵得上他以前的全部功劳。

当刘邦为首的起义军上下还沉醉在打下咸阳的欢悦中时,公元前 206 年(汉元年)十二月,风云突变,项羽统帅的四十万大军击破刘邦据守函谷关的军队,气势汹汹地打进关中,杀掉秦王子婴,火烧阿房宫,掠取秦宫的宝货妇女。之后,又擅自裂地分封,把他最嫉恨的刘邦封为汉王,驱之山川阻隔的汉中地区的山坳里。面对项羽这种违约食言、以势压人的蛮横行径,刘邦几乎气红了眼睛,打算立即与项羽拼个你死我活。周勃、樊哙、灌婴等人极力相劝,刘邦犹余怒未息。这时候,萧何严肃地对刘邦说:"虽王汉中之恶,不犹愈于死乎?"这一发问,一下击中刘邦的要害,使他在吃惊中清醒过来,忙问萧何:"何为乃死也?"萧何十分冷静地分析说:

> 今众弗如,百战百败,不死何为?《周书》曰:"天予不取,反受其咎。"语曰"天汉",其称甚美。夫能诎于一人之下,而信于万乘之上者,汤武是也。臣愿大王王汉中,养其民以致贤人,收用巴蜀,还定三秦,天下可图也。②

萧何对形势的透辟分析,显示了他深邃的战略眼光。显然,在当时楚强汉弱的情况下,如果刘邦图一时之快硬拼一气,只能对项羽有利。项羽凭战胜之余威,驱使归附的诸侯王共同对刘邦作战,后果将是十分严重的。唯一正确的策略是暂时隐忍不发,寻找有利时机再行决战。萧何所提出的"养其民以致贤人"的政治措施,"收用巴蜀,还定三秦"的军事策

---

① 《史记·萧相国世家》。
② 《汉书·萧何传》。

略,实际上已规定了在即将开始的楚汉战争中汉军的基本政策,预示了楚汉战争的基本进程。在萧何的娓娓劝导下,暴怒中的刘邦最后平息下来,高高兴兴地带着他三万多人的基干队伍和文武臣僚来到汉中。刘邦宣布就汉王之位的同时,也宣布任命萧何为丞相,担任了汉政权的主要行政首脑。

在四年之久的楚汉战争中,萧何虽然没有上前线亲自督兵冲锋陷阵,但他坐镇大后方所进行的卓有成效的工作,却为刘邦夺取这场战争的最后胜利立下了不可磨灭的功绩。可以这样说,没有刘邦、韩信、彭越、曹参、周勃等在前线指挥士卒英勇鏖战,没有张良等神机妙算般地运筹帷幄,项羽数十万精锐之师是不会自动放下武器,束手就擒的。但是,如果没有萧何在后方精心经营以保证兵源和军需物资的充足供应,庞大的汉军也是寸步难行。

刘邦来到汉中后,即加紧进行"还定三秦"的谋划。而萧何从事的最重要的一项工作就是"留收巴蜀,填抚谕告,使给军食"①。他与郦商将军一起带兵到巴蜀进行了接收工作,顺利地将该地纳入了汉王的行政系统,使巴蜀与汉中连成一片,其丰富的人力资源,充足的粮秣,成为刘邦与项羽攻战的巩固而稳定的战略后方。

萧何任丞相后,从战争的需要出发,特别注意为刘邦物色谋略出众、智勇超群的军事人才。在他接触到韩信并与之交谈后,立即断定韩信是一个出类拔萃的帅才,决定伺机向刘邦推荐。可是,还没有等到萧何推荐,韩信就因自己得不到刘邦重用愤而自南郑出走。萧何得到这个消息之后,来不及报告刘邦就骑马上路,昼夜兼程,决心把韩信追回来。由于情况不明,加上当时汉军中出走的人很多,以致有人向刘邦报告说萧何逃走了,使得刘邦既惋惜又愤怒,痛感失去了最有力的辅佐。不几天,萧何与韩信一起返回南郑。刘邦且喜且怒,骂萧何说:"若亡,何也?"萧何正色回答:"臣不敢亡也,臣追亡者。"刘邦听了,怒气稍息。可是,当他知悉萧何所追的不是别人,而是其貌不扬、在军中没有什么知名度的韩信时,立即又怒气上升。大骂萧何说:"诸将亡者已十数,公无所追;追信,诈也。"萧何严肃地回答:"诸将易得耳,至如信者,国士无双。王必欲长王汉中,无所事信;必欲争天下,非信无可与计者,顾王策安所决耳。"萧何又进一步告诉刘邦:"王计必欲东,能用信,信即留;不能用,信终亡耳。"刘邦沉思了一会儿,说:"吾为公以为将。"萧何说:"虽为将,信必不留。"刘邦说:"以为大将。"于是就要召见韩信拜为大将。萧何又制止他说:

　　王素慢无礼,今拜大将如呼小儿耳,此乃信所以去也。王必欲拜之,择良日,斋戒,设坛场,具礼,乃可耳。②

---

① 《汉书·萧何传》。

② 《史记·淮阴侯列传》。

结果刘邦被萧何说服,决定举行隆重的仪式拜大将。此消息一经传出,"诸将皆喜,人人各自以为大将。至拜大将,乃韩信也,一军皆惊"①。看来韩信拜将着实制造了一场轰动效应。通过这一事件,萧何的知人之明,荐贤之切,刘邦的坦诚率直,从谏如流,都表现得淋漓尽致。后来,楚汉战争的历史进程表明,韩信的破格重用对刘邦的胜利起了多么重大的作用。

公元前 206 年(汉元年)八月,刘邦授命韩信全盘指挥进击关中三秦王的军事行动。这时候萧何以丞相留守汉中,负责全部行政事务与军事后勤工作。他全力经营汉中、巴蜀,以此为根据地,千方百计地征集兵源,筹备粮秣军资,源源不绝地保证了前线的需要,使攻取关中的军事行动顺利成功。第二年三月,刘邦又挥师出关,乘胜东进,开始了在关东地区与楚军的角逐。这时,萧何已将丞相府搬至关中,在临时首都栎阳(今陕西富平东南)安营扎寨,受刘邦之命辅佐太子刘盈,在后方进行了大量的工作。萧何制定了各种规章制度,建立宗庙、社稷、宫室、县邑,稳定了后方的秩序,使社会生产与社会生活都走上了正常的轨道,为刘邦创造了一个可以信赖的后方基地。对于萧何,刘邦也给予了特殊的信任,特别尊重他的意见和对各项工作的安排与调度。诸凡后方的军国大事的处置,萧何事先报告的刘邦一律批准;即使事先来不及报告而于事后补报,刘邦也予以认可。在楚汉战争激烈进行的非常时期,萧何从刘邦那里得到的这种"便宜施行"的权力,使他可以独立自主地创造性地工作,大大提高了工作效能。刘邦有几次几乎全军覆没,全赖萧何在后方的积极筹措,"计户转漕给军,汉王数失军避去,何常兴关中卒,辄补缺"②,保证了兵员和军资及时得到补充,使刘邦几次在失败的情况下又重新振作起来。

公元前 204 年(汉三年),刘邦率军与项羽在京、索一线对峙,双方进行着十分残酷的鏖战。萧何兢兢业业,有条不紊地进行工作,保证了前线持续不断的各种需要。为此,刘邦数次遣使者回关中,对劳苦功高的萧何进行慰问。这时候,在萧何身边工作的一个姓鲍的谋士对他说:

> 王暴衣露盖,数使使劳苦君者,有疑君心也。为君计,莫若遣君子孙昆弟能胜兵者悉诣军所,上必益信君。③

这位鲍生的确是一个聪明人,算是窥透了当时刘邦与萧何之间微妙的君臣关系。实际上,从当时的各种情势判断,刘邦对萧何的劳绩慰勉有加,不见得含有不信任的意思。不过,

①　《史记·淮阴侯列传》。
②　《汉书·萧何传》。
③　《史记·萧相国世家》。

作为人臣,君主愈信任,得到的权柄愈重,愈应该谨慎小心,万勿使自己的言行触犯君主的忌讳,失去信任。纵然刘邦并未对萧何疑心,鲍生的考虑也是周密的。萧何按照他的建议行事,果然取得了刘邦的欢心,进一步巩固了萧何在刘邦心目中的地位。

公元前 206 年(汉元年)十二月,登上皇帝宝座的刘邦与跟随他南征北战的文臣武将都沉浸在胜利的欢乐之中。刘邦为了酬赏他的部下,决定论功行封。但是,由于"群臣争功,岁余不决",使封赏之事迟迟不能进行。后来,刘邦为了打破这种议而难决的局面,就首先封功劳最大的萧何为酇侯,食邑八千户。不料刘邦对萧何的封赏在将军们之中引起了轩然大波,一致认为这一封赏太不公平,于是异口同声地质问刘邦:

> 臣等身披坚执锐,多者百余战,少者数十合,攻城略地,大小各有差。今萧何未尝有汗马之劳,徒持文墨议论,不战,顾反居臣等上,何也?①

表面上看,这些将领们义正词严的质问不无道理,但只要稍加分析,就可看出他们立论的根据是一种偏见。这些人只看到自己在战场上厮杀的功劳,而且只承认这样一种功劳,看不见或不愿承认萧何坐镇后方卓有成效的工作为战争的胜利做出的巨大贡献。他们讲的这番话固然显示了作为赳赳武夫的坦率性格,但同时也表露出他们政治上的短视和思想方法的极端片面性。刘邦一方面对将领们肆无忌惮地群起争功十分厌恶,一方面更对他们抬高武功、贬低文治非常不满。因为刘邦虽然多数时间身在前线,但也很少亲自上阵拼搏,在武将眼中自然也属"无功"之列。刘邦决定对这些有着赫赫战功的将军们毫不客气地狠狠奚落一番,以便煞煞他们的傲气和威风。刘邦大声问:"诸君知猎乎?"将军们回答:"知之。"刘邦又问:"知猎狗乎?"将军们回答:"知之。"至此,刘邦神色严峻起来,以咄咄逼人的口吻教训说:

> 夫猎,追杀兽兔者狗也,而发踪指示兽处者人也。今诸君徒能得走兽耳,功狗也。至如萧何,发踪指示,功人也。且诸君独以身随我,多者两三人。今萧何举宗数十人皆随我,功不可忘也。②

刘邦的话实在太尖刻,太不留情面,将军们听后,如冷水浇顶,很不是滋味,一个个面面相觑,谁也不敢再讲对萧何不满的话了。但是,这些将军们内心并未完全服气。因为实在说

---

① 《史记·萧相国世家》。
② 《史记·萧相国世家》。

来,刘邦的话虽然讲得痛快淋漓,但并非没有偏颇。萧何与将军们的关系,涉及的是文、武的作用问题。将军强调自己征战的功劳固然片面,可是刘邦的一席话又把文臣的作用强调过了头,显然不利于调动武将的积极性。后来,明太祖朱元璋对此评论说:"汉高祖以追逐狡兔比武臣,发踪指示比文臣,譬喻虽切而语则偏重。朕谓建立基业犹构大厦,剪伐斫削必资武臣,藻绘粉饰必资文臣。用文而不用武,是斧斤未施而先加黝垩,用武而不用文,是栋宇已就而不加涂垩,二者均失之。为天下者,文武相资,庶无偏陂。"①在此问题上,朱元璋比刘邦更高一筹。

对萧何的封赏等于树了一个标尺,再加上刘邦一番声色俱厉的谈话,将军们不敢再行集体抗争,于是功臣们依次服服帖帖地接受封赏,有一百多人获得侯爵。可是,在讨论为功臣排定位次时,将军们又一次站出来为曹参说话:"平阳侯曹参身被七十创,攻城略地,功最多,宜第一。"②大概刘邦鉴于前不久在论功行赏时曾严厉批驳过将军们的意见,这次排定位次就想给他们留点面子。所以,尽管他心里想把萧何排在第一名,但也不愿由自己的口说出来。这时候,担任谒者的鄂千秋已窥测到刘邦的内心隐秘,就径直站出来,把刘邦想要说的话说了出来:

> 群臣议皆误。夫曹参虽有野战略地之功,此特一时之事。夫上与楚相距五岁,常失军亡众,逃身遁者数矣。然萧何常从关中遣军补其处,非上所诏令召,而数万众会上之乏绝者数矣。夫汉与楚相守荥阳数年,军无见粮,萧何转漕关中,给食不乏。陛下虽数亡山东,萧何常全关中以待陛下,此万世之功也。今虽亡曹参等百数,何缺于汉,汉得之不必待以全。奈何欲以一旦之功而加万世之功哉! 萧何第一,曹参次之。③

不管鄂千秋出于什么目的,也不管他对曹参等将军们的评价如何片面,但他对萧何在楚汉战争中功劳的评价还是正确的。因为与那些攻城野战的将军们相比,萧何在楚汉战争中的贡献是全局性的,而其他将领们的贡献尽管也举足轻重,但大都是局部性的。两者相较,自然是萧何的贡献更大一些。由于鄂千秋的话说到了刘邦的心坎上,刘邦立即发出会心的微笑,表示赞同,同时马上发布命令,把萧何的位次定为第一。为了显示萧何的与众不同,又赐予他"带剑履上殿,入朝不趋"④的殊荣。后来,这一赏赐几乎成为定制,用于赏赐那些权倾朝野的重臣。霍光、王莽、梁冀、曹操等,都从皇帝那里得到过这种赏赐。刘邦

---

① 《明太祖实录》卷22。
② 《史记·萧相国世家》。
③ 《史记·萧相国世家》。
④ 《史记·萧相国世家》。

对鄂千秋在关键时刻站出来力排众议推尊萧何的胆识十分欣赏,决定给予酬答。他说:"吾闻进贤受上赏,萧何功虽高,待鄂君乃益明。"①于是晋封他为安平侯,食邑二千户。同一天,又借机封赏萧何的父子兄弟十余人,皆有食邑。再益封萧何食邑二千户,理由是刘邦在做亭长去咸阳服役时,萧何送他的盘费比别人多了二百文。刘邦以此向人们显示,他对别人的点滴之恩都是熟记在心而且一定还报的。

萧何在西汉建国以后,从刘邦那里得到了除诸侯王以外的最高封赏,担任了汉皇朝最高的官职丞相。一人之下,万人之上,作为百官之长,他的实际权力超过了被封于各地的诸侯王。以萧何的功劳、才智,让他担任这一职务是刘邦非常明智的选择。如果说,西汉建国前萧何已经为刘邦建立了不世之功;那么,他担任汉皇朝的第一任丞相后,仍然做出了别人无可比拟的贡献。此后一直到死,萧何协助刘邦,继续为汉皇朝的巩固和发展而不倦地奋斗。他以著名的《秦律》为蓝本,制定了汉皇朝的九章律和各种规章制度,使汉皇朝的各项事业走上了稳定发展的轨道,使行政机制纳入了有序的运行。做皇帝后的刘邦尽管仍然在马上奔波,可是由于萧何为首的丞相府的高效有序运作,汉皇朝的一切都在有条不紊地进行。与此同时,萧何还时刻关注影响汉皇朝稳定的不安定因素,并伺机加以排除。公元前196年(汉十一年)九月,陈豨据代郡反叛朝廷,刘邦率军亲征。被废为淮阴侯的韩信乘此时机,勾结陈豨,阴谋里应外合,在长安发动叛乱,夺取政权。留守长安的吕后侦悉内情后,立即找萧何商量对策。萧何明白当时长安空虚,韩信又是一代帅才,只有智擒才能确保万全。于是设计诈称陈豨已被杀死,诱使韩信入宫祝贺,轻而易举地将其擒杀于长乐钟室,为汉皇朝清除了一大隐患。由于韩信的发迹得力于萧何的推荐,他最后被诛杀也是出于萧何的谋划,所以宋朝人洪迈在其《容斋续笔》中有"成也萧何,败也萧何"的评论。事实上,看起来截然相反的这两件事,萧何都做对了。他急如星火地追回韩信,郑重其事地推荐韩信,是因为看中了他的军事才干,出于战胜项羽、建立一统江山的目的。他所以精心谋划擒杀韩信,是因为此时的韩信已经变成了威胁汉皇朝安全的反叛分子。这其中发生变化的是韩信,而两件绝然相反的事件中所展现出来的萧何那颗忠于汉皇朝的赤心却始终没有改变。在邯郸前线指挥对陈豨叛军作战的刘邦接到韩信被诛灭的报告以后非常高兴,立即派遣使者返回首都,宣布晋升萧何为相国,益封五千户,又命令一都尉率五百士卒作为萧何的卫士。消息传出,留在首都的大小官员都到丞相府,对萧何获得特殊封赏表示热烈的祝贺。在一片喜气洋洋中,以种瓜为生的故秦东陵侯召平却前来吊唁。他意味深长地对有点迷惑不解的萧何说:

---

① 《史记·萧相国世家》。

祸自此始矣。上暴露于外而君守于中,非被矢石之事而益君封置卫者,以今者淮阴侯新反于中,疑君心矣。夫置卫卫君,非已宠君也,愿君让封勿受,悉以家私佐军,则上心悦。①

召平的一番话可能是出于对敏感的君臣关系的过分忧虑,因为没有迹象表明刘邦对萧何的加封是出于疑忌而故意玩弄的虚伪做作。不过,处在臣下之位的人有如此深思远虑的对策还是可以理解的。沉醉于喜庆中的萧何省悟过来,觉得召平的话很有道理,就依其言而行,果然得到了刘邦的欢心。

公元前 196 年(汉十一年)七月,淮南王英布谋反。刘邦最后一次御驾亲征。萧何一如既往留镇京师。刘邦离京以后,数次遣使回京探听萧何的动向,得到的回答是:"相国为上在军,乃拊循勉力百姓,悉以所有佐军,如陈豨时。"②萧何这种做法似乎无可厚非,也无懈可击。然而,此时萧何的一个幕僚却又从另一个角度提出了相反的看法。他说:

君灭族不久矣。夫君位为相国,功第一,可复加哉?然君初入关中,得百姓心,十余年矣,皆附君,常复孳孳得民和。上所为数问君者,畏君倾动关中。今君胡不多买田地,贱贳贷以自污?上心乃安。③

你看,处在最高官位上的萧何,真有点像寓言故事中的那一对赶着驴子上市场的父子一样,怎么做都不合人意,真是"跋前踬后,动辄得咎"了。不过,这位幕僚的看法也不是没有道理。此时的萧何的确已有功高震主之嫌,再继续做收揽民心的事情就容易引起皇帝的疑心了。因此建议他强买民田以自污,目的是让刘邦知道,他的堂堂当国丞相不过是一个斤斤于为子孙谋利、以长保富家翁为满足的胸无大志的人物,从而打消对他的疑虑。萧何恍然大悟,又依其计而行,刘邦知悉以后果然十分高兴。不久,刘邦平定英布的叛乱,返回长安。刚入京城,就有许多老百姓上前拦住刘邦的车骑齐声喊冤叫屈,控告萧何"贱强买民田宅数千万"。因为刘邦事先已得到报告,眼前的场面早在意料中,所以内心十分高兴,就含笑答应予以处理。刘邦回到皇宫,萧何立即前来谒见,刘邦大笑着对萧何说:"夫相国乃利民!"④说着就把百姓控告萧何的上书全部交给了他本人,要求萧何自己向百姓谢罪,妥善处理好这件事情。从刘邦对此事的处理至少可以看出两点,一是他对官吏强买民田

————————

① 《史记·萧相国世家》。
② 《史记·萧相国世家》。
③ 《史记·萧相国世家》。
④ 《史记·萧相国世家》。

宅的事情并不看得特别严重,说明他对土地兼并是睁一眼闭一眼,甚至听之任之。二是他对萧何与民争利一事甚至有点欣赏,因为在刘邦看来,萧何的理想不过是做个富家翁,并没有更多更大的野心,所以也构不成对汉皇朝的威胁。看来萧何自污以释刘邦之疑忌的目的是达到了。然而,数月之后发生的一件小事却使萧何陷身囹圄。公元前195年(汉十二年)初,萧何看到长安周围地区人多地少,劳动人民生计比较艰难,就请求刘邦批准把上林苑中的空闲土地交给无地和少地的农民耕种,免除其稿税。这本来是一个既对贫苦百姓有好处,又对稳定汉皇朝统治有益的建议,作为当国丞相,萧何提出这样一个建议实在是小事一桩。不料刘邦听后却大发雷霆,指责萧何说:"相国多受贾人财物,乃为请吾苑!"①下令将这位已经老态龙钟的元勋大臣交付廷尉,被枷入狱。遭到如此处置是萧何本人意想不到的。因为如果是在楚汉战争时期,此类事情萧何完全有权先斩后奏。现在是和平时期,即令是所奏有误,也不该对他这样严厉处置。这件事发生在刘邦死前不久,他的神经似乎已经有点不太正常了。大概由于刘邦处于盛怒之中,与萧何同辈的老臣们也不敢批其逆鳞,所以没有一个人出面为萧何说情。但是,几天之后,一个姓王的卫尉的一番话终于使刘邦幡然省悟,使萧何从监狱中走了出来。有一天,这个卫尉在殿中执勤,他小声问刘邦:"相国何大罪,陛下系之暴也?"刘邦余怒未息,恨恨地说:"吾闻李斯相秦皇帝,有善归主,有恶自与。今相国多受贾竖金而为民请吾苑,以自媚于民,故系治之。"②原来在刘邦看来,萧何所请虽非军国大事,但却触及了一个与皇帝争民心的大问题。而按照封建道德,施惠于民的事应由皇帝来做,臣子只有代主受过的分儿。萧何作为相国,对这一层考虑不周,所以刘邦才对他毫不客气。这位卫尉真是直言敢谏之臣,他平心静气地为萧何辩护说:

> 夫职事苟有便于民而请之,真宰相事,陛下奈何乃疑相国受贾人钱乎!且陛下距楚数岁,陈豨、黥布反,陛下自将而往,当是时,相国守关中,摇足则关以西非陛下有也。相国不以此时为利,今乃利贾人之金乎?且秦以不闻其过亡天下,李斯之分过,又何足法哉。陛下何疑宰相之浅也!③

这个卫尉的辩护词将基点放在萧何公忠体国、不谋私利上,特别指出萧何在关键时刻的表现,委婉说明刘邦对萧何的怀疑是没有道理的。由于这个辩护说理透辟,再加上刘邦在发怒过后也逐渐平静下来,意识到自己对萧何的处置不够妥当,于是令使者持节赦萧何出

---

① 《史记·萧相国世家》。

② 《史记·萧相国世家》。

③ 《史记·萧相国世家》。

狱。萧何对刘邦素来忠心耿耿,对自己老来入狱困惑莫名。正在狱中苦思焦虑之际,忽然被赦出狱,自然悲喜交集,赶忙"徒跣入谢"。刘邦看着满头银发的老相国诚惶诚恐,恭谨有加地跪在自己的面前,也感到自己对他的惩罚有点过分。就自我解嘲地说:"相国休矣!相国为民请吾苑,吾不许,我不过为桀纣主,而相国为贤相。吾故系相国,欲令百姓闻吾过也。"①这是刘邦与萧何君臣之间相处十多年中唯一的一次不愉快的事件,但很快即得到了和解。其实这是一场误会,来得快,冰释得也快,说明刘邦对萧何的忠心还是没有怀疑的。此次事件之后,这两位为创建汉皇朝共同奋斗、患难与共的老人就要分手了。就在这一年的四月,刘邦死去,其子刘盈即帝位,是为汉惠帝。萧何继续做相国。两年之后,公元前193年(汉惠帝二年)夏天,萧何病重,惠帝亲自登门探视,慰勉有加。惠帝看到萧何很难复起,恐怕不久于人世,就问他:"君即百岁后,谁可代君者?"萧何想先听听惠帝的意见,就说:"知臣莫如主。"惠帝说:"曹参如何?"尚在病榻上的萧何连连点头说:"帝得之矣!臣死不恨矣!"②公元前193年七月,萧何平静地死去,被谥为文终侯,生荣死哀,子孙世袭其爵位与西汉相始终。

萧何是西汉皇朝的第一任丞相。他的政治生涯基本上与刘邦相始终,在刘邦创建和巩固汉皇朝的过程中立下了不朽的功勋。作为一代开国名相,萧何的一生表现出两个十分显著的特点,一是对刘邦及其创建的汉皇朝绝对忠贞,二是在国家大政方针的制定和运作上有着超出同僚的贤明。远在刘邦领导丰沛起义之前,萧何作为秦朝的基层小吏就曾多次脱刘邦于困厄,是刘邦的救命恩人。之后,他参与谋划丰沛起义,坚持拥立刘邦为起义军的领袖。在近三年的反秦战争中,他紧随刘邦,不离左右,赞襄帷幄,筹措军需,直到打下咸阳,进入汉中。在四年之久的楚汉战争中,刘邦在前线,萧何在后方,君臣虽分离,但两地一心,配合默契,对取得战争的最后胜利起到了巨大的作用。西汉皇朝建立以后,刘邦做皇帝,萧何做丞相,共同支撑起汉皇朝的巍巍大厦。刘邦为削平异姓诸侯王和抗击匈奴的袭扰经常东征西讨,驰骋疆场;萧何则坐镇关中主持全国政务,日理万机。萧何的忠诚几乎赢得了刘邦的绝对信任。君臣之间除了公元前195年(汉十二年)那一次近于误会的冲突外,一直保持着坦诚相向、心心相印、相得益彰的亲密无间的关系。自从刘邦登上汉王之位以后,萧何对刘邦不仅始终忠诚不二,而且一直小心翼翼,奉命唯谨,从来不做易于引发刘邦怀疑的事件。你看,为了巩固刘邦对自己的信任,他甚至听从部下的建议,不惜做出近于虚伪的过激之行,如散家财佐军,驱兄弟子侄上前线,强买百姓田宅以自污等等。这说明萧何深谙封建社会的君臣之道,善于处理微妙的君臣关系。尽管在刘邦成为

---

① 《史记·萧相国世家》。
② 《史记·萧相国世家》。

帝王之前萧何与之有着兄弟般不同寻常的友情,但他在刘邦面前从未有言行上的失态,更不用说饮酒争功、拔剑击柱之类的非礼之举了。正因为萧何以十数年的实际行动证明了自己的忠贞,因此使刘邦感到他功高而不震主,位尊而不僭越,权大而构不成威胁,所以对他的信任历久不衰。惠帝时,对萧何的倚重也一如既往。萧何临终时惠帝还就下一任丞相的人选征询他的意见。但是,如果仅仅是忠诚而无才能,那只不过是低级奴才的材料。与萧何的忠诚品格相辉映的是他过人的贤明和才干。萧何有着政治家的深邃目光,有着战略家的高瞻远瞩。大军进入咸阳,他对宝货玉帛美人不屑一顾,直奔丞相府收缴档案文书。项羽裂地分封后,他力劝怒气冲天不惜孤注一掷的刘邦暂时隐忍入据汉中,积聚力量,等待时机,又提出抚民择将、还定三秦、东向争天下的战略设想,在关键时刻辅佐刘邦把握住了斗争的时机和方向。萧何有着杰出的行政才能,善于在千头万绪中抓住主要矛盾,从容不迫,举重若轻。在楚汉战争中,他抚定巴蜀,经营汉中,坐镇栎阳,呵护太子,制定法规,统政理民,征兵筹饷,调运军资,满足了前线的需要,为战胜项羽提供了可靠的保证。刘邦在封赏功臣时推萧何功居第一是公正的。萧何还有超常的识人之明。开始识韩信于卒伍之中,荐之于统帅之位。后来当韩信野心膨胀,叛乱在即之时,又设计将其诱杀,为汉皇朝清除了一大隐患。荐韩之时,急如星火,诛韩之际,不动声色,识才知奸,明察秋毫。此外,萧何虽然位极人臣,大权在握,但他谦虚谨慎,不居功自傲,自奉简约,不追求法外的特权和私利,贪赃枉法之事几乎与他无缘。萧何为自己子孙的未来设想得也很周到,史称他"置田宅必居穷处,为家不治垣屋。曰:'后世贤,师吾俭,不贤,毋为势家所夺。'"①在地主阶级的官僚群中,能对自己的身后家事做如此明智安排的,实不多见。在封建官场中历练一生的萧何明白,在当时中国封建社会的政治经济体制下,任何一个家族也难以长保富贵。最后,萧何从整个地主阶级的利益出发,气度恢宏,不计个人恩怨。他与曹参之间虽然在论功行赏时积下了一些个人成见,但临死却毅然把丞相的位子属望于曹参。此时,他考虑问题的出发点是大汉皇朝的长治久安。结果是"萧规曹随",保持了西汉皇朝政策的连续性,使生产恢复、经济发展的势头持续不衰。综观萧何的一生,他作为一代名相,创业之主的有力辅佐,对于汉皇朝,应该说是鞠躬尽瘁,死而后已,功德巍然,名留青史了。司马迁这样评价他:

> 萧相国何于秦时为刀笔吏,录录未有奇节。及汉兴,依日月之末光,何谨守管籥,因民之疾秦法,顺流与之更始。淮阴、黥布等皆以诛灭,而何之勋烂焉。位冠群臣,声

---

① 《史记·萧相国世家》。

施后世,与闳夭、散宜生等争烈矣。①

西晋的大诗人陆机写了《萧何颂》,文曰:

> 堂堂萧公,王迹是因,绸缪睿后,无兢维人。外济六师,内抚三秦,拔奇夷难,迈德
> 振民。体国垂制,上穆下亲,名盖群后,是谓宗臣。②

这些崇高的评价,萧何是当之无愧的。

萧何死后,汉皇朝的第二任丞相是曹参③。曹参(?—公元前190年),也是沛县人,与刘邦、萧何是同乡。秦朝末年,他在沛县任狱掾——管理监狱的小吏。其时萧何任主吏掾,两人同为县中豪吏,是地方上颇有势力和影响的人物。曹参与刘邦在丰沛起义之前就是相知较深的朋友,他与萧何一起参加了丰沛起义的谋划,是追随刘邦创建汉皇朝的元勋重臣之一。

丰沛起义之后,曹参一直追随刘邦左右,参加了同秦军的一系列战斗。最后随刘邦进军咸阳,沿黄河西向进击,战曲遇(今河南中牟东北),下南阳,攻武关(今陕西商南东),破峣关,连战皆捷。继而又与秦军大战于蓝田(今陕西蓝田西),消灭了秦军最后一点有生力量,迫使秦王子婴在轵道旁投降。在楚汉战争中,曹参跟随刘邦出汉中,定三秦,下彭城,与秦军进行了多次险恶的战斗。以后,又以副统帅的身份协助韩信统兵在黄河以北独立战斗。先后平定了魏、赵、燕、齐等割据势力,占领了大半个中国,立下了很大的功劳。

公元前202年(汉五年)三月,刘邦在定陶即皇帝位,大汉皇朝开始了在全国的统治。为了有效地控制齐地,刘邦封其外妇之子刘肥为齐王,任命曹参为齐的相国,实际上把治理齐国的重任交给了曹参。当时齐国偏在东方,距汉皇朝的统治中心关中地区很远,特别是其地新服,民性强悍,没有一个有威望有能力的大臣前往镇抚,是不易收到较好的统治效果的。刘邦之所以选中曹参作为齐国的相国,把治理东方最大诸侯王国的重任交给他,就是因为曹参既战功卓著,又忠心耿耿,既威名赫赫,又沉稳多智,是一个可以托生死之任,寄千里之命的重臣。同时,曹参又是韩信平齐时的副统帅,随军指挥了与齐楚联军的最后决战,不仅熟悉齐国的地理民情,而且有着对齐国百姓的威慑力。应该说,曹参任齐

---

① 《史记·萧相国世家》。
② 《文选》卷47《汉高祖功臣颂》。
③ 《春秋纬》及《博物志》并云曹参字敬伯,乃取参商之反义。参,当读为申。

的相国是最合适的人选,是刘邦经过深思熟虑的明智选择。果然,曹参做了齐相国之后,不负所望,对刘邦的忠诚一如既往。无论汉皇朝遇到什么危难之事,曹参都是召之即来,来之能战,战之必胜。公元前197年(汉十年)代相陈豨反叛时,曹参亲率齐国之师奔赴前线,协助刘邦取得了平叛的胜利。公元前196年(汉十一年)淮南王英布反叛时,曹参又与齐王刘肥一起率十二万大军前往参战,与刘邦亲自指挥的汉中央军一起顺利地平定了这场叛乱。曹参从公元前209年(秦二世元年)参加丰沛起义,到公元前195年(汉十二年)刘邦病逝,十多年的时间内,他的军事生涯与马上皇帝刘邦的军事活动紧密联系在一起,绝大部分时间都是在战场上的厮杀中度过的。据《史记·曹相国世家》的统计,他的功劳是:"凡下二国,县一百二十二,得王二人,相三人,将军六人,大莫敖①、郡守、司马、侯、御史各一人。"在刘邦数以百计的创业诸臣中,就军功而言,除了韩信、彭越等独当一面的异姓诸侯王外,他的业绩是最大的了。所以,后来汉朝诸臣在议论创业功臣们的位次时,绝大部分人都推尊曹参的功劳为第一。虽然最后定了萧何为第一,但就战功而言,曹参的确也是拔出同列,独占鳌头了。公元前201年(汉六年),曹参被赐爵列侯,食邑平阳一万零六百三十户,仅居萧何之后,成为第二个获得封户最多爵位最高的元勋大臣。

　　曹参担任齐相国之后,对如何治理这个地广人众的东方大国煞费苦心。他上任伊始,就邀请齐国有名望的"长老诸生",就如何治理齐国、"安集百姓"征求他们的意见。应召前来的百余名儒生各抒己见,但"言人人殊",无法形成共识,拿不出一致的意见,使曹参一时也难以定夺。后来,他听说胶西有一位姓盖的老人,人称盖公,善治黄老学说,很有名望,就以重金聘请他来到齐都临淄。曹参虚心向盖公请教治理齐国的办法,盖公给他讲了一通黄老之学,其主旨是"治道贵清静而民自定"②,发挥了老子"我无为而民自化,我好静而民自正"的思想。这一点正与曹参的想法相契合。他于是让出自己的正堂供盖公居住,待以殊礼,使这位老人成为自己身边的政治顾问。自此以后,曹参治理齐国就采用黄老之术,主要是推行以轻徭、薄赋、节俭、省刑为主要内容的各项政治经济政策,与民休息,不过多地干扰劳动人民的生产与生活,使他们有较充分的时间发展生产,安排生活,恢复被战争破坏的社会经济。这种打着"无为"旗号的政策恰恰反映了时代的要求和人民的愿望。因为经过秦末农民战争与楚汉战争之后,经济残破,人口锐减,国库空虚,百姓贫困。从战乱中侥幸活过来的广大人民迫切需要一个和平的环境,宽松的政策,使他们能够安居乐业,过上温饱的平静生活。由于曹参实行不干预或少干预的政策适应了齐国百姓的需要,很快取得了显著的效果:"故相齐九年,齐国安集,大称贤相。"③齐国走上了稳定的发展

---

① 《史记集解》引《汉书音义》曰:"楚之卿号。"
② 《史记·曹相国世家》。
③ 《史记·曹相国世家》。

轨道。

公元前 195 年(汉十二年)四月,刘邦病逝。惠帝刘盈即位以后,宣布废除诸侯王国的相国职务,曹参由是改任齐国丞相。公元前 193 年(汉惠帝二年)七月,汉朝相国萧何病危,临终之前,当惠帝向他征询继任丞相的人选时,他同意惠帝遴选曹参。这时,远在齐国的曹参当得到萧何的死讯以后,也立即责成其舍人准备行装。他信心十足地对舍人说:"吾将入相。"尽管萧何与曹参以前在封爵功劳位次上曾结下私人成见,但是,在汉皇朝丞相的继承人这一重大问题上,两人却惊人的不谋而合。其实原因十分清楚,萧何从汉皇朝的长治久安出发,深知曹参继任丞相能够保持汉皇朝政策的连续性,保持大汉皇朝的稳定性,而曹参也充满自信,凭其相齐九年的突出政绩,凭其元勋旧臣的资格,凭其在群臣百姓中的威望,凭其与刘邦的关系,尤其是凭其与萧何的深深相知,当朝相国,定是非己莫属。这说明,萧何与曹参在事关国家安危的大问题上,都能抛开个人恩怨,从汉皇朝的大局出发加以妥善处理。事实很快证明了曹参的预见性。当僚属们对曹参是否能够继任相国尚处于疑惑之中的时候,汉惠帝派遣的征召曹参进京的使者来到了临淄。曹参稍事准备,即束装就道。临行前,他语重心长地对继任的齐国丞相傅宽说:"以齐狱市为寄,慎勿扰也。"傅宽有些不解地问:"治无大于此者乎?"曹参严肃地解释说:"不然。夫狱市者,所以并容也。今君扰之,奸人安所容也? 吾是以先之。"[1]这里说的表面上是治安问题,实际上,他要求后继者不要改变他依据黄老思想所制定的宽松政策,特别在治狱方面不要过于严酷,对犯罪的人以宽大为怀,否则,一旦逼得他们铤而走险,就会造成整个社会的动荡和不安,危及社会的稳定。从这里可以看出,亲身经历过秦末农民战争的曹参,对秦朝二世而亡的教训是深记在心的。所以,他对于国家政治的指导原则,是宁失之宽而不失之严的。应该说,在拨秦之乱而反之正的特殊历史条件下,曹参的指导思想是适合当时社会需要的。曹参继萧何任汉朝的相国以后,把自己在治齐时遵奉的黄老思想作为治理全国的指导原则。他"举事无所变更,一遵萧何约束"[2],使刘邦与萧何制定和推行的那一套行之有效的与民休息的政策较好地继续下去。而不是像有些继任者那样,"新官上任三把火",不问青红皂白,上台伊始,即一改前任之所为,甚至反其道而行之,以显示自己的才能,标榜自己的与众不同。曹参继任丞相后想到的不是显现自己的形象,而是国家社会的稳定和黎民百姓的安宁。所以,他的基本行政原则是,以不变更政策求稳定,以静制动,在稳定中求发展,用发展促进稳定。曹参的用人原则是:"择郡国吏木讷于文辞,重厚长者,即召除为丞相史。吏之言文刻深,欲务声名者,辄斥去之。"[3]曹参认为,只有选取此类"谨厚木讷"的人

---

[1]　《史记·曹相国世家》。

[2]　《史记·曹相国世家》。

[3]　《史记·曹相国世家》。

物,才能遵纪守法,奉公尽职,在近乎"等因奉此"中保证刘邦、萧何既定政策的推行。正因为曹参一切都以刘邦、萧何时代的政策为准,不搞别出心裁的新花样,所以官务清闲,仿佛无公事可办,日以饮酒为乐。一些官吏宾客见他终日无所事事,实在不像一个日理万机的丞相,都想忠告他一番。但是,凡是前来拜访者,一律受到醇酒款待,而且一直让你喝得醉醺醺不能说话,所以谁也无法向他提出规劝和建议。曹参住宅的后花园,与丞相府属吏的住所仅一墙之隔。那边的属吏们因公务清闲,于是日夜饮酒欢呼,声震四方。曹参的随从吏士感到如此下去不成体统,又不好出面加以禁止,只得请曹参到后花园游观,希望他发现此事后以丞相的身份出面加以禁止。谁知曹参听到墙那边属吏们的醉歌欢呼之后,微微一笑,非但不加以制止,反而命令从吏在自己园中张席坐饮。他开怀畅饮,频频劝酒,随从吏士们也吆五喝六,与毗邻的歌呼相应和。由于丞相府中所用吏员都是些奉职守法、循规蹈矩的人,所以很少有人犯大的错误;即使有些人因种种原因出现一点小的过失,曹参也不加深究,还时常为他们掩饰,不予惩罚。正因为这样,丞相府一直平静无事,所有公务皆按常规得以妥善处理,国家的政治和社会生活也得以正常的运转。曹参代萧何任丞相后,丞相府里虽然换了主人,但看来一切平静如常,仿佛没有发生一点变化。

曹参的儿子曹窋当时任中大夫,在宫中服侍汉惠帝。惠帝看到曹参任丞相之后,不仅没有拿出一点新的法规和办法,而且日夜饮酒,逍遥自在,似乎忘记了自己肩上的千斤重担一样,因而怀疑这位元勋大臣看不起自己这位年轻的皇帝。有一天,他想通过身边的曹窋了解其父亲的动向,便说:"若归,试私从容问而父曰:'高帝新弃群臣,帝富于春秋,君为相,日饮,无所请事,何以忧天下乎?'然无言吾告若也。"[1]曹窋回家后,就按照惠帝的吩咐,以惠帝的意思问他的父亲。不料曹参一改平日的温和慈祥,大发雷霆,命下人笞曹窋二百,并教训他说:"趣入侍,天下事非若所当言也。"[2]曹窋受罚,大惑不解。报告惠帝后,惠帝对曹参的行为也难以理解。后来,在曹参上朝时,惠帝责备曹参说:"与窋胡治乎?乃者我使谏君也。"曹参摘掉帽子,以示谢罪。接着,君臣之间有一段颇有意思的对话:

> 曹参谢曰:"陛下自察圣武孰与高帝?"
>
> 上曰:"朕乃安敢望先帝乎!"
>
> 参曰:"陛下观臣能孰与萧何贤?"
>
> 上曰:"君似不及也。"
>
> 参曰:"陛下言之是也。且高帝与萧何定天下,法令既明,今陛下垂拱,参等守职,

---

① 《史记·曹相国世家》。

② 《史记·曹相国世家》。

遵而勿失,不亦可乎?"

　　惠帝曰:"善,君休矣!"①

表面上看,曹参是十分消极的,他仿佛在真诚地躬践老子的"无为而治",而这又恰恰是对秦朝"有为而治"深刻反省的结果。但他的"无为"并非真的无所作为,放弃国家对社会的管理职能;而是在执行既定法规的前提下以一定程度的放任主义给百姓以发展生产的宽松环境,在当时这应该说是最高明的治国方略了。在上面这段意味深长的对话中,曹参明确地告诉惠帝,你作为守成之君,我作为守成之相,我们的任务是在坚持既定政策的前提下,保持汉皇朝已经开始的大好形势,把刘邦、萧何开创的事业继续下去。除此之外,不要旁顾,更不要想入非非。通过这次谈话,看来君臣之间对如何治理刘邦留下来的这个皇朝达成了共识:坚定不移、老老实实地做守成的君臣。曹参做相国三年,于公元前190年(汉惠帝五年)死去。两年后,惠帝也在醇酒妇人中死去。这一对君臣,汉皇朝第二代领导人,正是在"无为而治"的治国方略下完成了他们承前启后的历史使命。

　　作为一个布衣卿相,曹参对汉皇朝的贡献主要表现在三个方面。首先,他是丰沛起义的主要参加者之一,终刘邦之世南征北战,无论是进击秦军,还是与项羽作战,抑或镇压反叛的诸侯王,曹参几乎每役必与,为汉皇朝的创立和巩固立下了不朽的功勋,他的辉煌战绩在同僚中很少有人能与之相比。其次,是他相齐九年,最先找到了汉皇朝初期的指导思想——黄老思想。在这种思想指导下制定的与民休息政策持续了近六十年,对恢复和发展汉初残破的社会经济起了重大的作用,既促成了文景二帝时期的繁荣和稳定,也为后来汉武帝时期大规模的"外攘夷狄,内兴功作"奠定了物质基础。第三,在刘邦、萧何相继死去,吕后女主临朝,主少国疑,匈奴觊觎,汉皇朝的政局不太稳定的情况下,曹参以元勋大臣的身份,显赫的功劳,崇高的威望,接任相国职务,就以特有的方式保持了汉皇朝政策的连续性,成为这一时期稳定西汉政局的重要因素。总起来看,曹参其人,除骁勇善战之外,政治上似不及萧何之宏图远略,智谋上似不及张良之聪敏善断,然而,由于他一直对汉皇朝矢志忠贞,再加上功勋卓著,善于守成,他的出任相国,在当时的历史条件下恰恰成为汉皇朝稳定的象征,是一个最合适的人选,其他任何人也无法替代。曹参任相三年,虽然无显著的建树,但由此而使黄老思想确立为汉初政治上的指导原则,也就在事实上提供了汉皇朝日后繁荣的重要条件,其功绩是不可磨灭的。当时的民谚这样歌颂他:"萧何为法,觏若画一;曹参代之,守而勿失。载其清净,民以宁一。"②这种颂赞曹参足以当之。司马迁对

①　《史记·曹相国世家》。
②　《史记·曹相国世家》。

他的评价亦比较中肯。他说：

> 曹相国参攻城野战之功所以能多若此者，以与淮阴侯俱。及信已灭，而列侯成功，唯独参擅其名。参为汉相国，清静极言合道。然百姓离秦之酷后，参与休息无为，故天下俱称其美矣。[①]

显然，曹参在当时之所以受到百姓的颂扬，最主要的就在于他的行政原则顺应了历史的潮流，满足了人民的愿望，在时代需要守成的时候他选择了守成的方略，在平淡无为中显示了他若愚的大智。

---

① 《史记·曹相国世家》。

二、运筹帷幄

在刘邦的布衣将相群中,有一位手无缚鸡之力,但却谋略出众、智慧超群并且带点神秘色彩的人物,他就是张良。据司马迁说,他原"以为其人计魁梧奇伟,至见其图,状貌如妇人好女"①。显然,张良没有当时武将魁梧的身材、奇伟的状貌,而是如同妇人女子般纤细单薄的文弱书生。他虽然家世相韩,出身于韩国的贵族世家,但是,在楚汉战争中,他却能顺应历史的潮流毅然追随布衣出身的刘邦,协助他打败了代表六国旧贵族利益的项羽,为创建又一个统一的封建皇朝贡献了自己的智谋和力量。事实上,尽管张良出身于韩国贵族,但在韩国被秦灭亡以后,他已经沦为布衣,而他自己也以"布衣"自居。因而他能与刘邦麾下那些布衣将相们相处融洽,不分泾渭,彼此团结合作,共同为刘邦所代表的事业而奋斗。除了性格、气质和才智的差异外,很难看出张良和其他人在根本政治立场上有什么不同,这大概就是他能够得到刘邦近乎绝对信任的主要原因吧。

张良(?—公元前186年),字子房,韩国人。其祖父张开地,在韩昭侯、宣惠王、襄哀王时为相。其父张平,又在韩釐王、悼惠王时为相,史称张良祖上"五世相韩",即本于此。张平死后二十年,即公元前230年(秦王政十七年),韩国被秦灭亡。在父辈显贵之时,张良因年纪太小,没有做官。韩国灭亡以后,他由一位受人敬重的贵族公子一落而为秦皇朝统治下的黔首。爵位官职、荣华富贵,一夜之间全部化为泡影,其失落感是不难想象的。从此,年少气盛的张良就对秦皇朝产生了不共戴天的仇恨。不过,秦朝统治下的张良虽然在政治上降为平民百姓,但经济上仍然比较富裕,仅家僮就有三百人之多。为了一心一意为被灭亡的韩国复仇,张良顾不得为死亡的胞弟举行葬礼,"悉以家财求客刺秦王"。显然,此时张良的思想和行动表明他还是一个国破家亡的六国旧贵族利益的代表。由于秦皇朝对六国旧贵族警惕性很高,一面多次迁豪,使之远离故土;一面又对一些漏网分子通缉追捕,张良在家乡目标太大,不易开展活动,只得离家出走,云游四方。他曾辗转到淮阳(今属河南)学习礼仪,又东行去拜会一个号称仓海君的隐居之士,并从他那里物色到一个大力士。张良为这位大力士铸造了一个重一百二十斤的大铁椎,伺机刺杀秦始皇。功夫不负苦心人,机会终于等来了。公元前218年(秦始皇二十九年),秦始皇东巡至阳武博浪沙(今河南郑州北)时,隐藏于路旁树丛中的张良与大力士以突袭的方式用铁椎狙击秦始皇,但误中副车,未能成功。幸免于难的秦始皇立即下令"大索天下",到处搜捕刺客。阳武一带被搅得鸡飞狗跳,一片恐怖气氛。张良只得改名换姓,逃到下邳(今江苏邳县南)隐

---

① 《史记·留侯世家》"太史公曰"。

藏起来。刺杀秦始皇的壮举不啻是张良这位韩国旧贵族献给故国的一曲挽歌。他把灭亡韩国仅仅看成秦始皇个人的行为，把改变历史的进程寄托于一次暗杀的成功，说明此时他的思想还是比较狭隘和落后的。

在下邳滞留期间，《史记·留侯世家》和《汉书·张良传》都记载着黄石公遗赠张良兵书的故事，情节是这样的：有一次，张良到下邳附近的一座桥上散步，迎面走来一位拄着拐杖、须发皆白的老人。张良驻足而立，看着这位老人走上桥头。不料他走到张良跟前时，脚上的鞋子突然掉到了桥下。老人抬眼瞅着张良，同时以命令的口气说："孺子，下取履！"张良又惊又气，真想上去把他痛打一顿。但看到他那老态龙钟的样子，就强忍怒气没有发作，而是顺从地到桥下拾来鞋子，跪下送给老人。老人毫不客气地伸出脚让张良给他穿上，一句感谢的话也没说，即含笑而去。张良目送老人远去的背影，怔在那里，感到十分惊异。正待准备转回，发现走出一里多路的老人又转了回来。张良意识到老人可能有话要说，就站在那里，作出洗耳恭听的样子。老人走到张良跟前，对他说："孺子可教矣。后五日平明，与我会此。"张良愈加惊异，忙跪下说："诺。"五天后的早晨，当张良如约来到桥上时，老人已先期到达。他生气地对张良说："与老人期，后，何也？"离去时，特别关照张良说："后五日会。"可是，第五日，当张良在鸡鸣之时赶到桥上的时候，那位古怪的老人又先期到达。他怒气冲冲地对张良说："后，何也？"临去时，再次叮嘱："后五日复早来。"第五天，张良唯恐晚至，夜半时分就来到桥上。过了一会儿，老人才慢慢来到。见张良已恭立桥头，高兴地说："当如是。"接着拿出一部书，指着对张良说："读此则为王者师矣，后十年兴。十三年孺子见我济北，谷城山下黄石即我矣。"①说完，不顾而去，很快消失在漆黑的夜幕中。天亮之后，张良展读老人所赐书，竟是《太公兵法》，这是一部相传为姜尚所著的兵书。张良如获至宝，时时诵习，从此其智谋韬略大有增进。大概因为后来张良的足智多谋给人们留下了非常深刻的印象，人们就怀疑其智慧来自天授，因而编造了上面那一段故事吧？由于流传很广，司马迁与班固就将其写进自己的历史书里。而且还记载十三年后，当张良从刘邦过济北时，"果见谷城山下黄石，取而葆祠之"②，张良死后，并葬黄石，让后人一同祭祀。以后，在谷城山东麓，建了一座黄石公庙，以纪念那位神秘老人。拂去这个故事的神秘色彩，应该说张良是一个勤奋好学的人，在参加刘邦的起义队伍之前，他已经熟读兵书，有着丰富的阅历，具备了过人的文韬武略，为其日后在刘邦手下赞襄帷幄，做了比较充分的准备。

大概从公元前 218 年（秦始皇二十九年）至公元前 209 年（秦二世元年）的近十年间，

---

① 《史记·留侯世家》。

② 《史记·留侯世家》。

张良一直隐居于下邳一带。在此期间,他四处游历,熟悉了这一带的山山水水,风俗民情,深深爱上了这片富庶的土地。与此同时,他又广事交游,有意识地与不少豪杰、游侠、失意的士人建立了较密切的联系,酝酿着进行反对秦皇朝的斗争。原楚国贵族项伯犯了杀人罪,被张良藏匿起来,逃避了官府的追捕。张良与项伯结下的这一段生死情谊,后来曾对张良为刘邦谋划在鸿门宴脱险起了重大的作用。

公元前 209 年(秦二世元年)七月,陈胜、吴广起义反秦的消息传来以后,张良认为时机已到,立即聚会百余人响应。不久,景驹自立为楚假王,屯驻于留(今江苏沛县南)。张良率众前去投奔,行至下邳西遇到刘邦的起义军,遂转投刘邦。刘邦任命张良当厩将,留在帐下服务。张良多次在紧张的战斗间隙为刘邦讲解《太公兵法》,刘邦不仅认真专注地听讲,并且能够很快地在实践中灵活地加以运用。张良想到他为别人讲解此书时,他们都难于领悟。两相对比,使张良认识到刘邦的智慧远远高出其他反秦的将领,用他自己的话说:"沛公殆天授。"①因而决定放弃归附景驹的念头,永远追随刘邦建立功业。张良此一决策,显示了他的知人之明。当时,景驹有着高贵的出身,在楚地有着远较刘邦更大的号召力。张良改变归附于他的念头而转投刘邦,说明他看重的是一个人的气质和能力。他明白,在未来争夺天下的斗争中,高贵的血统并不是无往而不胜的因素。在当时,以张良的出身而有如此的认识和抉择,是很了不起的。

公元前 208 年(秦二世二年)六月,项梁与刘邦等起义军的将领共立楚怀王的孙子为义军的共同领袖,仍号楚怀王。在当时六国后裔和贵族纷纷恢复故国、建号称王的情况下,张良对故国的情感又强烈起来。他乘机对项梁说:"君已立楚后,而韩诸公子横阳君成贤,可立为王,益树党。"②项梁于是令张良找到韩成,将其立为韩王,并任命张良为韩国司徒。此后,张良就暂时离开刘邦,与韩王成一起率一支千余人的队伍向西游动,目标是恢复韩国故地。但因为当时秦军在中原腹地还有相当强的力量,这支队伍虽然攻下几座城池,却不易守住。因而他们只能在颍川(今河南禹县)一带往来游击,相机打击秦军。不久,项羽率军攻击河北秦军,刘邦率部向关中地区进击。当刘邦的军队从洛阳南出辕辕时,张良率军前来配合,接连攻克韩国故地十余城,基本上肃清了秦军在这一带的军事力量。之后,刘邦令韩王成带一支部队留守阳翟,巩固占领区。同时要求张良随大军南下,参议军务。刘邦一军南下猛攻宛城(今河南南阳),因秦郡守奋力抵抗,难以奏效。刘邦因入关心切,不想在宛城纠缠,决定弃城西走,进击关中东南部的门户武关。张良认为刘邦的决策不可取,就劝戒他说:"沛公虽欲急入关,秦兵尚众,距险,今不下宛,宛从后击,强秦

---

① 《史记·留侯世家》。
② 《史记·留侯世家》。

在前,此危道也。"①这个分析是有道理的。刘邦立即采纳,星夜回师,以迅雷不及掩耳之势,兵临城下,逼降了据守宛城的秦南阳郡守,免除了后顾之忧。然后,大军西进,智取武关;转军北上,很快进至峣关之前。刘邦决定以两万军队正面攻关,迅速扫除进军咸阳的最后一道障碍。张良又劝阻说:"秦兵尚强,未可轻。臣闻其将屠者子,贾竖易动以利。愿沛公且留壁,使人先行,为五万人具食,益为张旗帜诸山上,为疑兵,令郦食其持重宝啖秦将。"②这显然是一个以小的代价取得大的成果的好办法。因为峣关地形险峻,秦军凭险固守,刘邦军纵使正面强攻得手,也要付出重大代价,强攻不如智取。郦食其不愧为机敏多智的说客,秦峣关守将果然在重利诱惑下同意与刘邦军联合进攻咸阳。当刘邦准备答应秦将提出的条件与之联合行动的时候,张良认为答应叛将的要求可能带来许多不必要的麻烦,而且秦军士卒的态度如何还不清楚,其中任何一个地方出了问题,都会影响全局。不如趁其思想麻痹,守备松懈之时,给他以出其不意的攻击,可以取得全胜。刘邦完全依张良的计策行事,果然一举攻下峣关,全歼秦军,咸阳的最后一道门户已经打开,迫使秦王子婴只能老老实实地在起义军的战马前投降。

刘邦率大军进入咸阳之后,立即被阿房宫那富丽的宫苑、豪华的帷帐、灿烂的珍宝、迷人的娇姬美妾所迷醉。他再也不想离开这个地方,打算尽情地享受一番。樊哙上前苦劝,刘邦根本听不进去。张良语重心长地对刘邦说:

> 夫秦为无道,故沛公得至此。夫为天下除残贼,宜缟素为资。今始入秦,即安其乐,此所谓"助桀为虐"。且"忠言逆耳利于行,毒药苦口利于病",愿沛公听樊哙言。③

在巨大的胜利面前,清醒的张良对一时糊涂的刘邦发出了中肯的劝告。他要刘邦明白,当时的形势还不容许他享乐,以暴易暴必然导致失败,只有与民更始才能立于不败之地。在张良与萧何等人的规谏下,刘邦醒悟过来。立即命令大军撤出咸阳,移驻霸上。同时封闭府库,采取一系列安定民心,稳定社会秩序的政策,给关中百姓留下了良好的印象。公元前206年(汉元年)十二月,在惊心动魄的鸿门宴上,张良以自己的机敏善断,帮助刘邦化险为夷。项羽分封时,刘邦被封为汉王,划定巴蜀作为封地。张良利用他与项伯的友情,通过项伯为刘邦向项羽求情,又得到了汉中一块封地,从而使刘邦日后向关中进军得到了一块有利的前进基地。刘邦率众去汉中时,张良送行至褒中(今陕西汉中北),然后回韩

---

① 《史记·高祖本纪》。

② 《史记·高祖本纪》。

③ 《史记·留侯世家》。

地。分手时，张良劝刘邦烧掉汉中通往关中的栈道，向人们尤其是项羽表明自己没有东向与楚军争天下的野心，以此麻痹项羽，使之疏于防范。这时候，张良不是留在汉中辅佐刘邦，而是东归韩地辅佐韩王成，显然是出于一种远见卓识的战略思考。刘邦与张良的意图是：在韩国故地树立一个坚定的同盟者，也就等于在中原地区建立一块前进基地，为即将揭幕的楚汉战争准备一些有利条件。张良的身份是韩国贵族，曾做过韩王成的臣子，回到韩国协助韩王，看起来顺理成章，或许不致于引起项羽的怀疑。谁知此事并没有蒙住项羽的眼睛，他竭力阻止韩王成与张良结合，使之难以形成一支与自己相抗衡的势力。张良赶到韩地以后，项羽先以张良追随刘邦为理由，拒绝让韩王成回到自己的封地。接着，他又把韩王成挟持至彭城加以杀害。项羽的做法打破了刘邦与张良原来的设想。张良只得暂留韩地，寻找为刘邦出力的机会。公元前206年（汉元年）八月，刘邦、韩信指挥汉军还定三秦，楚汉战争正式开始。正当远在彭城的项羽考虑是否进兵阻击刘邦而犹豫不决时，张良立即以超然的姿态致书项羽说："汉王失职，欲得关中，如约即止，不敢复东。"[1]以为刘邦的军事行动辩护，目的是麻痹项羽，掩盖刘邦决策东进的战略意图。同时，又告以齐、赵联合反楚的消息，将项羽的注意力引向东方，从而为刘邦巩固关中占领区，做好东出函谷关的准备赢得了时间。项羽果然上当，率楚军主力北击齐国。但项羽为了阻止刘邦东进中原，又立故秦朝的吴令郑昌为韩王，在原韩国故地树起一个封国。张良因郑昌与自己的故国毫无联系，自然不会为他出谋划策。他感到自己继续留在韩地已无所作为，就于公元前205年（汉二年）十月悄悄地回到刘邦那里，全力协助刘邦谋划对项羽的斗争。七月，刘邦利用楚军主力被拖在齐国的机会，率军数十万东向攻楚，一路势如破竹，直下彭城。不久，项羽全力反攻，在彭城大败汉军。刘邦败退至下邑（今安徽砀山）后，稍稍立定脚跟。为了反击项羽，刘邦决定以关东的广大土地作筹码，封赏可以击败项羽的将领。当他向群臣征询谁可担当此重任时，张良建议说：

　　　　九江王黥布，楚枭将，与项王有隙；彭越与齐王田荣反梁地，此两人可急使。而汉王之将独韩信可属大事，当一面。即欲捐之，捐之此三人，则楚可破也。[2]

刘邦接受张良的建议，一面令说客随何潜入淮南，成功地策动了黥布背楚向汉；一面给予韩信、彭越以重赏，使他们倾全力对项羽及其依附的势力作战。后来的事实证明，这三个人对刘邦最后战胜项羽都起了举足轻重的作用。张良的建议再一次说明，张良的知人之

---

[1] 《汉书·张良传》。

[2] 《史记·留侯世家》。

明是其他人无可比拟的。

楚汉战争进行到第三个年头,公元前204年(汉三年)十二月,刘邦被项羽指挥的楚军团团包围在荥阳,形势十分危急。此时,张良因事外出,刘邦就向郦食其请教解除危机的办法。郦食其建议刘邦遍封六国的后裔为王,以为项羽广泛树敌,形成对楚军四面夹击的形势。刘邦对此未加深入考虑就答应下来,并且命人速刻王印,准备让郦食其以使者的身份去各地宣布刘邦分封的命令。在郦食其即将成行的时候,张良返回荥阳。他晋见刘邦时,刘邦正在吃饭。刘邦见到张良十分高兴,立即对他讲述了分封六国后裔的决定。张良吃惊地问:"谁为陛下画此计者? 陛下事去矣。"刘邦一下子怔住了,忙问为什么。张良拿起刘邦面前的筷子,一边比划,一边讲说,指出分封六国后裔有"八不可",根本不能实行:

> 昔汤武伐桀纣封其后者,度能制其死命也。今陛下能制项籍死命乎? 其不可一矣。武王入殷,表商容闾,式箕子门,封比干墓,今陛下能乎? 其不可二矣。发钜桥之粟,散鹿台之财,以赐贫穷,今陛下能乎? 其不可三矣。殷事以毕,偃革为轩,倒载干戈,示不复用,今陛下能乎? 其不可四矣。休马华山之阳,示无所为,今陛下能乎? 其不可五矣。息牛桃林之野,天下不复输积,今陛下能乎? 其不可六矣。且夫天下游士,离亲戚,弃坟墓,去故旧,从陛下者,但日夜望咫尺之地。今乃立六国后,唯无复立者,游士各归事其主,从亲戚,反故旧,陛下谁与取天下乎? 其不可七矣。且楚唯毋强,六国复挠而从之,陛下焉得而臣之? 其不可八矣。诚用此谋,陛下事去矣。①

张良虽然出身于韩国贵族,但此时却站出来力主不能封六国之后为王,实在是难能可贵。他列举的"八不可"理由,尽管有些囿于历史传统的"迂阔"之词和对汤、武的过分美化,但在当时的历史条件下,其主导思想无疑是正确的。张良已经清醒地看到,封六国后人为王,非但不能壮大刘邦的力量,而且适得其反,还会使现有的力量受到削弱。这是因为,六国后人从刘邦那里获得王位后,不见得一定成为刘邦的同盟力量,而他们中的相当一批人也不见得能够形成足以影响战局的力量。特别是,一旦六国后裔有了王位与地盘之后,将会吸收一大批攀龙附凤的文武之士,刘邦麾下的能臣和骁将就可能改换门庭。一个中心就会变成多中心,势必削弱自己的力量。张良的见解显然比郦食其高出一筹。此时的张良对于秦之灭韩可能还余恨未消,但理智却告诉他,七国并立的局面已成历史陈迹,在当时的情况下,虽然"日夜望咫尺之地"的分土封侯意识还顽强地影响着一部分人,但再想恢复五霸七雄的局面已经不可能了。大概从这时候起,张良已经放弃了恢复韩国的理想。

---

① 《汉书·张良传》。

尽管西汉初年韩王信奉刘邦之命建立了一个以晋阳为中心的韩国,但自始至终看不出张良与这个韩国有什么关系。张良的意见使刘邦恍然大悟。他"辍食吐哺",怒形于色,大骂郦食其"竖儒,几败乃公事!"下令立即销毁已经刻好的印信,打消了封六国后裔为王的念头。

公元前203年(汉四年)十一月,韩信打垮齐楚联军,基本平定齐国以后,权势欲极度膨胀。他派人致书刘邦,要求封自己为"假齐王",即暂时代理齐王。此时的刘邦正被楚军包围在荥阳,处境异常艰难,日夜望韩信前来救援。接到韩信的书信后,刘邦十分恼怒,当着使者的面大骂韩信要挟自己。张良与陈平知道此时还必须笼络住韩信,使之不变成异己的力量。就悄悄地从后面踩刘邦的脚,同时附耳告诫他:"汉方不利,宁能禁信之王乎?不如因而立,善遇之,使自为守。不然,变生。"①在这里,张良处事冷静、虑事周密、敏思善断的特点再一次表现出来。韩信在楚汉战争中屡建奇功,但在平定齐国后,那种臣与君市的潜意识左右了他的行动,希望以功劳换得爵位和封土。而此时,项羽的说客武涉和韩信的谋士蒯通等人正在幕后频繁活动,千方百计策动韩信背汉自立,与楚、汉形成三足鼎立之势。这时候如果不设法稳住韩信,必将对刘邦平定天下的大事带来难以预料的波折。刘邦接受张良的建议,并派他为使者,到齐地宣布封韩信为齐王。这一着果然灵验,韩信得到齐王的封号以后,权势欲暂时得到满足,立即起兵南下,造成对楚军北翼的威胁,缓解了楚军在荥阳一线对汉军的压力,楚汉战争的形势大大改观。

公元前202年(汉五年)冬,当刘邦率汉军追击楚军至固陵(今河南阳夏南)时,韩信和彭越的军队却都停止了对楚军的进攻。项羽抓住机会,对刘邦指挥的汉军猛烈反击,使汉军一时又陷于困境。这时,又是张良想出了让韩信、彭越迅速率兵奔赴前线、四面夹击楚军的计策。他对刘邦说:

> 楚兵且破,(二人)未有分地,其不至固宜。君王能与共天下,可立致也。齐王信之立,非君王意,信亦不自坚。彭越本定梁地,始君王以魏豹故,拜越为相国。今豹死,越亦望王,而君不早定。今能取睢阳以北至谷城皆以王彭越,从陈以东傅海与齐王信,信家在楚,其意欲复得故邑。能出捐此地以许两人,使各自为战,则楚易败也。②

这里张良提供给刘邦的依然是以土地封爵换取韩信、彭越效命的策略。显然,在当时的历史条件下,舍此无法调动手握重兵的韩、彭二人的积极性。刘邦依其计而行,结果是韩、彭

---

① 《史记·淮阴侯列传》。
② 《汉书·高帝纪》。

两军南进,诸路汉军会师垓下,很快致项羽于死地,使刘邦取得了楚汉战争的最后胜利。

从进军关中到最后消灭项羽为首的强大军事集团,六七年间,张良作为刘邦身边最重要的谋士,参与了大量的政治和军事的决策。在许多关键时刻,他或帮助刘邦排忧解难,度过困厄;或提出建议,纠正刘邦错误的决策;或运筹奇谋,轻而易举地取得重大胜利。显示了张良远见卓识的政治眼光、料事如神的足智多谋和娴熟周到、详审细密的思考,以及对刘邦的矢志忠贞,直言敢谏。他之被后人誉为汉初三杰之一,与韩信、萧何相伯仲,主要原因就在于此。而在这三杰之中,萧何的主要作用是镇抚后方,治政理民,保证后勤供应。韩信则是自统一军,大部分时间离开刘邦在另一个战场上独立指挥作战。只有张良,一直跟随刘邦南北驰骋,患难与共,艰危与共,一起度过了楚汉战争的日日夜夜。他的忠诚经受了刘邦处境最困难时期的考验,他的谋略智慧也恰恰在促成这种困境变成胜利坦途时得以充分地表现。"知臣莫如君",刘邦对张良在建立汉皇朝的伟业中所建立的功绩是十分清楚的。所以他在洛阳南宫总结自己战胜项羽的原因时说了"运筹帷幄之中,决胜千里之外,吾不如子房"的话,完全是一种中肯的肺腑之言。后人对张良的才干和功绩也十分推崇,明朝刘基就曾对朱元璋说:"汉家四百年天下,尽在张良一借间。"①认为张良借箸规劝刘邦放弃封六国后人的宏论显示了高瞻远瞩的战略眼光。刘邦做皇帝之后,于公元前201年(汉六年)十二月大封功臣,推尊萧何功劳第一。对于张良,刘邦也准备给予丰厚的褒奖,他要张良在齐地"自择三万户"作为封地。在当时,这是侯爵中最高的封赏了。面对刘邦慷慨的封赐,张良并没有表现出一般臣子兴高采烈的失态。他平静地对刘邦说:"陛下用臣计,幸而时中,臣愿封留足矣,不敢当三万户。"②留当时是一个小县,而且处于四战之地,人口不会超过五千户。结果刘邦答应了张良的请求,封他为留侯。从这一件事可以看出,张良在时人梦寐以求的名利面前是很达观的。在这一点上,他无疑超过了刘邦麾下的任何一个人。

汉皇朝建立以后,张良一方面由于体弱多病,不胜繁剧,一方面也因为淡于权势,所以没有担任行政方面的具体职务。但作为刘邦的忠贞臣子和得力谋士,他立即把自己的注意力集中到如何巩固和加强汉皇朝的统一与安全问题上,不失时机地提出一系列的建议,供刘邦采择。公元前201年(汉六年),刘邦将功臣二十多人封为侯爵以后,其余那些未得封爵的功臣"日夜争功不决",气氛十分紧张。刘邦在洛阳南宫,远远看见诸将三三两两窃窃私语,就问张良:他们在一起说些什么?张良告诉刘邦,这些人说不定有谋反意图。刘邦大为惊异,认为当时天下已经安定,他们没有理由谋反。张良说:

---

① 王世贞《史乘考误》。

② 《史记·留侯世家》。

陛下起布衣，以此属取天下。今陛下为天子，而所封皆萧、曹故人所亲爱，而所诛者皆生平所仇怨。今军吏计功，以天下不足遍封；此属畏陛下不能尽封，恐又见疑平生过失及诛，故即相聚谋反耳。①

刘邦听后，顿时感到事态严重，就向张良请教一个万全之策。张良问刘邦："上平生所憎，群臣所共知，谁最甚者？"刘邦脱口而出："雍齿与我故，数尝窘辱我，我欲杀之，为其功多，故不忍。"张良说："今急先封雍齿以示群臣，群臣见雍齿封，则人人自坚矣。"②刘邦高兴地接受了张良的建议，摆下酒宴，宣布将与他个人有宿怨的雍齿封为什方侯，并令丞相、御史立即"定功行封"。这位雍齿虽是刘邦的故人，较早加入刘邦的起义军，但在公元前208年（秦二世二年）据丰邑背叛刘邦，投靠魏国。尽管后来又重新归顺刘邦并且立下不少功劳，可是刘邦总难忘却他的背叛之举。二人不睦是尽人皆知的。

所以雍齿受封的消息一经传出，群臣皆喜，异口同声地说："雍齿尚为侯，我属无患矣。"③他们的疑惧情绪自然也就平息下去了。平心而论，刘邦分封时，群臣虽然争功，但决不致谋反，特别不会出现群起反叛的局面。因为当时国家与社会总的趋势是走向稳定，不存在动乱的因素。同时，刘邦的部下绝大部分都是丰沛起义的故旧，中途陆续加入者也都经历过与刘邦共度患难的考验，对刘邦是忠诚的，都把自己的富贵利禄与刘邦联系在一起，他们怎么会谋反呢！对此，明智如张良者当然不会不清楚。显然，张良之所以用群臣谋反警示刘邦，恐怕主要是催促刘邦加快分封群臣的步伐，并尽量做到公正，使之得到与本人功劳相应的封赏，以安定他们的情绪，保持统治集团内部的稳定和团结。对这件事，司马光的看法是比较深入的。他说：

张良为高帝谋臣，委以心腹，宜其知无不言；安有闻诸将谋反，必待高帝目见偶语，然后乃言之邪！盖以高帝初得天下，数用爱憎行诛赏，或时害于公，群臣往往有觖望自危之心；故良因事纳忠以变移帝意，使上无阿私之失，下无猜惧之谋，国家无虞，利及后世，若良者，可谓善谏矣。④

封赏引起的波澜过去不久，又发生了迁都之议。其时，齐人娄敬以布衣见刘邦，劝说他将都城由洛阳迁至关中。刘邦一时犹豫未决。因为刘邦左右的大臣大都为山东人，希望都

① 《史记·留侯世家》。
② 《史记·留侯世家》。
③ 《史记·留侯世家》。
④ 《资治通鉴·汉纪三》高帝六年。

城距家乡近一些,所以纷纷劝说刘邦留都洛阳。理由是"雒阳东有成皋,西有殽渑,倍河,向伊雒,其固亦足恃"①。这时,只有张良站出来全力支持娄敬迁都关中的建议。他说:

> 雒阳虽有此固,其中小,不过数百里,田地薄,四面受敌,此非用武之国也。夫关中左殽函,右陇蜀,沃野千里,南有巴蜀之饶,北有胡苑之利,阻三面而守,独以一面东制诸侯。诸侯安定,河、渭漕挽天下,西给京师;诸侯有变,顺流而下,足以委输。此所谓金城千里,天府之国也,刘敬说是也。②

一方面由于张良对洛阳和关中的对比分析说理透辟,一方面更由于张良跟定刘邦后每谋必中,因而张良的一番话最后坚定了刘邦迁都关中的决心。于是,在关中平原上出现了长安这样一座举世闻名的古都。迁都问题上的争论再次显示了张良超过其他人的远见卓识。

刘邦晚年的时候,一度打算废掉刘盈的太子地位,而改立戚夫人之子赵王如意为太子,从而引发了一场震动宫廷内外的风波。张良从汉皇朝的稳定出发,在关键时刻出奇计,保住了刘盈的太子地位。公元前196年(汉十一年),英布在淮南反叛,刘邦最后一次御驾亲征。张良为刘邦送行至曲邮(今陕西临潼东)。分手之前,对刘邦说:"臣宜从,疾甚。楚人剽疾,愿上慎毋与楚争锋。"同时请求刘邦"令太子为将军监关中兵"③。刘邦再一次要求他辅佐太子,并任命他为太子少傅,这是张良在西汉皇朝担任过的唯一的也是最后的官职。

可能因为体弱多病,在刘邦反击匈奴和平定异姓诸侯王的斗争中,张良没有像往常那样跟随刘邦亲临前线。但是,他仍一如既往地为刘邦出谋划策,为争取这些战争的胜利起了应有的作用。张良亲自参加的战役只有公元前197年(汉十年)九月至第二年冬天对陈豨的征伐。此役中,汉军攻克雁北重镇马邑(今山西朔县),就是靠了他的"奇计"。不过,自汉皇朝建立之后,张良的主要活动还是备顾问。史载萧何做相国时,张良"所与上从容言天下事甚众,非天下所以存亡,故不著"④。张良所讲天下事的具体内容虽然已难以稽考,但其中的绝大多数内容应该是如何巩固汉皇朝,安定社会的长治久安之策。张良在西汉建国以后之所以没有担任显要官职,身体有病固然是重要原因,但最根本的恐怕还是他

① 《史记·留侯世家》。
② 《史记·留侯世家》。
③ 《汉书·张良传》。
④ 《史记·留侯世家》。

信奉道家,淡于名利,对于同君主可以共患难不可以共安乐有着比较清醒的认识。他只求颐养天年,优游岁月,得以寿终,而不愿卷入激烈的政治斗争旋涡,以免招来杀身之祸。他将自己功成身退的思想用"学辟谷,道引轻身"加以掩饰。张良自述自己的人生态度说:"家世相韩,及韩灭,不爱万金之资,为韩报仇强秦,天下震动。今以三寸舌为帝者师,封万户,位列侯,此布衣之极,于良足矣。愿弃人间事,欲从赤松子游耳。"①实际上,张良明白,在刘邦创业时期,他与功臣们为一个共同目标奋斗,是比较容易团结一致的。一旦敌人消灭,刘邦与其功臣之间就有一个财产权力再分配的问题,这时内部矛盾最容易暴露和激化。作为一个臣子,如果太热衷功名利禄,就有可能引起君主的疑忌而使自己成为可悲的牺牲者。一个功臣要想在和平时期平安无事,最要紧的就是对权位功名、富贵利禄采取一种恬淡的态度。司马光就看出了张良"学辟谷"的行动所蕴含的深意,他评论说:

> 夫生之有死,譬犹夜旦之必然;自古及今,固未有超然而独存者也。以子房之明辨达理,足以知神仙之为虚诡矣;然其欲从赤松子游者,其智可知也。夫功名之际,人臣之所难处。如高帝所称者,三杰而已;淮阴诛夷,萧何系狱,非以履盛满而不止耶!故子房托于神仙,遗弃人间,等功名于外物,置荣利而不顾,所谓"明哲保身"者,子房有焉。②

应该说,这番出自具有丰富的官场阅历的大史学家之口的评论是很有见地的。

公元前195年(汉十二年)四月,刘邦死去。太子刘盈即帝位,实际上吕后当权。吕后对张良设计保住太子地位之功感激不尽,同时对张良学道之举很不以为然,她说:"人生一世间,如白驹过隙,何至自苦如此乎!"以张良的聪明洞达,他当然能够看出由于吕后专权所引起的汉朝统治集团内部矛盾的微妙变化,所以不愿意卷进去。因而,不管吕后怎样苦口相劝,张良再也没有担任什么重要官职。此后,张良又优游岁月六年之久,于公元前189年(汉惠帝七年)溘然而逝。

在西汉初年的布衣将相之群中,张良尽管与其他人有着明显的出身差异,但他基本上应该算是这个群体的一员,他以"布衣"自居亦并非谦词。作为汉初三杰之一,张良不仅以自己无与伦比的聪明才智为汉皇朝建立了不可磨灭的功勋,也为自己赢得了令时人倾慕不已的爵位封土、富贵利禄。同时,更以洞若观火的明哲,深思熟虑的举措,在权势面前恬淡自守,在统治集团的矛盾中激流勇退,终于在世人的崇敬与哀惋中得以寿终。大概由

① 《史记·留侯世家》。
② 《资治通鉴·汉纪三》高帝五年。

于张良淡于名利的缘故,汉初三杰之中,他的遗迹是最少的。他的封地留城,在沛县城东南十五里处,如今已淹没在烟波浩淼的微山湖中。其余几处张良祠庙也大都倾圮,只有地处陕西城固县城东北三十里的白云山上的"留侯辟谷处",仍然以其特有的静谧和清幽,供后人凭吊。李一本《过留侯辟谷处》诗,对张良的一生作了比较中肯的评价:

> 一介尘埃士,兴刘伏秘猷。
> 殊中超百代,蚤见异群侯。
> 借箸开基远,封留雅志酬。
> 泛湖同比迹,远害去遐州。①

总起来看,张良以自己带点神秘色彩的一生树立了封建社会中帝王之师的一种典型,将超人的智慧与参透生死的明哲结合在一起,既能施展才智,建功立业,又能进退自如,防患避祸,因而对后世产生了深远的影响。我们在东汉邓禹、三国诸葛亮、北宋赵普、明朝刘基等人身上,似乎都可以看到张良的影子。

---

① 光绪四年《城固县志》。

三、多谋少戆

在西汉初年的布衣将相群中,有两个同任丞相、功业卓著但性格迥异的人物,一个是奇计屡出、多谋深算的陈平,一个是疾恶如仇、戆直敢言的王陵。他们的结局也大相径庭,陈平在任何情况下都游刃有余,官运亨通。王陵则因在吕后当政时敢于讲真话、拂逆鳞,最后丢官罢职,在抑郁不平中离世。

陈平(?—公元前178年)是汉初布衣将相群中的典型代表人物之一,他历仕三朝,位至丞相,参加了从反秦起义到诛灭诸吕的一系列惊心动魄的政治斗争,但自己不仅安然无恙,而且官位长保,富贵无虞。显示出他既善于谋划国家大事,又巧于避祸保身,是一个城府甚深而谋略出众的人物。陈平是阳武户牖乡(今山东东明)人。从其"少时家贫,好读书,有田三十亩"的情况看,他的家庭大概属于仅能自给自足的小自耕农阶层。他青年时代"好黄帝、老子之术",因而后来成为汉初君臣中笃信黄老之术、推行黄老政治的几个著名人物之一。父母去世后,他与兄长陈伯共居,陈伯自己种田,让陈平四方游学,增长知识才干。其嫂因陈平不事生产,口出怨言:"有叔如此,不如无有。"被其兄一怒而逐出家门。陈平到了娶妻的年龄以后,因家境不太富裕,富人家的女儿不肯嫁给他,穷人家的女儿他又看不上,高不成低不就,因而拖延下来。当时,户牖富户张负有一个孙女,人长得漂亮,但出嫁五次,五个丈夫全都死了,所以谁也不敢再娶她。但陈平却看上了她,不过一直没有机会表示自己的心意。

有一次,村里死了人,陈平前去协助办理丧事,正巧碰到张负。张负见陈平是一位高大英俊的美少年,办事有条不紊,十分喜欢。丧事结束后,老人借故随陈平来到他家。他见陈平之家虽然"负郭穷巷,以敝席为门",但门外有杂乱的车辙,说明经常有头面人物前来造访。张负由此断定陈平不是一个平凡人物,决不会久居人下,安于贫贱。回家后即与其子张仲商量,打算将孙女嫁与陈平。张仲不同意,说:"平贫不事事,一县中尽笑其所为,独奈何予女乎?"张负对儿子的意见不以为然,说:"人固有好美如陈平而长贫贱者乎?"①坚持将孙女嫁给了陈平。陈平娶了这个富家女儿为妻,又得到一笔可观的嫁资,"赍用益饶,游道日广",与各地的名人豪杰建立了更广泛的联系。有一次,里中欢庆社日,陈平主持分肉给每户村民。由于他十分公道,得到里中父老的普遍称赞,陈平感慨万端地说:"嗟呼!使平得宰天下,亦如是肉矣!"②这表明陈平是一个有远大志向的人。

公元前209年(秦二世元年)七月,陈胜、吴广起义后,很快攻克陈(今河南淮阳),周市

---

① 《史记·陈丞相世家》。
② 《史记·陈丞相世家》。

奉陈胜之命率一支义军北略魏地。周市进展顺利,数日之内即占领原魏国的大部分地盘,并立魏国后裔魏咎为魏王。陈平见机会已到,立即辞别兄长,与里中少年一起投奔魏咎,被任命为太仆。他数次为魏咎出谋划策,魏咎不仅不予采纳,反而听信谗言,疏远于他。陈平明白此人不足与谋,于是愤然离去。公元前208年,当项羽率军北渡黄河救援赵国时,陈平前往投奔,并一直追随他入关,成为项羽身边的谋臣。公元前206年(汉元年)四月,项羽裂地分封以后,陈平随他返回彭城。同年八月,刘邦冲出汉中,还定三秦。接着又打出函谷关,向中原进军。殷王司马卬据朝歌(今河南淇县)反楚归汉。项羽任命陈平为武信君,与魏王在楚国的客卿一起率军进击司马卬,逼使他反汉归楚。陈平因功晋升为都尉,得赐金二十镒①。但不久,汉军一个反击,又夺回殷地。项羽迁怒于陈平,想杀掉他。陈平见项羽气量狭窄,既难与共患难,将来更难与共安乐,因而毅然封存项羽所赏黄金与印信,让使者送还项羽,自己则只身离去,决心投奔刘邦。在北渡黄河时,船工怀疑他身上藏有大量金玉宝器,顿生杀人越货之心。陈平窥知其邪念,知道在渡船上无处可逃,便立即解衣裸体,让船工知道他一无所有,从而打消了图财害命的念头,得以安然渡河。陈平登岸,急急赶到汉军的大本营修武(今河南获嘉),通过同乡魏无知谒见刘邦。大概陈平向刘邦提供了许多楚军内部的珍贵情报,又提出了不少切实可行的战胜楚军的建议,一下子得到了刘邦的信任,当日就被任命为都尉,"使为参乘,典护军",可以时刻追随刘邦左右,同乘一车,并对诸将行监督之责。这个任命一宣布,汉军将领们立即议论纷纷,对刘邦过分地信任陈平表示极大的不满:"大王一日得楚之亡卒,未知其高下,而即与同载,反使监护军长者!"②刘邦丝毫不为所动,更加亲近陈平。刘邦这样做大有深意:目的是为楚营的反叛者树一个榜样,以便让更多的反叛者毫无顾忌地归顺刘邦。公元前205年(汉二年)四月,陈平随刘邦打进彭城。五月,项羽反击,又随刘邦败退至荥阳。此时,楚汉两军在荥阳一线艰苦鏖战,互有胜负。刘邦任命陈平为亚将,随韩王信屯兵于广武(今河南荥阳北)。

由于陈平归顺刘邦后备受信任,再加上他处事不够谨慎和检点,因而引起了汉营中不少人的嫉妒与非议。连周勃、灌婴等丰沛起义的元勋旧臣也找到刘邦,表示对陈平的严重怀疑和不满。他们说:

> 平虽美丈夫,如冠玉耳,其中未必有也。臣闻平居家时,盗其嫂,事魏不容,亡归楚;归楚不中,又亡归汉。今大王尊官之,令护军。臣闻平受诸将金,金多者得善处,

---

① 《汉书·食货志》注引孟康曰:"二十两为镒。"
② 《史记·陈丞相世家》。

金少者得恶处。平,反覆乱臣也,愿王察之。①

由于周勃、灌婴等都是刘邦身边久经考验的战将,他们的话使刘邦对陈平产生了怀疑。刘邦找来魏无知,严厉责备他为什么引荐陈平这样盗嫂受金的行为不端之人? 谁知魏无知不仅对所传陈平的"劣迹"供认不讳,而且理直气壮地讲出了一篇大道理:

> 臣所言者,能也;陛下所问者,行也。今有尾生、孝己之行,而无益处于胜负之数,陛下何暇用之乎? 楚汉相距,臣进奇谋之士,顾其计诚足以利国家不耳。且盗嫂受金又何足疑乎?②

一席话反倒把刘邦说得无言以对。刘邦思之再三,觉得此事与其质问魏无知,不如直接找陈平问个清楚。他于是召来陈平,直截了当地责问他说:"先生事魏不中,遂事楚而去,今又从吾游,信者固多心乎?"陈平十分坦然地回答说:

> 臣事魏王,魏王不能用臣说,故去事项王。项王不能信人,其所任爱,非诸项即妻之昆弟,虽有奇士不能用,平乃去楚。闻汉王之能用人,故归大王。臣裸身来,不受金无以为资。诚臣计划有可采者,愿大王用之;使无可用者,金具在,请封输官,得请骸骨。③

这些话说得实实在在,不遮不掩,不卑不亢,入情入理,一下子消除了刘邦的疑心。因为刘邦坦荡大度,自然也喜欢说实话的人。他立即向陈平表示歉意,并厚加赏赐,任命他为护军中尉,"尽护诸将",把监督诸将的全权交给了陈平。从此以后,汉军的将领们再也无人敢向刘邦讲陈平的坏话,而陈平在汉军中的地位也不可动摇了。

公元前204年(汉三年)四月,项羽指挥的楚军对汉军发动了空前猛烈的攻势,汉军通往敖仓的运粮甬道被截断,刘邦也被围困于荥阳城内陷于困境。处在危机中的刘邦向项羽发出求和的信号,要求以荥阳为界中分天下,停止战争。被项羽断然拒绝。刘邦求教于陈平说:"天下纷纷,何时定乎?"虽然刘邦看不出项羽的攻势已是强弩之末,对前程颇感困惑,但陈平却已经敏锐地看到了汉军胜利的曙光。他对刘邦仔细分析了楚汉两军特别是

---

① 《史记·陈丞相世家》。
② 《史记·陈丞相世家》。
③ 《史记·陈丞相世家》。

各自统帅的优缺点,指出只要刘邦扬两长,去两短,胜利指日可待。他建议刘邦使用"反间计",离间项羽的君臣关系,使汉军从中渔利。他说:

> 项王为人,恭敬爱人,士之廉节好礼者多归之。至于行功爵邑,重之,士亦以此不附。今大王慢而少礼,士廉节者不来;然大王能饶人以爵邑,士之顽钝嗜利无耻者亦多归汉。诚各去其两短,袭其两长,天下指麾则定矣。然大王恣侮人,不能得廉节之士。顾楚有可乱者,彼项王骨鲠之臣亚父、钟离眜、龙且、周殷之属,不过数人耳。大王诚能出捐数万斤金,行反间,间其君臣,以疑其心,项王为人意忌信谗,必内相诛。汉因举兵而攻之,破楚必矣。①

刘邦不计较陈平对自己缺点的直言不讳的分析,十分赞赏陈平提出的反间计,立即拿出黄金四万斤交与陈平,"恣所为,不问其出入"。陈平散金与楚人,让他们四处散布钟离眜等人有功不得封王,因而对项羽不满,并将与汉军联合反楚的消息,果然引起了项羽的疑心,君臣之间开始出现裂痕。正在此时,项羽的使者来到汉军军营。陈平于是先命人摆出太牢之具,准备以隆重的礼节宴请使者;及至将楚使引来,又故作惊讶地说,原以为使者为亚父范增所遣,今不意为项王使者。随即撤去太牢之具,换上粗劣的食物,使者感到莫大的侮辱,回去之后即将此情况报告项羽。项羽果然中计,真的相信范增与刘邦暗中勾结,由此怀疑到范增的一言一行。恰在此时,范增向项羽提出了趁刘邦势孤力穷时猛攻荥阳的建议,被项羽严词拒绝。当范增知道自己无端被怀疑以后,愤怒异常,曰:"天下事大定矣,君王自为之。愿赐骸骨归卒伍。"遂毫不犹豫地离开了项羽。这位年过古稀的老人在回彭城的路上"疽发背而死"。范增是项羽的头号谋士,他阅历丰富,头脑敏锐,在项羽集团中是最有战略眼光的老谋深算的人物,他的愤然离去,对于楚军无疑是一个不可估量的损失,对于汉军则不啻是一个巨大的胜利。得到范增离开项羽的消息之后,陈平马上为刘邦设计了一个自荥阳突围的策略。他先让两千女子与假冒刘邦的纪信一起,乘夜色在一片喧哗中出荥阳东门,引诱楚军全力截击。与此同时,陈平则保护刘邦悄悄从西门遁出。当楚军发现受骗上当时,已经追之不及了。刘邦回到关中以后,整顿土马,调整部署,统率新的生力军重返荥阳前线,从而扭转了战局。公元前203年(汉四年)十二月,当韩信平定齐国之后派使者向刘邦要求假齐王的封号时,陈平又与张良一起劝说刘邦满足韩信的要求,给予他齐王的封号。从而使韩信留在汉军阵营,并指挥他手下那支强大的部队参加了对项羽的最后歼灭战。

---

① 《史记·陈丞相世家》。

西汉皇朝建立以后,张良体弱多病,不像战争年代那样经常为刘邦出谋划策了。陈平此后替代了张良,一直处于决策的中心,几乎参与了一切重大的政治和军事的决策。他积极协助刘邦进行削平异姓诸侯王的斗争。公元前201年(汉六年),当刘邦接到楚王韩信谋反的密报以后,立即召集文武群臣研究对策。将军们慷慨激昂,一致建议大张旗鼓地发兵讨伐。刘邦知道韩信的军事才干,觉得诉诸武力没有必胜的把握,就问陈平怎么办。陈平曰:"人之上书言信反,有知之者乎?"曰:"未有。"曰:"信知之乎?"曰:"不知。"陈平问:"陛下精兵孰与楚?"刘邦回答:"不能过。"又问:"陛下将用兵有能过韩信者乎?"刘邦老实回答说:"莫及也。"陈平接着分析说:"今兵不如楚精,而将不能及,而举兵攻之,是趣之战也。窃为陛下危之。"刘邦向陈平请教:"为之奈何?"于是陈平为刘邦设计了一个不动刀兵,让韩信自投罗网、束手就擒的方案:

> 古者天子巡狩,会诸侯。南方有云梦,陛下弟出伪游云梦。会诸侯于陈。陈,楚之西界,信闻天子以好出游,其势必无事而郊迎谒。谒,而陛下因擒之,此特一力士之事耳。[①]

陈平提出的智擒韩信的方案,是一个最省事、省力但却带有一定冒险性的方案。这个方案成功的关键在于秘密,使韩信在始料不及的情况下陷身罗网。陈平清楚,韩信与刘邦之间的矛盾虽然已经激化,但他还不想同刘邦公开冲突。凭功劳,韩信认为刘邦还不至于无情无义到诛杀自己的地步,所以压根就不会想到刘邦会密谋逮捕他。因而尽管心存疑忌,还是依照礼仪迎接刘邦。陈平的方案获得成功,消除了刘邦的一大心腹之患。刘邦带着胜利的喜悦回到洛阳之后,立即封陈平为户牖侯,以酬赏他的运筹帷幄之功。陈平故意辞谢说:"此非臣之功也。"刘邦追问:"吾用先生之谋计,战胜克敌,非功而何?"陈平回答说:"非魏无知臣安得进?"刘邦恍然大悟,大概也忆起了楚汉战争期间他对魏无知与陈平的责难,于是赞扬陈平说:"若子可谓不背本矣!"[②]同时对魏无知进行了酬赏。

公元前200年(汉七年)冬天,以晋阳为根据地的韩王信叛汉降匈奴,引匈奴骑兵南下劫掠,北部边境,烽烟四起。刘邦率三十万大军北征,期望一战解除边患。陈平随行,襄赞军务。由于战略决策的失误,孤军深入,刘邦所统帅的汉军在平城白登(今山西大同)陷入匈奴骑兵的包围。一连七昼夜,人马不得食,士卒冻馁死亡甚众。又是陈平出奇计,买通了匈奴的阏氏,才使刘邦得以突围而出。刘邦一行南返洛阳,途中经过曲逆(今河北完县

---

① 《史记·陈丞相世家》。
② 《史记·陈丞相世家》。

东)时,对该县的富庶大加赞赏:"壮哉县! 吾行天下,独见洛阳与是耳。"①为了酬赏陈平使自己平城脱险的功劳,就改封他为曲逆侯,食邑五千户,实际上是全县的户数。此后,陈平又以护军中尉的官职,随刘邦参加了讨平陈豨、英布等的战斗。"凡六出奇计,辄益邑,凡六益封。奇计或颇秘,世莫能闻也"②。总之,陈平在西汉建国后,取代张良,成为刘邦身边的主要谋臣,在刘邦指挥的战争中,几乎每役必与,发挥了别人无法替代的重要作用,建立了不可磨灭的功勋。

从公元前206年陈平离开项羽投奔刘邦,至公元前195年刘邦寿终正寝,十多年的时间内,陈平一直跟随刘邦南征北战,在楚汉战争,消灭异姓诸侯王的斗争和反击匈奴的战争中,频出奇计,屡建奇功。陈平与张良一样,虽然不能亲赴前线冲锋陷阵,但却以自己的老谋深算发挥别人无可替代的作用:或使刘邦摆脱困厄,变不利为有利;或使刘邦以较小的代价换取较大的成功;或兵不血刃,取得比大规模流血还要大的胜利。在这十多年的艰难历程中,陈平非凡的才智,绝对的忠贞,经历了不同寻常的考验,因而获得了刘邦的极大信任,被视为可以托六尺之孤的忠臣,汉皇朝的重要支柱。

公元前195年(汉十二年)十一月,刘邦平定英布的叛乱后带病返回长安。不久,又得到燕王卢绾反叛的消息,于是立即命令樊哙率兵进击。然而,樊哙刚刚率军离开长安,就有人在刘邦面前进谗言诋毁他。病中的刘邦勃然大怒,立即命令陈平与周勃急驰至樊哙军中,将樊哙就地斩首,由周勃接替指挥权。二人受诏上路之后,明白这是一项非常棘手的任务,况且处在刘邦病情严重的时刻,决不能等闲视之。于是计议说:"樊哙,帝之故人也。功多,且又乃吕后妹吕媭之夫,有亲且贵,帝以忿怒故,欲斩之,则恐后悔。宁囚而致上,上自诛之。"③二人的考虑是周密的,他们采取的矛盾上交的办法也是当时最好的选择。二人来到前线,一面将樊哙囚送长安,一面以周勃代统其众迅速平定了燕地的叛乱。陈平在返回长安复命的路上得到了刘邦的死讯,深恐吕后和樊哙妻子吕媭迁怒于他,立即决定先返长安,以便向吕后姊妹作出解释。但途中却接到使者专门传达的吕后之命,要陈平与灌婴一起屯兵荥阳。陈平接受诏书以后,思之再三,决定不去荥阳赴任,而是先回长安。陈平回到长安以后,连家门也未进,就奔到刘邦的灵前痛哭不止。同时向吕后复命,详细说明奉刘邦之命处理樊哙事件的经过,以求得到吕后的谅解。吕后看到陈平在刘邦灵前如丧考妣的样子,同时也感到他处理樊哙之事也比较得体,就没有怪罪他,只是要他回家休息。陈平怕吕媭及其亲信乘自己不在时向吕后进谗言,坚决请求留在宫中为刘邦的丧

① 《史记·陈丞相世家》。

② 《史记·陈丞相世家》。

③ 《史记·陈丞相世家》。

事服务。吕后见他态度至诚,言词恳切,就批准他的要求,同时任命他为郎中令,担任皇宫的卫戍任务,因而得以不离惠帝和吕后左右。如此一来,吕媭等人的谗言便无从得逞了。不几天,樊哙被解至长安,吕后当即下令予以赦免,复故爵食邑。从陈平奉刘邦之命处理樊哙问题到返回长安后的一系列活动,突出地表现了他超人的机智和处理复杂问题的能力。很短的时间内,陈平一次违背刘邦的命令,一次违背吕后的命令,每一次都可能使自己陷于死罪,可是陈平的两次违抗圣旨,恰恰为自己免祸创造了条件。陈平敢为人所不敢为,正显示了他的过人之处。

陈平为郎中令六年之久,终日周旋于惠帝吕后之间,进一步赢得了他们的信任。公元前189年(汉惠帝六年),相国曹参病逝。陈平由郎中令晋升为左丞相。安国侯王陵做了右丞相,地位居陈平之上。王陵(?—公元前181年),也是刘邦的同乡,"始为县豪",说明他一定出身于较殷实的人家。刘邦微时"兄事陵",表明他们是老朋友。后来刘邦发动丰沛起义,投身反秦斗争,组织领导了一支强大的队伍,一直打进咸阳。与此同时,王陵也拉起了一支数千人的队伍,同秦军作战,屯驻南阳一带,但一直到楚汉战争前夕,他还是独立活动,既未归附刘邦,也没有投奔项羽,项羽分封时,或者由于王陵未归顺于他,或者由于力量太小影响不大,因而什么封号与地盘也没有得到。楚汉战争开始以后,王陵意识到凭自己手中这一点力量实在难以独立存在,只能在楚汉两大集团之间进行选择。经过慎重比较后,他毅然选择了自己的老朋友刘邦。项羽为报复王陵,虏其母亲为人质,要挟王陵投诚。王陵母亲私送儿子派来的使者,泣曰:"为老妾语陵,谨事汉王。汉王,长者也,无以老妾故,持二心。妾以死送使者。"①遂伏剑而死。为此,项羽残忍地烹煮了王陵母亲的尸体。王陵之母是一个深明大义的老人,项羽对待她的暴行进一步坚定了王陵归附刘邦的决心。不过,王陵虽然已经投到刘邦的麾下,但因为他与刘邦的仇人雍齿相友善,再加上长期不愿归属刘邦,所以没有马上受到重用,直到很晚才得到一个安国侯的封号。但是,王陵毕竟是刘邦的同乡和老朋友,"为人少文任气,好直言",具有许多别人不具备的品质。所以刘邦临终前留下遗言,让这位"少戆"的老友继萧何、曹参之后任汉朝的丞相。王陵任右丞相后二年,即公元前187年(汉惠帝八年),汉惠帝死去。吕后为了加强和巩固自己的权力,打算封自己的侄儿为诸侯王。有一次,她在朝堂上征求大臣们的意见,先试探王陵的口气,王陵丝毫不予通融。他振振有词地说:"高皇帝刑白马而盟曰:'非刘氏而王者,天下共击之。'今王吕氏,非约也。"②对吕后的要求断然加以拒绝,使吕后很不高兴。吕后转而试探陈平与周勃,这两位城府很深的人物知道当时他们自己无力阻止吕后封王诸吕,就顺水推舟地迎合说:"高皇

---

① 《汉书·王陵传》。
② 《汉书·王陵传》。

帝定天下,王子弟;今太后称制,欲王昆弟诸吕,无所不可。"①他们的话自然赢得了吕后的欢心。王陵知道陈平与周勃讲的是违心的话,对他们十分不满,罢朝以后,就怒形于色地责备二人说:"始与高帝歃血而盟,诸君不在邪?今高帝崩,太后女主,欲王吕氏,诸君纵欲阿意背约,何面目见高帝于地下乎!"陈平面对疾言厉色的王陵,并不生气,十分坦然地说:"于面折廷争,臣不如君;全社稷,定刘氏后,君亦不如臣。"②陈平明白,在当时的情势下,封王诸吕已是吕后不可动摇的方针,朝中大臣谁也无力阻止。为了与诸吕进行长期而有效的斗争,首先必须保住自己的职位。为此,宁肯暂时迎合吕后而保住权位,也不能正面抗争而被赶出朝堂。只要保住权位,就为以后伺机而起创造了条件。事实证明,陈平当时采取的斗争策略是正确的。过于质直的王陵很快被夺去了相权,而迁为有职无权的太傅。王陵决定与吕后对抗到底,"以谢病免",不接受太傅之职,后来"杜门竟不朝请",不屑与吕后见面。最后于公元前181年(吕后七年)忧愤而死。平心面论,王陵在刘邦的布衣将相群中是个比较一般的人物,其智慧、谋略与功劳较之萧何、张良、陈平、曹参、周勃、樊哙、灌婴等人逊色多了。不过,王陵虽然较晚才归附刘邦,但对刘汉皇朝的耿耿忠心却能一以贯之,毫不动摇。在吕后的淫威面前,敢于面折廷争,毫不掩饰地讲出自己的观点,置生死荣辱于度外,宁肯丢官也不妥协,骨鲠之气,溢于言表。尽管在复杂的政治斗争中,王陵显得过于戆直,但在刘邦的布衣将相群中,能如此者,也只有王陵一人而已。

王陵罢相之后,吕后晋升陈平为右丞相,同时以自己的亲信审食其为左丞相,实际上把持了丞相府的大权。陈平知道,此时必须行韬晦之计,使吕后放松对自己的警觉。于是他装出一副淡于名利,倦于政事的样子,"为相非治事,日饮醇酒,戏妇女"③。这一着果然起了麻痹吕后的作用。虽然吕婺多次在吕后面前以此诋毁陈平,但吕后对此却由衷地高兴,认为陈平是一个毫不可怕的酒色之徒,丝毫不会造成对自己的威胁。有一次,她故意当着吕婺的面笑嘻嘻地对陈平说:"鄙语曰'儿妇人口不可用',顾君与我何如耳,无畏吕婺之谗也。"④明白无误地告诉陈平:只要你一切顺着我,富贵利禄可保无虞。不久,吕后就立诸吕为王再次征求陈平意见时,陈平又佯装同意。通过这些办法,陈平保住了相位,从而为日后诛杀诸吕创造了条件。在处理同吕后的关系上,陈平显得圆滑世故,在策略上确比王陵高明。在同吕氏集团的斗争中,王陵是一个正气凛然的失败者,陈平却是一个老谋深算、笑到最后的胜利者。

公元前180年(吕后八年),吕后死去。陈平与周勃一起,团结朝野的拥刘势力,通过一次军事政变,一举诛杀诸吕,迎代王刘恒即皇帝位,从而把汉皇朝导向了一个新的稳定

① 《汉书·王陵传》。

② 《汉书·王陵传》。

③ 《史记·陈丞相世家》。

④ 《史记·陈丞相世家》。

发展的历史时期。

　　在策划和实施诛杀诸吕的过程中,陈平和周勃同样建立了不可磨灭的功绩。所以,在文帝即位以后,他们双双被任命为丞相,而陈平居右。此时,陈平感到周勃资格比自己老,功劳比自己高,官职反而比自己低,就决定将右丞相之位让于周勃。为此,他借故生病不履行职责。文帝对陈平的行动感到奇怪,就询问原因。陈平坦率地说:"高祖时,勃功不如臣平;及诛诸吕,臣功亦不如勃,愿以右丞相让勃。"①文帝接受陈平的要求,晋升周勃为右丞相,位居第一。陈平降为左丞相,位居第二。同时,赏赐陈平金千斤,益封三千户。过了一段时期,文帝逐渐熟悉了国家政务,经常与朝臣讨论有关问题。有一次在朝见群臣的时候,文帝连问周勃:"天下一岁决狱几何?""天下一岁钱谷出入几何?"周勃皆瞠目结舌不知所对,以致汗流浃背,羞愧难当。当文帝转而问陈平时,陈平回答"有主者",并从容解释说:"陛下即问决狱,责廷尉;问钱谷,责治粟内史。"文帝又追问:"苟各有主者,而君所主者何事也?"陈平微微一笑,胸有成竹地侃侃而谈:

　　　　主臣!陛下不知其驽下,使待罪宰相。宰相者,上佐天子理阴阳,顺四时,下育万物之宜,外镇抚四夷诸侯,内亲附百姓,使卿大夫各得任其职焉。②

文帝对陈平的回答十分满意,因为丞相作为总理朝政、领导百官的国家最高行政长官,他的任务是协助皇帝掌握国家大政方针的决策和整个国家机器的运转,而不必事事躬亲,更不需要对具体部门的工作越俎代庖。下朝以后,惭愧得有点无地自容的周勃责备陈平说:"君独不素教我对!"陈平笑着说:"君居其位,不知其任也?且陛下即问长安中盗贼数,君欲强对邪?"③这次朝对,使周勃知道自己处理国家政务的能力远不及陈平。于是他自愿呈请罢相,让陈平一人做丞相。此后,陈平一人独任汉朝丞相直到公元前178年(汉文帝二年)他病逝为止。

　　在刘邦的布衣将相群中,陈平是一个特点鲜明的人物。他的足智多谋近于张良,但二人却性格迥异。张良作风谨严,思虑周全,凡事三思而后行,因而任何事情都处理得圆满周到,天衣无缝。所以很少授人以柄,几乎给人以完人的印象。陈平则豁达大度,不拘小节,善出奇计,敢为人所不为,以权谋私,受诸将金,毫不隐讳。但他大节无亏,智谋超人,能为别人所不能为。虽然周围物议纷纷,刘邦却对他愈益信任。陈平与张良一样,在楚汉战争的艰难岁月里经常追随刘邦左右,随时献计献策,往往在事关全局的重大问题上提出

---

　　① 《史记·陈丞相世家》。
　　② 《史记·陈丞相世家》。
　　③ 《史记·陈丞相世家》。

正确的建议,协助刘邦做出正确的决策,显示了高瞻远瞩的卓识,立下了别人无法替代的功劳。但在楚汉战争结束,汉皇朝建立以后,张良与陈平的行动却似乎截然相反了。张良淡于名利,辟谷养生,退隐求全。陈平则依然故我,积极参加了一系列尖锐的政治与军事斗争。他不仅在协助刘邦平定异姓诸侯王和同匈奴的斗争中"六出奇计",而且在刘邦死后又历仕两朝,最后在诛杀诸吕、保卫刘氏皇统的斗争中起了重要作用。晚年位居丞相,全面执掌了大汉皇朝的朝政,权势荣华,达于顶点。最后在汉皇朝进入辉煌的"文景之治"时无疾而终。陈平归汉二十七年,历仕三朝,对汉皇朝的建立、巩固和发展做出了重大的贡献。在千回百转、波澜起伏、险象环生的军事政治斗争中,他运筹帷幄,从容不迫,奇计迭出,所谋必中。尽管朝中同僚对他嫉妒怨恨者不乏其人,但谁也动不了他半根毫毛。其根本原因在于,一是他对汉皇朝绝对忠诚,因而从刘邦那里取得了不可动摇的信任;二是他有着超人的智慧与谋略,使他能够在看来险峻的小道上如履坦途。他自称"多阴谋",城府很深,善于把自己的真实思想感情掩饰得不露形迹。刘邦死后,吕后专权,形势对忠于刘氏皇统的人是不利的。陈平机智圆滑,巧于应付,保住了自己的官位,在吕后的鼻子底下隐蔽下来。但是,陈平的立场又是坚定不移的,自从跟定刘邦以后,他对刘氏皇朝的忠诚从来就没有动摇过。因为他明白,只有在刘邦麾下,他的聪明才智才能得到充分发挥,也才能得到自己追求的功名利禄。陈平特别善于审时度势,善于选择斗争时机,在条件成熟时他对吕氏集团的斗争显得坚定而又彻底。陈平是汉初黄老思想的信奉者和黄老政治的忠实推行者,汉初社会生产的恢复和发展,社会经济的走向繁荣以及社会生活的逐渐安定,都有他的一份功劳。陈平生当乱世,前后侍奉过魏豹、项羽、刘邦、惠帝、吕后和文帝等六位主人,经历过极其复杂险恶的政治、军事、外交和宫廷阴谋的斗争,陈平能够做到履险如夷,生荣死哀,不能不说他得力于黄老之学的谋略和权术。如果说,在曹参身上,人们更多地看到的是黄老思想的"无为"的一面;那么,在陈平身上,人们更多看到的似乎就是黄老思想的"无不为"的一面了。司马迁这样评价陈平:

> 陈丞相平少时,本好黄帝、老子之术。方其割肉俎上之时,其意固已远矣。倾侧扰攘楚魏之间,卒归高帝。常出奇计,救纷纠之难,振国家之患。及吕后时,事多故矣,然平竟自脱,定宗庙,以荣名终,称贤相,岂不善始善终哉!非知谋孰能当此者乎?[①]

这应该是同时代人的中肯评价。

----

① 《史记·陈丞相世家》。

四、"安刘者必勃"

在汉初的布衣将相群中,周勃与樊哙、灌婴等同属于一种类型:他们是刘邦的同乡与朋友,一起参加丰沛起义,能征惯战而又对刘氏皇朝绝对忠诚,但文化水平较低,政治上无大建树。

周勃(? —公元前169年),秦朝泗水郡沛县人。他出身贫寒,以编织苇薄为生。在人家办丧事时,他也常去吹箫,混碗饭吃。是一个有点才艺的小手工业者。大概因为生长于战乱年代,他自幼习武,弓马娴熟,再加上职业特点,使他结交了大批地方上的豪杰之士,因而眼界开阔,洞明世事。公元前209年(秦二世元年)九月,他参加了刘邦领导的丰沛起义。此后,他一直作为一位勇敢善战的将军驰骋疆场,为汉皇朝的建立和巩固屡建奇功。从公元前209年(秦二世元年)至公元前206年(汉元年),在历时三载的反秦战争中,周勃一直追随刘邦转战各地,参加了同秦军的一系列战斗。最后攻破武关、峣关,消灭秦军于蓝田,迫使秦王子婴拱手向起义军投降。在历时四年的楚汉战争中,周勃又随刘邦出汉中,取三秦,东出函谷关,与楚军鏖战于中原。公元前202年(汉五年)十二月,参加了围歼项羽的最后战斗。以后,又随刘邦平定了燕王臧荼的叛乱,征伐投降匈奴的韩王信和叛将陈豨,稳定了汉朝北部边疆的形势。

公元前195年(汉十二年),燕王卢绾降匈奴。病中的刘邦先是命樊哙带兵平叛,后又命周勃以相国代樊哙指挥汉军平叛。不久,刘邦死去。此时,周勃正率军与叛军激战,一举攻克蓟城(今北京)并生俘卢绾的大将、丞相、太尉、御史大夫等重要官吏。继而追歼其残部。一直攻至长城脚下。平定上谷十二县,右北平十六县,辽西辽东二十九县,渔阳二十县。使东北边境的形势基本上稳定下来。

周勃戎马半生,战功赫赫。据《史记》记载,他随刘邦参加征战数十次,共俘相国一人,丞相二人,将军、二千石各三人。自己单独统军破敌二军,克城二座,平定五郡七十九县,生俘丞相、大将各一人。

当周勃平定燕地,率军凯旋长安的时候,刘邦已经去世。惠帝继位后,周勃以列侯的身份侍从左右。公元前189年(汉惠帝六年),吕后遵循刘邦的遗嘱,任命周勃做了太尉。在吕后封王诸吕时,他与陈平佯装赞同,讨得了吕后的欢心,保住了自己的官位,与丞相陈平一起在吕后身边隐藏下来。公元前180年(吕后八年),吕后病死,周勃当机立断,与丞相陈平、朱虚侯刘章等共同谋划,诛杀吕禄、吕产为首的吕氏集团,迎代王刘恒即帝位,恢复了刘氏的皇统。周勃因功晋升为右丞相,赐金五千斤,食邑万户,位居陈平之上。但周勃自知行政才能远逊于陈平,又担心功高震主,为求免祸,他在做右丞相月余(《汉书》作十余月)以后即自动归还相印,由陈平独任丞相。第二年,陈平去世,周勃复任丞相。但十个月后,文帝就以列侯就国须丞相带头为理由,下令周勃罢相就国,从此,周勃就回到了他的封地——绛(今山西曲沃东)。不久,文帝任命灌婴为丞相,并取消了太尉的官职。从文帝的举措可以看出,虽然周勃在恢复刘氏皇统、迎文帝继承大统此一重大事件中立下了头等功劳,起了至关重要的作用,但文帝对他却并不十分放心。这是因为文帝与周勃之间缺乏较深厚的感情联系,而位高权重并且在军中有着崇高威望的周勃始终使文帝感到一种威胁,只有解除他的一切权柄,让其回到自己的封地,文帝才能安心。

罢相就国显然使周勃感到自己受到了不公平的待遇,因而产生了对朝廷的疑惧。所以他到了自己的封地之后,总是小心翼翼地待人接物,时刻提防着朝廷的暗算。每当河东郡的守尉行县到他的封地时,周勃总害怕猝不及防而被诛杀。因此,每次出见郡守、郡尉时,他常全身披挂,连家人也手持兵器,如临大敌。这种情况,自然不断地反映到文帝那里。后来,有人上书诬告周勃谋反,文帝立即命令廷尉将他逮捕治罪。周勃被系入廷尉所属大狱后,内心悲愤莫名。他明知自己无罪,但却不知如何为自己辩诬,还不断遭受狱吏的污辱。后来,他以千金贿赂狱吏,希望狱吏给予帮助。狱吏一言不发,只在所执牍簿的背面写上"以公主为证"五个字指给周勃看。公主者,文帝之女,为周勃子妇。狱吏示意通过公主的关系到文帝那里辩白。周勃豁然开朗。此法果然灵验,公主立即通过将军薄昭向自己的祖母薄太后申述了周勃的冤情。薄太后知道了具体情况之后,怒气冲冲地来见文帝。她将头巾掷向儿子,声色俱厉地质问他:"绛侯绾皇帝玺,将兵于北军,不以此时反,今居一小县,顾欲反邪!"这话说得合情合理,汉文帝也醒悟过来,立即下令赦免周勃,复故爵食邑。一场带点喜剧色彩的风波就此烟消云散。周勃出狱后,感慨万千地说:"吾尝将百万军,然安知狱吏之贵乎!"①周勃又回到自己的封地,安闲地度过了自己的晚年,于公元前169年(汉文帝十一年)病逝。

周勃从公元前209年(秦二世元年)随刘邦参加丰沛起义,至公元前169年(汉文帝十一年)离开人世,整整四十个春秋,对汉皇朝的建立、巩固和发展做出了巨大贡献。在汉初的布衣将相群中,周勃是"重厚少文"、"木强敦厚"的一种典型。他为人忠厚,对刘邦和汉皇朝矢志忠贞。他英勇善战,在十数年的激烈鏖战中屡建奇功,勋业卓著。因而从刘邦那里几乎获得了绝对的信任。刘邦在临终前还认为周勃"可以属大事",要吕后任命他为太尉,并预言"安刘者必勃"。果然,公元前180年(吕后八年),在诸吕图谋发动叛乱、刘氏皇统岌岌可危之际,周勃挺身而出,利用手中的兵权,在陈平等人的赞襄下,一举诛杀诸吕,使刘氏转危为安,立下了最后也是最大的一项功劳。但是,周勃因出身卑微,少年时期无

---

① 《史记·绛侯周勃世家》。

机会读书,战争年代无暇读书,和平年代又不注意读书,如此一来,终其一生亦不过一介武夫。尽管战争年代他在疆场上驰骋自如,如鱼得水,但在和平年代,当他位居丞相承担治理国家的重任时,就显得力不从心,难以胜任了。史载他"每召诸生说士,东乡坐而责之:'趣为我语。'"①要求说话直来直去,反对引经据典,拐弯抹角。不仅如此,他对有才干的知识分子还采取排斥态度。如当时的洛阳才子贾谊,二十岁即被任为博士,是同僚中最年轻的。"每诏令下,诸老先生未能言,谊尽为之对,人人各如其意所出。诸生于是以为能。文帝说之,超迁,岁中至太中大夫。"②其后,对汉朝的制度、法律、礼乐、历法等都提出了建设性的改革意见,得到汉文帝的赏识,"于是天子议以谊任公卿之位"。这时,周勃与灌婴等人一同向文帝进谗言,诋毁贾谊说:"雒阳之人年少初学,专欲擅权,纷乱诸事。"③结果使文帝改变主意,贾谊终生未跻入公卿之列,而以三十三岁之年华抑郁而逝。西汉初年,文教不昌,有才华的年轻士人得不到提拔重用,与周勃等人的把持朝政不无关系。不过,周勃这个人还有些自知之明。文帝继位后,他的政治生涯达到辉煌的顶点,当他发现自己位居右丞相不称职时,立即称病让贤把右相职位让于陈平,并未尸位素餐,恋栈不去。这是值得赞赏的。当文帝即位的时候,西汉历史已进入承平发展时期,周勃之类文化水准较低的将军们已难以承担治理国家的重任,文帝让他就国养老实在是一种较为得体的处置。后来,在周勃的生活中虽然出现了系狱一幕小小的喜剧,但其十年左右的晚年基本上是在富贵安乐的优游岁月中度过的。对于周勃来说,这应该是赏当其功的最好结局了。

---

① 《史记·绛侯周勃世家》。
② 《汉书·贾谊传》。
③ 《汉书·贾谊传》。

五、众星拱辰(上)

除了萧何、张良、曹参、陈平、王陵、周勃等人之外,在汉初布衣将相群中还有一大批著名人物,他们犹如众星拱辰环绕在刘邦周围,共同缔造和拱卫着新兴的大汉皇朝。

樊哙是汉初布衣将相群中的一员虎将,具有十分突出的事功和鲜明的个性特征。他英勇善战,坦诚无私,直言无忌,敢作敢为。他走到哪里,那里的气氛就活跃起来,一些矛盾和困难也就迎刃而解。

樊哙(? —公元前 189 年),秦朝泗水郡沛县人,参加丰沛起义之前以屠狗为业,与社会下层的三教九流有着广泛的联系。他与刘邦交谊深厚,公元前 210 年(秦始皇三十七年),当刘邦私自放走刑徒,隐于芒砀山泽之间的时候,他是第一批最忠实的追随者。第二年,在刘邦谋划反秦起事的过程中,他在刘邦、萧何、曹参之间往来联络,传递消息,起了重要作用。陈胜、吴广起义的消息传来以后,他奉萧何、曹参之命迎接刘邦一行至沛城,举行了具有历史意义的丰沛起义。从此以后,樊哙追随刘邦南征北战,以其绝对的忠诚,世罕其匹的勇敢和粗犷豪放的性格,在汉初历史上留下了重要的一页。刘邦起事以后,樊哙追随他所领导的起义军参加了反秦战争的几乎所有重大战役,直至入关灭秦。当刘邦进入咸阳被阿房宫的珍宝美女吸引而不愿离去时,樊哙第一个站出来进行义正词严的劝谏,二人有如下一段对话:

> 哙曰:"沛公欲有天下邪? 将欲为富家翁邪?"沛公曰:"吾欲有天下。"哙曰:"今臣从入秦宫,所观宫室帷帐珠玉重宝钟鼓之饰,奇物不可胜极,入其后宫,美人妇女以千数,此皆秦所以亡天下也。愿沛公急还霸上,无留宫中。"[①]

后经张良再劝,刘邦终于醒悟,离开了秦宫。在三年多的反秦战争中,樊哙以一个狗屠,脱颖而出,锻炼成刘邦麾下一个能征惯战、识见超群的将军,确乎是时代铸造的英雄。想想起义军进入咸阳的情景吧:这批来自社会最下层的造反者,先是被秦首都宫室的雄伟壮丽、珍宝美女惊得目瞪口呆,继而带着复仇的疯狂进行劫掠,连他们的首领刘邦也昏昏然地想尽情享受一番。此时,起义军中头脑保持清醒的人只不过萧何、张良、樊哙三人而已。樊哙能在关键时刻向发昏的刘邦进上一言,送上一副清醒剂,显示了他的思想境界远远高出他的同伴,是十分难能可贵的。

---

① 《史记·留侯世家》裴骃《集解》引徐广所见别本。

刘邦一军入关以后不久,项羽统帅的四十万大军也于公元前 206 年(汉元年)十二月进入关中。双方剑拔弩张,大战有一触即发之势。在惊心动魄的鸿门宴上,樊哙作为刘邦的得力卫士,在项庄舞剑,意在沛公的关键时刻,仗剑持盾,直闯营门,推倒持戟守卫的士卒,进入项羽举行宴会的营帐。项羽对樊哙的出现十分震惊和感佩,就问来人是谁。在张良说明他就是刘邦的卫士樊哙时,项羽一面称赞他是一位壮士,一面命人赐他酒和生猪腿。樊哙接过来,大口饮酒,以剑切食生肉,旁若无人。项羽曰:"壮士,能复饮乎?"樊哙面对项羽,慷慨陈词说:

> 臣死且不避,卮酒安足辞! 夫秦王有虎狼之心,杀人如不能举,刑人如恐不胜。天下皆叛之。怀王与诸将约曰:"先破秦入咸阳者王之。"今沛公先破秦入咸阳,毫毛不敢有所近,封闭宫室,还军霸上,以待大王来。故遣将守关者,备他盗出入与非常也。劳苦而功高如此,未有封侯之赏,而听细说,欲诛有功之人。此亡秦之续耳,窃为大王不取也。①

快人快语,一时把项羽说得无言以对。后来,刘邦借上厕所的机会,与樊哙一起离开项羽的营帐。张良则要求刘邦借机迅速返回自己的军营。当刘邦还为自己的不辞而别犹豫不决时,樊哙则坚决地说:"大行不顾细谨,大礼不辞小让,如今人方为刀俎,我为鱼肉,何辞为!"②毅然保护刘邦抄小路回到自己在霸上的军营。历史记载:"是日,微樊哙奔入营谯让项羽,沛公事几殆。"③鸿门宴脱险一幕,充分显示了樊哙的机智勇敢、沉着果断和大义凛然的品格风貌,是樊哙一生中最光彩的情节之一。

刘邦被项羽分封为汉王以后,即赐樊哙列侯之爵,晋升他为郎中,一起随汉军入汉中。公元前 206 年(汉元年)八月,樊哙随刘邦参加还定三秦的战役。他统帅的一支汉军,成为与章邯军搏战的主力,连战连捷。最后以水灌章邯坚守的废丘(今陕西兴平境),迫使章邯自杀,在攻取关中之役中夺得首功。以后在长达四年的楚汉战争中,樊哙始终活跃在最前线。他时而单独率军出击,以配合刘邦的正面战场;时而又同刘邦一起,同项羽直接指挥的楚军主力殊死鏖战。公元前 202 年(汉五年)十二月垓下之战前夕,他独率一军北上,攻克胡陵(今山东鱼台东南),肃清了彭城以北的敌军,从北面给垓下会战以有力的支援。

汉皇朝建立以后,樊哙又跟随刘邦从事削平异姓诸侯王的斗争。公元前 202 年(汉五年)七月,随刘邦征伐反叛的燕王臧荼,平定燕地。公元前 201 年(汉六年)十二月,随刘邦

---

① 《史记·项羽本纪》。

② 《史记·项羽本纪》。

③ 《史记·项羽本纪》。

伪游云梦,在陈(今河南淮阳)生擒楚王韩信,因功赐爵舞阳侯。公元前200年(汉七年)十月,随刘邦征伐韩王信,与周勃共同平定云中等郡。公元前197年(汉十年)九月,率兵进击反叛的代相陈豨,又在参合(今山西阳高)与韩王信一军激战,所部士兵击杀叛汉降匈奴的韩王信。紧接着,又在横谷打败陈豨指挥的匈奴骑兵,斩杀其将军赵既,生俘代国丞相冯梁、郡守孙奋、大将王黄、太仆解福等十余人,平定代国乡邑七十三。公元前195年(汉十二年),燕王卢绾叛汉降匈奴。樊哙奉刘邦之命,以相国的职务统帅汉军进击。蓟南(今北京南)一战,打败燕国丞相指挥的军队,夺取燕地十八县。可是,正当樊哙督军乘胜与燕兵激战的时候,有人在刘邦面前进谗言,诬陷樊哙党与吕后,一旦刘邦驾崩,樊哙就会诛杀戚夫人和赵王如意等人。病中的刘邦对此未加明察,立即命令陈平与周勃昼夜兼程奔赴前线,将樊哙就地斩首,并由周勃代替樊哙继续指挥对卢绾的作战。陈平、周勃几经权衡,没有完全执行刘邦的命令,只是将樊哙监押起来,送回长安交刘邦自行处置。当樊哙被押至长安时,刘邦已经死去。大权在握的吕后即刻赦免樊哙,复故爵食邑。樊哙本来无任何罪过,被赦是理所当然的。樊哙的夫人是吕后的妹妹吕媭,他与吕后的关系非同寻常。但是,刘邦死后,樊哙却并未受到重用。推测其原因,或者樊哙与吕后意见相左,吕后故意不用;或者樊哙厌弃官场生活,追求家居的恬静;或者身体有病,不胜官事繁剧。总而言之,此后六年,西汉政治舞台上再也见不到樊哙叱咤风云的身影。公元前189年(汉惠帝六年)他在度过了一段安静恬适的晚年生活之后,溘然而逝。

樊哙是刘邦麾下勇猛顽强的骁将之一,在激烈的征战中度过了自己的一生。自从参加丰沛起义以后,他的命运就同刘邦紧紧连在了一起。十四年来,凡是刘邦指挥过的战斗,他几乎都参加了。樊哙作战勇敢,奋不顾身,一往无前,所向披靡。《史记》记载了他的赫赫战功:跟随刘邦作战,斩首一百七十六级,俘二百八十八人。单独统兵作战,歼灭敌军七部,克城五座,平定六郡五十二县,生俘丞相一人,将军十二人,二千石至三百石十一人。樊哙一生对刘邦和汉皇朝的忠诚几乎是绝对的。他做过刘邦多年的卫士长,为了刘邦的安危能够毅然置自己的生命于不顾,鸿门宴上,他的勇敢、机智、大胆、决断和冲天的豪气表现得淋漓尽致。樊哙疾恶如仇,直言敢谏,胸怀坦荡,敢作敢为,在他身上始终闪烁着草莽英雄的可贵品质。樊哙一经跟定刘邦,就始终忠于汉皇朝的千秋大业。对于有损或妨碍这一千秋大业的任何人和任何事,即使是刘邦本人也决不通融,而是与之进行坚决的斗争。当刘邦进入咸阳秦宫、被美女珠玉所吸引而不能自拔时,是樊哙首先挺身而出,对刘邦进行疾言厉色的劝戒,表现了远大的政治目光和异常清醒的头脑。由于樊哙娶了吕后的妹妹吕媭为夫人,他与刘邦的关系自然较其他臣僚更深一层。然而,难能可贵的是,樊哙并没有依仗这一关系横行霸道,盛气凌人,做出犯法违禁的坏事和丑事,而是利用这一关系更加无所顾忌地对刘邦进行劝谏。公元前196年(汉十一年)五月,淮南王英布反叛的消失传来以后,满朝文武大臣焦急万分,希望刘邦赶快与谋臣们商量对策。可是,这时已经患病的刘邦却深居宫中,拒绝与大臣们见面,宫门禁卫森严,连周勃、灌婴之类亲信将领也被拒绝入内。就这样过了十多天。一天,樊哙实在忍耐不住了,就率领其他大臣"排闼直入",径直进入刘邦的寝宫。眼前的景象令群臣吃惊:面带病容的刘邦正枕着一个宦官卧在病榻上,全然失去了往日的豪气。樊哙一阵心酸,涕泪交流地对刘邦说:

> 始陛下与臣等起丰沛,定天下,何其壮也! 今天下已定,又何惫也! 且陛下病甚,大臣震恐,不见臣等计事,顾独与一宦者绝乎? 且陛下独不见赵高之事乎?[①]

樊哙这番话可谓情真意切,慷慨激昂,寓意深长,忠贞之气,溢于言表。这种话只有樊哙能够讲得出来,而如此"排闼直入"、硬闯寝宫的事更是只有樊哙才能做得出来。面对一起创业群臣那希冀的目光,听着樊哙那至忠至诚的话语,刘邦仿佛又回到了当年那硝烟弥漫的战场,他大笑一声,霍然而起,强撑病躯,亲自统帅大军征伐英布,为自己的戎马一生再创辉煌。十分明显,对于刘邦来说,樊哙不仅是忠臣,而且更是诤友。正是由于樊哙这类布衣将相的存在,才使刘邦在许多关键时刻避免了失误,比较顺利地创建了汉皇朝,并使其在较短时间内得到巩固和发展。

灌婴与夏侯婴也是刘邦麾下智勇双全的骁将,他们在自己的军旅与政治生涯中,不仅以超群出众的武艺屡建战功,而且更以其对刘邦和汉皇朝的无限忠诚赢得了刘邦、吕后以及惠帝等的信任。在汉初布衣将相的群体中,他们两人的功绩、性格有不少相似之处。

灌婴(? —公元前176年),秦朝砀郡睢阳(今河南商丘)人,年轻时以贩缯为生,是自食其力的小商人。公元前208年(秦二世二年)九月,章邯率秦军突袭定陶,击杀了项梁,刘邦收缩兵力于砀(今河南夏邑东南)。灌婴即于此时投奔刘邦,从此开始了他的戎马生涯。公元前207年(秦二世三年)初,他随刘邦踏上了进军咸阳的征途。在一年多的反秦战争中,灌婴作战勇敢,屡立战功,破武关,攻峣关,直抵关中,把胜利的战旗插上了咸阳城头。

公元前206年(汉元年)四月,刘邦被项羽分封为汉王以后,任命灌婴为郎中,一同入驻汉中。次年又晋升为中谒者。在刘邦、韩信指挥的还定三秦的战役中,灌婴参加了多次战斗。汉军攻破函谷关,东向进击楚军,灌婴随刘邦转战中原。公元前205年(汉二年)四月,随刘邦攻破砀郡,袭占彭城,取得了楚汉战争以来最大的一次胜利。不久,项羽自齐回师,大败汉军于彭城。刘邦西退途中,狼狈不堪,数次陷入困境。全赖灌婴拼死冲

---

① 《史记·樊郦滕灌列传》。

杀,刘邦才得以安全脱险。五月,刘邦退至荥阳,稳住阵脚,建立了阻止楚军西进的防线,双方在京、索之间进行极其惨烈的战斗。为了对付楚军中一支往来飘忽、如疾风骤雨的骑兵,刘邦也组建了一支骑兵部队,任命灌婴为中大夫,以故秦军骑士李必与骆甲为左右校尉,协助灌婴指挥原郎中所属的骑兵。这支骑兵部队潜入楚军后方,充分发挥机动性能,神出鬼没地打击敌人,经常切断楚军的后勤供应线,对扭转战局、保证汉军的胜利起了重要作用。

公元前204年(汉三年)六月,灌婴根据刘邦的部署,带领所属郎中骑兵,在韩信的统一指挥下,参加了东向伐齐的战斗。第二年十月,随韩信突袭历下(今山东济南)的齐军主力、乘胜攻克齐都临淄。当龙且率一支楚军主力援齐时,灌婴又参加了韩信在高密指挥的对齐楚联军的一场歼灭战,斩杀楚军统帅龙且,基本上消灭了齐军的有生力量。灌婴亲俘楚军亚将周兰。刘邦立韩信为齐王后,灌婴奉命率军南下,再次攻占彭城,生俘楚柱国项佗,逼迫驻扎在附近的楚军纷纷投降,给项羽造成了致命的威胁。紧接着,灌婴又挥军向西进击,在颐乡(今河南鹿邑境)与刘邦统帅的汉军主力会师。之后,协助刘邦攻克陈城(今河南淮阳),又参加了围歼楚军主力的垓下之战。垓下之战以后,项羽率八百骑溃围向东南遁逃。灌婴奉命率一支汉军精锐骑兵跟踪追击,东城(今安徽定远东南)一战,彻底消灭了楚军残部,穷追至乌江,迫使项羽自杀。灌婴亲眼看着一代叱咤风云的英雄在他的战马前结束了自己的生命。紧接着,灌婴又率汉军主力一部迅速渡过长江,肃清了江南的楚军残部,使长江流域的绝大部分地区归附到刘邦的统治之下。

西汉建国以后,灌婴又跟随刘邦投入了削平异姓诸侯王和对匈奴的斗争。公元前202年(汉五年)七月,他以车骑将军的官职随刘邦征伐反叛的燕王臧荼。第二年十二月,又跟随刘邦伪游云梦,在陈逮捕楚王韩信。公元前200年(汉七年)十月,随刘邦征伐投降匈奴的韩王信,同时受命节制燕、赵、齐、梁、楚诸国前来助战的车骑部队,在离石一举击败匈奴骑兵,攻占晋北重镇平城(今山西大同)。后因中匈奴埋伏,与刘邦一起被围困于白登七昼夜,遭受很大挫折,全赖陈平之计得以脱险。公元前197年(汉十年),随刘邦进击反叛的代相陈豨。公元前196年(汉十一年)七月,淮南王英布反叛,刘邦带病出征。灌婴又以车骑将军率汉军一部为全军先锋,最早赶到淮南向叛军发起攻击,并穷追溃敌于淮河之畔,立下首功。

灌婴跟随刘邦南征北战十多年,取得了卓异的战绩。据《史记·樊郦滕灌列传》记载,他随刘邦作战多次,生俘二千石二人。单独率军作战数十次,破敌军十六部,降城四十六,定国一郡二县五十二,俘将军二人,柱国、相国各一人,二千石十人,为汉皇朝的建立和巩固立下了巨大功勋,被赐食邑颍阴五千户,号颍阴侯。刘邦逝世以后,不知出于什么原因,灌婴被冷落了。在惠帝和吕后统治的十多年中,他没有担任具体的行政和军事职务。公元前 180 年(吕后八年),吕后死去,齐哀王刘襄举兵西进,讨伐诸吕。这时候,吕氏忽然想起了勇冠三军的老将灌婴,于是任命他为大将,率军东向迎击齐军。实际上,灌婴一直心向刘氏,关键时刻授予他军权等于为他提供了一个效忠刘氏的机会。果然,灌婴带兵至荥阳以后,就与周勃、陈平等人合谋策划诛杀诸吕。为了避免拥刘派的势力自相残杀,他屯兵荥阳不再东进,同时派出使者晓谕齐哀王:京师正在谋划诛除诸吕,希望齐军停止西进。齐哀王以诛除诸吕之名进兵京师,显然有夺取皇位的企图。现在看到灌婴所统大军挡住进兵之路,自己进兵京师的理由又不充分,只得放弃夺位打算,驻军静观局势之变。周勃、陈平等人诛杀诸吕之后,齐军罢兵归国。灌婴也自荥阳返回长安,参与拥立汉文帝,因功益封三千户,并晋升为太尉。公元前 177 年(汉文帝三年),周勃免相,灌婴晋升为丞相。不久,匈奴骑兵大举侵入北地郡(今宁夏一带)。灌婴奉命率骑兵八万五千人前去迎击,一举将匈奴之兵击溃。恰在此时,传来济北王刘兴居谋反的消息,灌婴急忙自前线返回长安,研究处理平叛事宜。一年多之后,他因病去世。

灌婴自从跟定刘邦之后,矢志忠贞,历仕三朝,在三十多年的烽火岁月中,他除了驰骋疆场,立下赫赫战功外,最大的贡献就是参与诛除诸吕,恢复刘氏皇统。当时,他手下握有一支重兵,据有战略要地荥阳,因此其向背具有举足轻重的作用。他的毅然倒向周勃、陈平一方,就使诸吕在军事上彻底孤立,同时也使对皇位虎视眈眈的齐王刘襄自动束手,从而为迅速地解决吕氏集团创造了条件。如果说周勃、陈平的谋划在诛除诸吕事件中起了关键作用的话,那么,灌婴在关键时刻的举措则成为周、陈之谋的最大助力。汉文帝即位以后,灌婴以迟暮之年继周勃任丞相,又率兵北征,阻止了匈奴的南进,保持了汉皇朝的稳定。虽然他在诛杀诸吕后仅活了四个春秋,但在从汉初动荡的岁月到文景的承平盛世的过渡阶段,他的承前启后的历史作用是不可泯没的。

夏侯婴(? —公元前 172 年),秦朝泗水郡沛县人,可能出身于比较殷实之家。曾做过沛县的厩司御,即管理车马的小吏。他很早就同刘邦结下了深厚的友情,"每送使客还,过沛泗上亭,与高祖语,未尝不移日也"①。后来,夏侯婴试补了县吏,与刘邦的关系更加密切。有一次,刘邦在与他嬉戏时,将他误伤,被好事者告发。刘邦由于为吏伤人,属明知故犯,性质严重而被逮捕。刘邦自言实不伤人,夏侯婴也出来证明刘邦无罪。夏侯婴因出假证词,系狱一年有余,且受笞数百,但一直不改口供,终于使刘邦无罪获释。公元前 209 年(秦二世元年)九月,夏侯婴"以县令史为高祖使",积极参加了丰沛起义,被任命为太仆,常为刘邦御车。在反秦战争中,他跟随刘邦转战南北。从攻胡陵,招降秦泗水郡监,赐爵五大夫。与秦军战砀东、济阳,克户牖(今山东东明境),又指挥兵车作战,大破三川守李由指

---

① 《史记·樊郦滕灌列传》。

挥的秦兵于雍丘(今河南杞县),赐爵执帛。紧接着,又率兵车与章邯军战于东阿(今山东东阿西南)、濮阳(今河南濮阳南),赐爵执圭①。之后,随刘邦与秦军战开封、曲遇、雒阳,因功升任滕令,赐号滕公。最后,参加攻取南阳郡和武关的战斗,在蓝田、芷阳消灭了秦军的最后一点有生力量,眼看着秦王子婴在轵道旁向起义军投降。刘邦被封为汉王后,夏侯婴被赐爵列侯,号昭平侯,以太仆的官职随刘邦进驻汉中。

公元前206年(汉元年)八月,夏侯婴随刘邦参加了还定三秦的战斗。第二年三月,从刘邦东出函谷关进击楚军,顺利地打下彭城。四月,楚军自齐地反击,汉军失利。刘邦率残兵败将仓皇西退。途中巧遇失散的儿子刘盈和女儿鲁元公主,夏侯婴即抱其姐弟二人与刘邦同乘一车西逃。由于楚军穷追不舍,刘邦一行人困马乏,几乎被楚军追上。刘邦为了使自己尽快摆脱危险,使马车跑得快一点,多次将刘盈和鲁元公主从车上推下来。每次都是夏侯婴冒着生命危险将姐弟二人拥抱上车,一起继续逃命。刘邦迁怒于夏侯婴,有十几次甚至要杀掉他。终因夏侯婴的全力坚持,刘盈姐弟二人幸免于难。事后,刘邦虽然口里不说,但内心对夏侯婴怀着由衷的感激之情,相信他对自己有着无可怀疑的忠诚。后来,夏侯婴继续跟随刘邦参加了歼灭楚军的许多战役,直到取得最后的胜利。

公元前202年(汉五年)三月,西汉皇朝建立以后,夏侯婴又追随刘邦参加了削平异姓诸侯王的战斗。当年七月,从刘邦征伐反叛的燕王臧荼。次年十二月,又随刘邦巡狩至陈(今河南淮阳),擒楚王韩信。公元前200年(汉七年)十月,从刘邦进击背汉降匈奴的韩王信。晋阳(今山西太原南)之役,取得重大胜利。但在追击溃敌时误入敌人埋伏,被匈奴之兵包围于白登七昼夜,形势十分危急。后用陈平秘计,得以突出重围。在脱离匈奴包围圈的时候,刘邦逃命心切,意欲纵车急驰。夏侯婴认为这样做容易引起匈奴人的怀疑,于是果断地命令士卒全副武装,持满弓外向,作出严阵以待的样子,慢慢地簇拥着刘邦坐的车子前进,果然顺利地走出了匈奴人的包围圈。后来,夏侯婴又随刘邦再次北征匈奴,在句注(今山西代县北)以北大破匈奴骑兵。接着,又在平城(今山西大同)以南与匈奴骑兵激战,他身先士卒,三陷敌阵,奋勇冲杀,夺得首功。公元前197年(汉十年)至公元前196年(汉十一年),夏侯婴又随刘邦参加讨伐陈豨和淮南王英布等反叛势力的战斗,他冲锋陷阵,所向无敌,立下了很大功劳。刘邦为了褒奖他的功绩,赐食邑汝阴(今安徽阜阳)六千九百户,号汝阴侯。

在刘邦的布衣将相群中,夏侯婴的战功虽然不及曹参、周勃、樊哙、灌婴等人卓著,但因为他曾经是刘邦为布衣时感情笃厚的朋友,故深得刘邦的信任。而在刘邦被楚军追击,狼狈溃逃的危殆时刻,夏侯婴置个人安危于度外,拼着性命救出了刘盈和鲁元公主,更显

---

① "执帛"、"执圭"皆楚爵名。

示了他对刘氏一家的绝对忠诚,因而得到了刘邦、吕后、惠帝、文帝两代帝王的信任。吕后为了感谢他对鲁元公主和孝惠帝的救命之恩,特地赏赐他北阙甲第第一,曰"近我","以尊异之"①。由于夏侯婴的忠贞经过了战争年代最严酷的考验,因而从他参加丰沛起义起,直到公元前172年(汉文帝八年)逝世为止,一直担任刘邦、惠帝、吕后和文帝的太仆。尽管这个官职仅是九卿之一,算不上朝廷的最高官员,也进不了中枢的决策层,但是,由于此官主管皇帝的车马和全国的马政,在皇帝出行时又常亲自为之驾车,因而也就成为皇帝最亲近的重臣。夏侯婴能够担任这一职务三十多年,这在汉代历史上是空前绝后的。夏侯婴虽然忠于吕后,在刘邦死后忠诚为之服务十五年之久,但他更忠于刘氏皇统。吕后一死,他毅然参与了诛杀诸吕的政变,并亲以天子法驾赴代邸迎代王刘恒即皇帝位。而在诸吕被诛杀之后,他仍然能够做汉文帝的太仆,正说明他对汉皇朝的忠诚已经在君臣上下的心目中取得了无可置疑的信任。的确,夏侯婴为太仆官三十多年,一直安于其位,忠于职守,为刘邦父子两代竭诚服务。在刘邦的布衣将相群中,以自己独一无二的特殊经历,树立了一个忠诚勤朴、义薄云天的封建臣子的典型形象。

①　《史记·樊郦滕灌列传》。

六、众星拱辰(中)

在刘邦的布衣将相群中,还有一批功勋虽不算卓著,但忠心可嘉的人物,郦商、傅宽、靳歙、周绁是他们的代表。他们的存在,展示了布衣将相广泛的社会基础。

郦商(? —公元前180年),秦朝陈留高阳(今河南杞县境)人,是著名辩士郦食其的胞弟。从其兄弟受教育的情况看,可能出身于中产之家。公元前209年(秦二世元年)七月陈胜、吴广起义以后,郦商也聚众数千人响应,在家乡一带狙击秦军。

公元前207年(秦二世三年),刘邦进军陈留,郦商率领四千人马,随其兄郦食其投奔到刘邦麾下。之后,随刘邦进军关中,在攻克长社(今河南长葛东)的战役中夺得首功,赐封信成君。接着从攻缑氏(今河南偃师南),阻断黄河渡口,在雒阳以东大破秦军。之后,随军攻南阳、穰县(今河南邓县),下十七县。当刘邦率主力西攻武关向咸阳挺进时,郦商奉命独率一军沿汉水西进,攻破旬关(今陕西旬阳),平定汉中,为刘邦不久之后建立汉中根据地奠定了基础。

刘邦被封为汉王后,率部进驻汉中,积极进行还定三秦的准备工作。此时,郦商则协助丞相萧何带兵去巴蜀,有条不紊地完成了那里的接收工作。从此,巴蜀与汉中联在一起,成为刘邦巩固的后方基地,以其丰富的人力和物力资源,有力地支持了楚汉战争,成为刘邦战胜项羽的重要因素。之后,随刘邦参加还定三秦的战斗,被任为陇西都尉。率军平定北地、上郡(今陕西、甘肃、宁夏交界处),破章邯部将于乌氏(今宁夏固原南)、栒邑(今陕西旬邑北)和泥阳(今宁夏宁县东),因功受食六千户。继而随刘邦东出函谷关,与楚将钟离眛激战,因功受梁国相印。

西汉建立后,又从刘邦讨伐反叛的异姓诸侯王。公元前202年(汉五年)七月,郦商随刘邦征伐反叛的燕王臧荼,在易(今河北雄县)下大破燕军,因功晋升为右丞相,赐爵列侯,食邑涿郡五千户;接着平定上谷郡,又转而西向进攻代郡,受赵国相印,与周勃一起平定代郡和雁门郡。回长安后,以将军担任太上皇卫士长。公元前197年(汉十年)九月,以右丞相率兵讨伐陈豨,攻破东垣(今河北石家庄)。公元前195年(汉十二年)七月,随刘邦征伐淮南王英布,两次冲入敌阵,打乱敌人的战斗部署,为最后战胜英布立下了大功。战争结束以后,郦商被改封为曲周侯,食邑五千一百户。他跟随刘邦征战十多年,战绩卓著,共歼灭敌军三支,平定六郡七十三县,俘获丞相、守相、大将各一人,小将二人,二千石以下至六百石十九人。

公元前195年(汉十二年)四月,刘邦死去。吕后封锁消息,四日秘不发丧。在此期间,她与其亲信、时任丞相的审食其紧张密谋,准备诛杀一批他们认为不易驯服的元老重

臣。这个密谋一旦付诸实施,汉皇朝必将出现不可收拾的局面。郦商知悉此一内幕之后,立即往见审食其,对他提出了严厉的警告:

> 吾闻帝已崩,四日不发丧,欲诛诸将。诚如此,天下危矣。陈平、灌婴将十万守荥阳,樊哙、周勃将二十万定燕代,此闻帝崩,诸将皆诛,必连兵还乡以攻关中。大臣内叛,诸侯外反,亡可翘足而待也。①

郦商的这番话并非危言耸听。刘邦逝世以后的汉朝局势是女主临朝,主少国疑,不安定因素很多。只有全力依靠周勃、陈平、灌婴、樊哙等一大批功臣宿将的同心协力才能够维持局势的持续稳定。郦商的眼光是敏锐的。他的一席话不啻给吕后与审食其一副清醒剂。他们斟酌权衡的结果,接受了郦商的忠告,使汉皇朝避免了一场内乱,从而维护了汉皇朝政局的稳定和政策的连续性。如果说,郦商在追随刘邦创建和巩固汉皇朝的斗争中已经立下很大功劳的话;那么,刘邦死后,他在事关国家安危问题上的一席话,对于稳定汉皇朝立下了更大的功劳。从现存资料看,郦商在惠帝和吕后时期既没有得到特殊的信任和重用,亦没有受到明显的排挤和打击,大体上维持了原有的爵位与官职。而从其子郦寄与吕氏的关系看,诸吕对他是比较放心的。公元前180年(吕后八年)吕后死去时,郦商正生病在家。因其子郦寄与吕禄相友善,陈平等人就设计劫持了郦商,以此要挟郦寄诱骗掌握北军统帅权的吕禄出游,从而使周勃得以顺利入主北军,取得了诛杀诸吕的最重要的条件,完成了恢复刘氏皇统的使命。郦商由于身体有病,再加上这一事件的惊吓,也就在这一年寿终正寝了。不管郦商在刘邦死后对吕氏集团的态度如何,他本人似乎不应该算在吕氏集团之中,基本是有功于汉皇朝的忠贞之臣。

傅宽(?—公元前190年),史佚其籍贯。公元前207年(秦二世三年),刘邦率军进攻关中地区时,他以魏国五大夫骑将的身份,在横阳(今河南商丘南)投奔刘邦,被任命为舍人。之后,随刘邦攻安阳、杠里、开封,与秦军激战于曲遇、阳武,一直破关中,入咸阳。公元前206年(汉元年)二月刘邦被封为汉王后,傅宽被赐号共德君,随刘邦入汉中,被任命为右骑将。不久,参加还定三秦的战斗,因功赐食邑雕阴。刘邦挥军东出函谷关,他随之参加了对楚将项冠、周兰、龙且等的战斗。后来,又作为曹参的属将随韩信进击齐国,参加了历下、博阳诸战役,因功被封为阳陵侯,食邑二千六百户。西汉建国以后,傅宽被任命为齐国的右丞相,协助曹参治理齐国。公元前198年(汉九年)晋升为齐相国。次年九月,以周勃属将身份率齐军参加了讨伐陈豨的战斗。后又以齐相国的身份代丞相樊哙继续指挥

---

① 《史记·高祖本纪》。

对陈豨作战。公元前 196 年(汉十一年)正月,徙为代国相国,两年后,改任代国丞相,辅佐代王刘恒治理这个北部边陲的王国,直至公元前 190 年(汉惠帝五年)死去。

靳歙(? —公元前 185 年),史佚其籍贯。可能在陈胜、吴广起义的影响下拉起了一支反秦的队伍。公元前 208 年(秦二世二年)在宛朐(今山东东明南)投降刘邦。之后,随刘邦参加了消灭秦三川守李由一军的战斗。在向关中进军途中,与秦军在开封、蓝田等地展开激战,立下不少功劳。刘邦被封为汉王以后,靳歙被赐爵建武侯,自中涓升骑都尉。

公元前 206 年(汉元年)八月,随刘邦参加还定三秦的战斗,他自己则率一军平定陇西六县。接着,随刘邦东出函谷关进击楚军,千里远袭,直下彭城。项羽反击,汉军败退。靳歙退保雍丘,进击反叛的王武,略定梁地。在荥阳东大破楚军,因功食邑四千二百户。此后,单独率一支小部队与赵军作战,取安阳,战朝歌,下邯郸,平定诸多郡县。后还军敖仓,破楚军于成皋南。在刘邦率大军与楚军对峙于荥阳一线之时,又自率一支汉军潜入楚军后方,往来游击,不时截断楚军供应线。接着,迅速东下,利用楚军后方空虚的机会,在东至缯、郯(今山东郯城)、下邳(今江苏邳县南),南至蕲、竹邑(分别在今安徽宿县南北),西至济阳(今河南兰考北)的广大地区纵横驰骋,有力地配合了西线正面战场的作战。垓下之战方酣之时,他又奉命自率一军进攻江陵(今属湖北),生俘不向刘邦臣服的江陵王共尉(共敖之子)[①],平定了南郡。西汉建国以后,靳歙因功被封为信武侯,食邑四千六百户。公元前 201 年(汉六年)十二月,他随刘邦伪游云梦,在陈(今河南淮阳)擒楚王韩信。第二年,以骑都尉随刘邦进击代地,在平城与韩王信指挥的匈奴骑兵激战,因功晋升为车骑将军。公元前 197 年(汉十年),奉命统帅梁、赵、齐、燕、楚诸国车骑,进击反叛的代相陈豨,降下曲逆(今河北完县)。公元前 195 年(汉十二年),又随刘邦征伐淮南王英布,因功益封食邑五千三百户。靳歙一生征战,《汉书》记载其功绩为:斩首九十级,俘虏一百四十二人,单独破军十四支,降城五十九座,定郡、国各一,县三十二,俘虏王、柱国各一人,二千石以下至五百石三十九人。公元前 183 年(吕后五年)病逝。

周绁(? —公元前 175 年),秦朝泗水郡沛县人。参加丰沛起义。以舍人随刘邦转战南北,"常为参乘",不离左右。参加了进军关中的一系列战役,直至进驻霸上。跟随刘邦入汉中,至巴蜀。楚汉战争期间,他随刘邦还定三秦,东出函谷关以后,他大部分时间随刘邦在荥阳一线与楚军作战,曾率军截断楚军甬道。汉皇朝建立以后,继续随刘邦南征北战。公元前 200 年(汉七年)十月,他率军从平阴(今河南孟津北)渡河北上击韩王信于襄国(今河北邢台北)。周绁的军事才干虽然远逊于周勃、樊哙、灌婴等人,但因为他是刘邦的故旧,尤其是因为对刘邦忠心耿耿,"战有利有不利,终亡离上心",因而一直得到刘邦的

---

① 《史记》之《荆燕世家》、《韩信卢绾列传》均作"临江王",《汉书》同。此据《史记》与《汉书》本传。

信任,先是被封为信武侯,后更封为蒯城侯,食邑三千三百户。公元前 197 年(汉十年)九月,陈豨据代地反叛时,刘邦决定亲自统兵讨伐。这时候,周继痛哭流涕地劝刘邦说:"始秦攻破天下,未曾自行,今上常自行,是亡人可使者乎?"①一席话说得刘邦十分动情,以为"爱我"。因而赐周继"入殿门不趋,杀人不死"的特殊待遇,以表彰他的忠心。

以上四人,除郦商、周继尚可考其籍贯出身之外,其余二人籍贯出身皆不可考。但从他们质朴无文的情况看,这些人大概都没有显赫的家世,也都是由布衣而为将相。在汉初的布衣将相群中,他们的功勋虽算不上卓著,也大都未担任行政官员,基本上无政绩可言,但对刘邦的忠诚却是共同的。所以,他们自始至终都受到刘邦及后继当国者的重视和信任,其结局也都得以善终。

在汉初的布衣将相群中,还有一班文臣,除萧何、张良、陈平等显赫人物外,还有张苍、周昌、赵尧、任敖、申屠嘉等人,他们出身不一,经历各异,性格迥殊,但又有明显的共同点:都对汉皇朝忠贞不二,最后都位列三公,对汉初政治都从不同方面产生了深刻的影响。他们的活动与事功,展现了汉初布衣将相之局的另一个辉煌的侧面。

张苍(? —公元前 152 年),秦朝陈留郡阳武(今河南原阳南)人。他大概出身于比较富裕的家庭,因而受过良好的教育。他博览群书,尤精于律历。秦朝时为御史,"主柱下方书","明习天下图书计籍"②。后因触犯秦朝法律,秘密逃回了故乡。公元前 207 年(秦二世三年)刘邦进军关中路经阳武时,张苍前来投奔。大军进至南阳时,他"坐法当斩,解衣伏质,身长大,肥白如瓠,时王陵见而怪其美士,乃言沛公,赦勿斩"③。遂从刘邦入关至咸阳,楚汉战争期间,张苍先是任常山郡(今河北石家庄为中心的冀西地区)守,从韩信进击赵国,所部生俘陈余。后历任代国相、赵国相。公元前 202 年(汉五年)七月,因随刘邦进击燕王臧荼有功,被封为北平侯,食邑一千二百户。西汉建国后,张苍为计相,以列侯的资格任职丞相府,主管郡国上计事务。公元前 196 年(汉十一年)七月,淮南王英布反叛。刘邦在率兵平叛的同时,封皇子刘长为淮南王以取代英布的位子,张苍转任淮南相,辅佐刘长达十四年之久。公元前 183 年(吕后五年)晋升为汉中央的御史大夫。公元前 180 年(吕后八年)吕后死去,张苍参与周勃、陈平等策划的诛杀诸吕的密谋,拥立汉文帝刘恒继位。公元前 176 年(汉文帝四年),他代灌婴为丞相。张苍在汉初布衣将相群中,是一个最有学问的人物。"苍本好书,无所不观,无所不通,而尤善律历"④。他为汉皇朝制定律历,因为刘邦是在公元前 206 年十月进至霸上,汉历也仍袭用颛顼历,以十月为岁首。张苍还根据当时流行的五德之运,推定汉皇朝

---

① 《汉书·周继传》。
② 《史记·张丞相列传》。
③ 《史记·张丞相列传》。
④ 《史记·张丞相列传》。

亦当水德,与秦皇朝同属一德,因而旗帜服色应尚黑如故。此外,他还主持制定了汉皇朝的声律,并"比定律令",以及"百工,天下作程品",即规定了各种器物的标准、尺寸等。十多年后,鲁人公孙臣上书汉文帝,认为汉朝当属土德,必须改正朔,易服色,以示与秦朝的区别。文帝将公孙臣的上书交张苍议处,张苍认为该上书与己意不合,于是压下不办。后来,在成纪(今甘肃通渭东)发现黄龙,报告朝廷,汉文帝感到公孙臣的上书颇有道理,于是任命他为博士,负责制定适应土德的新历法。此后,张苍逐渐失去了汉文帝的信任,只得"谢病称老",辞官家居了。五德终始说创始于战国时代的齐国邹衍,他认为土、木、金、火、水五德相克,木克土,金克木,火克金,水克火,土克水,循环不已。历代皇朝各占一德,每一皇朝兴起时克服代表前一德的皇朝,衰落时被代表后一德的皇朝取代。每一德兴盛时,天必显现某种征兆以示下民。代表该德而兴的帝王便依天的示意,制定符合该德性质的政事、服色等制度。据《吕氏春秋·应同》记载,黄帝、夏、商、周依次为土、木、金、火各德。秦始皇统一中国后,实行水德制度。依此类推,汉朝应当土德。张苍认为汉朝与秦朝同属一德显然是不合时宜的。当然,五德终始说本身体现的是一种历史循环论和宿命论,是非科学的。但在当时的历史条件下,张苍的推定不能不说是一个失误。他对王陵的救命之恩永志不忘,"常父事王陵,陵死后,苍为丞相,洗沐,常先朝陵夫人上食,然后敢归家"[1]。另外,张苍与其他布衣将相不同,他为官不够廉洁,曾推荐与之关系密切的人为中候官,互相勾结,"大为奸利",受到汉文帝的严厉谴责。他在生活上又奢侈享乐,极尽声色滋味,"妻妾以百数"[2]。晚年牙齿脱尽,完全靠人乳为生,活了一百多岁。由于张苍在秦朝时做过御史,对政治、法律、历法、音律等各种制度比较熟悉,曾"著书十八篇,言阴阳律历事",因而为汉初各种制度的建立和完善做出了一定贡献。

周昌(? —公元前193年),秦朝泗水郡沛县人。他与从兄周苛在秦朝末年同任泗水郡的卒史。由此推断,他们的家境大概近似刘邦。刘邦举行丰沛起义后,首先击破了秦泗水郡守监的围剿。这时,周昌兄弟明白秦皇朝的大势已去,于是毅然投奔刘邦的起义军。刘邦任命周昌为职志,即掌旗官,任命周苛为帐下宾客,随军服务。二人跟刘邦转战南北,一直到入关破秦。刘邦做汉王时,周苛任御史大夫,周昌为中尉。公元前204年(汉三年)六月,周苛奉命据守荥阳,被楚军破城后生俘,他宁死不降,大骂项羽,被项羽烹杀。周昌被晋升为御史大夫,继续随刘邦同楚军作战。公元前201年(汉六年),他与曹参、萧何等一起受封,为汾阴侯。周昌孔武有力,为官清廉,直言敢谏。有一次,他入宫奏事,见刘邦正拥抱着戚姬取乐。一气之下,掉头就走。刘邦起身将他追回,猛力按倒在地,骑到他的

---

① 《史记·张丞相列传》。
② 《史记·张丞相列传》。

脖子上,嬉笑着大声问周昌:"我何如主也?"周昌对刘邦失君臣之礼的恶作剧十分气愤,就毫不客气地回答说:"陛下即桀纣之主也。"①一句话反倒把刘邦逗乐了。由于周昌直言无忌,不讲情面,刘邦也怕他三分。后来,刘邦听了戚夫人的话,打算废掉刘盈的太子地位,更立戚夫人之子刘如意为太子。大臣们都认为刘邦此举为下策,纷纷前去劝谏。周昌更是坚决反对。他在朝堂上当着刘邦的面据理力争,寸步不让。周昌本来有点口吃的毛病,再加上正值盛怒,说话越发显得结结巴巴:"臣口不能言,然臣期期知其不可。陛下虽欲废太子,臣期期不奉诏。"②刘邦笑着答应了。藏在东厢密探消息的吕后,在周昌走出殿门时,跪下来向他致谢:"微君,太子几废。"后来,经过张良等人的努力,刘邦虽然打消了更立太子的念头,但对自己死后戚姬和儿子刘如意的安危却忧心忡忡,深恐吕后对他们进行迫害。经赵尧建议,刘邦决定任命周昌为赵相国,让他作爱姬和已封为赵王的刘如意的保护人。于是召见周昌谓曰:"吾欲固烦公,公强为我相赵王。"周昌知道这是刘邦死前的嘱托,十分悲伤,泣不成声地说:"臣初起从陛下,陛下独奈何中道而弃之于诸侯乎?"③刘邦知道如此任命对周昌是一种贬抑,有点过意不去。就安慰他说:"吾极知其左迁,然吾私忧赵王,念非公无可者。公不得已强行!"④于是徙御史大夫周昌为赵相。刘邦满以为如此安排,就可保爱姬爱子无虞了。然而,在专制帝王的淫威面前,周昌作为净臣的力量毕竟是十分微弱的。公元前195年(汉十二年)四月,刘邦一死,吕后立即遣使召赵王来长安。周昌知道吕后此举潜藏杀机,就让赵王以生病为名拒绝应召。使者往返三次,周昌也拒之三次。他对使者说:"高帝属臣赵王,王年少,窃闻太后怨戚夫人,欲召赵王并诛之。臣不敢遣王,王且亦疾,不能奉诏。"⑤吕后对周昌公然违抗圣命愤怒异常,就先召周昌至长安,骂道:"尔不知我之怨戚氏乎?而不遣赵王何?"⑥接着,吕后又召回赵王,将戚姬与赵王先后杀害。尽管周昌竭尽全力保护戚夫人和赵王如意,但最终仍未能阻止吕后对他们的残酷杀害。周昌深感有负于刘邦的重托,对吕后的行径十分气愤。可是,作为一个忠贞之臣,他实在没有多少办法同吕后的淫威抗争,只能以"谢病不朝"表示自己无言的抗议。此后,周昌悲愤交加,一病不起,于公元前193年(汉惠帝二年)死去。周昌在战争年代并未立下显著的功勋,他之获得侯爵在很大程度上与其从兄周苛的壮烈牺牲有关。他的政治生涯中最出色的地方是建国后在废立太子问题上的表现。周昌是一个忠正质直的循吏的典

---

① 《史记·张丞相列传》。
② 《史记·张丞相列传》。
③ 《史记·张丞相列传》。
④ 《史记·张丞相列传》。
⑤ 《汉书·周昌传》。
⑥ 《史记·张丞相列传》。

型。尽管他敢于在国君面前疾言厉色，以死抗争，有时甚至搞得刘邦都下不来台，但是，由于他的出发点并非追求个人的富贵利禄，而是维护汉皇朝的长治久安，所以刘邦对他的信任几乎是绝对的。他的反对刘邦改易太子和后来的竭尽全力保护刘如意，表面上看似乎很矛盾，实际上都显示了他对刘邦及汉皇朝的无比忠诚。在他身上，体现了汉初布衣将相群中绝大部分人力图使汉皇朝稳定发展的美好愿望。

赵尧，史佚其籍贯与家世。从他在西汉建国前已经因军功获得食邑的情况看，他最迟在楚汉战争期间已参加了刘邦的队伍。西汉建国以后，他担任符玺御史，成为御史大夫周昌的属吏。当时，他虽然还很年轻，但已经表现出敏锐的眼光和杰出的才干。一个任方与县令的赵国人对周昌说："君之史赵尧，年虽少，然奇才也，君必异之，是且代君之位。"周昌听了，不以为然地摇摇头，笑着说："尧年少，刀笔吏耳，何能至是乎！"①过了不久，赵尧在宫中侍候刘邦，见刘邦郁郁不乐，独自悲歌，群臣皆不知所以然。此时，只有赵尧猜透了刘邦的心事，于是悄悄地问他："陛下所为不乐，非为赵王年少，而戚夫人与吕后有郤乎？备万岁之后而赵王不能自全乎？"②刘邦见赵尧猜中了自己的心事，就问他计将安出。赵尧说，必须为赵王选择一个正直威严、赤胆忠心，为吕后、太子和群臣敬畏的人做王国相方可，并指出，朝中官员中只有周昌是最合适的人选："御史大夫周昌，其人坚忍质直，且自吕后、太子及大臣皆素敬惮之。独昌可。"③刘邦十分欣赏赵尧的见解，在任命周昌为赵国相之后，晋升赵尧为御史大夫，使他年纪轻轻就登上了这个重要的官位。赵尧推荐周昌做赵国相，既投合了刘邦的心愿，又得到了周昌空出来的官位，可谓一箭双雕，其聪明才智、城府胸襟，令周围的臣僚们刮目相看。此后不久，赵尧随刘邦讨伐反叛的代相陈豨，因功被封为江邑侯。惠帝在位的时候，他一直担任御史大夫的官职。公元前187年（吕后元年），吕后怒其曾为刘邦出谋划策保护戚姬和赵王如意之事，立即将他免职。大概从此以后，赵尧再没有复出做官。估计他死于吕后当政时期。

吕后罢免赵尧的御史大夫后，任命任敖担任此职。任敖（？—公元前178年），秦朝泗水郡沛县人。年轻时为沛县狱吏，与刘邦的关系非常密切。有一次，刘邦因犯法逃亡，沛县一狱吏将吕后逮捕并加以虐待，任敖愤怒地将该狱吏击伤。公元前209年（秦二世元年）九月，他参加了刘邦领导的丰沛起义，以御史之官屯守丰邑达二年之久，保卫刘邦的家人。楚汉战争期间，他先是随刘邦同楚军作战，不久，又被任命为上党（今山西长治地区）郡守，直至西汉建国以后仍然担任此官，前后达十多年之久。公元前196年（汉十一年）九月，代相陈豨率叛军南下，任敖坚守上党，挫败了叛军的多次进攻，因功被封为广阿侯，食

---

① 《史记·张丞相列传》。

② 《史记·张丞相列传》。

③ 《史记·张丞相列传》。

邑一千八百户。吕后当国时,他曾代赵尧做了三年御史大夫。免职后大概以其封邑的收入优游岁月。公元前180年(吕后八年)吕后死去,任敖参与了周勃、陈平等诛杀吕氏集团的谋划,为刘氏皇朝立下最后一桩功劳。公元前178年(汉文帝二年)卒。

申屠嘉(?—公元前155年),秦朝砀郡梁(今河南开封)人。最迟在楚汉战争时期已加入刘邦的部队。他勇健有力,"材官蹶张",即能以脚蹋强弩使之张开。随刘邦与楚军作战,因功升为队率。西汉建国后大概还在军中服务。公元前195年(汉十二年)四月,随刘邦参加征伐英布的战斗,因功晋升为都尉。孝惠当国时升任淮阳(今属河南)太守。汉文帝继位后,对二千石以上刘邦时期的功臣普加褒奖,赐爵关内侯。其时食邑者二十四人,独申屠嘉食邑五百户,显然受到特别垂青。公元前164年(汉文帝十六年),晋升为御史大夫。公元前162年(汉文帝后元二年)八月,张苍免相。本来,文帝对丞相人选属意于皇后弟窦广国。但因"恐天下以吾私广国",再三斟酌,没有任命他为丞相。文帝历数群臣,曾跟随刘邦南征北战者已寥寥无几,只有申屠嘉还健在,所以丞相的位子就落到了他的身上,同时封为故安侯。申屠嘉为官正直清廉,"门不受私谒"。当时太中大夫邓通为文帝的宠臣,"赏赐累巨万"。他还利用职权大肆铸钱,以致"吴(吴王刘濞)邓之钱遍天下"。邓通官位虽不过千石,但依仗文帝的宠信,时常在朝廷怠慢无礼,一次申屠嘉入朝,邓通居然位居丞相上首。申屠嘉看在眼里,十分生气,对文帝说:"陛下爱幸臣,则富贵之,至于朝廷之礼不可不肃!"①申屠嘉罢朝后,立即派官员召邓通诣丞相府,对他严厉斥责说:"夫朝廷者,高皇帝之朝廷也。通小臣,戏殿上,大不敬,当斩。吏今行斩之!"②将邓通吓得叩头出血。赖文帝及时派使者来召,幸免一死。申屠嘉敢于当面羞辱文帝的宠臣,说明他没有一般封建臣子那样的奴颜媚骨。他为丞相五年,文帝死去,景帝继位。景帝宠臣晁错为内史,"贵幸用事,诸法令多所请变更",与申屠嘉发生激烈的冲突和权力之争。申屠嘉抓住晁错改住宅之门南出太上皇庙墙垣的过错,奏请皇帝严加惩处。不料晁错闻信后,连夜入宫,先行自首,景帝为晁错辩护,对申屠嘉的奏请不予理睬。申屠嘉罢朝,谓长史曰:"吾悔不先斩错,乃先请之,为错所卖。"他感到自己身为丞相而不被重用和信任,十分愤懑,呕血而死。申屠嘉作为承平时期的丞相看来没有大的作为,行政才干与应变能力也是一般化,所以司马迁虽然推崇他"刚毅守节",但也认为他"无学术,殆与萧、曹、陈平异矣"③。

以上五人,虽然都在刘邦创业之时入仕,最后也都位至三公,但除张苍外,其余四个人既无辉煌的战功,又无太大的政治上的建树,较之萧何、张良、曹参、周勃、陈平等就差得很远了。尽管如此,并不妨碍他们作为汉皇朝的忠臣而名垂史册。

---

① 《史记·张丞相列传》。
② 《史记·张丞相列传》。
③ 《史记·张丞相列传》。

七、众星拱辰（下）

在汉初的布衣将相群中，还有三个对刘邦的功业产生重大影响的人物，他们是郦食其、娄敬和叔孙通。

郦食其（？—公元前203年），秦朝陈留高阳（今河南杞县境）人。"好读书，家贫落魄，无以为衣食业，为里监门吏"①。由于他既有学问见识，又放荡不羁，县中官吏豪民谁也不敢欺负他，都在背后称他为"狂生"。陈胜、吴广起义之后，四海鼎沸，群雄并起，路经高阳的反秦武装不下数十支。郦食其通过对他们的观察、了解，认为这些起义军的领导者大多目光短浅，刚愎自用，"不能听大度之言"，无礼贤下士之风，没有什么发展前途，于是故意隐藏起来，拒绝与他们见面。公元前207年（秦二世三年）初，刘邦率部进军关中时途经陈留，郦食其经过一番观察，认定刘邦是一个雄才大略的人物，就决定投到他麾下效力。郦食其有个同乡，其时任刘邦的骑士，郦就请他将自己引见给刘邦，对他说："吾闻沛公慢而易人，多大略，此真吾所愿从游，莫为我先。若见沛公，谓曰：'臣里中有郦生，年六十余，长八尺，人皆谓之狂生，生自谓我非狂生。'"骑士告诫他说："沛公不好儒，诸客冠儒冠来者，沛公辄解其冠，溲溺其中。与人言，常大骂。未可以儒生说也。"②郦食其说，你姑且试试看。骑士果然按照郦食其嘱咐的话向刘邦作了介绍。刘邦驻进高阳传舍以后，就派人召郦食其，想会会这位远近闻名的狂士。可是，当郦食其入传舍谒见刘邦的时候，刘邦正坐在床上让两位年轻的女子洗足。郦食其见此情景，心里很不痛快，故意长揖不拜，然后大声问道："足下欲助秦攻诸侯乎？且欲率诸侯破秦也？"刘邦听后大骂道："竖儒！夫天下同苦秦久矣，故诸侯相率而攻秦，何谓助秦攻诸侯乎？"郦食其正言厉色地说："必欲聚徒合义兵诛无道秦，不宜倨见长者。"③刘邦无言以对，也觉得自己的态度不近人情。于是赶快停止洗足，穿好衣服，将郦食其恭而敬之地延至上座，对刚才的怠慢表示歉意。郦食其侃侃而谈，大讲六国纵横之术。刘邦越听越高兴，一面招待郦食其吃饭，一面向他请教方略。郦食其向刘邦分析了当时的形势和刘邦所统起义队伍的弱点，并提出了夺取陈留（今河南开封东南）之计：

> 足下起纠合之众，收散乱之兵，不满万人，欲以径入强秦，此所谓探虎口者也。夫陈留，天下之冲，四通五达之郊也，今其城中又多积粟。臣善其令，请得使之，令下足

---

① 《史记·郦生陆贾列传》。
② 《史记·郦生陆贾列传》。
③ 《史记·郦生陆贾列传》。

下。即不听,足下举兵攻之,臣为内应。①

刘邦按照郦食其的指点,果然不战而下陈留,获得大量军资粮秣。自此之后,郦食其就成为刘邦手下的得力谋士。他熟知历史,精通当世之务,能言善辩,口若悬河,经常为刘邦做说客,往来于各诸侯国或其他军事集团之间,起着军事力量有时也难以奏效的作用。

公元前207年(秦二世三年)底,刘邦一军攻占南阳后,转军西北,进抵武关。此关是由东南进入关中的门户,地形险峻,易守难攻。郦食其往说守关秦将,诱之以利,使刘邦顺利地夺取了这一战略要地。紧接着,郦食其以同样的办法游说驻守峣关的秦将,使之放松戒备,为起义军夺取这一要隘创造了条件。攻下峣关,咸阳就失去了最后一道屏障,从而迫使秦王子婴投降。

楚汉战争开始以后,郦食其作为刘邦统帅部的主要幕僚,随之走遍了各个战场。公元前204年(汉三年)十二月,项羽指挥的楚军猛烈围攻荥阳,汉军的处境极其困难。刘邦在极度忧愁中向郦食其请教削弱楚军、解除困境的办法。郦食其对刘邦说:

> 昔汤伐桀,封其后于杞。武王伐纣,封其后于宋。今秦失德弃义,侵伐诸侯社稷,灭六国之后,使无立锥之地。陛下诚能复立六国后世,毕已受印,此其君臣百姓必皆戴陛下之德,莫不向风慕义,愿为臣妾。德义已行,陛下南向称霸,楚必敛衽而朝。②

刘邦听了郦食其的一番宏论,未加深思,立即命人刻六国王印,准备让郦食其到各地加封六国之后。通过此事可以看出,郦食其头脑中还有旧的意识,他还在那里要求刘邦重演汤、武分封的旧剧,以为用分封的老办法就可以致项羽于死命。但是,他没有考虑到,恰恰是周代的分封埋伏下了春秋战国时代列国纷争的种子,而秦朝灭亡以后出现的四分五裂的局面,在一定程度上正是项羽分封的恶果。不久,从外地赶来的张良知悉此事,就说服刘邦取消了这一不合时宜的计划。真应了一句古话,"智者千虑,必有一失",这是郦食其跟随刘邦以来唯一的一次谋划上的失误。此后,楚军攻破荥阳,汉军退保巩、洛一线。刘邦面对楚军咄咄逼人的攻势,打算放弃成皋、荥阳等战略要地的争夺与固守,将主力收缩至巩、洛一带与楚军对峙。这时,郦食其精辟地分析了当时的战争形势,指出退缩的策略是错误的。正确的策略是咬牙坚持,积极进攻,当务之急是夺取储粮丰富的敖仓。他说:

---

① 《史记·郦生陆贾列传》。
② 《史记·留侯世家》。

王者以民人为天，而民人以食为天。夫敖仓，天下转输久矣，臣闻其下乃有藏粟甚多。楚人拔荥阳，不坚守敖仓，乃引而东，令適卒分守成皋，此乃天所以资汉也。方今楚易取而汉反却，自夺其便，臣窃以为过矣。且两雄不俱立，楚汉久相持不决，百姓骚动，海内摇荡，农夫释耒，工女下机，天下之心未有所定也，愿足下急复进兵，收取荥阳，据敖仓之粟，塞成皋之险，杜太行之道，距飞狐之口，守白马之津，以示诸侯效实形制之势，则天下知所归矣。方今燕赵已定，唯齐未下。今田广据千里之齐，田间将二十万之众，军于历城，诸田宗强，负海阻河济，南近楚，人多变诈，足下虽遣数十万师，未可以岁月破也。臣请得奉明诏说齐王，使为汉而称东藩。①

郦食其认为楚军的气势汹汹与汉军的极度困难都是暂时的，楚汉战争正在走向历史的转折，只要汉军充分利用楚军的弱点，采取积极进攻的策略，夺取并巩固地据守几个战略要点，同时争取齐国的归服，战胜楚军则是完全可能的。郦食其的分析显示了他高瞻远瞩的战略眼光，给刘邦赢得楚汉战争指出了一条胜利的坦途。刘邦立即全面贯彻他提出来的战略构想，使楚汉战争的形势很快地向着有利于汉的方向转化。

由于郦食其自告奋勇前去说降齐国，以便从北面为楚军树立起一个强大的敌人，使之陷于腹背受敌的困境，他的计划自然得到了刘邦的赞同。公元前204年（汉三年）九月，郦食其以汉王使者的身份踌躇满志地来到临淄，对齐国进行背楚归汉的游说，他对齐王田广说，大王要想保住自己的江山社稷，关键是要知道当今大势，明了"天下之所归"："王知天下之所归，则齐国可得而有也；若不知天下之所归，则齐国未可得保也。"接着，他详细分析了反秦战争以来的历史和楚汉战争的现状，以令人信服的事实阐明"天下归汉"的道理：

汉王与项王戮力西面击秦，约先入咸阳者王之。汉王先入咸阳，项王负约不与而王之汉中。项王迁杀义帝，汉王闻之，起蜀汉之兵击三秦，出关而责义帝之处，收天下之兵，立诸侯之后。降城以侯其将，得赂以分其士，与天下同其利，豪英贤才皆乐为之用。诸侯之兵四面而至，蜀汉之粟方船而下。项王有背约之名，杀义帝之负；于人之功无所记，于人之罪无所忘；战胜而不得其赏，拔城而不得其封；非项氏莫得用事；为人刻印，刓而不能授；攻城得赂，积而不能赏：天下叛之，贤才怨之，而莫为之用。故天下之士归于汉王，可坐而策也。夫汉王发蜀汉，定三秦；涉西河之外，援上党之兵；下井陉，诛成安君；破北魏，举三十二城；此蚩尤之兵也，非人之力也，天之福也。今已据敖仓之粟，塞成皋之险，守白马之津，杜太行之阪，距飞狐之口，天下后服者先亡矣。

---

① 《史记·郦生陆贾列传》。

王疾先下汉王,齐国社稷可得而保也;不下汉王,危亡可立而待也。①

此一番以齐国利害关系为着眼点的雄辩的形势分析,应该说是颇具说服力的。面对项羽失败已露端倪的楚汉战争形势,田广为了保住自己的封国,决定投靠刘邦。表面上看,郦食其的成功来得非常容易,实际上田广的抉择有着深刻的内在原因。这是因为,项羽在秦亡之后的大分封中,因与田荣有矛盾而没有照顾他的利益,而是采取分而治之的办法,把齐国分成了胶东、齐和济北三个诸侯国。实力最强的田荣因没有得到王位首先举起反叛项羽的旗帜,以武力改变项羽的分封,将其所封三齐王杀二人,赶走一人,自立为齐王。项羽讨伐田荣,田荣兵败被杀。其弟田横立田荣之子田广为齐王,继续同项羽对抗。而在楚军与齐军激烈对战之时,刘邦率军直下彭城,迫使项羽自齐撤兵,从而解救了齐国的危机。显然,在楚汉战争中,汉军与齐军实际上是互相支持,形成了同盟关系。所以,田广、田横为首的齐国军事集团在感情上是倾向刘邦的。既然齐与楚有着血战的经历而与汉军有着事实上的同盟关系,那么,当它必须在楚、汉之间做出抉择的时候,它投靠汉军一方是必然的。郦食其所以敢于只身来到齐国进行游说,就是因为他对田齐情况有着透彻的了解,对成功有着十足的信心。田广、田横等决定投靠刘邦以后,立即命令撤去齐国的历下守军,与郦食其日夜纵酒欢会,以为从此可以高枕无忧了。郦食其这位出身贫寒的六十余岁的老翁,利用汉、齐的历史渊源,特别是利用刘邦的军事胜利造成的威势,凭三寸不烂之舌,一举说降齐国,为刘邦立下了最大的一功。然而,他哪里知道,当他在醉意朦胧中想着日后的封赏而心花怒放时,残酷的死神就要在他的身上降临了。公元前203年(汉四年)十月,韩信统帅的伐齐大军已进至平原(今山东平原南)。此时,韩信确知郦食其已经说降了齐国,对于是否继续进兵齐国拿不定主意。然而,经谋士蒯通一番挑拨性的劝说,韩信终于下定了以军事手段解决齐国的决心。他指挥汉军迅速渡过黄河,乘齐国君臣放松守备之机猛烈地袭击齐军,大获全胜。但这样一来,就使郦食其在齐国君臣面前陷入了有口莫辩的窘境。齐王田广得到汉军逼近的消息,以为郦食其出卖了自己,异常严厉地对他说:"汝能止汉军,我活汝;不然,我将烹汝!"此时的郦食其,知道怎么辩解都无济于事,反而平静下来,以一种决然的口气说:"举大事不细谨,盛德不辞让。而公不为若更言!"②一种被出卖了的愤怒使齐王采取了两个断然措施:一是残酷地烹杀郦食其,二是与楚军通好,齐楚联合同汉军决战。本来已经用和平手段获得了胜利,再用战争手段去重新解决问题,韩信这样做,不仅无端地牺牲了许多士卒的生命,更把一个才华横溢、足智多谋的老谋士送

① 《史记·郦生陆贾列传》。

② 《史记·郦生陆贾列传》。

上了断头台。

郦食其投奔刘邦的时间虽然只有短短的四年,但却立下了不世之功。他有着政治家高瞻远瞩的敏锐眼光,有着纵横家波谲云诡的天纵之才,有着绝学名士狂放不羁的性格。当时有人认为他是一个儒生,其实他的思想相当驳杂。在追随刘邦的四年之中,他提出的建议中除了要求封王六国后裔有些欠妥外,其余大都收到了立竿见影的效果。尤其最后只身一人前往齐国游说,表现了冒死犯难的惊人胆识。在韩信的进兵已把他置于死地的情况下,他镇静自如,不哀告,不乞怜,不辩解,不悲叹,从容就死,表现了视死如归、凛然难犯的大丈夫气概。郦食其应该属于汉初布衣将相群中的佼佼者,一个不可多得的怪异之才。他抱着建功立业、猎取富贵利禄的目的投奔刘邦,可是,当他为汉皇朝的建立立下不朽的功勋,荣华富贵正要降临到他头上的时候,他的生命却走到了尽头。西汉建国以后,刘邦封赏郦食其的儿子丽疥为高梁侯,说明刘邦没有忘记这位在创业时期给了他巨大帮助而又无辜牺牲的优秀人物。

娄敬,齐国人,生卒年均不详。公元前202年(汉五年),西汉刚建国,他被征发到陇西戍守。路过洛阳时,见此地大兴土木,听到刘邦打算在这里建都,就向刘邦建议迁都关中。这一建议为汉朝初期的重大决策立下了一大功劳。因而得到刘邦的赏识,被赐姓刘氏,拜为郎中,号曰奉春君。其后,在拟定汉朝对匈奴的政策上,他首次提出了"和亲"的建议,为汉皇朝立下了又一大功劳。公元前200年(汉七年)十月,韩王信据晋阳反叛,刘邦亲自率军前往讨伐。途中得报韩王信与匈奴互相勾结的消息,十分气愤,就派使者出使匈奴,目的是侦察匈奴虚实,以便决定是否与之开战。由于匈奴故意"匿其壮士肥牛马,但见其老弱及羸畜",派往匈奴的几个汉朝使者都被匈奴的假象所迷惑,回来后一致主张可以对匈奴进行讨伐。刘邦还有点不放心,又命娄敬再以使者身份前去侦探虚实。娄敬在匈奴看到的情景虽然与前几个使者看到的一样,但他向刘邦报告时却提出了不同的见解:"两国相击,此宜夸矜见所长。今臣往,徒见羸瘠老弱,此必欲见短,伏奇兵以争利。愚以为匈奴不可击也。"①娄敬的见识是很高明的,他从常理推断出匈奴可能有设伏奇袭的部署。但由于先入为主,刘邦相信的是前面几个使者的报告。再加上求胜心切,而且二十余万大军又已越过句注山(今山西代县北),战争已是在弦之箭。况且此时刘邦的头脑已经发热,根本听不进娄敬的逆耳之言,认为娄敬是故意阻挠一次胜利在望的军事行动。他听过娄敬的话以后,大骂说:"齐虏!以口舌得官,今乃妄言沮吾军。"②立即命令把娄敬"械系"于广武(今山西代县),等候他得胜归来以后再严加惩处。谁知事实果不出娄敬所料,刘邦大军在

---

① 《史记·刘敬叔孙通列传》。

② 《史记·刘敬叔孙通列传》。

白登(今山西大同东北)陷于匈奴伏兵重围,经过七昼夜才得以脱险归来。刘邦回到广武后,立即向娄敬承认了自己的过失,封他为关内侯,号为建信侯,食邑两千户。

刘邦征伐匈奴失败后回到长安,即刻向娄敬征询对付匈奴的方略。娄敬详细分析了汉初的形势,说:"天下初定,士卒罢于兵,未可以武服也。冒顿杀父代立,妻群母,以力为威,未可以仁义说也。独可以计久远子孙为臣耳。然恐陛下不能为。"刘邦急切地说:"诚可,何为不能! 顾为奈何?"娄敬对他说,在目前形势下,只有用"和亲"的办法对匈奴加以羁縻方为上策:

> 陛下诚能以嫡长公主妻之,厚奉遗之,彼知汉嫡女送厚,蛮夷必慕以为阏氏,生子必为太子,代单于。何者? 贪汉重币。陛下以岁时汉所余彼所鲜数问遗,因使辩士风谕以礼节,冒顿在,固为子婿;死,则外孙为单于。岂尝闻外孙敢与大父抗礼者哉? 兵可无战以渐臣也。[①]

这里,娄敬对"和亲"政策的前景虽然有点理想化的色彩,但在当时处理汉匈关系上毕竟是可以选择的最佳方案。因为当时汉朝刚刚建立,百废待兴,经济的恢复和军力的培育都需要一个过程。而此时冒顿单于统治下的匈奴正处于兴旺的顶峰,想以武力战胜它几乎是不可能的。必须采取在感情上产生联系并在一定程度上满足其物质欲望的策略,而"和亲"正是能够产生这种效果的一种策略。后来,由于吕后从中作梗,鲁元公主没有出嫁匈奴。为了实现"和亲",只好"取家人子名为长公主,妻单于",开始了汉匈关系的新阶段。娄敬不仅是这一政策的倡议者,而且是"和亲"的第一个使者,为加强汉匈两大民族的友好关系做出了不可磨灭的贡献。从此以后,"和亲"政策就成为汉族与各少数民族维系友好关系的重要手段,在历史上留下不少令后人津津乐道的佳话。当然,也有一些人从大汉族主义的"夷狄之辨"出发,对"和亲"政策发出非议。如司马光在《资治通鉴》中就曾作过这样的评论:

> 建信侯谓冒顿残贼,不可以仁义说,而欲与为婚姻,何前后之相违也! 夫骨肉之恩,尊卑之叙,唯仁义之人为能知之;奈何欲以此服冒顿哉! 盖上世帝王之御夷狄也,服则怀之以德,叛则震之以威,未闻与为婚姻也。且冒顿视其父如禽兽而猎之,奚有于妇翁! 建信侯之术,固已疏矣;况鲁元已为赵后,又可夺乎![②]

---

① 《史记·刘敬叔孙通列传》。
② 《资治通鉴·汉纪四》。

司马光的思想在汉族部分知识分子中具有相当的代表性,但却是迂阔而无济于事的书生之见,不足为训。

娄敬从匈奴完成"和亲"使命回到长安以后,根据沿途的实际考察,又向刘邦提出了迁徙豪强的建议:"徙齐诸田,楚昭、屈、景,燕、赵、韩、魏后,及豪杰名家居关中。无事,可以备胡;诸侯有变,亦足率以东伐。此强本弱末之术也。"①这个建议又被刘邦采纳了。迁豪徙民一举是秦皇朝政策的继续,对于巩固和稳定汉皇朝的统治起了很好的作用。

娄敬以一介布衣之士,无丝毫攻城野战之功,只因征为戍卒而获得在洛阳晋见刘邦的机会,后又凭口舌而得到封侯之赏,在汉初布衣将相群中是一个非常特殊的人物。不过,就他三次建议的内容来看反映了他的不平凡的政治眼光,说明他是一个洞悉当世之务的优秀政治家。而从其建议付诸实施的实际效果看,他获得的封赏也是当之无愧的。娄敬的脱颖而出还说明刘邦不拘一格用人才的气魄和汉初良好的选才用才的社会环境。

叔孙通,秦朝薛(今山东枣庄)人,生卒年不详。从其受教育程度推断,他起码出身于殷实之家。秦朝末年,以文学征为待诏博士。他既精通儒家经典和古代礼制,又能审时度势,通权达变,没有一般儒生的迂腐之气。公元前 209 年(秦二世元年),陈胜、吴广在大泽乡起义的消息传到咸阳以后,二世胡亥召集博士和儒生三十余人,征询他们对此事的看法与对策。大多数博士和儒生都认为"人臣无将,将即反,罪死无赦",应该迅速发兵剿灭。大概因为这种说法有乖"圣治",二世听了很不满意。叔孙通揣摸到二世的心思,于是投其所好地趋前答曰:

> 诸生言皆非也。夫天下合为一家,毁郡县城,铄其兵,示天下不复用。且明主在其上,法令具于下,使人人奉职,四方辐辏,安敢有反者!此特群盗鼠窃狗盗耳,何足置之齿牙间。郡守尉今捕论,何足忧?②

这番话正合二世心意,他面露喜色,立即命人赐叔孙通帛二十匹,衣一袭,由待诏博士晋升正式博士。而其他或言反或言盗的博士与儒生则受到下吏治罪或免除官职的惩罚。下朝之后,受到惩罚的人们愤怒地质问叔孙通,为什么违心地在二世面前说假话阿谀逢迎? 叔孙通略带歉意地说:"公不知也,我几不脱于虎口!"③作为儒生的叔孙通本来就对秦皇朝"焚书坑儒"的政策不满,现在看到秦皇朝已经是风雨飘摇,灭亡在即,当然不会与它同归于尽。为了避祸,他寻机从咸阳逃回了自己的故乡。这时候,东方已经是起义军的天下

---

① 《史记·刘敬叔孙通列传》。
② 《史记·刘敬叔孙通列传》。
③ 《史记·刘敬叔孙通列传》。

了。公元前208年(秦二世二年)初,项梁率起义军进驻薛地,叔孙通前往投奔。同年九月,项梁战死于定陶,叔孙通转而依附于楚怀王心,居彭城。秦朝灭亡以后,项羽实行大分封,徙怀王于长沙。叔孙通知道怀王已无权无势,就留事项羽。公元前205年(汉二年)四月,刘邦率汉军打进彭城,叔孙通又归顺了刘邦。从此一直追随刘邦成为汉初布衣将相群体中的一员。

叔孙通降汉以后,仍身着宽衣长袖的儒服,刘邦对他这身打扮很是看不惯。叔孙通于是立即改穿楚制短衣,以讨取刘邦的欢心。他投靠刘邦时,带来随从弟子一百多人。由于其时楚汉战争正在激烈地进行,叔孙通不时向刘邦推荐一些"群盗壮士"到汉军中任职,因而引起弟子们的不满,感到自己受到了冷落,纷纷质问他为什么不推荐自己人?叔孙通诚恳地对他们说:"汉王方蒙矢石争天下,诸生宁能斗乎?故先言斩将搴旗之士。诸生且待我,我不忘矣。"①大概由于叔孙通在刘邦麾下的表现较好,所以不久就被任为博士,号稷嗣君。

公元前202年(汉五年)二月,刘邦在定陶即皇帝位,叔孙通为他制定了尊号和朝仪。不过,由于叔孙通主张废去秦朝的仪法,而在匆促之中制定的汉朝仪法又太简易,再加上汉朝的群臣大多出身卑微,与刘邦同为编户之民,对封建的繁文缛礼知之太少,且又不愿受其约束,因而在朝会饮宴时经常出现"群臣饮酒争功,醉或妄呼,拔剑击柱"的情景。贵为天子的刘邦对这种现象十分厌恶。叔孙通看在眼里,就乘机进言说:"夫儒者难于进取,可与守成。臣愿征鲁诸生,与臣弟子共起朝仪。"②对于严格的礼法一直抱有反感的刘邦问叔孙通:"得无难乎?"叔孙通马上迎合刘邦喜欢简易的心理,解释说:"五帝异乐,三王不同礼。礼者,因时世人情为之节文者也。故夏、殷、周之礼所因损益可知者,谓不相复也。臣愿颇采古礼与秦仪杂就之。"刘邦听了很高兴,但又特别叮嘱叔孙通说:"可试为之,令易知,度吾所能行为之。"③叔孙通接受了制定朝仪的任务之后,首先以朝廷使者的身份到鲁征聘儒生,因为他们比较熟悉古代礼仪。有三十多人愉快地应征,但也有两人坚决不应聘,还对叔孙通的为人和制朝仪的活动加以讥讽。他们说:

> 公所事者且十主,皆面谀以得亲贵。今天下初定,死者未葬,伤者未起,又欲起礼乐。礼乐所由起,积德百年而后可兴也。吾不忍为公所为。公所为不合古,吾不行。公往矣,无汙我!④

---

① 《史记·刘敬叔孙通列传》。
② 《史记·刘敬叔孙通列传》。
③ 《史记·刘敬叔孙通列传》。
④ 《史记·刘敬叔孙通列传》。

面对食古不化，"不知时变"的两位儒生，叔孙通一笑置之。叔孙通一行从鲁地归来后，即在长安郊外的空旷之处搭起帐篷，带领三十个儒生和百余弟子，按照他制定的礼仪进行演习。一个月之后，叔孙通请刘邦前去观看。刘邦看后十分满意，下令群臣由叔孙通指导照此排练。公元前200年（汉七年）十月一日，是颛顼历的新年第一天，在新落成的雄伟壮丽的长乐宫中，依照叔孙通制定的朝仪，举行了群臣朝拜皇帝的隆重大典。这一天天亮之前，谒者就引导文武群臣依照爵秩等第按次序进入殿门，只见廷中排列着肃穆严整的车骑步卒卫队，手执各色旗帜和兵器，煞是威严。司礼官一声传呼，殿下郎中立即夹陛而立，每陛数百人。功臣列侯将军军吏按照次序排列于殿下西边，面向东；文官丞相以下排列在东边，面向西。大行设九宾之礼，上下互相传告。一切准备就绪之后，刘邦乘辇出房升殿，百官执帜，传声唱警。刘邦升御座，大行引诸侯王以下至六百石的官员依照次序，一一向皇帝致贺。"自诸侯王以下莫不震恐肃敬"。贺礼过后，文武百官伏地而拜。接着，皇帝赐酒，大宴群臣。群臣在殿上皆俯伏低首，依尊卑次序举爵为皇帝祝寿。酒过九行，谒者就宣布"罢酒"。在整个朝拜和宴会进行中，都有御史执法，随时把不按礼仪行事的官员引去惩治，因而朝会与酒宴自始至终都秩序井然，没有一个人敢喧哗失礼，昔日"醉或妄呼，拔剑击柱"的混乱情景一扫而光。这次朝会之后，刘邦情不自禁地冒出了一句话："吾乃今日知为皇帝之贵也。"①叔孙通因制定朝仪而得到刘邦的赏识，被任命为太常，赐金五百斤，位列九卿。这时，叔孙通乘机对刘邦说："诸弟子儒生随臣久矣，与臣共为仪，愿陛下官之。"首次认识了儒学的实用价值，被皇帝的威严和至尊陶醉得有点飘飘然的刘邦，开始改变对儒生的偏见，下令一律任命他们为郎官。罢朝之后，叔孙通即将刘邦所赐五百斤黄金全部转赐给弟子和参与定朝仪的儒生。这些跟随叔孙通饱经战乱和贫困，受尽颠沛流离之苦的弟子们，面对突然降临的官位和大批黄金，无不感激涕零，众口一词地称颂叔孙通为"知当世之要务"的"圣人"。公元前198年（汉九年），叔孙通晋升为太子太傅，这是一个比九卿更荣耀更尊贵的官职。叔孙通也更加兢兢业业地为汉皇朝服务，担当起教育太子的重任。公元前195年（汉十二年），刘邦打算改易太子，以赵王刘如意代替长子刘盈。此举几乎引起了满朝文武官员的一致反对。当时持反对意见最激烈的，一个是周昌，另一个就是叔孙通。周昌反对的态度特别坚决，叔孙通阐发的反对理由特别充分。他直言不讳地劝谏说：

> 昔者晋献公以骊姬之故废太子，立奚齐，晋国乱者数十年，为天下笑。秦以不早定扶苏，令赵高得以诈立胡亥，自使灭祀，此陛下所亲见。今太子仁孝，天下皆闻之；

---

① 《史记·刘敬叔孙通列传》。

吕后与陛下攻苦食啖,其可背哉! 陛下必欲废嫡而立少,臣愿伏诛,以颈血汗地。①

面对叔孙通如此强硬的态度和发自肺腑的忠告,再看看其他臣僚的态度,刘邦改易太子的决心发生了动摇。他解嘲似地对叔孙通说:"公罢矣,吾直戏耳。"叔孙通毫不相让,又进一步说:"太子天下本,一摇天下振动,奈何以天下为戏!"最后逼得刘邦说出"吾听公言",方才罢休。在此次改易太子的风波中,叔孙通一改在秦廷时的圆滑狡黠、阿谀献媚之态,表现了一个直言敢谏的骨鲠之臣的凛然正气。因为这时候,叔孙通想到的已经不再是如何为自己避祸,而是刘汉皇朝的长治久安了。惠帝继位后,叔孙通复任太常,奉惠帝之命定宗庙仪法和其他各种仪法,使汉皇朝的礼仪制度更加完善。

叔孙通作为一介儒生,与言必称尧舜文武周公的那类食古不化的儒生不一样。司马迁评论他说:"希世度务制礼,进退与时变化,卒为汉家儒宗。'大直若诎,道固委蛇',盖谓是乎?"②在叔孙通身上,表现了与时俱进、通权达变的特点,反映了秦末汉初择木而栖的部分儒家知识分子的风貌。这部分儒生中的不少人曾经被秦皇朝征聘为博士,在秦朝备顾问之职。他们一度满腔热诚地为秦皇朝服务,希望以自己的努力获取富贵荣华。然而,一场"焚书坑儒"的惨剧使他们中的绝大多数人对秦皇朝彻底绝望。当秦末农民起义的烽火在东方燃起以后,他们中的不少人都投入了农民起义队伍,不惜与最卑贱的造反者一起对秦皇朝的文化专制主义表示坚决的反抗。同时,也开始了他们选择服务对象以及改造自己的理论和学说,以适应时代需要的过程。叔孙通的经历正是反映了这类儒家知识分子的共同动向。表面上看来,他历仕秦始皇、秦二世、项梁、楚怀王、项羽、刘邦和惠帝,几年之内,数易其主,似乎毫无节操。究其实,却正说明叔孙通并不轻易向某个帝王奉献忠贞的品格。他要看一看各个帝王是不是他心目中理想的明主,是不是值得为之奉献节操。在秦二世面前,叔孙通的确显得圆滑世故,这其实是一种免祸的手段。试想,以直言不讳而死在秦二世这样的昏君面前又有什么价值呢! 但是,叔孙通一旦选定刘邦作为自己的主人就再也没有动摇过。尽管创立基业时的刘邦对儒生有很深的偏见,也曾经给予儒生以令人不堪忍受的污辱,叔孙通却依然坚定不移。他相信刘邦的统一事业会获得成功,也相信自己的理想和学说会在统一之后的汉皇朝得以实现。叔孙通的头脑是清醒的,眼光是锐敏的。在楚汉战争的烽火岁月里,他知道不是自己的弟子们显露身手的时候,所以,他多次向刘邦推荐的只是那些能在战场上冲锋陷阵的赳赳武夫。他自己也甘居默默无闻的地位。后来,当刘邦感到需要制定一套礼乐制度时,他与弟子们一起很快并且很出色地

———————————

① 《史记·刘敬叔孙通列传》。
② 《史记·刘敬叔孙通列传》。

完成了任务,从而赢得了刘邦的欢心,也为弟子们找到了进身之阶,更重要的是为他的理论和学说初步找到了用武之地。此后他更关心的是汉皇朝的安定和巩固,在刘邦改易太子的风波中表现得十分坚定。由于他与周昌、张良等人的共同努力,最终打消了刘邦一度萌生的改易太子的念头,从而为汉皇朝的稳定发展作出了重要贡献。对于叔孙通,后世人们往往根据鲁国两位儒生对他讥评的话把他看作毫无节操、见风转舵、只会胁肩谄笑的势利小人,这实在是一种历史的偏见。事实上,叔孙通精通儒家经典尤其是古代礼制,同时又善于审时度势,通权达变,非一般执著于先儒旧典的迂腐儒生所能比拟。当陈胜、吴广起义以后,叔孙通故意投昏聩无能的秦二世之所好,将起义军说成不足挂齿的"鼠窃狗盗",然后却乘二世对他疏于防范时寻机离开咸阳,表现了何等的机智!此后,他先投项梁,再依楚怀王,又转事项羽,最后归附刘邦,数易其主,毫不迟疑,随时择木而栖,是何等的灵活!在楚汉战争期间,他追随刘邦,南征北战,去儒服,着楚装,荐"壮士",抑私求,百般小心,不露声色,是何等的耐心!全国统一,刘邦登基,伺机进言,制定朝仪,一举赢得刘邦欢心,自己升任太常,弟子尽得郎官,是何等的善扬长而巧避短!最后,在改易太子的风波中,他直言劝告,以死进谏,铁骨铮铮,大义凛然,使刘邦改变初衷,维护了国家的稳定,其表现又是何等的忠贞与坚定!如此明辨世情,洞悉政事,巧于避祸,多次易主,善于用其所学而又敢于谏诤,在秦末汉初的儒者群中,仅叔孙通一人而已。所以,公正地说,叔孙通不愧为一个通晓儒家经典,明悉历史大势,有本事,善决断,并且能够顺应时代潮流的优秀儒生,也是统一强大的汉皇朝所需要的人物。虽然他的某些色彩与汉初的其他布衣将相们似乎有不太谐调的地方,但他却是汉皇朝不可或缺的一位重臣。当然,也应该看到,叔孙通作为汉初儒家学派的领袖人物,尽管凭其超人的智慧和学识获取了高官,并使刘邦为首的汉初统治者初步认识了儒学的价值,但是,他仅仅是在儒学与政治的结合上迈出了有力的一步,而在儒学的基本理论方面却没有什么创造和拓展,特别是未能对传统儒学体系进行适应封建统治的全面改造。叔孙通对儒学的贡献主要是"立功"而非"立言",其他儒学的代表人物较之他更为逊色。因此,虽然叔孙通在儒学发展史上不失为一个有贡献的人物,但他还不能使儒学成为统治阶级独尊的指导思想。当然,造成这种情况有着复杂的时代原因,不应苛求叔孙通个人。

上面记述的二十一个人物都是汉初布衣将相群体中具有典型意义的代表。事实上这是一个相当庞大的群体,汉初郡守以上的官员基本上都出自布衣。其中获得封侯赏爵者就有一百四十七人。这些人中的绝大部分都来自社会下层,在反秦起义或楚汉争雄时投身军旅,因战功逐步升迁,最后做到都尉、将军,封侯食邑,成为布衣将相中显赫的一群,组成了军功地主、官僚地主的主体,成为整个地主阶级的当权派。

汉初的布衣将相之局持续了四十多年。随着时光的流逝,当年跟随刘邦创建汉皇朝的功臣宿将逐渐凋零谢世；而随着汉皇朝统治的稳定，军功地主、官僚地主和豪族地主的势力也在以更快的速度发展着，逐渐形成的察举、征辟、任子以及纳赀等选官制度，为官僚、贵族和豪族地主的子弟们开辟了进入官僚机构的新途径。如此一来，西汉皇朝在官吏的逐步更新中，自然而然地逐步改变了官僚队伍的结构。汉初的布衣将相虽然逐渐如晨星寥落，但他们的子弟却似秋夜的繁星频频闪耀在历史舞台上。商周以来的世卿世禄观念虽然早在春秋战国时期已经遭到巨大的冲击，但随着封建制度的逐步完善，它又在不知不觉中悄悄地复活了。表面上看，第二、第三代的臣子们仿佛没有改变布衣将相的血统，但是，应该看到，他们从其父祖辈那里继承的已经不是布衣将相的传统而是高贵的门第观念。与此同时，布衣将相的后代因骄奢淫逸而被淘汰出官僚队伍者也不乏其人。汉初功臣封侯者一百四十七人，其后"子孙骄逸，忘其先祖之艰难，多陷法禁，陨命亡国，或亡子孙。讫于孝武后元之年，靡有孑遗，耗矣"①。到汉武帝时期，由于实行"罢黜百家，独尊儒术"的政策，建立太学，设立五经博士，大力在经术之士中选拔官吏，由此官吏队伍的结构发生了进一步的变化，"天下学士靡然乡风"、"公卿大夫士吏彬彬多文学之士"②。至此，布衣将相彻底退出了西汉皇朝的政治舞台，变成历史的陈迹了。汉初布衣将相子孙逐渐式微的结局，说明封建贵族官僚队伍的腐化是不可克服的历史趋势。而汉初布衣将相之局的结束，说明这种局面仅仅是一种特殊历史条件的产物。一旦守成之主代替创业之主，其官吏队伍的主体也只能从地主官僚子弟中选取。尽管封建官吏队伍中几乎任何时候都可能有若干个别的布衣将相混杂其中，但布衣将相之局的结束却成为一种历史的必然了。

---

①　《汉书·高惠高后文功臣表》。
②　《汉书·儒林传》。

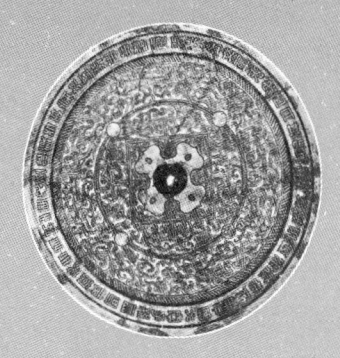

第七章
慷慨悲壮歌《大风》

一、废太子风波

中国古代社会的帝王更替,商朝大体上是兄终弟及与嫡长子继承制相结合。从周朝开始,随着宗法制度的强化,基本上实行嫡长子继承制(也有学者认为周朝实行一继一及制度),这种较严格的以血缘亲疏确定的继承制度有利于保持最高统治集团的稳定,避免统治集团内部因争夺王位而自相残杀。刘邦做汉王以后,于公元前205年(汉二年)六月立吕后所生的儿子刘盈为太子。吕后为刘邦明媒正娶的结发妻子,当时已取得王后的身份,刘盈作为嫡长子而被立为太子显然是符合传统习惯的,较早确立太子也有利于刘邦集团的稳定。但是,后来到刘邦晚年却发生了一次废立太子的风波,一度给刘氏集团罩上了一层沉重的阴影。原来刘邦共有八个儿子:吕后生惠帝刘盈,外妇曹姬生齐悼惠王刘肥,薄姬生孝文帝刘恒,戚夫人生赵隐王刘如意,赵姬生淮南厉王刘长。赵幽王刘友、赵共王刘恢、燕灵王刘建,则为其他姬妾所生,姓氏已无从考定。由于刘邦晚年宠爱戚夫人,他走到哪里,戚夫人几乎就跟到那里,宠冠后宫。刘邦爱屋及乌,因而也就对她所生的儿子刘如意特别宠爱。刘邦认为如意长得很像自己,而刘盈则显得仁弱无能,因而内心隐隐生出了改立太子的念头。刘邦虽然封刘如意为赵王,但却经常把他留在身边,父子之情显得特别深厚。尤其是刘邦一生征战,足迹遍及黄河南北的大半个中国,经常随行的戚夫人就利用自己受宠和接近刘邦的机会,施展女性的魅力与手段,"日夜啼泣",枕边切切,反复央告刘邦改立自己的儿子为太子,从而对刘邦产生了越来越大的影响。与之相反,反秦起义以后的吕后日渐年老色衰,基本上与刘邦处于分居状态。在反秦战争年代吕后居于故乡丰邑,楚汉战争前期作为项羽的俘虏滞留楚军,公元前203年(汉四年)八月回归汉军后又经常留守长安,因而与刘邦的关系日渐疏远,其对刘邦的影响力自然也就越来越小了。公元前197年(汉十年),刘邦终于向其亲近的臣僚们提出了心中酝酿已久的废立太子问题,以征求他们的意见。不料此举引起轩然大波,遭到大臣们的群起反对。在大臣们看来,刘邦的举措实出下策,绝对不能同意。这是因为,第一,此举首先违背了历史已经形成的嫡长子继承制的传统。刘盈既是嫡长子,又是刘邦早已明令立下的太子。而今他并无失德之处,纵使才能平平,也没有理由将其废黜。第二,在封建皇朝中,太子是"国本",具有举足轻重的地位,特别是作为皇帝的刘邦已近暮年的时候更是如此。国本动摇,就会引起统治阶级内部的动荡不定,也会使百姓疑惧不安,影响国家与社会的稳定。第三,对刘邦来说,吕后虽然色衰爱弛,但毕竟是他的结发妻子,又有着皇后的名分。特别是,吕后并非等闲之辈,她的势力已经盘根错节,废立之谋必然引起他们的激烈反抗。然而,尽管大臣们据理力争,御史大夫周昌在朝廷上与刘邦吵得面红耳赤,太傅叔孙通甚至表示以死抗争,但刘邦并未回心转意。吕后为了保住儿子的太子地位积极在大臣中活动。有人建议她找足智多谋的张良想办法,吕后于是委托其兄吕泽找到张良请教:"君常为上谋臣,今上欲易太子,君安得高枕而卧乎?"张良开始不愿参与此事,就故意推辞说:"始上数在困急之中,幸用臣策,今天下安定,以爱欲易太子,骨肉之间,虽臣等百余人何益。"①但吕泽执意请求张良为之谋划,张良提出请四位隐士为刘盈保驾。他说:

> 此难以口舌争也。顾上有不能致者,天下有四人。四人者年老矣,皆以为上慢侮人,故逃匿山中,义不为汉臣。然上高此四人。今公诚能无爱金玉璧帛,令太子为书,卑辞安车,因使辩士固请,宜来。来,以为客,时时从入朝,令上见之,则必异而问之。问之,上知此四人贤,则一助也。②

这里张良提到的刘邦尊重而又请不到的四位隐士,就是所谓商山四皓:东园公、绮里季、夏黄公、甪里先生。这四个人在当时社会上颇有一点名气,刘邦很想将他们网罗到自己身边做官。但是,由于刘邦时常对臣下轻慢无礼,这四个人便坚决拒绝他的征召。对此,刘邦深以为憾。张良示意吕泽,只要此四人投到太子门下,就将会收到意想不到的效果。吕后接受张良的建议,让吕泽安排专人奉太子书信,"卑辞厚礼",将商山四皓迎到了吕泽之家。

公元前196年(汉十一年),淮南王英布反叛的消息传到长安。此时,刘邦正在病中,准备让刘盈统兵前往淮南征伐英布。商山四皓互相商量,认为来此目的是保护太子,如果让太子统兵前往征伐英布,实在是太危险了。于是他们对吕泽说:

> 太子将兵,有功则位不益太子;无功还,则从所受祸矣。且太子所与俱诸将,皆尝与上定天下枭将也。今使太子将之,此无异使羊将狼也,皆不肯为尽力,其无功必矣。③

这四位老人还进一步分析,由于戚夫人日夜在刘邦身边奉侍,赵王如意也经常在刘邦膝下承欢,刘邦与他们的情义自然日益笃厚,曾说过"终不使不肖子居爱子之上",说明他更立太子的念头不仅不会取消,反而会愈来愈坚决。在这种情况下,刘盈如带兵出征一定是凶多吉少。四人建议吕后以结发夫妻的关系到刘邦那里哭诉,说明英布乃天下猛将,善于用兵,太子统兵出征恐难以成功。唯一的办法就是刘邦勉为其难,亲自出征,"强载辎车,卧

---

① 《史记·留侯世家》。
② 《史记·留侯世家》。
③ 《史记·留侯世家》。

而护之",以刘邦的威望和权力,诸将一定奋力作战。如此征伐英布,必然稳操胜券。吕后根据四人的指点,到刘邦那里一面痛哭流涕,一面哀求诉说,结果正如四皓之所料,刘邦还真的被吕后的真情和泪水所感动,遂决定亲自带病出征,说:"吾惟竖子固不足遣,而公自行耳。"刘邦率军离开长安的时候,张良又乘机从刘邦那里为太子讨得了坐镇后方、监护关中诸军的权柄,实际上就是暂代刘邦全权处理军国大事。张良为少傅,叔孙通为太傅,共同承担起辅佐太子的重任。

公元前195年(汉十二年),刘邦平定英布的叛乱后回到长安。由于是带病出征,又加上鞍马劳顿,误中流矢,刘邦的病情日见沉重。他预感自己将不久于人世,因而更加急于改易太子,一定要看到自己心爱的儿子刘如意获得皇位继承权,才能瞑目。张良据理力争,刘邦根本不听。气得张良因此称病"不视事"。身为太傅的叔孙通,则以历史上帝王改易太子引起国家混乱和灭亡的事实为例,苦口婆心地劝谏刘邦取消改易太子的打算,最后甚至以死相争。刘邦被他缠得没有办法,不得不敷衍一下,"佯许之,犹欲易之"。双方在改易太子问题上的斗争到了最后关头。

不久,大概是为了庆祝平定英布的胜利,刘邦举行了一次招待群臣的宴会。东园公、绮里季、夏黄公、甪里先生从太子侍宴。这四位八十多岁的老人,"须眉皓白,衣冠甚伟",气宇不凡,引起刘邦的诧异。问:"四位老人姓甚名谁?"四人上前各报姓名,当刘邦知道他们就是拒绝自己征召的商山四皓时,不由得惊问:"吾求公数岁,公避逃我,今公何自从吾儿游乎?"四人坦率地回答说:"陛下轻士善骂,臣等义不受辱,故恐而亡匿。窃闻太子为人仁孝,恭敬爱士,天下莫不延颈欲为太子死者,故臣等来耳。"刘邦由此意识到太子根基已深,不易动摇,只得打消改易太子这个念头,并十分亲切地对四人说:"烦公幸卒调护太子。"[①]商山四皓为刘邦祝寿后告辞而去,其他臣子也纷纷离席而去。刘邦目送着四位老人步履蹒跚的身影,心中悲喜交集,感慨万千。他将戚夫人叫到跟前,指着远去的商山四皓,凄楚地说:"我欲易之,彼四人辅之,羽翼已成,难动矣。吕氏真而主矣。"[②]此时,戚夫人知道自己的如意算盘已成泡影,想到刘邦百年之后自己母子的处境,不觉悲从中来,泪如雨下。刘邦心里也不是滋味,为了安慰戚夫人,乃强颜欢笑说,不必过于悲伤,来,你为我跳一个楚国的舞蹈,我为你唱一支楚国的歌曲吧。说罢,伴随着戚夫人那优美的舞姿,刘邦以他那粗犷而苍老的嗓音伤感地唱道:

鸿鹄高飞,一举千里。羽翼已就,横绝四海。横绝四海,当可奈何!虽有缯缴,尚

---

① 《史记·留侯世家》。
② 《史记·留侯世家》。

安所施！①

刘邦唱罢，跳舞的戚夫人已泣不成声。一对老夫少妻，执手泪眼相对，此时无声胜有声。但不论怎样，刘邦从此打消了改易太子的念头，这场风波终于有了结果。刘盈一度岌岌可危的太子之位毕竟保住了。

刘邦改易太子，本是刘氏宗族的家事。然而，由于他是中国当时执国脉民命的最高统治者，家事也就变成了国事。"知子莫如父"，刘邦认为刘盈仁弱无能，不足以当皇帝之重任，其看法并非一点道理都没有。事实上，从刘盈身上看不到多少刘邦的遗传基因，既无文韬，又乏武略。他继承帝位以后，一切受制于吕后，无所作为。最后以醇酒妇人戕害自己，二十多岁就早早地结束了自己的生命，实在也不是有道明君的材料。平心而论，这样的人继承大统，于国于民于己都并非好事。但是，刘邦废立太子的动议，在当时的历史条件下却是弊大于利，是不可实行的。原因非常简单，刘盈是刘邦的嫡长子，而且早已被刘邦明令宣布为皇太子，成为全国上下皆知的皇位继承人。朝中的大臣如张良、叔孙通、周昌之辈，并非不了解刘盈的才干，他们也明白刘盈不是最理想的皇位继承人。然而，他们更知道，刘盈即便是一个白痴，也仍然是传统习惯所规定的大汉皇朝的皇位继承人。他的地位一旦确定之后，不遇特殊情况不应予以变易，因为改易不可避免地会引起时局的动荡。正如上面所引叔孙通的话，太子是天下之本，本一摇就会引起天下的震动。况且，朝中的臣子们更明白，刘邦百年之后，他与创业之臣们共同制定的法律、制度和政策还存在，创业元勋们组成的最高统治集团还存在，在这种情况下，皇帝本人才智的优劣并不影响总的形势的发展，而一个才智平平的守成之主或许更是国家之福。元勋大臣们从维护汉皇朝政局的稳定出发，坚决反对刘邦改易太子的谋划，应该说是一种比较慎重和负责的考虑。同时，由于刘盈的太子地位早已确定，他的母亲又是一个很有本事的人，吕氏宗族在朝中已经形成了举足轻重的势力，而汉朝的元勋旧臣或多或少与他们有着密切的联系，他们自然愿意帮着吕后与刘盈说话。与之相反，戚夫人只不过是一个年轻美貌的姬妾，势单力薄，除了刘邦的宠爱之外，再也没有任何可恃的势力，而这位雄踞大汉皇帝宝座，曾经叱咤风云的一代英主却已到垂暮之年，他左右时局的能力和时间已经今非昔比了。所以，没有多少人为戚夫人和她的儿子说话。在这种争夺皇位继承权的斗争中，她的失败是必然的。

改易太子的一场斗争是刘邦在戚夫人的鼓动下发起的，事实证明并不是一项明智的决策。刘邦满以为，凭着皇帝特有的威势和至高无上的权力，他可以随意处置任何事情。

---

① 《史记·留侯世家》。

岂不知,在任何社会和任何时代,事实上并不存在绝对不受客观条件制约的权力。刘邦自从参加反秦起义以来,几乎一直在惊涛骇浪中搏击,度过多少艰难险阻,创造过多少惊天地、泣鬼神的英雄业绩,回首往事,他感到自己几乎是无所不能的。然而,最后在处理皇位继承人的问题上,他却失败了。刘邦的失算说明,他拥有的那个至高无上的权力,在具体运用过程中往往受到多种因素的限制,并不总是可以为所欲为的。当然,如果刘邦一意孤行,未尝不可以改易太子,因为在此问题上他的确拥有最后的决定权。但是,果真如此,一旦刘邦撒手人寰,则主少国疑,诸侯外叛,宗亲内反,其后果可能比吕氏之乱更为严重。刘邦不能不想到这一点。因此,刘邦后来放弃改易太子的计划,主要还是从维护刘氏江山的稳定出发的,最后是理智战胜了感情。《史记》与《汉书》中绘形绘声地关于商山四皓的记载,仿佛是他们在改变刘邦决心上起了关键作用,实际上是一种夸张之词。四个隐士何以有如此的影响力? 他们不过是为刘邦改变初衷提供了一个契机,一个台阶而已。不过,改易太子的风波却为刘邦死后戚夫人母子的悲惨命运播下了种子。对于戚夫人母子来说,改易太子一事,不成功比根本没有此事更坏。本来,在刘邦生前,吕后就已经对戚夫人的专宠醋意满腔了,即使没有改易太子一事,吕后在刘邦百年之后也不会善待戚夫人。而改易太子一事进一步使吕后看到,戚夫人是一个打算置自己于死命的危险人物,因而更在胸中升腾起对戚夫人的不共戴天的仇恨。既然刘邦改易太子的计划落空了,戚夫人母子也就必然要沦落到被吕后任意宰割的悲惨境地。在现实生活中,事物往往在一定条件下走向反面。刘邦从宠爱戚夫人母子出发而决定的改易太子一举,恰恰把他们母子推上了绝路。在此一事件中,戚夫人亦有不可推卸的责任。这位花容月貌的年轻女人以自己的美丽和善解人意赢得了刘邦的欢心,她想以此为资本,通过改易太子将自己的儿子推上皇帝的宝座,从而也使自己依据"母以子贵"的传统获取皇后和太后的位子。然而,她对事情想得太简单太一厢情愿了,没有估计到问题的复杂性和艰巨性,更没有想到一旦失败的后果,最后给自己制造了一个十分悲惨的结局。刘邦改易太子一事是他一生政治生涯中的一个小小的失误,时间持续不长即告结束。它除了后来在吕后与戚夫人之间引起一场惨烈的斗争之外,并没有影响到当时大局的稳定。

二、英明的遗嘱

公元前196年(汉十一年)七月,刘邦以六十一岁高龄带病统兵征伐反叛的淮南王英布,这也是他最后一次御驾亲征。第二年十月,刘邦指挥的汉军于蕲西(今安徽宿县境)击败英布的主力,安排好追击逃遁的英布残余部队之后,就踏上了返回长安的归途。本来,刘邦回长安可以径直西进,经淮阳、陈留、河南、弘农等郡返回。但他没有选择最近的路线,而是径直北上,目的是了却两个心愿:一是到曲阜祭祀孔子,一是荣归阔别十多年的故乡。他先回到故乡沛县,暂驻于沛宫(今江苏沛县城东二十里)。刘邦此次衣锦回乡,受到了故乡父老的盛大欢迎。看着熟悉的山川草木,街衢屋宇,听着熟悉的乡音,刘邦高兴极了。他大摆宴席,"悉召故人父老子弟纵酒"。同时,还征召沛中儿童一百二十人,教他们在宴会上唱歌助兴。刘邦与父老乡亲在宴会上畅叙旧情,一起回忆许多有趣的往事,欢声笑语,热闹非凡。刘邦连饮了几杯醇酒,微觉醉意。于是亲自击筑,以悲壮苍凉的声音唱起了自制的《大风歌》:

大风起兮云飞扬,威加海内兮归故乡,安得猛士兮守四方?①

一百二十名儿童伴着悠扬的乐声相和,柔美的童音,令人陶醉。刘邦一时兴起,离开座席,踏着歌声的节拍,缓缓起舞。一时慷慨伤怀,不觉泪下数行。与会的父老子弟看到刘邦悲感难抑的模样,无不掩面挥泪,宴会之上,一片歔欷之声。刘邦的《大风歌》虽然只有三句歌词,但意蕴深远,气势恢宏,概括了他一生的伟业,唱出了他临终前的希望。是啊!在秦朝末年那风起云涌的反秦斗争中,刘邦以一介亭长,率众起义,树起一面反秦的战旗。面对强敌,毫不畏惧,英勇拼搏,艰苦转战,历尽千辛万苦,发展成一支有影响的起义军。接着,他统帅自己那不足万人的部队,毅然向秦朝腹地关中进军。一路之上,势如破竹,所向披靡,迭克名城,屡歼敌军。而英雄豪杰,志士仁人,闻风而动,纷纷来归。仅仅一年的时间,队伍便发展成十万人的大军,完成了"伐无道,诛暴秦"的历史使命。之后,又经过四年的楚汉战争,刘邦以小敌大,以弱胜强,终于战胜了不可一世的项羽,再一次统一中国,登上了皇帝的宝座。七载奋斗,一朝成功,蹑足九五,何其壮也!此后,他削平异姓诸侯王,与匈奴"和亲",与南越通好,建立和完善各种制度,恢复和发展生产,使新生的汉皇朝走上了巩固发展的道路。这一切,是何等辉煌的功业啊!今天,以垂暮之年返回故乡的刘邦,

---

① 《史记·高祖本纪》。

已经不是当年不事生产、游手好闲的泗水亭长,而是威加海内、功业赫赫的封建帝王了。刘邦知道自己将不久于人世,他唯一的希望就是有更多的"猛士"为这个新生的皇朝执戟守卫,使之更加繁荣昌盛,兴旺发达。刘邦舞了一阵之后,稍事休息,他悲切地对沛中父老说:

> 游子悲故乡。吾虽都关中,万岁后吾魂魄犹乐思沛。且朕自沛公以诛暴逆,遂有天下,其以沛为朕汤沐邑,复其民,世世无有所与。①

刘邦以世世免除赋役对故乡的父老乡亲表示了自己的恩典。刘邦此次重返故乡,与昔日的父老故旧日日欢宴,畅叙离情别绪,生活在极度欢乐之中,不知不觉地十多天就过去了。刘邦于是决定告别故乡,经曲阜再返回长安。沛中父老一再挽留。刘邦辞谢说:"吾人众多,父兄不能给。"②于是,车驾起程西行。才出沛城西门,只见沛城之民万人空巷,齐集路旁奉献牛酒,强留刘邦一行再住几日。刘邦为故乡百姓的感情所感动,又留住了三天。临行前,沛中父老皆顿首向刘邦求情,要求免除丰邑的赋役,因为那毕竟是他的出生地。刘邦说:"丰,吾所生长,极不忘耳,吾特为其以雍齿故反我为魏。"③此时,刘邦仍然对雍齿据丰邑反叛耿耿于怀。在沛中父老的再三请求下,刘邦终于答应丰邑与沛县一样,享有世世免除赋役的特权。

刘邦一行离开沛县,车驾迤逦北上,向曲阜进发。路上,捷报从四面八方传来:逃至番阳的英布被斩杀,周勃平定代地的叛乱,陈豨被诛杀于当城。刘邦十分高兴,为了稳定在长江下游地区的统治,他决定在春秋时期原吴国的地盘上再建吴国,并让群臣推荐可做吴王的人选,长沙王吴芮推荐了刘邦的侄儿,原代王刘仲(喜)之子沛侯刘濞,刘邦于是立他为吴王。十一月,刘邦车驾来到鲁地(今山东曲阜),以太牢的礼仪祭祀孔子,表示了对这位儒学创始人极高的礼遇。以一个统一全国的封建帝王的身份亲临曲阜对孔子表示敬意,刘邦是第一人。

公元前195年(汉十二年)十二月,刘邦回到长安以后,下令给秦始皇帝置十二户守冢,给陈胜、楚隐王、魏安釐王、齐愍王、赵悼襄王置十户守冢,给魏公子无忌(即信陵君)置五户守冢,免除他们的赋税和徭役。显然,刘邦对这一批较早或同时代的历史人物是怀着由衷的敬意的。秦始皇是一位伟大的封建帝王,刘邦曾经作为他的臣民在咸阳街头瞻仰过他的风采。虽然刘邦创建的汉皇朝是代秦而起。但他依然认为秦始皇是一个开拓性的

---

① 《史记·高祖本纪》。
② 《史记·高祖本纪》。
③ 《史记·高祖本纪》。

伟大人物。陈胜是秦末农民起义的首倡者,刘邦开始一段的反秦斗争就是在他的旗帜下进行的。他虽然失败身死,但首义之功不可磨灭。刘邦对他自然充满着怀念的深情。其余一些人物也大都与抗秦有关,刘邦对他们的纪念从一定意义上也是对反秦斗争的纪念,同时也是对原六国臣民的一种安抚。

上面提到,刘邦率兵讨伐英布是一次带病出征,在指挥汉军与英布军对战时又误中流矢,再加上年事已高,在返回长安的路上,病势转重。回到长安以后,吕后急忙请来良医为他诊治。刘邦见到医生,就问自己的病情如何。医生讨好地说他的病可以治好。刘邦不以为然地骂了几句,感慨万端地说:"吾以布衣提三尺剑取天下,此非天命乎?命乃在天,虽扁鹊何益!"①大概刘邦此时已经预感到死期将临,坚决拒绝治疗。命令赐医生黄金五十斤,将他打发走了。这里,显示了刘邦的生死观,有一种视死如归的气概。他活得轰轰烈烈,死得自然洒脱,全然没有一般人悲悲切切地对于生之留恋。吕后知道刘邦即将逝去,就向刘邦询问他对身后国家大事的安排。她先问萧何死后谁可继任丞相,刘邦说曹参可以膺此重任。吕后又问曹参以后谁来接替,刘邦回答说:"王陵可,然陵少戆,陈平可以助之。陈平智有余,然难以独任。周勃重厚少文,然安刘者必勃也,可令为太尉。"②吕后又问再后的人事安排,刘邦说:"此后亦非而所知也。"这就是刘邦留下的遗嘱,主要内容是他死后中枢机构的人事安排。四月甲辰,刘邦在长乐宫安然而逝,享年六十二岁。刘邦的遗嘱突出地显示了他的知人之明。萧何、曹参、王陵、陈平、周勃等人都是追随刘邦创建汉皇朝的元勋大臣,刘邦了解这些人的思想品格,才能作风,爱好与习性,优点和不足,虽有很大差异,但相信他们都是刘汉皇朝的忠贞之臣,能够把他与萧何等制定的路线、方针和政策忠实地继续下去,因而将他们依次安排在最关键的岗位上,使他们继续为汉皇朝的巩固和发展尽最后的努力。而对王陵、陈平、周勃之后的丞相人选不再安排,更显示了他实事求是的态度。因为刘邦相信,十数年之后,当与自己南征北战、共同创业的功臣宿将一一寿终正寝的时候,历史的发展将会造就一批新的人物,他们的情况是自己无法预料也不必勉强预料的。刘邦没有根据自己的偏爱对陈平之后的执政大臣随意安排,正说明他的高明之处。后来历史的发展,证明了刘邦的遗嘱所具有的高度预见性。萧何之后,曹参、陈平、王陵相继为相,使黄老政治得以确立和继续贯彻,使汉皇朝在刘邦制定的政策指引下稳步发展。最后,又是陈平、周勃等人在吕氏集团危及刘氏皇统的关键时刻,挺身而出,以周密的计划,精心的部署,诛杀诸吕,迎代王刘恒继承大统,从而把刘氏皇朝导向了更快发展的坦途。在他们完成了这些历史重任之后不久,即相继凋谢。这一批忠贞之臣真不愧为刘

---

① 《史记·高祖本纪》。
② 《史记·高祖本纪》。

邦遗嘱的忠实执行人,刘邦之后汉皇朝的巩固和发展,凝聚着他们无数的心血和智慧,自然,也铭刻着他们巨大的历史功勋。作为历史的卓越的创造者,他们与刘邦一样传之不朽。

三、不平凡的帝王气度

历史已经证明，刘邦是一个目光如炬，足智多谋，而又能顺乎时代潮流的政治家和军事家。他创建了一个在历史上存在了二百多年的西汉皇朝，留下了丰富多彩、有时是惊心动魄的个人奋斗的历史篇章。不过，刘邦作为一个有着不朽建树的英雄人物，一个精明的政治家和军事家，一个功德显赫的封建帝王，却难以跻入中国思想家的神圣殿堂。在数以百计的有关中国古代哲学史和思想史的专著中，刘邦从来不是人们注意的对象，几乎无人对他的思想加以论列。一个在政治史上不可或缺的伟大人物，在思想史上却犹如鸿毛般地失去了分量。是因为研究思想史的专家学者们对刘邦有偏见吗？不是！原因很简单，刘邦一生不仅没有留下什么著作，而且也没有留下多少富于哲理的话语，其思想很难构成什么体系。所以，谁也没有兴趣去研究这一可能没有任何收获的课题。不过，应该看到，作为一个在历史上留下辉煌功业的伟大人物，刘邦却又有着他自己的虽不成体系然而又极富有个性特征的思想。

刘邦的青壮年时代生活在战国末期。当时，思想领域中诸子百家的争鸣虽然还在激烈地进行着，但是，由于法家思想反映了新兴地主阶级建立新的封建政治经济制度的要求，因而逐渐受到各国统治者的重视。秦皇朝统一全国以后，以法家思想作为统治思想，"以法为教"，"以吏为师"，把凡是愿意为秦皇朝服务而希冀博得一官半职的人们，都吸引到法家思想的轨道上来。刘邦青壮年时期作为秦皇朝的基层小吏，作为秦始皇的热烈崇拜者和竭诚拥护者，法家思想先入为主地占据他的头脑是十分自然的。

刘邦出生于公元前256年(周赧王五十九年)，从二十七岁到三十七岁，他亲眼看着强大无比的秦军，在十年之内以武力完成了统一中国的大业。以后，更耳闻秦军北伐匈奴，南平百越，使秦皇朝的疆域北抵大漠、南临大海的辉煌功业。再后，在他四十八岁之时，以参加丰沛起义开始了自己的戎马生涯。他统帅着千军万马，驰骋于中原大地，亲眼看着不可一世的秦皇朝在自己的战马前递上降表，看着叱咤风云的盖世英雄项羽兵败垓下，身死乌江，看着能征惯战的异姓诸侯王一个个在自己指挥大军的凌厉攻势下，无可奈何地走向灭亡。这一系列亲历目睹的战争实践，使刘邦对武力的神威几乎达到了迷信的程度。所以，当陆贾在他面前谈论《诗》、《书》，为儒家的仁政教化学说进行宣传的时候，他不屑一顾，破口大骂，毫不讳言自己的天下是"乃公居马上得之，安事《诗》、《书》？"这说明，刘邦虽然从其投入起义队伍的那天起，就在政治上高举"伐无道，诛暴秦"的旗帜，但在思想上，却还没有超越秦始皇的思想体系，他们都是商鞅、韩非的忠实信徒。正因为如此，我们对刘邦那种鄙视儒生的近乎恶作剧的态度，也就容易理解了。因为先秦法家的主要代表人物，大都是在激烈批判儒家学说的过程中发展和完善自己的思想体系的。后来秦始皇发展到"焚书坑儒",从政治上对儒生进行残酷的迫害和打击,充分说明这两种思想的斗争激烈到何种程度。刘邦作为秦皇朝的子民,显然深受这一时代氛围的影响。所以在他身上,对儒生和儒家学说长期表现了根深蒂固的偏见。本来在反秦战争和楚汉战争的非常岁月里,正是急需人才之时,可是,刘邦见到前来投靠的儒生,竟把人家的帽子拿来当溺器,一谈到儒家学说就大骂一通。《汉书》等著作把郦食其放在纵横家之列,这大概是因为他的事功主要是靠游说建立的。其思想倾向虽然掺有儒家思想的成分,实际上相当驳杂。他晋见刘邦时也不承认自己是儒生,而以"高阳酒徒"自诩,尽管如此,由于他有时对刘邦讲些仁义道德之类的儒家信条,刘邦还人前背后地骂他为"竖儒"。例如,公元前204年(汉三年)十二月,当郦食其建议刘邦封六国后裔为王一事的弊端被张良点破之后,刘邦脱口而出的话就是"竖儒,几败乃公事!"叔孙通的确是一个儒生,他投奔刘邦以后,开始按照习惯身着儒服,刘邦看了很不高兴,逼得叔孙通只好改穿楚式的短衣,借以讨刘邦的欢心。在楚汉战争中,叔孙通一直在刘邦身边服务,他处处谨慎小心,生怕触犯刘邦的忌讳。一百多位弟子嗷嗷待哺,不时口出怨言,希望叔孙通从刘邦那里为他们谋取一官半职。但叔孙通坚决不在刘邦面前为弟子们说项,而他向刘邦推荐的,几乎是清一色的勇猛慓悍的趄趄武夫。只有等到楚汉战争结束,刘邦登上大汉皇朝皇帝宝座,深感需要一套礼仪制度来维护自己尊严的时候,叔孙通才开始施展自己的抱负和才能。如此等等。纵观刘邦的一生,有一点清清楚楚,就是法家思想在其头脑中一直居于支配地位。所以,直到他临终之前不久,在沛城与故旧父老子弟相聚时所高唱的《大风歌》中,还念念不忘"安得猛士兮守四方!"想到的仍然是武力的功用。重视武力在夺取政权、巩固政权中的作用自然是正确的,但是对其笃信到迷信的程度,甚至认为武力是万能的,却是片面的,因为秦皇朝二世而亡的事实已经摆到了刘邦的面前,不容他不认真地加以思考。

时代推动历史前进,更推动人们观念的改变。尽管刘邦一生服膺于法家思想,但是,自从他参加丰沛起义那天起,他就不是作为秦始皇的同道者而是作为秦始皇的对立面出现的,再加上不断总结秦朝二世而亡的教训,就使刘邦的思想与秦始皇的法治思想相比,不能不呈现若干不同的色彩,显示出时代所赋予的明显变异。这种变异,突出表现在刘邦开始向黄老之学的靠拢,以及对儒家学说态度的逐渐改变和对某些儒学信条的容纳与推崇。

由于刘邦从丰沛起义那天起就以反对秦皇朝的暴政为号召,进入咸阳以后立即宣布废除秦朝的苛法,代以"约法三章",实行了较为宽松的统治政策,实际上是自觉不自觉地向着黄老之学与儒家思想靠拢。楚汉战争开始后不久,公元前205年(汉二年)三月,刘邦在洛阳认真听取了新城三老董公的建议,其中"顺德者昌,逆德者亡"、"仁不以勇,义不以力"都是比较典型的儒家信条。楚汉战争结束以后,刘邦在对群臣论功行赏时,以随何是"腐儒"为理由,故意"折随何之功",还振振有词地说"为天下安用腐儒"。随何理直气壮地问他:"夫陛下引兵攻彭城,楚王未去齐也,陛下发步卒五万人骑五千,能以取淮南乎?"刘邦承认"不能"。随何接着说:"陛下使何与二十人使淮南,至,如陛下之意,是何之功贤于步卒五万人骑五千也。然而陛下谓何腐儒,为天下安用腐儒,何也?"①一席话说得刘邦无言以对,只好说:"吾方图子之功。"随即宣布任命他为护军中尉。这说明在事实的启迪下刘邦的思想已处在变化之中。公元前202年(汉五年),刘邦刚刚登上帝位,就采取了一个重大举措,恩将仇报,毅然处死了在楚汉战争中对他有着网开一面之恩而对项羽怀有二心的丁公。这表明,刘邦已经意识到,守成与进取需要采取不同的政策。而这种认识,恰恰与陆贾阐述的儒家和黄老思想的一些基本概念是相通的。

如果说对随何的封赏反映了刘邦对儒生态度变化的话,那么,对陆贾态度的变化则反映了刘邦对黄老尤其是儒家思想认识上的变化。当陆贾在刘邦面前谈论《诗》、《书》遭到刘邦斥骂之后,立即对他迷信武力的观点给予针锋相对的反驳:"马上得之,宁可以马上治之乎?"指出夺取天下与治理天下必须使用不同的方法,即所谓"逆取顺守","文武并用"。陆贾投靠刘邦之初,他在刘邦眼里只不过是一个能言善辩的纵横家,刘邦给他派的主要用场是做说客。对他的理论学说并不感兴趣,认为其实用价值不高。这次面对陆贾那发人深省的谈话,刘邦的头脑清醒了许多。因为对他来说,夺取政权的任务已接近完成,保持和巩固政权却是他自己及其后世子孙需要长期解决的问题。有鉴于此,刘邦诚恳地要求陆贾写出一本从理论上总结历史经验和教训的著作,这就是著名的《新语》一书产生的时代背景。后来,当陆贾陆续写出的十二篇《新语》一篇一篇地上奏并在朝堂上宣读时,"高帝未尝不称善,左右呼万岁"②。显然,登上皇帝宝座的刘邦已经开始服膺黄老思想了。由于陆贾此时所阐发的黄老思想已经将儒家思想的德治、仁义、任贤、惠民等基本内容吸收了进去,所以,刘邦之接近黄老思想也就在实际上缩短了与儒家思想的距离。

使刘邦对儒生与儒家学说较大幅度转变看法的重要转折是叔孙通的制定朝仪。当刘邦登基称帝君临天下,对他那帮草莽出身的将军们因不懂礼法而任意胡闹感到头痛的时候,叔孙通趁机向刘邦说明"儒者难以进取,可与守成"的道理,建议由他带领弟子和儒生制定朝仪,结果满足了刘邦享受作为皇帝的至高无上的地位和安富尊荣的欲望。长期被冷落的叔孙通由是被任命为朝廷九卿之一的太常,跻入了封建皇朝的高官显贵之列。由于刘邦读书不多,他想问题、看事情都特别重视实际的功用,而儒家学说在制定朝仪时所

---

① 《史记·黥布列传》。

② 《汉书·陆贾传》。

显示的重要功用,对刘邦自然是一个深刻的教育,使之不能不对儒生与儒家学说刮目相看。此后,叔孙通一直受到重用,由太常而晋升为太傅,成为皇太子的师傅。叔孙通也一改过去的小心翼翼,看风转舵,圆滑世故,变得坚持原则,直言敢谏,能够在刘邦面前就改易太子一事据理力争,慷慨陈词。而刘邦也一改当年对儒生的不礼貌态度,对叔孙通表示了相当的礼遇和尊重。这一切都说明,儒家学说在刘邦心目中已经大大的升值了。再从刘邦的《敕太子书》亦可以看出刘邦做皇帝后的思想变化,他由以前的"读书无益"论进到读书大有用了。他对太子说:

> 吾遭乱世,当秦绝学,自喜谓读书无益。洎践祚以来,时方省书,乃使人知之者作之。追思昔所行,多不是。
> 吾生不学书,但读书问字而遂知耳。以此故不大工,然亦足自辞解。今视汝书,犹不如吾。汝可勤学习,每上疏宜自书,勿使人也。[①]

身体力行并勉励其子学习文化知识,实际上是对法家鄙薄文化、蒙昧主义的超越,是向儒家思想的靠拢。

历史现象是多么矛盾啊！早年对儒生不屑一顾,甚至以儒冠为溺器的刘邦,在他辞世前的五个月,即公元前195年(汉十二年)的十一月,竟以六十二岁的高龄,拖着病体前往孔子的故乡,向儒家创始人的灵前献上太牢的厚礼。虽然如鲁迅所说,刘邦此举可能有英雄欺人的意思,但是,他能够这样做至少说明,儒家学说并不是毫无用处。退一步讲,即使刘邦此举完全是做给别人看的,作为一个性格坦率的封建皇帝,刘邦感到有必要虚伪做作,也说明当时有相当一批人希望他这样做,他是为了社会的需要才这样做的。否则,何必多此一举！还应该看到,孔子在春秋末期的列国之间虽然名气很大,但政治上却郁郁不得志。他出仕鲁国,很快离职,周游列国,四处碰壁,穷途潦倒,"惶惶然如丧家之犬"。死的时候除了鲁哀公献上了一篇深情的祭文外,在其他各国并没有引起什么反响。从那以后的二百八十四年间,虽然孔子创始的儒家学说后继有人,在战国时期出现了像子思、孟轲和荀卿之类蜚声列国的大思想家,但此期数以百计的列国之君,却没有一个到孔子的灵前去表示自己的哀思。这一时期的孔子,尽管不能说是已被历史遗忘的人物,但其在政治上的确一如既往,仍然没有多大影响。而与此同时,法家思想却如旭日东升,扶摇直上,在列国间普遍受到重视,在秦国更占有了统治地位。秦皇朝统一全国以后,在咸阳的宫廷里麇集着一大批法家人才,更由于秦始皇对法家的特殊爱好,以致一个时期内出现了法家思

---

① 《全汉文》卷1。

想独尊的局面。秦皇朝灭亡以后,禁网疏阔,思想控制松弛,更由于汉初君臣对于秦朝二世而亡历史的深刻反思,引发了诸子思想的重新活跃。刘邦虽然始终没有把儒家思想作为自己的指导思想,但也没有采取秦朝实行的那种文化专制主义。而是以法家思想为主导,对其他各家各派的思想采取了兼收并蓄的方针。同时,又根据自己统治的需要,不断调整与各家思想的关系。不过,刘邦是第一个到孔子灵前朝拜的封建帝王,这一事实本身就反映了一种倾向,显示了一种转折的契机:孔子和儒学在封建统治者的眼里开始获得它应有的价值。既然大汉皇朝的创业之主可以向孔子顶礼膜拜,他的子孙当然可以根据需要把孔子推上万世师表的通天教主的地位。到鲁地向孔子的灵位朝拜,在刘邦的一生中的确算不上一次了不起的行动,但它却透露出一个十分重要的信息:稳固地掌握了国家政权的地主阶级需要儒家思想作为它的思想武器。但是,对刘邦的礼敬孔子和重视儒学不应估计过高。第一,综观刘邦的一生,其思想中占统治地位的始终是法家思想。第二,由于刘邦本人的生活经历和文化素质低下,终其一生,对儒家学说及其经典《诗》、《书》、《礼》、《易》、《春秋》等,他都缺乏较深入的了解。所以,他对儒学所采取的基本上是实用主义的态度,即主要利用儒学的明尊卑、别贵贱的礼制思想为建立封建皇朝的礼仪制度服务。他没有时间,也没有兴趣去了解传统儒学那种以人道主义、人文主义、人本主义为前提的"仁政"、"德治"的政治伦理学说,以及"中庸之道"、"天人合一"的精神境界和社会理想。所以,刘邦的崇儒还只是停留在形式主义的浅层次上。刘邦死后,由于汉皇朝面临的主要任务是与民休息,发展生产,标榜"无为而治"的黄老之学正好适应了形势的需要。于是,在好黄老之学的曹参、陈平、窦太后等汉皇朝当权派的提倡与坚持下,黄老之学就堂堂正正地走进大汉皇朝的庙堂,成为汉初封建统治的指导思想。这样,由刘邦开其端的向儒学的倾斜暂时中断了。儒学此时之所以失去了一次跻身庙堂的机会,首先是因为当时的政治经济条件尚不具备,即"尚有干戈,平定四海,亦未暇遑庠序之事也"①。其次,是儒学本身也没有将自己改造到完全适应封建统治需要的程度。这时的儒学大师,如传《鲁诗》的申公,传《尚书》的伏生,传《礼》的高堂生,传《易》的田何等,大都以在野之身,收徒讲学,对儒学既无创造性的发展,个人在政治上也未受到重用,没有取得显赫的官位,因而影响不大。其他儒生,特别是儒学发祥地鲁国那一些"弦诵之声"不断的儒生,更是固守着传统儒学的旧垒不思革新,丝毫没有与时俱变的意识。他们传诵讲习的儒学显然难以适应汉朝统治者的需要。尤其重要的是,汉初的儒生中没有产生一位学识渊博、富于创造革新精神并且获得较高政治地位的如同后来董仲舒那样的大师,也没有产生出足以与黄老之学相颉颃的适应封建统治者所需要的理论体系,这自然也就减弱了儒学的影响和号召力。

---

① 《史记·儒林列传》。

反观黄老之学,它的忠实信徒中既有大权在握的丞相曹参、陈平,又有一言九鼎的窦太后,他们居高临下地推行黄老思想,当然可以收事半功倍之效。在这种情况下,儒学只能暂时屈居于黄老之学之下,继续进行自我改造,以期将来大用于世。后来,人们往往把汉武帝和董仲舒作为中国封建社会尊孔崇儒的首倡者,这当然不无道理。但是,不要忘记,刘邦在此问题上曾起过开风气之先的重大作用。

显然,刘邦并不是完整意义上的思想家,但是,刘邦作为中国历史上的第一个布衣皇帝,却具有自己独特的个性、气质和风度。

如果偶然性不起作用,历史就会变得非常神秘而难于理解。如果秦始皇创立的统一皇朝有一百年的寿命,刘邦也就只能是一个并不十分尽职的亭长。他身上表露出来的许多缺点,使人们完全有理由把他放在流氓无赖之列。可是,由于秦皇朝成为一个短命皇朝,刘邦也就在农民战争和楚汉战争的汹涌浪涛中经过顽强的搏斗,被时代造成了一个开国的封建帝王。在大汉皇帝耀眼的光环下,他的许多缺点和不足也就变成了微不足道的小节。刘邦有着非常鲜明而独特的个性。在司马迁和班固两位史学大师的笔下,他时而可爱,时而可憎;时而可笑,时而可畏;时而聪明,时而愚蠢;时而高傲,时而谦逊;时而大度,时而小气;时而如和风细雨,时而如电闪雷鸣;时而如天高气爽的秋天清晨,时而又如阴霾四合的冬日黄昏。而所有这些看起来似乎互相矛盾的特点,又都有机地统一在刘邦一个人身上,形成了极其生动的、色彩斑斓的多角形象。

刘邦虽然出身于朴实农民之家,但他却从小不事生产,贪财好色,讲究享受,游手好闲,惹是生非,敢言别人所不敢言,敢为别人所不敢为,富于冒险精神。例如他买酒不还钱,参加沛县令贺宴一毛不拔而诡称贺钱一万,并且安坐首席而毫无愧色。大军开进咸阳以后,他被阿房宫的珍宝和美女陶醉得忘乎所以,非要住下来享受一番不可。多亏樊哙和张良苦口婆心地相劝,他才恋恋不舍地离开那个"安乐之乡"。这样做使项羽入关后找不到与刘邦开战的口实,从而避免了楚汉战争的过早爆发。这一次,刘邦贪财好色的欲望暂时受到抑制。公元前205年(汉二年)四月,刘邦趁项羽北上进攻齐国的机会,率军突袭彭城,成功之后,他享受的欲望再也压抑不住了,"收其货宝、美人,日置酒高会"[①]。结果放松了对项羽反击的戒备,被楚军一个回马枪杀得落花流水,一败涂地。刘邦的追求权力、财富、美色和享受的欲望,在一定程度上成为推动他争夺大好江山的巨大动力。刘邦的诸多行动表明,即使在参加反秦起义之前,当刘邦任泗水亭长的时候,他的思想已经升华到地主阶级的境界了。

刘邦的性格中有着惊人的坦率的一面。在正常情况下,没有别人的指点,他不大玩弄

---

① 《史记·高祖本纪》。

小的智谋与权术。他说话直来直往，不转弯子，对人不留情面，有时使人下不来台。例如，当他与韩信讨论各自能带多少兵时，韩信忘乎所以，自诩"多多益善"，而认为刘邦只能带十万之众。刘邦帝王的自尊自信受到伤害，极感不快，马上反唇相讥说："多多益善，何为为我禽？"韩信自知失言，只得恭维刘邦有"天授"的"将将"之才。又如，当剖符封功臣的时候，刘邦力排众议，推尊萧何功第一，食邑最多，引起武将们的不满与反诘。刘邦竟然把诸将比作猎狗，而把萧何比作指示猎狗追踪野兽的猎人。这些话已经坦率到尖酸刻薄的程度了。当时，那些将军们在被刘邦比喻为"狗"之后究竟是什么滋味和表情，恐怕只能留给后人想象了。这种话，惠帝、吕后、文帝、景帝甚至武帝等人都是绝对说不出来的。公元前200年（汉七年）十月，新年伊始，在新落成的长乐宫中，当群臣依照叔孙通制定的礼仪恭恭敬敬地向刘邦朝贺时，他脱口而出的话是："吾乃今日知为皇帝之贵也！"得意洋洋，憨态可掬，袒露之情，令人捧腹。应该说，几乎不留余地的坦率是刘邦性格的光明面；但是，有时过分地坦率又使群臣难以忍受。刘邦感情外露，从来不善掩饰，也不想掩饰，对人对事的情绪往往一泻无余地表露出来，因而骂詈群臣也就成了家常便饭。刘邦的主要大臣之中，大概除了张良之外，包括萧何在内，几乎没有不被他斥骂过的。魏王豹在归附刘邦一段时间后又叛离而去，当郦食其劝他再次归顺刘邦时，他说："人生一世间，如白驹过隙耳，今汉王嫚而侮人，骂詈诸侯群臣如骂奴耳，非有上下礼节也，吾不忍复见也。"①著名的商山四皓也就是因为害怕偌大年纪遭受骂詈，而坚决拒绝刘邦的征召。想想吧，刘邦曾经当着韩信使者的面大骂韩信；当郦食其前来拜见时，他一面令两女子洗足，一面大骂郦食其为"竖儒"；对"执子婿礼甚卑"的赵王张敖，他也是"箕踞骂詈"，因此几乎遭到贯高等人的暗算；陆贾当着他的面谈论《诗》、《书》，也成为挨骂的口实；而忠心耿耿的娄敬，就因为在对待匈奴的问题上直率地陈述了自己正确的但却不合刘邦心意的意见，就被刘邦骂为"齐虏"，还讥讽他是"以舌得官"。刘邦的动辄使气骂人，完全是封建帝王为所欲为的霸道作风。因为在他眼里，臣下都是奴才，颐指气使，打骂杀戮，都是理所当然的。同时也可看出，在刘邦身上，还没有罩上温情脉脉的纱幕，还浓重地残留着市井之徒的粗野之风。刘邦的坦率除表现为粗野骂人之外，有时还表现为可笑而又可爱的无赖相，使人忍俊不禁，哭笑不得。例如，公元前203年（汉四年）初，在楚汉两军对峙的荥阳前线，气急败坏的项羽在阵上置刘邦老父于俎上，威胁说："今不急下，吾烹太公！"刘邦却嬉皮笑脸地回敬项羽："吾与项羽俱北面受命怀王，曰'约为兄弟'，吾翁即若翁，必欲烹而翁，则幸分我一杯羹！"②此话除了刘邦之外，大概其他人是很难说出口的。刘邦年轻的时候，因为不事生产，好吃懒做，与社

---

① 《史记·魏豹彭越列传》。
② 《史记·项羽本纪》。

会上的各色人物打得火热,远不如他的两个兄长安分守己,因而曾被他的老父斥骂过。此事显然在刘邦的记忆中留下了极深的印象。公元前198年(汉九年)十月,未央宫落成,刘邦兴致勃勃地在未央宫的前殿设盛宴庆贺新年。淮南王、梁王、赵王、楚王等皆前来朝贺。刘邦老态龙钟的父亲,一位获得了太上皇尊号的白发老翁,也颤巍巍地出来接受百官朝贺。刘邦首先举杯为老父祝寿,接着笑嘻嘻地说:"始大人常以臣无赖,不能治产业,不如仲力。今某之业所就孰与仲多?"①在太上皇被儿子当众揭短弄得手足无措,语言支吾,尴尬不堪的时候,殿上一片欢腾,"群臣皆呼万岁,大笑为乐"。这种近乎恶作剧的事情恐怕也只有刘邦能够做得出来吧。

乍一看,以上所举这些刘邦性格的侧面,仿佛都是缺点与不足,但在刘邦身上表现出来,却并不给人以面目可憎的感觉。原因大概就在于,这种性格透出了浓厚的人情味,说明刘邦虽然贵为皇帝,但在他身上还没有完全除掉来自社会下层的质朴和坦诚。同时,更应该指出,刘邦这些看起来仿佛是缺点的东西,并不掩盖他性格中另外一些讨人喜欢的内容。刘邦性格中的缺点,似乎造成人们对他的疏远,事实上,也的确使个别人因而离开了他。但是,刘邦性格的另外一面却又在群臣中形成了巨大的吸引力,使之如同磁石般地把当时灿如群星的英雄豪杰聚拢在一起,不计成败,义无反顾,群策群力,共逐一鹿,终于赢得了历史性的伟大胜利。

刘邦性格中最光辉的一面,是他作为开国的封建帝王所具有的气质和品性。他的天资绝顶聪明,对于许多东西都有极强的领悟能力。对此,张良、韩信、郦食其等人都有着十分深切的感受。张良曾经以《太公兵法》说给他人听,能领会者寥寥无几。但刘邦却能迅速理解并能在实践中灵活运用,张良因而赞誉"沛公殆天授"②。很多事情,一经点拨,刘邦就能马上领悟,并且能同时做出正确的决断。特别难能可贵的是,刘邦有着创业帝王的宏伟气魄,有着不达目的决不罢休的顽强意志,有着失败不气馁,勇于在挫折中奋起的坚毅品格。公元前207年(秦二世三年)初,在起义军领导集团研究对秦军作战的会议上,他毅然承担了进军关中、推翻秦皇朝的军事重任。之后,即率领不足万人的起义军义无反顾地踏上进军关中的征途。而此时的秦皇朝还是拥有数十万大军、控制着关中和蜀汉等财富之区的庞然大物。承担摧毁它的重任,这需要多么大的勇敢和气魄!秦皇朝灭亡后,项羽一时成为霸主,他利用大分封的机会,将刘邦的十万大军削减到三万人,将其赶到闭塞的汉中巴蜀,使之在军事上处于极其不利的地位。刘邦不畏强敌,决心与项羽逐鹿中原,争夺天下。其必胜的信心、决心和勇气又超越了他的一切同辈。在长达四年的楚汉战争中,

① 《史记·高祖本纪》。"无赖",裴骃《集解》引晋灼曰:"许慎曰:'赖,利也,无利入于家也。或曰江淮之间谓小儿多诈狡猾为'无赖'。"
② 《史记·留侯世家》。

他多次受挫，几陷困厄，老父妻子被执，随时有性命之忧。但他面对险境，誓不屈服。多次亲冒矢石，激励士卒。身上多次受重伤①，仍然咬牙坚持，前仆后继。经过千辛万苦，终于渡过难关，迎来胜利的曙光。但是，刘邦的顽强又不流于蛮干。他善于审时度势，及时调整政策，转变策略，变更部署，经过迂回曲折的途径去摘取最后的胜利果实。公元前206年（汉元年）四月，项羽违约封刘邦为汉王，以僻远的汉中、巴蜀为封地。刘邦在萧何等人的劝谏下，强忍怒气，来到汉中，并用烧绝栈道的办法来麻痹项羽，从而避免了在条件于己不利的情况下与项羽开战。结果是项羽失去戒备，率军回彭城，鞭长莫及，给刘邦创造了战机。刘邦于是利用关中空虚、秦人对三个降王恨之入骨的机会，一举夺取关中，建立了巩固的战略后方，为楚汉战争的胜利奠定了基础。公元前200年（汉七年），汉军对匈奴的战争受挫以后，刘邦冷静地分析了当时的形势，接受娄敬的建议，决定用"和亲"代替战争，从而在一定程度上减轻了匈奴对北部边境地区的侵扰，为休养生息政策的实施创造了一个良好的环境。刘邦作为封建帝王的雄才大略和恢宏的气度，对他麾下的文臣武将产生了巨大的威慑力和吸引力，以致使得有些人心甘情愿地为他牺牲自己的生命。如将军纪信在荥阳岌岌可危之际，假扮刘邦，诓骗项羽，掩护刘邦安然逃出险境，自己却被项羽活活烧死。周苛奉命坚守荥阳，城破被俘，项羽许以高官厚禄，诱使他投降。他大骂项羽，宁愿为刘邦以身殉职。最可叹的是王陵之母，一位年逾花甲的老妇人，为了使儿子毫无牵挂地追随刘邦，自己伏剑慷慨就义。可以这样说，即使刘邦身上再增加几种缺点，只要他具备了封建帝王所特有的对群臣的吸引力，只要他能够将当时社会上最优秀的人才吸引在自己的周围，他就具备了夺取最后胜利的最重要最基本的条件。

与动辄斥骂臣下，有时还流露无赖相的情况相反，刘邦身上更多地表现了宽大长者的一面。司马迁说他"仁而爱人，喜施"，"意豁如"，"常有大度"。楚怀王的诸老将也认为刘邦"素宽大长者"，极力推荐他作为入关统帅的人选。事实上，刘邦在其政治实践活动中，也的确在不少地方表现了宽大长者的胸怀和品性。公元前202年（汉五年）十二月，刘邦的竞争对手项羽兵败垓下，于乌江自刎而死。他以鲁公之礼葬项羽于谷城，"亲为发哀，泣之而去"。诸项氏枝属皆不诛，并封项伯等四人皆为列侯，赐姓刘氏。刘邦此举当然也不排除"英雄欺人"的意思。但应该说，刘邦此时对项羽的态度基本上还是真诚的。因为在刘邦看来，项羽作为敌手的作用既然已经完结，他们之间也就可以恢复当年"约为兄弟"的情谊了。项羽的部将季布，楚汉战争之后藏匿民间，是刘邦悬赏通缉的重要罪犯。后来，经过游侠朱家通过夏侯婴向刘邦说情，刘邦不仅赦免其罪，还任命他做了郎中。季布也竭

---

① 《史记·高祖本纪》司马贞《索引》引《三辅故事》："楚汉相距于京、索间六年，身被大创十二，矢石通中过者有四。"

诚为汉皇朝服务,在文帝时期做到河东守,是一个颇有政声的好官。公元前196年(汉十一年),韩信以谋反罪被诛杀于长乐宫钟室。临死前,他痛惜自己没有"用蒯通之计"早日反叛,以致落到今日被任意宰割的悲惨境地。刘邦听后,十分气愤,立即下令逮捕这位鼓动韩信背主自立的策士。蒯通被逮捕归案后,刘邦亲自审问:"若教淮阴侯反乎!"蒯通直言不讳地回答说:"然。臣固教之。竖子不用臣之策,故令自夷于此,如彼竖子用臣之计,陛下安得而夷之乎!"一点求饶乞活的意思都没有,使刘邦倍加愤怒,立即下令烹杀他。蒯通大呼冤枉,刘邦怒斥曰:"若教韩信反,何冤?"蒯通自我辩解说:

> 秦失其鹿,天下共逐之,于是高材疾足者先得焉。跖之狗吠尧,尧非不仁,狗因吠非其主。当是时,臣唯独知韩信,非知陛下也。且天下锐精持锋,欲为陛下所为者甚众,顾力不能耳,又可尽烹之邪?[①]

蒯通的一席话显然是一种狡辩。因为当时的蒯通完全清楚韩信是刘邦的臣子,而不是独立起事的起义军领袖。在这种情况下策动韩信背叛自己的主人,自然是一种叛逆之罪,理应受到严厉的惩罚。但是,刘邦在听过蒯通貌似有理的辩解之后,还是宽宥了他。因为在刘邦看来,此时的蒯通已经难以构成对自己的威胁了。对待梁王彭越的大夫栾布的处置同样显示了刘邦的大度。刘邦诛杀彭越以后,将其头颅悬于洛阳的市衢示众,同时下令:"有敢收视者,辄辅之。"其时,栾布正作为彭越的使者出使齐国。归来时,彭越已死。栾布不顾刘邦的禁令,郑重其事地来到彭越的头颅之前奏事,"祠而哭之",因而被逮捕。刘邦对栾布如此胆大妄为的举动怒不可遏,他亲自提审栾布。一通臭骂之后,下令施以烹刑。栾布面对死亡,毫无惧色,而是义正词严地为彭越辩护,对刘邦诛除功臣的举措提出了非议:

> 方上之困于彭城,败荥阳、成皋间,项王所以不能遂西,徒以彭王居梁地,与汉合从苦楚也。当是之时,彭王一顾,与楚则汉破,与汉而楚破。且垓下之会,微彭王,项氏不亡。天下已定,彭王剖符受封,亦欲传之万世。今陛下一征兵于梁,彭王病不行,而陛下疑以为反,反形未见,以苛小案诛灭之。臣恐功臣人人自危也。今彭王已死,臣生不如死,请就烹![②]

① 《史记·淮阴侯列传》。
② 《史记·季布栾布列传》。

栾布这番话,对彭越在楚汉战争中作用的评价虽然有些夸大其词,但基本上是合情合理的。可能是栾布的仗义执言唤起了刘邦对历史的回忆,又觉得栾布忠心可嘉,于是怒气顿消。不仅赦免了栾布,还任命他做了都尉,后来一直晋升到燕国相。当然,刘邦的大度主要还表现在对于跟随他创业的文臣武将所给予的优厚报酬。西汉皇朝建立以后,少数独当一面功劳卓著的武将如韩信、彭越等,获得了王位和连城数十的封土,一百四十七人获得侯爵和食邑,其他人大都得到大小不等的官职和俸禄。就是最低级的军吏卒也都在复员后得到一小块土地和得到"世世复"的酬赏。这些人中的绝大部分自然也就成了刘邦政权的衷心拥护者,成为大汉皇朝统治的基础。刘邦本人对此也颇为自豪,在他辞世前一个月发布的诏书中,还得意洋洋地宣示天下:"吾于天下贤士功臣,可谓亡负矣。"①

由于刘邦气度恢宏,待人宽厚,对有功者不惜重赏,更由于他正确的政治经济政策和军事谋略给人以胜利的信心和希望。因而刘邦就对当时以猎取功名利禄为目的的文武之士产生了巨大的吸引力,四面八方,纷纷来归,致使他的麾下猛将如云,谋臣如雨,集合了当时中国一大批最优秀的人才。但是,仅仅能够吸收人才还是不够的。关键是还要知人善任,使他们每个人的潜在能力都能得到最大限度的发挥。这除了需要一套完善的制度和方法之外,领导者个人的素质也具有重要的作用。尽管刘邦有时候对人表现得粗鲁无礼,但更多的时候是能够虚心纳谏,博采众议,择善而从。在他那里,没有需要维护的个人面子,一切都以刘邦集团生死存亡的根本利益为转移。正因为刘邦善于听取和接受来自臣下甚至普通百姓的正确的意见和建议,就使他在一些重大问题的决策上处于有利的地位。有些决策,即使开始错了,也能较快地得到改正,并且,最后总是能够选择出最佳方案。例如,在项羽的大分封中,刘邦受到了不公正的待遇。他一时激于义愤,立即要同楚军在关中开战,结果被樊哙、周勃、灌婴、萧何等人劝谏而止,避免了赌博式的孤注一掷。公元前204年(汉三年),为了给项羽广泛树敌,刘邦接受郦食其的建议,决定封六国的王族后裔为诸侯王。后来,经张良指出此种做法的种种弊端,他立即收回成命,使这一错误决定在实行之前就取消了。不久,他又接受陈平建议,以重金离间项羽及其部下的关系,使项羽变成了孤家寡人。其时,项羽在荥阳一线攻势猛烈,刘邦简直有点支持不住了,就打算将防线后撤至巩、洛一带以避其锋。这时候,刚刚出过"馊主意"的郦食其却提出了完全相反的意见,劝谏刘邦采取积极进攻的策略,迅速收复荥阳,利用敖仓屯积的大批粮食,凭借成皋之险,杜绝太行之道,拒敌人于飞狐口外,守住黄河上的白马渡口,对项羽摆出一副咄咄逼人的进攻态势。这是一个大胆正确且具有战略眼光的军事方针。刘邦立即接受贯彻执行,结果不仅稳定了荥阳前线的军事形势,而且很快使汉军变被动为主动,并开始

---

① 《汉书·高帝纪》。

了局部反攻。公元前203年(汉四年)底,经过对峙阶段的大量消耗,楚军的劣势已经明显暴露出来。项羽为了摆脱困境,被迫放回刘邦的老父和妻子吕雉,与刘邦约定以鸿沟为界,中分天下,罢兵言和。因为此时楚汉双方都已打得精疲力尽,所以项羽东向撤军后,刘邦也准备撤军西返。此时,张良、陈平指出战胜楚军的最后时机已经来临,必须趁楚军因签订和约失去戒备、全军后撤的混乱机会,立即跟踪追击,以猛烈的攻势致敌于死命。刘邦马上接受他们的建议,抓住战机,迅速挥军东进。公元前202年(汉五年)十月,在与项羽最后决战的前夕,刘邦又接受张良的建议,对韩信、彭越两个最大的军事实力派许以重封,使他们迅速地前来参加围歼楚军的最后会战,从而取得了垓下之战的决定性胜利。汉皇朝建立以后,疮痍满目,百废待兴,面临着政治上巩固加强中央集权,经济上恢复发展生产,边境上解决匈奴侵扰等一系列重大问题。刘邦一如既往,更加重视臣下意见,从谏如流,从而做出了一系列正确的决策。公元前202年(汉五年)五月,他接受一个素昧平生的戍卒娄敬的建议,改变建都洛阳的决定,把国都安放在山河四塞之固的关中。第二年,他又接受陈平的建议,伪游云梦,轻而易举地解决了实力最大的异姓诸侯王韩信。同年,在论功行赏排定功臣坐次时,武力功臣们皆推曹参功居第一,只有鄂千秋推萧何功第一。刘邦力排众议,接受鄂千秋的意见,重封萧何,使封赏比较公允。公元前200年(汉七年),刘邦做出了用武力征伐匈奴的错误决定,同时又将坚持正确意见的娄敬逮捕下狱。后来,当事实证明自己的决策是错误的时候,他当面向娄敬承认了自己的失误,同时对娄敬的直言敢谏加以奖赏。第二年,又接受娄敬的建议,对匈奴实行"和亲"政策,在很大程度上缓和了汉匈之间的矛盾,为汉初六十年的休养生息提供了一个较为和平的环境。晚年,在改易太子的风波中,他最后还是听信了周昌、叔孙通、张良等人的劝谏,终止了自己的错误行动,从而维护了汉皇朝的稳定。公元前196年(汉十一年),英布反叛的消息传到长安。此时刘邦的身体不适,拒见群臣。军情如火,樊哙愤怒闯宫,严肃地告诫他要警惕赵高篡政之事重演。刘邦抱病而起,最后一次亲统大军驾临前线,顺利地平定了英布的叛乱。

历史上,任何一个英明的帝王,都不可能在政治、经济、军事、文化等各方面都有卓越见解,事事都能"圣心独断"。关键是要有知人之明,把各方面的有用之才安排在适宜的岗位上,充分发挥他们的聪明才智;同时又能广开言路,集思广益,择善而从,使自己的各项重大决策减少失误。刘邦在这方面的表现非常突出。他善于用人,扬长避短,注重大节,不拘小过,用人以专,待人以诚。例如,他用萧何卓越的行政才干而任为丞相,用张良超人的智慧谋略而留在身边运筹帷幄,用韩信杰出的军事才能而让其做独当一面的军事统帅,用郦食其、陆贾的纵横捭阖之才而委之以游说之任。陈平是个半路入伍的谋臣,又有"受金盗嫂"的劣迹,刘邦不求全责备,而发挥他善出奇计的超人智慧,使之做出了别人不可替代的贡献。正因为刘邦知人善任,所以能收群策群力之效,在其风云际会的一生中,在重大决策上失误甚少；即使失误，也能及时得到纠正。综观刘邦一生的经历，可以看出，许多重大决策几乎都不是由他提出来的，但是，他却以其天纵之才迅速集中臣下的正确意见，将其变成政策，及时准确地贯彻到实践中去。他的胜利是集体智慧的结晶，群策群力的胜利。刘邦不像有的封建帝王那样，居高临下，目空一切，自视一贯正确，把一切功劳归于自己，把所有过失委于臣下。而是虚心驭下，闻过则改；有功即赏，不计小过。因而，其君臣上下之间，基本上融洽一致，叛离之事，很少发生。

刘邦的性格是多方面的、复杂的，他是一个有着七情六欲的活生生的人，有着自己的喜怒哀乐、优点和不足。他是一个由农民战争、统一战争以及建国、平叛等等激烈的军事、政治斗争锤炼出来的一代开国的封建帝王。他的成功既是历史的机遇，也是历史的选择。自然，他成功的因素是多方面的，但无论如何，他的思想和性格在这些因素中应该起着非常重要的作用。

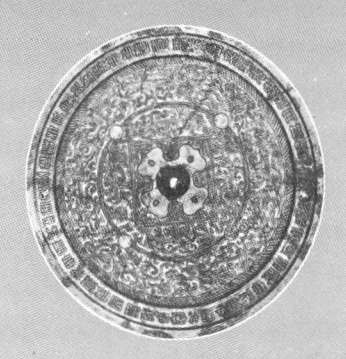

第八章
"佐高祖定天下"的
吕后悲剧

从公元前195年(汉十二年)四月刘邦病逝,到公元前180年(吕后八年)九月代王刘恒继承大位,其间十五年左右的时间,大汉皇朝的真正当国者是一个后世称之为"吕后"的女人。其中,前七年名义上是惠帝刘盈亲政,后八年是吕后以太皇太后的名义临朝称制,实际上都是吕后操持国柄,左右着这个皇朝的命运。吕后是刘邦的结发妻子,汉皇朝建立以后正式被立为皇后。她之所以在刘邦死后能够轻而易举地迈向汉皇朝权力的峰巅,除了她本人的确有些治国驭人的才干外,最根本的原因是她有着刘邦给她遗留下来的皇太后的地位和权力。而后来她所经营的吕氏集团的被诛灭,又是由刘邦以遗嘱的形式安排的一批元勋旧臣策划进行的。吕后与刘邦的关系,借用人们形容萧何与韩信关系的一句话,也可以说是"成也刘邦,败也刘邦"。因为吕后死后,吕后的宗族亲友几乎被全部诛杀,而后继的皇统又皆非吕后嫡系,所以两汉时期的大多数政治家和思想家对吕后都是贬多于褒。后人对吕后其人及其十五年当国时期的评价也有着较大的分歧。由于吕后和刘邦关系密切,而她秉政的十五年差不多又占了汉初历史四分之一的时间,构成了西汉历史不可缺少的重要环节。吕后无疑是一个重要的历史人物,对她的正确评价涉及到对整个汉初历史的认识。因此,我们愿意在这里对这位争议较大的历史人物用较多的笔墨,还她以本来的面目,给予较为客观、公允的评价。

吕后(? —公元前180年),名雉,秦朝砀郡单父(今山东单县)人。她的父亲吕公因"避仇"带她寄居沛县。由于吕公是沛令的朋友,所以同县中的豪杰吏士多有交往。恰巧此时刘邦正任该县的泗水亭长,吕公就做主将女儿嫁给了刘邦。从情势上推断,吕雉的年龄应比刘邦小十岁以上。而从刘盈的年龄推断,吕雉与刘邦结婚时年龄当在三十岁上下。三十岁的姑娘仍待字闺中,在当时是不多见的。或许因"避仇"误了婚期,或许因选婿的标准太严长期没有合适的人选,不管什么原因,吕雉结婚时已是大龄女青年了。

刘邦在参加反秦起义前,因做基层小吏,很少从事生产。吕雉则带领子女住在丰邑,种田和操持家务。她显然是一个十分能干的妇女。公元前210年(秦始皇三十七年),刘邦放走刑徒,走上了反叛秦朝的道路。在他率领几十人隐于芒砀山泽之间时,吕雉不断为刘邦送饮食衣物,传递消息,说明她对刘邦的冒死造反是同情和支持的。公元前209年(秦二世元年),当刘邦响应陈胜举行丰沛起义的时候,吕氏宗族几乎全部参加了他的起义队伍,跟随刘邦转战南北。其中吕雉之兄吕泽和吕释之,都是带兵的将领,在反秦战争和楚汉战争中建立了不少功劳。公元前205年(汉二年)四月,刘邦统帅的汉军在彭城被项羽击败后向西退却,吕雉与刘邦父亲一起被楚军俘虏。此时,吕泽正带领一支汉军驻守下邑(今安徽砀山)。他迎接疲惫不堪的刘邦,一面奋力抵抗以迟滞楚军西进的速度,一面收集败退归来的散兵游勇,才使刘邦暂时有一立足之地。此后,吕泽一直跟随刘邦从事征战,公元前201年(汉六年),因功被封为周吕侯。公元前198年(汉九年)死去。吕释之参加丰沛起义以后,一直跟随刘邦与秦军作战,并一起打进咸阳。刘邦被封为汉王去汉中后,吕释之奉刘邦之命回丰邑保护刘邦的老父与妻子儿女。公元前201年(汉六年)被封为建成侯,公元前192年(汉惠帝三年)死去。吕泽和吕释之虽有一定功劳,但在刘邦的布衣将相群中并不是很突出的人物,他们才能平平,功劳亦平平。《史记》、《汉书》都未为他们单独立传,显然是因为无突出事迹可记。他们之获得封侯的奖赏,与其说是因为功劳,不如说是因为与刘邦的郎舅关系。不过,他们并没有恃刘邦之势胡作非为,所以在历史上也并未留下什么劣迹。公元前205年(汉二年)四月吕雉被楚军俘虏以后的两年多时间内,一直在楚军中做人质。直到公元前203年(汉四年)九月,楚汉签订以鸿沟为界中分天下的停战协定以后,吕雉才与太公一起回到刘邦身边。以后,在楚汉战争和建国以后的七八年中,吕后一直与萧何一起坐镇后方,安抚百姓,筹措军资,有力地支援了对楚军的作战和对异姓诸侯王的斗争。公元前196年(汉十一年)冬天,在刘邦坐镇邯郸指挥平定陈豨叛乱的时候,吕后与萧何一起,设计诛杀了与陈豨内外勾结、阴谋在首都发动叛乱的淮阴侯韩信,为汉皇朝清除了一大隐患。同年二月,吕后在由长安来洛阳的途中,遇到被刘邦流放蜀郡青衣的原梁王彭越。当彭越向吕后哭诉他的冤情后,吕后假装同情将其带回洛阳。然后上奏刘邦,对彭越谋反案重新加以审理,于三月份将彭越处死并夷其三族。吕后这一系列的活动表明,她在刘邦生前就不是一个等闲之辈,而是一个具有卓越政治眼光、干练才能和刚毅性格的杰出女性,不能不令臣僚们刮目相看。当然,吕后对于政敌的残酷无情,心狠手毒,也使满朝文武震惊和恐惧。在刘邦晚年要废掉刘盈的太子地位时,吕后使出浑身解数阻止这一计划的成功。她一方面利用当时对自己有利的形势,施展自己的政治影响,使周昌、叔孙通、张良等人在刘邦面前据理力争;一方面又利用自己与刘邦的夫妻关系和感情上的丝缕,对刘邦纠缠不休,终于保住了刘盈的太子地位,也保住了自己皇太后的宝座。总之,在刘邦逝世前的十多年间,吕后追随刘邦,为汉皇朝的建立和巩固做出了自己的贡献,同时也锻炼了自己的政治才干。因此,叔孙通说她与刘邦是"攻苦食啖"的患难夫妻,司马迁赞誉她"为人刚毅,佐高祖定天下"①,这些皆非过誉之辞。

刘邦逝世之后,吕后当政。她基本上执行了刘邦制定的路线、方针和政策,使西汉皇朝在稳定中继续前进,社会经济也维持了继续向上发展的势头。

————————

① 《史记·吕太后本纪》。

　　从政治上看,吕后对朝中主要官员的任用,基本上遵循了刘邦的遗嘱。公元前 193 年(汉惠帝五年)相国萧何死后,曹参继任相国,进一步在全国范围内推行黄老政治,使汉皇朝的政治和社会形势更趋稳定。公元前 190 年(汉惠帝五年)曹参病逝,第二年,陈平与王陵分任左右丞相,周勃为太尉。这一批刘邦时代的功臣宿将相继执政,而吕后对他们基本上都能任之以专,这就成为保持汉皇朝政局稳定和各项政策能够连续执行的最重要的条件。

　　在吕后当国的十五年中,刘邦统治时期制定和推行的一整套轻徭、薄赋、节俭、省刑的政策,不仅得到贯彻执行,而且某些方面还有所发展和创新。公元前 192 年(汉惠帝三年)春天,"发长安六百里内男女十四万六千人城长安,三十日罢"。公元前 190 年(汉惠帝五年)春正月,"复发长安六百里内男女十四万五千人城长安,三十日罢"[1]。这些徭役的征发都是严格按照当时的政策规定执行的,征发的人数和服役的期限都没有超出政策的规定。公元前 183 年(吕后五年),汉政府初"令戍卒岁更"[2],使汉代的兵役从继承秦代的不计时限改为正常的一年一轮换的制度。以上徭役、兵役的征发说明,汉政府对民力是比较珍惜的,对民力的使用是比较谨慎的。这对需要休养生息的劳动人民是十分有利的,因为起码可以使他们的生产时间得到基本保证。与此同时,汉政府还采取了一些奖励发展生产的措施,如公元前 191 年(汉惠帝四年),诏令各郡国"举民孝弟力田者,复其身"[3]。诏书中虽然将孝弟等封建伦理信条放在第一位,但实际意义还在于"力田"一项。"复其身"显然是自耕农民追求的目标,对他们的生产积极性是一种很大的鼓励。在法律制度上,吕后当国时期也继续朝着宽松的方向发展。公元前 191 年(汉惠帝四年)三月,诏令"省法令妨吏民者,除挟书律"[4]。公元前 187 年(吕后元年),又诏令"除三族罪、妖言令"[5]。前一诏令的头一句话比较笼统,具体内容已不易考究了,但是有一点可以肯定,就是其中必然省掉《汉律》中所承袭的《秦律》的一些严酷律条。前一诏令中的第二句话和后一诏令的内容则比较明确具体,它说明在刘邦时代制定的《汉律》中,还承袭了秦朝思想文化专制主义的某些内容。"挟书律"、"妖言令"的废除,表明了汉初统治者对思想文化控制的松弛,这对汉初诸子思想的一度活跃,显然是起了重要的促进作用。

　　在处理国内民族关系的问题上,吕后也大体上继承了刘邦时期的政策。公元前 192 年(汉惠帝三年)春天,以宗室之女为公主,嫁于匈奴的冒顿单于,目的是继续以"和亲"换

---

① 《汉书·惠帝纪》。
② 《史记·汉兴以来将相名臣年表》。
③ 《汉书·惠帝纪》。
④ 《汉书·惠帝纪》。
⑤ 《汉书·高后纪》。

取汉皇朝最需要的和平,维护北部边境地区的安宁。但是,因为此时的匈奴正处在它的极盛时期,而汉朝的"和亲"又被认为软弱可欺,冒顿单于骄横无礼,当听到刘邦逝世的消息以后,便派遣使者,致书吕后,提出了十分无理的要求。书中说:

> 孤偾之君,生于沮泽之中,长于平野牛马之域,数至边境,愿游中国。陛下独立,孤偾独居,两主不乐,无以自虞,愿以所有,易其所无。①

按照匈奴的风俗习惯,"兄弟死,皆取其妻妻之"。汉与匈奴曾约为兄弟,冒顿单于提出这一要求,就匈奴风习而言,似乎是顺理成章;但是,把本民族的风俗习惯强加于有自己独特礼仪制度的汉朝,特别是享有至高无上地位的皇太后,实在是一种带有污辱性的蛮横无礼的有意挑衅。吕后展读来书,勃然大怒。立即召来丞相陈平,将军樊哙、季布等商量对策。看到吕后怒形于色的样子,樊哙义愤填膺,慷慨激昂地向吕后请战说:"臣愿得十万众,横行匈奴中!"城府较深的陈平显然不同意遽开边衅,因为当时的汉皇朝还不具备在战场上与匈奴一决雌雄的条件。但看到吕后正在气头上,所以没有急于表态。秉性质直的季布急忙站出来说话。他分析了当时汉匈双方的条件,认为与匈奴开战不利,竭力劝说吕后隐忍不发,继续维持"和亲"的局面。他语重心长地告诫说:

> 哙可斩也!前陈豨反于代,汉兵三十二万,哙为上将军,时匈奴围高帝于平城,哙不能解围。天下歌之曰:"平城之下亦诚苦!七日不食,不能彀弩。"今歌吟之声未绝,伤痍者甫起,而哙欲摇动天下,妄言以十万众横行,是面谩也。且夷狄譬如禽兽,得其善言不足喜,恶言不足怒也。②

季布的意见使徒说大话的樊哙无言以对,也终于使吕后的头脑冷静下来。她清楚地知道,当时国内已经安定的形势不容遭到破坏,战争既为国内局势所不允许,又拂逆百姓的愿望,况且,当时汉皇朝的军事力量,如与匈奴兵戎相见,胜负难料。只有坦然大度,好言抚慰,不贻匈奴以开战的口实,继续维持两个政权之间的相对和平局面,才是利国利民的上策。吕后于是命令大谒者张泽起草一纸给冒顿单于的回书,其中说:

> 单于不忘弊邑,赐之以书,弊邑恐惧。退日自图,年老气衰,发齿堕落,行步失度,

---

① 《汉书·匈奴传》。
② 《汉书·匈奴传》。

单于过听,不足以自污。弊邑无罪,宜在见赦,窃有御车二乘,马二驷,以奉常驾。①

真是后退一步,天高地阔。回书虽然有点忍气吞声,令人气短,但毕竟平息了一场一触即发的大战。冒顿得复书后,大概也感到自己的做法有点过分,于是很快再派使者来长安,对上次的鲁莽唐突表示歉意:"未尝闻中国礼义,陛下幸而赦之。"同时献来骏马,接受"和亲"。汉匈关系一时处于基本相安的局面。后世有些论者批评吕后在处理汉匈关系的问题上表现为"奴颜卑膝"的投降主义,实在是一种过于简单化的皮相观察。应该说,在关于国家安危的汉匈关系的处理上,吕后审时度势,权衡利弊,宁愿自己受辱也坚持衅不由我而开,正反映了她作为一个政治家的不凡眼光和气度。吕后把汉皇朝的江山社稷的安危看得比自己的面子更重要,正说明她是以大局为重的。但是,吕后在处理汉匈关系上坚持衅不我开的原则,并不意味着在一切问题上都要对匈奴妥协退让,更不意味着在军事上放弃边防的警戒。她一直注意在力所能及的范围内加强边防,同时命令汉军严阵以待,随时准备对匈奴的侵扰进行坚决的抵抗。公元前 183 年(吕后五年)九月,吕后就下令"河东、上党骑屯北地"②,悄悄地加强了对付匈奴的军事力量。由于吕后对汉匈关系处理比较得体,因而在其当国的十多年中,汉匈之间基本上没有发生大的冲突。

在战略上对匈奴采取守势的同时,此时的汉皇朝还竭力搞好同东南方越族的关系。生活在今日浙江、福建一带的越族是一个相当古老的民族。春秋时期曾建立过一个越国,春秋晚期,越王勾践灭掉称雄一时的吴国,北上争霸,令中原大国刮目相看。秦朝建立后,在那里设闽中郡,进行直接统治。在秦末农民战争中,越族人起兵反秦,在番君吴芮领导下作战。楚汉战争时又帮助刘邦反对项羽,自然取得了刘邦的好感。公元前 202 年(汉五年),楚汉战争甫告结束,刘邦就封越族首领无诸为闽越王,以闽中郡为封地。公元前 192年(汉惠帝三年)五月,吕后又立越族的另一首领摇为东海王,以东瓯(今浙江温州)为治所。汉初,东南沿海尚未开发,这里的大部分居民皆为越族人,生活生产条件和风俗习惯与中原地区的汉族人民还有较大的差异,刘邦、吕后不直接选派官吏,而是以封王越族首领的办法实施对这里的统治,是一个比较高明的办法,对维护这里的和平与安宁起了重要作用。

吕后在处理国内民族关系上的唯一失误是对南越的政策。前面已经提到,在刘邦统治时期,由于大汉皇朝的声威,也由于出使南越的陆贾的巧妙周旋,南越王赵佗接受刘邦的封号称臣内附。从此,汉中央政府与南越政权建立了较为融洽的关系,经济文化的联系

---

① 《汉书·匈奴传》。
② 《汉书·高后纪》。

大大加强。公元前183年(吕后五年),吕后误听人言,下令断绝了与南越的贸易往来,特别严禁中原地区的铁器输往南越。由于当时南越的绝大部分铁器依靠中原输入,吕后此举自然引起了赵佗的极大反感。他说:

> 高皇帝立我,通使物,今高后听谗臣,别异蛮夷,隔绝器物,此必长沙王计,欲倚中国,击灭南海并王之,自为功也。①

由此估计出发,赵佗宣布脱离汉皇朝而独立,自称南越武帝。同时发兵进攻长沙国,侵占数县。南国的烽烟使朝廷震动。公元前181年(吕后七年),吕后遣将军隆虑侯周灶率兵迎击南越的进攻。由于天气酷热,士卒多染疾疫,战斗力大大削弱,汉军的攻势始终没有越过岭南,两军在前线形成对峙局面。第二年,吕后病逝。汉皇朝内部刘、吕两集团发生激烈的斗争,无暇旁顾,汉军后撤。赵佗乘此机会,一面以武力相威胁,一面用财物行贿赂,使闽粤、西瓯骆(今福建一带)归附于它,建立起东西万余里的独立政权,对汉皇朝的南部边陲造成很大威胁。汉文帝即位以后,首先稳定内部,接着决定以和平的手段解决南越的问题。公元前179年(汉文帝元年),再次派陆贾出使南越,对赵佗晓之以理,动之以威,诱之以利,终于使其答应取消帝号,重新内属。中原与南越重新恢复贸易往来,双方经济文化日益扩大的交流促进了南越地区的发展,加速了民族融合的步伐。显然,吕后对南越采取的方针是错误的,它使双方受损,徒增纷扰,给当时安定的政治形势和汉越关系罩上了一层暗淡的阴影。不过,因为汉与南越武装冲突的规模不大,时间不长,并且很快得以平息,还不足以动摇汉朝安定的根基。

　　总起来看,吕后当国的十五年中,汉皇朝基本上保持了刘邦统治时期奠定的政治稳定和经济文化向上发展的势头,成为从刘邦时期到文景时期必不可少的过渡环节。作为这一时期汉皇朝的主要执政者,吕后的功绩是应该予以充分肯定的。当然,肯定吕后的功绩,并不等于把这一时期汉皇朝稳定发展的功劳全部归到她一个人的名下。汉初历史既定趋势的制约,全国百姓思安思定的愿望,刘邦、萧何所定政策的深入人心,曹参、陈平、王陵、周勃、樊哙、灌婴、夏侯婴等元勋大臣立于关键岗位上的柱石作用,都是不可忽视的重要因素。但是,吕后的作用毕竟是第一位的,这是因为,吕后在当时享有至高无上的地位,对全国臣民有着生杀予夺之权。而且,历史的发展每时每刻都面临着握有那个时代最大权力的强者的不同选择,而吕后利用她的地位和权力所进行的选择基本上是正确的。所以,尽管司马迁和班固对吕后的所作所为并不完全持肯定的态度,但对吕后统治时期的政

----

① 《汉书·西南夷两粤朝鲜传》。

局国势还是发出了大致相同的赞美：

> 孝惠皇帝、高后之时，黎民得离战国之苦，君臣俱欲休息乎无为，故惠帝垂拱，高后女主称制，政不出房户，天下晏然。刑罚罕用，罪人是希。民务稼穑，衣食滋殖。①

这种评价，显示了两位历史学家比较客观而公允的眼光。

---

① 《史记·吕太后本纪》。《汉书·高后纪》赞与此略同。

　　吕后一生的最大失误是她在当国时期有意识地培植起一个吕氏外戚集团,不仅加剧了统治阶级的内部矛盾,而且在她死后酿成了刘氏皇族集团与吕氏外戚集团的流血斗争。

　　公元前 195 年(汉十二年)四月,刘邦刚刚死去,吕后立即密谋诛杀一批元老重臣。她对其亲信审食其说:"诸将与帝为编户民,今北面为臣,此常怏怏。今乃事少主,非尽族是,天下不安。"①这番话传到郦商将军的耳朵里,使他大吃一惊。郦商知道,如果吕后的密谋付诸实施,刘邦死后的汉朝政局将会变得不可收拾。他立即找到审食其,十分严肃地告诫他说,如果吕后真的诛杀元勋大臣,必然会引起诸侯王与元勋大臣的联合反击,汉政权就有可能遭到灭顶之灾,后悔就来不及了。审食其认为郦商的话很有道理,赶快与吕后商量,终止了上面的谋划。不管吕后出于何种考虑,她停止诛杀元勋大臣的密谋应该是一种明智之举,说明她还没有执迷不悟到不可救药的地步。其实,吕后对元勋大臣的担心完全是多余的。不错,元勋大臣确实曾与刘邦同为编户民,但在反秦战争和楚汉战争中,刘邦又确实成为他们众望所归的领袖。西汉建国以后,他们又成为君臣关系,元勋大臣的富贵利禄同汉皇朝联系到一起,这就决定了他们对刘氏皇朝忠心耿耿;而且,这些元勋大臣在改易太子的风波中都坚定地维护了刘盈的地位,他们怎么会在刘盈做皇帝后怏怏不快呢?不过,吕后的迷途知返也是一种清醒的选择,否则,此后的历史或许就是另外一种面貌了。

　　此后,尽管吕后基本上依照刘邦的遗嘱安排了政府的主要官吏,保持了汉皇朝大局的稳定和政策的连续性,但是,在宫廷之内,她却急不可耐地向在改易太子风波中几乎使她失败的戚夫人母子伸出了毒手。公元前 195 年(汉十二年)五月,刘邦的葬礼甫毕,吕后就利用皇太后的权力,对戚夫人及其子赵王刘如意进行惨绝人寰的报复。他先将戚夫人母子分开,把戚夫人囚于永巷,"髡钳,衣赭衣,令春"。因为戚夫人是一个能歌善舞的女子,现在,极度的悲愤使她边春边歌曰:"子为王,母为虏,终日春薄暮,常与死为伍!相离三千里,当谁使告汝?"不料这歌声祸及儿子。吕后闻之大怒曰:"乃欲倚汝子邪?"②于是先后四次派出使者,不顾赵王太傅周昌的反对,硬把赵王刘如意从邯郸召回长安。惠帝知道吕后想加害于刘如意,出于仁人之心和兄弟亲情,有意加以保护,常与如意共饮食起居,使吕后无法下手。公元前 194 年(汉惠帝元年)十二月,吕后乘惠帝晨出习射,刘如意独自留在宫中的机会,派人将这个孩子鸩杀。接着,又"断戚夫人手足、去眼、毁耳,饮哑药,使居厕中,命曰'人彘'"。过了几天,吕后还得意地让同情戚夫人的惠帝前往观赏。当惠帝知道眼前

<hr/>

① 《史记·高祖本纪》。
② 《汉书·外戚传》。

这位失去人形的"人彘"就是昔日美貌动人的戚夫人时，痛哭流涕，悲愤欲绝。他让人告诉吕后："此非人所为，臣为太后子，终不能治天下。"①此后，惠帝即"日饮酒为淫乐，不听政"，自己戕害自己。二十四岁即撒手人寰，悄然而逝。平心而论，汉惠帝并不是一个有本事有作为的君主。刘邦起兵反秦时，他还是个儿童，即位时，亦不过是个十七岁的少年。他虽然从记事时起就生活在残酷的政治和军事斗争中，但是，因为前有刘邦主持国政，后有吕后操持权柄，作为太子和皇帝，他一直生活在襁褓之中，没有机会处理军国大事，也就没有受到什么锻炼。他有仁人之心，但性格懦弱；有皇帝之名，而无皇帝之权。最后选择了一种消极的近乎自虐的方式表示对吕后暴行的不满，结果是过早地结束了自己的一生。他的结局也是一个悲剧。班固对惠帝充满同情，他评论说："孝惠内修亲亲，外礼宰相，优宠齐悼、赵隐，恩敬笃矣。闻叔孙通之谏则惧然，纳曹相国之对而心说，可谓宽仁之主。遭吕太后亏损至德，悲夫！"②司马光对惠帝则有点不大客气，严厉批评他放弃了作为"天下之主"的神圣职责：

> 为人子者，父母有过则谏；谏而不听，则号泣而随之。安有守高祖之业，为天下之主，不忍母之残酷，遂弃国家而不恤，纵酒色以伤生！若孝惠者，可谓笃于小仁而未知大谊也。③

司马光对惠帝的要求实在太高了。作为一直生活在刘邦和吕后荫庇下的一个太子与皇帝，他实际上是失去了独立行事的条件和自由。要求他做无法做到的事只能是一种苛求。事实上，吕后不仅害死了戚夫人和刘如意，在一定程度上她也是害死自己亲生儿子的凶手。自此以后，卑劣的权力欲和复仇欲使吕后犹如一头凶狠残忍的狮子，决心吞食掉横在她权力之路上的一切障碍。公元前193年（汉惠帝二年）十月，齐王刘肥来长安朝见太后和皇帝，吕后阴谋以鸩酒将他毒杀。因惠帝从中作梗，此谋没有得逞。刘肥知悉详情后，吓出了一身冷汗，赶忙献出齐国的城阳郡作为鲁元公主的汤沐邑，并尊鲁元公主为齐国太后（实际上鲁元公主是刘肥的妹妹）以求免祸。如果说，在刘盈做皇帝的七年中，吕后攫取权力，诛杀、排除异己的活动还主要限于刘氏皇族内部的话；那么，到惠帝一死，她临朝称制时，就进一步加快了培植吕氏集团和在更大范围内排除异己的步伐。原来惠帝的皇后是其姊鲁元公主与赵王张敖所生之女，是吕后为之选定的。大概是因为甥舅近亲通婚的缘故，这位张皇后一直未能生育。吕后于是命取惠帝另一姬妾所生的儿子交由张皇后抚

---

① 《史记·吕太后本纪》。
② 《汉书·惠帝纪》。
③ 《资治通鉴·汉纪四》。

养,同时杀掉孩子的生母。这个男孩在惠帝死后继承了皇位,实际上他不过是吕后手中的一个傀儡而已。

公元前188年(汉惠帝七年)八月,惠帝病逝。这时年逾花甲的吕后呼天抢地,但干嚎而无眼泪。张良的儿子张辟强时年十五,任侍中。他虽小小年纪,但不乏乃父的机警聪明。他看透了吕后的心思,对丞相陈平说:"太后独有孝惠,今崩,哭不悲,君知其解乎?"陈平问:"何解?"张辟强解释说,惠帝死得太早,又没有留下成年的儿子继承大统,吕后对元勋大臣有疑惧情绪。因建议陈平推荐吕后的侄儿吕台、吕产和吕禄为将,"将兵居南北军,及诸吕皆入宫,居中用事,如此则太后心安,君等幸得脱祸矣"①。陈平十分欣赏这位少年的心计,依其计而行,果然得到吕后的欢心,"其哭乃哀,吕氏权由此起"。九月,太子即位为帝,"号令一出太后"②。

惠帝死后,吕后称制。为了巩固自己的权力,她意欲封吕氏宗族的兄弟子侄为诸侯王。在吕后召集朝臣议论此事时,只有右丞相王陵以高帝刑白马之盟"非刘氏而王,天下共击之"为由表示反对。其余陈平、周勃等佯装赞同,另外的大臣不管内心想法如何,大概也都没有表示疑义。这样,吕后封王诸吕之议就算被群臣顺利通过了。在此问题上,后人产生的最大疑点是:刘邦的"白马之盟"是否存在?有一派意见认为,所谓"白马之盟"纯属子虚乌有,是陈平、周勃等一班拥刘派代表人物在诛杀诸吕以后,为了给自己的行动寻找一条有力的证据而故意制造出来的。吕思勉先生说:

> 高帝之世,异姓王者八国。卢绾之废,乃在高祖崩年,长沙则始终安存。白马之盟,不知竟在何时? 果有其事,史安得绝无记载,而仅出诸王陵之口乎? 平、勃等谓"高帝定天下,王子弟,今太后称制,王昆弟诸吕,无所不可",此实持平之言。郦寄说吕禄曰:"刘氏所立九王,吕氏立三王,皆大臣之议,事已布告诸侯,诸侯皆以为宜。"此当时实在情形也。③

这是一种有代表性的意见。确实,"白马之盟"不见于《史记·高祖本纪》和《汉书·高帝纪》,而仅见于两书的《王陵传》、《史记·吕太后本纪》以及《汉书·高后纪》和《汉书·外戚传》等篇,而且都是由王陵、吕后口中说出,既没有明确指出其事出自何年何月,又与刘邦生前还存在异姓诸侯王一事相抵牾。因为存在以上明显的矛盾,所以,对此事的真实性提出疑义并不是没有道理的。不过,我们在仔细分析了当时的历史状况以后,觉得对于"白

---

① 《史记·吕太后本纪》。
② 《史记·吕太后本纪》。
③ 《秦汉史》,上海古籍出版社1983年版,第73页。

马之盟"似乎宁信其有而不信其无道理更充分一些。其理由是：第一，司马迁与班固都是比较严肃的历史学家，他们相继在以上列举的篇章中写上此事，显然是经过了较为慎重考虑的。在没有确凿的证据否定这些记载之前，承认其真实性比较妥当。第二，刘邦分封异姓诸侯王虽然有许多制约因素，但对他本人来说却有几分勉强，有的是带有利用性质的权宜之计，如对韩信、英布、彭越等人的分封；有的是承认既成事实，如对韩王信、燕王臧荼、赵王张敖等人的分封。出于刘邦自愿的分封只有三人，一是长沙王吴芮，刘邦念其追随反秦之功，且其势力弱小，偏在南方蛮荒之地，对汉中央构不成威胁；二是闽粤王无诸，刘邦感念他率闽中兵参与反秦，楚汉战争中又站在刘邦一方；三是燕王卢绾，刘邦念其与自己既为同乡又是同庚的密友，相信他会对自己矢志忠贞。对前两类人，刘邦一开始就怀有戒心，分封之时就决定有朝一日将他们剪除。所以后来建国伊始，刘邦也就开始了诛除他们的斗争。而且，每除掉一个异姓诸侯王，就代之一个同姓诸侯王。其中，只有卢绾替代臧荼为燕王算是一个例外。顺此推衍，后来发展到"白马之盟"比较符合刘邦思想逻辑的演进过程。第三，卢绾的背叛对于刘邦无疑是一个巨大的刺激。因为在所有的异姓诸侯王中，真正出于刘邦自愿分封者，也只有这个卢绾而已。可是，连他也居然投降匈奴，向自己昔日的契友，当今的皇上举起了反叛的旗帜。至此，除了僻处江南一隅，势小力薄的吴姓长沙国和无诸的闽粤国还保持着对汉皇朝中央的臣属关系之外，其他七个异姓诸侯王都先后走上了反叛的道路。这种惨痛的历史教训，必然使刘邦产生对异姓诸侯王的极端不信任感，"白马之盟"在这个节骨眼上产生应该是顺理成章的。第四，上面吕思勉先生所引陈平、周勃的话，并非出自真心，而是为使自己免祸对吕后的虚与委蛇之词。至于郦寄对吕禄说的话，更属诓骗之言，显然不能作为否定"白马之盟"的根据。刘邦临终前的一个月，即公元前195年(汉十二年)三月的诏书中，有如下一段话：

> 吾立为天子，帝有天下，十二年于今矣。与天下之豪士贤大夫共定天下，同安辑之。其有功者上致之王，次为列侯，下乃食邑。……吾于天下贤士功臣，可谓亡负矣。[1]

这个诏书看起来似乎与"白马之盟"相悖谬。既然"白马之盟"存在，刘邦何必说这些无法再兑现的话呢？既然刘邦继续将"豪士贤大夫""上致之王"，此前怎么会有一个"白马之盟"呢？其实，只要认真推敲，这个诏书是刘邦在逝世前回顾自己对群臣的厚遇，他讲的是过去的历史而不是今后的政策。而该诏书的着眼点是最后两句话："其有不义背天子擅起

---

[1] 《汉书·高帝纪》。

兵者,与天下共诛之。"而且实际情况是,自公元前 202 年(汉五年)西汉建国以后,刘邦除分别赐封了卢绾、吴芮和无诸等三个异姓诸侯王外,再也没有分封其他异姓诸侯王。相反,却是不断地对已有的异姓诸侯王进行诛除。这一事实也可以证明,刘邦在逝世之前不太可能重申封立异姓诸侯王的政策。第五,《史记·高祖本纪》与《汉书·高帝纪》没有记载"白马之盟",应该视为一种疏忽,但似乎还不能作为"白马之盟"纯属子虚的证据。因为《史记》与《汉书》作为纪传体的史书,其对历史事件的记述,为避免重复起见,往往采取详略互见的办法,不一定将所有重大事件都记在本纪中。再说,如果此事根本就不存在,司马迁与班固又何必在自己的著作中至少有两处地方记载此事呢? 司马光同样也是一位严肃的历史学家。在撰写《资治通鉴》时,他对以往的历史资料都进行严格的审查和筛选。有关"白马之盟"的材料他也如《史记》、《汉书》一样写入了该书。可见他对这一条材料也是相信的。至于"白马之盟"的具体时间,我们认为,在公元前 195 年(汉十二年)二月刘邦遣樊哙率兵进击叛降匈奴的卢绾之时可能性最大。因为卢绾的背叛使刘邦打消了对异姓诸侯王残存的最后一点幻想。在这种情况下,刘邦有鉴于同异姓诸侯王斗争的教训,刑白马而盟是可以理解的。当然,以上意见大多出于推断,这一问题还有待于进一步的深入研究。

吕后在惠帝当国时期虽然已经大权在握,并对戚夫人和赵王刘如意加以残酷杀戮,但是,她拼凑吕氏外戚集团的意图尚不十分明显。尽管吕氏宗族中已不止一人得到封侯的赏赐,却还不能操持朝中大权。吕后本人的权威虽然在后宫表现得为所欲为,人莫予毒,但在国家政务问题上,尚能放手让元勋大臣们去处理。惠帝死后,形势急转直下,一个以吕后为首的外戚集团,以封王诸吕为契机,很快地组织起来。吕后有过人的聪明,她知道南北军在稳定首都乃至全国形势上举足轻重的地位和作用,因而通过张辟强对陈平等人的游说,就使吕台、吕产、吕禄轻而易举地取得了这两支近卫军的统帅权,同时又把吕氏族人一一安排到宫中的重要岗位上,使这里变成了名符其实的吕家天下。吕后称制以后,就开始学习刘邦的办法,希望通过封诸吕为王来进一步巩固自己的地位与权力。陈平与周勃猜透了吕后的心思,同时也感到无力阻止她实施自己的计划,就故意顺着他的意思,说是既然刘邦称帝可以分封子弟,现在太后称制,也就等于做了皇帝,当然也可以封王诸吕。其他朝臣看到陈平、周勃的态度,自然对封王诸吕不敢提出疑义。在吕后看来,陈、周的意见不啻为她找到了封王诸吕的法律依据,于是就放心大胆地干了起来。公元前 187 年(吕后元年)十一月,吕后下诏免去当面反对封王诸吕的王陵的右丞相职务,改任他为太傅,一个荣誉性质的虚衔,把王陵气得以生病为名愤然辞职。从此,王陵就在西汉政治舞台上消失了。周勃保住了太尉的职务,陈平则晋升为右丞相。在这场关于是否封王诸吕的斗争中,质直敢谏但缺乏斗争策略的王陵失去了他重要的职务,而善于察言观色、擅长运用灵活斗争策略的陈平、周勃则留在了关键的岗位上,成为暗中维护刘氏集团利益的中流砥柱。吕后尽管当时没有觉察到陈平、周勃对她的威胁,但为了更顺利地贯彻自己的意图,她还是对西汉政府进行了局部改组。在晋升陈平为右丞相的同时,他任命审食其为左丞相。这位审食其是吕后的亲信。他参加丰沛起义之后,就做了刘邦的舍人,长期以来一直在吕后和太子身边服务,成为刘邦的家务总管。公元前205年(汉二年)十月,吕后与太公被楚军俘虏,审食其也随侍左右。公元前203年(汉四年)吕后与太公归汉以后,他仍然跟随吕后。《史记》和《汉书》都暗示审食其与吕后有暧昧关系,吕后与他的亲密程度非同一般。其实,就功劳而言,审食其与其他健在的元勋大臣相比,简直是小巫见大巫,不可同日而语。但是,由于他是吕后的头号亲信,因而在吕后称制伊始,便被不次拔擢,成为汉政府的第二号首脑。不过,这位当朝丞相上任之后却从未到丞相府去办公,他受吕后之命监宫中诸事,实际上执行着郎中令的职务,继续做吕后的家务总管。尽管如此,审食其却因"得幸太后,常用事,公卿皆因而决事"①,一时权倾朝野。陈平睁一眼,闭一眼,故意不予计较。当时的御史大夫赵尧,就因为曾经为保护赵王刘如意免遭吕后迫害出过一些主意,而遭到罢官治罪的惩罚。上党郡守任敖,因为对吕后有恩义,则代替赵尧晋升为御史大夫。如此一来,吕后的触须就伸向政府,使宫、府一体变成了贯彻其意志的工具。接着,吕后又下诏追尊其父临泗侯吕公为吕宣王,兄周吕侯吕泽为悼武王。吕后这样做无非是向天下臣民示意,死去的既然已经追封,活着的还不应该尽快实授么!

吕后为了使封王诸吕的事情得以顺利进行,在封王诸吕的前后,也相继分封一些经过仔细挑选的刘氏宗室贵戚为王侯,以显示她的公道。公元前187年(吕后元年)四月,吕后的女儿鲁元公主死去,吕后下诏赐号鲁元公主为鲁元太后,封其子张偃为鲁王。这是吕后当国后实封的第一个异姓诸侯王。与此同时,她又宣布封吕释之的儿子吕种为沛侯,封自己姐姐的儿子吕平为扶柳侯,又立孝惠帝后宫所生子刘强为淮阳王、刘不疑为常山王、刘山为襄成侯、刘朝为轵侯、刘武为壶关侯。封齐悼惠王刘肥的儿子刘章为朱虚侯,同时又将吕禄的女儿配他为妻,让他入宫宿卫,借以拉拢刘氏贵族。以上这些封赏,都是为封王诸吕进行的预备性的铺垫。这时候,吕后在封王诸吕的问题上,仍然表现得小心翼翼,竭力避免此事先由自己提出。经她示意,由大臣提出建议,吕后于是下诏封吕泽之子吕台为吕王,从齐国割济南一郡作为吕王的封地。因建成侯吕释之已死,其嗣子又因罪被废,于是,封其弟吕禄为胡陵侯,以续吕释之之后。第二年,吕台与常山王刘不疑相继死去。吕后于是封襄成侯刘山为常山王,更其名为刘义。封吕台之子吕嘉嗣吕王。公元前184年(吕后四年)四月,封昆弟之子吕他为俞侯,吕更始为赘其侯,吕忿为吕城侯。又封自己的

---

① 《史记·吕太后本纪》。

妹妹、樊哙夫人吕婴为临光侯。这是吕后封女人为侯之始，也是唯一的一次封妇女为侯。这时，吕氏宗族的男子几乎都得到了封侯的爵赏，吕后为他们一一打开了功名利禄之门。这时候，被吕后立为皇帝的那一位连名字也没有留下来的少年天子，因为知道了自己的帝位是以生母的惨遭杀戮为代价换取的，悲愤难平，恨恨地说："后安能杀吾母而名我？我未壮，壮即为变！"①不料这位少不更事的小皇帝，就因为这几句话送掉了自己年轻的生命。吕后立即命人将他囚于永巷，对外则宣称小皇帝生病，不准周围的侍臣接近他。接着，吕后便召集公卿大臣会议，示意将小皇帝废掉。在吕后的淫威下，公卿大臣们谁也不敢说半个不字。吕后即刻将少帝幽杀，同时把常山王刘义改名刘弘，扶上帝位。又晋封轵侯刘朝为常山王。公元前 183 年（吕后五年）八月，淮阳王刘强死去，吕后复以壶关侯刘武为淮阳王。公元前 182 年（吕后六年）十月，吕后以吕王嘉"居处骄恣"为口实，废掉了他的王位，同时封死去的肃王吕台之弟吕产为吕王以替代吕嘉。为了拉拢刘氏贵族，吕后又封朱虚侯刘章之弟刘兴居为东牟侯，给予入宫宿卫的特殊待遇。公元前 181 年（吕后七年）正月，赵王刘友因不爱吕后匹配给他的妻子吕氏女，被其妻告发。吕后盛怒之下，将刘友召至长安，囚于邸舍，严密监禁，不予饮食，将其活活饿死。二月，改封梁王刘恢为赵王。又改封吕王产为梁王，任命为帝太傅，留在京师襄理政事。立皇子平昌侯刘太为济州王。刘恢被徙至赵地以后，吕后又以吕氏女为其王后，王国官吏亦大部分被吕氏宗族操纵，刘恢的活动受到了十分严密的监视。他喜爱的姬妾也被吕氏王后一一鸩杀。刘恢虽贵为国王，但在诸吕的包围中，没有自由，没有欢乐，形同囚犯。他实在无法忍受，于六月愤而自杀。这时候，营陵侯刘泽任大将军，他是刘邦的从祖昆弟，又是吕婴的女婿，与吕氏一家有着十分密切的关系。齐人田生为刘泽的门下客，看准了可以从吕后那里为刘泽请得诸侯王的封赏，就对大谒者张卿说："吕产王也，诸大臣未大服。今营陵侯泽，诸刘长，为大将军，独此尚觖望。今卿言太后，裂十余县王之，彼得王喜，于诸吕益固矣。"②张卿认为田生讲得很有道理，就向吕后进言，吕后也认为这是羁縻诸刘的一个好办法，况且吕氏与刘泽又是至亲，就痛快地从齐国割出琅邪郡为封地，封刘泽做了琅邪王。稍后，吕后又封吕禄为赵王，追尊吕禄父建成侯吕释之为赵昭王。九月，燕王刘建死去。不过一月，公元前 180 年（吕后八年）十月，吕后即封吕台子东平侯吕通为燕王，封其弟吕庄为东平侯。四月，吕后为了使"年少孤弱"的外孙鲁王张偃得到有力的辅佐，又封张敖的姬妾所生子张侈为新都侯，张寿为乐昌侯。而为封王诸吕积极建议奔走的大谒者张卿，也被吕后加封为建陵侯，以表示对他的酬赏。

---

① 《史记·吕太后本纪》。

② 《汉书·荆燕吴传》。关于张卿其人，史载不一。《史记·荆燕世家》作"大谒者张子卿"，又作"张卿"，《汉书》同。《史记·吕太后本纪》作"大谒者张释"，《汉书》作"张释卿"。《汉书·匈奴传》作"张泽"。

从公元前188年惠帝死去,到公元前180年吕后病逝,八年之中,吕后共在其宗族至亲中封了张偃、吕台、吕嘉、吕产、吕禄、吕通等六人为王,吕种、吕平、吕婴、吕他、吕更始、吕庄等十余人为侯,再加上其他异姓的亲信封侯者二十人左右,共封王、侯三十余人。在这些王、侯之中,除个别刘氏宗族内心倾向刘氏集团外,其余绝大部分都是吕后的私党。以这些王、侯为核心,再加上朝内外一部分攀龙附凤的文武官员,组成了以吕后为首的外戚集团,在一段时期内掌握了汉皇朝的绝大部分权力,成为当时政治的重心。

吕后的封王诸吕,虽然与刘邦的"白马之盟"相悖谬,但是,作为一个事实上掌握了国家最高权力的封建帝王,吕后可以拥有与刘邦同等的权力。正像刘邦可以封王刘氏贵族一样,她封王诸吕似乎也无可厚非。不过,吕后此举却加剧了吕氏集团与刘氏集团的矛盾,终于酿成了一场流血的政变,这是吕后始料不及的。封王诸吕是吕后政治生涯中最乏明智的举措,是她给汉皇朝留下的一笔没有任何积极意义的政治隐患。第一,在男权已经确立、大汉皇朝属刘氏宗族所有的情况下,吕后封王诸吕严重背离了已经形成的历史传统,因而不会得到广大臣民的认同。吕后虽然有了皇帝的实际权力,但她并没有如唐代武则天那样正式称帝,她是因为身为汉朝皇帝的太后才拥有权力,而不是因为有了权力才成为太后。而太后的权力始终与她附着的皇朝相一致,她必须以这个权力为这个皇朝服务,一旦离开这个目标则被视为大逆不道。在这里,吕后认识上发生了错位:把只能为刘氏皇统服务的权力看成自己可以任意支配的权力,并用这一权力明目张胆地为自己的宗族服务。第二,更重要的是,吕后封王诸吕使吕氏集团占据汉皇朝权力的要津,势必排斥刘氏贵族及其他功臣宿将的仕途,这必然引起他们的不满与反抗。况且,在吕氏集团中,除了吕泽和吕释之以外,其他人既没有什么战功,亦没有多少才干,他们的被封与升迁,完全靠着裙带关系。而王陵、赵尧之类的功臣反而遭到排斥与打击,这更容易引起人们的愤激之情。吕后对吕氏宗族的偏爱实际上给他们遗下灭族的大祸。从这一方面看,吕后此举实在是一种最大的失策。第三,就两个集团的力量对比而言,吕氏集团较之刘氏集团实在不可同日而语。当然,在吕后健在的时候,凭着她的威望、权力和智谋,自然形成了吕氏集团的保护伞,谁也奈何不得。但是,这一保护伞却不能构成永久的防线,一旦吕后死去,这一防线立即全线崩溃,吕氏集团马上就会陷于灭顶之灾。汉皇朝是刘邦及其文臣武将经过艰苦奋斗缔造的。刘邦死后,留下了一个强大的以刘姓诸侯王和大批功臣宿将为核心的统治集团。由于切身利害相关,他们对于任何危及刘氏皇统的行为决不会袖手旁观。陈平、周勃等人用虚与委蛇的办法骗过了吕后的眼睛,使自己得以留在关键的岗位上,掌管着一部分重要的权力,为日后诛杀诸吕创造了有利的条件。同时,吕后拉拢刘氏贵族的作法也没有成功。尽管刘泽被封为琅邪王,刘章和刘兴居等人获得侯爵又入宫宿卫,还被配以吕氏宗女为妻,但是,所有这些厚爱,除了给他们涂上一层保护色之外,并没有征服他们那颗忠于刘氏皇统的心。例如,有一次,吕后设宴款待群臣,刘章从旁侍候,吕后命他为酒吏。刘章请求说:"臣,将种也,请得以军法行酒。"得到吕后同意后,又"请为太后言耕田歌"。吕后一向拿他当小孩子看待,就取笑他说:"顾而父知田耳。若生而为王子,安知田乎?"因为刘章是齐王刘肥的儿子,刘肥为刘邦的外妇曹氏所生,刘邦起兵时,他大概已能下田劳动,所以吕后说他"知田"。刘章一本正经地回答:"臣知之。"接着就唱道:"深耕概种,立苗欲疏;非其种者,锄而去之。"吕后已听出歌中所含的深意,一时沉默不语。不一会儿,诸吕中有一人醉,逃酒,离开宴席。刘章立即追上去,一剑将其斩杀。还报说:"有亡酒一人,臣谨行法斩之。"吕后左右皆大惊。但因已许其军法从事,对他也无可奈何。此事给了诸吕一个下马威。史称:"自是之后,诸吕惮朱虚侯,虽大臣皆依朱虚侯,刘氏益强。"[①]这说明刘章等为代表的刘氏贵族并没有接受吕后的拉拢,他们利用吕后的封赏占据要津,同样为诛杀诸吕创造了条件。而且,还应该看到,就总的力量对比而言,刘氏集团远比吕氏集团强大。不仅从中央到地方的绝大部分刘氏诸侯王和各级官吏都拥护刘氏集团,就是因传统形成的人们的习惯心理,也对刘氏集团有利。既然天下是一个名叫刘邦的人从马上奋斗来的,任何外姓人的染指都似乎是当时人们的心理所无法接受的。在这种形势下,刘、吕两个集团斗争的结局也就容易判定了。

事实上,在吕后极力加强吕氏集团力量的时候,刘氏集团也并没有消极地等待宰割。他们或者如王陵公开站出来"面折廷争",对封王诸吕表示强烈的义愤和反对;或者如陈平、周勃表面上顺从吕后的意旨,以保住自己的地位和权力,以便潜伏下来,待机而动;或者如刘泽、刘章、刘兴居之类时刻监视着诸吕的行动。他们积聚力量,窥伺机会,准备在时机成熟时对吕氏集团发动致命的一击。在吕后进入暮年,而诸吕的权势也达到顶点的时候,陈平与周勃通过陆贾往来密切,达成共同对付诸吕的默契。刘氏诸侯王也操练士马,虎视眈眈,随时准备兵临长安。刘氏集团与吕氏集团的斗争正一步步地接近爆发的临界点。

---

① 《史记·齐悼惠王世家》。

三、始料不及的结果

吕氏外戚集团与刘氏皇族集团之间的流血冲突终于随着吕后之死而揭开帷幕。

公元前180年(吕后八年)七月,年近七旬的吕后病势沉重。她预感到自己将不久于人世,也清楚地知道刘氏集团决不甘心屈居于吕氏集团的统治之下。她死之后,两大集团之间必将有一场你死我活的斗争,因而精心地做了应变的准备。她任命赵王吕禄为上将军,统帅北军,任命梁王吕产统帅南军,控制了首都与宫廷的卫戍部队。临终前,她谆谆告诫吕禄和吕产:"今吕氏王,大臣弗平。我即崩,帝年少,大臣恐为变。必据兵卫宫,慎毋送丧,毋为人所制。"不久,吕后死去。大概是为了缓和矛盾,死前她还"遗诏赐诸侯王各千金,将相列侯郎吏皆以秩赐金。大赦天下"①。而且没有忘记以吕产为相国,以吕禄之女为少帝皇后,为巩固吕氏集团的权力做了最后的努力。但是,不管怎样安排,吕后之死还是为刘氏集团向吕氏集团发动进攻提供了一个良好的契机。刘氏集团加快了准备政变的步伐。吕禄、吕产也感到气氛有异,就准备先发制人,利用手中掌握的南北军进攻刘氏贵族。这一密谋为在宫廷担任宿卫的刘章侦悉,立即派人密告其兄齐王刘襄,要求他发兵西向,进攻长安。自己与太尉周勃、丞相陈平为内应,共同诛杀诸吕,立齐王为帝。显然,刘章的此一谋划中更多地考虑了自己兄弟的利益。齐王刘襄得悉密报后,即刻起兵,同时又使用诈谋,诱使琅邪王刘泽与之联合。两诸侯王的联军一面猛烈攻击吕产的封国济南;一面遣使遍告各诸侯王,声讨诸吕之罪,要求共同发兵讨伐吕氏集团。吕产得到齐王发兵的消息后,十分震恐,马上命令老将灌婴率大军东向迎敌。大概此时灌婴等还没有与周勃、陈平等人沟通,只得服从吕产的命令统兵东进。大军进至荥阳以后,灌婴即与诸将谋划说:"诸吕权兵关中,欲危刘氏而自立,今我破齐还报,此益吕氏之资也。"②于是屯兵于荥阳,派使者晓谕齐王,使之停止向长安进兵。同时又与其他诸侯王通使联络,达成共识,组织了反对吕氏集团的统一战线。齐王刘襄因兵力较小,自立为帝之事估计也不易为其他诸侯王同意,以武力夺取帝位更难成功,只得停止进兵,静观其变。至此,局势已变得骤然对吕氏集团不利,因为拥刘派的军事力量已形成了对首都包围的态势,他们已失去了对全国局势的控制。此时,吕禄与吕产虽然暂时还掌握着南北军,控制着关中的局面,但他们知道刘氏集团在关中有着相当大的潜在力量,因而对于是否即刻在首都动手诛灭刘氏集团犹豫不决。由于此时灌婴还与他们虚与委蛇,关外的情势他们并不清楚。他们的如意算盘是:待灌婴之军与齐军的战斗展开并吸引了全国的注意力之后,再伺机于首都举行武装政变,

---

① 《史记·吕太后本纪》。
② 《史记·吕太后本纪》。

诛杀刘氏集团,以巩固吕氏集团的权力。但是,吕禄、吕产并不了解,就在他们身边,以周勃、陈平、刘章等为首的刘氏集团,正在加紧密谋诛除他们的行动计划。其中的关键是使周勃取得对南北军的指挥权,而要吕禄、吕产主动交出这一指挥权,实在无异于与虎谋皮。周勃、陈平等经过反复谋划,将主意寄在郦商父子身上。因为此时郦商之子郦寄与吕禄关系密切,经常一起游猎,周勃与陈平就决定劫持郦商为人质,通过他胁迫其子诱骗吕氏交出兵权。这一着果然奏效。郦寄为了老父的安全,也为了在两个集团的斗争中保住个人的身家性命,只得找到吕禄,骗他说:

> 高帝与吕后共定天下,刘氏所立九王,吕氏所立三王,皆大臣之议,事已布告诸侯,诸侯皆以为宜。今太后崩,帝少,而足下佩赵王印,不急之国守藩,乃为上将,将兵留此,为大臣诸侯所疑。足下何不归将印,以兵属太尉?请梁王归相国印,与大臣盟而之国,齐兵必罢,大臣得安,足下高枕而王千里,此万世之利也。①

郦寄的一番话,就是要吕产、吕禄交出兵权官位以缓和刘、吕两个集团的矛盾,同时换得吕氏常保富贵利禄。吕禄权衡当时情势,感到刘氏集团力量不可低估,双方争斗,胜负难卜。郦寄的方案如能实现,未始不是两全其美的办法。他打算归将印,将兵权交给太尉。但是,当他将此事"使人报吕产及诸吕老人"商量的时候,内部意见分歧,"或以为便,或曰不便,计犹豫未有所决"。此时,局势的变化对诸吕越来越不利,吕禄却全然不觉,仍然经常同郦寄一起外出游猎。一次经过其姑吕嬃之家,吕嬃见吕禄悠闲自得的样子,勃然大怒,说:"若为将而弃军,吕氏今无处矣。"气得"悉出珠玉宝器散堂下",悲愤地说:"毋为他人守也。"②但是,姑母的忠告并没有引起吕禄等人的警觉。两个集团的斗争继续发展,在刘氏集团的压力下,吕后亲信审食其被免掉了左丞相的职位。八月,郎中令贾寿从齐国归来,将各诸侯国与灌婴等密谋联合对付诸吕的消息告诉吕产,并建议他迅速入据皇宫,预作应变的准备。此时,曹参的儿子曹窋正代理御史大夫,了解到吕产与贾寿的谋划,迅即将此情况驰告陈平、周勃,促其赶快发难。

对于周勃、陈平来说,诛除诸吕成功的关键是取得对南北军的统帅权。周勃欲入北军,但苦无办法。这时,纪信的儿子、襄平侯纪通尚符节,乃令其持节矫内太尉入北军。周勃复令郦寄与典客刘揭骗吕禄说:"帝使太尉入北军,欲足下之国。急归将印,辞去,不然,祸且起。"③吕禄以为郦寄乃老朋友,不会欺骗自己,就将将军印绶交给刘揭,将北军的指挥

---

① 《史记·吕太后本纪》。
② 《史记·吕太后本纪》。
③ 《史记·吕太后本纪》。

权授予了周勃。吕禄离去后,周勃迅速集合全体北军将士,大声宣布:"为吕氏右袒,为刘氏左袒!"①霎时,全军将士一律左袒。由此,周勃掌握了北军的统帅权。但这时南军尚掌握在吕氏手中,因而周勃还不敢贸然发动对吕氏集团的进攻。陈平于是令刘章协助周勃,促其迅速采取行动,发动兵变。周勃一面令刘章监守军门,一面要曹窋向卫尉传达他的命令:"毋入相国产殿门。"这时候,吕产还不知道吕禄已离开北军,打算入据未央宫发动政变。吕产一行人来至殿门,即被卫兵挡住,不得入内。吕产一边在宫门外徘徊,一边思谋对策。恰在此时,朱虚侯刘章率领周勃拨给的一千名士卒赶到,即刻向吕产一伙进击。逢"天风大起",吕产的从官吏卒一团混乱,人无斗志,各自逃命。吕产逃至郎中府的厕所内,被追来的士卒杀死。这时,小皇帝已知悉吕产被诛,惊恐之余,赶紧派谒者持节慰劳刘章,以表明自己站在刘氏集团一边。刘章与谒者一起,持节至长乐宫,原吕后居住的地方,杀死长乐卫尉吕更始。之后,还报周勃,周勃十分高兴,说:"所患独吕产,今已诛,天下定矣。"②接着,命令发兵分路捕杀诸吕在京师的宗族,"无少长皆斩之"。吕禄、吕通被诛,吕嬃被笞杀,张偃的鲁王之位亦被废掉。之后,陈平、周勃又遣刘章以诸吕被诛之事告齐王刘襄,令齐军撤兵回国。灌婴统帅的士卒也自荥阳返回长安。吕氏集团既已被诛灭,下一步就是如何处置少帝及被吕氏所立为王的几个惠帝儿子的问题了。陈平、周勃与朝中诸大臣商量,认为从自己的切身利益考虑,此数人必须废黜:

> 少帝及梁、淮阳、常山王,皆非真孝惠子也。吕后以计诈名他人子,杀其母,养后宫,令孝惠子之,立以为后,及诸王以强吕氏。今皆以夷灭诸吕,而置所立,即长用事,吾属无类矣。不如视诸王最贤者立之。③

陈平、周勃等人明白,少帝及诸王,不论是否真惠帝之子,既为吕后所立,当然与诸吕关系密切。一旦他们长大,特别是皇帝亲政,必然对自己不利。于是就以其非惠帝子为理由,先是废黜,继而加以诛杀。可怜这几个无辜的少年,都作为两大集团斗争的牺牲品,悲惨地死于利刃之下了。

以周勃、陈平、刘章等为首的刘氏集团,以吕后之死为契机,几天之内,通过一场宫廷政变,便痛快淋漓地扫荡了吕氏集团。之后,他们又经过一番密谋策划,在刘邦之子代王刘恒、淮南王刘长、刘邦之孙齐王刘襄三人中经过反复权衡,选代王刘恒继承了皇帝之位。由此,西汉的历史开始迈向兴旺发达的全盛时期。"文景之治"正是作为这个时期的先导

---

① 《史记·吕太后本纪》。
② 《史记·吕太后本纪》。
③ 《史记·吕太后本纪》。

而载入史册。历史已经证明,陈平、周勃等对于继任皇帝的选择是正确的。

身为相国的吕产与身为上将军的吕禄为首的吕氏集团,在与刘氏集团的斗争中之所以一败涂地,其中的原因并不费解。吕氏集团是依靠裙带关系勃兴起来的。他们之中,除了吕后、吕泽、吕释之有些本事和功劳外,其余吕台、吕产、吕禄、吕通等人,都是既无功劳又无本事的平庸之辈,他们仅仅是靠着吕后当国的时机,因利乘便地暴发起来,因而在整个统治集团中没有多少根基和影响。吕后在世一天,他们的权力和地位可以维持一天;吕后一旦死去,他们就难以存在。与之相反,刘氏集团的核心是以陈平、周勃等为代表的追随刘邦创建汉皇朝的功臣宿将以及刘泽、刘章为代表的实力强大的刘氏宗室贵族。他们的力量远远超过了吕氏集团。当时,刘氏宗室贵族有九人为王、数十人为侯,占据了比汉中央直辖的地区还要广阔的土地,拥有一支可观的军事力量。他们与汉朝中央虽然也有不少矛盾,有些人也在觊觎皇帝的宝座,但在天下姓刘还是姓吕的抉择面前,他们与汉朝中央还是团结一致的。齐王刘襄首先起兵讨伐诸吕并且得到其他诸侯王的响应,就是最有力的证明。另外,当时从中央到地方的大部分官吏都是刘邦当国时期留下来的,他们的荣辱进退都与刘氏皇朝紧密相连。所有这些人结合在一起,便形成了维护刘氏皇统的巨大力量。以陈平、周勃、刘章等为核心的刘氏集团的主要代表人物,差不多都经历过各种复杂的政治和军事斗争,经验丰富,老谋深算,在实力、能力、威望和影响上,是少不更事的诸吕难以比拟的。当吕后健在的时候,他们既碍于君臣名分,也慑于吕后的威势,尽管对诸吕的飞黄腾达十分不满,也只能虚与周旋,巧妙应付,隐忍不发,但是,决不会甘心长期屈居于吕氏集团的淫威之下。所以,待吕后一死,他们就迅即发难,把诸吕一一送上断头台。同时,更应该看到,在刘、吕两个集团的斗争中,整个形势,特别是人心向背对刘氏集团是有利的。这是因为,汉皇朝建立以后,实行了一系列轻徭、薄赋、节俭、省刑的与民休息的政策,使广大劳动人民从秦朝末年的苦难中解脱出来,他们自然把这一切都与刘邦及其子孙联系在一起,把刘氏皇朝看作今日安定生活的象征。因而任何危及刘氏皇朝安全的活动都是得不到广大人民拥护的。所以,刘氏集团对吕氏集团的斗争,在一定程度上得到了广大百姓的拥护。虽然到这时候,改朝换代的政治文化意识已经深入人心,但是,此时人心思安,根本不具备改朝换代的时代条件。这一点,与西汉末年王莽篡政时期的形势绝然不同。那时候,刘氏皇朝的统治已经历了二百多年,其残暴、贪婪、腐败和无能已使它在广大劳动人民和绝大部分地主阶级中失掉了最后一点威信。只有改朝换代才能使历史出现新的转机,几乎成为当时人们的共识。正因为如此,所以当王莽篡汉立新之时,除了极少数的刘氏宗室贵族和个别拥刘派的官僚地主发出了一点微弱的反抗之外,绝大部分刘氏宗族和官僚地主都表示了拥护的态度,只是到了新朝改革失败,百姓奋起反抗之时,拥刘的意识才开始在社会上泛滥并导致东汉皇朝的建立。吕氏集团所遇到的形势与西汉末年绝然相反：地主阶级和广大劳动人民希望在刘氏皇统下继续已经开始的发展生产、经济恢复和相对和平与安定的生活，他们恰恰把吕氏集团的专权和异动看成这种历史趋势的障碍，因而对诛除吕氏集团采取了竭诚拥护的态度。周勃入主北军，一声号令，全军左袒，正是人心向背的反映。这一点，应该说是吕氏集团迅速垮台的最重要的原因。另外，陈平、周勃等人，由于在吕后当国时善于保护自己，使吕后误将他们看作自己的拥护者，因而保住了丞相、太尉这种重要官位，也就保留了不少权力，并且始终处于权力中枢，从而对吕氏集团的状况和动向了如指掌。吕后逝世前，他们就为诛杀诸吕秘密做了不少准备。等到吕后一死，他们就更进一步加快了政变的步伐，而中心是策划夺取南北军的指挥权。刘氏集团这些在诸吕眼皮底下的活动，吕氏集团几乎浑然不觉。当诸吕感到危险而图谋发难时，胜负形势已定。反观吕氏集团，较之刘氏集团，其政治经验、计谋韬略和威望影响都相差甚远。吕后在世时，尽管他们数人称王，大权在握，炙手可热，但是，由于他们既缺乏政治才能又没有治军经验，自然拿不出赢得民心军心的重要举措，因而难以在整个统治集团中树立起不可动摇的威望。而且，由于他们长期处于被人们歌颂谄媚的地位，终日生活在昏昏然、飘飘然之中，对于吕后死后自己的处境缺乏清醒的认识，麻痹大意，没有及时采取措施以巩固自己的权力和加强自己的防卫，对陈平、周勃、刘章等人的密谋失去了锐敏的洞察力。再者，整个吕氏集团中除吕后外，在二十多年的漫长岁月里，始终没有产生出一位有魄力、有能力的众望所归的领袖人物，也就不能在危险袭来时团结一致，沉着应付，及时决断，因而贻误战机，愈来愈陷于被动。吕后死后，如果吕禄、吕产能牢记吕后遗训，紧紧掌握住南北军，时刻警惕刘氏集团的动向，同时实行一些争取民心的政策，在刘氏皇统下维持一个时期的吕氏专政并非没有可能。但是，诸吕在政策上没有任何争取民心的措施，在军事上也没有周密有力的部署，而享乐奢靡却依然如故。在刘氏诸侯王举起反叛旗帜、汉中央大军将士拒绝平叛、南北军的指挥权随时有可能被夺走的情况下，吕禄居然还有心思外出打猎。他的姑母吕媭一顿痛彻心扉的臭骂也没有使他头脑清醒。他们不仅做不到居安思危，连居危思危也做不到，真有点鱼游釜中而犹嬉戏自若了。吕氏集团如此愚蠢、昏聩，就给刘氏集团在他们眼皮底下密谋政变创造了条件。最后，还应该看到，吕氏集团内部组织也不严密，缺乏一个团体稳固发展最需要的凝聚力，其成员中不少人在关键时刻叛离而去。例如，郦寄本是吕氏集团中人，与吕禄有很深的交情，二人经常一起游猎，不分彼此，吕禄对他的信任几乎是绝对的。陈平、周勃正是看准这一点，用计劫持郦寄之父郦商，胁迫郦寄诓骗吕禄交出了北军的指挥权，使陈平、周勃取得了战胜诸吕的最重要条件。显然，郦寄的离叛是对吕氏集团的致命一击。事后，人们虽然对诛杀诸吕拍手称快，但仍然认为郦寄是一个卖友求荣的小人。后来，班固在《汉书》中还专门通过"赞曰"为郦寄辩护说："当孝文时，天下以郦寄为卖友。夫卖友者，谓见利而忘义也。若寄父为功臣而又执劫,虽摧吕禄,以安社稷,谊存君亲,可也。"①实际上,不管出于什么原因,郦寄的叛离吕氏都应该说是一种弃暗投明的行动。正由于他在诛灭诸吕事件中立了大功,所以在郦商死后他得以袭爵,这显然是文帝对他的褒奖。另外,吕氏集团用笼络手段在刘氏贵族中网罗党羽的策略也没有成功。吕后以吕氏女嫁于刘泽、刘章等汉宗室贵族,同时给予他们以王、侯的封爵,希望他们死心塌地归附吕氏集团。结果适得其反。做了吕氏女婿的刘章利用其夫人的关系最早侦悉了吕氏集团的阴谋,而被封为琅邪王的刘泽又最早与齐王起兵揭出讨伐吕氏集团的旗帜,他们的活动加速了吕氏集团的灭亡。

不过,应该公正地说,刘、吕两个集团的斗争反映的是统治阶级的内部矛盾,是财产权力再分配的斗争。由于这场斗争局限在上层统治集团的小范围内,而且历时短暂,又未造成大规模的流血冲突,因而基本上没有给整个社会带来震荡和混乱,也没有影响汉皇朝已经开始的恢复生产和发展经济的历史进程。所以,就汉初政治史而言,刘、吕两个集团的这场生死搏斗,不过是一段小小的插曲。但是,对于吕后本人来说,又是一件大事,是吕后评价中必须涉及的重大问题。封王诸吕,拼凑扶持吕氏集团,显然是吕后政治生涯中最大的失误。此举加剧了统治阶级的内部矛盾,导致了一场流血冲突。即使对自己的宗族来说也不是一件好事,既给他们带来荣华富贵,又给他们造成了灭族之祸,使事物向自己的主观愿望的反面发展,爱之适足以害之。不过,这一重大失误大体上还不应该影响对吕后的肯定评价。因为一个最基本的历史事实是:在吕后执掌朝政的十五年中,刘邦、萧何等拟定的各项政治法律制度以及轻徭、薄赋、节俭、省刑的政策得到了进一步的贯彻执行,汉皇朝经济文化向上发展的势头并没有减弱,封王诸吕并没有影响汉初既定政策的实施。因此,应该说,吕后对历史发展的积极贡献构成了她一生活动的主要方面。当然,吕后作为一个临朝称制的女主,一方面表现了杰出的政治才能和超人的远见卓识,另一方面也表现了具有鲜明个性特征的剥削阶级的凶险、阴毒和女人为争风吃醋而产生的强烈的嫉妒和报复的心态。对异姓诸侯王的屠戮所展现的她那除恶务尽的思想和行动,使人想起法家刻薄寡恩的品性;对戚夫人和赵王刘如意那令人发指的虐杀,使人看到发疯般的嫉妒和复仇心理;而对其他刘氏宗室贵族为所欲为的处置和诛杀,又使人想到"家天下"观念下封建帝王们无以复加的自私和无情。在吕后身上,罩在封建道德上面的那一层温情脉脉的面纱几乎被全部撕去了。正因为吕后的活动反映了封建统治阶级赤裸裸的自私和凶残的一面,而它又是在一个女人的身上表现出来,因而为后来的政治家、思想家和史学家所不容。虽然司马迁和班固尚能对吕后做出某些公正的评价,但是,后来随着封建专制主义的加强和封建意识的强化,对吕后的评价便越来越贬低了。为《史记》作"索引"的唐朝人司

---

① 《汉书·樊郦滕灌傅靳周传》。

马贞对吕后的评价就连一句好话都没有了：

> 高祖犹微,吕氏作妃。及正轩披,潜用福威。志怀安忍,性挟猜疑。置鸩齐悼,残
> 彘戚姬。孝惠崩殒,其哭不悲。诸吕用事,天下示私。大臣菹醢,支孽芟夷。祸盈斯
> 验,苍狗为菑。[①]

这显然是一种历史的偏见,因为其着眼点只是吕后的"劣迹"而无视她全部的历史,只是从封建道德出发而忽视其最基本的事功。从历史唯物主义观点出发,应该说:第一,吕后的所作所为是可以理解的。在当时的历史条件下,作为一个爬到封建皇朝权力峰巅的妇女,为了维护自己既得的地位和权力,她似乎也只能做出如此的选择。可以设想,如果戚夫人鼓动刘邦改易太子获得成功,她作为临朝称制的女主在刘邦之后执掌大汉皇朝的权柄,那么,吕后和刘盈以及吕氏宗族的下场,恐怕也不会多么美妙。实际上,受封建专制体制制约,此类宫闱之争在封建时代屡见不鲜,它构成了封建统治阶级内部争夺财产和权力的一项重要内容。对这类问题,应着眼于它对当时封建皇朝大政方针的影响,而不必斤斤于道德的评价。当然,在宫闱之争中吕后是残忍无情的,没有必要在此问题上为她唱赞美诗,但亦不必过于苛求,以此全盘否定她。第二,吕后是一个权势欲极强的皇后,她对任何夺取和削弱自己权位的企图都是决不容忍的。但是,她与后来的王莽之篡汉立新、武则天之篡唐立周还是有着根本的区别。不管当时的刘氏集团和后人对她的作为如何义愤填膺,但有一个基本事实却是谁也否认不了的,就是她始终没有废汉自立,而是维持了刘氏的皇统,其临朝称制的身份是皇太后、太皇太后,而不是皇帝。看来她对其封王的兄弟子侄也没有进行代汉称帝的教导。在她死后吕氏集团的蠢动,实际上是在刘氏集团咄咄逼人的攻势下诱发出来的。迄今为止,还没有什么史料证明吕氏要代汉称帝。他们的"欲为乱",不过是想通过一次军事政变诛除危及自己权力的刘氏集团中人,巩固已经得到的权位,以便在不改变刘氏皇统的前提下继续吕氏集团的专权。第三,在刘邦之后由吕后当国,是历史的正确选择,因为她是当时统治集团中能够挑选出来的最好的统治者之一。在刘邦的后辈中,刘肥虽然年龄最大,但非嫡长子,且能力与威望均不足以负人君之任。刘盈之外的其他儿子,皆非刘邦嫡长子而又年龄较小,无一人能与刘盈争高下。既然刘邦在世时改易太子的谋划未能成功,刘邦死后他们之中的任何人自然更无当国之望。刘盈是刘邦的法定太子,吕后是刘邦的法定皇后,"仁弱"的刘盈做皇帝既是顺理成章,吕后的当国也就是天经地义了。而在当时的统治集团之中,无论就威望、能力和为满朝文武接受的程度

---

① 《史记·吕太后本纪》"索引述赞"。

看，实在也无出吕后之右者。因此，吕后在刘邦之后以皇太后的名义当国，就成为维持汉皇朝稳固和安定的最重要的因素。即使陈平、周勃、张良与王陵等一批坚定的保皇派，对吕后本人也是竭诚拥护的。因为他们比任何人都明白，在当时的历史条件下，汉皇朝的皇室中没有任何人可以取代吕后的地位。吕后的当权既然是历史的正确选择，她也就在特定时期完成了历史赋予的使命，即在稳定中求发展，在贯彻刘邦留下的既定方针中求创新，以便为汉皇朝的进一步发展创造条件。吕后的许多活动，表面上看是她主观愿望的实践，她自己以及以后的历史学家也大体作如是观，但是，以马克思主义历史唯物主义观察，就会发现，实际上她的一切活动都自觉不自觉地受到当时历史条件的制约。这些条件是：秦末农民战争和楚汉战争造成的客观环境，刘邦、萧何等一批创业者制定的法律制度和一系列具体政策，刘邦生前安排在各个重要岗位上的功臣宿将，已经安定下来并且希望继续安定下来的人民，等等。吕后的贡献在于她的正确选择。因为每一个参与历史创造的人时时刻刻都面临着选择。不管历史条件如何制约，个人的选择却有着相当的自由度。秦始皇的正确选择导致他成就空前的统一大业，他的错误选择使秦皇朝二世而亡。吕后充分利用既有的条件，顺应历史的潮流，小心翼翼地在刘邦确定的轨道上行进，使汉皇朝的政治、经济和文化稳步向前发展，从而起到了从刘邦时期至文景时期过渡的桥梁作用。因此，不管吕后身上存在多少令人讨厌的弱点、不足和失误，她都不失为一个对汉初历史发展做出了重大贡献的值得肯定的历史人物。

第九章 结 语

一、布衣皇帝　雄视百代

　　"每一个社会时代都需要有自己的伟大人物,如果没有这样的人物,它就要创造出这样的人物来"①。"历史早已证明,伟大的革命斗争会造就伟大人物,使过去不可能发挥的天才发挥出来"②。刘邦是一个具有鲜明个性特征、处处闪烁着独异色彩的历史人物。但是,从本质上讲,他仍然并且只能是时代的产物。他的出现是由于时代的呼唤,他的成功是历史的正确选择。在秦皇朝的统治下,布衣出身的刘邦到他四十八岁领导丰沛起义的前夕,也不过是一介亭长。如果秦皇朝的统治稳定地持续下去,哪怕只有三十年,刘邦在咸阳街头纵观秦始皇出游时所发出的"大丈夫当如此也"的豪言壮语,就只能变成永恒的叹息,他也只能以一个贪财好色的流氓亭长而寿终。他身上潜在的那些作为封建帝王的宏伟气度,政治上的远见卓识,军事上的多谋善断,以及长于识才,善于用人,虚心纳谏,勇于改过等优良品质,就会被他带入棺材而永远不为世人所知。是秦末农民战争和楚汉战争的烽火给刘邦提供了一个发挥潜能,施展才干的广阔舞台,使他在血与火的搏斗中脱颖而出,由小小的亭长在七年之间亡秦,灭项,统一中国,蹑足九五,荣登大宝。以致在人们的心理承受能力还不太适应的情况下,昔日的刘季已经以皇帝至尊的身份君临天下了。直到元朝,有些人对刘邦这样一个没有高贵血统,"劣迹昭彰"的一介农夫能够登上帝位仍然心理不平衡。当时的一个散曲作家睢舜臣(一作景臣)写了一套颇有影响的散曲《高祖还乡》,通过一个过去和刘邦有过瓜葛,现在被抓差迎驾的乡民之口,对刘邦进行了一番痛快淋漓的嘲讽:

　　　　〔耍孩儿三煞〕那大汉下的车,众人施礼数。那大汉觑得人如无物。众乡老屈脚舒腰拜,那大汉挪身着手扶。猛可里抬头觑,觑多时认得,险气破我胸脯!

　　　　〔二煞〕你须身姓刘,你妻须姓吕!把你两家儿根脚从头数:你本身做亭长,耽几盏酒;你丈人教村学,读几卷书。曾在俺庄东住,也曾与我喂牛切草,拽耙扶锄。

　　　　〔一煞〕春采了俺桑,冬借了俺粟,零支了米麦无重数。换田契强秤了麻三秤,还酒债偷量了豆几斛。有甚糊涂处?明标着册历,见放着文书。

　　　　〔尾〕少我的钱,差发内旋拨还;欠我的粟,税粮中私准除。只道刘三,谁肯把你揪捽住,白什么改了姓,更了名,唤做"汉高祖"!

---

　　①　马克思《1848至1850年的法兰西阶级斗争》,《马克思恩格斯选集》第1卷,人民出版社1972年版,第450页。

　　②　列宁《悼念雅·米·斯维尔德洛夫》,《列宁全集》第29卷,人民出版社1957年版,第71页。

睢舜臣的这套散曲作为文学作品,其构思的巧妙,视角的新颖,语言的幽默辛辣,令后人拍案叫绝。但是,作为一种历史的评论,则显得肤浅、狭隘,仿佛刘邦做皇帝就是一种僭越。不过,这套散曲也着力表现了一个最基本的事实:昔日的农民刘邦变成今日的皇上,标志着他已经站到农民的对立面去了。显然,是秦末农民战争的胜利,是数以百万计的农民的流血牺牲,把刘邦推上了皇帝的宝座。但是,一旦成为封建皇帝,他又变成了农民阶级的压迫者和剥削者。由于刘邦是以秦末农民起义军的英雄领袖开始了自己的政治生涯,同时又始终高举着"伐无道,诛暴秦"的旗帜,这就使农民阶级始终认为他是自己利益的代表,一直到他成为封建皇帝还对他表示衷心的拥护。因此,刘邦在反秦战争和楚汉战争中的成功并不表明他自己有着扭转乾坤的伟大力量,而是显示了人民,主要是农民阶级创造历史的不朽功勋。刘邦正是利用了秦末农民战争造成的客观形势,因利乘便地夺取了楚汉战争的胜利,在秦朝之后建立又一个空前集中统一、强大繁荣,历时二百多年的西汉皇朝。

列宁指出:"历史必然性的思想也丝毫不损害个人在历史上的作用,因为全部历史正是由那些无疑是活动家的个人的行动构成的。在评价个人的社会活动时会发生的真正问题是:在什么条件下可以保证这种活动得到成功呢? 有什么东西能担保这种活动不致成为孤立的行动而沉没于相反的汪洋大海中?"①刘邦及其布衣将相的群体在秦末汉初的一系列活动无疑是充满睿智而卓越的,这些活动构成了这一时期的惊心动魄、有声有色的历史内容。这些活动之所以在艰难复杂的环境里,通过你死我活的激烈搏斗获得成功,原因就在于它自觉或不自觉地顺应了时代的潮流,客观上满足了社会上绝大多数人们的愿望和要求。推翻秦皇朝的残暴统治,适应了广大劳动人民对于解放社会生产力的要求;消灭以项羽为代表的封建割据势力,诛除以韩信为代表的异姓诸侯王,适应了各阶层人民渴望统一安定的要求;建立和完善各种法律制度、规章礼仪,既适应了全国百姓要求社会生活正常化的愿望,更反映了剥削阶级巩固剥削制度、等级秩序的要求;而轻徭、薄赋、节俭、省刑等一系列政策的实施,又反映了广大劳动人民特别是农民发展生产和提高生活的愿望。所有这些要求和愿望,在本质上所体现的是历史前进的趋向。在一定意义上,可以说,刘邦及其布衣将相群体的活动,正是充当了历史规律的不自觉的工具。刘邦成功的根本原因也就在这里。而刘邦的主观能动作用也主要表现在使他自己的活动基本上反映了历史的要求和人民的愿望。实际上,不管刘邦的活动受着怎样复杂的个人动机的支配,但在他的活动中,我们却能够发现历史必然性的不可抗拒的制约力量。这是在刘邦背后支配他

---

① 列宁《什么是"人民之友"以及他们如何攻击社会民主主义者?》,《列宁选集》第 1 卷,人民出版社 1972 年版,第 26 页。

活动的比他自己清醒意识到的动机更强大而坚实的力量。写《高祖还乡》的睢舜臣，只看到刘邦从农民到皇帝的巨大反差，而不知道推动刘邦走向成功的那看不见的力量。但是，创造历史的个人在历史必然性面前可以有不同的选择，刘邦的可贵之处就在于他的选择没有拂逆历史必然性所引导的方向。这样，刘邦也就以对我国社会的发展做出杰出贡献的伟大人物名留青史。

作为农民起义军的领袖，刘邦以高瞻远瞩的政治谋略，坚忍不拔的顽强毅力，百折不挠的不屈意志，机动灵活的战略战术，完成了"伐无道，诛暴秦"的时代使命，打破了束缚生产力发展的桎梏，扫荡了当时阻碍中国社会前进的最大的政治上的障碍。

作为一个在群雄逐鹿中获胜的佼佼者，刘邦付出了较之反秦战争更大的努力。他百折不回，屡仆屡起，表现了空前的坚毅和顽强；他精心谋划，指挥若定，展示了卓越的军事才干；他制定争取民心的政策，谋划瓦解敌人的策略，显示了成熟的政治家的宏图远略。领袖群伦，成为未来统一皇朝当之无愧的君王。他所创建的大汉皇朝，无论就立国的长久，疆域的辽阔，气势的宏伟，经济的繁荣，以及文化的昌盛，都达到了我国封建社会前期历史发展的高峰。不仅秦皇朝不能望其项背，就是唐皇朝以前的任何朝代也难以与之比拟。

作为一个开国的封建皇帝，刘邦以自己适应时代需要的各项措施，完成了具有历史转折意义的政策调整，使社会的发展开始了脱离波谷的上升运动。从而为西汉皇朝，也为以后封建社会历史的发展，做出了具有开拓意义的伟大贡献。他以秦朝二世而亡为鉴戒，以与民休息、恢复秩序、发展生产为基点所进行的一系列政策调整，不仅为西汉皇朝的发展奠定了良好的基础，而且对后世中国历史上的许多封建皇朝，都产生了重大的影响，起着历史镜子的借鉴作用。尤其是刘邦贯串其全部政策中心的缓和矛盾的民本思想，为后世许多聪明的政治家和思想家所重视。刘邦继承秦制并进一步完善了的专制主义中央集权的行政体制，以及诸皇子封王的制度，基本上为后世中国封建皇朝所承袭。刘邦在处理国内民族关系上所创造的"和亲"方式，是一项具有深远意义的政策，不仅为其后世子孙继承和发展，而且被历代皇朝所承袭，成为后代封建统治者维系、调整民族关系的重要手段。在思想上，刘邦由最初的服膺法家思想，成为第一个到孔子灵前祭拜的统一皇朝的君主，为其后代把儒家思想推尊为统治思想，迈出了具有象征意义的第一步。刘邦明于识人，任人唯贤，善于扬其长而避其短；他待人以诚，用人以专，不求全责备于人而自己又能虚心纳谏；他善用赏罚，不惜爵位、官职、土地与金钱，乐于同部下共富贵。唯其如此，在秦末崛起的众多称孤道寡的命世之杰中，只有刘邦对当时的文武之士产生了磁石般的巨大吸引力，五湖四海，纷纷来归，趋之若流水之就下。使他麾下猛将如云，谋臣如雨，形成了一个各类人才齐备、文武搭配得当、上下配合默契的领导集团，保证了各项事业的顺利成功。尤其可贵的是，一方面由于时代造成的客观条件，一方面由于刘邦的吸引和重用，一大批出身卑微的农民、渔民、手工业者、狗屠、商贩、儒生、刑徒以及县乡的基层小吏，抱着各式各样的目的投入到刘邦领导的造反队伍，通过严酷的政治、军事和外交等斗争的考验，使其潜在的才能大放异彩。由此而跻身庙堂，位极人臣，形成了西汉初年独有的布衣将相之局。这一事实同样在中国历史上产生了深远影响。后世许多出身社会下层的创业之主，每每以当代刘邦自居，而他手下的文臣武将，则又往往到刘邦的布衣将相群中去寻找自己的化身。当然，西汉以后的所有封建皇朝都没有形成布衣将相之局，但在其创业时期，总有一些出身社会下层的人物，因缘时会，乘机而起，以自己的才干创建辉煌的功业，成为元勋重臣。这说明，刘邦及其布衣将相群体的事迹、经验，特别是他们的谋略、智慧和手段，已经作为一笔宝贵的精神财富，给后人以鼓舞、启迪和鉴戒。

当然，刘邦作为由布衣转变而来的封建帝王，也有着自己阶级和时代的局限。为了维护整个剥削阶级的利益，他对秦皇朝各种法律制度的继承多于改造，还保留了《秦律》中某些特别残酷的条款，如"夷三族"和"挟书律"等；对秦皇朝政策调整的幅度也不够大，因而对社会生产力的解放程度也有很大的局限。由于刘邦和他那个布衣将相的群体文化素质偏低再加上一直处于戎马倥偬之中，对文化教育事业不够重视。刘邦的政治、军事实践是非常成功的，但对于统治思想的建设则缺乏积极而缜密的主动思考，因而不能不陷于盲目性和实用主义。刘邦开始笃信法家思想，继而又对陆贾鼓吹的黄老之学产生了较浓厚的兴趣，后来由于叔孙通及其弟子们制定的朝仪使他享受到做皇帝的乐趣，又促使他转变了对儒家思想的态度。然而，终其一生，也还没有确定汉皇朝的指导思想。直到刘邦逝世之后，曹参做相国的时候，汉朝统治者才结束了在统治思想问题上举棋不定的局面，把黄老之学定为统治思想。不可否认，统治思想的选取和确定需要一个过程，特别需要一个合适的政治环境和思想体系本身孕育发展变化的条件，但是，刘邦一开始在此问题上缺乏主动积极的精神，也是造成这种现象出现的重要原因。另外，刘邦改易太子一事也是重大失误，它加剧了吕后与戚夫人之间的矛盾，使戚夫人和赵王刘如意最后惨死于吕后之手，造成了"爱之适足害之"的悲剧。自然，以上所说的刘邦这些局限和失误，在很大程度上也都是历史造成的。我们指出来，并不是苛求于他。而是想说明，除了时代的不可逾越的限制之外，刘邦的主观因素怎样限制了他，使他在自己的实践活动中出现了那些本来可以避免却没有避免的失误，在主观上本来可以认识但却没有及时认识的真理。

尽管刘邦身上存在着种种不可避免或者能够避免而没有避免的缺陷，有着种种不可避免或者能够避免而没有避免的失误，但是，作为时代的幸运儿，他以自己辉煌的实践创造了赫赫扬扬的不朽业绩，给当时的历史打上了不可磨灭的印记，给后来的历史留下了深远的影响，而他的名字也就永远同大汉皇朝结合在一起，作为时代的里程碑雄视百代！

二、大汉文化　影响深远

公元前 206 年(汉元年)十月,刘邦率领他的十万大军经过一年的艰苦转战,在咸阳之南的轵道旁接受了秦王子婴的投降,给不可一世的秦皇朝画上了句号。虽然其后又经过四年的楚汉战争,刘邦才得以胜利者的姿态登上大汉皇帝的宝座,但在中国的正史中,都把公元前 206 年作为汉皇朝的开始。从那时至今,两千二百多年过去了。当年雄视东亚的大汉皇朝已成为当今世界瞩目的伟大社会主义国家,那时形成的以汉族为主体的中华民族已发展成为当今世界上人口最多的民族,那时基本定型的汉字汉语成为当今世界使用人数最多的语言文字表达工具,而那时形成的汉文化经过两千多年的丰富和发展,已成为当今世界历史悠久、内涵博大精深的文化系统之一。今日,放眼世界,回溯历史,才能更加深入地认识刘邦和他创立的汉皇朝对于中国和世界的巨大贡献。

如果说,统一的秦皇朝奠定了今日我们伟大祖国幅员辽阔的疆域的基础,那么,汉皇朝就更进一步扩大和巩固了这个基础。当秦始皇及其臣子们在琅邪刻石上顾盼自雄地写上"六合之内,皇帝之土。西涉流沙,南尽北户。东有东海,北过大夏。人迹所至,无不臣者"①的时候,秦皇朝的疆域也不过东尽大海,西至今日之甘肃,北至今日之内蒙古、辽宁,南至今日之两广和北越。大体上是以兰州为基点划一纵线的今日中国的东部地区。但是,到汉皇朝,特别是到汉武帝统治时期,大汉皇朝的疆域已经向周边大大扩展了。其中,东北越过鸭绿江,达到今日朝鲜的北中部。西部则越出新疆,达到巴尔喀什湖以东以南地区。北部越过长城,到达广漠的蒙古草原。南部则越出广西、云南,几乎囊括了今日越南的大部分和缅甸的北部,从而成为东亚疆域最辽阔的国家。当时的大汉皇朝,与横跨欧亚的罗马帝国,雄居中亚的大夏王国和称雄印度半岛的孔雀王朝,作为人类文明历史进程中几颗耀眼的明星,遥相辉映,共领时代的风骚。

汉皇朝是民族融合的伟大熔炉。它那以政治、经济、文化为纽带所形成的熊熊炉火,熔铸出以汉族为主体的中华民族。这个伟大的民族,不停地繁衍生息,不断地吸收新鲜血液,历经磨难而不衰,终于发展成世界民族之林的参天大树。秦皇朝的统一虽然使数以百计的氏族、部落聚拢在一起,共同生活在"车同轨,书同文"的华夏大地之上,但是,由于秦皇朝存在的时间十分短暂,而无法从文化上和心理上消除民族和地域的差别。所以,当陈胜在大泽乡振臂一呼的时候,打着六国旗帜的反秦队伍立即云集响应,而原秦国腹地的关中、汉中和巴蜀等地却平静得犹如死水一潭。这说明秦民与原六国之民之间民族的畛域

---

① 《史记·秦始皇本纪》。

尚未消除。汉皇朝统理中国四百余载,不仅使中原地区背景各异的民族认同了汉族这个共同体,以炎黄子孙自居,而且使汉民族对周边少数民族产生了越来越大的向心力和凝聚力,匈奴、鲜卑、乌桓相继内附,数以百计的西南夷、南越、东越等族接受了汉朝郡县官员的治理,而西域不同民族建立的大大小小的"三十六"国,也在汉朝西域都护的管理下心悦诚服地做了汉皇朝的臣民。在四百多年的漫长岁月里,在日益密切的经济文化交流中,不知有多少胡人汉化到中原的城市乡村,也不知有多少汉人胡化到北国的草原穹庐和天山脚下的田园牧场。这种不间断的双向融合为日后一些少数民族如匈奴、鲜卑、羯、氐、羌等完全融入汉民族的大家庭创造了条件。这一时期,汉民族进一步继承和弘扬了它的前身华夏民族接纳百川的恢宏气度,形成了善于吸收、包容和改造外来民族和外来文化的民族特性,使它在以后的历史征程中能够较好地以开放的心态对待外来的民族和文化,使这个民族大熔炉熔铸的民族越来越多,使中华民族越来越兴旺发达,也使中国的古老文化在不断吸取外来文化的基础上,日益丰富和发展。

汉皇朝制定的各项法律制度和采取的一系列政策措施,以及它对全国的有效治理,进一步巩固和加强了中国的统一,使中华民族是一个统一的整体,华夏大地是一个统一的国家的观念,成为以汉族为主体的中国各族人民的共识。春秋战国以来,随着民族融合的不断发展,各地区经济文化交流的日益频繁,中国统一的趋势迅速增长。"天下恶乎定?""定于一"①。孟子的回答,反映了当时一批有远见卓识的政治家和思想家对社会未来发展趋势的正确展望。但是,由于各种复杂因素的制约,中国的统一却是通过长期激烈的战争手段完成的。秦国的近百万大军经过长期的剧烈征战,使六国的统治者及其臣民统统在秦国的坚甲利兵面前被迫放下了武器,做了统一之君的子民。被胜利冲昏了头脑的秦始皇踌躇满志地预期,他的美好的江山社稷会二世三世至于万世,传之无穷。然而,秦始皇并不清楚,这个统一国家的基础还很不巩固。因为尽管统一已经实现,但地区和民族的畛域尚未消失,而武力的征服又不可避免地给六国的臣民留下心灵的创伤。特别是秦皇朝建立后所实行的厚关中薄山东的歧视性剥削政策,更激起六国臣民对故国的怀念。所以,秦末农民战争就几乎发展成六国的复国战争。这说明,秦皇朝的统一尽管有着时代的必然性,但全国人民的心理准备还不充分,长期封国割据形成的地域间的心理阻隔并没有消失。在汉皇朝统治中国的四百多年间,刘邦及其子孙制定了一系列从政治、经济和思想文化上加强统一的政策,特别是汉武帝时期所实行的一系列促进统一和集权的措施,更进一步加强了全国各族人民在政治、经济和思想文化上的联系,使秦皇朝统治时期还存在的地域的心理的阻隔基本消失了。"春秋大一统者,天地之常经,古今之通谊也",董仲舒的观

---

① 《孟子·梁惠王上》。

点虽然在形式上是他个人的创造,但其根源却在于中华民族已经形成的稳定的统一观念。这一观念的力量是如此强大有力,以致匈奴人自称"夏后氏之苗裔"而拉近与汉民族的距离,所有周边少数民族几乎都形成了对统一中国的归属感,而此后的分裂割据就被视为大逆不道了。东汉以后的中国历史,尽管也出现过三国东晋南北朝和宋辽夏金时期的分裂割据局面,但统一的时期毕竟占了主导地位。应该承认,这种情况的出现自然有着深刻的政治、经济、文化、民族与社会的根源,但汉朝时期已经形成的根深蒂固的大一统观念也起了不容忽视的重要作用。

汉皇朝进一步改造和完善了秦朝建立的专制主义中央集权的行政体制和法律制度。刘邦及其布衣将相虽然推翻了秦皇朝,并且,终汉之世,他的子孙和那些大大小小的政治家、思想家也没有忘记对秦朝的暴政发出正义凛然的批判,然而,"汉承秦制"却又是千真万确的事实。原因就在于,当时的历史条件还无法给汉皇朝提供另外的选择。这也说明,秦皇朝的覆亡主要是政策的失误而非政治体制的弊端,因而刘邦及其子孙也就只能继承政治体制而刷新政策。刘邦及其后继者继承和完善了皇帝制度、三公九卿的中央行政制度(武帝后演变为中外朝制度,东汉又演变为台阁制度),郡国并行的地方行政制度,县、乡、亭、里、什、伍编制和一整套选举、任免、升降、奖惩的基层管理制度,以及税收、财政、徭役和兵役制度等。与此同时,萧何损益《秦律》制定了汉皇朝的《九章律》,叔孙通等人制定了朝仪等礼乐制度,张苍等人制定了历法和度、量、衡等各种章程,韩信等制定了军法,使西汉皇朝的法律制度较之秦皇朝更加完善。侯外庐先生以此作为中国封建社会确立的标志,并不是没有道理的。由秦朝首创,汉朝加以继承和完善的一整套封建专制主义中央集权的行政体制和各种法律、礼仪制度,作为一种模式,被后来的历代封建皇朝所损益继承。尽管这些制度和法律从本质上体现的是地主阶级对农民阶级的专政,但在中国两千年的封建社会里,其积极意义仍是不可忽视的。中央集权的行政体制和缜密完备的法律制度,有力地促进了统一的多民族国家的形成、巩固与发展,维护了社会的安定,为社会经济的发展和广大人民正常的生活提供了较好的政治环境。庞大而严密的官僚制度有较明确的分工和一定程度的权力制衡,因而具有较高的效率和较强的自我调节功能,从而保证了整个国家机器正常而有序的运转。汉皇朝继承和完善的这一套政治法律制度以及由它所派生的许多优秀的政治文化遗产,如统一集权观念,循吏清官意识,民本主义,等等,对以后中国历史的发展产生了巨大而深远的影响。

汉皇朝统治时期所继承和完善的许多经济制度,在后世也大体上延续下来。如国家土地所有制和地主土地私有制相结合的土地制度,地主剥削农民的主要方式租佃制度,一家一户为单位男耕女织的农业经营方式,"重本抑末"、盐铁官营的工商政策,城市作为政治、经济和文化中心的基本模式等都延续下来。而这些制度所制约的稳定的社会结构及其顽强的再生能力是理解中国封建社会长期延续和资本主义萌芽难以长足发展的钥匙。土地自由买卖和诸子析产制的形成,使万世一系的大土地所有者难以存在,从而造成财产所有权与行政、司法权的分离。而土地所有权的变动不居又造成阶级关系的不断变动和地主、农民两个阶级的不断更新,也就使中国封建社会不存在欧洲封建社会那样严格的等级制度。由于一家一户的小农是封建国家赋税和徭役的主要征发对象,封建皇朝就必然厉行"抑兼并"的政策,加上农民战争的调节,因而自耕农和半自耕农在一般情况下就成为农村人口的大多数。他们亲身感受到的剥削和压迫主要来自封建官府,因而农民起义的斗争矛头总是指向封建皇朝。由于历代封建皇朝与汉朝一样执行"重本抑末"和盐铁官营的工商政策,使大量工商利润都进入国库,成为皇室和封建国家财政开支的重要来源,国家和私人的资本积累因而受到严格的限制。由于城市一直是封建国家控制的政治、经济、文化中心,特别是工商中心,工商业者也就一直作为封建皇朝的附庸而存在。所以,尽管秦汉时期中国的工商经济已出现过繁荣发展的局面,后来更是几度辉煌,然而,在中国封建社会却始终未能形成与封建地主阶级旗鼓相当的如同欧洲市民阶级那样的工商业者。不过,应该承认,在秦汉时期形成的中国封建社会的经济结构和农业生产上一家一户的经营模式,在自然经济条件下,具有很大的优越性和顽强的生命力,因而在两千年间使中华民族创造了世罕其匹的物质文化和精神文化,形成了绵延不绝的东亚文明的策源地。

太汉皇朝以恢宏的气度,四海一家的心态,顺应历史潮流的政策,奠定了我国封建社会在国内民族政策和对外政策方面基本开放的格局,对中国封建社会的政治、经济和思想文化的发展产生了巨大而深远的影响。刘邦在对匈奴的战争受挫以后,接受娄敬的建议,毅然采取了"和亲"政策,创造了处理国内民族关系的比较理想的模式。汉武帝以后,在处理汉族与其他少数民族关系方面亦推广了这一模式。刘细君与解忧公主的远嫁乌孙,王昭君与呼韩邪单于的联姻,都成为维系汉朝与西域、汉朝与匈奴友好关系的纽带,在中国民族关系史上留下了千古佳话。汉皇朝首创的这一"和亲"政策,后来几乎为历代中国封建皇朝所继承。唐朝和清朝都建立了幅员辽阔、国内众多民族友好和睦的封建大国,而恰恰就是这两个朝代创造了我国"和亲"史上最辉煌的时期。不可否认,尽管两汉四百多年间汉皇朝与周边少数民族间也发生过一些战争,但民族关系的主流却是和平的经济文化交流。汉朝对内服的少数民族一般都实行特殊的优惠政策,以先进的生产技术和先进的文化促进了各民族经济文化的发展。岭南的百越之族,在先进的汉文化的熏陶下,很快改变了刀耕火种的落后面貌,大大缩短了与中原地区社会发展的距离。西南夷聚居的川、滇、黔地区也有了长足的进步。而内服的匈奴人在五属国的治理下,逐渐由游牧民族变成农业民族,与汉族融为一体,为开发中国西北地区做出了重要贡献。

汉皇朝以宏伟的气魄开辟了与朝鲜和越南交往的渠道。高度发展的汉文化对居于朝鲜半岛的高句丽和三韩(马韩、辰韩、弁韩)等产生了十分深刻的影响。他们均模仿汉朝的政治制度建立自己的统治机构,引进汉字作为表意工具,大量的生产工具、工艺品、服饰、乐器,以及建筑艺术的传入,大大丰富了朝鲜人民的物质生活和精神生活。由此,朝鲜的历史就与中国结下了不解之缘。越南在秦汉时期虽然已经迈进了文明的门槛,但在不少地方还保留着十分落后的经济生活与风俗习惯。例如,他们以狩猎、采集和捕鱼为生,农业还停留在原始状态;他们仍然在树上筑巢而居,还不知房屋建筑为何物;他们仍维持着原始落后的群婚制,子女只知其母不知其父,等等。汉皇朝在越南设立交趾、九真、日南三郡以后,简派能吏,加强治理,大力全面地推行先进的汉文化。例如,东汉时期,任延任九真太守后,一面推广铁制工具和水稻栽培法、代田法、区种法等先进生产技术,使越南人民过上自给自足的农耕生活,一面广泛宣传父慈子孝、兄友弟恭、夫唱妇随等儒家伦理观念,改变了他们的原始婚俗和其他落后习惯,大大提高了他们的文明程度。从汉代开始,中国的儒学开始迈出国门,在朝鲜、日本和越南等地广泛传播。由此,东亚儒学文化圈开始形成,以后更不断发展、繁盛,一直持续到今日,成为全世界瞩目的文化现象。汉皇朝从武帝起,全力开拓经营西域,通过政治、经济、军事和外交的种种手段,开辟了从长安经河西走廊和天山南北路通往中亚至欧洲的丝绸之路。当清脆的驼铃声打破千年大漠的沉寂时,一条东西方文明交流的长桥第一次架设起来。中国的丝绸经过中亚,跨越地中海的波涛,传到罗马帝国的王廷。从而使西方第一次知道东方有一个文明高度发展的大汉皇朝,也使中国人民知道在地中海的彼岸有一个神奇的罗马帝国。这就大大开阔了中华民族的视野,改变了中国人一向认为中国就是天下的观念。汉皇朝开辟的这条陆上中外文化交流的通道,在中国长期的封建社会里一直是中国对外开放的主要渠道。伟大的中华文明的优秀成果,如四大发明,就是通过它传到中亚、欧洲和北非。而中亚和欧洲的许多文明成果也通过它传到了中国,大大丰富了中国人民的物质生活和精神生活。从总体上看,汉皇朝所奠定的中国对外政策的开放格局和优良传统,基本上为后来的历代皇朝所继承,从而使灿烂的中华文明基本上在开放的态势下不断地丰富和发展。

　　汉皇朝创造了高度发展而又丰富多彩的民族文化和处于世界领先地位的科学技术。汉字汉语作为独特的语言文字系统,在汉代已经定型和成熟。《史记》、《汉书》确立了中国封建社会正史的基本模式。陆贾、贾谊、晁错的政论散文,司马迁、班固的历史散文,成为后人学习的典范。乐府和古诗十九首等五言诗代表了诗经、楚辞之后诗歌艺术的高峰。书画、音乐、舞蹈和杂技等更是留下了累累硕果。以《九章算术》、《周髀算经》等为代表的数学,以太初历、三统历为代表的历法,以《灵宪》为代表的天文学和浑天仪、地动仪为代表的天文仪器,以《氾胜之书》为代表的农学,以《黄帝内经》、《神农本草经》、《伤寒杂病论》为代表的医学,以及造纸术的发明等,标志了我国自然科学和技术科学的巨大成就。在思想方面,汉武帝宣布实行的"罢黜百家,独尊儒术"的政策,宣告了我国封建社会统治思想的确立,更是影响深远的大事。秦皇朝统一全国后,推行"以法为教"、"以吏为师"的文化专制主义,以"焚书坑儒"的野蛮暴行宣告了春秋战国以来思想上"百家争鸣"局面的结束。然而,秦朝二世而亡的现实深深震撼着秦汉之际的所有政治家和思想家。因而,在汉初的思想领域便出现了一个反思秦朝二世而亡的广泛思潮,它显示了中国人对自身社会和历史的自觉的深刻思索。陆贾、贾谊、主父偃、晁错、严安、贾山、司马迁,以及《淮南子》的那个创作群体,直到董仲舒等,都是这一反思潮流中光彩夺目的人物。在他们的反思中涉及到武功与文治、德化与刑罚、有为与无为、社稷与百姓、天命与民心等一系列治国方略和治国艺术等重大问题。其间,诸子余绪的活跃,各学派之间激烈的诘辩,目的只有一个,就是寻找一个适合封建统治需要的思想体系。在现实的教育和陆贾、叔孙通等人的启导下,首先是刘邦的思想开始向儒学倾斜。刘邦死后,他的后继者又钟情于黄老刑名之学,于是形成了黄老之学独步西汉政坛五十余年的局面。当雄才大略的汉武帝继位的时候,黄老之学已经完成了它的历史使命。这时候,原始儒学经过叔孙通等一大批儒生的不断改造,到董仲舒手里便发展到一个新的阶段,一个体系庞大、结构严谨、内涵丰富、义理深邃的新儒学体系形成了。通过董仲舒的贤良对策,"推明孔氏,抑黜百家",儒学从此走上独尊的地位,成为两千年间中国封建社会的统治思想。在中国封建的社会结构和政治经济制度不发生根本变化的情况下,儒学在思想上的地位就是不可动摇的。即使在魏晋南北朝玄学兴起、佛教大盛的时期,儒学也没有失去思想上的盟主地位。儒学丰厚的内涵构成了中国传统文化的主要内容,在形成中华民族的心理结构上起了重要作用,深深地融进了中华民族的血液里。不管传统文化看起来与现代化有多少不相适应的内容和观念,但是,应该承认,它在中国封建社会里所起的作用就主导方面而言还是积极的。显然,汉皇朝在建树中国封建社会的统治思想和构筑中国传统文化的骨架方面所做出的贡献是前无古人的。

综上所述,可以看出,刘邦创立的汉皇朝在中国封建社会前期建树了不朽的历史功勋。它首创或完善的各项政治、经济制度和统治思想体系,都深深地影响了其后中国历史的进程,给中华民族的历史和文化打上了不可磨灭的印记。刘邦及其子孙的业绩是不朽的,他们给中国传统文化增添的那些优秀遗产将永远为中华民族所珍视、继承和发扬光大。

附录
汉高帝大事年表

公元前 256 年(周赧王五十九年)　1 岁

生于楚国所属沛县丰邑中阳里,排行第三,取名季。家世业农。

前 246 年(秦王政元年)　11 岁

嬴政即秦王位,嬴政即后来的秦始皇帝。

前 230 年(秦王政十七年)　27 岁

秦内史腾灭韩国,以其地置颍川郡。

前 228 年(秦王政十九年)　29 岁

秦将王翦灭赵国。

前 227 年(秦王政二十年)　30 岁

燕太子丹使荆轲刺秦王,未遂。王翦伐燕。

前 225 年(秦王政二十二年)　32 岁

秦将王翦灭魏国。

前 224 年(秦王政二十三年)　33 岁

秦将王翦击楚,取陈以南至平舆,楚淮北之地尽入于秦。秦置泗水郡(汉改为沛郡)。
大约在此年刘季为泗水亭长。

前 223 年(秦王政二十四年)　34 岁

秦将王翦、蒙武灭楚国。

前 222 年(秦王政二十五年)　35 岁

王贲灭燕国。

前 221 年(秦始皇二十六年)　36 岁

王贲灭齐国。

嬴政称始皇帝,分全国为三十六郡,收天下兵器聚咸阳,销以为钟镰、金人十二,统一
度量衡,徙豪杰于咸阳十二万户,仿诸侯国宫室,作之咸阳北阪上。

大约在此期间,刘季常徭咸阳。观秦始皇出巡,喟然太息曰:"嗟呼,大丈夫当如
此也!"

前 220 年(秦始皇二十七年)　37 岁

秦始皇巡陇西、北地,作信宫渭南,治驰道于天下。

前 219 年(秦始皇二十八年)　38 岁

秦始皇东巡,至邹峄山、泰山、琅邪,遣徐市发童男女数千人入海求蓬莱等三神山及
"不死之药"。之后,过彭城,西南渡淮水,至衡山、南郡,由武关归咸阳。

前 218 年(秦始皇二十九年)　39 岁

秦始皇东游,张良指使力士以铁椎狙击于博浪沙,误中副车。之后,秦始皇登之罘、琅

邪,自上党返咸阳。

前 216 年(秦始皇三十一年)　41 岁

使黔首自实田。

大约在此前后,刘季与吕雉完婚。

前 215 年(秦始皇三十二年)　42 岁

秦始皇至碣石,巡北边,自上郡返咸阳。遣蒙恬发兵三十万北伐匈奴。

前 214 年(秦始皇三十三年)　43 岁

秦出兵略取南越陆梁地,置桂林、南海、象郡,以谪徙民五十万戍五岭,与越杂处。

蒙恬进击匈奴,收河南地为四十四县,筑长城。

前 213 年(秦始皇三十四年)　44 岁

秦始皇接受李斯建议,下令焚《诗》、《书》、百家语。

前 212 年(秦始皇三十五年)　45 岁

秦始皇下令作阿房宫,修骊山墓,用刑徒七十万。迁徙三万家骊邑,五万家云阳。

侯生、卢生讥议秦始皇,牵连儒生四百六十余人,皆坑之咸阳。秦始皇长子扶苏就此事劝谏秦始皇,被遣往上郡监蒙恬军。

前 211 年(秦始皇三十六年)　46 岁

有陨石于东郡,有人刻其石曰:“始皇帝死而地分。”秦始皇尽取石旁居人诛之,燔其石。

迁河北榆中三万家。

前 210 年(秦始皇三十七年)　47 岁

七月丙寅,秦始皇出巡途中崩于沙丘平台。赵高、李斯合谋矫诏立秦始皇少子胡亥为秦二世皇帝,赐扶苏、蒙恬死。扶苏自杀,蒙恬被囚。秦二世杀蒙恬、蒙毅兄弟。

九月,葬秦始皇于骊山,后宫无子者皆令从死,与役工匠皆闭之墓中。

刘季以亭长为县送徒骊山,至丰西泽中,夜纵所送徒,率十余人隐于芒砀山中。彭越在巨野“为盗”。英布(即黥布)亦亡之江中“为盗”。

前 209 年(秦二世元年)　48 岁

秦二世更为法律,务益刻深,杀公子十二人,公主十人,相连逮者不可胜数。

复作阿房宫。

七月,陈胜、吴广率戍卒九百人起义于蕲县大泽乡,攻克陈,陈胜自立为王,国号“张楚”。当是时,诸郡县争杀长吏以应陈胜,数千人为聚者不可胜数。陈胜命吴广为假王,监诸将以西击荥阳,武臣、张耳、陈馀徇赵,邓宗徇九江,周市徇魏地,周文以将军率兵西击秦。

周文军进至戏,被秦将章邯击败。

八月,武臣自立为赵王。

九月,刘季起义于沛县,称沛公。项梁、项羽起兵于吴。田儋起兵于齐,自立为齐王。

韩广自立为燕王。周市立魏咎为魏王。

前208年(秦二世二年) 49岁

十月,沛公破秦泗水(一作川)监兵于丰。

十一月,沛公引兵至薛,杀秦泗水郡守壮于戚。

章邯击败周文军,周文自杀。陈胜部将田臧杀吴广,迎击秦军于敖仓,兵败身死。

赵将李良杀赵王武臣。

十二月,陈胜败退至下城父,被御者庄贾杀死。陈胜故涓人将军吕臣率苍头军收复陈,处死庄贾。陈胜部将宋留攻下南阳后,以军降秦,被处以车裂之刑。

沛公部将雍齿以丰降魏,沛公攻之不克。

正月,张耳、陈馀立赵歇为赵王。秦嘉等立景驹为楚王。

秦番阳令吴芮与英布结合,举兵反秦。

沛公从景驹,张良投沛公。

二月,沛公克砀,收砀兵得五六千人。三月,克下邑。

召平矫陈胜令,拜项梁为上柱国。项梁以八千人渡江北上,合陈婴、英布之军,至下邳,有众六七万人。乃进兵击秦嘉,嘉战死,军降,景驹走死梁地。

沛公依项梁,项梁与之卒五千,五大夫将十人。沛公克丰,雍齿奔魏。

六月,项梁立楚怀王孙心为义军盟主,仍号楚怀王;接受张良建议,立韩成为韩王。

章邯大破齐、楚军,杀齐王与周市,魏王咎自杀。齐人立田假为齐王。

七月,项梁破秦军于东阿。项羽、沛公克城阳。

八月,田荣逐田假,立田市为齐王。

赵高诛李斯父子。

九月,项梁破秦军于定陶,项羽、沛公破秦军于雍丘,斩李由。章邯夜袭定陶,杀项梁。项羽、沛公收缩兵力于彭城。

楚怀王立魏豹为魏王。

后九月,楚怀王以沛公为砀郡长,封武安侯,领砀郡兵。

章邯渡河北击赵。楚怀王命宋义、项羽率兵救赵,命沛公西伐秦,并与诸将约:"先入定关中者王之。"沛公自砀出发,至城阳与杠里,破秦二军。

前207年(秦二世三年) 50岁

十月,沛公破秦东郡尉于成武。

十一月,宋义行至安阳,留四十六日不进,项羽杀宋义,怀王任项羽为上将军。

十二月,沛公至栗,夺刚武侯军四千人,与魏将皇欣、武满合攻秦军,破之。巨鹿之战,项羽大破秦军。

二月,沛公与彭越合兵攻昌邑未下,乃引兵过高阳,郦食其来归,建议袭取陈留,其弟郦商以四千人属沛公。

三月,沛公攻开封未拔,西与秦将杨熊战于白马、曲遇,大破之。

四月,沛公攻颍川,南出辕辕。

六月,沛公略地南阳。

七月,南阳守齮降,沛公封为殷侯。引兵西,无不下者。所过毋得卤掠,秦民皆喜。

章邯归降项羽。

八月,沛公破武关。赵高杀秦二世,立秦始皇弟子婴为秦王。

九月,子婴杀赵高。沛公破峣关,大败秦军于蓝田。

前206年(汉元年) 51岁

十月,沛公至霸上,秦王子婴降于轵道旁。沛公至咸阳,欲留居秦宫,被樊哙、张良等劝止。

十一月,沛公与关中父老约法三章。秦民大喜,唯恐沛公不为秦王。项羽夜击坑秦降卒二十余万人于新安城南,攻破函谷关。

十二月,项羽、沛公会于鸿门,赖张良、樊哙等机智周旋,沛公得以脱险。

正月,项羽阳尊怀王为义帝,徙之江南。

二月,项羽自立为西楚霸王,王梁、楚九郡,都彭城。项羽封王诸将,共分封十八王。沛公被封为汉王,王巴、蜀、汉中。汉王怒项羽分封之不公,欲攻项羽,被萧何等劝止。

四月,诸侯罢戏下兵,各就国,汉王率三万士卒入汉中,烧绝所过栈道,示无还意。

五月至七月,田荣并三齐之地,自立为王。

汉王拜韩信为大将。

八月,汉王出汉中,击败三秦王章邯、司马欣、董翳,夺取关中。

前205年(汉二年) 52岁

十月,项王密使九江王等杀义帝于江中。汉王至陕,安抚关外父老。汉王还都栎阳。

三月,汉王自临晋渡河,魏王豹降;下河内,虏殷王印。陈平来归。汉王南渡平阴津,至洛阳新城,接受三老董公建议,为义帝发丧,声讨项羽。

四月,汉王率诸侯兵五六十万伐楚,至外黄,彭越来归,拜为魏相国。汉军入彭城,收其货宝、美人,日置酒高会。项羽闻之,自以精兵三万南下,大破汉军,汉王仅得与数十骑遁去。楚军俘汉王父太公、妻吕雉以为人质。是时吕雉兄吕泽为汉将兵居下邑,汉王往从之,稍稍收其士卒。遣谒者随何劝说英布背楚归汉。

五月,汉王至荥阳,诸败军皆会,萧何亦发关中老弱未傅者悉诣军,与楚军战京、索间。

六月,汉王还栎阳,立刘盈为太子。关中大饥,令民就食蜀汉。

八月,汉王军荥阳,丞相萧何坐镇关中转漕、调兵以给军。汉王遣韩信进击魏王豹。

九月,韩信虏魏王豹,以其地置河东、上党、大原郡。遂北击赵、代。

前204年(汉三年) 53岁

十月,韩信、张耳破赵降燕。

十二月,英布归汉,与汉王共屯成皋。

汉王听信郦食其建议,欲封六国后人,为张良谏止。

四月,陈平施反间计,范增闻项王疑之,乃离去,未至彭城,疽发背而死。

五月,纪信伪装汉王诳楚,项王烧杀信。汉王自荥阳脱险,入关中,再出兵宛、叶间。项王东击彭越,汉王复军成皋。

六月,项王破荥阳,围成皋。汉王逃出成皋,北渡河,夺韩信兵,在巩、洛一线与楚军对峙。

八月,汉王引兵临河,军小修武,命刘贾、卢绾率军二万自白马津渡河,深入楚军后方,协助彭越,烧楚积聚。项王回军攻梁地。

汉王派郦食其说降齐国。

前203年(汉四年) 54岁

十月,韩信袭破齐历下军,齐王以为郦生卖己,乃烹之。

汉军复取成皋,就敖仓食。项王患之,乃为俎,置太公其上,告汉王曰:"今不急下,吾烹太公!"汉王曰:"吾与项羽俱北面受命怀王,曰'约为兄弟',吾翁即若翁,必欲烹而翁,则幸分我一杯羹!"项王怒,欲杀之,被项伯谏止。

十一月,韩信破齐、楚联军二十万于潍水上,平定齐地。

汉立张耳为赵王。

韩信遣使请汉王立以为假齐王,经萧何、张良规谏,汉王决定封其为真齐王。

二月,汉王遣张良封韩信为齐王,征其兵击楚。

武涉、蒯通说韩信背汉自立,韩信不为所动。

七月,汉立英布为淮南王。

八月,楚、汉讲和,以鸿沟为界,中分天下,项王归还太公、吕雉,撤兵东去。汉王接受张良、陈平建议,率军尾追楚军。

前202年(汉五年) 55岁

十月,汉王追项羽至固陵,楚军反击,汉军大败。汉王接受张良建议,重封韩信、彭越,诱其率军南向击楚。

十一月,刘贾入淮南,诱降楚大司马周殷,与英布一起北向进击楚军。

十二月,垓下之战,项羽失败自杀,楚汉之争以汉王的胜利而告终。

汉王还军定陶,夺韩信军。

正月,更立齐王韩信为楚王,封彭越为梁王。令"赦天下殊死以下"。

二月甲午,汉王即皇帝位于汜水之阳。更王后(吕雉)曰皇后,太子(刘盈)为皇太子。

封吴芮为长沙王,无诸为闽越王。

西都洛阳。

五月,兵皆罢归家。令逃亡之民各归其县,复故爵、田宅,爵及七大夫以上,皆令食邑,非七大夫以下皆复其身及户,勿事。

高帝置酒洛阳南宫,与群臣畅谈楚汉胜败原因。

高帝召田横及其部属来归,田横及五百士皆自杀。

高帝赦楚将季布,诛楚将丁公。

接受齐人娄敬建议,移都关中。

六月,大赦天下。

七月,燕王臧荼反,高帝亲自督兵讨伐。

赵王张耳、长沙王吴芮病逝,其子张敖、吴臣分别袭爵。

九月,虏臧荼,立卢绾为燕王。

前 201 年(汉六年) 56 岁

十月,有人上书告韩信谋反。高帝接受陈平建议,决定伪游云梦逮捕韩信。

十二月,高帝会诸侯王于陈,擒韩信。回洛阳后,赦之,封信为淮阴侯。甲申,剖符封功臣,推萧何功第一。

正月,高帝大封同姓。封从兄刘贾为荆王、弟刘交为楚王、兄刘仲为代王、外妇子刘肥为齐王。以太原郡三十一县为韩国,徙韩王信于太原以北,都晋阳。

封雍齿为什方侯。

五月丙午,尊太公为太上皇。

九月,韩王信以马邑降匈奴,匈奴冒顿单于引兵南侵。

叔孙通与儒生共起朝仪。

前 200 年(汉七年) 57 岁

十月,群臣依叔孙通所定礼仪朝高帝于长乐宫,于是帝曰:"吾乃今日知为皇帝之贵也!"

高帝亲率兵北伐匈奴,冒顿纵精兵四十万骑围帝于白登七昼夜,赖陈平奇计,始得脱险。

十二月,匈奴攻代,代王刘仲弃国自归,赦为郃阳侯,立皇子如意为代王。

二月,高帝自栎阳徙都长安。

初置宗正官,以序九族。

四月,高帝行如洛阳。

前 199 年(汉八年)　58 岁

冬,高帝击韩王信于东垣。十二月返回长安。

三月,高帝行如洛阳。

令贾人毋得衣锦、绣、绮、縠、絺、纻、罽、操兵、乘、骑马。

九月,自洛阳返长安。接受娄敬建议,决定对匈奴实行"和亲"政策。

前 198 年(汉九年)　59 岁

冬十月,高帝取家人子名为长公主,妻单于,使娄敬往匈奴结和亲约。

十一月,接受娄敬建议,徙齐、楚大族昭氏、屈氏、景氏、怀氏、田氏五族及豪杰十余万口于关中,与利田宅。

十二月,高帝至洛阳。赵相贯高谋反案发,高帝令逮捕赵王及谋反者。贯高对廷尉,为赵王洗冤。

正月,高帝赦赵王为宣平侯,徙代王如意为赵王。贯高被赦后自杀。

二月,高帝自洛阳返长安。

六月,以丞相萧何为相国。

前 197 年(汉十年)　60 岁

五月,太上皇死。

七月,高帝欲以如意代刘盈为太子,周昌力谏不可。

陈豨任赵相国,监赵、代边兵,与淮侯阴韩信密谋反叛。

九月,陈豨反,自立为代王,高帝亲至邯郸,督兵讨伐。

前 196 年(汉十一年)　61 岁

冬,高帝击败陈豨叛军。

淮阴侯韩信阴谋在长安叛乱,袭击吕后和太子。

正月,吕后与萧何合谋,诛杀韩信。

将军柴武斩韩王信于参合。

高帝返洛阳,立皇子刘恒为代王,都晋阳。

二月,诏省赋,郡国各以其口数率,人岁六十三钱,以给献费。

下《求贤令》。

三月,梁王彭越谋反,夷三族。

立皇子刘恢为梁王、刘友为淮阳王。

四月,高帝自洛阳返回长安。

五月,诏立秦南海尉赵佗为南越王。陆贾奉使南越,拜赵佗为南越王,令称臣,奉汉约。

陆贾著《新语》。

七月,淮南王英布反。高帝立皇子刘长为淮南王,亲自率军讨伐。

前195年(汉十二年) 62岁

十月,高帝破英布军于蕲西,英布败走江南。高帝还,留沛十余日,与父老故旧宴饮,作《大风歌》。

番阳人击杀英布。

周勃平定代郡、雁门、云中,斩陈豨于当城。

高帝更以荆国为吴国,立兄仲之子刘濞为吴王。

十一月,高帝过鲁,以太牢祠孔子。

高帝征英布中流矢,归长安后,疾益甚,愈欲易太子,张良、叔孙通等苦谏乃止。

萧何因为民请上林苑空地,被下狱,不久即赦出。

十二月,颁布为秦始皇、陈胜等《守冢令》。

燕王卢绾反。

春二月,使樊哙以相国率兵击绾,立皇子刘建为燕王。

三月,下《同安辑令》:"其有不义背天子擅起兵者,与天下共伐诛之。"

立遗嘱与吕后,以萧何、曹参、王陵、陈平、周勃等辅政。

四月甲辰,高帝病逝于长乐宫。

五月丙寅,葬高帝于长陵。